科学出版社"十三五"普通高等教育本科规划教材

供药学、药物制剂、临床医学、临床药学、中药学、护理学、预防医学、卫生事业管理学、制药工程、医药营销等专业使用

药 理 学

主　编　李建恒
副主编　王恩军　刘会芳
编　委　（以姓氏笔画为序）
　　　　王恩军（河北大学）
　　　　王银叶（北京大学）
　　　　朱　蕾（中国医学科学院北京协和医学院）
　　　　刘会芳（河北大学）
　　　　刘　莉（河北大学）
　　　　李少春（河北大学）
　　　　李建恒（河北大学）
　　　　张　喆（河北大学）
　　　　耿　仙（河北大学）
　　　　郭　磊（中国医学科学院基础医学研究所）

科学出版社
北　京

内 容 简 介

2018年1月，教育部发布《普通高等学校本科专业类教学质量国家标准》（以下简称《国标》），《国标》的发布对各高校人才培养方案的制定尤其是专业课教材的内容提出了明确要求，本教材正是为了适应《国标》的新要求而编写的。本教材以《国标》为指南，紧跟药理学研究前沿的最新进展，淘汰陈旧过时的理论和内容，补充学科新理论、新方法和新药物，在传统内容基础上，更新达到了30%以上；结合临床常见病和多发病，增加了案例及思考题。

本书可供普通高等医药院校本科生使用，也可供住院医师、全科医师规范化培训及研究生考试参考使用。

图书在版编目（CIP）数据

药理学 / 李建恒主编. —北京：科学出版社，2019.1
科学出版社"十三五"普通高等教育本科规划教材
ISBN 978-7-03-059589-8

Ⅰ. ①药… Ⅱ. ①李… Ⅲ. ①药理学–高等学校–教材 Ⅳ. ①R96

中国版本图书馆 CIP 数据核字（2018）第 262771 号

责任编辑：王　超　李国红 / 责任校对：郭瑞芝
责任印制：李　彤 / 封面设计：陈　敬

版权所有，违者必究。未经本社许可，数字图书馆不得使用

科 学 出 版 社 出版
北京东黄城根北街16号
邮政编码：100717
http://www.sciencep.com

北京虎彩文化传播有限公司 印刷
科学出版社发行　各地新华书店经销

*

2019年1月第　一　版　　开本：850×1168　1/16
2020年7月第三次印刷　　印张：20
字数：679 000

定价：88.00 元
（如有印装质量问题，我社负责调换）

前　言

2018年1月，教育部发布《普通高等学校本科专业类教学质量国家标准》（以下简称《国标》），这是向全国乃至全世界发布的我国第一个高等教育教学质量国家标准，与全世界重视人才培养质量的发展潮流相一致，对建设有中国特色、世界水平的高等教育质量标准体系具有重要的标志性意义。《国标》涵盖了普通高校本科专业目录中全部92个本科专业类、506个专业，涉及全国高校56 000多个专业点。《国标》把握三大原则：第一，突出学生中心，注重激发学生的学习兴趣和潜能，创新形式、改革教法、强化实践，推动本科教学从"教得好"向"学得好"转变；第二，突出产出导向，主动对接经济社会发展需求，科学合理设定人才培养目标，完善人才培养方案，优化课程设置，更新教学内容，切实提高人才培养的目标达成度、社会适应度、条件保障度、质保有效度和结果满意度；第三，突出持续改进，强调做好教学工作要建立学校质量保障体系，要把常态监测与定期评估有机结合，及时评价、及时反馈、持续改进，推动教育质量不断提升。《国标》的发布对各高校人才培养方案的制定尤其是专业课教材的内容提出了明确要求，本教材正是为了适应《国标》的新要求而编写的。

药理学是医学、药学等多个专业的必修课程，也是医师、药师工作中的必要参考科目。应科学出版社的邀请，我们组织了北京大学、中国医学科学院北京协和医学院、中国医学科学院基础医学研究所、河北大学等国内著名高校、科研院所的多年在教学一线工作、具有丰富教学经验的专家、教授编写了这本案例版《药理学》教材。新版教材在编写、修订的过程中，始终贯彻"三基"（基本理论、基本知识、基本技能）、"五性"（思想性、科学性、先进性、启发性、适用性）的要求，并在传统内容的基础上，进行了如下改变：

1. 符合《国标》要求，教材内容有利于提高人才培养的目标达成度、社会适应度、条件保障度、质保有效度和结果满意度。

2. 紧跟药理学研究前沿的最新进展，淘汰陈旧过时的理论和内容，补充新理论、新内容和新药物，更新内容达到了30%以上。

3. 为指导临床合理用药，增加了药物相互作用及禁忌证的介绍。

4. 为提高学生临床基本技能，提倡以问题为导向的学习模式，在每章末尾，结合临床常见病和多发病，增加了案例及思考题。

5. 为满足药学人员职业培训、考试的需要，内容涵盖了执业药师、执业医师及研究生考试的相关知识。

本教材主要供普通高等院校供药学、药物制剂、临床医学、临床药学、中药学、护理学、预防医学、卫生事业管理学、制药工程、医药营销等专业本科生使用，也可供住院医师、全科医师规范化培训及生命科学、化学等相关学科专业学生选修和参考使用。

限于我们的学识和水平，任务繁重，书中的不足之处在所难免，恳请各位读者给予批评指正。

编　者

2018年3月

目　录

第一篇　总　论

第一章　绪言 ⋯⋯⋯⋯⋯⋯⋯⋯⋯⋯⋯⋯ 1
　第一节　药理学概述 ⋯⋯⋯⋯⋯⋯⋯⋯ 1
　第二节　药物 ⋯⋯⋯⋯⋯⋯⋯⋯⋯⋯⋯ 2
第二章　药动学 ⋯⋯⋯⋯⋯⋯⋯⋯⋯⋯⋯ 5
　第一节　药物的体内过程 ⋯⋯⋯⋯⋯⋯ 5
　第二节　药动学模型与速率过程 ⋯⋯⋯ 9
第三章　药效学 ⋯⋯⋯⋯⋯⋯⋯⋯⋯⋯⋯ 16
　第一节　药物作用和效应 ⋯⋯⋯⋯⋯⋯ 16
　第二节　量效关系 ⋯⋯⋯⋯⋯⋯⋯⋯⋯ 18
　第三节　药物作用机理 ⋯⋯⋯⋯⋯⋯⋯ 20
　第四节　受体 ⋯⋯⋯⋯⋯⋯⋯⋯⋯⋯⋯ 21
第四章　影响药物作用的因素 ⋯⋯⋯⋯⋯ 25
　第一节　机体方面因素 ⋯⋯⋯⋯⋯⋯⋯ 25
　第二节　药物方面因素 ⋯⋯⋯⋯⋯⋯⋯ 27
　第三节　合理用药原则 ⋯⋯⋯⋯⋯⋯⋯ 28

第二篇　外周神经系统药理学

第五章　传出神经系统药理概论 ⋯⋯⋯⋯ 29
　第一节　传出神经系统的递质 ⋯⋯⋯⋯ 29
　第二节　传出神经系统的受体及效应 ⋯ 30
　第三节　传出神经系统药物的基本作用
　　　　　及分类 ⋯⋯⋯⋯⋯⋯⋯⋯⋯⋯ 31
第六章　拟胆碱药 ⋯⋯⋯⋯⋯⋯⋯⋯⋯⋯ 33
　第一节　胆碱受体激动药 ⋯⋯⋯⋯⋯⋯ 33
　第二节　抗胆碱酯酶药 ⋯⋯⋯⋯⋯⋯⋯ 35
第七章　胆碱受体拮抗药 ⋯⋯⋯⋯⋯⋯⋯ 40
　第一节　M受体拮抗药 ⋯⋯⋯⋯⋯⋯⋯ 40
　第二节　N受体拮抗药 ⋯⋯⋯⋯⋯⋯⋯ 43
第八章　拟肾上腺素药 ⋯⋯⋯⋯⋯⋯⋯⋯ 46
　第一节　化学和构效关系 ⋯⋯⋯⋯⋯⋯ 46
　第二节　α、β受体激动药 ⋯⋯⋯⋯⋯⋯ 47
　第三节　α受体激动药 ⋯⋯⋯⋯⋯⋯⋯ 51
　第四节　β受体激动药 ⋯⋯⋯⋯⋯⋯⋯ 52
第九章　肾上腺素受体拮抗药 ⋯⋯⋯⋯⋯ 54
　第一节　α受体拮抗药 ⋯⋯⋯⋯⋯⋯⋯ 54
　第二节　β受体拮抗药 ⋯⋯⋯⋯⋯⋯⋯ 56
第十章　局部麻醉药 ⋯⋯⋯⋯⋯⋯⋯⋯⋯ 60

第三篇　中枢神经系统药理学

第十一章　中枢神经系统药理学概论 ⋯⋯ 63
　第一节　中枢神经系统的细胞学基础 ⋯ 63
　第二节　中枢神经递质及其受体 ⋯⋯⋯ 64
　第三节　中枢神经系统药理学特点 ⋯⋯ 66
第十二章　全身麻醉药 ⋯⋯⋯⋯⋯⋯⋯⋯ 67
　第一节　吸入性麻醉药 ⋯⋯⋯⋯⋯⋯⋯ 67
　第二节　静脉麻醉药 ⋯⋯⋯⋯⋯⋯⋯⋯ 69
　第三节　复合麻醉 ⋯⋯⋯⋯⋯⋯⋯⋯⋯ 69
第十三章　镇静催眠药 ⋯⋯⋯⋯⋯⋯⋯⋯ 70
　第一节　苯二氮䓬类 ⋯⋯⋯⋯⋯⋯⋯⋯ 70
　第二节　巴比妥类 ⋯⋯⋯⋯⋯⋯⋯⋯⋯ 72
　第三节　其他镇静催眠药 ⋯⋯⋯⋯⋯⋯ 73
第十四章　抗癫痫药及抗惊厥药 ⋯⋯⋯⋯ 75
　第一节　抗癫痫药 ⋯⋯⋯⋯⋯⋯⋯⋯⋯ 75
　第二节　抗惊厥药 ⋯⋯⋯⋯⋯⋯⋯⋯⋯ 79
第十五章　抗精神失常药 ⋯⋯⋯⋯⋯⋯⋯ 80
　第一节　抗精神病药 ⋯⋯⋯⋯⋯⋯⋯⋯ 80
　第二节　抗躁狂症药 ⋯⋯⋯⋯⋯⋯⋯⋯ 84
　第三节　抗抑郁药 ⋯⋯⋯⋯⋯⋯⋯⋯⋯ 84
第十六章　镇痛药 ⋯⋯⋯⋯⋯⋯⋯⋯⋯⋯ 89
　第一节　阿片生物碱类 ⋯⋯⋯⋯⋯⋯⋯ 89
　第二节　人工合成的阿片类镇痛药 ⋯⋯ 91
　第三节　阿片受体拮抗药 ⋯⋯⋯⋯⋯⋯ 92

第十七章　治疗中枢神经系统退行性疾病的
　　　　　药物 ································· 94
　第一节　治疗帕金森病药 ··················· 94
　第二节　治疗阿尔茨海默病药 ············ 100
第十八章　中枢兴奋药和促进脑功能恢复药 ··· 104
　第一节　主要兴奋大脑皮质的药物 ······ 104
　第二节　主要兴奋延髓呼吸中枢的药物 ··· 106
　第三节　主要兴奋脊髓的药物 ············ 107
　第四节　新型中枢兴奋药 ·················· 108
　第五节　促进脑功能恢复药 ··············· 108

第四篇　自体活性物质药理学

第十九章　解热镇痛抗炎药与抗痛风药 ······ 113
　第一节　概述 ································· 113
　第二节　常用的解热镇痛抗炎药 ········· 115
　第三节　抗痛风药 ··························· 120
第二十章　组胺与抗组胺药 ···················· 122
　第一节　组胺 ································· 122
　第二节　组胺受体激动药 ·················· 123
　第三节　抗组胺药 ··························· 123
第二十一章　影响其他自体活性物质的药物 ··· 125
　第一节　5-羟色胺和影响 5-羟色胺药 ··· 125
　第二节　脂质衍生物 ························ 127
　第三节　一氧化氮及其供体与抑制剂 ··· 129
　第四节　腺苷 ································· 130
　第五节　血管活性肽 ························ 131

第五篇　心血管系统药理学

第二十二章　肾素-血管紧张素系统药理 ······ 134
　第一节　肾素-血管紧张素系统 ·········· 134
　第二节　血管紧张素转换酶抑制剂 ······ 135
　第三节　AT$_1$受体拮抗药 ················· 137
第二十三章　离子通道阻滞药 ················· 139
　第一节　离子通道概论 ····················· 139
　第二节　作用于离子通道的药物 ········· 141
　第三节　钙通道阻滞药 ····················· 142
第二十四章　利尿药与脱水药 ················· 145
　第一节　利尿药 ······························ 145
　第二节　脱水药 ······························ 150
第二十五章　抗高血压药 ······················· 152
　第一节　常用抗高血压药物 ··············· 152
　第二节　其他抗高血压药物 ··············· 155
　第三节　抗高血压药物的合理应用 ······ 159
第二十六章　抗心绞痛药 ······················· 161
　第一节　硝酸酯类及亚硝酸酯类 ········· 162
　第二节　钙通道阻滞药 ····················· 164
　第三节　肾上腺素β受体拮抗药 ········· 164
　第四节　其他抗心绞痛药物 ··············· 165
第二十七章　治疗充血性心力衰竭药 ········· 166
　第一节　强心苷类 ··························· 166
　第二节　利尿药 ······························ 170
　第三节　血管紧张素转化酶抑制剂及血管
　　　　　紧张素Ⅱ受体拮抗药 ············ 170
　第四节　β受体拮抗药 ······················ 172
　第五节　其他治疗充血性心力衰竭药 ··· 172
第二十八章　抗心律失常药 ···················· 174
　第一节　心律失常的电生理学基础 ······ 174
　第二节　抗心律失常药物的作用机理
　　　　　及分类 ································ 175
　第三节　常用抗心律失常药物 ············ 176
第二十九章　调血脂药与抗动脉粥样硬
　　　　　　化药 ·································· 182
　第一节　概述 ································· 182
　第二节　调血脂药 ··························· 182
　第三节　抗氧化剂 ··························· 186
　第四节　其他类 ······························ 187

第六篇　呼吸、消化与造血系统药理学

第三十章　作用于呼吸系统的药物 ··········· 188
　第一节　平喘药 ······························ 188
　第二节　镇咳药 ······························ 192
　第三节　祛痰药 ······························ 193
第三十一章　作用于消化系统的药物 ········· 194
　第一节　治疗消化性溃疡的药物 ········· 194
　第二节　消化功能调节药 ·················· 199
　第三节　利胆药 ······························ 202

第三十二章　作用于血液系统的药物 ……… 204
　　第一节　抗凝血药 …………………………… 204
　　第二节　抗血小板药 ………………………… 206
　　第三节　纤维蛋白溶解药 …………………… 208
　　第四节　促凝血药 …………………………… 208
　　第五节　血容量扩充药 ……………………… 209
第三十三章　抗贫血药与生血药 …………… 211
　　第一节　抗贫血药 …………………………… 211
　　第二节　造血生长因子 ……………………… 212

第七篇　内分泌系统药理学

第三十四章　肾上腺皮质激素类药物 ……… 214
　　第一节　糖皮质激素 ………………………… 215
　　第二节　盐皮质激素 ………………………… 219
　　第三节　促皮质素及皮质激素抑制药 ……… 219
第三十五章　胰岛素与其他降血糖药 ……… 221
　　第一节　胰岛素 ……………………………… 221
　　第二节　口服降血糖药 ……………………… 222
　　第三节　以胰高血糖素样肽-1为作用
　　　　　　靶点的药物 ……………………… 224
第三十六章　甲状腺激素与抗甲状腺药 …… 226
　　第一节　甲状腺激素 ………………………… 226
　　第二节　抗甲状腺药 ………………………… 227
第三十七章　性激素类药物与避孕药 ……… 230
　　第一节　雌激素类药及抗雌激素药 ………… 230
　　第二节　孕激素及抗孕激素药 ……………… 232
　　第三节　雄激素及抗雄激素药 ……………… 233
　　第四节　避孕药 ……………………………… 234
第三十八章　子宫平滑肌兴奋药与抑制药 … 237
　　第一节　子宫平滑肌兴奋药 ………………… 237
　　第二节　子宫平滑肌抑制药 ………………… 238
第三十九章　影响骨代谢的药物 …………… 239
　　第一节　概述 ………………………………… 239
　　第二节　骨吸收抑制药 ……………………… 239
　　第三节　骨形成促进药 ……………………… 241
　　第四节　骨矿化促进药 ……………………… 242

第八篇　抗病原生物药理学

第四十章　抗菌药物概论 …………………… 244
　　第一节　概述 ………………………………… 244
　　第二节　抗菌药的作用机理 ………………… 245
　　第三节　细菌的耐药性 ……………………… 246
　　第四节　药动学/药效学参数与抗菌治疗
　　　　　　方案的优化 ……………………… 247
　　第五节　抗菌药的合理应用 ………………… 247
第四十一章　β-内酰胺类抗生素及其他作用于
　　　　　　细菌细胞壁的抗生素 ………… 250
　　第一节　β-内酰胺类抗生素 ………………… 250
　　第二节　其他作用于细胞壁的抗生素 ……… 254
第四十二章　大环内酯类及林可胺类 ……… 256
第四十三章　氨基糖苷与多黏菌素类抗生素 … 259
　　第一节　氨基糖苷类 ………………………… 259
　　第二节　多黏菌素类 ………………………… 260
第四十四章　四环素与氯霉素类抗生素 …… 262
　　第一节　四环素类 …………………………… 262
　　第二节　氯霉素类 …………………………… 263
第四十五章　人工合成抗菌药 ……………… 265
　　第一节　磺胺类抗菌药 ……………………… 265
　　第二节　喹诺酮类 …………………………… 266
　　第三节　噁唑烷酮类抗菌药 ………………… 268
第四十六章　抗结核病与抗麻风病药 ……… 271
　　第一节　抗结核病药 ………………………… 271
　　第二节　抗麻风药 …………………………… 274
第四十七章　抗真菌药 ……………………… 276
第四十八章　抗病毒药 ……………………… 282
　　第一节　抗流感病毒药 ……………………… 282
　　第二节　抗疱疹病毒药 ……………………… 284
　　第三节　抗人类免疫缺陷病毒药 …………… 284
　　第四节　抗肝炎病毒药 ……………………… 287
第四十九章　抗寄生虫病药 ………………… 289
　　第一节　抗疟药 ……………………………… 289
　　第二节　抗阿米巴病药和抗滴虫病药 ……… 291
　　第三节　抗血吸虫病药 ……………………… 292
　　第四节　驱肠虫药 …………………………… 292
　　第五节　抗丝虫病药 ………………………… 293

第九篇 抗肿瘤与免疫系统药理学

第五十章 抗恶性肿瘤药 ········· 295
  第一节 肿瘤细胞生物学与药物治疗的关系 ········· 295
  第二节 细胞毒类抗肿瘤药物 ········· 296
  第三节 靶向抗肿瘤药 ········· 301

第五十一章 影响免疫功能的药物 ········· 305
  第一节 免疫抑制药 ········· 305
  第二节 免疫调节剂 ········· 309

第一篇 总 论

第一章 绪 言

第一节 药理学概述

一、药理学基本概念

药理学（pharmacology）是研究药物与生物体（organism）之间相互作用规律和机理的一门科学。生物体包括机体（body）和病原体（pathogen）。其研究的对象主要是人和动物，其次是病原体。药理学是基础医学与临床医学、医学与药学之间的桥梁学科。药理学为防治疾病和合理用药提供基本理论、基本知识和科学的思维方法。

药理学的学科任务：①阐明药物作用机理、改善药物质量、提高药物疗效、为临床合理用药提供理论依据；②开发新药、发现药物新用途；③药理学的理论和研究进展为其他相关学科的研究提供重要的科学资料推动生命科学发展。

药理学的学科特点：①基础与临床结合，药学与医学相结合，它以医学基础学科（生理学、生物化学、病理学、病原微生物学、病理生理学、解剖学）为基础，为临床各科用药奠定基础，以药学为背景将医学与药学联系起来，有桥梁课之称；②理论和实践相结合，在理论指导下进行临床实践；③科学与法律法规相结合，药物从研究到应用除了要尊崇科学规律以外，还必须要遵守法律法规，更好地、合法地、全方位地满足公众健康医疗需求。

医学生学习药理学的目的：①掌握药物的性状、作用及机理，合理使用药物；②正确认识药物对机体的利弊，保障患者的生命安全；③对应用药物后出现的各种反应和变化能够给出科学的解释，并制定合理的应对举措。

二、药理学研究内容

（一）药物效应动力学

药物效应动力学（pharmacodynamics，简称药效学）：研究药物对机体的作用，包括药物的药理作用、作用机理等，即研究机体在药物影响下发生的生理、生化变化及发生这种变化的机理。

（二）药物代谢动力学

药物代谢动力学（pharmacokinetics，简称药动学）：研究机体对药物的作用，包括药物在体内的吸收、分布、代谢及排泄过程，特别是血药浓度随时间变化的规律，即研究机体对药物的处置过程及规律。

（三）影响药效学和药动学的因素

影响药效学和药动学的因素主要来自两方面，机体的影响和药物的影响。机体方面例如，年龄、性别、遗传因素等；药物方面如药物的溶解度、给药途径、剂型等。

三、药理学研究方法

药理学研究的方法主要是临床观察和动物实验，在严格控制的条件下对人、动物及病原体进行各种指标的观察和测定，分析结果，发现规律和阐明原理。

药理学是一门实践性很强的学科，根据研究对象不同分为基础药理学和临床药理学。基础药理学以动物为研究对象，其研究方法分为：①实验药理学方法，以清醒或麻醉的健康动物为研究对象，研究药物在动物体内和体外的药物效应、毒性和药物代谢情况；②实验治疗学方法，以病理模型动物为研究对象，观察药物治疗疾病的情况、毒性反应和药物代谢情况。临床药理学是以人为研究对象，采用临床药理学方法：以健康志愿者或患者为研究对象，研究药物的效应、不良反应、代谢过程、药物相互作用并进行药物的疗效和安全性评价，促进新药开发，推动药物治疗学发展，确保合理用药。

药理学的研究水平包括整体、器官或组织、细胞、亚细胞、分子水平等，因此将药理学实验划分为在体实验（in vivo）和离体实验（in vitro），前者包括整体实验，后者包括器官至分子的实验。

四、药理学发展简况

从远古时代起，人类就从生产、生活的经验中积累了丰富的医药实践经验。药物的历史可追溯到五六千年以前。我国早在公元一世纪前后就著有《神农本草经》，全书收载药物 365 种，其中不少药物仍沿用至今。唐代的《新修本草》是我国第一部政府颁发的药典，收载药物884种。明朝医药学家李时珍汇集16世纪以前800余种先贤典籍，于公元1596年写成药学巨著《本草纲目》。全书约190万字，共52卷，收载药物1892种，方剂11 000余条，插图1160幅。该书在药物发展史上具有重要意义，至今仍然是医药领域的重要参考书。

近代药理学产生于19世纪初，在化学和实验生理学不断发展的基础上，建立了实验药理学整体动物水平的研究方法，在19世纪20年代开始了器官药理学研究。药理学作为一门独立学科是从德国的R.Buchheim开始的，他创建了第一个药理实验室，写出了第一本药理学教科书。其学生O.Schmiedeberg继续发展了实验药理学，研究药物的作用部位，开创了器官药理学。英国生理学家J.N.Langley是第一位提出受体概念的科学家，之后受体理论不断地完善，成为推动药理学发展的强大动力。德国微生物学家P.Ehrlich从近千种有机砷化合物中筛选出治疗梅毒有效的新胂凡纳明，开创了化学治疗的新纪元。

英国科学家A.Fleming从青霉素菌的培养液中发现了青霉素，使化学治疗进入了抗生素时代。随着有机化学和实验医学的发展，药物的研究和发展进入了一个崭新的阶段。这一阶段突出的成就是从原来具有治疗作用的植物来源的药物中分离得到了纯度较高的有效成分，如吗啡、阿托品(atropine)、可卡因和奎宁等。

20世纪30~50年代是现代药理学新药发展的黄金时代。现在临床上常用的几大类药物，如磺胺类药物、抗生素、合成的抗疟药、抗组胺药、镇痛药、抗高血压药、抗精神失常药、抗癌药、激素类药物及维生素类药物，其中许多药物均是在这一时期研制开发的。20世纪中叶起自然科学技术蓬勃发展，生理学、生物化学、细胞生物学、分子生物学的进展，使实验医学有了重大突破。药理学在众多学科共同发展、相互渗透、分化融合中也逐渐形成了自身的发展。药理学分支学科从交叉角度上讲，有基础药理学、临床药理学、分子药理学、中药药理学、遗传药理学、生化药理学、时间药理学等；从系统角度上讲，有神经精神药理学、心血管药理学、内分泌药理学、化疗药理学、抗炎免疫药理学等；从应用角度上讲，有医用药理学、护用药理学、眼科药理学等。

预计随着分子生物学和细胞生物学的发展及结构生物学的兴起，药理学的研究将会取得更深层次的成就，其研究热点包括受体的三级结构、受体及其亚型的克隆和结构研究、受体与配体结合位点的三维构象及结合机理研究、高选择性受体及其亚型的配体研究和基因敲除技术研究等。

五、药理学学习方法

（一）以医学基础学科知识为依托

药理学是一门综合性功能学科，涉及内容除了数学、物理和化学公共基础知识以外，更多的是医学基础知识。其基本理论与生理学、生物化学、微生物学、病理学、病理生理学等医学基础学科密切相关。结合每类药物复习有关的医学基础知识，对于掌握药物的作用和作用机理都会产生明显的效果。

（二）以临床实践为辅助

药理学学科的应用性很强。结合病例学习，灵活掌握药物的药理作用、机理、不良反应、禁忌证、配伍用药等知识，实现安全有效合理用药。

（三）重视药理学实验

药理学实验是药理学的重要组成部分。药理学实验可以使一些概念、规律和结论更形象化，有利于医学、药学学生技术能力和综合素质的培养。

（四）重视药理学知识的纵向与横向联系

在药理学各章节中有重点药或代表药。掌握代表药的特性，对于同类药物可以达到举一反三的效果。在临床应用中还需注意同类药物之间的区别，规范合理高效用药。

第二节 药 物

药物（drug）是指可以预防、诊断、治疗疾病的物质。在理论上说，凡能影响机体器官生理生化功能和（或）细胞代谢活动的物质都属于药物范畴，包括避孕药和保健药。药品（medicine）指原料药（化学药、生物药、天然药）制成一定的剂型，可供临床应用的药物。

一、药 物 分 类

（一）按药物自然状态分类

按药物的自然状态分为天然药、化学药和生物药三类。天然药指存在于自然界中对机体疾病有防治效果的植物、矿物、动物等。化学药指人工合成、半合成或从某些天然药中提取的单一成分的药物。生物药指由生物体中的组织或体液等生物材料制备而成的药物，如血液制品、蛋白制品、疫苗、菌苗等。

（二）按药物管理分类

按药物的管理分为普通药和特殊药两类。普通药指由医药卫生单位生产、管理和经营的药物。特殊药指由国家药品行政部门和有关部门指定的单位生产、管理和经营的药物，这类药包括麻醉药品、精神药品、医疗用毒性药品、放射性药品。特殊药品按国家制定的《特殊药品管理办法》进行管理。

（三）按药物产地分类

按药物产地不同分为国产药和进口药两类。国产药指经国家药品行政主管部门批准的境内注册药厂生产的药物。进口药指在中华人民共和国境外生产的经国家药品行政主管部门批准可以在境内使用的药物。进口药按国家制定的《进口药品管理办法》进行管理。

（四）按药物使用分类

按药物的安全性、有效性原则，依照其品种、规格、适应证、剂量及给药途径等不同，将药品分为处方药和非处方药两类。处方药（prescription drug, Rx）指必须凭执业医师处方才可调配、购买和使用的药品。非处方药（nonprescription drug）指不需要凭医师处方即可自行判断、购买和使用的药品。在国外又称之为"柜台药"（over the counter），简称 OTC。处方药和非处方药不是药品本质的属性，而是管理上的界定，需要经过国家药品监督管理部门批准。非处方药需符合安全性、有效性、稳定性、方便性、经济性等要求才能获得批准。非处方药主要是用于治疗各种消费者容易自我诊断、自我治疗的常见轻微疾病。

（五）按医疗保险分类

按医疗保险分为医保用药和非医保用药。医保用药是指基本医疗保险用药，以《国家基本医疗保险药品目录》为依据，坚持临床必需、安全有效、价格合理、使用方便、市场能够保证供应、医疗保险能支付得起的药品。

二、药品标示

（一）药物名称

药品有通用名、化学名、药品名、商品名等。通用名为药物的正名，按国家药品行政部门颁布的药品命名原则命名，分中文、英文和拉丁文。化学名按化学结构命名。药品名按其制剂命名。商品名是由药品生产厂家命名，经药品监督管理部门核准的产品名称，在一个通用名下，由于生产厂家不同可有多个商品名称。以普萘洛尔为例，其通用名为普萘洛尔（propranolol），化学名为 1-异丙氨基-3-（1-萘氧基）-2-丙醇基，药品名为盐酸普萘洛尔注射液，商品名为心得安。此外，药物名称还有别名和代号。

（二）批准文号

生产的新药或者已有国家标准的药品，须经国务院药品监督管理部门批准，并在批准文件上规定该药品的专有编号，此编号称为药品批准文号。药品生产企业在取得药品批准文号后，方可生产该药品。药品批准文号格式：国药准字+1位字母+8位数字，试生产药品批准文号格式：国药试字+1位字母+8位数字。

（三）批号

生产单位在药品生产过程中，将同一次投料、同一次生产工艺所生产的药品用一个批号来表示。批号表示生产日期和批次，可由批号推算出药品的有效期和存放时间的长短，同时便于药品的抽样检验。

（四）有效期

有效期是指药品在一定的储存条件下，能够保持质量的期限。以有效月份最后一天为到期日。有的标示为失效期，以标示月份的第一天为到期日。

（五）包装

包装指在流通中，为保护药品、方便储运、促进销售，按一定技术方法而采用的容器、材料及辅助物的总体名称。

（六）药品说明书

药品说明书是载明药品的重要信息的法定文件，是选用药品的法定指南。新药审批后的说明书，不得自行修改。药品说明书的内容应包括药品的品名、规格、生产企业、药品批准文号、产品批号、有效期、主要成分、适应证或功能主治、用法、用量、禁忌、不良反应和注意事项，中药制剂说明书还应包括主要药味(成分)性状、药理作用、贮藏等。

三、新药的开发与研究

新药（new drugs）是指未曾在中国境内外上市销售的，化学结构、药品组分和药理作用不同于现有药品的药物。对已上市药品改变剂型、改变给药途径、增加新适应症的药品，不属于新药，但药品注册按照新药申请的程序申报。

新药研究过程主要包括临床前研究和临床研究。

临床前研究包括药学、药理学研究等内容，要经过创新和开发两个阶段。创新阶段，要确定大量合成的有机化合物和分离提纯的天然产物的有效成分，在有效的病理模型上进行随机筛选，从而发现具有进一步开发价值的化合物。该化合物称之为先导化合物（lead compound）。开发阶段，以先导化合物为基础，研究构效关系，并按国家关于新药审批办法的有关规定进行工艺学研究、制剂研究、质量控制、药效学评价等。涉及的学科包括天然药物化学、微生物药物化学、合成药物化学、药理学、药剂学、制药工程、药物分析等。

临床研究有四期。Ⅰ期临床试验：初步的临床药理学及人体安全性评价试验。观察人体对于新药的耐受程度和药动学，为制订给药方案提供依据。Ⅱ

期临床试验：治疗作用初步评价阶段。其目的是初步评价药物对目标适应证患者的治疗作用和安全性，也包括为Ⅲ期临床试验研究设计和给药剂量方案的确定提供依据。此阶段的研究设计可以根据具体的研究目的，采用多种形式，包括随机双盲法对照临床试验。Ⅲ期临床试验：治疗作用确证阶段。其目的是进一步验证药物对目标适应证患者的治疗作用和安全性，评价利益与风险关系，最终为药物注册申请的审查提供充分的依据。试验一般应为具有足够样本量的随机双盲法对照试验。Ⅳ期临床试验：新药上市后应用研究阶段。其目的是考察在广泛使用条件下药物的疗效和不良反应，评价在普通或者特殊人群中使用的利益与风险关系以及改进给药剂量等。

为了更好地控制新药研发过程中的临床风险，使更多的有效化合物能够尽快上市，美国食品和药物监督管理局（FDA）在2006年发布了探索性IND研究指导原则，也就是我们所说的临床Ⅰ期前研究，即0期临床试验。0期临床试验是指活性化合物在完成临床前试验后，正式进入临床试验之前，允许研制者使用微剂量（一般不大于100μg，或小于1%的标准剂量）在少量人群（6人左右，健康志愿者或者患者）中进行药物试验以收集必要的有关药物安全及药动学的试验数据。它的优势在于能够花费相对较少的资金，获取药物的相关实验数据。如果药物在0期临床试验出现安全问题，可以及时调整临床Ⅰ期试验，甚至放弃临床Ⅰ期试验，从而减少不必要的浪费。从另一方面讲，有了0期临床试验的药动学和安全性数据，可以更加科学地制订临床Ⅰ期试验的方案，从而加快药物后期的临床试验，进而加快药物上市。在风险控制方面，0期临床试验研究由于剂量很低、受试者数量少、给药时间短，因此可能带来的临床试验风险也较小。

（刘　莉）

第二章 药动学

药物代谢动力学（pharmacokinetics）简称药动学，主要是研究机体对药物的作用。主要研究内容为两部分：一是药物的体内过程，包括吸收、分布、代谢和排泄四个基本过程；二是体内药物浓度随时间的变化规律及其影响因素。前者主要定性地描述药物在体内的变化过程；后者主要以数学公式定量地描述药物随时间改变的变化规律。

通过学习药动学，掌握基本原理和方法，可以科学地计算药物剂量以达到所需的体内治疗浓度，产生最佳疗效，控制不良反应的发生，提高临床治疗效果。药物代谢动力学在新药研发、制剂研究、毒理研究中均发挥重要作用。

第一节 药物的体内过程

药物由给药部位进入机体产生药效，然后再由机体排出，其间经历吸收、分布、代谢和排泄四个基本过程，这个过程称为药物的体内过程。它对药物起效时间、效应强度和持续时间均有很大影响。通过研究药物体内过程可以更好地了解药物在体内的变化规律。

药物在体内进行吸收、分布、生物转化和排泄的过程，都必须通过多种生物膜，通过生物膜的运动称为转运（transport）。

一、药物跨膜转运

（一）药物通过细胞膜的方式

转运方式有多种，最主要的是被动转运（passive transport），其次是主动转运（active transport），还有膜动转运（membrane moving transport）。

1. 被动转运 指药物由浓度高的一侧向浓度低的一侧进行的跨膜转运。转运的动力来自于膜两侧的浓度差，差值越大转运动力越大。因此又称之为顺浓度梯度转运或下山转运，大多数药物属于此种转运方式。包括简单扩散（simple diffusion）、滤过（filtration）和易化扩散（facilitated diffusion）。

简单扩散：生物膜具有类脂质特性，脂溶性药物可溶于脂质而透过生物膜。药物的油/水分配系数越大，在脂质层的浓度越高，就越容易扩散。巴比妥类药物就是一个典型例子。药物的扩散速度取决于膜两侧药物的浓度梯度、药物在膜内的溶解度及膜内的扩散速度。简单扩散受药物解离度的影响，而药物本身的酸碱度和周围体液的pH不同，其解离度也有差异。简单扩散的特点：①不需要载体；②不消耗能量；③转运时无饱和现象；④不同药物同时转运时无竞争性抑制现象；⑤当膜两侧浓度达到平衡时转运即停止。

滤过又称为膜孔过滤（filtration through pores）：生物膜上存在水通道或蛋白质分子孔，称为膜孔，直径小于膜孔的水溶性的极性或非极性药物，借助膜两侧的流体静压或渗透压通过亲水孔道。各种细胞膜的孔径大小不同，如肾小球及毛细血管内皮的细胞膜孔径较大，可达40Å，但大多数细胞膜孔径仅约4Å，因此，相对分子质量（即分子量）大于100～200的物质常不能通过，只有某些离子、水及水溶性小分子可通过。药物通过肾小球膜就是滤过的一个例子。

易化扩散是膜蛋白介导的被动转运。物质通过膜上特殊蛋白质的介导、顺电-化学梯度的跨膜转运过程。易化扩散特点：①需要载体，膜上载体对药物有特异选择性；②不消耗能量；③在药物浓度高时可出现饱和现象；④转运系统可被某些物质抑制或竞争；⑤当膜两侧浓度达到平衡时转运即停止。维生素B_{12}通过胃肠黏膜的过程属易化扩散过程。

2. 主动转运 指药物不依赖于膜两侧浓度差的跨膜转运，可以从浓度低的一侧向浓度高的一侧转运，因此又称为逆浓度梯度转运或上山转运。此种转运必须依赖机体提供的转运系统方能进行，包括载体和能量。其特点为：①需要载体，载体对药物有特异选择性；②此种转运需要消耗能量；③受载体转运能力的限制，当载体转运能力达到最大时有饱和现象；④不同药物同时被同一载体转运时，有竞争性抑制现象发生；⑤当膜一侧的药物转运完毕后转运即停止。有些药物属于此种转运，如依他尼酸与尿酸在肾小管分泌上的竞争性抑制造成应用依他尼酸可引发痛风（尿酸在体内堆积）的不良反应。

3. 膜动转运 胞饮，又称吞饮或入胞。某些液态蛋白质或大分子物质可通过生物膜的内陷形成吞噬小泡而进入细胞内，如脑神经垂体粉剂，可从鼻黏膜给药吸收。胞吐，又称胞裂外排或出胞。某些液态大分子物质可从细胞内转运到细胞外，如腺体分泌及递质的释放等。

（二）影响药物跨膜转运的因素

1. 药物的溶解性 溶解性是指药物具有的脂溶性和水溶性。由于膜是脂质双层结构，所以脂溶性强的药物容易跨膜转运，而水溶性强的药物不易跨膜转运。例如，强心苷类药物的脂溶性由强至弱的顺序依次为洋地黄毒苷＞地高辛＞毛花苷丙。前两者脂溶性强和次强，口服给药可以吸收。毛花苷丙水溶性强，口服给药不容易吸收。

2. 药物的解离性 绝大多数药物属于弱酸性或弱碱性有机化合物，在体液中发生不同程度地解离。解离型药物是指水溶性药物在溶液中溶解后生成离子型分子，该分子内部电荷数目不相等，带有正电荷或负电荷。这种离子型分子不易跨膜转运，并被限制在膜的一侧，形成离子障（ion trapping）现象。药物解离程度取决于所在溶液的 pH，常以 pK_a 表示其解离度。药物解离 50% 时所在溶液的 pH 即定为该药的 pK_a。各药都有其固定的 pK_a 值，可由 Handerson-Hasselbalch 公式计算而得

弱酸性药物　　　　　弱碱性药物

$$HA \rightleftharpoons H^+ + A^- \qquad BH^+ \rightleftharpoons H^+ + B$$

$$K_a = [H^+]\frac{[A^-]}{[HA]} \qquad K_a = \frac{[H^+][B]}{[BH^+]}$$

$$pK_a = pH - \lg\frac{[A^-]}{[HA]} \qquad pK_a = pH - \lg\frac{[B]}{[BH^+]}$$

$$pH - pK_a = \lg\frac{[A^-]}{[HA]} \qquad pK_a - pH = \lg\frac{[BH^+]}{[B]}$$

$$\therefore 10^{pH-pK_a} = \frac{[A^-]}{[HA]} \text{ 即 } \frac{[\text{离子型}]}{[\text{非离子型}]}$$

$$\therefore 10^{pK_a-pH} = \frac{[BH^+]}{[B]} \text{ 即 } \frac{[\text{离子型}]}{[\text{非离子型}]}$$

当 $pH = pK_a$ 时，$[HA] = [A^-]$

当 $pH = pK_a$ 时，$[B] = [BH^+]$

药物的 pK_a 值与药物本身属于弱酸性或弱碱性无关，弱酸性药物的 pK_a 可以＞7，弱碱性药物的 pK_a 可以＜7。

改变溶液 pH 可以明显地影响弱酸性或弱碱性药物的解离度，进而影响其跨膜转运。例如，弱酸性药物在 pH 低的溶液中解离度小，容易跨膜转运，在胃液中可被吸收，在酸化的尿液中也容易被肾小管重吸收；相反，在 pH 高的溶液中解离度大，不容易被吸收。弱碱性药物的情况与之相反，在 pH 高的溶液中解离度小，容易被吸收；在 pH 低的溶液中解离度大，不容易被吸收。

3. 药物的浓度差及细胞膜的通透性、面积和厚度 当药物以简单扩散的方式通过细胞膜时，膜两侧浓度差越大，通透量越多。膜表面大的器官，如肺、小肠，药物通过其细胞膜脂层的速度远比膜表面小的器官快。

4. 血流量 血流量的改变可以影响细胞膜两侧药物浓度差。

5. 细胞膜转运蛋白的量和功能 营养状况和蛋白质的摄入影响细胞膜转运蛋白的数量，从而影响药物的跨膜转运。转运蛋白的功能受基因型控制，如多药耐药基因是编码 P- 糖蛋白的基因，其基因多态性引起的不同基因型具有编码不同 P- 糖蛋白的功能，从而影响药物的跨膜转运。

二、药物的吸收

药物由给药部位进入血液循环的过程称为吸收。除静脉注射和静脉滴注给药外，其他给药途径都存在吸收过程。不同给药途径药物吸收由快到慢顺序为：腹腔注射＞吸入＞舌下＞直肠＞肌内注射＞皮下注射＞口服＞皮肤。临床上常用的给药途径可分为四类，即口服给药、注射给药、呼吸道给药和皮肤黏膜给药。

许多因素都可以影响药物的吸收，其中以给药途径的影响最为重要。

（一）口服给药

口服（per os，po）给药是最常用的给药途径。小肠内 pH 接近中性，黏膜吸收面广，缓慢蠕动增加药物与黏膜接触机会，是吸收的主要部位。影响因素较多，如药物溶解释放速率、胃肠道 pH、吸收面积、胃肠分泌与蠕动功能、局部血流量和饮食等，均可使药物吸收速率和程度有所不同。药物吸收后由肝门静脉进入肝脏，然后再进入体循环。有些药物在进入体循环之前首先在胃肠道、肠黏膜细胞和肝脏被灭活代谢一部分（主要是在肝脏），导致进入体循环的实际药量减少，这种现象称为首过消除（first-pass elimination）。口服给药虽然方便有效，但是多数药物吸收较慢且吸收不完全。口服给药不适用于在胃肠被破坏、对胃刺激大、首过消除多的药物，也不适用于不能口服的患者，如婴儿和昏迷患者。

（二）注射给药

静脉注射（intravenous，iv）可使药物迅速而准确地进入体循环，没有吸收过程。肌内注射（intramuscular，im）及皮下注射（subcutaneous，sc）药物也可全部吸收，一般较口服快，吸收速度取决于局部循环速度，局部热敷或按摩可加速吸收，注射液中加入少量缩血管药则可延长药物的局部作用。动脉注射（intraarterial，ia）可将药物输送至该动脉分布部位发挥局部疗效以减少全身反应。例如，将溶栓药直接用导管注入冠状动脉以治疗心肌梗死。注射给药还可将药物注射至身体任何部位发挥作用，如局部麻醉。注射给药需要医护进行，使用不方便，如果计算剂量有误，过量注入将无法回收。

（三）呼吸道给药

肺泡表面积大（达 200m²），与血液只隔肺泡上皮及毛细管内皮各一层，而且血流量大，药物只要能

到达肺泡，吸收极其迅速，气体及挥发性药物（如全身麻醉药）可直接进入肺泡。药物溶液需要经喷雾器分散为微粒，气雾剂可将药液雾化为直径达 5μm 左右的微粒，可以到达肺泡而迅速吸收，如在雾化器及口鼻罩间加用一个气室则效果更好。2～5μm 直径以下的微粒可在到达后被呼出，10μm 直径微粒可在小支气管沉积。后者可用于异丙肾上腺素治疗支气管哮喘。较大雾粒的喷雾剂只能用于鼻咽部的局部治疗，如抗菌、消炎、祛痰、通鼻塞等。

（四）皮肤黏膜给药

皮肤黏膜给药经皮（transdermal）给药，除汗腺外，皮肤不透水，但脂溶性药物可以缓慢通过，如许多杀虫药可以经皮吸收中毒。利用这一原理可以经皮给药以达到局部或全身药效，近年来有许多透皮吸收促进剂加入氮酮（1-十二烷基氮杂环庚烷-2-酮），可与药物制成贴剂，如硝苯地平贴剂以达到持久的全身疗效，对于容易经皮吸收的硝酸甘油也可制成缓释贴剂预防心绞痛发作，每日只贴一次。

三、药物的分布

药物吸收后随血液循环到各组织器官中的过程称为分布。药物的分布有明显的规律性。①药物先向血流量相对多的组织器官分布，然后向血流量相对少的组织器官转移，这种现象称为再分布（redistribution）。例如，静脉麻醉药硫喷妥先向血流量相对大的脑组织分布，迅速产生麻醉效应，然后向脂肪组织转移，效应又迅速消失。②药物在体内的分布有明显的选择性，多数呈不均匀分布。例如，碘制剂集中分布在甲状腺组织中。③检测血药浓度可以对药效的强弱做出预测。给药后经一定时间，血液和组织器官中的药物浓度达到相对平衡后，血浆中的药物浓度水平可间接反映靶器官的药物浓度水平，进而可反映药效强弱。

（一）药物与血浆蛋白的结合

药物进入血循环后可不同程度地与血浆蛋白结合，酸性药物通常与白蛋白结合，碱性药物与 α_1 酸性糖蛋白或脂蛋白结合，人源性物质及维生素等主要与球蛋白结合。绝大多数药物的结合是疏松而可逆的，使药物的游离型和结合型保持动态平衡。但也有个别药物的结合是牢固而不可逆的，如四环素在新生儿的牙齿和骨骼组织中与钙的结合终生存在，可影响牙齿和骨骼的生长和发育。游离型药物分子小，利于转运并发挥药理活性；结合型药物由于结合血浆蛋白，分子较大成了暂时失去活性的储存型。游离型药物和结合型药物可以相互转化。除原型药物外，一些药物的代谢产物也具有游离型和结合型两种形式。

药物与血浆蛋白结合对药物的吸收、分布、代谢、排泄和药物作用强度均有影响。由于药物与血浆蛋白结合程度会对药效和不良反应产生影响，所以，一些血浆蛋白结合率高而安全范围窄的药物，临床用药时应注意药物相互作用，如需进行药物浓度监测，应测定其游离药物浓度，以免因仅测血药总浓度引致错误的结论。老年人、婴幼儿、孕妇及特殊病理状态如：肝硬化、烧伤、肾病综合征等病人用药时均应注意。

（二）机体内的屏障

机体中有些组织对药物的通透性具有特殊的屏障作用，如血-脑屏障（blood-brain barrier）、胎盘屏障（placental barrier）及血-眼屏障（blood-eye barrier）等。血-脑屏障是血液与脑组织、血液与脑脊液、脑脊液与脑组织三种隔膜的总称。其中前两者对药物的通过具有重要的屏障作用，这是因为脑内的毛细血管内皮细胞紧密连接，间隙较小，同时基膜外还有一层星状细胞包围，大多数药物较难通过，只有脂溶性高、相对分子质量较小的药物及少数水溶性药物可以通过血-脑屏障。新生儿及炎症时血-脑屏障通透性可以增加。胎盘屏障是胎盘绒毛与子宫血窦间的屏障，对胎儿是一种保护性屏障。多数药物均能通过胎盘进入胎儿体内，程度、快慢有别。在妊娠早期禁止使用对胎儿发育成长有影响的药物。血-眼屏障是血与视网膜、血与房水、血与玻璃体屏障的总称。它的存在可使药物在眼内的浓度受到影响，脂溶性药物及相对分子质量小于 100 的水溶性药物易于通过。全身给药时药物在眼内难以达到有效浓度，可采取局部滴眼或眼周边给药，包括结膜下注射、球后注射及结膜囊给药等。

四、药物的生物转化

药物作为外源性物质在体内发生化学结构的改变称为转化或称生物转化（biotransformation）。体内能够使药物发生转化的器官主要是肝脏，其次是肠、肾、肺等组织。肝脏的病理状态可以影响药物在体内的代谢过程，从而影响药物的疗效和不良反应。另外，药物在代谢过程中的产物，可以造成肝损害。

（一）生物转化方式

药物生物转化可分为两种类型，即Ⅰ相反应和Ⅱ相反应。Ⅰ相反应包括氧化反应（oxidation）、还原反应（reduction）、水解反应（hydrolysis），使药物分子结构中引入或暴露出极性基团，如产生羟基、羧基、巯基、氨基等；Ⅱ相反应为结合反应（conjugation），是药物分子结构中的极性基团与体内的化学成分如葡糖醛酸、硫酸、甘氨酸、谷胱甘肽等经共价键结合，生成易溶于水且极性高的代谢物排出体外。氧化反应的类型有硫氧化、氮氧化、环氧化、胺氧化、烯氧化、醇氧化、醛氧化、嘌呤氧化、羟基化等加氧去氢的失电子反应。还原反应的类型有硝基还原、羰基还原、偶氮还原、醛类还原等。水解反应的类型有酯键水解、酰键水解、糖苷水解等。结合反应的类型有与葡糖醛酸、甘氨酸、牛磺酸、谷氨酰胺、谷胱甘肽、硫酸、甲基、乙酰基等结合。

（二）生物转化结果

药物经过转化后其药理活性发生改变。大多数药物失去活性（减弱或消失），称为灭活（inactivation），少数药物可在被活化（activation）后出现药理活性，如可待因在肝脏去甲基后变成吗啡而生效。这种需经活化才能产生药理效应的药物称为前药（pro-drug）。另外，原型药物经过转化后生成的代谢产物，有的有药理活性，有的有毒性。例如，普萘洛尔的代谢物4-羟基普萘洛尔仍然具有β受体阻断效应，但较原型药弱；非那西丁的代谢物醋氨酚有较原形药强的解热镇痛活性；异烟肼的代谢物乙酰肼对肝脏有较强的毒性。药物体内生物转化后，目的是使其脂溶性降低、极性增加、易排出体外，达到消除"异物"的效果。

（三）生物转化酶

药物的转化必须在酶的催化下才能进行。这些催化酶分为两类，即专一性酶和非专一性酶。前者有胆碱酯酶、单胺氧化酶（MAO），分别转化乙酰胆碱（acetylcholine，ACh）和单胺类药物。非专一性酶主要指存在于肝细胞微粒体的混合功能氧化酶系统（hepatic microsomal mixed function oxidase system），简称肝药酶。该酶系统由三部分组成：①血红蛋白类，包括细胞色素 P450（cytochrome P450 或 CYP450，简称 CYP）、细胞色素 $b5$（cytochrome $b5$）；②黄素蛋白类，包括还原型辅酶Ⅱ-细胞色素 P450 还原酶（NADPH-cytochrome P450 reductase）、还原型辅酶Ⅰ-细胞色素 $b5$ 还原酶（NADH-cytochrome b5 reductase）；③磷脂类，主要是磷脂酰胆碱。其中最关键的酶为 CYP（因与一氧化碳结合后其吸收光谱主峰在 450nm 处）。CYP 属于含铁原卟啉Ⅸ的 B 族细胞色素。

CYP 酶由许多种酶所组成，在人类，可由三大酶系统组成，即 CYP1、CYP2、CYP3；每一个酶又可分为 A、B、C、D 及 E 五个子酶单位，在每个子酶单位再用阿拉伯数字来表明单个的酶，如 CYP3A4、CYP2D6 等。在子酶系统中与药物代谢的相关密切程度依次为 CYP3A＞CYP2D＞CYP2C＞CYP1A 及 CYP2E。其中 CYP3A4 是最常见的酶，它作用的底物甚多，又能被药物诱导或抑制，因此，它是药物相互作用中重要的酶，而 CYP2D6 在遗传上存在变异因素，形成了药物氧化多态性。近年亦证明了 CYP2C9 亦存在遗传氧化多态性，且涉及的药物较多，如甲苯磺丁脲、华法林、苯妥英钠及非甾体类抗炎药（non-steroidal anti-inflammatory drugs，NSAIDs）等引起人们的重视。

肝药酶的特性在于：①选择性低，它能催化多种药物；②变异性较大，常因遗传、年龄、营养状态、机体状态、疾病的影响而产生明显的个体差异；③酶活性易受外界因素影响而出现增强或减弱现象。能够增强酶活性的药物称为酶诱导剂（enzyme inducer），而能够减弱酶活性的药物称为酶抑制剂（enzyme inhibiter）。当药物合用时，酶诱导剂可使其他药物的代谢加快，因而效应比单用时减弱；酶抑制剂可使其他药物代谢减慢，因而效应比单用时增强。常见的酶诱导剂如，苯巴比妥类、格鲁米特、灰黄霉素、保泰松、利福平、苯妥英钠；常见的酶抑制剂如，氯霉素、异烟肼、西咪替丁、双香豆素、口服避孕药等。酶诱导剂和酶抑制剂还可增强或减弱自身的转化导致药物效应强弱变化。自身诱导作用是药物产生耐受性的重要原因。例如，长期应用苯巴比妥后出现耐受性（tolerance）可能与此有关。保泰松对肝药酶活性的改变依药物种类不同而异，对安替比林、可的松、地高辛等药它是酶诱导剂，而对甲苯磺丁脲等则是酶抑制剂。

五、药物的排泄

排泄是指药物及其代谢物经机体的排泄器官或分泌器官排出体外的过程。药物的排泄与药效、药效维持时间及不良反应密切相关。机体的排泄或分泌器官主要是肾脏，其次是胆道、肠道、唾液腺、乳腺、汗腺、肺等。药物或代谢物经这些器官排泄时具有如下共同规律：①大多数药物和代谢物的排泄属于被动转运，少数药物属于主动转运（如青霉素）；②在排泄或分泌器官中药物或代谢物浓度较高时既具有治疗价值，同时又会造成某种程度的不良反应（如氨基糖苷类抗生素、红霉素）；③各药的排泄速率不同，尤其是这些器官功能不良时均可改变排泄速率，使绝大多数药物的排泄速率减慢，应根据减慢程度调整用药剂量或给药间隔。

（一）肾脏

药物从尿排出是肾小球的滤过、肾小管分泌及肾小管重吸收的结果。

1. 肾小球滤过（glomerular filtration）　肾小球毛细血管壁有很多小孔，药物可以以膜孔扩散方式滤过，如药物与血浆蛋白结合则不能滤过，所以经肾小球滤过后，尿中主要含游离的原型药物和代谢物，其浓度与血浆中浓度相等。在生理情况下，肾小球滤过率约为 125 ml/min。如药物只经肾小球滤过，并全部从尿排出，则药物排泄率与滤过率相等。

2. 肾小管分泌（secretion）　药物的肾小管分泌作用主要发生在近曲肾小管，这种分泌作用具有主动转运特点，如可以逆浓度梯度转运、由载体转运、需能量、有饱和现象等，而且有机酸及有机碱有各自的转运系统，如青霉素属有机酸，它在肾小管有分泌作用，但丙磺舒与其有竞争作用，能阻断青霉素在肾小管的分泌，因而青霉素的有效血药浓度能较持久地维持，延长了抗菌作用时间。

3. 肾小管重吸收（tubular reabsorption） 药物的肾小管重吸收有两种转运方式。主动重吸收（active reabsorption）：主要在近曲肾小管进行，重吸收的物质主要是身体必需的营养品，如葡萄糖、氨基酸、维生素及某些电解质等。被动重吸收（passive reabsorption）：主要在远曲肾小管进行，其重吸收方式为被动扩散。因此，药物能否在肾小管重吸收，取决于药物的理化性质，因为肾小管细胞膜的类脂质特性与机体其他部位生物膜相似，亲脂性分子易被重吸收。同时，尿流速度及尿pH也可以影响重吸收，因为尿液pH影响药物的解离度，从而影响药物的重吸收。临床上可用调节尿液pH的方法，作为解救药物中毒的有效措施之一。例如，巴比妥类、水杨酸类等弱酸性药物中毒，可服用碳酸氢钠碱化尿液加速药物排出，相反，氨茶碱、哌替啶及阿托品等弱碱性药物中毒，酸化尿液可加速药物排泄。

肾脏排泄药物的速率是肾小球滤过率、肾小管分泌率及肾小管重吸收率的综合结果，如下所示。

药物排泄率=（$1-F_R$）（滤过率+分泌率）

注：F_R是重吸收比例分数。

（二）胆汁

药物经肝脏转化形成极性较强的水溶性代谢物，而后从胆汁排泄。不是所有的药物都能经胆汁排泄的，只是具有一定特殊化学基团、相对分子质量在300~5000的药物才能从胆汁排泄。药物由肝细胞转运至胆汁有三种载体，有机阳离子、有机阴离子和甾体类载体，均属于主动转运过程。前两者为非选择性载体，可以出现竞争性抑制现象。有的药物在肝细胞内与葡糖醛酸结合后分泌到胆汁中，随后排泄到小肠中被水解，游离型药物可经肠黏膜上皮细胞吸收，由肝门静脉重新进入全身循环，这种在小肠、肝、胆汁间的循环称肝肠循环（hepato-enteral circulation）。它可使药物在血液中维持时间延长，如洋地黄毒苷、地高辛、地西泮等。还有些代谢物在小肠被重吸收入血，而后由肾排出体外。

（三）肠道

经肠道排泄的药物主要来源于三部分，口服后肠道中未吸收部分、随胆汁排泄到肠道的部分、由肠黏膜分泌排入肠道的部分。

（四）其他途径

许多药物可通过唾液、乳汁、汗液、泪液排泄，其排泄程度依赖于两方面，非解离的药物依赖于从腺上皮细胞扩散到分泌液中的量，解离的药物依赖于pH。唾液中的药物浓度与血浆中的浓度有良好的相关性，由于唾液采集容易且有无创伤性等优点，现在临床上常以此代替血液标本进行血药浓度监测。乳汁的pH略低于血浆，弱碱性药物较弱酸性药物更容易通过乳汁排泄，在哺乳儿体内产生药效或不良反应。挥发性药物、全身麻醉药可通过肺呼气排出体外。

第二节　药动学模型与速率过程

药物在体内的转运及转化形成了药物的体内过程，从而产生了药物在不同器官、组织、体液间的浓度变化，并且是一个随时间变化而变化的动态过程，称为动力学过程或速率过程。为了准确地描述这种动态变化，首先要绘制曲线图，然后选配物理模型，建立数学方程，最后计算药动学参数。这些参数能够定量地反映药物在体内动态变化的过程，同时也是临床制订和调整给药方案的重要依据。

一、药物浓度-时间曲线

给药后药物随时间迁移发生变化，这种变化以药物浓度（或对数浓度）为纵坐标，以时间为横坐标绘出曲线图，称为药物浓度-时间曲线图（concentration-time curve, $C\text{-}t$），简称浓度-时间曲线或时量曲线。由于血液是药物和代谢物在体内吸收、分布、代谢和排泄的联系中介，各种体液和组织中的药物浓度又都与血液中的药物浓度保持一定的比例关系，加上有些体液采集比较困难，因此，血药的浓度变化最具有代表性，是最常用的标本，其次是尿液和唾液。现以血液中药物时量曲线为例说明其变化规律。由图2-1可见单次血管外给药后的曲线能反映出药物在体内吸收、分布、代谢和排泄之间的关系。上升支主要是吸收，当大部分药量已吸收后分布即占主要部分。当各组织间的分布达到相对平衡后，代谢和排泄逐渐占据主要部分，这就是曲线下降部分。因此说吸收、分布、代谢和排泄没有严格的分界线，只是在某段时间内以某一过程为主而已。由坐标轴和曲线围成的面积称为曲线下面积（AUC），表示一段时间内吸收到血液中相对累积量。

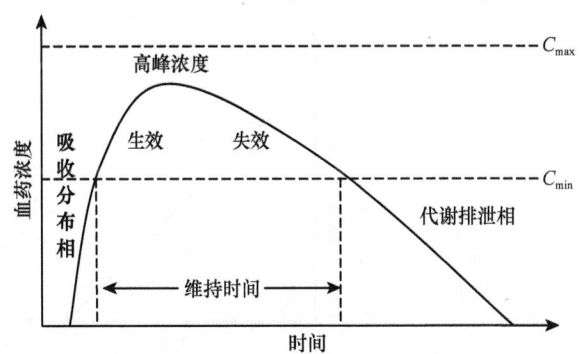

图2-1　单次血管外给药后时间药物浓度曲线

二、药动学模型

为了分析药物在体内转运的动态规律,可用多种模型加以模拟,目前较多选用的是房室模型(compartment model),即将身体视为一个系统,系统内部按动力学特点分为若干室。这是一个便于分析用的抽象概念,是组成模型的基本单位。它是从实际数据中归纳出来的,代表着从动力学上把机体区分为几个药物"储存库"。只要体内某些部位接受药物及消除药物的速率常数相似,而不管这些部位的解剖位置与生理功能如何,都可归纳为一个单位及一个室。室的划分与器官、组织的血流量,膜的通透性,药物与组织的亲和力等因素密切相关。所以,房室模型所指的房室不是解剖学上分隔体液的房室,而是按药物分布速度以数学方法划分的药动学概念。最简单的药动学模型为"一室模型",稍复杂的是"二室模型",另外还有其他多室模型。在这些模型中,一室模型和二室模型较为常用。

现以静脉注射给药为例说明药物在体内变化速率的模型选择、时量曲线、数学方程的基本原理,见图2-2。若为一室模型,药物进入体内迅速均匀分布后基本以同一速率消除,在模型中表示为只有一个出口,以一级速率微分方程描述,时量曲线在半对数坐标上呈线性下降,对微分方程积分后得出时间与浓度关系的函数方程,此方程即是计算静脉注射一室模型药动学参数的基本方程。若为二室模型,药物进入机体后先在血流量丰富的器官组织均匀分布(中央室),而后一方面快速向外周组织分布(外周室),一方面缓慢排出体外,由于同时发生所以时量曲线在半对数坐标上呈快速下降(分布相)。当外周室浓度与中央室浓度达到平衡时,可以看成为一室模型,此时只有缓慢消除,时量曲线呈缓慢下降(消除相)。这种变化使得时量曲线呈双相曲线。分别对中央室和外周室取微分方程,积分后得出时间与浓度关系的多指数函数方程。式中 A、B、α、β 为混合参数,A、B 代表分布相和消除相在纵轴的外推截距,α、β 代表分布相和消除相的斜率。以这四个混合参数和函数方程可计算出静脉注射二室模型药动学参数。

此外,还有其他一些模型用于药动学分析,如生理药动学模型(physiological pharmacokinetic model)、药动学-药效学组合模型(combined pharmacokinetic-pharmacody-namic model)、统计矩(statistical moment)等。

房室模型的划分通常是通过实验结果,利用 C-t 数据的半对数图的图解分析,在能充分描述实验数据的前提下,找出尽可能少的房室数。

理想的房室模型应能很好地反映药物在体内的吸收、分布和消除过程的一般规律,而且模型输出要与实际测量数据吻合为好,对指导药物在临床的合理应用有着积极的意义。

对同一药物,同种机体,由于实验条件或数据处理能力的不同,有的文献报道在体内为一室模型,有的报道为二室模型。例如,选择性钙离子拮抗药氟桂利嗪在健康男性体内的药代动力学过程,多数文献报道为一室模型,但也有报道为二室模型,比较其主要药动学参数(K_a、t_{max}、$t_{1/2}$ 等),两种模型报道的基本相似,提示模型划分的相对性。

物理模型:

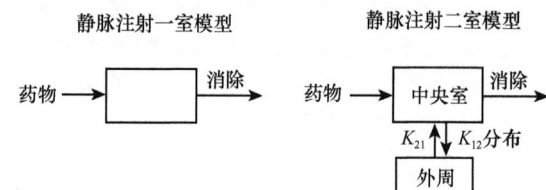

微分方程:$\dfrac{dC}{dt} = -K_e C$

$\dfrac{dC_C}{dt} = -K_e C_C - K_{12} C_C + K_{21} C_P$

$\dfrac{dC_P}{dt} = -K_{21} C_P + K_{12} C_C$

数学方程:$C = C_0 e^{-K_e t}$ $C = A e^{-\alpha \cdot t} + B e^{-\beta \cdot t}$

K_{12}:二室模型药物从中央室(1室)进入周边室(2室)的速率常数

K_{21}:二室模型药物从周边室进入中央室的速率常数

时量曲线:

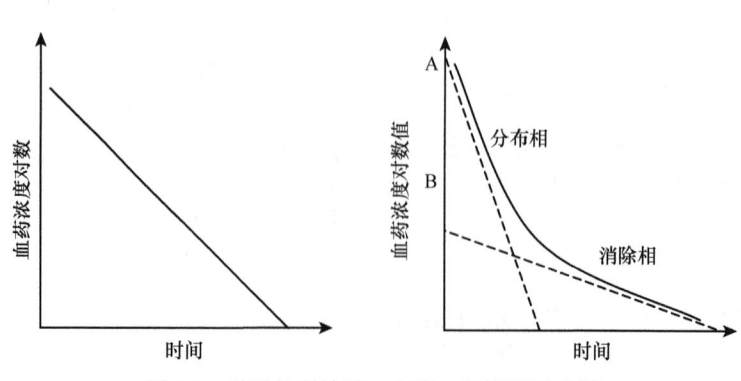

图 2-2　静脉注射给药一室和二室模型示意图

三、速 率 过 程

药物从各种给药途径进入体内,并进行吸收、分布和消除,在不同位置和不同时间内发生数量的变化,必然会涉及速率过程。体内某一部位的药物减少(转运至其他部位或原地代谢)速度 dx/dt 与该部位药量(C)的关系符合:

$$\frac{dc}{dt} = -KC^N \quad (N \geq 0)$$

则称该速率过程为 N 级速率过程,式中 K 为比例常数,等号右侧的负号表示朝药物量减少的方向进行。

(一) 一级速率过程

药动学的基本原理建立在药物分子通过各种体内屏障的基础上。药物通过生物膜的转运方式主要为简单扩散。简单扩散过程主要取决于生物膜的通透性和膜两侧的药物浓度差,浓度差越大,转运速率越快,其转运速率可用下式表示:

$$\frac{dc}{dt} = -KC$$

由此可得到: $C = C_0 e^{-Kt}$

写成对数方程式: $\ln C_t = \ln C_0 - Kt$ 或 $\lg C_t = \lg C_0 - \frac{K}{2.303}t$

式中,C_t 为给药后任何时候的血药浓度,C_0 为起始血药浓度,K 为一级速率常数(单位为 h^{-1}),表示体内药量 C 衰减的特性,这种速率常数并不随体内药物浓度增大而变化。这种在单位时间内药物的吸收或消除按比例进行的药物转运速率,称为一级速率过程。因为其药动学模型是线性的,故一级速率过程又称线性动力学。

一级速率过程具有以下药动学特征:①药物的转运或消除速度与当时药量或浓度一次方成正比(恒比消除);②C-t 图为指数衰减曲线,$\lg C$-t 图为直线(图2-3);③同一药物半衰期($t_{1/2}$)恒定,与剂量无关($t_{1/2} = \frac{0.693}{K}$);④一次给药的时量曲线下面积($AUC$)与剂量($X_0$)成正比($AUC = \frac{X_0}{KV_d}$);⑤一次给药时,药物消除百分率取决于 $t_{1/2}$,经 5 个 $t_{1/2}$ 药物基本消除;⑥在体内药量较多时,消除速度较快,增加剂量不能相应延长药物作用的维持时间;⑦定时定量多次给药时平均稳态血药浓度与剂量成正比;⑧定时定量多次给药到达稳态血药浓度某一百分数所需时间取决于 $t_{1/2}$,到达稳态浓度的时间为 5 个 $t_{1/2}$;⑨在临床应用的大多数药物(如抗生素类、磺胺类等)在体内的吸收、分布或消除过程都属于一级速率过程。

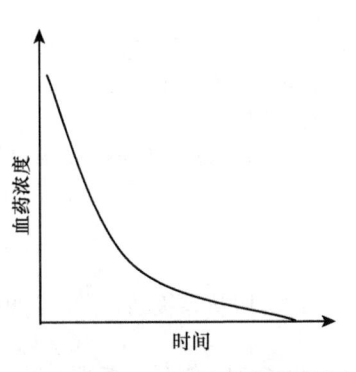

图 2-3 一级速率在普通坐标系和半对数坐标系上的时量曲线

(二) 零级速率过程

药物的主动转运和易化扩散都需要载体或酶的参与,故有饱和现象。因此,其转运速率与药物浓度的关系比较复杂,当药物浓度远小于转运载体或酶浓度时,其转运过程属一级速率过程;但当药物浓度远大于转运载体或酶浓度时,由于酶系统已经饱和,此时药物浓度的变化速率,将受到这种容量的限制,成为一定值,其转运速率只取决于转运载体或酶的浓度,而与药物浓度无关,称为零级速率过程,其转运速率可用下式表示:

$$\frac{dC}{dt} = -K_0$$

将上式积分得

$$C_t = C_0 - K_0 t$$

上式表明 C_t 对 t 作图为直线(图2-4),随着时间的推移,药物浓度的变化顺序为等差级数。在零级速率过程中,$t_{1/2}$ 与当时药量或浓度有关,并与之成正比($t_{1/2} = \frac{C_0}{2K_0}$),开始时血药浓度高,$t_{1/2}$ 较长,后来浓度下降,$t_{1/2}$ 随之缩短,故零级速率过程的 $t_{1/2}$ 为依赖剂量 $t_{1/2}$。零级速率过程与一级速率过程的比较可见下表(表2-1)。

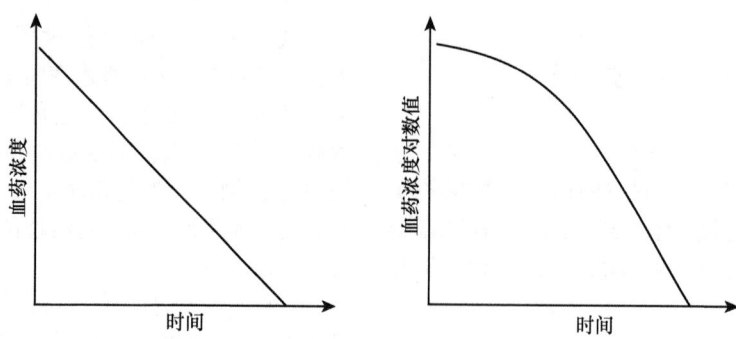

图 2-4 零级速率在普通坐标系和半对数坐标系上的时量曲线

表 2-1 零级速率过程与一级速率过程的比较

	零级动力学消除	一级动力学消除
数字模式	100-90-80-70-60-50	100-50-25-12.5-6.25
单位时间消除量	等量、等差	等比
半衰期与浓度	半衰期不恒定，浓度越大半衰期越长	半衰期恒定，与浓度无关
普通坐标	直线	曲线
半对数坐标	曲线（非线性消除）	直线（线性消除）
半衰期计算公式	$t_{1/2} = \dfrac{C_0}{2K_0}$	$t_{1/2} = \dfrac{0.693}{K}$
发生情况	药物量>机体消除能力	药物量<机体消除能力

恒速静脉滴注药物是零级过程给药的典型例子。长效制剂中，缓释部分的释放速率也为零级吸收过程。其他情况药物在体内的过程则很少属于单纯的零级过程。有人认为乙醇的体内消除过程属于零级过程，但当药物浓度下降至远小于转运载体或酶的饱和浓度时，其转运过程可转为一级速率过程，故应属于米氏（Michaelis-Menten）速率过程。

（三）米氏动力学

某些药物在体内的降解速率受酶活力的限制，通常在高浓度时是零级速率过程，而在低浓度时是一级速率过程，称 Michaelis-Menten 速率过程，速率过程在数学上呈非线性关系，故又称为非线性动力学过程（图 2-5）。某些药物是以主动转运方式进行的，当药物达到一定浓度后，其载体被饱和，此时转运速率达到恒定值，再增加药量，转运速率不变，这类药物的动力学通常也以 Michaelis-Menten 动力学过程来描述。即当某一转运或转化系统中，药物浓度超过该系统的容量后，其浓度变化速率可用 Michaelis-Menten 方程来描述：

$$\frac{dC}{dt} = \frac{V_m C}{K_m + C}$$

式中，V_m 是表示该过程最大速率的一个常数，K_m 为 Michaelis 常数，其 K_m 值表示变化速率为最大速率一半时的浓度。

1. Michaelis-Menten 速率过程 有以下两种情况。

（1）当药物浓度极大时，即 $C \gg K_m$：

$$\frac{dC}{dt} = -V_m$$

此时服从零级动力学，其积分式为

$$C_t = C_0 - V_m t$$

以 C_t 对 t 作图得直线，斜率为 $-V_m$，截距为 C_0。

此段浓度的半衰期为 $t_{1/2} = \dfrac{0.5 C_0}{V_m}$。

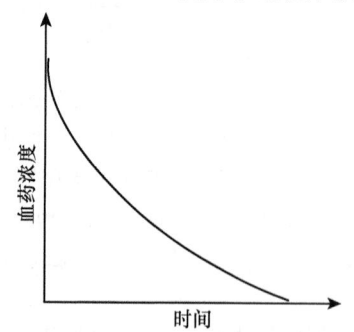

图 2-5 Michaelis-Menten 动力学在普通坐标系和半对数坐标系上的时量曲线

（2）当药物浓度极小时，即 $C \ll K$，令 $V_m/K_m = K$，则服从一级速率过程。

$$\frac{dc}{dt} = -\frac{V_m}{K_m} C = -Kt$$

2. Michaelis-Menten 速率过程的特点 ①药物的移除速度随当时药量而不同；②体内药物浓度的下降不是指数关系；③$t_{1/2}$随药量增加而增加，AUC与药量不成正比；④血药浓度与剂量不成正比，剂量增加可超比例增加多次给药的稳态浓度及延长到达稳态浓度的时间，药物作用时间比一级消除的药物更依赖于剂量；⑤易发生药物相互作用、药酶诱导与抑制，可能存在其他药物对酶活力限制的速率过程的竞争性抑制，个体差异大。

在临床应用的药物中，如苯妥英钠、高剂量的巴比妥类、硫喷妥钠、地高辛、水杨酸盐、双香豆素等都可作为 Michaelis-Menten 速率过程的例子。

四、药动学的基本参数

由房室模型的函数方程可以计算出药物在体内吸收、分布、消除各环节的参数。它们可以分别定量地描述药物的体内过程，现择其几个重要的参数介绍如下。

（一）生物利用度

生物利用度（bioavailability，F）指血管外给药后能被吸收进入体循环的分数或百分数。公式为

绝对生物利用度

$$F = \frac{AUC_{(血管外给药)}}{AUC_{(血管内给药)}} \times 100\%$$

相对生物利用度

$$F' = \frac{AUC_{(供试药)}}{AUC_{(对照药)}} \times 100\%$$

通常以血管内（如静脉注射）给药所得时量曲线下面积（AUC）为百分之百，血管外给药（如口服、肌内注射、舌下、吸入等）所得 AUC 与其相除，可得到经过吸收过程而实际到达体循环的绝对生物利用度，以此评价同一种药的不同给药途径的吸收程度；相对生物利用度评价不同厂家同一种制剂或同一厂家的不同批号药品间的吸收情况是否相近或等同，如果有较大差异将导致药效方面的较大改变。

（二）表观分布容积

表观分布容积（apparent volume of distribution，V_d）指理论上药物均匀分布应占有的体液容积，以 L 或 L/kg 为单位。

$$V_d = \frac{FD}{C}$$

式中，F 为生物利用度，D 为给药量，C 为血药浓度。表现分布容积并非指药物在体内占有的真实体液容积，所以称为表观分布容积。通过此数值可以了解药物在体内分布情况。例如，一个 70kg 体重的正常人，V_d 在 5L 左右时表示药物大部分分布于血浆；V_d=10～20L 时则表示药物分布于全身体液中；V_d>40L 时则表示药物表示药物分布到组织器官中；V_d>100L 时则表示药物集中分布至某个器官内或大范围组织内，前者如碘集中于甲状腺，后者指骨骼或脂肪组织等。一般来说，V_d 越小药物排泄越快，在体内存留时间越短；V_d 越大药物排泄越慢，在体内存留时间越长。

（三）半衰期

半衰期（half-life，$t_{1/2}$）指血浆中药物浓度下降一半所需的时间。绝大多数药物在体内属于一级速率变化，根据一级速率公式：

$$\frac{dC}{dt} = -K_e C$$

积分得

$$C_t = C_0 e^{-K_e t}$$

式中，t 为给药时间，C_t 为 t 时刻血药浓度，C_0 为初始血药浓度，K_e 为消除速率常数。

上式取常用对数得

$$\lg C_t = \lg C_0 - \frac{K_e}{2.303}$$

变换得

$$t = \lg\left(\frac{C_0}{C_t}\right) \times \frac{2.303}{K_e}$$

当 $C_t = \frac{C_0}{2}$ 时，t 为药物半衰期 $t_{1/2}$，代入上式得

$$t_{1/2} = \lg 2 \times \frac{2.303}{K_e} = \frac{0.693}{K_e}$$

由此，按一级速率消除的药物 $t_{1/2}$ 为一恒定值，且不因血浆药物浓度高低而变化。

在一室模型 $t_{1/2} = \frac{0.693}{K_e}$；在二室模型 $t_{1/2} = \frac{0.693}{\beta}$。

根据零级速率公式：

$$\frac{dC}{dt} = -K$$

积分得

$$C_t = C_0 - Kt$$

当 $C_t = \frac{C_0}{2}$ 时 $t_{1/2} = \frac{0.5 \cdot C_0}{K}$。

因此按零级速率消除的药物，$t_{1/2}$ 不是固定值，可随药物浓度的变化而改变。

$t_{1/2}$ 的意义在于如下几点。①它反映药物消除快慢的程度，也反映体内消除药物的能力。②$t_{1/2}$ 与药物转运和转化关系为：一次用药后经过 4～6 个 $t_{1/2}$ 后体内药量消除 93.5%～98.4%。同理，若每隔 1 个 $t_{1/2}$ 用药一次，则经过 4～6 个 $t_{1/2}$ 后体内药量可达稳态水平的 93.5%～98.4%。③按 $t_{1/2}$ 的长短不同常将药物分为 5 类，超短效为 $t_{1/2} \leq 1h$，短效 $t_{1/2}$ 为 1～4h，中效 $t_{1/2}$ 为 4～8h，长效 $t_{1/2}$ 为 8～24h，超长效患者为 >24h。④肝肾功能不良者，其 $t_{1/2}$ 将改变，绝

大多数药物的 $t_{1/2}$ 延长。可通过测定患者肝肾功能调整用药剂量或给药间隔。

(四) 清除率

清除率（clearance, CL）是指单位时间内整个机体或某消除器官能消除相当多少毫升血中所含的药物，即单位时间消除的药物 V_d。清除率可以指总清除率或器官清除率，如无特殊说明，清除率一般指总清除率。总清除率等于个别清除率的总和，如肝清除率、肾消除率和其他器官清除率之和。

1. 静脉注射给药剂量（X_0）与时量曲线下面积（AUC）的比值

$$CL = \frac{X_0}{AUC}$$

如果用其他途径给药时，以静脉注射所得的清除率除去吸收率 F，称为表观清除率，单位都是容积/时间（$L \cdot h^{-1}$），这一方法表明清除率与动力学过程的房室模型数无关。

2. 药物中央室分布容积与药物消除速率常数的乘积

一室模型的消除率：$CL = KV_d$

二室模型的消除率：$CL = K_{10}V_1$

式中，K_{10} 为二室模型药物从中央室向体外消除的速率常数。

清除率应根据药物的消除机理进行计算。当药物部分或全部以原形从肾排泄时，药物肾清除率（CL_R），即每分钟有多少毫升血浆中的药物被肾清除，可以下式计算：

$$CL_R = \frac{C_U \cdot V_U}{C_P}$$

式中，C_U 为尿内药物浓度，V_U 为每分钟尿量，C_P 为血浆中药物浓度。

(五) 稳态血药浓度

在临床治疗中多数药物都是重复给药以期达到有效治疗浓度，并使血药浓度维持一定水平。此时给药速率与消除速率达到平衡，其血药浓度称为稳态浓度（steady state concen-tration, C_{ss}），又称坪值（plateau）。在 C_{ss} 时血药浓度可以波动，其最高值称峰浓度[$C_{(ss)max}$]，最低浓度值称谷浓度[$C_{(ss)min}$]，两者之相对距离为波动幅度。

$$波动幅度(\%) = \frac{2 \times (峰浓度 - 谷浓度)}{(峰浓度 + 谷浓度)} \times 100$$

当间隔 1 个 $t_{1/2}$ 给药一次，经 4～6 个 $t_{1/2}$ 后可达 C_{ss}。

当改变给药间隔，不改变每次剂量时，达到 C_{ss} 时间不变，波动幅度及范围改变，C_{ss} 改变，单位时间内给药总量不同（图 2-6）。

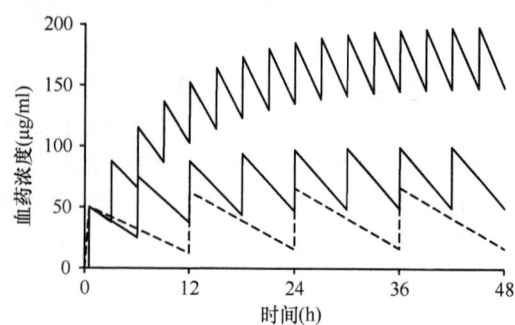

图 2-6　改变给药间隔不改变每次剂量时的 C_{ss}
（给药间隔时间分别为 12h、6h、3h 的 C_{ss}）

当改变每次剂量，不改变给药间隔时，达到 C_{ss} 的时间不变，波动幅度及范围改变，C_{ss} 改变，单位时间内给药总量不同（图 2-7）；当单位时间内给药总量无改变，每次剂量和给药间隔都改变时，达到 C_{ss} 的时间不变，波动幅度及范围改变，但 C_{ss} 基本不变（图 2-8）。

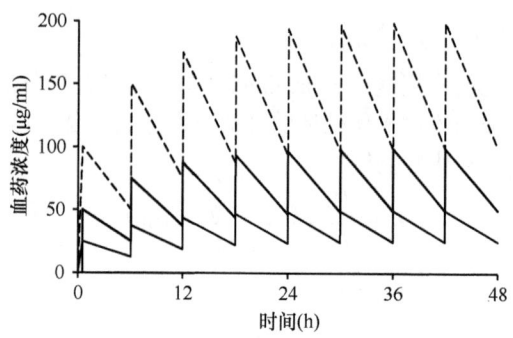

图 2-7　改变每次剂量不改变给药间隔时的 C_{ss}
（三条曲线分别代表给药剂量倍数递增的 C_{ss}）

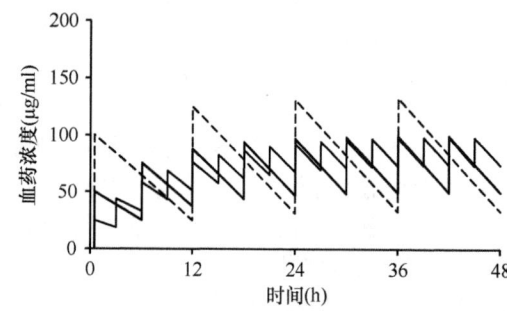

图 2-8　单位时间内给药总量不变、每次剂量和给药间隔都改变时的 C_{ss}
（三条曲线分别代表 12h 内给药总量不变时，单次给药、二次给药、三次给药的 C_{ss}）

如每隔一个 $t_{1/2}$ 给药一次，为了迅速达到 C_{ss}，则可采用首次剂量加倍的方法。图 2-9 表示重复给药和首剂加倍的时量曲线变化。

在临床治疗中，确定给药剂量和给药间隔是制订和调整给药方案的重要内容。

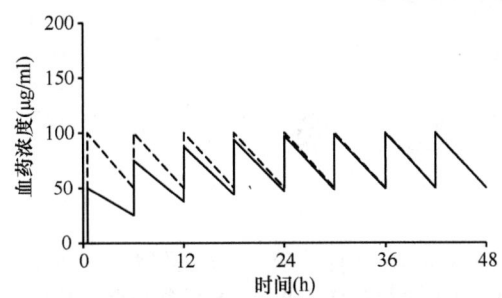

图 2-9 重复给药及首剂加倍的时量曲线变化情况
（虚线代表首次剂量加倍的 C_{ss}）

（刘 莉）

第三章 药效学

药物效应动力学（pharmacodynamics，简称药效学）是研究药物对机体的作用、作用规律及其作用机理的学科。药物效应动力学的研究为临床合理用药、避免药物不良反应和新药研究提供依据，也为促进生命科学发展发挥重要作用。

第一节 药物作用和效应

一、药物作用和效应的概念

药物作用（drug action）是指药物与生物体作用部位（靶位）反应的过程，如去甲肾上腺素（noradrenaline，NA）与血管平滑肌 $α_1$ 受体结合。效应（effect）则是指这种反应过程的结果，如 NA 与血管平滑肌 $α_1$ 受体结合后所引起的血管收缩、血压升高。而在药理学实际应用中两者常常相互通用，两者既有区别又有联系。

二、药物作用的方式

直接作用（direct action）：药物作用于器官组织的靶位后所产生的效应为直接作用。例如，β受体拮抗药作用于心脏的β受体，产生心率减慢作用。间接作用（indirect action）又称继发作用（secondary action），指由药物作用于器官组织的靶位后所产生的效应又引发了另一种效应，常常通过神经反射或体液调节引起。例如，去甲肾上腺素作用于血管平滑肌受体引起血管收缩，血压升高，而后反射性地引起心率减慢则属间接作用。

三、药物作用的范围

局部作用（local action）指药物在用药部位产生的作用。全身作用（systemic action）指药物自用药部位吸收入血后分布到全身而产生的作用，也称吸收作用。例如，毛果芸香碱滴眼液的缩瞳作用，即为局部作用，但该药经黏膜吸收后增加唾液分泌则属于全身作用。

四、药物作用的选择性和效应的特异性

选择性（selectivity）指在治疗剂量时，药物吸收入血后常只选择性地作用于某一个或几个器官组织的靶位，而对其他器官组织的靶位不发生作用。这是由于药物对这些靶位具有较大的亲和力。选择性有如下两个特点。①有高低之分，选择性高的药物针对性强，而选择性低的药物影响器官多，作用广。例如，M 受体激动剂乙酰胆碱，对 M 受体无选择性，从而影响心脏、血管、胃肠道、泌尿道、眼、腺体、支气管和中枢神经系统，而哌仑西平选择性阻断 M_1 受体，选择性高，仅对胃腺壁细胞作用强；②有相对性，常与应用的剂量有关，如咖啡因小剂量对大脑皮质有兴奋作用，可使精神振奋，思维敏捷，疲劳减轻，然而大剂量服用时还会兴奋延髓乃至脊髓而引起惊厥。产生药物选择性的机理大致与下列因素有关：①药物的化学结构与机体靶位结构的差异；②药物在靶位的浓度和靶位的数量。药物的选择性可作为药物分类和临床用药的依据。

多数药物是通过化学反应而产生药理效应的，这种化学反应的专一性使药物的作用具有特异性（specificity）。药物作用特异性的物质基础是药物的化学结构。青霉素抑制革兰氏阳性菌细胞壁合成作用的特异性很强，其杀灭敏感菌的效应也有很强的选择性。但也有些药物作用的特异性与其效应的选择性并不平行。例如，阿托品阻断 M 胆碱受体的作用具有很强的特异性，但选择性并不高。由于 M 胆碱受体的广泛分布，该药对腺体、内脏、血管、心脏、神经系统等可产生多种药理效应。药理效应选择性强的药物临床应用时针对性强，不良反应少。但增加剂量时，往往会因生理性反射、生化反应失去平衡等机理使药理效应变得广泛。选择性低的广谱药物在多病因或诊断未明时应用也有其方便之处。临床药物的应用应根据实际情况选择。

五、药物效应的基本表现

兴奋（excitation）指能提高机体器官组织功能的效应，如心率增加、血压上升、酶活性增强等。抑制（inhibition）指能降低机体器官组织功能的效应，如心率减慢、血压下降、酶活性减弱等。兴奋和抑制在一定条件下是可以相互转化的，过度兴奋，如持续惊厥，则可导致中枢衰竭甚至死亡。

六、药物的临床效果

（一）治疗作用

治疗作用（therapeutic effect）指药物所引起的与

用药目的一致的作用，是有利于防病、治病的作用。根据治疗作用的效果，可将其分为对因治疗（etiological treatment）和对症治疗（symptomatic treatment）。

1. 对因治疗 指应用药物消除致病因子，以彻底治愈疾病，亦称治本。例如，抗菌药物杀灭或抑制致病菌治疗感染性疾病，胆碱酯酶复活药解救有机磷酸酯类中毒等。

2. 对症治疗 指应用药物改善症状，亦称治标。虽然对症治疗不能根除病因，但对于尚未查明病因或诊断明确暂时无法根治的疾病是不可缺少的。例如，高热会引发昏迷、抽搐、死亡；危重症如心力衰竭、休克、脑水肿、高热、惊厥、哮喘等作为二级病因，能使病情进一步恶化，必须及时采取有效的对症治疗，这可能比对因治疗更为迫切。

此外，体内营养或代谢物质不足，给予补充，称为替代疗法（replacement therapy），亦称补充疗法（supplementary therapy），也可以纠正发病原因，但引起缺乏症的原发病灶并未除去，因此严格地说与对因治疗还有一定差别。

（二）不良反应

药物的不良反应（adverse drug reaction，ADR）是指那些不符合药物治疗目的，并给患者带来痛苦或危害的反应。治疗作用与不良反应是药物本身所固有的两重性作用。临床治疗疾病，必须充分考虑用药安全性和有效性，根据治疗需要权衡利弊，决定取舍。

1. 副作用（side reaction） 是指药物在治疗剂量时引起的，与治疗目的无关的作用，给患者带来轻微的不舒适或痛苦，多半是可以恢复的功能性变化。副作用是药物本身所固有的作用。产生副作用的原因是药物选择性差，作用所涉及的范围广泛。当其某一效应被用作治疗目的时，其他效应就成了副作用。如阿托品在治疗胃肠绞痛时，解除胃肠平滑肌痉挛为治疗作用，而抑制腺体分泌等为其副作用；然而在全身麻醉前给予阿托品，抑制唾液腺和支气管腺体分泌即为治疗作用，松弛平滑肌导致腹气胀尿潴留则成为其副作用。副作用一般是可预料并可以避免或减轻的。

2. 毒性反应（toxic reaction） 一般是用量过大或用药时间过长，药物在体内蓄积过多引起的严重不良反应。有时用药剂量不大，但机体对药物过于敏感也能出现毒性反应。绝大多数药物都有一定的毒性，如治疗慢性心功能不全的药物地高辛过量可引起心律失常，水杨酸盐可引起恶心、呕吐、耳鸣等。短期内过量用药引起的毒性称急性毒性（acute toxicity），多损害循环、呼吸及神经系统功能。长期用药时由于药物在体内蓄积而逐渐发生的毒性称为慢性毒性（chronic toxicity），常损害肝、肾、造血器官及内分泌等器官的功能。药物的致癌（carcinogenesis）、致畸胎（teratogenesis）、致突变（mutagenesis）作用属于慢性毒性中的特殊毒性。

3. 后遗效应（residual effect） 是指停药后血浆药物浓度下降至阈浓度以下时残存的药理效应。例如，服用巴比妥类催眠药后，次晨仍有困倦现象；长期应用肾上腺皮质激素后肾上腺皮质功能低下，数月内难以恢复等。

4. 变态反应（allergic reaction） 是药物引起的免疫反应，包括免疫学中的各种免疫反应，反应性质与药物原有效应无关。药物本身、药物的代谢产物、制剂中的杂质或辅剂均可成为致敏原。大分子多肽或蛋白质类药物可直接具有抗原性，小分子药物可作为半抗原通过与体内蛋白结合形成抗原。抗体的产生需7～10日的敏化过程。再次与抗原接触即导致发病。

5. 特异质反应（idiosyncrasy） 少数特异体质患者对某些药物反应特别敏感，反应性质也可能与常人不同，但与药物固有药理作用基本一致，反应严重度与剂量成比例，药理拮抗药救治可能有效。这种反应不是免疫反应，故不需预先敏化过程。现在知道这是一类药理遗传异常所致的反应，如对骨骼肌松弛药琥珀胆碱特异质反应是由于先天性血浆胆碱酯酶缺乏所致。

6. 停药反应（withdrawal reaction） 指长期应用某些药物，突然停药所出现的症状，包括反跳现象（rebound phenomenon）和停药症状（withdrawal symptoms）。反跳现象指突然停药后使原有病症加重。例如，长期服用可乐定治疗高血压，交感神经末梢突触前膜 $α_2$ 受体可产生向下调节，敏感性降低，突然停药则使 NA 释放过多，出现短时交感神经亢进，血压突然增高。长期服用普萘洛尔治疗心绞痛，可使 β 受体产生向上调节，对内源性儿茶酚胺的敏感性增强，突然停药会加剧心绞痛，引起心肌梗死或突然死亡。巴比妥类、苯二氮䓬类和糖皮质激素等，除了反跳现象以外，还可出现原有疾病所没有的症状，如肌痛、肌强直、关节痛、疲乏无力、情绪消沉、发热等，称为停药症状。因此，长期应用上述药物后，不可突然停药，应逐渐减量，以避免发生严重的停药反应。

7. 继发反应（secondary reaction） 指在药物治疗作用之后所产生的不良后果，又称为治疗矛盾，如长期应用广谱抗生素后，由于肠道内对药物敏感的细菌被抑制，耐药菌株如白色念珠菌或耐药葡萄球菌大量繁殖，再度引起的感染，即二重感染，即为继发反应。

8. 耐受性（tolerance） 指连续用药后出现的药物反应性下降。若在很短时间内产生称为快速耐受性或急性耐受性（tachyphylaxis），停药后可以恢复，如麻黄碱、硝酸甘油、垂体后叶素等。反之，若在长期用药后产生则称为慢速耐受性或慢性耐受性

（bradyphylaxis），如苯巴比妥、胰岛素既可产生急性耐受性又可产生慢性耐受性。若按引起耐受性的机理可分为药效耐受性（pharmacodynamic tolerance）和代谢耐受性（metabolic tolerance）。前者主要指由于受体数目减少、酶活性饱和、作用底物耗竭等使药物反应性降低；后者主要是肝药酶活性被诱导增强所致。苯巴比妥产生的耐受性与这两种机理均有关。病原体和肿瘤细胞在长期用药后产生的耐受性称为耐药性（resistance）或抗药性。

9. 依赖性（dependence） 指长期用药后患者对药物产生主观和客观上需要连续用药的现象。若仅产生精神上的依赖性，停药后患者只表现为主观上的不适，没有客观上的体征表现，称为习惯性（habituation）。若患者对药物不但产生精神依赖性，还有躯体依赖性，一旦停药后患者产生精神和躯体生理功能紊乱的戒断症状（abstinent syndrome），称为成瘾性（addiction）。

用药时注意以下几点可预防或减少不良反应的发生：①了解患者及家族的药物和食物等过敏史，这对有过敏倾向和特异质及有不良反应家族史的患者十分重要；②注意特殊人群用药，根据特殊人群各自特点（生理、病理、药动学、药效学等）谨慎用药；③用药注意了解患者从不同科室开具的处方药品和自用药品使用情况，以免发生不良药物相互作用；④新药的不良反应及远期效果的临床资料有限，儿童、妊娠期妇女及老年人应慎用；⑤注意定期监测器官功能，使用对器官功能有损害的药物时，需按规定检查器官功能，如应用利福平、异烟肼时检查肝功能，用氨基糖苷类时检查听力、肾功能等；⑥注意不良反应症状，观察不良反应早期症状，以便及时停药和处理，防止恶化；⑦注意药物的迟发反应，常发生于用药数月或数年后，如致癌、致畸作用。

机体的生理病理状况、性别、年龄、遗传因素、用药剂量、用药时间等许多因素都可能影响药物不良反应的发生。此外，药物相互作用、环境因素及机体的自身内环境的稳定情况均可影响不良反应的发生。例如，万古霉素、呋塞米、依他尼酸与氨基糖苷类抗生素合用，可使耳聋的发生率明显增高；红霉素与阿司匹林均可引起耳鸣，常用剂量单独应用时不易出现，但两药合用，耳毒性增强，易引起耳鸣；两性霉素B与氨基糖苷类合用可加重肾脏毒性；激素类、雌激素或同化激素往往破坏机体内分泌系统的平衡，引发不良反应或药源性疾病。

药源性疾病是由药物诱发的疾病，属于医源性疾病的一种。具体是指在预防、诊断、治疗或调节生理功能过程中出现的与用药有关的人体功能异常或组织损伤所引起的一系列临床症状。据大量临床观察和研究资料证实，药物可引起100多种药源性疾病和（或）综合征，有的会造成不可逆性损害，甚至死亡。

药源性肝脏疾病是最主要的药源性疾病之一，成为药品审批失败、增加警示及撤市的主要原因。它是欧美国家急性肝衰竭的主要原因，而急性肝衰竭已经成为欧美国家肝移植重要原因之一。其发生多具不可预测性，住院患者约1%可发生药源性肝损伤，实际发生数至少为报道的16倍。药源性肝损伤多有一定的潜伏期，用药2周内发病者占50%～70%。咪唑类抗真菌药、抗结核药物及非甾体类解热镇痛抗炎药等均可引起药源性肝脏疾病。

第二节 量效关系

药理效应的强弱与其剂量大小或浓度高低呈一定关系即药物剂量-效应关系（doseeffect relationship），简称量效关系。超出这一范围就会引起质的变化，如产生中毒反应。由于药物剂量的大小与血药浓度成比例，而血药浓度与药物效应关系密切，故在药理研究中，也常用浓度-效应关系。

一、剂 量

剂量即临床所用药物的分量，按所用剂量与药效的关系，可将剂量分为下列几种。①无效量（ineffective dose）：不出现药效的过小剂量。②阈剂量（threshold dose）：刚刚能引起药效的剂量，亦称最小有效量（minimal effective dose）。③治疗量（therapeutic dose）：大于阈剂量能产生治疗效果而又不致引起毒性反应的剂量，亦称常用量。④极量（maximal dose）：较治疗量大，比最小中毒量小，是《中华人民共和国药典》规定允许使用的最大剂量。⑤中毒量（toxic dose）：超过极量而引起毒性反应的剂量。其中引起中毒的最小剂量称之为最小中毒量（minimal toxic dose）。⑥致死量（lethal dose）：导致中毒而致死的剂量。

二、量效曲线

以药理效应的强度为纵坐标，药物剂量或浓度为横坐标作图表示量效关系的曲线即为量效曲线（dose effect curve）。药理效应按性质可分为量反应和质反应两种情况。

（一）量反应量效曲线

效应的强弱呈连续性量的变化，称为量反应，如心率的快慢，血压的升降，体温的高低，呼吸频率的快慢，尿量的多少等。如将药物剂量为横坐标，以量反应的效应为纵坐标作图所得的曲线称量反应曲线（graded response curve）。实际工作中常用多次实验测得的数据，取其平均值绘图。量反应量效曲线常见的绘制方法包括：①以剂量（在整体动物）或浓度（在离体器官）为横坐标，以效应强度为纵坐标作图可获得直方双曲线（图 3-1A）；②以对数剂量或对数浓度为横坐标，以效应强度为纵坐标作图则曲线呈对称的 S 型（图 3-1B）。

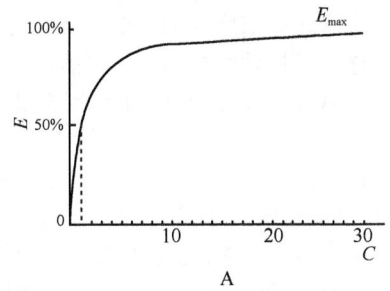
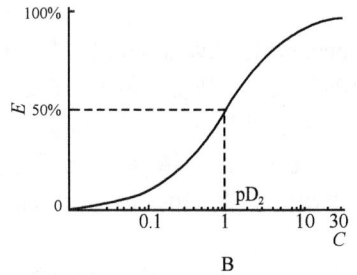

图 3-1　药物量反应量效曲线图

A. 药量用算数剂量表示；B. 药量用对数剂量表示；E. 效应强度；C. 药物浓度

（pD_2 是产生 50%最大效应($E=\frac{1}{2}E_{max}$)的摩尔浓度的负对数。pD_2 值越大，说明药物与受体亲合力越大，药效越强。）

量反应量效曲线在药理学上有重要意义，从这条 S 形量效曲线上可以看出如下几个值。

1. 斜率（slope）　量效曲线在效应量的 16%～84%区段大致呈直线，该段直线与横坐标夹角的正切值称量效曲线的斜率。斜率大的药物说明药量的微小变化即可引起效应的明显改变，提示药效剧烈。斜率较小的提示药效温和。

2. 最小有效量或最小有效浓度　系指能引起效应的最小药量或最小药物浓度，亦称阈剂量或阈浓度。

3. 最大效应（maximal effect，E_{max}）　指量反应当中的最大效应，即使继续增加剂量（或浓度），药效也不再提高，又称效能（efficacy）。

4. 半最大效应浓度（concentration for 50% of maximal effect，EC_{50}）　即能引起 50%最大效应的浓度，亦称半效能浓度。

5. 效价强度（potency）　引起同等效应（50%最大效应）的剂量或浓度，其数值越小，强度越大，又称等效剂量（equivalent dose）。比较两药的效应大小，可通过效价强度和效能两方面进行，但应注意这两项指标的意义完全不同，两者并不平行，即效价强度大者效能并不一定大（图 3-2）。在比较两药效应时，一定要明确是效能还是效价强度，否则，不加区分妄下结论容易造成误解。

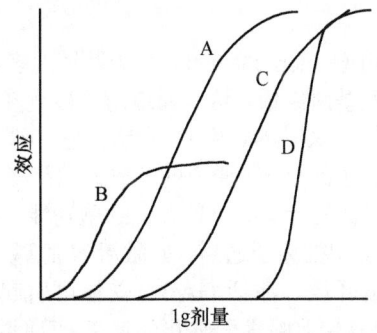

图 3-2　A、B、C、D 四种药物的效能与效价比较

效价强度比较. B＞A＞C＞D；效能比较. A=C=D＞B

（二）质反应的量效曲线

如果药理效应不是随药物剂量或浓度的增减呈连续性量的变化，而表现为反应性质的变化，则称为质反应（quantal response）。质反应以阳性或阴性、全或无的方式表现，如存活或死亡、清醒或睡眠等。在实际工作中，常将动物按用药剂量分组实验，以阳性百分率为纵坐标，以剂量或浓度为横坐标作图，也可得到与量反应中的直方双曲线相似的曲线称为质反应曲线（quantal response curve）。如果按照药物浓度或剂量的区段出现阳性反应频率作图可得到呈常态分布的倒钟形曲线。如果按照随剂量增加的累计阳性反应百分率作图，则可得到典型 S 形量效曲线（图 3-3）。在量反应实验中，如以某一反应强度为标准，大于此点为阳性，小于此点为阴性，也可将实验数据绘出类似质反应的量效曲线。

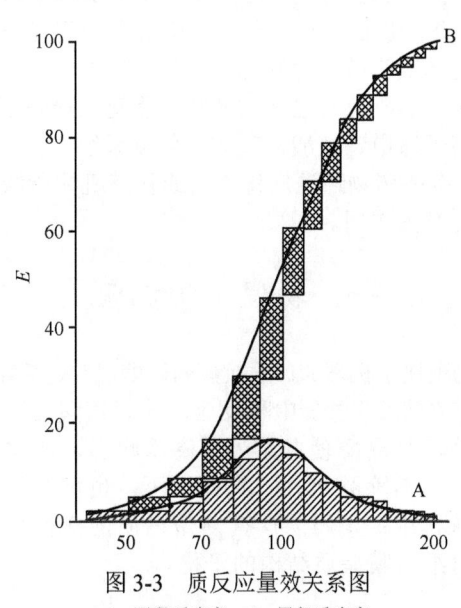

图 3-3　质反应量效关系图

A. 区段反应率；B. 累积反应率

质反应量效曲线的意义如下所示。

1. 斜率　在质反应量效曲线中，斜率反映阳性

反应的离散性,即个体差异。斜率陡的药物说明个体差异较小,如果按倒钟形分布则表示集中于总体平均数。

2. 半数有效量(median effective dose, ED_{50}) 在量反应中指能引起50%最大反应强度的药量,在质反应中指引起50%实验对象出现阳性反应时的药量。以此类推,如效应为惊厥或死亡,则称为半数惊厥量(50% convulsion)或半数致死量(50% lethal dose, LD_{50})。

3. 治疗指数(therapeutic index, TI) 药物的安全性与其 LD_{50} 的大小成正比,与 ED_{50} 成反比,一般常以药物的 LD_{50} 与 ED_{50} 的比值称为治疗指数,用以表示药物的安全性。临床上常用的药物 TI 都在 100 以上,但洋地黄等 TI 很小(小于 10),临床应用时需进行血药浓度监测。由于药物剂量-疗效与剂量-死亡这两条量效曲线的首尾可能重叠,如图3-4所示,虽然 A、B 两药的治疗指数相同,但是同为 ED_{95} 和 ED_{99} 时,A 药没有动物死亡,而 B 药的这两个剂量分别有 10%和 20%动物死亡,故治疗指数并不能完全反映药物的安全性。于是,人们又以安全界值(safety margin)即 LD_5 与 ED_{95} 的比值或可靠安全系数(certain safety factor, CSF)即 LD_1 与 ED_{99} 的比值来衡量药物的安全性。

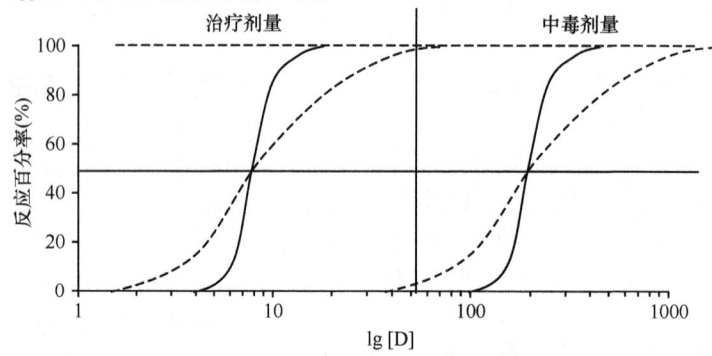

图 3-4 治疗指数与药物安全性评价
B 药 $ED_{95}=LD_{10}$
——A 药;----B 药

第三节 药物作用机理

大多数药物的作用来自于药物与机体生物大分子之间的相互作用,这种相互作用引起了机体生理、生化功能的改变。药物作用机理是研究药物如何与机体细胞结合而发挥作用的,其结合部位就是药物作用的靶点。已知的药物作用靶点涉及受体、酶、离子通道、核酸、载体、免疫系统、基因等。此外,有些药物通过理化作用或补充机体所缺乏的物质而发挥作用。

一、物理化学机理

物理化学机理如口服抗酸药碳酸氢钠、氢氧化铝等后与胃液发生酸碱中和反应,使胃液酸度降低;静脉滴注甘露醇使血浆处于高渗状态,产生脱水作用,可消除脑水肿,降低眼压,也可产生渗透性利尿作用;消毒防腐药对蛋白质的变性作用;乙醇对细胞膜脂质结构的干扰。

二、酶

酶(enzyme)是由机体细胞产生的具有催化作用的蛋白质,具有立体结构特异性、高度敏感性和高度活性,能促进各种细胞成分的代谢。酶的生成由遗传因素所决定,其代谢转换受各种生理、病理、药物及环境因素调节。有些药物以酶为作用靶点,对酶产生激活、诱导、抑制或复活作用。例如,卡托普利抑制血管紧张素(angiotensin, Ang)I 转换酶;解磷定能使被有机磷酸酯类所抑制的胆碱酯酶复活等。有些药物本身就是酶,如胃蛋白酶、胰蛋白酶。还有些药物本身是酶的底物,经转化后发挥作用。例如,左旋多巴通过血-脑屏障后,被纹状体中多巴脱羧酶代谢为多巴胺(dopamine, DA),发挥补充中枢递质的作用。

三、离子通道

离子通道(ion channel)系由肽链经多次往返跨膜形成的亚基所组成,这些通道均已被克隆。主要的通道有 Ca^{2+}、K^+、Na^+ 及 Cl^- 通道,它们调节细胞膜内外无机离子的分布。通道的开放或关闭影响细胞内外无机离子的转运,能迅速改变细胞功能。有些受体和 G 蛋白可调控离子通道,如激活 N 胆碱受体可引起 Na^+ 通道开放,激活 GABA 受体可引起 Cl^- 通道开放,激活 α 肾上腺素受体可引起 Ca^{2+} 通道开放等。近年来,应用膜片钳技术对 G 蛋白与离子通道之间的作用机理进行深入研究,发现 G 蛋白能够激活钾通道和钙通道。有些离子通道就是药物直接作用的靶点，药物改变离子通道的构象使通道开放或关闭。例如，阿米洛利阻断肾小管 Na^+ 通道，硝苯地平阻断 Ca^{2+} 通道，吡那地尔激活血管平滑肌 K^+ 通道等。

四、核　酸

许多药物通过直接影响核酸（nucleinic acid）代谢而发挥药理效应。例如，抗癌药氟尿嘧啶通过阻断 DNA 的合成而抑制肿瘤细胞生长；磺胺类抗菌药通过抑制细菌体内叶酸的代谢而干扰核酸的合成；喹诺酮类药物通过抑制 DNA 回旋酶发挥杀菌作用；甾体激素与甲状腺激素均通过受体影响核酸的代谢等。

近年来，反义药物发展很快，已成为研究热点之一。所谓反义药物（antisense drug）是人工合成的与体内某种 RNA 或 DNA 有互补序列的寡核苷酸。通过两者杂交影响正常 DNA 或 RNA 的转录或翻译而发挥作用，反义药物具有特异性强的优势。目前虽然成果不多，还存在许多问题，但相信不久的将来会获得突破性进展。

五、载　体

内源性递质或代谢产物在体内的转运过程因受其相对分子质量、电荷及跨膜浓度梯度的影响，需要载体（carrier）转运。有些药物可通过对某种载体的抑制作用而产生效应。例如，丙磺舒竞争性抑制肾小管对弱酸性代谢物的主动转运载体，抑制原尿中尿酸再吸收，用于痛风的防治。再如，利尿药呋塞米及氯噻嗪抑制肾小管对 Na^+、K^+ 及 Cl^- 再吸收而发挥利尿作用，可卡因及三环类抗抑郁药抑制交感神经末梢对 NA 再摄取引起的拟交感作用都是通过作用于载体产生效应的。

六、免疫系统

正常免疫反应是机体消除入侵微生物和自身变异肿瘤细胞的重要机理。某些药物本身就是免疫系统中的抗体（如丙种球蛋白）或抗原（疫苗）。免疫抑制药如环孢素，可用于抑制器官移植后的排异反应、自身免疫性疾病及 Rh 阳性新生儿溶血病等。免疫增强药多作为辅助治疗药物用于免疫缺陷性疾病如艾滋病、慢性感染及癌症等。

七、基因治疗与基因工程药物治疗

基因治疗（gene therapy）是指将外源正常基因导入靶细胞，以纠正或补偿因为基因缺陷和异常引起的疾病，以达到治疗目的。也包括转基因等方面的技术应用，即将外源基因通过基因转移技术将其插入病人的适当的受体细胞中，使外源基因制造的产物能治疗某种疾病。从广义说，基因治疗还可包括从 DNA 水平采取的治疗某些疾病的措施和新技术。

基因工程药物是指应用基因工程技术生产的药品，这类药物是将目的基因与载体分子组成重组 DNA 分子后转移到新的宿主细胞系统，并使目的基因在新的宿主细胞系统内进行表达，然后对基因表达产物进行分离、纯化和鉴定，大规模生产目的基因表达的产物。已应用的产品有人胰岛素、人生长素、干扰素类、组织纤溶酶原激活剂、重组链激酶、白细胞介素（interleukin，IL）类、促红细胞生成素、乙肝疫苗、嗜血性流感嵌合疫苗等。

第四节　受　体

受体（receptor）和配体是 19 世纪末由 J. N. Langley 和 P. Ehrlich 提出的。Langley 在研究阿托品与毛果芸香碱，烟碱与箭毒的拮抗作用时提出药物可直接作用于细胞上某些成分，设想机体内存在与化合物结合的特殊物质。1897 年 Ehrlich 在研究化学制剂对锥虫的作用时发现了耐药现象，不仅表现对单一药物耐药，而且是对一大类药物耐药，认为这是由于存在着不同类型分子特异结合的化学感受器的缘故。1909 年 Ehrlich 首次提出受体和配体的术语。药物通过受体发挥作用的设想立即受到学术界重视，直到 20 世纪 70 年代初，受体的存在才得到证实并被分离纯化。到了 90 年代已有数以百计的受体蛋白被克隆，并明确了分子结构与功能。

一、受体与配体

受体是位于细胞膜或细胞内的可识别、结合特异生物活性物质，转导信号，进而产生相应生物效应的蛋白分子。生物活性物质包括内源性和外源性两种。内源性活性物质包括神经递质、激素、活性肽、抗原、抗体、代谢物等，外源性活性物质包括药物及毒物。与受体特异性结合的生物活性物质称为配体（ligand）。受体均有相应的内源性配体。配体与受体大分子中的一小部分结合，该部位称结合位点或受点（binding site）。

二、受体的特性

受体具有如下特性。①灵敏性（sensitivity）：受体分子在细胞中的含量甚微，1mg 组织中只含 1×10^{-14}mol 左右，多数配体在极低的浓度下即可产生药理效应。②立体特异性（specificity）：受体的立体构型对相同配体的不同光学异构体的反应不同。③多样性（multiple variation）：分布于不同细胞的同一类型受体可以有多种亚型。④竞争性（competitiveness）：不同的配体可以与同一受体发生竞争性结合。⑤饱和性（saturability）：受体数目有限，与高浓度配体的结合具有饱和性。⑥可逆性（reversibility）：配体可与所结合的受体解离。⑦调节性（regulatory）：受体的数量或反应性并不是固定不变的，常常受配体的影响。受体的调节方式有两种：向下调节（down-regulation）即当激动药的浓度过高、作用过强或长期激动受体时，受体的数量就会减少。向下调节与长期应用激动药后组织细胞对其敏感性下降或产生耐药性有关。向上调节（up-regulation）即当激动药浓度低于正常或长期应用拮抗药时受体的数量会增加。向上调节与长期应用受体拮抗药后受体对配体的敏感性增加或产生停药症状有关。

三、受体的类型

由于各种受体分子的结构和功能各异，目前将其分为四大类。

（一）G蛋白偶联受体

G蛋白偶联受体（G Protein-Coupled Receptors，GPCRs）是一大类膜蛋白受体的统称。属于此类的受体最多，数十种神经递质及多肽激素类，如肾上腺素（adrenaline, AD）、DA、5-羟色胺（5-hydroxytryptamin，5-HT）、ACh（M型）、阿片、前列腺素及一些多肽激素通过该受体偶联的G蛋白将信息传至环磷腺苷（cAMP）、三磷酸肌醇（IP_3）、二酰甘油（DAG）、磷脂酶C（PLC）和Ca^{2+}，再传至效应器，产生生物效应。非常相似，由若干疏水氨基酸的跨膜区段组成，来回数次穿透细胞膜，其N端肽链在细胞外，而C端在细胞内，但这两段肽链氨基酸的组成在各种受体间的差异很大，因此其识别的配体及转导的信息不同。G蛋白即鸟苷酸结合调节蛋白，存在于细胞内侧，目前已发现有20多种。一种受体能激活多种G蛋白，而一种G蛋白则转导给效应器多个信号，调节许多细胞功能。

（二）离子通道型受体

离子通道型受体（ion channel receptor），是一类自身为离子通道的受体。神经递质通过与受体的结合而改变通道蛋白的构象，导致离子通道的开启或关闭，改变质膜的离子通透性，在瞬间将胞外化学信号转换为电信号，继而改变突触后细胞的兴奋性。N型ACh、γ-氨基丁酸（GABA）、甘氨酸、谷氨酸及天门冬氨酸受体均属于此类受体。

（三）酪氨酸激酶受体

酪氨酸激酶受体（receptor tyrosine kinase, RTKs），是最大的一类酶联受体，它既是受体，又是酶，能够同配体结合，并将靶蛋白的酪氨酸残基磷酸化。所有的RTKs都是由三个部分组成的：含有配体结合位点的细胞外结构域、单次跨膜的疏水α螺旋区、含有酪氨酸蛋白激酶（PTK）活性的细胞内结构域。胰岛素样生长因子、上皮生长因子、成纤维细胞生长因子、血小板生长因子及某些淋巴因子的受体都属于这一类型。

（四）细胞内受体

细胞内受体（intracellular receptor）指位于胞质溶胶、核基质中的受体。胞内受体识别和结合的是能够穿过细胞质膜的小的脂溶性的信号分子，如各种类固醇激素、甲状腺激素。

（五）细胞因子受体

细胞因子通过结合细胞表面相应的细胞因子受体而发挥生物学作用。细胞因子包括白细胞介素（interleukins）、红细胞生成素（erythropoietin）、粒细胞巨噬细胞集落刺激因子（granulocyte macrophage colony stimulating factor）、粒细胞集落刺激因子（granulocyte colony stimulating factor）、催乳素（prolactin）及生长激素（growth hormone, GH）在体内的受体称为细胞因子受体（cytokine receptor）。这类受体由α和β两个亚基组成。在生理状态下可与细胞因子形成高亲和力结合。

（六）其他酶类受体

鸟苷酸环化酶（guanylate cyclase）也被认为是一种受体系统，存在两类鸟苷酸环化酶，一类为膜结合酶，另一类存在于胞质中。心钠肽（atrial natriuretic peptide）可兴奋膜鸟苷酸环化酶使GMP转化为环磷鸟苷（cGMP）。cGMP可调节血管平滑肌及肾功能，有报道其在神经系统有调节离子通道的作用。

四、药物与受体相互作用的学说

（一）占领学说

Clark于1926年，Gaddum于1937年分别提出占领学说（occupation theory），该学说认为：受体只有与药物结合才能被激活并产生效应，而效应的强度与被占领的受体数量成正比，全部受体被占领时出现最大效应。

1954年Ariens修正了占领学说，他把决定药物与受体结合时产生效应的能力称为内在活性（intrinsic activity，亦可用α表示）。药物与受体结合不仅需要亲和力，还需要有内在活性才能激动受体而产生效应。只有亲和力而没有内在活性的药物，虽可与受体结合，但不能激动受体故不产生效应。

1956 年 Stephenson 认为，药物只占领小部分受体即可产生最大效应，未经占领的受体称为储备受体（spare receptor）。因此，当不可逆性结合或其他原因而丧失一部分受体时，并不会立即影响最大效应。进一步研究发现，内在活性不同的同类药物产生同等强度效应时，所占领受体的数目并不相等。激动药占领的受体必须达到一定阈值后才开始出现效应。当达到阈值后被占领的受体数目增多时，激动效应随之增强。阈值以下被占领的受体称为沉默受体（silent receptor）。

（二）速率学说

Paton 于 1961 年提出速率学说（rate theory），该学说认为药物作用最重要的因素是药物分子与受体结合及分离的速率，即药物分子与受体碰撞的频率。药物作用的效应与其占有受体的速率成正比，效应的产生是一个药物分子和受点相碰撞时产生一定量的刺激，并传递到效应器的结果，而与其占有受体的数量无关。

（三）二态模型学说

二态模型学说（two model theory）认为受体的构象分活化状态（R*）和失活状态（R）。R*与 R 处于动态平衡，可相互转变。在无药物作用时，受体系统无自发激活。加入药物时则药物均可与 R*和 R 两态受体结合，其选择性决定于亲和力。激动药（agonist）与 R*状态的受体亲和力大，结合后可产生效应；而拮抗药（antagonist）与 R 状态的受体亲和力大，结合后不产生效应。当激动药与拮抗药同时存在时，两者竞争受体，其效应取决于 R*-激动药复合物与 R-拮抗药复合物的比例。如后者较多时，则激动药的作用被减弱或阻断。部分激动药对 R*与 R 均有不同程度的亲和力，因此它既可引起较弱的效应，也可阻断激动药的部分效应。

五、作用于受体药物的分类

药物与受体的相互作用首先是药物与受体的结合，其结合力为化学力时，如离子键、氢键、范德瓦耳斯力等，这种结合是可逆的；而少数则以共价键结合，这种结合是不可逆的。药物与受体结合后产生效应取决于亲和力和内在活性两个方面。亲和力（affinity）指药物与受体结合的能力。内在活性（intrinsic activity），指药物与受体结合产生效应的能力。根据与受体相互作用的情况，可将药物分为激动药、拮抗药等类型。

（一）激动药

激动药为既有亲和力又有内在活性的药物，它们能与受体结合并激动受体而产生效应。根据亲和力和内在活性的不同，激动药又分为完全激动药（full agonist）和部分激动药（partial agonist）。前者有较强的亲和力和较强的内在活性，后者有较强的亲和力，但内在活性不强。完全激动药（如吗啡）可产生较强的效应，而部分激动药（如喷他佐辛）只引起较弱的效应，有时还可以对抗激动药的部分效应，即表现部分阻断作用。近年来又报道了一类称为反转激动药（inverse agonist）或负性拮抗药（negative antagonist）的配体。这类配体与受体结合后可引起受体的构型向非激活状态方向转变，因而引起与原来的激动药相反的生理效应。典型的例子为苯二氮䓬类的 ethyl β-carboline 3 carboxylate（β-CCE）可产生与地西泮（diazepam）完全相反的作用，即产生焦虑和惊厥作用。

（二）拮抗药

拮抗药是指有较强的亲和力，而无内在活性的药物。拮抗药与受体结合但不激活受体，如纳洛酮、普萘洛尔分别是阿片受体和β肾上腺素受体的拮抗药。有些药物以拮抗作用为主，同时还兼具微弱的内在活性并表现一定的激动受体的效应，则为部分拮抗药，如氧烯洛尔是β肾上腺素受体的部分拮抗药。

根据拮抗药与受体结合是否有可逆性而将其分为竞争性拮抗（competitive antagonists）和非竞争性拮抗药（noncompetitive antagonists）。

1. 竞争性拮抗药 能与激动药竞争相同受体，其结合是可逆的。通过增加激动药的剂量与拮抗药竞争结合部位，最终能使量效曲线的最大效应达到原来的高度。当存在不同浓度的竞争性拮抗药时，激动药量效曲线逐渐平行右移，但最大效应不变。（图 3-5A）。

竞争性拮抗药与受体亲和力通常用 pA_2 表示，pA_2 值的大小反映竞争性拮抗药对相应激动药的拮抗程度。在实验系统中加入拮抗药后，若 2 倍浓度的激动药所产生的效应恰好等于未加入拮抗药时激动药引起的效应，则所加入拮抗药的摩尔浓度的负对数称为 pA_2 值。

2. 非竞争性拮抗药 多指拮抗药与受体结合是相对不可逆的，它能引起受体构型的改变，从而干扰激动药与受体的正常结合，而激动药不能竞争性对抗这种干扰，因此，增大激动药的剂量也不能使量效曲线的最大作用强度达到原来的水平。随着此类拮抗药剂量的增加，激动药量效曲线逐渐下移（图 3-5B）。

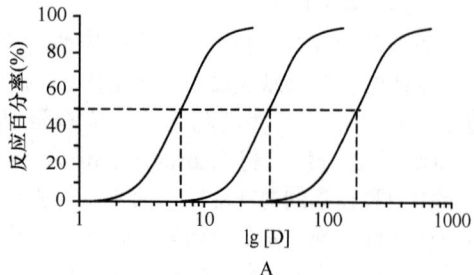
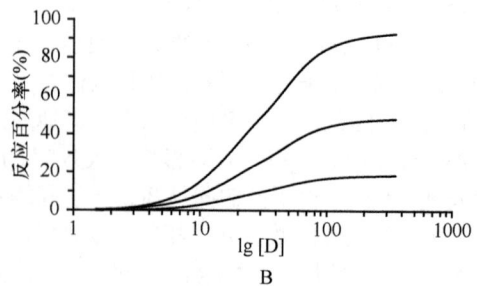

图 3-5 不同药量的竞争性拮抗药、非竞争性拮抗药与激动药合用量效关系图
A. 竞争性拮抗药对激动药量效曲线的影响；B. 非竞争性拮抗药对激动药量效曲线的影响

【案例及思考题】 患者，女，49岁，膝关节异常肿胀，疼痛1年余，疼痛关节游走不定，有时伴有低热乏力。近一周疼痛加重活动受限，来院就诊。体格检查：体温38.8℃，双膝关节红肿，压痛（+），活动受限。辅助检查：血沉加快，类风湿因子（+），X线检查可见双侧膝关节软组织肿胀，无骨质破坏。诊断：风湿性关节炎。治疗：阿司匹林 1g/次，1日3次，饭后服用。

问题：
1. 使用阿司匹林进行治疗属于哪种治疗作用？何为治疗作用？
2. 使用阿司匹林后可能会引起胃肠道反应、凝血障碍、皮疹等，说一说分别属于哪种不良反应？

（刘 莉）

第四章 影响药物作用的因素

药物防治疾病的疗效受到多方面因素的影响。主要包括两个方面，一方面为机体方面的因素，如患者的年龄、性别、遗传因素、精神状态、病理状态等；另一方面为药物方面的因素，如药物的理化性质和化学结构、剂量和剂型、给药途径、联合用药产生的药物相互作用等。探讨各种因素对药物效应的影响，了解和掌握这些影响因素的规律可以更好地发挥药物的效应，取得最佳治疗效果，为临床合理用药提供理论依据。

第一节 机体方面因素

机体对药物反应的差异主要表现为个体差异、种族差异和种属差异。造成这些差异的因素既有先天因素，又有后天因素。

一、年 龄

不同年龄的个体对某些药物的反应可有明显的差异，主要表现在儿童和老年人对药物的敏感性及药物在体内过程方面的差异。儿童剂量和老年人剂量应以成人剂量为参考剂量酌情减量。这主要是因为儿童和老年人的生理功能与成人有较大差异。

（一）儿童

儿童的各个器官和组织正处于生长、发育阶段，年龄越小，器官和组织的发育越不完全。药物使用不当会造成器官和组织发育障碍，甚至发生严重不良反应，造成后遗症。

1. 儿童血浆蛋白总量较少，药物血浆蛋白结合率较低，游离型药物增加；儿童体重显著小于成人，所以用药量少于成人药量。

2. 由于儿童血-脑屏障和脑组织发育不完善，从而影响药物的中枢作用。主要表现为对中枢抑制药和中枢兴奋药非常敏感。使用镇痛药吗啡、哌替啶极易出现呼吸抑制，而对尼可刹米、氨茶碱、麻黄碱等又容易出现中枢兴奋而致惊厥。儿童使用氨基糖苷类抗生素时，氨基糖苷类抗生素对第八对脑神经的毒性极易导致儿童的不可逆性听觉损害。

3. 儿童的肝肾发育不完全，对肝代谢转化、肾排泄的药物不能及时代谢、清除，而产生不良反应。例如，新生儿肝脏葡糖醛酸结合能力尚未发育，应用氯霉素或吗啡将分别导致灰婴综合征及呼吸抑制。新生儿肾功能只有成人的20%，主要经肾排泄的药物如氨基糖苷类抗生素，由于儿童肾排泄速率较慢使血中药物存留时间延长，如按等效剂量分别给成人和儿童用药，儿童的血药浓度明显高于成人，易产生耳毒性。

4. 小儿机体的组成与成人不同，体液占体重的比例较大，水盐代谢率较快，对影响水盐代谢和酸碱平衡的药物敏感。例如，高热时使用解热药不当引起出汗过多极易造成脱水。此外儿童还对利尿药特别敏感，易致电解质平衡紊乱。

5. 儿童的骨骼、牙齿生长也易受到药物的影响。四环素类药物容易沉积于骨骼和牙齿，使其发育障碍和黄染，在儿童现已停用。喹诺酮类是一类含氟的抗菌药，其中的氟离子也容易对骨骼和牙齿生长造成影响，因此对婴幼儿应慎重使用。

6. 儿童的内分泌系统容易出现紊乱。由于营养类饮食过多过剩，滥服一些营养口服液、助长剂，有些儿童过于肥胖。已有研究证明，肥胖儿童血中胰岛素含量明显高于正常儿童。

（二）老年人

老年人的组织器官及其功能随年龄增长有生理性衰退，在药效学和药动学方面产生一些变化。

1. 老年人体液相对减少，脂肪在机体的构成比例增加，脂溶性药物的分布容积会增加，导致某些药物的 $t_{1/2}$ 随着年龄的增加而增长；老年人蛋白质合成减少，白蛋白对药物的亲和力明显降低，血液中游离型药物增加。

2. 老年人肝微粒体酶活性随着年龄增长而缓慢降低，肾脏排泄功能逐渐衰退，药物代谢和排泄速率相应减慢，器官清除能力下降。例如，对老年人来说，在肝灭活的地西泮可自常人的20～24h延长4倍，自肾排泄的氨基糖苷类抗生素可延长2倍以上。

3. 老年人药物作用靶点的敏感性升高或降低导致药物的反应性发生相应改变。老年人由于中枢神经功能的减退，对中枢抑制药的反应性增加，可能出现严重的不良反应，如兴奋、烦躁甚至精神错乱。老年人靶器官对药物的敏感性增加，即对很多药物的反应性增加，如对抗凝血药敏感性增高，可引起持久的凝血障碍；对利尿药和降压药敏感性增加，可使其作用增强。

4. 老年人常需服用多种药物，发生药物相互作用的概率增加。

二、性 别

除性激素外，性别对药物反应的差别不明显。但是仍有部分区别。①女性体重一般轻于男性，在使用治疗指数低的药物时，为维持相同效应，女性可能需要较小剂量。②女性机体脂肪比例高于男性，而水比例低于男性，可影响药物进入机体后的分布和利用。③女性在用药时应考虑"三期"，即月经期、妊娠期和哺乳期对药物作用的反应。月经期慎用或禁用剧泻药、抗凝药和刺激性药物，以免引起盆腔充血、月经过多。妊娠期用药要注意有些药物可通过胎盘进入胎儿体内，引起中毒或造成胎儿畸形，故孕期用药需特别慎重。分娩期使用镇痛药要掌握好用药时机，避免吗啡等镇痛药对新生儿呼吸产生抑制作用。哺乳期用药要考虑有些药物通过乳汁分泌，被乳儿摄入可影响发育或引起中毒。

三、精神因素

精神因素主要指患者的心理活动变化可对药物治疗效果产生影响。它的显著特点如下所示。①患者受外界环境及医生和护士的语言、表情、态度、信任程度、技术操作熟练程度、工作经验等的影响产生心理活动变化，而影响药物治疗效果。②精神因素的影响主要发生在慢性病、功能性疾病及较轻的疾病中。在重症和急症治疗中影响程度很小。例如，对轻微疼痛采用一般的安慰性措施效果明显，而对剧烈疼痛无效。③精神因素的影响往往与心理承受能力有关。承受能力强的影响相对较小，承受能力弱的影响则较大。④精神因素还有先入为主的特点。⑤精神因素的影响不仅发生在人，在动物身上也存在近似的现象。

鉴于上述精神因素的影响特点，临床上常采用安慰剂（placebo）对照试验疗法以排除其对药物效应的影响。所谓安慰剂指不含药理活性成分仅含赋形剂（如含乳糖或淀粉的片剂或含盐水的注射剂），在外观上与有药理活性成分制剂完全一样的制剂。广义上讲也包括本身没有特殊作用的医疗措施如假手术等。安慰剂产生的作用称为安慰作用（placebo actions），它分为阳性安慰作用和阴性安慰作用。前者指的是安慰作用与药物产生的作用一致；后者指的是产生完全相反的作用。安慰剂对心理因素控制的自主神经系统功能影响较大，如血压、心率、胃分泌、呕吐、性功能等。安慰剂在新药临床研究时双盲对照中极其重要，可用以排除假阳性疗效或假阳性不良反应。

四、病理状态

疾病对人体内环境和器官功能的影响，使药物的药效学和药动学发生一系列变化，药理效应增强或减弱。例如，肝脏、肾脏疾病或肝肾功能不全时，药物的代谢及排泄会受到影响；胃肠疾病时会影响药物的吸收；机体酸碱失衡及电解质紊乱时均可对药物作用产生影响。

五、遗传因素

遗传基因的变异影响药物的药动学和药效学。研究遗传因素对药物反应影响的科学称为遗传药理学（pharmacogenetics）。它是药理学与遗传学相结合发展起来的边缘学科。遗传因素对药物反应的影响比较复杂，遗传物质的多态性是主要因素。基因是决定药物代谢酶、药物转运蛋白和受体活性功能表达的结构基础，基因的突变可引起所编码的药物代谢酶、转运蛋白和受体蛋白氨基酸序列及功能异常。所以，遗传基因的差异是导致个体对药物反应差异的决定性因素。

（一）药动学的影响

在药物代谢方面的典型例子之一就是单卵双生和二卵双生对药物反应的差异。许多药物如安替比林、双香豆素、保泰松、苯妥英钠、去甲替林、异烟肼、乙醇等药物的 $t_{1/2}$ 在单卵双生个体间相差无几，而在二卵双生个体间相差数倍之多。这主要表现在对药物转化过程的影响。另外，在各人种间均发现体内经 N-乙酰基转移酶催化的乙酰化反应存在着快乙酰化和慢乙酰化两种类型。许多药物如异烟肼、对氨基水杨酸、磺胺、普鲁卡因胺、硝基地西泮、肼屈嗪、甲硫氧嘧啶均需经乙酰化代谢，其代谢速率在两种类型人群中相差数倍。检查两者的酶活性发现快者酶含量多，慢者较少，而此酶的产生是由一对常染色体等位基因所控制。

（二）药效学的影响

遗传因素可以在不影响血药浓度的条件下使机体对药物的反应异常，这主要是因为受体部位异常、组织细胞代谢障碍、解剖学异常所致。例如，正常人肝中维生素 K 环氧化酶能使氧化型维生素 K 还原成维生素 K 参与凝血酶原的合成。华法林则通过抑制此酶而起抗凝作用。华法林耐受者由于此酶受体部位变异，与华法林的亲和力下降使药效降低。例如，葡萄糖-6-磷酸脱氢酶（G-6PD）遗传缺陷者，由于酶的缺乏，该个体在服用伯氨喹、阿司匹林、对乙酰氨基酚、磺胺、呋喃类、蚕豆等有氧化作用的药物或食物时，还原型谷胱甘肽缺乏，造成血红蛋白被氧化，导致溶血。

六、时间因素

时间因素指机体内生物节律变化对药物作用的影响。研究生物节律与药物作用之间关系的学科称之为时间药理学（chronopharmacology）。

时间药物效应方面涉及了药物在体内过程的许多环节。其变化规律主要由各器官、组织、体液的生理节律性变化所致。按时间节律调整给药方案有着重要的临床意义。

在时间药物效应方面，众多的药物如中枢神经系统药物、心血管系统药物、内分泌药物、抗肿瘤药、抗菌药、平喘药等均有昼夜时间节律变化。例如，胃酸的分泌高峰在夜间，某些患胃溃疡的患者易在夜间发病，H_2 受体拮抗药西咪替丁在晚间用药能有效抑制胃酸分泌，减少发病。

药物对机体产生不良反应也存在时间节律变化。例如肾上腺皮质激素分泌高峰出现在清晨，血浆浓度在 8:00 左右最高，而后逐渐下降，直至 00:00 左右达最低。临床上根据这种节律变化将皮质激素类药物由原来的每日分次用药改为隔日 8:00 一次给药，提高了疗效，大大减轻了不良反应。

七、生活习惯与环境

人类生活与工作环境中的各种物质对机体的影响越来越明显。如饮食对药物的影响，主要表现在饮食成分、饮食时间和饮食数量；如农作物中的杀虫剂，水中的重金属离子、有机物，空气中的粉尘、尾气排泄物、燃烧物等长期与人接触，最终都会影响到肝药酶的活性，使药物活性受到一定影响。

八、机体对药物反应的变化

在连续用药一段时间后机体对药物的反应可能发生如下改变。

（一）耐受性和耐药性

连续用药后产生药物效应的下降称为耐受性（tolerance）。参见第三章 药效学，第一节药物作用和效应，六药物的临床效果。

（二）依赖性

依赖性（dependence）是指药物对机体造成的一种主观和客观需要连续用药的现象，表现为强迫性地要连续或定期用药的行为和其他反应，目的是感受药物的精神效应，或是避免由于断药所引起的不适。药物依赖性分为下列两种类型：

1. 生理依赖性（physical dependence） 也称躯体依赖性（physiological dependence），是中枢神经系统对长期使用依赖性药物所产生的一种适应状态。当机体在足量药物维持下可保持正常状态，如突然停药，生理功能发生紊乱，出现一系列异常反应，称为戒断症状（abstinence syndrome）。

2. 精神依赖性（psychic dependence） 又称心理依赖性（psychological dependence），是指药物在中枢神经系统产生的一种特殊的精神效应，患者有一种强烈渴求用药的意念，使其不顾一切地去寻求药物以满足自己的欲望。它与躯体依赖性不同的是突然停药后无明显的戒断症状出现。

依赖性药物中，大部分同时兼有精神依赖性和躯体依赖性。

（三）药物滥用

药物滥用（drug abuse）是指反复、大量使用与医疗目的无关的依赖性药物或物质，是造成依赖性的重要原因，对用药者本人和社会都会造成严重的危害。被列为国际管制的依赖性药物包括麻醉药品（阿片类、可卡因、大麻等）、精神药物（镇静催眠药、中枢兴奋剂、致幻剂等）及其他（烟草、乙醇、挥发性有机溶剂等）。

第二节 药物方面因素

一、药物理化性质

药物的溶解性各不相同，每种药物都有保存期限，超过期限药物性质可发生改变而失效。药物需在常温下干燥、密闭、避光保存，个别药物还需要在低温下保存，保留不当易挥发、潮解、氧化或光解。这些药物理化性质的差别及改变可使药效发生变化，且可能导致不良反应发生。

二、药物剂型

每种药物都有其相适宜的剂型用于不同途径给药以产生理想的药效。同种药物的不同剂型对药效的发挥有影响，如片剂、胶囊、口服液等均可口服给药，但药物崩解、溶解速率不同，吸收快慢、多少就不同。注射剂中水剂、乳剂、油剂在注射部位释放速率不同，药物生效快慢、维持时间也不同。不同厂家生产的同种药物制剂由于制剂工艺配方不同，药物的吸收情况和药效情况也有差别。因此，为保证药物吸收和药效发挥的一致性，需要评价其生物等效性（bioequivalence）。近年来生物制剂学的发展，为临床提供了一些新的制剂，如缓释剂（slow release formulation，SLF）、控释剂（controlled release formulation，CLF）。缓释剂是指药物按一级速率缓慢释放，以达到较长时间维持有效血药浓度，产生持久药效的目的。有的缓释剂以缓慢释放为主，称为延迟释放剂（extended release formulation）。有的缓释剂将不同释放速率的药物组合在一起，达到迅速生效和较长时间维持药效的效果，称为持续释放剂（sustained release formulation）。控释剂是指药物按零级速率释放，使血药浓度稳定在有效浓度水平，产生持久药效。透皮贴剂（transdermal patch）就是其中的一种，如硝酸甘油透皮贴剂每日一贴，芬太尼透皮贴剂每三日一贴。另外，还有毛果芸香碱眼片放置于结膜囊内每周一次，子宫内避孕药每年一次等。

三、给药方法

(一) 给药剂量

给药剂量指用药量。随剂量的加大,效应逐渐增强。有关量效关系等见第二章。

(二) 给药途径

选择不同给药途径可以影响药物的吸收和分布,从而影响药物效应的强弱,起效的快慢,甚至出现药物性质方面的改变,如硫酸镁口服具有泻下利胆的功效,外敷可以消炎去肿,静脉给药可用于治疗小儿惊厥、妊娠性高血压等。

(三) 用药时间

用药时间指投药或服药时间。有的药物对胃刺激性强,应于饭后服用。催眠药应在临睡前服用。胰岛素应在饭前注射。有明显生物节律变化的药物应按其节律用药。

(四) 给药间隔

给药间隔一般以药物的 $t_{1/2}$ 为参考依据,但有些药物例外,如青霉素的 $t_{1/2}$ 为 30min,由于该药对人毒性极低,大剂量给药后经过数个 $t_{1/2}$ 后血药浓度仍在有效范围以内,加上抗菌药物都有一个抗菌后效应(post antibiotic effect,PAE),在此时间内细菌尚未恢复活力,因此其给药间隔可适当延长。另外,肝、肾功能不全者可适当调整给药间隔。给药间隔短易致累积中毒,反之,给药间隔延长血药浓度波动加大。

(五) 疗程

疗程指给药持续时间。对于一般疾病和急重症患者,症状消失后即可停止用药,对于某些慢性病及感染性疾病应按规定的持续时间用药,以避免疾病复发或加重。

四、联合用药及药物的相互作用

联合用药(drug in combination)是指为了达到治疗目的而采取的两种或两种以上药物同时或先后应用。联合用药往往会发生体内或体外药物之间的相互影响。

(一) 药动学方面的相互作用

两种或两种以上药物在体外相互混合时发生物理或化学的相互作用,从而改变药物的性质,影响药物疗效或产生毒性反应称为配伍禁忌(incompatibility)。如去甲肾上腺素和肾上腺素在碱性溶液中易氧化失效、青霉素不能加入氨基酸营养液中,因青霉素在此溶液中容易降解,可形成导致变态反应的复合物,造成严重的临床后果。

(二) 药物在体内的相互作用

联合用药时,使原有的效应增强称为协同作用(synergism),或使原有的效应减弱,称为拮抗作用(antagonism)。既有药动学方面的相互影响,又有发生在药物作用部位而产生的药效方面的影响。

第三节 合理用药原则

药物是用于防治疾病的物质,药理学为充分发挥药物的疗效提供理论基础。合理用药的原则是充分发挥药物的疗效,避免或减少不良反应的发生,以安全、有效、方便、经济为基本要求。①明确诊断,确定用药的目的。对疾病的正确诊断是选择最佳药物的基础。②根据患者情况和药物的药理学特点选药,根据药效学、药动学规律,针对患者的具体情况,选择安全、有效的药物。制订详细的用药方案并及时完善。③掌握影响药物疗效的各种因素,排除各种可能的干扰,以达到药物的预期疗效。④对因和对症治疗兼顾,在采用对因治疗的同时,注意发挥患者内在的抗病能力,给予必要的支持疗法。⑤用药个体化、精简化。不同病人机体情况及对药物作用的敏感性不同,用药方案强调个体化。用药精简化是要持"可用可不用的药物就尽量不用"的态度,尽量减少药物对机体的不必要的干预和影响。

【案例及思考题】 患者,男,63岁。15年前体检发现高血压,但无自觉症状,未用药治疗。8年前出现劳累后头痛、头晕,血压 170/100mmHg,服用哌唑嗪、普萘洛尔后效果不佳,近半月出现心悸气短,下肢水肿。体格检查:神志清醒,呼吸急促,颈静脉怒张,血压 180/130mmHg,心率 90次/分,心脏向左扩大,心尖部有收缩期吹风样杂音。诊断:高血压、充血性心力衰竭。治疗:强心苷、卡托普利。

问题:

1. 当患者需要服用其他药物时,需要注意哪些事项?

2. 使用卡托普利一段时间后可能会引起剧烈咳嗽,为什么?如何处理?

(刘 莉)

第二篇 外周神经系统药理学

第五章 传出神经系统药理概论

传出神经系统包括自主神经系统（autonomic nervous system）和运动神经系统（somatic motor nervous system）。自主神经系统以往又称植物神经系统（vegetative nervous system），但是任何神经活动都会受到大脑皮质不同程度的支配，所以植物神经一词显然不合理，因此逐渐被废弃，而被自主神经所替代。自主神经系统主要支配心肌、平滑肌和腺体等效应器，包括交感神经系统（sympathetic nervous system）和副交感神经系统（parasympathetic nervous system）；自主神经从中枢发出以后，均要在神经节更换神经元，然后到达效应器细胞，所以自主神经都包括节前纤维和节后纤维。运动神经系统则支配骨骼肌，从中枢发出以后，中途不需要更换神经元，直接到达骨骼肌，因此，运动神经不分节前纤维和节后纤维。传出神经系统药物包括拟似于传出神经系统的药物和拮抗传出神经系统的药物。

第一节 传出神经系统的递质

作用于传出神经系统药物主要影响传出神经系统的递质（transmitter）和受体（receptor）的功能，即药物可通过影响递质的合成、储存、释放、代谢等环节或通过直接与受体结合而产生生物效应。为了便于掌握传出神经系统药理，首先阐明这两方面的基本概念。

（一）传出神经突触的超微结构

神经元与次一级神经元或效应器细胞的衔接处称为突触（synapse），突触由突触前膜、突触间隙、突触后膜构成。前一级神经元的细胞膜叫突触前膜，次一级神经元或效应器细胞临近突触间隙的细胞膜叫突触后膜，电子显微镜显示传出神经末梢与次一级神经元或效应器间并无原生质直接相连，中间有宽 15～1000nm 的间隙，叫突触间隙。神经末梢有许多小的神经分支，其分支具有呈稀疏串珠状的连续膨胀部分，称为膨体（varicosity）。每个膨体含有大量囊泡。囊泡是合成、转运、储存递质的重要场所。

（二）传出神经的递质及递质的体内过程

当神经冲动到达神经末梢时，从突触前膜释放的能够传递信息的化学物质称为递质（transmitter）。递质作用于突触后膜的受体（receptor），从而影响次一级神经元或效应器的活动，这一过程叫化学传递。传出神经的递质主要有乙酰胆碱（acetylcholine，ACh）和去甲肾上腺素（noradrenaline，NA）。其合成、储存、释放和代谢如下所示。

1. ACh 合成部位在胆碱能神经末梢，由乙酰辅酶 A 和胆碱在胆碱乙酰化酶的催化下合成 ACh。ACh 合成后，从胞质内转运进入囊泡内，并与囊泡蛋白和 ATP 结合，储存于囊泡中。当神经冲动传到神经末梢时，突触前膜产生去极化，使钙通道开放，Ca^{2+} 内流进入细胞内，囊泡膜与突触前膜融合，形成裂孔，将囊泡中所含递质（ACh 和 ATP 等）释放到突触间隙，这一过程即称为胞裂外排。释放后的 ACh 与乙酰胆碱受体结合发挥生理作用，并迅速被突触部位的乙酰胆碱酯酶（acetylcholinesterase，AChE）水解成胆碱和乙酸而失活。同时，生成的胆碱又被神经末梢重新摄取，再次作为原料合成 ACh。

2. NA 生物合成的主要部位是去甲肾上腺素能神经末梢。酪氨酸是合成 NA 的基本原料，酪氨酸从血液进入神经元后，经酪氨酸羟化酶催化生成多巴，多巴再经多巴脱羧酶催化生成多巴胺（dopamine，DA）。DA 进入囊泡后，经多巴胺 β-羟化酶的催化即生成 NA。合成的 NA 与 ATP 和嗜铬颗粒蛋白结合，储存于囊泡中。在上述参与递质合成的酶中，酪氨酸羟化酶是整个合成过程的限速酶。因为此酶活性较低，反应速度慢且对底物的要求专一，当胞质中 DA 或游离 NA 浓度增高时，对该酶有反馈性抑制作用。反之，则对该酶抑制作用减弱，催化作用加强。

当神经冲动到达神经末梢时，囊泡中的 NA 通过胞裂外排的方式释放到突触间隙，释放后的 NA 作用于突触后膜上的肾上腺素受体产生生理效应。释放到突触间隙的 NA 也会很快失活，NA 的失活主要依赖于去甲肾上腺素能神经末梢的摄取，其为依靠神经末梢突触前膜特殊蛋白进行的一种主动转运机理。释放量的 75%～90%的 NA 被这种方式所摄取。被摄入神经末梢胞质内的 NA，大部分再通过囊泡膜胺泵的作用被摄取进入囊泡内储存，小部分被单胺氧化酶

（monoamine oxidase，MAO）所破坏。另一种消除方式为被突触间隙内的儿茶酚氧位甲基转移酶（catechol-O-methyltransferase，COMT）和MAO破坏。

（三）传出神经的分类

1. 传出神经的解剖学分类 如前所述，传出神经包括了自主神经和运动神经，自主神经包括交感神经和副交感神经，自主神经自中枢发出以后，在交感神经干和副交感神经干的神经节更换神经元，然后到达所支配的效应器细胞。所以交感神经和副交感神经包括了节前纤维和节后纤维。自主神经主要支配心肌、平滑肌、腺体和眼等效应器官，调节如心肌收缩、平滑肌兴奋、腺体分泌等生理活动。而运动神经自中枢发出来以后中途不更换神经元，直接到达骨骼肌，所以运动神经不分节前纤维和节后纤维。运动神经调控骨骼肌的活动，维持正常的运动、呼吸和姿势（图5-1）。

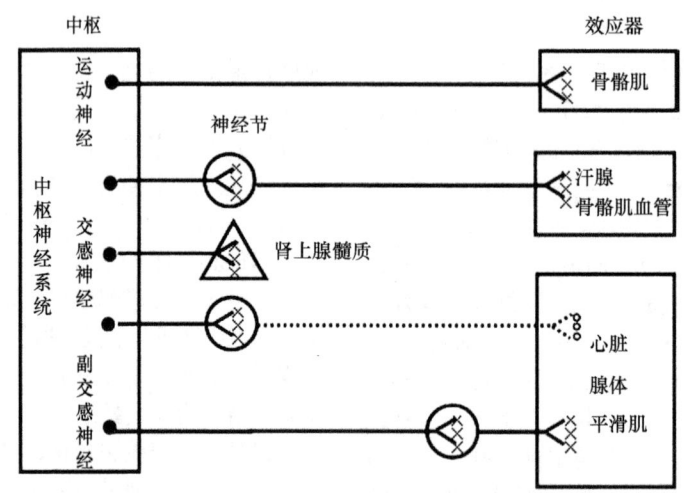

图5-1 传出神经系统分类模式图
ACh；——胆碱能神；NA；----去甲肾上腺素能神经

2. 传出神经按递质分类 按传出神经末梢释放的递质不同，将传出神经分为两大类。

（1）胆碱能神经：以释放ACh为递质的神经为胆碱能神经，包括：①全部交感神经和副交感神经的节前纤维；②全部副交感神经的节后纤维；③运动神经；④极少数交感神经节后纤维（如支配汗腺及骨骼肌血管的神经纤维）；⑤支配肾上腺髓质的交感神经纤维。

（2）去甲肾上腺素能神经：以释放NA为递质的神经为去甲肾上腺素能神经，包括绝大多数交感神经节后纤维（图5-1）。

此外，某些效应器组织中还存在着多巴胺能神经（主要在肾、肠系膜血管及冠状血管），兴奋时释放的递质为DA。

第二节 传出神经系统的受体及效应

传出神经系统的受体是存在于突触前膜和突触后膜上的大分子蛋白质。根据与之结合的递质不同而命名，能选择性地与ACh结合的受体，称为胆碱受体（acetylcholine receptors）。能选择性地与NA或AD结合的受体，称为肾上腺素受体（adrenoceptor）。

一、胆碱受体及其效应

能选择性地与ACh结合的受体叫胆碱受体，可分为如下两类。

（一）毒蕈碱型的胆碱受体

毒蕈碱型的胆碱受体（简称M受体）是能选择性地与毒蕈碱这种生物碱结合的受体。M受体有5种亚型，即M_1、M_2、M_3、M_4和M_5。这些M受体的不同亚型分布在不同的组织，当激动这些受体时，所引起的效应也各不相同（表5-1）。

表5-1 传出神经系统的受体类型、分布及激动效应

受体类型	分布部位	受体兴奋时的主要效应
胆碱受体		
M受体		
M_1受体	副交感节后纤维和胃壁细胞	神经兴奋、胃酸分泌

续表

受体类型	分布部位	受体兴奋时的主要效应
M_2 受体	心肌、平滑肌	心脏抑制、内脏平滑肌收缩
M_3 受体	腺体、血管平滑肌、瞳孔括约肌	血管扩张、腺体分泌、瞳孔缩小等
N 受体		
N_1 受体	神经节，肾上腺髓质	自主神经节兴奋，肾上腺髓质分泌
N_2 受体	骨骼肌细胞膜	骨骼肌收缩
肾上腺素受体		
α 受体		
$α_1$ 受体	皮肤、黏膜血管、内脏血管、瞳孔开大肌及腺体等	血管收缩、瞳孔扩大、汗腺分泌
$α_2$ 受体	突触前膜、脂肪细胞和一些内脏血管平滑肌细胞膜上	突触前膜 NA 释放减少
β 受体		
$β_1$ 受体	心脏、肾球旁细胞和脂肪组织	心脏兴奋、肾素分泌和脂肪组织分解
$β_2$ 受体	支气管、骨骼肌血管、冠状血管、糖原组织	支气管松弛，骨骼肌血管和冠状血管舒张，糖原分解，其他内脏平滑肌舒张
多巴胺受体		
D_1 受体	中枢、肾、肠系膜等	肾、肠系膜血管舒张
D_2 受体	脑和周围神经末梢	调节情绪和行为活动、内分泌等

（二）烟碱型胆碱受体

烟碱型胆碱受体（简称 N 受体）能选择性地与烟碱结合的受体，包括 N_1 受体（nicotinic neuronal）和 N_2 受体（nicotinic muscle）。N_1 受体主要分布在神经节上，兴奋时主要引起自主神经节兴奋、肾上腺髓质分泌。N_2 受体主要分布在骨骼肌细胞膜上，兴奋时主要引起骨骼肌收缩（表 5-1）。

二、肾上腺素受体及其效应

肾上腺素受体指能选择性地与 NA 或肾上腺素（adrenaline，AD）结合的受体，可分为如下两类（表 5-1）。

（一）α 型肾上腺素受体

α 型肾上腺素受体简称 α 受体，包括 $α_1$ 受体和 $α_2$ 受体两种亚型。$α_1$ 受体主要分布在皮肤、黏膜血管、内脏血管、瞳孔开大肌及腺体等处。兴奋时主要表现为血管收缩、瞳孔扩大、汗腺分泌等。$α_2$ 受体主要分布在去甲肾上腺素能神经的突触前膜上，兴奋时可产生负反馈，使递质释放减少。

（二）β 型肾上腺素受体

β 型肾上腺素受体简称 β 受体，包括 $β_1$ 受体、$β_2$ 受体和 $β_3$ 受体。$β_1$ 受体主要分布于心脏和肾小球旁器细胞等处；$β_2$ 受体主要分布于支气管平滑肌、骨骼肌血管、冠状血管的平滑肌及去甲肾上腺素能神经突触前膜等处。兴奋时表现为心脏兴奋、肾素分泌、支气管与血管扩张。$β_3$ 受体主要分布于脂肪细胞和心脏，对脂肪分解有调节作用。此外，在肾、肠系膜、脑等器官的血管平滑肌和心肌上还有多巴胺受体分布。

第三节　传出神经系统药物的基本作用及分类

一、传出神经系统药物的基本作用

（一）直接作用于受体

许多传出神经系统药物可以直接与胆碱受体结合（如毛果芸香碱），或与肾上腺素受体结合（如异丙肾上腺素），如果两者结合后所产生的效应与相应的递质效应相似，则称为激动药（agonist）；相反，如果结合后不激动受体，反而妨碍递质或激动药与受体结合，产生与递质相反的作用，称为阻断药（blocker），相对于激动药而言，则称为拮抗药（antagonist）。

（二）影响递质的体内过程

1. 影响递质的生物合成　直接影响递质合成的传出神经系统药物较少，而且无临床应用价值，现今主要作为药理学研究的工具药。

2. 影响递质的储存　某些药物可通过影响递质的储存和再摄取而发挥作用。如利血平（reserpine）可以抑制去甲肾上腺素能神经末梢对 NA 的主动摄取，使囊泡内 NA 减少甚至耗竭，从而产生拮抗去甲肾上腺素能神经的作用。

3. 影响递质的释放　某些药物促进递质的释放而发挥作用，如麻黄碱（ephedrine）、间羟胺（aramine）可促进 NA 的释放而发挥拟肾上腺素的作用。

4. 影响递质的消除 影响神经递质消除的药物，如抗胆碱酯酶药可抑制胆碱酯酶活性，抑制 ACh 水解，使体内 ACh 堆积而产生激动胆碱受体的作用。如易逆性胆碱酯酶抑制药新斯的明（neostigmine）和难逆性胆碱酯酶抑制药有机磷酸酯类（organophosphates）。

二、传出神经系统药物的分类

传出神经系统药物按其作用性质及对受体的选择性不同，可分为四大类（表 5-2）。

表 5-2 常用传出神经系统药物分类

拟似药	拮抗药
拟胆碱药	胆碱受体拮抗药
1. 胆碱受体激动药	1. M 受体拮抗药（阿托品）
M、N 受体激动药（卡巴胆碱）	2. N 受体拮抗药
M 受体激动药（毛果芸香碱）	N_1 受体拮抗药（美加明）
N 受体激动药（烟碱）	N_2 受体拮抗药（琥珀胆碱）
2. 抗胆碱酯酶药（新斯的明）	3. 胆碱酯酶复活药（氯解磷定）
拟肾上腺素药	肾上腺素受体拮抗药
1. α、β 受体激动药（肾上腺素）	1. α 受体拮抗药（酚妥拉明）
2. α 受体激动药（去甲肾上腺素）	$α_1$ 受体拮抗药（哌唑嗪）
3. β 受体激动药（异丙肾上腺素）	2. β 受体拮抗药（普萘洛尔）
$β_1$ 受体激动药（多巴酚丁胺）	$β_1$ 受体拮抗药（阿替洛尔）
$β_2$ 受体激动药（沙丁胺醇）	3. α、β 受体拮抗药（拉贝洛尔）

（刘会芳）

第六章 拟胆碱药

拟胆碱药（cholinomimetics）可分为胆碱受体激动药（cholinoceptor agonists）和抗胆碱酯酶药（anticholinesterase）。胆碱受体激动药可激动胆碱受体，产生与乙酰胆碱（acetylcholine，ACh）类似的作用。抗胆碱酯酶药亦称为胆碱酯酶抑制药（cholinesterase inhibitors），可抑制ACh的水解，从而增强ACh的作用。

胆碱受体激动药按照对受体的选择性不同，分为M、N受体激动药、M受体激动药和N胆碱受体激动药。

第一节 胆碱受体激动药

一、M、N受体激动药

乙酰胆碱

ACh为胆碱能神经递质。由于其极易被体内乙酰胆碱酯酶（acetylcholinesterase，AChE）水解，所以性质不稳定，作用时间短。因作用广泛，选择性差，副作用多，故临床少用，主要用于动物实验。

乙酰胆碱

【体内过程】 ACh脂溶性低，口服难吸收，不易过血-脑屏障。进入胃肠道的ACh易被AChE迅速水解失活，故只有静脉注射时才能出现药理作用。

【药理作用与作用机理】

1. 心血管系统 ACh对心血管系统主要产生以下作用。

（1）减弱心肌收缩力（负性肌力作用）：抑制心房收缩的作用大于心室。

（2）减慢心率（负性频率作用）：延缓窦房结舒张期自动除极、增加复极化电流，从而延长动作电位达阈值的时间，导致心率减慢。

（3）减慢房室结和浦肯野纤维（Purkinje fibers）传导（负性传导作用）：ACh可延长房室结和浦肯野纤维的不应期，减慢传导。

（4）缩短心房有效不应期：ACh不影响心房肌的传导速度，但可使心房有效不应期及动作电位时程缩短。

（5）扩张血管：静脉注射小剂量ACh可使全身血管扩张，血压下降，反射性心率加快。

2. 胃肠道 ACh兴奋胃肠道的作用很强，能增加胃肠平滑肌收缩幅度和张力，也可增加其蠕动，并可促进胃肠分泌，引起嗳气、恶心、呕吐、腹痛及排便等症状。

3. 泌尿道 ACh可增强膀胱逼尿肌的收缩和泌尿道平滑肌的蠕动，促进膀胱排空。

4. 其他 ACh可增加腺体分泌，如泪腺、汗腺、唾液腺、气管和支气管腺体和消化道腺体。ACh还可收缩支气管，并可兴奋颈动脉体和主动脉体的化学感受器。

【临床应用】 因选择性差，副作用多，临床少用，主要用于动物实验的工具用药。

醋甲胆碱

醋甲胆碱（methacholine）也可被胆碱酯酶水解，但是其对胆碱酯酶敏感性低，水解速度较慢，故作用时间较长。其对M受体选择性较强，临床主要用于口腔黏膜干燥症的治疗。

卡巴胆碱

卡巴胆碱（carbachol）选择性差，副作用较多，故很少全身给药，目前主要用于局部滴眼以治疗青光眼。

氯贝胆碱

氯贝胆碱（bethanechol chloride）化学性质稳定，不易被胆碱酯酶水解。其兴奋胃肠道和泌尿道平滑肌的作用强，对心血管系统作用弱。本药也可用于口腔黏膜干燥症及手术后尿潴留的治疗。也可用于术后腹气胀、胃张力缺乏症及胃滞留症等的治疗。

胆碱类药物药理作用比较见表6-1

二、M受体激动药

生物碱类主要包括三种天然生物碱，即毛果芸香碱（pilocarpine）、毒蕈碱（muscarine）和槟榔碱（arecoline）。

表 6-1　胆碱类药物药理特性比较

胆碱酯类	对胆碱酯敏感性	阿托品拮抗作用	毒蕈碱样作用				烟碱样作用
			胃肠道	心血管	膀胱	眼（局部使用）	
乙酰胆碱	+++	+++	++	++	++	+	++
卡巴胆碱	-	+	+++	+	+++	++	+++
醋甲胆碱	+	+++	++	+++	++	++	+
氯贝胆碱	-	+++	+++	±	+++	++	-

毛果芸香碱

毛果芸香碱又名匹鲁卡品（pilocarpine），是从南美洲毛果芸香属（pilocarpus）植物中提取的生物碱。

【药理作用与作用机理】　能直接激动 M 胆碱受体，尤其对眼和腺体作用较明显。

1. 眼　用毛果芸香碱滴眼，可引起缩瞳、降低眼压和调节痉挛的作用。

（1）缩瞳：虹膜内有两种平滑肌，瞳孔括约肌和瞳孔开大肌。瞳孔括约肌上分布有 M 受体，受动眼神经的副交感纤维（胆碱能神经）支配，兴奋时瞳孔括约肌收缩，瞳孔缩小；瞳孔开大肌上分布有 α 受体，受去甲肾上腺素能神经支配，兴奋时瞳孔开大肌向外周收缩，使瞳孔扩大。本药可激动瞳孔括约肌的 M 受体，使瞳孔缩小。

（2）降低眼压：房水是由睫状体上皮细胞分泌及血管渗出而形成，经瞳孔流入前房，到达前房角间隙，经滤帘流入巩膜静脉窦而进入血液循环（图 6-1、图 6-2）。如果房水循环受阻，眼压即升高。毛果芸香碱激动 M 受体，可使虹膜向中心拉动，虹膜根部变薄，使前房角间隙扩大，房水回流量增加，使眼压下降。

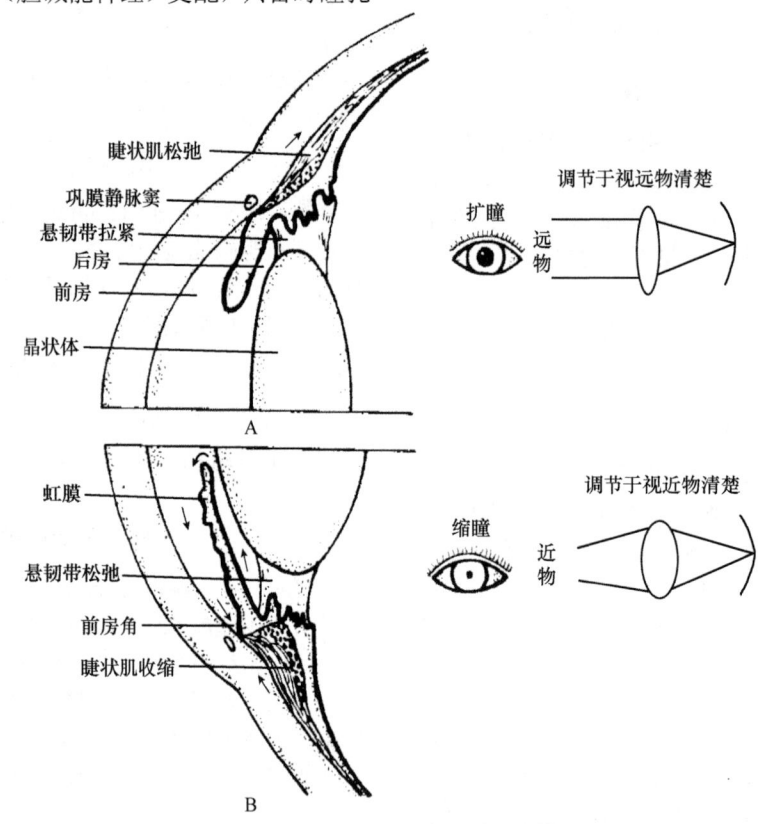

图 6-1　胆碱受体激动药和阻断药对眼的作用
A. 胆碱受体拮抗药的作用；B. 胆碱受体激动药的作用
箭头表示房水流通及睫状肌收缩或扩张的方向

（3）调节痉挛：眼睛的调节是通过晶状体的曲度变化，使物体成像于视网膜上，从而看清物体的过程。毛果芸香碱可激动睫状肌上 M 受体，使睫状肌向瞳孔中心方向收缩，从而使悬韧带松弛，晶状体因本身弹性而变凸，屈光度增加，远距离物体不能成像于视网膜上。这种视近物清楚，看远物模糊的作用称为调节痉挛。

2. 腺体　毛果芸香碱（皮下注射 10～15mg）可明显增加汗腺、唾液腺的分泌。其他腺体如泪腺、呼吸道腺体、胃腺、胰腺和小肠腺体分泌亦增加。

3. 平滑肌 毛果芸香碱除兴奋瞳孔括约肌和睫状肌外，本药还能兴奋支气管平滑肌、肠道平滑肌、子宫、膀胱及胆道平滑肌。

4. 心血管系统 静脉给药（0.1mg/kg）时可使心率短暂减慢。

【临床应用】

1. 青光眼 眼压增高是青光眼的主要体征，其临床症状主要有头痛、视力减退等，严重者可致失明。由于毛果芸香碱能使眼压降低，所以可用于治疗由于前房角狭窄、房水回流障碍、眼压升高而致的闭角型青光眼；本药对因小梁网内皮细胞变性、脱落或增生、小梁网窄小闭塞所致的开角型青光眼也有一定疗效。滴眼时应压迫内眦，避免药液吸收产生副作用。

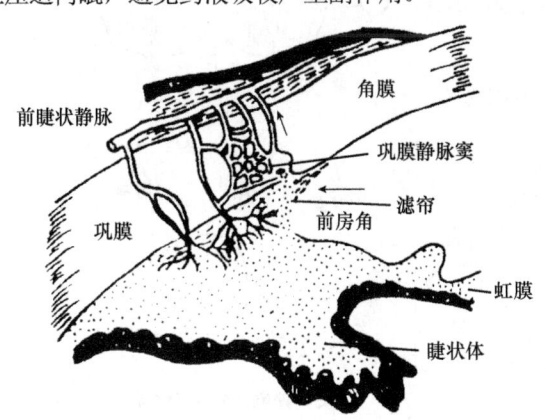

图 6-2 房水出路
箭头表示房水回流方向

2. 虹膜炎 与扩瞳药交替使用，以防止虹膜与晶状体粘连。

3. 解救 M 受体拮抗药中毒 须全身用药。

【不良反应】 毛果芸香碱过量可出现副交感神经系统 M 受体过度兴奋症状，即类似毒蕈碱中毒的症状，可用足量阿托品对抗，同时采用对症疗法和支持疗法。

三、N 受体激动药

N 受体激动药有天然生物碱烟碱（nicotine）和洛贝林（lobeline），合成化合物有四甲铵（tetra-methyl-ammonium，TMA）和二甲基苯哌嗪（1,1-dimethyl-4-phenylpiperazinium，DMPP）等。

烟碱，亦称尼古丁，由烟叶（tobacco）中提取，可兴奋自主神经节 N_1 受体和神经肌肉接头的 N_2 受体。烟碱作用无选择性，作用广泛而复杂，故无临床实用价值，仅具有毒理学意义。

第二节 抗胆碱酯酶药

胆碱酯酶（cholinesterase）可分为乙酰胆碱酯酶（acetylcholinesterase，AChE）和假性胆碱酯酶（pseudocholinesterase）两类，前类亦称真性胆碱酯酶，主要存在于胆碱能神经末梢突触间隙，后一类胆碱酯酶对 ACh 特异性较低。下面所提及的主要是 AChE。

AChE 通过下列三个步骤水解 ACh：第一步，ACh 分子中带正电荷的季铵阳离子与 AChE 的阴离子部位以静电引力相结合，同时 ACh 分子中的羰基碳与 AChE 酯解部位的丝氨酸的羟基以共价键结合，形成 ACh 与 AChE 的复合物；第二步，ACh 与 AChE 复合物裂解，生成胆碱和乙酰化 AChE；第三步，乙酰化 AChE 水解，生成乙酸，使胆碱酯酶的活性恢复（图 6-3）。

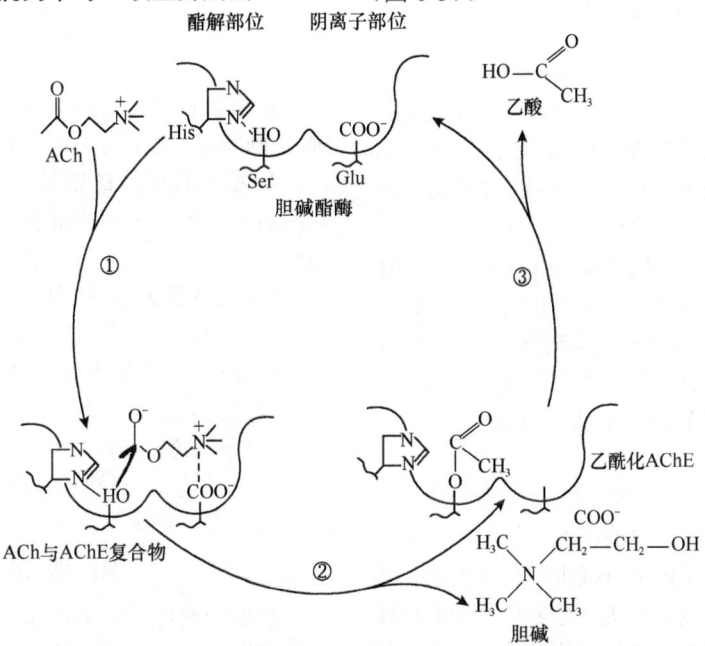

图 6-3 AChE 水解 ACh 过程示意图
①ACh 与 AChE 结合，形成 ACh-AChE 复合物；②复合物裂解，ACh 乙酰基转移到丝氨酸羟基，形成胆碱和乙酰化 AChE；③乙酰化 AChE 的乙酰丝氨酸迅速水解，分离出乙酸，AChE 恢复活性

抗胆碱酯酶药（anticholinesterase agents）与 ACh 相似也能与 AChE 结合，但结合较牢固，水解较慢，使 AChE 活性受抑制（图 6-4），从而导致胆碱能神经末梢释放的 ACh 堆积，产生拟胆碱作用。

抗胆碱酯酶药可分为易逆性抗胆碱酯酶药和难逆性抗胆碱酯酶药。前者（如新斯的明）与 AChE 结合较不稳定，被抑制的酶易于复活；后者（如有机磷酸酯类），与 AChE 结合牢固，被抑制的酶不易复活。

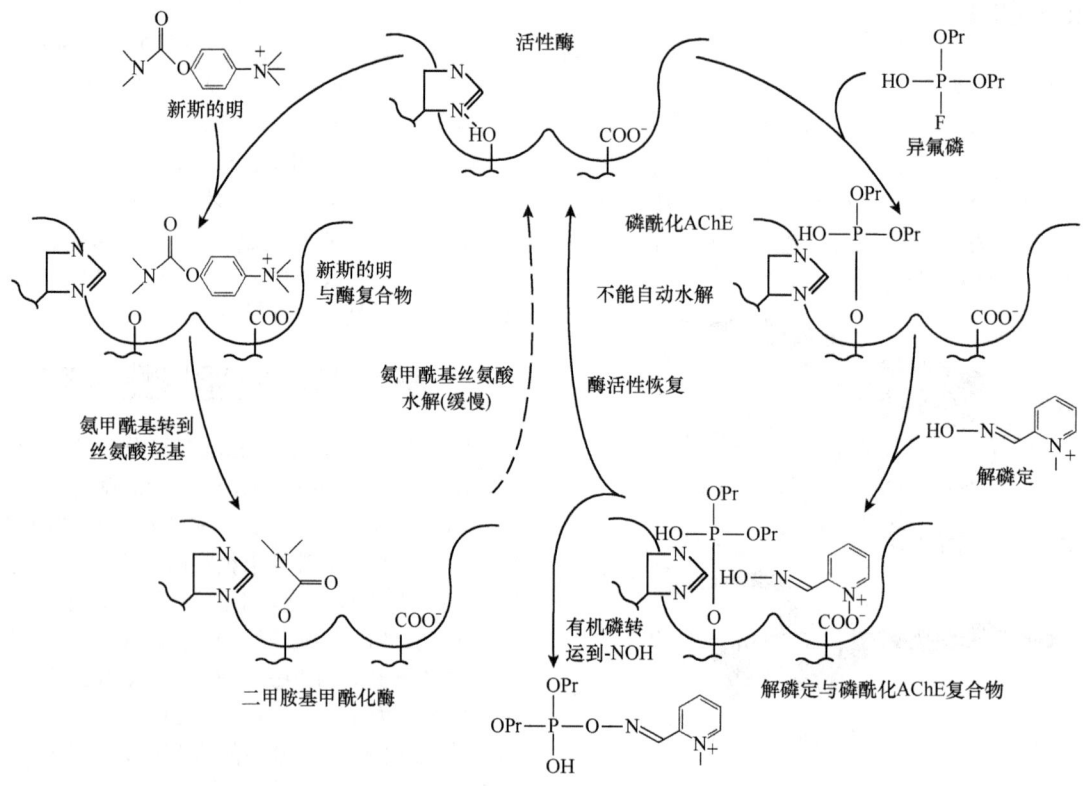

图 6-4 抗胆碱酯酶药作用

一、易逆性抗 AChE 药

新斯的明

【体内过程】 新斯的明（neostigmine）为季铵类化合物，口服吸收少而不规则，故口服剂量明显大于注射量。新斯的明既可被血浆中的 AChE 水解，亦可在肝脏代谢。不易进入中枢神经系统。主要以原形药物和代谢产物形式经尿排泄。

【药理作用】 新斯的明（neostigmine）可抑制 AChE 活性而发挥完全拟胆碱作用，即可激动 M、N 受体。此外尚能直接激动骨骼肌运动终板上的 N_2 受体。其作用特点为对腺体、眼、心血管及支气管平滑肌作用弱，对骨骼肌及胃肠平滑肌兴奋作用较强。

【临床应用】

1. 重症肌无力 为一种神经肌肉接头传递功能减退的自身免疫性疾病，其血清中存在抗胆碱受体的抗体，运动终板上 N_2 受体数目减少，表现为进行性肌肉收缩无力，临床主要表现为咀嚼吞咽困难、眼睑下垂、四肢无力，严重者可出现呼吸困难。一般口服给药，1～2h 起效。严重者皮下或肌内注射给药，约 15min 起效，维持 2～4h。

2. 术后腹气胀和尿潴留 新斯的明兴奋胃肠道平滑肌和膀胱逼尿肌，增加肠蠕动及平滑肌张力，促进排气和排尿，可用于术后腹气胀和尿潴留，效果良好。

3. 阵发性室上性心动过速 新斯的明抑制胆碱酯酶，使心脏部位 ACh 增多，激动 M 受体使心率减慢。

4. 肌松药中毒的解救 用于非去极化型肌松药如筒箭毒碱过量中毒的解救，但禁用于琥珀胆碱中毒的解救。

【不良反应】 治疗量应用不良反应较少。过量可产生胆碱能神经亢进的症状，如恶心、呕吐、腹痛、心动过缓等 M 样症状和肌肉震颤等 N 样症状，严重者可致肌无力加重，称"胆碱能危象"。可用阿托品对抗 M 样症状。另外，可加用小剂量竞争性神经肌肉阻断药对抗 N 样症状。禁用于机械性肠梗阻、尿路梗阻、支气管哮喘患者。

吡斯的明

吡斯的明（pyridostigmine）的作用比新斯的明弱，起效缓慢，作用时间较长，副作用少。主要用于治疗重症肌无力，可口服或肌内注射给药，严重者亦可缓慢静脉注射给药，疗程通常少于 8 周，亦可用于治疗麻痹性肠梗阻和术后尿潴留。

毒扁豆碱

毒扁豆碱（physostigmine，依色林，eserine），其作用与新斯的明相似，为易逆性胆碱酯酶抑制药。属于叔胺类化合物，可过血-脑屏障进入中枢。眼内局部应用时，其作用与毛果芸香碱相似，表现为瞳孔缩小，眼压下降，但作用更强而持续时间更长，药效可维持1～2日。所以临床上常用0.05%毒扁豆碱溶液滴眼，用于青光眼的治疗。与毛果芸香碱相比，毒扁豆碱起效较快，刺激性较强，长期连续给药时，患者不易耐受，所以临床上先用本药滴眼数次，再改用毛果芸香碱维持疗效。本药滴眼后可致睫状肌收缩而引起调节痉挛，并可出现头痛。滴眼时应压迫内眦，以免药液流入鼻腔后吸收中毒。吸收后外周作用与新斯的明相似，即表现为M、N受体激动作用，进入中枢后亦可抑制中枢AChE活性而产生作用。本药全身毒性反应较新斯的明严重，大剂量给药时可致呼吸麻痹。

依酚氯铵

依酚氯铵（edrophonium chloride），化学结构为季铵类化合物，抗AChE作用弱，但是对骨骼肌N_2受体的选择性较高，兴奋骨骼肌的作用较强，起效较快，副作用少，但本药维持时间很短，5～15min后作用消失，故临床上不宜用于治疗重症肌无力，常用于诊断重症肌无力。通常先快速静脉注射本药2mg，如在30～45s后未见药物效应，可再静脉注射8mg药物，给药后如受试者出现短暂肌肉收缩改善，同时未见有舌肌纤维收缩症状，则提示诊断阳性，即为重症肌无力患者。而舌肌纤维收缩反应常见于非重症肌无力的其他患者。

安贝氯铵

安贝氯铵（ambenonium chloride，酶抑宁）为双季铵类药物，抑制胆碱酯酶和兴奋骨骼肌的作用强于新斯的明，作用持续时间长，主要用于重症肌无力治疗，尤其是不能耐受新斯的明或吡斯的明的患者。

加兰他敏

加兰他敏（galantamine）是一种从石蒜科植物中提取的生物碱，为叔胺类药物，其作用比新斯的明弱，可用于重症肌无力、脊髓灰质炎后遗症等治疗，也可用于治疗竞争性神经肌肉阻断药过量中毒。

地美溴铵

地美溴铵（demecarium bromide）为一种长效的易逆性抗胆碱酯酶药，滴眼后可降低眼压，主要用于青光眼治疗，适用于治疗无晶状体畸形的开角型青光眼及对其他药物无效的青光眼患者。滴眼后15～60min可见瞳孔缩小，可持续1周或更长时间，使用后24h其降眼压作用达高峰，并可持续9日以上。

他 克 林

他克林（tacrine）为易逆性胆碱酯酶抑制药，主要抑制中枢胆碱酯酶活性，口服首关消除明显，血浆峰值和生物利用度的个体差异较大。而且在中枢滞留时间较长，临床上主要用于阿尔茨海默病（Alzheimer's disease）的治疗，使患者的认知能力、定向能力改善，以前者改善更为显著，该药对轻中度患者较好。最常见和最重要的副作用为肝脏毒性，发生率约50%，可见氨基转移酶（ALT）升高，尤其在治疗开始后头12个月内。如升高幅度大，或出现黄疸，应立即停药。同新斯的明一样，他克林在肝脏内被微粒体CYP所代谢，主要是CYP1A2。能抑制或诱导此系统的药物，都可能影响他克林的血浆浓度。例如，西咪替丁可抑制他克林的代谢，从而增加他克林的血浆浓度；而奎尼丁主要抑制CYP2D6，不影响他克林的代谢。

多奈哌齐

多奈哌齐（donepezil）是一种哌啶衍生物，对中枢的胆碱酯酶选择性高，对阿尔茨海默病也有较好疗效。其比他克林的耐受性好，无肝脏毒性的报道。

二、难逆性抗AChE药

有机磷酸酯类

有机磷酸酯类（organophosphate）主要作为农业和环境卫生杀虫剂，如敌百虫（dipterex）、乐果（rogor）、马拉硫磷（malathion）、敌敌畏（DDVP）、内吸磷（systox E1059）和对硫磷（parathion，605）等。另外，还包括战争毒气（war gases），如沙林（sarin）、梭曼（soman）和塔崩（tabun）等。

本类药物无临床治疗价值，主要表现为毒性反应。有机磷酸酯类脂溶性高，易挥发，可经皮肤、呼吸道或消化道黏膜吸收。

【中毒机理】 有机磷酸酯类与AChE牢固结合，从而抑制了该酶的活性。其结合点与易逆性抗AChE药相似，也在AChE的酯解部位丝氨酸的羟基。有机磷酸酯类的磷原子具有亲电子性，可与羟基上具有亲核性的氧原子形成共价键结合，形成难以水解的磷酰化胆碱酯酶（图6-4），使AChE失去水解ACh的能力，ACh大量积聚，过强的激动胆碱受体而引起一系列中毒症状。若不及时抢救，则磷酰化胆碱酯酶的磷酰化基团上的烷氧基发生断裂，生成更加稳定的单烷氧基磷酰化胆碱酯酶，此时即使应用胆碱酯酶复活药亦不能恢复其活性。这种现象称为"酶的老化"。此时即使用AChE复活药，也难以恢复酶的活性，必须等待新生的AChE出现，才可水解ACh。此过程可能需要几周甚至更长时间。

【中毒表现】 有机磷酸酯类中毒时，体内AChE

活性被抑制，体内 ACh 不能被有效地水解，从而导致 ACh 在体内大量蓄积。过强的激动 M 受体和 N 受体，而表现中毒症状。由于 ACh 的作用极其广泛，故中毒症状表现多样化，主要为毒蕈碱样（M 样）和烟碱样（N 样）症状，即为急性胆碱能危象（acute cholinergic crisis）。

1. 急性中毒 主要表现为对胆碱能神经突触、胆碱能神经肌肉接头和中枢神经系统影响。轻度中毒以 M 样症状为主，中度中毒可同时出现 M 样和 N 样症状。严重中毒除 M 样和 N 样症状外，还会有显著的中枢神经系统症状。

（1）M 样症状：表现为瞳孔明显缩小、眼球疼痛、睫状肌痉挛、视物模糊等。随着症状出现，由于交感神经节的兴奋作用，缩瞳作用可能并不明显。但可见泪腺、鼻腔腺体、唾液腺、支气管和胃肠道腺体分泌增加。呼吸系统症状还包括胸腔紧缩感及由于支气管平滑肌收缩、呼吸道腺体分泌增加所致的呼吸困难。当毒物由胃肠道摄入时，则胃肠道症状可首先出现，表现为厌食、恶心、呕吐、腹痛、腹泻等。当毒物经皮肤吸收中毒时，则与吸收部位最邻近的区域可见出汗及肌束颤动。严重中毒时，可见自主神经节呈先兴奋、后抑制状态，产生复杂的自主神经综合效应，常可表现为口吐白沫、呼吸困难、大汗淋漓、尿便失禁、心率减慢和血压下降。

（2）N 样症状：表现为肌无力，不自主肌束抽搐、震颤，并可导致肌肉麻痹，严重时可引起呼吸肌麻痹。

（3）中枢神经系统症状：除了脂溶性极低的有机磷酸酯类外，其他毒物均可通过血-脑屏障而产生中枢作用，表现为先兴奋、不安，继而出现惊厥，后可转为抑制，出现意识模糊、共济失调、谵妄、反射消失、昏迷、中枢性呼吸麻痹及血管运动中枢抑制造成血压下降。

急性有机磷酸酯类中毒死亡的主要原因为呼吸衰竭及继发性心血管功能障碍。死亡可发生在 5min～24h 内，取决于摄入体内的毒物种类、用量、途径及其他因素等。

2. 慢性中毒 多发生于长期接触农药的人员，主要表现为血中 AChE 活性持续明显下降。临床体征为神经衰弱综合征、腹胀、多汗、偶见肌束颤动及瞳孔缩小。

【中毒防治】

1. 预防 按照以预防为主的方针，加强生产人员及使用农药人员的劳动保护措施及安全知识教育，并严格执行农药生产、管理制度，这类中毒是可以预防的。

2. 急性中毒的治疗

（1）清除毒物：发现中毒时，应立即把患者移出现场。对由皮肤吸收者，应用温水和肥皂水清洗皮肤。经口中毒者，应首先抽出胃液和毒物，并用微温 1%盐水或 2%碳酸氢钠溶液反复洗胃，直至洗出液中无农药味，然后给予硫酸镁导泻。注意敌百虫口服中毒时不用碱性溶液洗胃，因其在碱性溶液中可转化为毒性更强的敌敌畏。眼部染毒，可用 0.9%盐水或冲洗 2%碳酸氢钠溶液数分钟。

（2）解毒药物

1）阿托品：为治疗急性有机磷酸酯类中毒的特异性、高效能解毒药物。能迅速对抗体内 ACh 的 M 样症状，表现为抑制多种腺体分泌、松弛多种平滑肌、扩大瞳孔和加快心率等，较大剂量时还可引起中枢作用，减轻或消除有机磷酸酯类中毒引起的恶心、呕吐、腹痛、尿便失禁、流涎、支气管分泌增多、呼吸困难、出汗、瞳孔缩小、心率减慢和血压下降等症状。由于阿托品对中枢的胆碱受体无明显作用，故对有机磷酸酯类中毒引起的中枢症状（如惊厥、躁动不安等）改善作用不明显。应尽量早期给药，并根据中毒情况采用较大剂量，开始时可用阿托品 2～4mg 静脉注射或肌内注射。如无效，可每隔 5～10min 注射 2mg，直至 M 受体兴奋症状消失或出现轻度阿托品中毒症状（阿托品化）。阿托品第 1 日用量常超过 200mg，即达到阿托品化，并维持 48h。对中度或重度中毒患者，必须采用阿托品与 AChE 复活药合并应用的治疗措施。

2）AChE 复活药：是一类能使被有机磷酸酯类抑制的 AChE 恢复活性的药物。这些药物都是肟类化合物，常用药物有碘解磷定、氯解磷定和双复磷。

碘解磷定（pralidoxime iodide，派姆，PAM）为最早应用的 AChE 复活药。水溶性较低，水溶液不稳定，久置可释放出碘。

碘解磷定进入体内后，其带正电荷的季铵氮即与磷酰化 AChE 的阴离子部位以静电引力相结合，结合后使其肟基（=N—OH）趋向磷酰化 AChE 的磷原子，进而与磷酰基形成共价键结合，生成磷酰化 AChE 和碘解磷定的复合物，后者进一步裂解为磷酰化碘解磷定，同时使 AChE 游离出来，恢复其水解 ACh 的活性（图 6-4）。此外，碘解磷定也能与体内游离的有机磷酸酯类直接结合，成为无毒的磷酰化碘解磷定，由尿排出，从而阻止游离的毒物继续抑制 AChE 活性。

本药对不同有机磷酸酯类中毒疗效存在差异，如对内吸磷、马拉硫磷和对硫磷中毒疗效较好，对敌百虫、敌敌畏中毒疗效稍差，而对乐果中毒则无效。

碘解磷定对骨骼肌的作用最为明显，能迅速控制肌束颤动，对自主神经系统功能的恢复较差。对中枢神经系统的中毒症状也有一定改善作用。对轻度有机磷酸酯类中毒患者：可缓慢静脉注射本药 0.5～1g。中度中毒：可缓慢静脉注射本药 1～2g，并可根据患者中毒情况反复给药。重度中毒：可缓慢静脉注射本药 2～3g，0.5～1h 后可酌情重复注射 1～1.5g 该药物。

由于碘解磷定不能直接对抗体内积聚的ACh的作用，故应与阿托品合用。

治疗量时，该药不良反应较少见。但如剂量超过2g或静脉注射速度过快（每分钟超过500mg）时，由于抑制AChE的作用和药物本身的神经肌肉阻断作用，可产生轻度乏力、视物模糊、复视、眩晕、头痛、恶心、呕吐和心率加快等症状。此外，由于本药含碘，可引起口苦、咽痛和对注射部位有刺激性。由于本药不良反应较多，药理作用较弱，又只能静脉注射，故目前已较少使用。

氯解磷定（pralidoxime chloride，PAM-Cl）药理作用和临床应用与碘解磷定相似，但水溶性好，水溶液较稳定，可肌内注射或静脉注射给药。对轻度有机磷酸酯类中毒患者：可肌内注射本药0.5～1.0g。中度中毒：先肌内注射1～2g，根据情况，必要时1～2h后再重复肌内注射1g。重度中毒：肌内注射或静脉注射2～2.5g，0.5～1h后可酌情重复注射给药，每次1～1.5g，同时合用阿托品。本药副作用较碘解磷定小，偶见轻度头痛、头晕、恶心、呕吐和视物模糊等。由于其使用方便，不良反应较小，故临床上较为常用。

双复磷（obidoxime chloride）作用与氯解磷定相似，但它具有两个肟基，故其作用较强而持久，且较易通过血-脑屏障，对有机磷酸酯类中毒引起的毒蕈碱样、烟碱样和中枢神经系统症状均有一定疗效。对轻度有机磷酸酯类中毒患者：肌内注射0.25～0.5g。中度中毒：肌内注射0.5～0.75g，2h后可酌情重复肌内注射1次。重度中毒：肌内注射或缓慢静脉注射0.75～1.0g，1h后根据情况可重复注射0.5～0.75g。本药对大多数有机磷酸酯类中毒患者均有较好疗效。主要不良反应为口周和四肢发麻，恶心，颜面潮红和全身发热，剂量过大可引起神经肌肉阻断等。

【案例及思考题】

案例6-1 患者，男，45岁，女，44岁，二人为夫妻，晚饭后二人明显感觉严重腹痛，上吐下泻，头晕，乏力，视物模糊，遂就诊，经询问，二人晚饭食用的下午采摘的野蘑菇，结合患者体征及检查结果，诊断为：食用毒蘑菇中毒。治疗：洗胃，导泻，吸氧等。行静脉输液治疗：阿托品1mg，肌内注射，每30min一次。

问题：
1. 毒蘑菇中毒的机理是什么？
2. 为什么阿托品可以解救毒蘑菇中毒？

案例6-2 患者，女，32岁，眼睑下垂1年多，近期又感觉易疲乏，肢体无力，活动后加重，休息后缓解。而且此症状进行性加重。体格检查：反复咀嚼感觉无力，反复闭目后，表现为闭目无力，凝视同一个位置后会出现复视。下蹲4次后站立困难。辅助检查：肌疲劳试验阳性和依酚氯铵实验阳性。诊断：重症肌无力。治疗：溴吡斯的明口服，60mg/次，4次/日。

问题：
1. 重症肌无力的发病机理是什么？
2. 用溴吡啶斯的明治疗重症肌无力的依据是什么？

案例6-3 患者，男，64岁，欲进行白内障手术，先采用小剂量利多卡因麻醉眼球运动神经和睫状神经，麻醉后，用毛果芸香碱滴眼，以降低眼压。

问题：
此案例中，能否用毒扁豆碱？为什么？

（刘会芳）

第七章 胆碱受体拮抗药

胆碱受体拮抗药（cholinoceptor antagonists）是一类能与胆碱受体结合，阻碍 ACh 及胆碱受体激动药与胆碱受体的结合，从而产生抗胆碱作用的药物。按其对受体的选择性不同，可分为 M 受体拮抗药和 N 受体拮抗药，后者包括 N_1 受体拮抗药和 N_2 受体拮抗药。

第一节 M 受体拮抗药

一、阿托品类生物碱

本类生物碱有阿托品（atropine）、东莨菪碱、山莨菪碱和樟柳碱等。其中最重要的为阿托品和东莨菪碱。阿托品、东莨菪碱和山莨菪碱均可由植物中提取，其植物来源详见表 7-1。

表 7-1 阿托品类生物碱及其来源

植物名称	主要生物碱
颠茄（Atropa belladonna）	莨菪碱
曼陀罗（Datura stramonium）	莨菪碱
洋金花（Datura sp.）	东莨菪碱
莨菪（Hyoscyamus niger）	莨菪碱
唐古特莨菪（Scopolia tangutica）	山莨菪碱

天然存在的生物碱为不稳定的左旋莨菪碱，在提取过程中可得到稳定的消旋莨菪碱（DL-hyoscyamine），即为阿托品。东莨菪碱为左旋体，其抗 ACh 作用较右旋体强许多倍。

阿 托 品

【体内过程】 口服吸收迅速，生物利用度为 50%，1h 后血药浓度达峰值。$t_{1/2}$ 为 4h，作用可维持 3～4h。吸收后可广泛分布于全身组织，可透过血-脑屏障及胎盘屏障。阿托品亦可经黏膜吸收，但皮肤吸收差。肌内注射后 12h 内有 85%～88% 药物经尿排出，其中原形药物约占 1/3，其余为水解物和与葡糖醛酸结合的代谢产物。

【药理作用与作用机理】 阿托品能与胆碱受体结合，竞争性地拮抗 ACh 或胆碱受体激动药对 M 受体的激动作用。作用广泛，但不同效应器官对其敏感性不同。

1. 抑制腺体分泌 阿托品对不同腺体的抑制作用强度不同，唾液腺与汗腺对其最敏感。在用 0.5mg 阿托品时，即可见唾液腺及汗腺分泌减少。剂量增大，抑制作用更为显著。同时泪腺及呼吸道腺体分泌也明显减少。较大剂量也减少胃液分泌。

2. 对眼的作用

（1）扩瞳：由于阿托品可阻断虹膜括约肌的 M 受体，故使去甲肾上腺素能神经支配的瞳孔开大肌功能占优势，使瞳孔扩大。

（2）眼压升高：由于瞳孔扩大，使虹膜退向外缘，因而前房角间隙变窄，阻碍房水回流入巩膜静脉窦，造成眼压升高。故青光眼患者禁用。

（3）调节麻痹：阿托品能使睫状肌松弛而退向外缘，从而使悬韧带拉紧，晶状体变为扁平，其折光度降低，只适合看远物，而不能将近物清晰地成像于视网膜上。造成看近物模糊不清，即为调节麻痹。

3. 平滑肌 阿托品对多种内脏平滑肌具松弛作用，尤其对处于痉挛状态的平滑肌作用更为显著。对不同器官的平滑肌解痉作用强度不同，对胃肠平滑肌痉挛的解痉作用最强，对膀胱逼尿肌痉挛引起的膀胱刺激症状，如尿频尿急等疗效次之，但对胆管、输尿管、支气管解痉作用较弱，对子宫平滑肌影响较小。

4. 对心血管作用

（1）兴奋心脏：小剂量（0.5mg）的阿托品可使部分患者心率暂时性轻度减慢，一般每分钟减慢 4～8 次，其机理为阿托品阻断了突触前膜上的 M 受体，从而减少 ACh 的释放所致。较大剂量的阿托品（1～2mg）可阻断心脏的 M 受体，解除迷走神经对心脏的抑制作用，从而使心率加快，传导加速。心率加快的程度取决于迷走神经张力，迷走神经张力高的青壮年，心率加快更明显，如肌内注射 2mg 阿托品，每分钟心率可增加35～40次。

（2）扩张血管：小剂量的阿托品对血管影响不大，只有大剂量阿托品才能呈现扩张外周及内脏血管的作用，从而解除血管痉挛，改善微循环，增加重要脏器血流灌注，缓解组织缺氧状态。其可能机理为，由于阿托品可以抑制腺体分泌，使汗腺分泌减少，引起体温升高后机体所呈现的代偿性散热反应，也可能是阿托品具有直接扩血管作用，但与其阻断M受体无关。

5. 对中枢神经系统作用 较大剂量（1～2mg）可轻度兴奋延髓和大脑，5mg时中枢兴奋明显加强，中毒剂量（10mg以上）可见明显中枢症状。据报道，阿托品可增加癫痫发作频率。

作用机理：阿托品竞争性拮抗M受体。阿托品与M受体结合后，阻断ACh或胆碱受体激动药与受体结合，从而拮抗了其对受体的激动作用。阿托品对M受体有较高选择性，但大剂量时也阻断神经节的N受体。阿托品对各种M受体亚型的选择性较低，对M_1、M_2、M_3受体均有阻断作用。据研究，阿托品与M受体结合点位于第三跨膜区段的天门冬氨酸，此部位可与ACh的季铵氮形成离子键，故两者可相互竞争结合位点。

【临床应用】

1. 解除内脏平滑肌痉挛性疾病 适用于各种内脏绞痛，对胃肠绞痛，膀胱刺激症状如尿频、尿急等疗效较好，但对胆绞痛、肾绞痛疗效较差，常需与镇痛药杜冷丁合用。

2. 抑制腺体分泌 用于全身麻醉前给药，以减少唾液腺及呼吸道腺体分泌，防止分泌物阻塞呼吸道及吸入性肺炎的发生。也可用于严重的盗汗症及流涎症的治疗。

3. 眼科

（1）虹膜睫状体炎：用0.5%～1%阿托品溶液滴眼，其可松弛虹膜括约肌和睫状肌，使之充分休息，有助于炎症消退；同时为防止虹膜与晶状体的粘连，阿托品可与缩瞳药（如毛果芸香碱）交替应用。

（2）验光配镜、检查眼底：阿托品具有调节麻痹作用，可使睫状肌松弛，使晶状体固定，可准确测定晶状体的屈光度。但由于阿托品作用持续时间较长，其调节麻痹作用可维持2～3日，给患者带来不便，故现已少用。而用作用时间较短的后马托品、托吡卡胺等取代。但儿童睫状肌调节功能较强，验光时仍用阿托品滴眼，充分发挥其调节麻痹作用。

4. 缓慢型心律失常 由于可解除迷走神经对心脏的抑制，故可用于治疗迷走神经过度兴奋所致窦房传导阻滞、房室传导阻滞等缓慢型心律失常。在急性心肌梗死的早期，常伴有窦性心动过缓、房室结性心动过缓或房室传导阻滞。阿托品可加快心率，恢复正常的心脏功能，从而改善患者的临床症状。但要把握

好阿托品的用量，如果用量过大则引起心率加快，增加心肌耗氧量，甚至引起心室颤动。

5. 抗休克 大剂量阿托品有扩张血管，改善微循环，增加重要脏器的血液灌注，故用于缓解休克症状，临床主要用于严重感染，如暴发型流行性脑脊髓膜炎、中毒性肺炎、中毒性菌痢等所致的中毒性休克。由于阿托品升高体温、加快心率，故对伴有高热或心率过快的休克患者，禁用阿托品。

6. 解救有机磷酸酯类中毒 早期、足量、反复使用阿托品，可有效对抗有机磷酸酯类中毒时的M样症状或部分中枢症状。

【不良反应及注意事项】 阿托品选择性差，作用广泛，毒副作用较多。其不良反应主要表现为如下几种。

1. 外周反应 治疗量阿托品可引起口干、皮肤干燥、面色潮红、排尿困难、便秘、扩瞳、视近物模糊、心率加快等，这些副作用无需特殊处理，停药后即消失。

2. 中枢反应 较大剂量（1～2mg）可兴奋延髓和大脑；2～5mg时中枢兴奋作用加强，表现为焦躁不安、谵妄、多语等；中毒剂量（10mg以上）常可致幻觉、定向障碍甚至惊厥，然后由兴奋转为抑制，出现昏迷和呼吸抑制，甚至呼吸衰竭。此外，误服过量的曼陀罗果、颠茄果、洋金花或莨菪根茎等也可出现上述中毒症状。阿托品的最低致死量儿童约为10mg，成人为80～130mg。

阿托品中毒解救主要为对症治疗。如口服中毒，应立即洗胃、导泻，以促使毒物排出，并可用毒扁豆碱1～4mg（儿童0.5mg）缓慢静脉注射，可对抗阿托品中毒症状（包括幻觉、谵妄与昏迷）。但由于毒扁豆碱可在体内迅速代谢，患者可在1～2h内再次出现昏迷，故需反复给药。如患者中枢兴奋症状明显时，可静脉注射地西泮对抗，但剂量不宜过大，以免与阿托品导致的中枢抑制作用产生协同。此外，进行人工呼吸。用冰袋及乙醇擦浴，以降低患者的体温，这对儿童中毒者尤其重要。婴幼儿对阿托品最敏感，儿童阿托品中毒者多见于因误服颠茄果和曼陀罗果等或频繁滴眼所致。

【禁忌证】 青光眼及前列腺增生者禁用阿托品，因升高眼压，加重前列腺肥大患者排尿困难的症状。

东莨菪碱

东莨菪碱（scopolamine）是从洋金花、颠茄或莨菪等植物中提取的生物碱。

【药理作用】 东莨菪碱具有M受体阻断作用，外周作用与阿托品的作用相似，但中枢作用不同，在治疗剂量时即可引起中枢神经系统抑制。其特点主要有以下几方面。

1. 外周作用 与阿托品相似，有较强的M受体

阻断作用，其抑制腺体分泌及对眼的作用比阿托品强，但对心血管作用较弱。

2. 中枢作用 东莨菪碱对中枢神经系统的作用较强。在治疗量时即可产生中枢抑制作用，产生镇静、催眠作用，大剂量可引起意识消失，进入浅麻醉状态。另外，东莨菪碱具有较强的中枢性抗胆碱作用，通过抑制大脑皮质功能、前庭神经内耳功能及胃肠运动而发挥抗晕动病作用。

【临床应用】

1. 麻醉前给药 因其不但能抑制腺体分泌，而且具有中枢抑制作用，因此优于阿托品。

2. 防晕止吐 可用于晕动病（晕车、晕船）和放射病呕吐。与苯海拉明合用能增强疗效。在乘车、乘船前服用疗效更好。

3. 治疗帕金森病（Parkinson's disease，PD） 本药有中枢抗胆碱作用，对PD也有一定疗效，可改善患者的流涎、震颤和肌肉强直等症状。

4. 解救有机磷酸酯类中毒。

【不良反应】 与阿托品相似，但可引起镇静、嗜睡。

山莨菪碱

山莨菪碱（anisodamine）是我国学者从茄科植物唐古特莨菪中提出的生物碱，现已可人工合成，其天然品称为654-1，人工合成品称654-2。

【药理作用与临床应用】 该药具有M受体阻断作用，药理作用与阿托品的作用相似，其特点如下所示。

1. 对平滑肌解痉作用的选择性较阿托品高，作用较强；而抑制腺体分泌、扩瞳作用弱，仅为阿托品的1/20～1/10；由于不易透过血-脑脊液屏障，几乎没有中枢作用。因不良反应较少，临床上已取代阿托品用于胃肠平滑肌痉挛引起的胃肠绞痛的治疗。

2. 大剂量能解除血管痉挛、改善微循环，增加重要脏器的血液灌注，提高细胞对缺血缺氧的耐受性，可用于治疗感染性休克。

【不良反应】 不良反应与阿托品相似，但毒性较低。主要有口干、瞳孔扩大、视近物模糊、心动过速等，停药后即消失。

二、阿托品的合成代用品

阿托品用于眼科疾病时，作用持续时间过久，给患者生活带来不便；用于内科疾病时，选择性差，副作用太多。针对这些缺点，通过改变其化学结构，合成了代用品，其中包括扩瞳药、解痉药和选择性M受体拮抗药。

（一）合成扩瞳药

目前临床主要用于扩瞳的药物有后马托品（homatropine）、托吡卡胺（tropicamide）、尤卡托品（eucatropine）和环喷托酯（cyclopentolate）等，这些药物与阿托品比较，其扩瞳作用维持时间明显缩短，故适合于一般的眼科检查。各药滴眼后作用比较见表7-2。

表7-2 几种扩瞳药滴眼作用的比较

药物	浓度（%）	扩瞳作用		调节麻痹作用	
		高峰（min）	消退（日）	高峰（h）	消退（日）
硫酸阿托品	1.0	30～40	7～10	1～3	7～12
氢溴酸后马托品	1.0～2.0	40～60	1～2	0.5～1	1～2
托吡卡胺	0.5～1.0	20～40	0.25	0.5	<0.25
环喷托酯	0.5	30～50	1	1	0.25～1
尤卡托品	2.0～5.0	30	1/12～1/4	（无作用）	

（二）合成解痉药

1. 季铵类解痉药 溴丙胺太林（普鲁本辛，propantheline bromide）是一种临床常用合成解痉药，口服吸收不完全，食物可妨碍其吸收，宜在饭前0.5～1h服用，作用时间约为6h。本药对胃肠道M胆碱受体的选择性较高，治疗量对胃肠平滑肌的解痉作用强，并能明显抑制胃液分泌，适用于胃、十二指肠溃疡，也可用于胃肠痉挛、泌尿道痉挛、遗尿症及妊娠呕吐。不良反应类似于阿托品，中毒量可因神经肌肉接头传递阻断而引起呼吸麻痹。

此外尚有格隆溴铵（glycopyrronium bromide）、奥芬溴铵（oxyphenonium bromide）、地泊溴铵（diponium bromide）、戊沙溴铵（valetamate bromide）和喷噻溴铵（penthienate bromide）等药均可用于缓解内脏平滑肌痉挛，作为消化性溃疡的辅助用药。

2. 叔胺类解痉药 贝那替嗪（胃复康，benactyzine）含叔胺基团，口服较易吸收，缓解平滑肌痉挛及抑制胃液分泌作用强，此外尚有安定作用。适用于兼有焦虑症的溃疡患者，亦可用于肠蠕动亢进及膀胱刺激征患者。不良反应有口干、头晕及嗜睡等。

此外，叔胺类解痉药尚有羟苄利明（oxyphencyclimine）、双环维林（dicycloverine）、黄酮哌酯

（flavoxate）和奥昔布宁（oxybutynin）等，这些药物均有非特异性内脏平滑肌解痉作用。

（三）选择性 M 受体拮抗药

上述阿托品及其合成或半合成代用品，绝大多数对 M 胆碱受体及其亚型缺乏选择性，因此在临床使用时副作用较多，而选择性 M 受体拮抗药对受体的特异性较高，从而使副作用明显减少。

哌仑西平

哌仑西平（pirenzepine）为选择性 M_1 受体拮抗药，属于三环类药物，其结构式与丙米嗪相似；替仑西平（telenzepine）为哌仑西平同类物，但其对 M_1 受体的选择性拮抗作用更强。二药均可抑制胃酸及胃蛋白酶的分泌，用于消化性溃疡的治疗。而且在治疗剂量时较少出现口干和视物模糊等反应。由于这些药物不易进入中枢，故无明显的阿托品样中枢兴奋作用。有研究认为，由于上述二药能拮抗迷走神经的功能，故还可用于支气管阻塞性疾病的治疗。此外，尚有些药物对 M_2、M_4 受体有选择性阻断作用，均已用于临床。

第二节　N 受体拮抗药

一、N_1 受体拮抗药

【药理作用与作用机理】　N_1 受体拮抗药也称神经节阻断药，能选择性地与神经节细胞的 N_1 受体结合，竞争性地阻断 ACh 与受体结合，使 ACh 不能引起神经节细胞除极化，从而阻断了神经冲动在神经节中的传递。

这类药物对交感神经节和副交感神经节都有阻断作用，因此其综合效应视两类神经对该器官支配以哪类神经占优势而定。如交感神经对血管支配占优势，用药后主要为对血管的扩张作用，尤其对小动脉扩张作用更明显，使血管床血流量增加，同时静脉也扩张，使回心血量减少及心排血量降低，从而使血压明显下降，尤其以坐位或立位时血压下降更为显著。又如在胃肠道、膀胱、眼等的平滑肌和腺体则以副交感神经占优势，因此，用药后常出现便秘、瞳孔扩大、口干、尿潴留及胃肠道腺体分泌减少等。

【临床应用】　曾用于抗高血压，但由于不良反应较多，现在已被其他降压药取代。现临床用作麻醉辅助用药，用以控制性降压、减少手术出血。因其不仅能降压，而且能有效地防止因手术剥离而牵拉组织所造成的交感神经反射的升压作用，使患者血压不致升高过多，故也可用于主动脉瘤手术。本类药物中除美卡拉明（mecamylamine，美加明）和樟磺咪芬（trimetaphan camsilate）外，其他药物已基本不用。

二、N_2 受体拮抗药

N_2 受体拮抗药又称神经肌肉阻断药，是一类作用于神经肌肉接头后膜的 N_2 受体的药物，产生神经肌肉阻断的药物，由于其主要表现为肌肉松弛的作用，故又称肌松药（muscle relaxants）。按其作用机理不同，可将其分为两类，即除极化型神经肌肉阻断药（depolarizing neuromuscular blockers）和非除极化型神经肌肉阻断药（nondepola-rizing neuromuscular blockers）。

（一）除极化型神经肌肉阻断药

这类药物与神经肌肉接头后膜的 N_2 受体结合，阻断 ACh 与神经肌肉接头后膜的 N_2 受体结合，产生与 ACh 相似但较持久的除极化作用。因这类神经肌肉阻断药起效快，持续时间短，临床主要用于短小手术麻醉的辅助药。其特点为：①用药初期出现短时肌束颤动，与药物对不同部位的骨骼肌除极化出现的时间先后不同有关；②连续用药可产生快速耐受性；③抗 AChE 药不仅不能拮抗其肌松作用，反能加强之，故过量中毒时，不能用新斯的明抢救；④治疗剂量不具有神经节阻断作用，对血压影响小。代表药物为琥珀胆碱。

琥珀胆碱

琥珀胆碱（suxamethonium，succinylcholine）又称司可林（scoline），由琥珀酸和两分子的胆碱组成。

$$\begin{matrix} H_3C \\ H_3C \\ H_3C \end{matrix}\!\!\!\!\!\!\!\!\!\! \overset{+}{N}CH_2CH_2O\overset{O}{\overset{\|}{C}}CH_2CH_2\overset{O}{\overset{\|}{C}}OCH_2CH_2\overset{+}{N}\!\!\!\!\!\!\!\!\!\!\begin{matrix} CH_3 \\ CH_3 \\ CH_3 \end{matrix}$$

琥珀胆碱

【体内过程】　琥珀胆碱口服不易吸收，须注射给药。进入体内后即可被丁酰胆碱酯酶（假性胆碱酯酶）迅速水解为琥珀酰单胆碱，肌松作用明显减弱，然后可进一步水解为琥珀酸和胆碱，肌松作用消失，故作用时间短。约 2% 药物以原形经肾排泄，其余以代谢产物的形式从尿中排出。

【药理作用与作用机理】　静脉注射 10～30mg 琥珀胆碱后，患者先出现短暂的肌束颤动，尤以胸腹部肌肉明显。1min 后即转为松弛，2min 时肌松作用最强，5min 内肌松作用消失。肌松顺序为从颈部肌肉开始，逐渐波及肩胛、腹部和四肢，以颈部和四肢肌肉松弛最为明显，面、舌、咽喉和咀嚼肌次之，而对呼吸肌麻痹作用不明显。重复静脉注射或持续静脉滴注以维持肌松作用，可通过调节滴速以决定其肌松作用强度。琥珀胆碱与神经肌肉接头后膜的胆碱受体结合后，产生持久的除极化作用，使 ACh 不能激动神经肌肉接头后膜的 N_2 胆碱受体。其对神经肌肉的阻断方式为由除极化转化为非除极化，前者为药物导致的 Ⅰ 相阻断，后者为 Ⅱ 相阻断，均表现为骨骼肌松弛。

【临床应用】　由于本药对喉肌松弛作用较强，故静脉注射给药用于气管内插管、气管镜、食管镜检查等短时操作。静脉滴注也可用于较长时间手术。本药可引起强烈的窒息感,故对清醒患者禁用,可先用硫喷妥钠行静脉麻醉后,再给琥珀胆碱。由于该药个体差异较大,故需调节滴速,以达到理想的肌松效果。

【不良反应及注意事项】

1. 窒息 剂量过大或多次重复注射时,可致呼吸肌麻痹、窒息,长时间使用时需备有人工呼吸机。

2. 肌束颤动 琥珀胆碱产生肌松作用前有短暂肌束颤动,损伤肌梭,有25%~50%患者出现术后肩胛部、胸腹部肌肉疼痛感,一般3~5日可自愈。

3. 血钾升高 由于肌肉持续除极化K^+释放增加,可使血钾升高。大面积软组织损伤如烧伤、恶性肿瘤、肾功能损害及脑血管意外等患者使用琥珀胆碱后,血钾可升高20%~30%,威胁生命安全,故禁用本药。

4. 其他 尚有增加腺体分泌,促进组胺释放及兴奋迷走神经等作用。

5. 中毒时禁用新斯的明解救,因新斯的明不但可抑制血浆假性胆碱酯酶而加强和延长琥珀胆碱的肌松作用,并可使ACh水解减少而使ACh蓄积,不仅不能对抗琥珀胆碱的肌松作用,反而能增强之。

(二)非除极化型神经肌肉阻断药

非除极化型神经肌肉阻断药又称竞争型神经肌肉阻断药(competitive neuromuscular blockers)。这类药物能与神经肌肉接头的N_2受体结合,而阻断ACh与之结合,竞争性阻断ACh的除极化作用,从而产生骨骼肌松弛作用。此类药物起效慢,作用持续时间长,主要用于大手术麻醉的辅助用药。抗AChE药可拮抗其肌松作用。

本类药物多为天然生物碱及其类似物,包括苄基异喹啉类(benzylisoquinoline alkaloid)和类固醇铵类(ammonio steroids),苄基异喹啉类主要有筒箭毒碱、阿曲库铵、多库铵和米库铵等;类固醇铵类主要包括潘库铵、哌库铵、罗库铵和维库铵等。筒箭毒碱为经典药物,但由于其作用时间较长,用药后作用不易逆转,副作用多,目前临床已少用。

筒 箭 毒 碱

箭毒(curare)是南美印第安人用数种植物制成的植物浸膏,涂于箭头,用于捕捉动物,动物中箭后四肢肌肉松弛,失去奔跑能力而被捕捉。筒箭毒碱(*D*-tubocurarine)为从箭毒中提出的季胺类生物碱。有两种旋光异构体,右旋体有活性,左旋体效价很低。

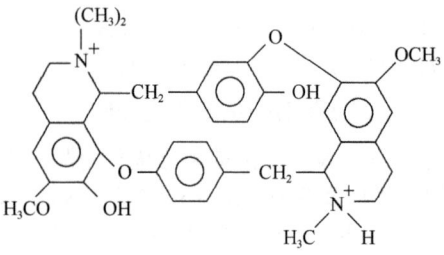

筒箭毒碱

【体内过程】 口服难吸收,多静脉注射给药,静脉注射后4~6min起效,药效可维持80~120min。其作用消失主要为体内再分布所致。肝脏为其代谢器官,约2/3药量以原形从肾脏排泄。

【药理作用与作用机理】

1. 肌松作用 静脉注射后,首先为眼部肌肉首先松弛,然后为四肢肌、颈部和躯干肌肉松弛,继之为肋间肌松弛,出现腹式呼吸,如剂量加大,可致膈肌麻痹,可致呼吸骤停。肌肉松弛恢复时,其顺序与肌松时恰好相反,即膈肌麻痹恢复最快。

应用单通道膜片钳技术和药物微离子透入法,可以初步阐明本药作用机理,即药物与神经肌肉接头突触后膜的N_2胆碱受体结合后,可竞争性阻断ACh对N_2胆碱受体作用,肌细胞对神经末梢释放的ACh作用减弱或失去作用,但终极区及肌细胞膜对K^+的去极化仍保持敏感状态,此时如直接电刺激肌纤维也有反应。在筒箭毒碱作用下,突触后终板电位幅度可减少70%,其单通道开放频率下降,不能触发肌肉的动作电位而肌松。所以筒箭毒碱具有竞争性阻断药的特性。

2. 组胺释放作用 本药尚可促进组胺的释放,表现为组胺样疹块、支气管痉挛、低血压和唾液分泌增加的作用。

3. 神经节阻断作用 常用量即可阻断自主神经节,并可部分抑制肾上腺髓质的分泌,故可出现血压下降。

【不良反应及注意事项】 常用量即可出现血压下降、心率加快及支气管痉挛等副作用。过量可致呼吸肌麻痹,呼吸停止而死亡。应及时进行人工呼吸,并静脉注射新斯的明2~3mg和阿托品0.5~1mg进行解救,其中新斯的明总量不应超过5mg。本药禁用于重症肌无力、呼吸肌功能不良或肺部疾病患者,有过敏史者慎用。

其 他 药 物

这些药物目前已基本上取代了传统的筒箭毒碱,用作麻醉辅助药,详见表7-3。

表7-3 非除极化型肌松药分类及其特点比较

药物	分类	药理特性	起效时间(min)	持续时间(min)	消除方式
筒箭毒碱 (*D*-tubocurarine)	天然生物碱 (环苄基异喹啉)	长效竞争性 肌松药	3~6	80~120	肾脏消除 肝脏清除
阿曲库铵 (atracurium)	苄基异喹啉	中效竞争性 肌松药	2~4	30~40	霍夫曼降解(Hofmann degradation) 血浆胆碱酯酶水解

续表

药物	分类	药理特性	起效时间（min）	持续时间（min）	消除方式
多库铵 （doxacurium）	苄基异喹啉	长效竞争性 肌松药	4~6	90~120	肾脏消除 肝脏代谢和清除
米库铵 （mivacurium）	苄基异喹啉	短效竞争性 肌松弛	2~4	12~18	血浆胆碱酯酶水解
泮库铵 （pancuronium）	类固醇铵	长效竞争性 肌松药	4~6	120~180	肾脏消除 肝脏代谢和清除
哌库铵 （pipecuronium）	类固醇铵	长效竞争性 肌松药	2~4	80~120	肾脏消除 肝脏代谢和清除
罗库铵 （rocuronium）	类固醇铵	中效竞争性 肌松药	1~2	30~40	肝脏代谢 肾脏消除
维库铵 （vecuronium）	类固醇铵	中效竞争性 肌松药	2~4	30~40	肝脏代谢和清除 肾脏消除

【案例及思考题】

案例 7-1 患者，男，18 岁，食用臭豆腐，半小时后出现腹部剧痛、恶心、呕吐、腹泻等症状，呕吐物为未消化的食物。诊断：急性胃肠炎。给予抗菌药物和 654-2，3h 后症状缓解。

问题：

本案例中为什么选用 654-2？其药理作用是什么？

案例 7-2 患者，男，3 岁，口干、多次饮水、心率快、烦躁不安，随后出现幻觉及惊厥现象。亲属赶紧将其送至医院，该患者为农村小孩，上午和同龄小朋友出去玩耍，误食路边的颠茄果实。诊断：颠茄中毒。遂进行洗胃、导泻、吸氧治疗，同时给予毛果芸香碱注射液，皮下注射，5mg/次。

问题：

颠茄果实的主要成分为哪种物质？为什么用毛果芸香碱治疗？

案例 7-3 患者，男，65 岁，多尿、多饮、体重减轻 10 年，发热伴低血压一星期，今日体温高达 40.2℃，意识丧失，尿失禁，心音弱，血压低至 90/70mmHg。诊断：糖尿病并发感染性休克。立即补液，升压及胰岛素降糖，同时给予阿托品注射液 2mg/次稀释后静脉滴注。

问题：

在治疗感染性休克早期，应用阿托品的目的是什么？

（刘会芳）

第八章 拟肾上腺素药

拟肾上腺素药也称为肾上腺素受体激动药（adrenoceptor agonists），即能与肾上腺素受体结合并激动受体，产生与肾上腺素相似的作用。根据药物对受体的选择性不同，可分为：①α、β受体激动药；②α受体激动药；③β受体激动药三大类。

第一节 化学和构效关系

一、化 学

肾上腺素受体激动药的基本化学结构是 β-苯乙胺（β-phenylethylamine）。由苯环、碳链和氨基三部分组成。肾上腺素（adrenaline，AD）、去甲肾上腺素（noradrenaline，NA）、异丙肾上腺素（isoprenaline）和多巴胺（dopamine，DA）等在苯环上有3,4-邻位羟基，具有儿茶酚（catechol）的结构，所以这类药又称为儿茶酚胺类（catecholamines），见图8-1。

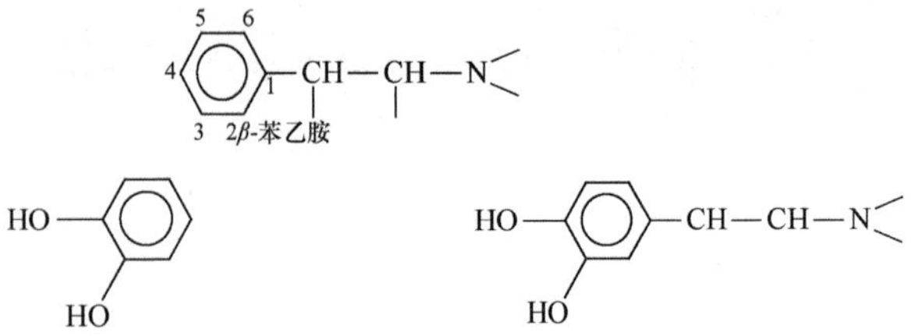

图8-1 β-苯乙胺、儿茶酚和儿茶酚胺的化学结构

二、构 效 关 系

肾上腺素受体激动药的基本化学结构由苯环、碳链和氨基三部分组成。这三部分的氢可被不同基团取代而合成多种衍生物。

（一）苯环上的取代

苯环3-,4-位碳上的氢被羟基取代形成儿茶酚胺类结构，本类药物激动α和β受体的活性较高，如肾上腺素、去甲肾上腺素、异丙肾上腺素和多巴胺等。其外周作用较强，而中枢作用较弱，作用时间短。而非儿茶酚胺类中，除去一个羟基，外周作用减弱，作用时间延长，如间羟胺。除去两个羟基，口服生物利用度增加，外周作用缓和而持久，中枢作用加强，如麻黄碱。

（二）碳链上的取代

如果α碳上的一个氢被甲基取代，其外周作用减弱而中枢兴奋作用加强，作用时间延长，不易被MAO破坏，易被去甲肾上腺素能神经末梢摄取，从而易于发挥促进NA释放的作用，如麻黄碱和间羟胺。碳链上的α碳和β碳被其他基团取代，可形成光学异构体。在α碳上形成左旋体，其外周作用较强，如左旋NA比右旋体强10倍以上。在α碳形成的右旋体，其中枢兴奋作用往往较其左旋体强，故右旋苯丙胺的中枢作用比左旋苯丙胺为强。

（三）氨基上的取代

氨基上氢原子的取代，与药物对α和β肾上腺素受体的选择性有关。取代基团从甲基到叔丁基，其对β受体的激动作用逐渐加强而对α受体的作用则趋于减弱。例如，NA的一个氨基上的氢被甲基取代则形成AD，其对β受体的激动作用加强。如被异丙基取代则形成异丙肾上腺素，加强了β受体激动作用，但是α受体激动作用却大为减弱。另外，如果氨基上的氢原子被更大的基团取代，则形成沙丁胺醇和特布他林等，其对α受体几乎无激动作用，而且还进一步增强了其对β_2受体的选择性作用，可见β_2受体的选择性需要较大的氨基取代基团。

（四）光学异构体

碳链上的α碳和β碳被其他基团取代时，即可形成光学异构体。α碳的旋光性主要决定其外周作用和中枢作用的强弱，一般左旋体的外周作用大于右旋体。如左旋NA比右旋体NA强10倍以上。而α碳右旋体的中枢作用强于左旋体，如右旋苯丙胺的中枢作用比左旋苯丙胺为强。

三、分 类

根据药物对肾上腺素受体亚型的选择性不同，可分为如下几类。

1. α、β受体激动药 如AD，麻黄碱。

2. α受体激动药 可分为下列三类。

（1）α_1、α_2受体激动药：如NA，间羟胺。

（2）α_1受体激动药：如去氧肾上腺素，甲氧明。

（3）α_2受体激动药：如羟甲唑啉，可乐定。

3. β受体激动药 可分为下列三类。

（1）β_1、β_2受体激动药：如异丙肾上腺素。

（2）β_1受体激动药：如多巴酚丁胺。

（3）β_2受体激动药：如沙丁胺醇，特布他林。

表 8-1　肾上腺素受体激动药化学结构和作用的比较

结构: 苯环位置 4, 5, 6, 3, 2 — β-CH — α-CH — NH

名称	4	5	6	3	2	β	α	N
1. α₁、α₂受体激动药								
NA	H	OH	OH	H	OH	H	H	
间羟胺	H	H	OH	H	OH	CH₃	H	
2. α₁受体激动药								
去氧肾上腺素	H	H	OH	H	OH	H	CH₃	
甲氧明	OCH₃	H	H	OCH₃	H	CH₃	H	
3. α、β受体激动药								
AD	H	OH	OH	H	OH	H	CH₃	
DA	H	OH	OH	H	H	H	H	
麻黄碱	H	H	H	H	OH	CH₃	CH₃	
美芬丁胺	H	H	H	H	H	—C(CH₃)₂— ①	CH₃	
苯丙胺	H	H	H	H	H	CH₃	H	
4. β₁、β₂受体激动药								
异丙肾上腺素	H	OH	OH	H	OH	H	CH(CH₃)₂	
5. β₁-受体激动药								
多巴酚丁胺(消旋)	H	OH	OH	H	H	H	H ②	
普瑞特罗	H	H	H	③OH	H	H	CH(CH₃)₂	
6. β₂受体激动药								
沙丁胺醇	H	OH	CH₂OH	H	OH	H	C(CH₃)₃	
特布他林	OH	H	OH	H	OH	H	C(CH₃)₃	

①取代 α 碳：②—CH(CH₃)—(CH₂)₂—〈苯环〉—OH；③在芳香环与 β 碳间插入—OCH₂—

第二节　α、β 受体激动药

肾上腺素

肾上腺素（adrenaline，AD，epinephrine）是从家畜如牛、羊肾上腺提取或人工合成的。AD 化学性质不稳定，见光易失效，在中性尤其是碱性溶液中，易氧化变色失效。

【体内过程】

1. 吸收　口服易被碱性肠液和肝脏破坏，故口服无效。皮下注射因局部血管收缩而延缓吸收，药效维持 1h 左右。肌内注射吸收较快，但维持时间短，仅维持 30min。静脉注射立即显效，仅维持数分钟。

2. 代谢　AD 进入血液循环后，大部分被去甲肾上腺素能神经末梢突触前膜摄取，然后储存在囊泡中，未摄取部分迅速被血液和组织中的 COMT 和 MAO 破坏。

3. 排泄　本药可经肾脏随尿液排出，也可通过胎盘进入胎儿体内。

【药理作用与作用机理】　肾上腺素主要激动 α、β₁、β₂ 受体，产生 α 型和 β₁、β₂ 型作用。

1. 心脏　激动心肌、窦房结和传导系统的 β₁ 受体，兴奋心脏，使心肌收缩力增强、心率加快、传导加快、心排血量增多。同时，激动 β₂ 受体，扩张冠状动脉，改善心肌的血液供应。但是 AD 可使心肌代谢加快、心肌耗氧量增加。而且由于能明显提高心肌的兴奋性和自律性，故剂量过大或静脉注射过快易致心律失常，甚至引起心室颤动。

2. 血管　以 α 受体占优势的皮肤、黏膜血管显著收缩。注射 AD 后可使皮肤血流量明显减少。通过收缩支气管黏膜血管，可以减少渗出，有利于消除黏膜水肿。

以 β₂ 受体为主骨骼肌血管，呈舒张反应。静脉滴注 AD 30μg/min，可显著增加骨骼肌血流量。

肾脏血管主要分布有 α 受体，所以即使小剂量的 AD 也可增加肾血管阻力和减少肾血流量达 40%，并减少钠、钾及氯的排泄。同时可激动肾小球球旁细胞（juxtaglomerular cells）的 β₁ 受体而增加肾素的分泌。

AD 可增加冠状动脉血流量。这一作用可在不增加主动脉血压时发生，可能由下述因素引起：①AD 相对延长心脏的舒张期，增加冠脉灌流时间；②由于 AD 加强心肌收缩力和增加心肌耗氧量，促使心肌细胞释放腺苷（adenosine），腺苷有扩张冠脉的作用。

AD 对脑血管的影响与全身血压有关。治疗剂量时，对脑部小动脉并无明显的收缩作用，由于血压升高可导致脑血流量增加，但在正常情况下自身调节作用也会限制这种增加，所以综合作用的结果，脑血流量变化不大。AD 对肺血管具有双相作用，小剂量舒张而大剂量收缩，中毒剂量可产生致死性肺水肿，这可能由于肺脏毛细血管渗透压增高所致。

3. 血压 AD 对血管总外周阻力的影响与剂量密切相关，所以舒张压的变化与剂量相关。小剂量和治疗量 AD 使心肌收缩力增强、心率加快、心排血量增加，所以收缩压升高。皮肤、黏膜血管收缩，可使舒张压升高。但是，同时舒张骨骼肌血管，可以使舒张压降低，可以抵消或超过皮肤、黏膜血管的收缩所致的舒张压升高作用，所以总的效应为舒张压不变或下降，脉压增大，有利于血液对各组织器官的灌注（如图 8-2）。AD 的典型血压改变往往呈双相反应，即给药后迅速出现明显的升压作用，而后出现微弱的降压效应，后者作用持续时间较长。如事先给予 α 受体拮抗药，则取消了 AD 的 α 受体收缩血管的作用，β₂ 受体的扩血管作用得到充分体现。AD 的升压作用可被翻转，呈现明显的降压反应，此现象即为肾上腺素升压作用的翻转效应。大剂量 AD 除强烈兴奋心脏外，还可使血管平滑肌的 α₁ 受体兴奋占优势，尤其是皮肤、黏膜、肾脏和肠系膜血管强烈收缩，使外周阻力显著增高，收缩压和舒张压均升高。

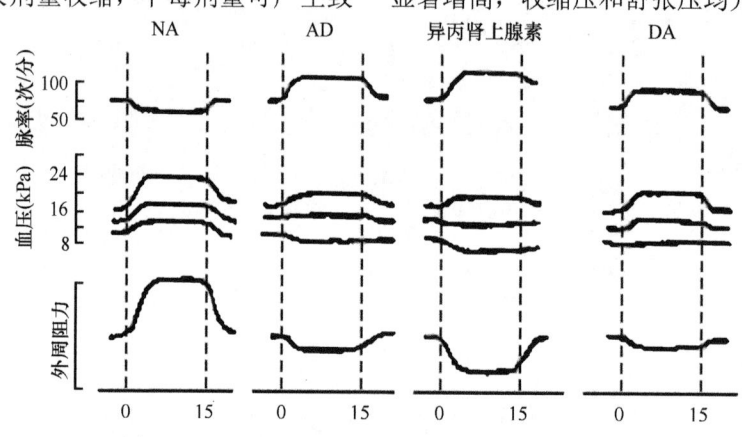

图 8-2 NA、AD、异丙肾上腺素及 DA 作用比较

静脉滴注，除多巴胺 500g/min 外，其余均 10g/min

4. 平滑肌

（1）支气管：AD 激动支气管平滑肌的 β₂ 受体，舒张支气管平滑肌。当支气管哮喘发作时，其作用更加明显。AD 尚能激动支气管黏膜的 α 受体，使支气管黏膜血管收缩，有利于消除哮喘时的黏膜水肿。此外，AD 尚可作用于支气管黏膜层和黏膜下层肥大细胞上的 β₂ 受体，抑制抗原引起的肥大细胞释放过敏性物质。

（2）胃肠道：AD 激动胃肠平滑肌的 α 和 β 受体，抑制胃肠道平滑肌，表现为胃松弛，肠张力和蠕动的频率及振幅均下降。AD 对肠平滑肌的抑制作用，其机理可能与 NA 相似，即通过激动肠神经丛胆碱能神经末梢的突触前膜的 α₂ 受体，抑制 ACh 的释放，从而产生抑制作用。AD 可增加幽门和回盲括约肌的张力，但当括约肌处于痉挛状态时则减弱其张力。AD 对胃肠道括约肌的作用在不同种属和不同括约肌可表现为收缩或松弛，这可能与组织中 α 和 β 受体的比例不同有关。

（3）膀胱：可松弛膀胱逼尿肌，导致尿潴留，但是不常见。

（4）眼睛：虽然交感神经兴奋经常伴有扩瞳作用，但滴眼用 AD 时扩瞳作用不明显，用 AD 滴眼却可使正常人和开角型青光眼的眼压降低，这可能与减少房水的产生和促进其回流有关。

（5）骨骼肌：AD 能促使神经肌肉传递易化，此是由于激动 α 和 β 受体，促进 Ca^{2+} 内流，增加运动神经元递质的释放所致。与激动自主神经突触前膜 α 受体的效应相反。

5. 代谢 AD 可促进糖原异生和肝糖原分解，升高血糖，但极少出现糖尿。AD 的升高血糖作用是通

过激动肝脏的 $β_2$ 和 α 受体而产生。此外，尚能通过激动 $α_2$ 受体抑制胰岛素的分泌，以及激动胰岛 A 细胞的 β 受体促进胰高血糖素的分泌，总的结果是抑制胰岛素的分泌，以及降低外周组织摄取葡萄糖等。

AD 通过激动脂肪细胞的 β 受体，促进脂肪分解，使血中游离脂肪酸增加。这可能是由于激活三酰甘油酶，使三酰甘油分解为游离脂肪酸和甘油。在一般剂量时，可使耗氧量增加 20%~30%，这主要由于三酰甘油的分解，并伴有产热的增加所致。

6. 中枢神经系统 由于 AD 不易透过血-脑屏障，治疗量时一般无明显中枢兴奋症状，偶尔会出现不安、恐惧、头痛和震颤等。仅在大剂量时才出现中枢兴奋症状，如激动、呕吐、肌强直，甚至惊厥等。其中枢作用也可能与其对心血管系统、骨骼肌及代谢产物的作用的继发反应有关。

【临床应用】

1. 心脏骤停 因溺水、手术意外、药物中毒、麻醉、急性传染病和房室传导阻滞等引起的心脏骤停，在进行心脏按压、人工呼吸和纠正酸中毒等措施的同时，可用 AD 做心室内注射，具有起搏作用。电击或卤素类全麻药（氟烷、甲氧氟烷等）麻醉意外引起心脏骤停时常伴有心室纤颤，故在用 AD 的同时，应配合使用心脏除颤器、起搏器及利多卡因等抗心律失常药物。

2. 过敏性休克 AD 是治疗过敏性休克的首选药物。过敏性休克主要表现为小血管扩张、毛细血管通透性增加，导致血压下降，心率加快，心收缩力减弱。同时伴有支气管痉挛和黏膜水肿，从而出现呼吸困难的症状。由于 AD 能激动 α、β 受体，兴奋心脏，升高血压，改善心脏功能；收缩血管，降低血管通透性，减少渗出；解除支气管平滑肌痉挛，减少过敏介质释放消除黏膜水肿，缓解呼吸困难症状，从而迅速而有效地解除过敏性休克的临床症状，因此，AD 为治疗过敏性休克的首选药。应用时可皮下或肌内注射 0.5~1.0mg，也可稀释后缓慢静脉注射。

3. 支气管哮喘急性发作及其他速发型变态反应 AD 激动支气管平滑肌的 $β_2$ 受体，解除支气管痉挛，扩张支气管，作用迅速强大，同时激动支气管平滑肌黏膜血管上的 $α_1$ 受体，尚可抑制组织和肥大细胞释放变态反应物质，消除呼吸道黏膜水肿，从而使支气管哮喘急性发作得到迅速控制。皮下或肌内注射数分钟内显效，特别适用于急性发作者。但由于 AD 作用范围广，心血管副作用多，目前已被选择性 $β_2$ 受体激动药所取代。另外，AD 能迅速缓解血管神经性水肿和血清病等的症状。

4. 局部应用 ①与局部麻醉药合用，将 AD 加入普鲁卡因或利多卡因等局麻药中，可使注射部位血管收缩，延缓局部麻醉药的吸收，从而延长局部麻醉作用时间，减少局部麻醉药吸收中毒的发生；②将浸有 AD 溶液（0.1%）的纱布或棉球填塞出血处，治疗鼻黏膜和齿龈出血。

【不良反应及注意事项】 治疗量不良反应有心悸、烦躁、出汗、面色苍白、头痛、震颤等，这些症状停药后即消失。如剂量大或静脉注射过快，可致心律失常或血压骤升，有诱发脑溢血的危险。硝酸酯类、硝普钠或 α 受体拮抗药可拮抗其作用。使用时应严格掌握剂量，静脉注射须稀释后缓慢注入。本药禁用于高血压、器质性心脏病、心律失常、冠状动脉病变、甲状腺功能亢进患者。慎用于糖尿病和老年患者。由于 AD 能松弛子宫平滑肌延长产程，故分娩时不宜应用。

多 巴 胺

多巴胺（dopamine，DA）是合成 NA 的前体，存在于多巴胺神经、去甲肾上腺素能神经、神经节和中枢神经系统。药用 DA 是人工合成品。

【体内过程】 与 AD 相似，口服经肠液、肠黏膜和肝脏时被破坏，故口服无效；由于皮下注射、肌内注射具有局部收缩血管作用，故无效。主要由静脉给药。静脉注射 5min 内起效，药效持续 5~10min，作用时间的长短与用量不相关。给健康人输注 DA 后很快约有 75%转化为其代谢产物，其余则作为前体合成 NA，再以后者的代谢产物或 DA 原形经肾排出。其 $t_{1/2}$ 约为 2min。本药不易透过血-脑屏障，故无明显中枢作用。

【药理作用与作用机理】 DA 主要激动 α、β 受体和外周 DA 受体而产生药理作用。其作用除与剂量或浓度有关外，还取决于靶器官中各受体亚型的分布和药物受体选择性的高低。

1. 兴奋心脏 激动心脏 $β_1$ 受体，加强心脏收缩力，加快心率，增加心排血量。与 AD 比较，DA 兴奋心脏作用较弱，较少引起心悸和心律失常（图 8-2）。

2. 舒缩血管和升高血压 小剂量主要激动血管的 DA 受体，使肾、肠系膜、冠状动脉血管扩张。较高浓度能激动心脏 $β_1$ 受体，使心肌收缩力增强、心排血量增加、收缩压升高、舒张压不变或轻度升高，使脉压加大。大剂量则激动 $α_1$ 受体，导致血管收缩，总外周阻力增加，收缩压和舒张压均升高。

3. 改善肾脏功能 治疗量 DA 可激动肾血管上的 DA 受体，舒张肾血管，使肾血流量和肾小球滤过率增加，有利于减少缩血管引起肾衰竭的风险。同时 DA 还能抑制肾小管对 Na^+ 的重吸收，通过排钠而达到利尿作用。但高浓度或更大剂量时则激动 $α_1$ 受体使血管收缩、肾血流量和尿量减少。

【临床应用】

1. 抗休克 对于伴有心收缩性减弱及尿量减少者较为适宜，治疗时应注意补充血容量及纠正酸中毒。

2. 治疗急性肾衰竭 与利尿药合用治疗急性肾

功能衰竭，可增加尿量，改善肾功能。

【不良反应及注意事项】 治疗量偶见恶心、呕吐。如剂量过大或滴注过快可出现心动过速、心律失常、呼吸困难和肾血管收缩引起的肾功能下降等。一旦发生，应减慢滴注速度。嗜铬细胞瘤患者禁用，室性心律失常、闭塞性血管病、心肌梗死、动脉硬化和高血压患者慎用。

【药物相互作用】 与全身麻醉药如环丙烷、氟烷等合用可增加室性心律失常的危险。由于本药经MAO代谢，故使用MAO抑制药的患者应用本药必须减量。接受三环类抗抑郁药治疗的患者加用本药会产生心血管方面的相互作用，应当慎用。

麻 黄 碱

麻黄碱（ephedrine）是从中药木贼麻黄（Ephedra equisetina）、中麻黄（Ephedra intermedia）或草麻黄（Ephedrine silica）干燥草质茎提取的生物碱，现已人工合成。麻黄碱性质稳定，口服有效，易通过血-脑屏障，所以中枢作用明显。

【体内过程】 口服吸收完全，皮下注射比口服吸收快。口服后1h血药浓度即达到峰浓度。可透过血-脑屏障，中枢作用较强。也可分泌于乳汁中。仅少量被MAO代谢，故作用维持时间较久，$t_{1/2}$为3～6h，一次服用作用可维持3～6h。60%～70%以原形经肾排出，酸性尿可促进其排泄。

【药理作用与作用机理】 麻黄碱可直接激动α、β受体，还能促使去甲肾上腺素能神经末梢释放NA而产生间接作用。与AD比较，本药的特点是：①性质稳定，可口服；②中枢兴奋作用较显著；③收缩血管、兴奋心脏、升高血压和松弛支气管平滑肌作用都较AD弱而持久；④对代谢的影响很微弱；⑤连续使用可发生快速耐受性。

1. 中枢作用 由于麻黄碱能透过血-脑屏障，故其中枢作用较AD明显。较大剂量能兴奋大脑皮质和皮质下中枢，引起精神兴奋、不安、失眠和肌肉震颤等症状。对血管运动中枢和呼吸中枢也略有兴奋作用。

2. 心脏 兴奋心脏，使心肌收缩力加强，心率加快，心排血量增加，但弱于AD。在整体情况下，由于血压升高，反射性地兴奋迷走神经，使心率减慢，部分抵消了其直接加快心率作用，故心率变化不大。大剂量可产生心脏抑制作用。

3. 血管 兴奋α受体，收缩皮肤、黏膜和内脏血管，比AD弱而持久。

4. 血压 麻黄碱呈现缓慢而持久的升压作用，可维持数小时；收缩压比舒张压升高显著，脉压加大。

5. 平滑肌 本药松弛支气管平滑肌的作用弱而持久。也具有抑制胃肠道平滑肌、扩瞳和升高血糖作用。此外尚具有松弛膀胱壁和逼尿肌，以及收缩其括约肌的作用，但作用弱。

6. 骨骼肌 可增加重症肌无力患者的骨骼肌张力。

7. 快速耐受性（tachyphylaxis） 本药在短期内反复应用，作用逐渐减弱，停药后可恢复。麻黄碱是通过直接作用于肾上腺素受体和间接促进去甲肾上腺素释放两种机理而发挥作用。近年在离体和放射性配体结合实验中均显示其对$α_1$、$α_2$、$β_1$、$β_2$受体都有直接激动作用，用[^{3}H] NA释放实验证明麻黄碱能促进标记的NA释放。整体实验（麻醉大鼠）和放射性配体结合实验证明麻黄碱快速耐受性的形成可能是由于连续给药所致去甲肾上腺素递质消耗和受体脱敏（desensitization）两种因素所致。

【临床应用】
1. 防治某些低血压状态，皮下注射或肌内注射作为蛛网膜下腔麻醉和硬膜外麻醉的辅助用药，以预防低血压的发生。

2. 鼻炎时出现鼻塞症状，可用本药0.5%滴鼻，使鼻黏膜水肿减轻，以消除鼻黏膜充血和肿胀。

3. 防治轻度支气管哮喘，口服用于治疗轻症哮喘和预防哮喘发作。也常与镇咳祛痰药配成复方用于痉挛性咳嗽。

4. 缓解荨麻疹和血管神经性水肿等变态反应的皮肤黏膜症状。

【不良反应及注意事项】 当剂量过大或敏感者可引起震颤、焦虑、失眠、心悸和血压升高等，为了避免失眠，不宜在晚饭后服用，或服用镇静催眠药防治。连续滴鼻过久，可产生反跳性鼻黏膜充血。前列腺增生患者服用本药可增加排尿困难。由于本药可从乳汁分泌，授乳妇女不宜应用。本药禁用于高血压、冠心病及甲状腺功能亢进患者。

美 芬 丁 胺

美芬丁胺（mephentermine）又名恢压敏（wyamine），为α、β受体激动药，药理作用与麻黄碱相似，是通过直接作用于肾上腺素受体和间接促进去甲肾上腺素释放两种机理而发挥作用。美芬丁胺在肝脏经甲基化和羟基化代谢，最后以原形和代谢产物经肾排泄，酸化尿液有助于其排出。本药能增强心肌收缩力、增加心排血量，增加外周血管阻力作用较弱，使收缩压和舒张压升高。其兴奋心脏的作用比异丙肾上腺素弱而持久。加快心率的作用不明显，较少引起心律失常。与麻黄碱相似，也具有中枢兴奋作用。

主要用于脊椎麻醉时预防血压下降，也可用于心源性休克或其他低血压，也可用0.5%滴鼻液治疗鼻炎。不良反应主要为中枢兴奋症状，过量时，可出现焦虑、精神兴奋，也可致血压过高和心律失常等。失血性休克时慎用，甲状腺功能亢进患者禁用。

伪 麻 黄 碱

伪麻黄碱（pseudoephedrine）为麻黄碱的立体异

构物，作用与麻黄碱相似，但弱于麻黄碱。口服易吸收，可耐受 MAO，大部分以原型经肾脏随尿液排出体外，主要用于鼻黏膜充血，不良反应同麻黄碱。

第三节 α 受体激动药

一、α_1、α_2 受体激动药

去甲肾上腺素

去甲肾上腺素（noradrenaline，NA，norepinephrine，NE）是去甲肾上腺素能神经末梢释放的递质，肾上腺髓质也分泌少量 NA。药用 NA 是人工合成的左旋体。注射剂含稳定剂，故可保存；如加入输液中，稳定剂被稀释，极易失活。

【体内过程】

1. 吸收 口服易被碱性肠液破坏，经肠黏膜和肝脏时又通过结合反应与氧化反应而失活，故口服无效。皮下或肌内注射因剧烈地收缩血管作用，引起局部组织缺血坏死，所以禁止皮下或肌内注射，临床主要静脉滴注给药。

2. 分布 NA 静脉注射后，很快自血中消失，大部分被神经末梢摄取，分布到去甲肾上腺素能神经支配的脏器。本药可通过胎盘屏障进入胎儿体内中，但不易过血-脑屏障，所以中枢作用较弱。

3. 代谢 进入体内的外源性 NA 很快被去甲肾上腺素能神经摄取并进一步被肝脏和其他组织的 MAO 和 COMT 催化形成 4-羟基-3-甲氧基扁桃酸（VMA）和间甲去甲肾上腺素（normetanephrine）等代谢产物而失活。

4. 排泄 静脉注射或滴注标记的 NA 96h 后，尿中 NA 及其代谢产物所占百分率：VMA 32%，原形 NA 4%～16%，结合的 NA 8%，结合的间甲去甲肾上腺素 18%。正常人 24h 尿中儿茶酚胺的代谢产物以 VMA 为主，约占儿茶酚胺代谢物总量的 90%；24h 尿中 VMA 的排泄量为 2～6.8mg。嗜铬细胞瘤患者 24h 尿中 VMA 的排泄量为 10～250mg，故测定尿中的 VMA 量是诊断此病的一种重要方法。

【药理作用与作用机理】 属于 α_1、α_2 受体激动药，进入体内后，直接激动 α 受体，对 α_1 和 α_2 受体无选择性。对 β_1 受体有弱的激动作用，对 β_2 受体几乎无作用。

1. 血管 激动血管 α_1 受体，收缩血管，小动脉和小静脉均收缩。以皮肤黏膜血管收缩最明显，其次是肾脏血管。另外，对脑血管、肝脏血管、肠系膜及骨骼肌血管都有收缩作用。但可使冠状动脉扩张，血流量增加，这可能是由于心脏兴奋，心肌的代谢产物腺苷增加所致。

2. 心脏 NA 激动心脏 β_1 受体，加强心肌收缩力、加快心率和加快传导，提高心肌的兴奋性，由于 NA 对心脏 β_1 受体的激动作用弱，所以心脏的兴奋效应比 AD 弱。在整体动物，由于血压升高反射性兴奋迷走神经，减慢心率；又由于强烈的收缩血管作用，使外周阻力增高，增加了心脏射血的阻力，所以心排血量无明显变化，有时甚至有所下降。当剂量过大或静脉注射过快时，可引起心律失常，但较 AD 和异丙肾上腺素少见。

3. 血压 由于 NA 强大的缩血管作用，因此 NA 呈现强大的升压作用。静脉滴注小剂量（10μg/min）NA 可使外周血管收缩，心脏兴奋，收缩压和舒张压均升高，脉压略加大。较大剂量时血管强烈收缩，外周阻力明显增高，使血压明显升高，舒张压的升高明显高于收缩压，脉压变小，导致肾、肝等组织的血液灌注量减少。α 受体拮抗药可拮抗 NA 的升压作用，但不出现拮抗 AD 时的血压翻转。

4. 其他 对血管以外的平滑肌和代谢的作用均较弱，仅在大剂量时才出现血糖升高。对中枢神经系统的作用也较弱。对于孕妇，可增加子宫收缩的频率。

【临床应用】

1. 治疗休克 用于神经源性休克早期血压骤降时，小剂量 NA 短时间静脉滴注，使收缩压维持在 90mmHg 左右，以保证心、脑、肾等重要器官的血液供应。如长时间或大剂量应用，由于强烈缩血管作用反而使组织缺血缺氧，加重微循环障碍。另外，心脏收缩力增加后，一旦血液供应不足可造成心肌缺血。现主张与 α_1 受体拮抗药酚妥拉明合用，以拮抗 NA 的缩血管作用。

2. 治疗上消化道出血 本药稀释口服，可使食道和胃内血管收缩产生局部止血作用。

【不良反应及注意事项】

1. 局部组织缺血坏死 NA 静脉滴注时间过长、浓度过高或药物漏出血管外，均可引起局部组织缺血甚至坏死。表现为局部皮肤苍白、疼痛，应停止或更换注射部位，进行局部热敷，并用普鲁卡因或 α 受体拮抗药如酚妥拉明作局部浸润注射，使血管扩张，防止坏死面积加大。

2. 急性肾衰竭 剂量过大或用药时间过长，可强烈收缩肾血管，使肾血流量减少，导致少尿、无尿或肾实质损伤，甚至引起急性肾衰竭。故用药期间尿量应保持在每小时 25ml 以上。

3. 本药禁用于高血压、脑动脉硬化、器质性心脏病、无尿患者及孕妇。

间 羟 胺

间羟胺（metaraminol，aramine，阿拉明）为 α_1、α_2 肾上腺素受体激动药。既能直接激动肾上腺素受体，也能促进去甲肾上腺素能神经释放 NA 而发挥的间接作用。主要作用是收缩血管，升高血压，升压作用比 NA 弱、缓慢而持久。由于反射作用而使心率减慢，略增加心收缩力。在正常人对心排血量的影响不

明显，在休克患者可增加心排血量。较少引起心悸和心律失常。对肾血管的收缩作用也较 NA 弱。

临床用于早期休克或其他低血压状态，也可用于阵发性房性心动过速，特别是伴有低血压的患者。

二、α_1 受体激动药

去氧肾上腺素

去氧肾上腺素（phenylephrine，苯肾上腺素；neosynephrine，新福林）为选择性 α_1 受体激动药，其作用比 NA 弱而持久，收缩皮肤黏膜、内脏血管，升高血压。由于血压升高，反射性兴奋迷走神经，使心率减慢，故可用于阵发性室上性心动过速。由于本药能明显减少肾血流量，现已少用于抗休克。可用于蛛网膜下腔麻醉或全身麻醉及吩噻嗪类所致的低血压。

本药尚能激动瞳孔开大肌的 α_1 受体，使瞳孔开大肌收缩，产生扩瞳作用。其作用弱于阿托品，起效快，而维持时间短，一般不升高眼压，不引起调节麻痹，主要在眼底检查时用作快速短效的扩瞳药。

甲 氧 明

甲氧明（methoxamine, methoxamedrine, 甲氧胺）为 α_1 受体激动药，对 β 受体几乎无激动作用。其作用与去氧肾上腺素相似，主要收缩血管而升高血压，除冠状血管外的其他血管（包括肾血管）几乎都收缩。由于血压升高，可反射性减慢心率。可用于蛛网膜下腔麻醉或全身麻醉等状态下的低血压。此外甲氧明尚能延长心肌不应期和减慢房室传导，也可用于其他方法治疗无效的阵发性室上性心动过速。

三、α_2 受体激动药

外周性突触后膜 α_2 受体激动药有羟甲唑啉（oxymetazoline，氧甲唑啉）和可乐定的衍生物阿可乐定（apraclonidine）等，具有 α_2 受体激动作用。用 0.05% 的羟甲唑啉滴鼻，收缩鼻黏膜血管，可用于治疗鼻黏膜充血和鼻炎，可以在几分钟内起效，药效持续数小时，偶见局部刺激症状，小儿用后可致中枢神经系统症状，故 2 岁以下儿童禁用。主要利用阿可乐定的降低眼压的作用，用于辅助性治疗青光眼，特别在激光疗法之后，以预防眼压的回升。

中枢性 α_2 受体激动药可乐定（clonidine）及甲基多巴（methyldopa）见第二十五章。

第四节 β 受体激动药

一、β_1、β_2 受体激动药

异丙肾上腺素

异丙肾上腺素（isoprenaline, isoproterenol）是人工合成品，性质不稳定，见光和空气易变质。药用其盐酸盐或硫酸盐。

【体内过程】 口服异丙肾上腺素易在肠道破坏，故口服作用很弱。舌下给药可经口腔黏膜吸收，但不规则。静脉注射 $t_{1/2}$ 仅为数分钟，持续时间不足 1h；吸入给药 2～5min 起效，维持 0.5～2h。吸入给药可部分吸收，而大部分进入胃肠道。进入体内的异丙肾上腺素可被肝、肺等组织的 COMT 代谢失效，而 MAO 对其作用较弱，而且异丙肾上腺素不被去甲肾上腺素能神经摄取，故作用持续时间较 NA、AD 长，最后以硫酸结合的甲基代谢产物经肾排出。

【药理作用与作用机理】 β 受体激动药，对 β_1、β_2 受体的选择性很低，对 α 受体几乎无作用。

1. 心脏 对心脏 β_1 受体激动作用强，表现为正性肌力作用、正性频率作用和正性传导作用等，因此可使心排血量增加，收缩期和舒张期均缩短。与 AD 比较，异丙肾上腺素加快心率和加快传导的作用较强，对心脏正位起搏点兴奋作用强，很少引起心律失常，如心室纤颤。

2. 血管和血压 可激动血管平滑肌的 β_2 受体而舒张血管，主要是舒张骨骼肌血管，对肾血管和肠系膜血管的舒张作用较弱，对冠状动脉也有舒张作用。由于心脏兴奋和血管舒张，故收缩压升高或不变而舒张压略下降，脉压增大（图 8-2）。

3. 平滑肌 除血管平滑肌外，本药也激动其他平滑肌的 β_2 受体，尤其对处于紧张状态的支气管、胃肠道平滑肌舒张作用明显。其对支气管平滑肌的舒张作用比 AD 强。

4. 其他 具有抑制组胺及其他炎症介质释放的作用。增加肝糖原、肌糖原分解，使血糖升高，但作用较 AD 弱；升高血液中游离脂肪酸。在治疗量时，中枢兴奋作用不明显，过量时也引起呕吐、激动、不安等中枢兴奋症状。

【临床应用】

1. 心搏骤停 可用异丙肾上腺素 0.2～1mg 作心室内注射，用于治疗各种原因，如溺水、电击、手术意外或药物中毒而造成的心搏骤停。异丙肾上腺素对停搏的心脏具有起搏作用，使心脏恢复跳动。由于其对心肌自律性影响较小，故较少诱发心室纤颤。必要时，异丙肾上腺素可与 AD、NA 配伍，作心室内注射，可产生强大起搏作用。

2. 房室传导阻滞 异丙肾上腺素具有强大的加快传导作用，舌下含化或静脉滴注给药可治疗 II、III 度房室传导阻滞。可在 ECG 监视下，将本药 0.2mg 溶于 500ml 葡萄糖注射液中，静脉滴注，并根据心率调整滴速。

3. 休克 在补足血容量的基础上，对低心排血量、高外周阻力型的休克患者具有一定疗效。但异丙肾上腺素主要舒张骨骼肌血管，对内脏血管的舒

张作用较弱,改善组织微循环障碍的作用不明显,同时增强心肌收缩力和加快心率的作用又能显著地增加心肌耗氧量和加快心率,对休克不利,故目前临床已少用。

4. 支气管哮喘急性发作。

【不良反应及注意事项】 常见不良反应有心悸、头痛、皮肤潮红等。过量也可致心律失常甚至心室颤动。气雾剂治疗哮喘时,患者如不正确掌握剂量而吸入过量或过频,则可致严重的心脏反应,应予注意。长期使用可产生耐受性,停药7~10日后,耐受性可消失。本药禁用于心绞痛、心肌炎、心肌梗死、甲状腺功能亢进及嗜铬细胞瘤患者。

二、β_1受体激动药

多巴酚丁胺

【体内过程】 口服无效,其体内过程与AD相似;分布到各组织中为其清除的重要因素。静脉滴注的$t_{1/2}$约为2min,10~12min后到达稳态血药浓度。静脉注射后1~2min起效,10min达最大效应,$t_{1/2}$小于3min。

【药理作用与作用机理】 多巴酚丁胺(dobutamine)为消旋体,具有左旋多巴酚丁胺和右旋多巴酚丁胺。左旋体可激活α_1受体,引起明显的升压效应,而右旋体的作用相反,拮抗α_1受体,阻断左旋体的升压效应。但两者均具有激动β受体的作用,并且右旋体激动β受体的强度是左旋体的10倍。消旋多巴酚丁胺的作用是两者激动效应的加和。由于其对β_1受体的激动作用强于β_2受体,故多巴酚丁胺属选择性的β_1受体激动药。与异丙肾上腺素比较,本药的正性肌力作用比正性频率作用显著。其原因可能是外周阻力变化不大和心脏有α_1受体激动时的正性肌力作用的参与。而外周阻力的稳定又可能是因为α_1受体介导的血管收缩作用与β_2受体介导的血管舒张作用相抵消所致。

【临床应用】 因为多巴酚丁胺的正性肌力作用,增加了心排血量,降低了肺毛细血管楔压,并明显降低左心室充盈压,使心功能得到改善,另外,继发性地排钠利尿,有利于消除水肿。因此,主要用于治疗心肌梗死后心力衰竭的防治。

【不良反应及注意事项】 一般不良反应与多巴胺类似,但心律失常发生率较DA和异丙肾上腺素低;静脉滴注过程中如出现收缩压升高,心率增快,应减慢滴速。梗阻型肥厚性心肌病禁用。高血压、室性心律失常、心房颤动和心肌梗死患者慎用。多巴酚丁胺连用3日后可因β受体的下调而产生耐受性。

其他β_1受体激动药还包括普瑞特罗(prenalterol)、扎莫特罗(xamoterol)等,主要用于慢性充血性心力衰竭的治疗。

三、β_2受体激动药

本类药物选择性地激动β_2受体,使支气管、血管和子宫平滑肌具有松弛作用,同时也具有一定的松弛骨骼肌的作用,对心脏β_1受体作用弱。与异丙肾上腺素比较,本类药物具有强大的解除支气管平滑肌痉挛作用,而无明显的心血管作用。常用的药物有沙丁胺醇(salbutamol,羟甲叔丁肾上腺素)、特布他林(terbutaline,间羟叔丁肾上腺素)、克仑特罗(clenbuterol,broncodil,双氯醇胺)、沙美特罗(salmeterol)、奥西那林(orciprenaline,间羟异丙肾上腺素)等,临床主要用于治疗支气管哮喘(见第三十章 作用于呼吸系统的药物)。

【案例及思考题】 患者,男,48岁,在输注青霉素时发生呼吸抑制、脉搏细弱、血压骤降、意识丧失。诊断:过敏性休克。立即补液、升压、吸氧及皮下注射肾上腺素1.0mg/次。地塞米松10mg加入10%葡萄糖溶液中静脉滴注。

问题:

1. 首选肾上腺素抢救过敏性休克的机理是什么?

2. 肾上腺素可否用于失血性休克?为什么?

(刘会芳)

第九章 肾上腺素受体拮抗药

肾上腺素受体拮抗药（adrenoceptor antagonists），又称肾上腺素受体阻断药（adrenoceptor blocking drugs），是一类能与肾上腺素受体结合，不产生或较少产生拟肾上腺素作用，但却阻断 NA 或肾上腺素受体激动药作用的药物。本类药物可分为 α 受体拮抗药和 β 受体拮抗药。

第一节 α 受体拮抗药

α 受体拮抗药能选择性的与 α 受体结合，其本身不激动或较少激动 α 受体，而且阻断递质或受体激动药与 α 受体结合，从而拮抗它们对 α 受体的激动效应，表现出与 α 受体激动药相反的作用。$α_1$ 受体拮抗药可抑制内源性儿茶酚胺引起的缩血管作用，导致动、静脉血管均扩张，外周阻力下降，血压下降。$α_1$ 受体阻断引起血压下降可反射性兴奋交感神经，使心率加快、心排血量增加及水钠潴留等。本类药物阻断 $α_1$ 受体也可拮抗外源性儿茶酚胺的缩血管升压的作用，如可翻转 AD 的升压效应，部分拮抗 NA 所致的升压反应，完全拮抗去氧肾上腺素所致升压反应。

$α_2$ 受体在调节交感神经活性方面具有重要作用。交感神经末梢突触前膜 $α_2$ 受体起的是负反馈调节作用，激动交感神经末梢突触前膜 $α_2$ 受体可抑制 NA 的释放。另外，激动中枢神经系统桥脑髓质的 $α_2$ 受体可抑制交感神经系统的活性，导致血压下降。由此可见，拮抗 $α_2$ 受体可提高交感神经系统的活性，如 $α_2$ 受体拮抗药育亨宾则可增加交感神经末梢释放 NA，继而激动心脏的 $β_1$ 受体和血管的 $α_1$ 受体，产生升高血压作用。某些血管床亦存在 $α_2$ 受体，激动时可引起血管平滑肌收缩，激动血管床 $α_2$ 受体的主要是循环中的儿茶酚胺，而由神经末梢释放的 NA 则主要兴奋 $α_1$ 受体。在某些血管，$α_2$ 受体可通过增加血管内皮松弛因子的释放而促进血管舒张。但是血管 $α_2$ 受体在血管床血流调节中的生理作用仍未完全明了。α 受体拮抗药除作用于血管平滑肌外，也可拮抗其他部位的 α 受体，如阻断前列腺及膀胱括约肌的 α 受体，可降低括约肌张力，促进排尿。激动胰岛 $α_2$ 受体可显著抑制胰岛素分泌，而阻断这些受体则可促进胰岛素的释放。

一、α 受体拮抗药的分类

根据 α 受体拮抗药对受体亚型的选择性不同，可将其分为如下三类。

1. $α_1$、$α_2$ 受体拮抗药
（1）短效类：如酚妥拉明。
（2）长效类：如酚苄明。

2. $α_1$ 受体拮抗药 选择性阻断 $α_1$ 受体，如哌唑嗪。

3. $α_2$ 受体拮抗药 选择性地阻断 $α_2$ 受体，如育亨宾。

二、$α_1$、$α_2$ 受体拮抗药

酚妥拉明

酚妥拉明（phentolamine），又称苄胺唑啉、立其丁（regitine）。

【体内过程】 口服生物利用度低，口服效果仅为注射给药的 20%。口服给药后达峰时间为 30min，药效维持 3~6h；肌内注射药效维持 30~50min。大多以无活性代谢物经肾脏从尿中排泄。

【药理作用】 酚妥拉明与 α 受体结合较为疏松，易于解离，为短效 α 受体拮抗药，对 $α_1$ 和 $α_2$ 受体的亲和力相近。NA 与此药竞争同一受体，故此药又称为竞争性 α 受体拮抗药。

1. 扩张血管 通过阻断血管平滑肌 $α_1$ 受体和直接舒张血管平滑肌作用，使血管扩张，外周阻力降低，降低血压。

2. 兴奋心脏 由于血压下降，反射性兴奋交感神经系统，使心脏兴奋，心肌收缩力加强，心率加快，心排血量增加。同时阻断去甲肾上腺素能神经末梢突触前膜的 $α_2$ 受体，取消负反馈调节，使 NA 释放增加，激动心脏 $β_1$ 受体，也可使心脏兴奋。

3. 拟胆碱作用和组胺样作用 本药也能阻断 5-HT 受体，促进肥大细胞释放组胺，还具有阻断钾通道及拟胆碱作用，兴奋胃肠道平滑肌的作用可被阿托品所拮抗。

【临床应用】
1. 外周血管痉挛性疾病 利用其扩血管作用，治疗肢端动脉痉挛的雷诺病、血栓闭塞性脉管炎及冻伤后遗症等。

2. 静脉滴注 NA 外漏或外渗时 可用酚妥拉明 10mg 溶于 10~20ml 生理盐水中做局部浸润注射，防止局部组织缺血坏死。

3. 休克 酚妥拉明能扩张血管，降低外周阻力，改善微循环，使血液重新分布，改善内脏组织血流灌

注,特别是能明显降低肺血管阻力,对肺水肿具有较好的缓解作用。目前主张将 NA 和酚妥拉明合用以对抗 NA 强大的 α_1 受体激动作用,使血管收缩作用不致过分强烈,并保留对心脏 β_1 受体的激动作用,使心脏兴奋,使心收缩力增加,脉压增大,提高其抗休克的疗效,减少不良反应。临床上常在补足血容量基础上,用酚妥拉明 2~5mg 和 NA 1~2mg,加入 500ml 生理盐水中静脉滴注,主要用于治疗感染性休克、心源性休克和神经性休克。

4. 急性心肌梗死和顽固性充血性心力衰竭 其作用机理是扩张小静脉,使左心室充盈压降低,减轻心脏前负荷,扩张小动脉,降低外周阻力,减轻心脏后负荷,增加心排血量,使心功能不全、肺水肿和全身性水肿得以改善。

5. 诊治嗜铬细胞瘤 用于此病的鉴别诊断和防治手术过程中高血压危象的突然发生,亦可用于突然停用可乐定或应用单胺氧化酶抑制剂(MAOI)患者食用富含酪胺食物后出现的高血压危象。

6. 其他 直接阴茎海绵体内注射用于诊断或治疗阳痿。

【不良反应及注意事项】

1. 心血管反应 大剂量酚妥拉明可引起直立性低血压,注射给药可产生心动过速、心律失常和诱发或加剧心绞痛,故需缓慢注射。

2. 胃肠道反应 常见腹痛、恶心、呕吐、胃酸分泌增多等消化道反应,可诱发或加剧消化道溃疡。冠心病、胃炎和胃十二指肠溃疡患者慎用。

妥拉唑林

妥拉唑林(tolazoline)为短效 α 受体拮抗药,对 α_1 和 α_2 受体的阻断作用与酚妥拉明相似,但弱于酚妥拉明。此外也有拟胆碱、促进释放组胺和 5-HT 受体阻断作用。能兴奋心脏,舒张血管和收缩胃肠道平滑肌,也增加唾液腺、泪腺、汗腺和胃肠道分泌。本药降压作用不稳定。

本药临床主要用于外周血管痉挛性疾病,手足发绀、血栓闭塞性静脉炎,也用于嗜铬细胞瘤的治疗。

本药不良反应与酚妥拉明相似,但发生率较高。有恶心、呕吐、皮肤潮红、寒冷感、心动过速及直立性低血压等,可诱发心肌梗死和消化性溃疡。

酚苄明

酚苄明(phenoxybenzamine),又名苯苄胺,为人工合成品,属氯化烷基胺类化合物,其本身并无活性,进入体内后分子中的氯乙胺基环化,形成乙撑亚胺基。后者以共价键与 α 受体形成牢固结合,即使应用大剂量的 NA 也难以完全拮抗其作用,须待药物从体内清除后,作用才能消失,故为长效的非竞争性 α 受体拮抗药。酚苄明具有起效慢、作用强和作用持续时间长的特点。

【体内过程】 口服吸收率约为 20%~30%。因刺激性强,不宜肌内或皮下注射,仅作静脉注射。静脉注射 1h 可达最大效应。本药脂溶性高,大剂量用药可蓄积于脂肪组织,然后缓慢释放。$t_{1/2}$ 约为 24h。经肝脏代谢,经尿和胆汁排泄。药物排泄缓慢,12h 约排出 50%,24h 约排泄 80%,一次给药,作用可维持 3~4 日。

【药理作用与临床应用】 酚苄明属于长效的 α 受体拮抗药,可阻断 α_1 和 α_2 受体,扩张血管,降低外周血管阻力,降低血压,其作用强度与血管受去甲肾上腺素能神经支配的程度有关。当交感神经张力低时,如处于静卧和休息的正常人,酚苄明的扩张血管和降压作用往往不明显。当交感神经张力高时,血容量低或直立时,则可引起明显的降压作用和心率加快作用,后者系由于血压下降引起的反射作用及阻断突触前膜 α_2 受体和抑制 NA 重摄取的结果。此外,酚苄明尚有较弱的抗组胺和抗 5-HT 作用。临床主要用于治疗外周血管痉挛性疾病,亦可用于嗜铬细胞瘤和休克的治疗。

【不良反应及注意事项】 主要不良反应是直立性低血压。常见不良反应为心动过速、鼻塞、口干等。空腹大剂量口服时,易致恶心、呕吐等消化道刺激症状。尚有思睡、全身无力和疲乏等中枢抑制症状。治疗休克时,必须先补充血容量,然后缓慢静脉注射酚苄明,并密切观察病情变化和纠正血压。

三、α_1 受体拮抗药

α_1 受体拮抗药对选择性阻断动脉和静脉上的 α_1 受体,对去甲肾上腺素能神经末梢突触前膜上 α_2 受体作用极弱。因此能拮抗 NA 和 AD 的升压作用,但不促进神经末梢释放 NA,即在扩张血管、降低外周阻力、降低血压的同时,加快心率的作用不明显。

临床常用哌唑嗪(prazosin)、特拉唑嗪(terazosin)及多沙唑嗪(doxazosin)等,主要用于高血压和顽固性心功能不全的治疗。

四、α_2 受体拮抗药

育亨宾(yohimbine)为选择性 α_2 受体拮抗药。α_2 受体在介导交感神经系统反应中起重要作用,包括中枢与外周的作用。育亨宾易进入中枢神经系统,阻断 α_2 受体,可促进 NA 从神经末梢释放,增加交感神经张力,导致血压升高,心率加快。育亨宾也阻断 5-HT 受体。

育亨宾主要用作试验研究中的工具药,并可用于治疗男性性功能障碍及糖尿病患者的神经病变。

第二节 β受体拮抗药

β肾上腺素受体拮抗药（β adrenoceptor blockers，β adrenoceptor antagonists），简称β受体拮抗药（β blockers）。本类药物能够选择性的和β受体结合，竞争性阻断β受体激动药与β受体结合，从而拮抗β受体激动后所产生的一系列效应。

普萘洛尔（propranolol）的问世及临床治疗心绞痛和高血压的确切疗效，激发了人们对β受体拮抗药的研制兴趣，随后，一系列β受体拮抗药相继问世。并且β受体拮抗药在药物治疗心血管疾病的理论与实践方面开辟了一个重要方向。

【构效关系】 β受体拮抗药的化学结构和β受体激动药异丙肾上腺素相近，其化学结构由三部分组成，并与药理效应密切相关（图9-1）。

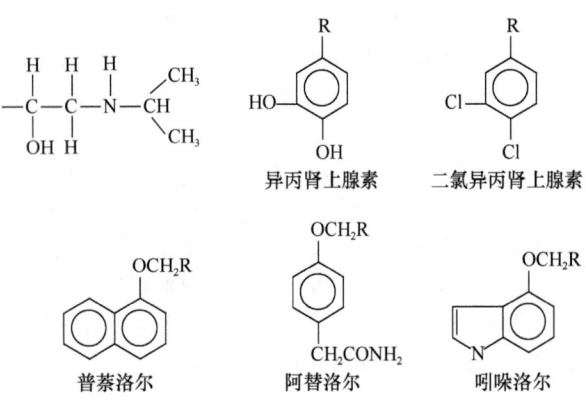

图9-1 β受体拮抗药的化学结构

1. 芳香环上的基团主要决定药物对β受体作用的性质，即决定其发挥的是激动作用，还是阻断作用。异丙肾上腺素的芳香环是儿茶酚，其乙胺基的胺基头上连一个异丙基，而β受体拮抗药的芳香环可能是苯环、萘环、其他芳香环或杂环。

2. α位碳原子侧链上的仲胺或叔胺与药物和受体的亲和力大小有关。

3. 中间链的长度和—O—CH_2—与药物的阻断作用强度有关。

【分类】 见表9-1。

1. 1类 $β_1$、$β_2$受体拮抗药（非选择性β受体拮抗药）

（1）1A类：无内在拟交感活性的β受体拮抗药，如普萘洛尔，噻吗洛尔。

（2）1B类：有内在拟交感活性的β受体拮抗药，如吲哚洛尔。

2. 2类 $β_1$受体拮抗药（心脏选择性β受体拮抗药）对心脏$β_1$受体选择性较高，治疗量时$β_2$受体阻断作用较弱，支气管痉挛等不良反应发生率低。

（1）2A类：无内在拟交感活性的$β_1$受体拮抗药，如阿替洛尔、美托洛尔等。

（2）2B类：有内在拟交感活性的$β_1$受体拮抗药，如醋丁洛尔、塞利洛尔等。此类药兼具$β_1$受体选择性又有部分内在活性。

3. 3类 α、β受体拮抗药，如拉贝洛尔等。

表9-1 β受体拮抗药的分类和药效特性的比较

类别和代表药	选择性	内在拟交感活性	作用强度*	膜稳定作用
1类 $β_1$、$β_2$受体拮抗药				
1A类：无内在拟交感活性类				
普萘洛尔（propranolol，心得安）	—	—	1	+
噻吗洛尔（timolol，噻吗心安）	—	—	6～100	—
纳多洛尔（nadolol，羟萘心安）	—	—	2～4	—
索他洛尔（sotalol，甲磺胺心安）	—	—	0.1～0.33	—
布拉洛尔（bupranolol，氯甲苯心安）	—	—	1	+
1B类：有内在拟交感活性类				
二氯异丙肾上腺素（dichloroisoprenaline）	—	+++	0.1	+
吲哚洛尔（pindolol，心得静）	—	++	6～15	+
氧烯洛尔（oxprenolol，心得平）	—	+	2	+
阿普洛尔（alprenolol，心得舒）	—	+	0.33	+
莫普洛尔（moprolol，甲氧苯心安）	—	+	1	+
托利洛尔（tolilprolol，甲苯心安）	—	+	1	+
卡波洛尔（carbonolol，喹诺酮心安）	—	+	10	—
硝苯洛尔（nifenalol，硝苯心定）	—	+	0.04	—
丙萘洛尔（pronetalol，萘心定）	—	+	0.1	+
2类：$β_1$受体拮抗药				
2A类：无内在拟交感活性类				
阿替洛尔（atenolol，氨酰心安）	+	—	0.5～1	—

续表

类别和代表药	选择性	内在拟交感活性	作用强度*	膜稳定作用
美托洛尔（metoprolol，美多心安）	+	—	1	—
妥拉洛尔（tolamolol，胺甲苯心安）	+	—	1	—
倍他洛尔（betaxolol，倍他心安）	+	—	4（人）	±
2 B类：有内在拟交感活性类				
普拉洛尔（practolol，心得宁）	+	+	0.5	—
醋丁洛尔（acebutolol，醋丁酰心安）	±	+	0.5	+
3 类：α，β阻断药				
拉贝洛尔（labetalol，柳胺苄心定）	—	±	0.25	±

*在犬，对标准剂量异丙肾上腺素心率加速的拮抗作用比较

【体内过程】 β受体拮抗药的药动学特点与其脂溶性及首过消除有关，个体差异较大，比如同服等剂量的普萘洛尔，不同个体的血药浓度可相差4~25倍。

1. 吸收 普萘洛尔、美托洛尔等脂溶性较高，口服容易吸收，但首过消除明显，生物利用度低；而阿替洛尔水溶性高，口服吸收较差，但首过消除较低，生物利用度较高。增加药物剂量，可使血药浓度升高。由于肝脏代谢功能的个体差异较大，故首过消除大的药物其血浆药物浓度的个体差异也较大。食物可减少水溶性β受体拮抗药如阿替洛尔的吸收，但可提高脂溶性药物普萘洛尔、美托洛尔和拉贝洛尔的生物利用度。

2. 分布 进入血液循环的β受体拮抗药可以分布到全身各组织，高脂溶性和低血浆蛋白结合率的β受体拮抗药，分布容积较大，易过血-脑屏障。如高脂溶性的普萘洛尔和中脂溶性的美托洛尔在脑脊液中的浓度与血浆药物浓度相近，而低脂溶性的阿替洛尔在脑脊液中浓度则仅为血浆浓度的1/10~1/5。

3. 消除 脂溶性高的β受体拮抗药主要在肝脏代谢，少量以原形经肾脏随尿液排出体外，药物的$t_{1/2}$ 2~5h。在肝脏疾病时，肝血流量减少或肝药酶活性降低，药物消除变慢，$t_{1/2}$延长。普萘洛尔和美托洛尔在肝脏羟化代谢，人群存在快代谢型和慢代谢型。脂溶性低的β受体拮抗药如阿替洛尔和纳多洛尔主要以原形经肾脏排泄，肾脏功能正常时，药物的血浆浓度比较稳定，但当患者肾功能不全时，则排泄减慢，可能产生蓄积作用。常用β受体拮抗药的主要药动学参数见表9-2。

表9-2 β受体拮抗药的药动学参数

药物	脂溶性①	生物利用度（%）	首过消除（%）	血浆蛋白结合率（%）	$t_{1/2}$（h）静脉注射	$t_{1/2}$（h）口服	消除途径	血浆浓度个体差异（倍）
普萘洛尔	5.93	30	60~70	93	2.5	2.5~3.9	肝	20
阿普洛尔	3.27	10	90	85~95	0.3~3.1	2~3	肝	10~25
氧烯洛尔	0.43	40	40~70	80~90	1~2	1~4	肝	10
醋丁洛尔	1.9	40	30	11~26		3~4	肝肾（40%）	6~24
吲哚洛尔	1.75	90	10~20	57	3.6	2~5	肝	4
美托洛尔	2.15	50	25~60	12	3.2	3~4	肝	5~20
阿替洛尔	0.23	50	0~10	5		6~9	肾	4
噻吗洛尔	0.3~1.16	75	25~30	75		2~5	肝肾（20%）	2~7
纳多洛尔	0.066	30~40	0	20~30	3.4~4.5	14~24	肾	5~7
拉贝洛尔	11.5	20~40	60	50		5.5	肝	

①辛醇/水分配系数

【药理作用与作用机理】 β受体拮抗药的大部分药理作用与阻断β受体有关，但其中某些药物尚具有部分激动β受体的内在拟交感活性（intrinsic sympathomimetic activity，ISA）、膜稳定作用和抑制血小板聚集的作用。

1. β受体阻断作用 本类药物通过阻断多种脏器的β受体，拮抗或减弱药物或神经递质对β受体的激动作用。实验证明，β受体拮抗药能明显地拮抗异丙肾上腺素的加快心率作用，使量效反应曲线平行右移，当增加异丙肾上腺素剂量时，仍能达到最大效应，由此可见，其为典型的竞争性拮抗药（图9-2）。

（1）心脏：不具有内在拟交感活性的β受体拮抗药如普萘洛尔，可使处于安静状态的人心肌收缩力降低，心率减慢，心排血量减少，血压稍有下降。具有内在拟交感活性的β受体拮抗药如吲哚洛尔对静息心脏的作用较弱。β受体拮抗药对于交感神经张力较

高时（如情绪激动、运动、高血压及心绞痛时）的心脏作用比较显著。实验显示β受体拮抗药可减慢窦性节律，减慢心房和房室结的传导，延长房室结的不应期。其对心脏功能抑制作用的机理主要是由于阻断了心脏 β_1 受体所致，也可能涉及心脏 β_2 受体的阻断作用。

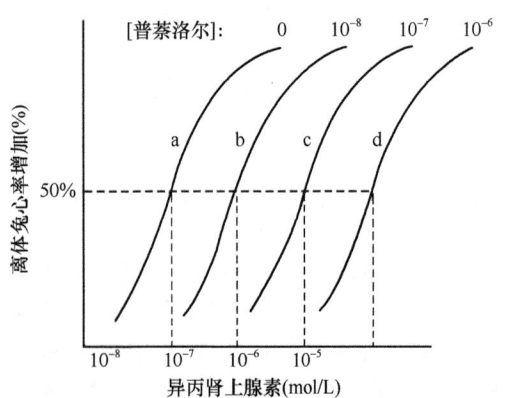

图9-2 普萘洛尔的典型竞争性拮抗曲线
a、b、c、d 分别为普萘洛尔浓度分别为0、10^{-8}、10^{-7}、10^{-6} mol/L

（2）血管与血压：短期应用β受体拮抗药，阻断血管 β_2 受体，使血管收缩，心脏抑制，从而反射性兴奋交感神经，血管也收缩，除脑血管外，肝、肾、骨骼肌及冠状血管的血流量都有不同程度的下降；但有研究认为，长期应用该类药物总外周阻力可恢复至正常水平。具有内在拟交感活性的β受体拮抗药如吲哚洛尔，由于激动 β_2 受体，可使外周动脉血流稍有增加。

β受体拮抗药对正常人血压无明显影响，但是能够明显地降低高血压患者的血压。本类药物用于治疗高血压，疗效可靠，作为一线抗高血压药应用于临床，但其降压机理复杂（见第二十五章 抗高血压药）。

（3）支气管：拮抗支气管平滑肌上的 β_2 受体，使支气管平滑肌收缩，增加呼吸道阻力。但这种作用较弱，对正常人肺功能影响较小；但对支气管哮喘患者，有诱发或加重哮喘的急性发作，甚至危及生命的危险。选择性 β_1 受体拮抗药此作用较弱。因此，支气管哮喘患者禁用非选择性β受体拮抗药，应选用选择性 β_1 受体拮抗药，但是用药时也需慎重。

（4）代谢：对代谢的影响包括如下几种。①糖代谢：人类肝糖原的分解与α受体和 β_2 受体都有关。儿茶酚胺增加肝糖原的分解，可在低血糖时动员葡萄糖。因此β受体拮抗药与α受体拮抗药合用时，可拮抗 AD 的升高血糖作用。普萘洛尔不影响正常人的血糖水平，也不影响胰岛素的降低血糖作用，但能延缓使用胰岛素后血糖水平的恢复，这可能由于其拮抗了低血糖促进儿茶酚胺释放所致的糖原分解。用胰岛素的糖尿病患者须注意在加用β受体拮抗药时，其β受体阻断作用可能会掩盖低血糖症状如心悸等，从而延误了低血糖的及时发现。②脂肪代谢：一般认为脂肪的分解与 α_2 受体和β受体都有关。近年 β_3 受体研究较多，认为 β_3 受体存在于脂肪细胞中，可介导脂肪分解。β受体拮抗药可减少游离脂肪酸自脂肪组织的释放；非选择性的1类β受体拮抗药可中度升高血浆三酰甘油的浓度，而低密度脂蛋白浓度基本不变。2类 β_1 受体拮抗药和具有内在拟交感活性的1B类药物对脂肪代谢作用较弱，其作用机理不详。

（5）肾素：β_1 受体拮抗药能阻断肾小球球旁细胞的β受体（在人为 β_1 受体），减少交感神经兴奋所致的肾素释放，使肾素-血管紧张素系统对心血管的调节作用减弱。在各种β受体拮抗药中，普萘洛尔降低肾素释放的作用最强，噻吗洛尔次之，吲哚洛尔和阿普洛尔较弱。

2. 膜稳定作用 某些β受体拮抗药可以降低细胞膜对离子的通透性，产生局麻作用及奎尼丁样作用，称为膜稳定作用。在心肌电生理研究中表现为稳定心肌细胞膜电位作用。但在离体实验中发现，发挥膜稳定作用的药物浓度较治疗时体内所能达到的浓度高几十倍，也远较其阻断心肌β受体的浓度高，因此膜稳定作用与β受体拮抗药的治疗作用基本无关。

3. 内在拟交感活性 有些β受体拮抗药在与β受体结合时，会产生一定程度的激动β受体的效应，即内在拟交感活性。由于β受体拮抗药内在拟交感活性的强度远较其阻断作用为弱，在整体动物这种激动作用常被强大的阻断作用所掩盖；只有在离体器官、利血平化动物或慢性自主神经功能不全患者才能表现出来，引起心脏兴奋，支气管扩张的作用。具有内在拟交感活性的β受体拮抗药的特点：对心脏抑制作用和对支气管平滑肌收缩作用较弱；增加药物剂量或体内儿茶酚胺处于低水平状态时，可产生加快心率的作用。

【临床应用】

1. 心律失常 β受体拮抗药主要用于多种原因引起的室上性和室性心律失常，尤其对运动或情绪紧张、激动所致心律失常或因心肌缺血、强心苷中毒引起的心律失常疗效好（见第二十八章 抗心律失常药）。

2. 高血压 β受体拮抗药是治疗高血压的基础药物。普萘洛尔、阿替洛尔及美托洛尔等均可有效地控制原发性高血压，患者耐受良好，可单独使用，并可与钙拮抗药、利尿药、血管紧张素Ⅰ转换酶抑制药配伍使用，以提高疗效，减轻其他药物引起的心率加快、心排血量增加及水钠潴留等不良反应（见第二十五章 抗高血压药）。

3. 冠心病 β受体拮抗药对冠心病、心绞痛有良好的疗效，使心绞痛发作次数减少，运动耐量改善，早期应用普萘洛尔、美托洛尔和噻吗洛尔等均可降低心肌梗死患者的复发率和猝死率。

4. 慢性心功能不全　早期应用美托洛尔等β受体拮抗药对扩张性心肌病的心力衰竭等治疗作用明显，其治疗作用与以下几方面有关：①改善心脏舒张功能；②缓解由于儿茶酚胺引起的心脏损害；③抑制前列腺素或肾素产生的缩血管作用；④使β受体上调，恢复心肌对内源性儿茶酚胺的敏感性（见第二十七章　抗慢性心功能不全药）。

5. 其他　噻吗洛尔减少房水形成，降低眼压，用于治疗原发性开角型青光眼。另外，普萘洛尔治疗甲状腺功能亢进、偏头痛和酒精中毒等。

【不良反应及应用注意】　一般不良反应有恶心、呕吐、轻度腹泻等消化道症状，偶见过敏性皮疹和血小板减少等，应用不当，可引起下列较严重的不良反应。

1. 诱发或加重支气管哮喘　非选择性的β受体拮抗药可阻断支气管平滑肌上β₂受体，使支气管收缩，增加气道阻力，诱发或加重哮喘。因此禁用于伴有支气管哮喘的患者。选择性β₁受体拮抗药及具有内在拟交感活性的药物等对支气管的收缩作用较弱，一般不诱发或加重哮喘，但其选择性是相对的，故对哮喘患者仍需慎用。

2. 抑制心脏功能　由于药物阻断心脏的β₁受体，抑制心脏功能。严重心功能不全、窦性心动过缓和房室传导阻滞的患者对药物敏感性增高，更易发生，甚至引起重度心功能不全、重度房室传导阻滞或心脏停搏。

3. 外周血管收缩和痉挛　由于药物阻断血管平滑肌的β₂受体，可引起雷诺病、间歇跛行、四肢发冷、皮肤苍白、两足剧痛，甚至产生脚趾溃烂和坏死。

4. 反跳现象　长期应用β受体拮抗药突然停药，常使原来的症状加重，如血压上升，心绞痛发作次数增加及严重心律失常，甚至引起急性心肌梗死或猝死。目前认为这是由于长期用药后β受体上调对内源性儿茶酚胺敏感性的结果，因此，在病情控制后应逐渐减量停药，不能骤停。

5. 其他　引起疲乏、睡眠障碍和精神忧郁等中枢症状，故精神抑郁患者忌用普萘洛尔。糖尿病患者应用胰岛素同时应用β受体拮抗药可掩盖低血糖反应。某些β受体拮抗药如普拉洛尔长期应用产生自身免疫反应，产生眼-皮肤黏膜综合征，应予警惕。

【案例及思考题】　患者，男，40岁，血压120/100mmHg，心率110次/分。诊断：高血压，窦性心动过速。给予阿替洛尔片剂口服，50mg/次。

问题：

1. 选用阿替洛尔的依据是什么？
2. 阿替洛尔治疗高血压和窦性心动过速的注意事项是什么？

（刘会芳）

第十章　局部麻醉药

局部麻醉药（local anaesthetics）简称局麻药，是一类应用于神经末梢或神经干周围，能暂时性和可逆性地阻断神经冲动的产生和传导，在意识清醒的状态下，使局部的痛觉暂时消失的药物。

【体内过程】

1. 吸收 局麻药从用药部位进入血液循环的过程，称为吸收。其速度主要取决于给药部位的血流量及是否使用血管收缩药等因素。

（1）给药部位：局麻药体内吸收的速度和给药部位的血液供应成正比，吸收速度由快到慢依次为气管内＞肋间神经＞骶丛＞硬膜外＞臂丛＞坐骨神经＞蛛网膜下腔。

（2）血管收缩剂的使用：临床应用局麻药的目的是发挥局部作用，而不希望其发挥吸收作用，因为局麻药吸收后，其局麻时间缩短，毒性增强。因此，在局麻药液中加入 AD 或去氧肾上腺素，可引起局部血管收缩，从而延缓局麻药的吸收，使毒性作用下降，局麻时间延长。但在手指、足趾及阴茎等末梢循环差的部位用药时，应禁加 AD，否则可引起局部组织缺血坏死。

2. 分布 各器官的吸收情况决定其分布情况。

（1）组织灌注：局麻药首先分布到肺、肝、脑、肾和心脏等高灌流器官中，形成最初的快速吸收相（α 相），有相当一部分的局麻药分布入肺。随后局麻药分布到肌肉和肠等中等灌流器官中，形成相对缓慢的再分布相（β 相）。

（2）组织/血分配系数：高脂溶性的局麻药在组织中分布多。脂溶性高而且分布容积大的局麻药，药效长而且中毒发生率高，如丁卡因。血浆蛋白结合率高的局麻药在血中的分配较多，在组织中分布较少；而分布容积小的局麻药，如利多卡因和普鲁卡因等，药效消失快。

（3）体液的 pH：局麻药在体内可呈解离型（BH^+）和未解离型（B）存在，其各自所占百分比取决于体液的 pH 和药物的 pK_a 值（多为 8～9）。只有未解离型（B）能进入神经膜而起作用，当体液 pH 偏高时，未解离型（B）较多，局麻作用较强；而体液 pH 偏低时，解离型（BH^+）较少，进入神经细胞的药物少，局麻作用较弱。

3. 消除 不同种类的局麻药的化学结构、作用强度、毒性及持续时间等各不相同（表 10-1）。酯类局麻药血浆 $t_{1/2}$ 短，主要由假性胆碱酯酶水解成二乙氨基乙醇和对氨基苯甲酸，酯酶主要存在于肝细胞及血浆内，脑脊液中则含量很少。因此用酯类局麻药进行蛛网膜下腔麻醉时，只有局麻药进入血液后才会被水解。酰胺类局麻药一般由肝细胞内质网分解，经过 N-脱烃而后脱氨基等步骤，最终形成 2,6-二甲代苯胺，大部分从尿排出，少量进入胆汁和肝肠循环。

表 10-1　几种常用局麻药比较表

分类	化学结构			pK_a	相对强度（比值）	相对毒性（比值）	作用持续时间（h）	一次极量（mg）
	亲脂基团	中间链	亲水基团					
酯类 普鲁卡因				8.90	1	1	1	1000
丁卡因				8.45	10	10	2～3	100
酰胺类 利多卡因				7.90	2	2	1～1.5	500
布比卡因				8.20	6.50	＞4		150

【药理作用与作用机理】

1. 局麻作用 局麻药在低浓度时就能阻断感觉神经冲动的产生和传导，较高浓度时对神经系统的各类神经纤维，如中枢神经、自主神经和运动神经都有阻断作用。使神经纤维兴奋阈升高、传导速度减慢、动作电位幅度降低，直至完全丧失产生动作电位的能力。局麻药使各类感觉消失的顺序为，痛觉先消失，然后依次是冷觉、温觉、触觉和压觉。神经冲动传导的恢复则按相反的顺序进行。各类神经纤维的相对粗细和对局麻药的敏感性见表 10-2。

表 10-2 各类神经纤维的相对粗细和对局麻药的敏感性

纤维类型	功能	直径（μm）	髓鞘	传导速度（m/s）	阻断敏感性
A 型					
α	自主感受、运动	12～20	较多	70～120	+
β	触觉、压觉	5～12	较多	30～70	++
γ	肌梭	3～6	较多	15～30	++
δ	痛觉、温觉	2～5	较多	12～30	+++
B 型	自主神经节前纤维	<3	较少	3～15	++++
C 型					
背根	痛觉	0.4～1.2	无	0.5～2.3	++++
交感神经	节后纤维	0.3～1.3	无	0.7～2.3	++++

局麻药主要作用于神经细胞膜，影响神经细胞膜的去极化而产生局麻作用。在正常情况下神经细胞膜的去极化有赖于 Na^+ 内流，局麻药可作用于电压门控的 Na^+ 通道，阻滞 Na^+ 内流，抑制动作电位的产生和神经冲动的传导，产生局麻作用。

2. 吸收作用 如果用药剂量过大或浓度过高，或误将药物注入血管中，血液中药物浓度过高，即产生吸收作用。对全身神经、组织等产生影响，这实际上是局麻药的毒性反应。

（1）中枢神经系统：局麻药对中枢神经系统的作用是先兴奋后抑制，初期表现为眩晕、烦躁不安、肌肉震颤、焦虑等，进而发展为神志错乱及全身性强直-阵挛性惊厥，最后转入昏迷，呼吸麻痹，可因呼吸衰竭而死亡。

（2）心血管系统：局麻药可抑制心脏，降低心肌兴奋性，使心肌收缩力减弱、传导减慢和不应期延长。大多数局麻药使小动脉扩张。由于心脏抑制和血管扩张，使血压下降。通常在血药浓度高时才发生严重的心血管反应，但少数人应用小剂量局麻药作浸润麻醉时误入血管内即可引起死亡。其原因可能为突发的心室纤颤导致心搏停止所致。

【临床应用】

1. 表面麻醉（surface anaesthesia） 是将穿透性较强的局麻药用于黏膜表面，麻醉黏膜下神经末梢。适用于鼻、口腔、咽喉、气管、支气管、食管、泌尿生殖道等黏膜部位的浅表小手术。常用浓度为利多卡因（2%～10%）、丁卡因（2%）和可卡因（1%～4%）。

2. 浸润麻醉（infiltration anaesthesia） 将局麻药注入皮下或手术野附近的组织，使局部的神经末梢麻醉，适用于浅表手术。常用的局麻药及其浓度为普鲁卡因（0.5%～1.0%）、利多卡因（0.5%～1.0%）和布比卡因（0.125%～0.25%）。

3. 传导麻醉（conduction anaesthesia） 是将局麻药溶液注射到外周神经干附近，阻断神经冲动传导，使该神经支配的区域麻醉，麻醉区域较大，适用于口腔和四肢手术。所需的局麻药浓度较高，但用量较少，。常用药为利多卡因（1%～2%）、普鲁卡因（0.5%～2%）或布比卡因（0.25%～0.5%）。

4. 蛛网膜下腔麻醉（subarachnoid anaesthesia） 又称脊髓麻醉或腰麻（spinal anaesthesia）。是将局麻药溶液注入腰椎蛛网膜下腔，麻醉该部位的脊神经根。麻醉顺序为交感神经纤维先麻醉，其次是感觉纤维，最后被麻醉的是运动纤维。常用于下腹部和下肢手术。常用药物为普鲁卡因、利多卡因、丁卡因。蛛网膜下腔麻醉时，患者取轻度的头低位（10°～15°），以免危及生命中枢。

5. 硬膜外麻醉（epidural anaesthesia） 是将局麻药液注入硬脊膜外腔，麻醉药沿着神经鞘扩散，穿过椎间孔麻醉神经根，适用于腹部、腰部和下肢手术。对于肌松要求高的腹部手术，常用浓度较高的局麻药液：丁卡因（0.3%），布比卡因（0.5%～0.75%）。较高浓度的局麻药可以产生交感神经、躯体感觉和躯体运动神经的阻滞。对于肌松要求不高的下肢、腰部手术，可用中等浓度的局麻药：丁卡因（0.2%）、利多卡因（1.6%）、布比卡因（0.375%）。

【不良反应及注意事项】

1. 毒性反应 主要表现为中枢神经系统和心血管系统的毒性。用量过大或误入血管时，出现中枢神经系统反应。表现为先兴奋后抑制，临床症状为恶心、出汗、呼吸困难、脉速、颜面潮红、兴奋、谵妄、惊厥等。心血管反应主要表现为低血压。防治措施：应掌握药物浓度和剂量,并采用分次小剂量注射的方法,当遇到用量已达极量而局麻效果不理想时,应采取间隔一定时间后(短效药间隔 20~30min,长效药 45~60min),再次给药,而用量减至常用量的一半。小儿、孕妇和肝肾功能不全者应适当减量。

2. 变态反应 表现为荨麻疹、皮炎、支气管痉挛、血压下降、心动过速和心律失常等。

【常用局麻药】 常用局麻药的化学结构中含有一个亲水性胺基和一个亲脂性芳香基团,两者通过酯键或酰胺键连接。常用局麻药的比较见表10-1。

普 鲁 卡 因

普鲁卡因(procaine)又名奴佛卡因(novocaine)。本药对黏膜的穿透力弱,需注射给药方可产生局麻作用,因此一般不用做表面麻醉。主要用于浸润麻醉、传导麻醉、蛛网膜下腔麻醉和硬膜外麻醉。注药后在 1~3min 内开始起效,维持 30~45min,溶液中加入少量 AD 能使作用时间延长至 1h。本药在血浆中被酯酶水解,代谢物为对氨基苯甲酸和二乙氨基乙醇,前者能减弱抗磺胺类药物的抗菌作用,故本药与磺胺类药物禁止合用。用药过量能引起中枢神经系统及心血管反应,还可出现变态反应。

利 多 卡 因

利多卡因(lidocaine)又名昔罗卡因(xylocaine)。利多卡因起效快,作用时间长,穿透力也较强,其局麻强度、持续时间及毒性介于普鲁卡因和丁卡因之间。本药对组织无刺激性,局部血管扩张作用不明显,加入血管收缩药如 AD,可延缓其吸收,延长其作用时间。本药安全范围较大,黏膜穿透能力强,可用于各种局麻方法,有全能局麻药之称。主要用于传导麻醉和硬膜外麻醉。因其为酰胺类药物,对酯类局麻药过敏者可改用此药。此外,静脉给药尚有抗心律失常作用(见第二十八章 抗心律失常药)。

丁 卡 因

丁卡因(tetracaine)又名地卡因(dicaine),潘妥卡因(pontocaine),化学结构与普鲁卡因相似,是对氨基苯甲酸的衍生物。局麻强度和毒性均为普鲁卡因的 10 倍。能穿透黏膜,起效快,1~3min 显效,药效持续 2h 以上。最常用于黏膜表面麻醉,也可用于传导麻醉、蛛网膜下腔麻醉和硬膜外麻醉。因毒性大,一般不用于浸润麻醉。

布 比 卡 因

布比卡因(bupivacaine)又名丁吡卡因(marcaine),是酰胺类局麻药,麻醉作用强,持续时间较长,为长效局麻药。局麻作用比利多卡因强 3~4 倍。可用于浸润麻醉、传导麻醉和硬膜外麻醉。

【案例及思考题】 患者,女,23 岁,由于智齿疼痛就诊,医生建议进行拔除。先用 1%~2%的利多卡因行传导麻醉,注射后患者表现为恶心、出汗、脉速、呼吸困难、颜面潮红等症状。诊断:利多卡因中毒。

问题:
1. 利多卡因中毒的可能原因是什么?
2. 如何防治局麻药的中毒?

(刘会芳)

第三篇　中枢神经系统药理学

第十一章　中枢神经系统药理学概论

人体生命活动过程中的生理功能主要通过神经和内分泌（体液）系统进行调节，其中中枢神经系统（central nervous systems, CNS）发挥主导和协调作用，对内环境的稳定起维持作用和对环境变化做出即时反应。中枢神经系统的结构和功能较外周神经系统更为复杂，大量的神经元和神经元间的各种形式的突触联系，由多种神经递质传递信息，通过激活相应受体以及离子通道和逐级放大的细胞内信号转导途径偶联在一起，介导繁杂的功能调节。目前临床使用的药物无论其是否治疗中枢神经系统疾病大多能影响中枢神经系统的功能，产生相应的中枢作用，其中有些被用于临床治疗用途，有些则成为导致不良反应的基础，甚至产生生理和（或）精神依赖性，并且成为严重的社会问题。作用于中枢神经系统的药物主要通过影响递质、受体、受体后的信号转导等来改变人体的生理功能。因此，理解和掌握突触传递及其过程、中枢递质和受体，无疑有助于学习好中枢神经系统的药物。

第一节　中枢神经系统的细胞学基础

一、神　经　元

神经元是中枢神经系统的基本结构和功能单位。经典的神经元由树突、胞体和轴索三个部分组成。胞体内含有非常大的细胞核和各种用于合成细胞生命活动所必需物质的细胞器例如粗面内质网、高尔基体、线粒体、溶酶体等，这些细胞器发挥的功能与其他组织细胞的细胞器功能相同。在神经元胞质中含有内涵物，其中包括致密小体和色素颗粒如脂褐素。内涵物于成年期出现，并随年龄增长而增加。神经元的树突有一至多个。从细胞体发出后可反复分支，逐渐变细而终止。神经元胞体内多数细胞器也伸入树突中相当距离。除个别神经元外，神经元都有一条细而均匀的轴突。神经元的细胞骨架与其他细胞一样，与是由丝状结构组成，包括微管、微丝和神经细丝。这些丝状结构组成的框架，主要用来支持延长的神经元突起包括树突和轴突，并调节神经元的形状，并且参与神经元细胞内物质的运输。

神经元的主要功能是接受刺激和传递信息。神经系统的调节活动是以反射的形式进行的，反射中枢的神经元通过传入神经接受来自体内外环境变化的刺激信息，并对这些信息加以分析、综合和储存，再经过传出神经把指令传到所支配的器官和组织，产生调节和控制效应。此外，神经末梢还能释放一些营养因子，这些营养因子可持续调节所支配组织的代谢活动，影响其结构、生化和生理。这种作用称为神经的营养性作用。神经元能生成营养因子，也接受神经营养因子的支持，以维持正常的形态和功能。这些神经营养因子包括神经生长因子、脑源性神经营养因子、神经营养因子-3 等。

二、神经胶质细胞

人类神经系统含有的神经胶质细胞数量为神经元的 10～50 倍。随着神经科学研究的进展，目前对于神经胶质细胞的研究已经越来越深入，神经胶质细胞的分类也日趋明确，它的功能也越来越引起人们的关注，甚至还有人把神经胶质细胞与神经元比喻成同等重要的功能伙伴。神经胶质细胞广泛地分布于周围和中枢神经系统。中枢神经系统的胶质细胞按形态分可分为星状胶质细胞、少突胶质细胞、小胶质细胞和室管膜细胞，均起源于中胚层。中枢神经系统内神经元间的空隙几乎全由胶质细胞所填充，因此几乎不存在细胞间隙。包围在脑毛细血管周围的细胞以及室管膜细胞也都是胶质细胞。神经胶质细胞也有突起，但无树突和轴突之分，细胞间普遍存在缝隙连接。

始初，人们认为胶质细胞属于结缔组织，其作用仅是连接和支持各种神经成分。其实神经胶质还起着分配营养物质的作用，在形态、化学特征和胚胎起源上都不同于普通结缔组织。神经元不能直接从微血管取得营养而要经过胶质细胞的转运。胶质细胞可能是构成血-脑屏障的重要组分，它对正常神经元的生长和分化也是必不可少的。胶质细胞的主要功能是支持作用、绝缘作用、屏障作用和维持神经组织内环境稳定作用。此外，在中枢神经系统发育过程中具有引导神经元走向的作用。胶质细胞参与某些递质及生物活性物质的代谢，如兴奋性递质谷氨酸的再摄取。另外，胶质细胞还参与修复过程、具有免疫应答作用，并可调节神经元的功能。新近的研究表明，神经胶质细胞与中枢神经系统的生理功能调节、一些神经精神疾病的发生、发展密切相关，是研制神经保护药的重要生物靶标。

三、神经环路

神经元参与神经调节往往是通过不同神经元组成的各种神经环路（neuronal circuit）进行的，通过这些神经环路对大量繁杂信息进行处理和整合。突触是神经环路中能进行信息传递作用的部位。一个神经元的树突或胞体能够接受来自许多神经元轴突末梢的突触联系，这种来自多个神经元间多信息影响同一个神经元的调节方式成为聚合。一个神经元也可以同时与多个神经元建立突触联系，使信息放大，这种方式称为辐散。中枢神经系统中各种不同的神经环路均包含多次的辐散与聚合形式，使信息处理出现扩散或聚合，构成复杂的神经网络，使信息加工、整合更为精细，调节活动更加准确、协调、和谐。神经元的树突、轴突与其他神经元各个部分均可建立突触联系，构成具有各种特殊功能的微环路。

四、突　触

神经元的主要功能是传递信息。神经元之间或神经元与效应器细胞之间的信息传递是通过突触进行的。根据突触传递的方式及其结构特点，突触可分为电突触、化学性突触和混合性突触。在哺乳动物脑内，除小部分脑区存在一些电突触外，几乎所有的突触都是化学性突触，是中枢神经系统中最重要的信息传递结构。

突触由突触前组分、突触后组分和突触间隙等基本结构组成。神经递质把信息从突触前神经元传递到突触后神经元。突触前神经元兴奋时，峰电位沿细胞膜传播到突触前膜，引起膜去极化，电压依赖性钙通道开放，胞外钙离子内流，胞内游离钙浓度升高。钙与钙调蛋白结合，激活了依赖钙调素的蛋白磷酸激酶 B，导致一些底物蛋白的磷酸化。突触前膜内含有神经递质的囊泡，静息时通过突触素 I 固定在神经元末梢的骨架-微管或长丝上，囊泡膜上的突触蛋白 I 被蛋白磷酸激酶 B 磷酸化后，通过一些突触蛋白的作用，使囊泡从固定点脱落并移动到突触前膜的活动区。神经冲动传递到突触前膜通常只能使锚定在突触前膜的囊泡与突触前膜融合并释放到突触间隙，经胞裂外排，囊泡内含物以量子形式释放。神经递质经弥散而作用于突触后膜上的受体，产生兴奋性突触后电位或抑制性突触后电位，完成突触间的信息传递。

突触传递的过程包括：神经递质的合成和储存、突触前膜去极化和胞外钙内流触发神经递质的释放、神经递质与突触后受体结合引起突触后生物学效应、释放后的递质消除及囊泡的再循环。神经递质的释放受到突触前膜受体的反馈调控，通过调节进入末梢的钙离子量或改变末梢对钙离子的敏感性等来调节递质的释放。

一方面被释放的神经递质需要迅速消除其作用，以保证突触的传递效率；另一方面又需回收突触囊泡蛋白，通过神经末梢细胞膜的内吞合成新的囊泡，形成囊泡的再循环，为新一轮递质的合成、储存和释放做好准备。突触间隙递质的消除主要是通过突触前膜及神经胶质细胞的摄取或酶解作用而实现的。

第二节　中枢神经递质及其受体

一、乙酰胆碱

ACh 由胆碱和乙酰辅酶 A 在胆碱乙酰转移酶的催化下合成。合成过程在胞质中进行，然后被输送到末梢储存在囊泡内。ACh 的合成、储存、释放、灭活等突触传递过程与外周胆碱能神经元相同。

1. 中枢乙酰胆碱能通路　①局部分布的中间神经元，参与局部神经回路的组成。在纹状体、隔核、伏隔核、嗅结节等神经核团均存在较多的胆碱能中间神经元，尤以纹状体最多。②胆碱能投射神经元，这些神经元在脑内分布比较集中，分别组成胆碱能基底前脑复合体和胆碱能脑桥-中脑-被盖复合体。

2. 脑内乙酰胆碱受体　绝大多数脑内胆碱能受体是 M 受体，N 受体仅占不到 10%。脑内的 M 或 N 受体的药理特性与外周相似。

3. 中枢 ACh 的功能　①学习和记忆；②觉醒和睡眠；③体温调节；④摄食和饮水；⑤感觉和运动调节；⑥参与镇痛。

纹状体是人类调节锥体外系运动的最高级中枢。ACh 与 DA 两系统功能间的平衡失调则会导致严重的神经系统功能疾病。如 DA 系统功能低下使 ACh 系统相对过强，可出现帕金森病的症状。

二、γ-氨基丁酸

1. GABA 在中枢神经系统中的分布　GABA 是脑内最重要的抑制性神经递质，广泛而均匀地分布在哺乳动物脑内，脑内 30% 左右的突触以 GABA 为神经递质。脑内的 GABA 能神经元主要分布在大脑皮层、海马和小脑。目前仅发现两条长轴突投射的 GABA 能通路：①小脑-前庭外侧核通路，从小脑浦肯野细胞投射到小脑深部核团及脑干的前庭核；②从纹状体投射到中脑黑质。黑质是脑内 GABA 浓度最高的脑区。

2. GABA 的合成、储存、释放、摄取和降解 脑内的 GABA 是由谷氨酸脱羧而成的，GABA 的合成酶为谷氨酸脱羧酶。脑内 GABA 存在的形式有游离、疏松结合和牢固结合 3 种类型。当 GABA 神经元兴奋时，GABA 被神经末梢释放到突触间隙。摄取是 GABA 失活的重要途径，神经末梢和神经胶质细胞都有摄取功能。GABA 也可被 γ-氨基丁酸氨基转移酶降解。

3. GABA 受体 分为 $GABA_A$、$GABA_B$、$GABA_C$ 三型。

4. GABA 功能 ①具有抗焦虑作用；②对腺垂体和神经垂体的分泌具有调节作用；③具有镇痛作用；④抑制动物摄食；⑤具有抗惊厥作用；⑥$GABA_C$ 参与视觉通路信息的传递和调控。

三、兴奋性氨基酸

谷氨酸（glutamate，Glu）是中枢神经系统内主要的兴奋性递质，脑内 50% 以上的突触是以谷氨酸为递质的兴奋性突触。除谷氨酸外，天冬氨酸也可以发挥相似的作用。

谷氨酸受体分为如下三类。①NMDA 受体，NMDA 受体在脑内广泛分布，但在海马及大脑皮质分布最密集。NMDA 受体已经成为多种神经精神疾病治疗药物研制的重要靶标。②非 NMDA 受体，非 NMDA 受体包括 AMPA 受体及 KA 受体，也是化学门控离子通道受体。③代谢型谷氨酸受体，通过 G 蛋白与不同的第二信使系统耦联，改变第二信使的胞内浓度，触发较缓慢的生物学效应。目前已克隆出 8 种不同的亚型。

兴奋性氨基酸不但参与快速的兴奋性突触传递，而且在学习、记忆、神经元的可塑性、神经系统发育及一些疾病发病机理如缺血性脑病、低血糖脑损害、中枢退行性疾病等发挥重要作用。

四、去甲肾上腺素

脑内去甲肾上腺素能突触传递的基本过程包括递质合成、储存、释放、与受体相互作用和递质的灭活，与外周神经系统相似。

脑内去甲肾上腺素能神经元胞体分布相对集中在脑桥和延髓，但去甲肾上腺素能神经元胞体密集在蓝斑核，从蓝斑核向前脑方向发出三束投射纤维，分别是中央被盖束、中央灰质背纵束和腹侧被盖-内侧前脑束。

NA 参与体温、摄食调节，有助于觉醒的维持。此外，NA 与躁狂症、抑郁症的发病密切相关。临床上一些抗抑郁药的主要作用机理就是抑制 NA 的再摄取转运。

五、多巴胺

DA 是脑内重要的神经递质。在大脑的运动控制、情感思维和神经内分泌方面发挥重要的生理作用，与 PD，精神分裂症，药物依赖与成瘾的发生、发展密切相关。

（一）中枢多巴胺神经系统及其生理功能

①黑质-纹状体通路，是锥体外系运动功能的高级中枢，各种原因减弱该通路的 DA 功能均可导致 PD，反之，该通路的功能亢进则出现多动症。②中脑-边缘通路。③中脑-皮质通路，中脑-边缘通路和中脑-皮质通路主要调控人类的精神活动，前者主要调控情绪反应，后者主要参与认知、思想、感觉、理解和推理能力的调控。目前认为 I 型精神分裂症主要与这两个 DA 通路功能亢进密切相关。④结节-漏斗通路，主要调控垂体激素的分泌，如抑制催乳素的分泌，促进促肾上腺皮质激素（adrenocorticotropic hormone，ACTH）和生长激素（growth hormone，GH）的分泌等。

（二）DA 受体及其亚型

重组 DNA 克隆技术确定脑内存在 5 种 DA 亚型受体：D_1，D_2，D_3，D_4，D_5，其中 D_1 和 D_5 亚型受体在药理学特征上符合上述的 D_1 亚型受体，而 D_2，D_3，D_4 受体则与上述的 D_2 亚型受体相符合，因此分别被称为 D_1 样受体和 D_2 样受体。①D_1 样受体；②D_2 样受体。黑质-纹状体通路主要存在 D_1 样受体（D_1 和 D_5 亚型）和 D_2 样受体（D_2 和 D_3 亚型），中脑-边缘通路和中脑-皮质通路主要存在 D_2 样受体（D_2、D_3 和 D_4 亚型），结节-漏斗系统主要存在 D_2 样受体中的 D_2 亚型。

六、5-羟色胺

5-羟色胺能神经元与去甲肾上腺素能神经元的分布相似，主要集中在脑桥、延髓中线旁的中缝核群，共组成 9 个 5-羟色胺能神经核团，以中脑核群含量最高，其次为黑质、红核、丘脑及丘脑下部、杏仁核、壳核、尾核和海马。

5-HT 的合成、储存、释放和灭活：脑内 5-HT 神经元主要在末梢合成 5-HT，色氨酸在色胺酸羟化酶催化下生成 5-羟色氨酸，再经脱羧酶的作用成为 5-HT。5-HT 的储存、释放和灭活均与 NA、DA 等儿茶酚胺递质相似。

5-HT 受体多而复杂，已知有 7 种亚型。其中大多数是 G-蛋白偶联受体。5-HT 系统主要调节痛觉、精神情绪、睡眠、体温、性行为、垂体内分泌等功能活动。

第三节 中枢神经系统药理学特点

中枢神经系统功能虽然非常复杂，但就其功能水平而言，不外乎兴奋和抑制。因此，可以将作用于中枢神经系统的药物分为两大类，即中枢兴奋药和中枢抑制药。从整体水平来看，中枢神经兴奋时，其兴奋性自弱到强表现为欣快、失眠、不安、幻觉、妄想、躁狂、惊厥等；中枢神经抑制则表现为镇静、抑郁、睡眠、昏迷等。进化程度高的脑组织对药物的敏感性高，大脑皮质的抑制功能又比兴奋功能敏感，易受药物影响。延髓的生命中枢则较稳定，只有在极度抑制状态时才出现血压下降、呼吸停止。药物可对中枢某种特殊功能产生选择性作用，如镇痛、抗精神病、解热等。

凡是使抑制性递质释放增多或激动抑制性受体，均可引起抑制性效应，反之，则引起兴奋；凡是使兴奋性递质释放增多或激动兴奋性受体，引起兴奋效应，反之，则导致抑制。因此，研究药物对递质和受体的影响是阐明中枢药物作用复杂性的关键环节。

另有少数药物只影响神经细胞的能量代谢或膜稳定性。药物的效应除随剂量增加外，还表现为作用范围的扩大。这类药物无竞争性拮抗药或特效解毒药。此类药物亦称非特异性作用的药物，例如，全身麻醉药等。

作用于中枢神经系统的药物也可像与作用于传出神经的药物作用方式相似，按其对递质和受体的作用进行分类（表 11-1）。表内基本概括了本教材涉及的所有的作用于中枢神经系统药物的主要药理作用、作用靶点和机理。

表 11-1 作用于中枢神经系统的药物按作用机理分类表

作用靶点	作用机理	代表性药物	主要药理作用或应用
ACh 受体	激动 M_1 受体	毛果芸香碱	觉醒
	拮抗 M_1 受体	哌仑西平、东莨菪碱	中枢抑制、抗 PD
	激动 M_2 受体	6-β-乙酰氧基去甲托烷	中枢抑制
	拮抗 M_2 受体	阿托品	中枢兴奋
	激动 N 受体	烟碱	惊厥
	抑制胆碱酯酶	毒扁豆碱、他可林	催醒、抗 AD
NA 受体	促进 NA 释放	麻黄碱、苯丙胺	中枢兴奋
	抑制 NA 释放	锂盐	抗躁狂
	抑制 NA 摄取	可卡因、丙米嗪	欣快、抗抑郁
	抑制 NA 灭活	MADI	抗抑郁
	耗竭 NA 储存	利血平	安定、抑郁
	激动 α 受体	NA	兴奋
	激动 $α_2$ 受体	可乐定	降血压、镇静
	拮抗 $α_2$ 受体	育亨宾	升血压、兴奋
	拮抗 β 受体	普萘洛尔	降血压、噩梦，幻觉
DA 受体	激动 DA 受体	阿扑吗啡	催吐
	拮抗 DA 受体	氯丙嗪、氯氮平	安定、抗精神病、镇吐
	生成 DA	左旋多巴	抗 PD
5-HT 受体	激动 5-HT 受体	麦角酸二乙胺	精神紊乱、幻觉、欣快
	拮抗 5-HT 受体	二甲麦角新碱	中枢抑制
GABA 受体	激动 GABA 受体	蝇蕈醇	精神紊乱、抑制兴奋
	拮抗 GABA 受体	荷包牡丹碱	阵挛、抽搐
	增强 GABA 作用	苯二氮䓬类	抗焦虑、镇静催眠、抗惊厥
Gly 受体	拮抗 Gly 受体	士的宁	兴奋、强直惊厥
H 受体	拮抗 H_1 受体	苯海拉明	抑制、抗晕动、抗过敏
	拮抗 H_2 受体	西咪替丁	精神紊乱
阿片受体	激动阿片受体	阿片类（吗啡、哌替啶）	镇痛、镇静、呼吸抑制
	拮抗阿片受体	纳洛酮	吗啡中毒
细胞膜	稳定	乙醚等	全身麻醉

（耿 仙）

第十二章 全身麻醉药

全身麻醉药（general anesthetics）简称全麻药，是一类能抑制中枢神经系统功能的药物，使意识、感觉和反射暂时消失，骨骼肌松弛，主要用于外科手术前麻醉。全身麻醉药分为吸入性麻醉药和静脉麻醉药。

全身麻醉药的作用机理尚无统一的看法。目前有如下几种解释。

1. 神经突触学说 认为全身麻醉药主要是通过阻断神经冲动在突触部位的传递，使中枢神经系统产生抑制。

2. 脑干网状激活系统抑制学说 认为全身麻醉药对脑干网状激活系统有选择性抑制作用，外周传入冲动受到抑制，产生麻醉现象。

3. 分子学说 认为麻醉药对中枢神经系统的作用主要决定于中枢的水相。某些吸入麻醉药能促进脑液中形成由分子构成的水合微晶物，微晶具有笼形结构，能将蛋白质的活性侧链及其他基团和离子等套于笼中，妨碍其活性，从而干扰脑的机能产生麻醉。随着血药浓度的不断升高，最先麻醉大脑皮质，其次是皮质下中枢，再次为脊髓，最后为延脑。

第一节 吸入性麻醉药

吸入性麻醉药（inhalational anesthetics）是挥发性液体或气体，乙醚（ether）、氟烷（halothane）、异氟烷（isoflurane）、恩氟烷（enflurane）和七氟烷（sevoflurane）等属于挥发性液体，氧化亚氮（nitrous oxide）是挥发气体。

【体内过程】 吸入性麻醉药的吸收及其作用的深浅快慢，首先决定于它们在肺泡气体中的浓度。在一个大气压力下，能使50%患者痛觉消失的肺泡气体中麻醉药的浓度称为最小肺泡浓度（minimal alveolar concentration, MAC）。各药都有其恒定的数值，它反映各药的麻醉效价强度，MAC数值越低，反映药物的麻醉作用越强。

肺泡中药物进入血液的速度还与肺通气量、吸入气中药物浓度、肺血流量及血/气分布系数等有关。血/气分布系数是指血中药物浓度与吸入气中药物浓度达平衡时的比值。此系数大的药物，在血液中溶解度大，其在血液中容量大，肺泡、血中和脑内的药物分压上升会较慢，麻醉诱导时间长。血/气分布系数小的药物，在血液中溶解度小，其在血液中容量小，肺泡气、血中和脑内的药物分压易提高，麻醉诱导时间较短。达到气/血分压平衡状态较慢，诱导期较长。因此，提高吸入气中药物浓度可缩短诱导期。

麻醉药物吸收后随即分布转运到各个器官，其分布药量和速率依赖于该器官的血流供应量。血中药物浓度与脑组织中药物浓度达到平衡时的比值即脑/血分配系数。此系数大的药，易进入脑组织，其麻醉作用较强。

停止给药后，血液将组织中的药物带到肺并主要以原形从肺泡排出。脑/血和血/气分配系数较低的药物易被血液带走，苏醒快。相反则苏醒慢。

常用吸入麻醉药的特性见表12-1。

表12-1 吸入性麻醉药的特性比较

药物	沸点（℃）	MAC（%）	血/气分布系数	脑/血分布系数	诱导用吸入气浓度（%）	维持用吸入气浓度（%）
氧化亚氮	-89	105	0.47	1.1	80	50～70
氟烷	50.2	0.75	2.3	2.9	1～4	0.5～2
异氟烷	48.5	1.2	1.4	2.6	1.5～3.0	1.0～1.5
恩氟烷	56.5	1.6	1.8	1.4	2.0～2.5	1.5～2.0
七氟烷	58.5	2.0	0.65	1.7	4.5	2.5～4.5
地氟烷	23.5	6.0	0.45	1.3	12～15	2.3～3.0
麻醉乙醚	34.6	1.92	12.1	1.14	10～30	4～5

【作用机理】 吸入性麻醉药经肺泡动脉入血，而到达脑组织，阻断其突触传递功能，引起全身麻醉。其作用机理的学说很多，尚未趋统一。但脂溶性学说，至今仍是各种学说的基础。有力的依据是化学结构各异的吸入性麻醉药的作用与其脂溶性之间有鲜明的相关性，即脂溶性越高，麻醉作用越强。现认为吸入性麻醉药溶入细胞膜的脂质层，使脂质分子排列紊乱，膜蛋白质及钠、钾通道发生构象和功能上的改变，

抑制神经细胞除极，进而广泛抑制神经冲动的传递，导致全身麻醉。

【麻醉深度分期】 吸入麻醉时，需掌控临床麻醉的深度和避免过度麻醉的危险，常以麻醉分期最明显的乙醚麻醉为代表药，将吸入麻醉深度分为四期，简介如下。

第一期（镇痛期）是指从麻醉给药起到意识和感觉消失为止。患者感觉逐渐迟钝并消失。镇痛期的状态与大脑皮质和网状结构上行激活系统受到抑制有关。

第二期（兴奋期）是指从意识和感觉消失到外科麻醉期开始。此期患者可出现谵妄和躁动、血压升高、脉搏加快、呼吸不规则、瞳孔扩大、眼球转动、肌张力显著增加、各种反射亢进，也可出现咳嗽、呕吐和吞咽等动作。本期主要是大脑皮层功能进一步收到抑制，从而减弱了对皮层下中枢的控制和调节，造成皮层下中枢脱抑制现象。第一、二期合称为麻醉诱导期。在诱导期内，容易出现喉头痉挛或心脏骤停等麻醉意外，不宜做任何手术或外科检查。

第三期（外科麻醉期）患者由兴奋转为安静，呼吸和血压趋向平稳为本期开始的标志。随着麻醉深度再增加，大脑皮质下中枢由"皮质-间脑-中脑-脑桥"自上而下逐步受到抑制，脊髓则由下而上被抑制。外科麻醉期可细分为四级：一般手术在此期第二、三级麻醉时进行。在深度达第四级麻醉时，延髓生命中枢受抑制，患者表现呼吸抑制，缺氧发绀，血压下降，医生应立即减量或停药，避免麻醉意外。

第四期（延髓麻醉期）患者呼吸停止，血压测不到。万一出现延髓麻醉状态，必须立即停药，进行急救，维持呼吸循环功能，关注生命体征，全力进行复苏。

上述分期为单独应用乙醚麻醉的典型分期表现，为麻醉深度的理论基础，可作为一个参考性尺度去衡量麻醉的深度，对临床麻醉管理有重要作用。现在临床常用复合麻醉的方法，以减少麻醉诱导期的风险。

由于复合麻醉的应用快速进入外科麻醉期，上述典型麻醉深度的分期，尤其是麻醉诱导期（第一期和第二期合称诱导期）在临床麻醉实践中已不再存在。但必须在实践中仔细观察外科麻醉期第三、四级和第四期指征，掌握复合麻醉深度，在达到满意的外科麻醉时，避免麻醉过深造成危及生命。

【常用药物】 麻醉乙醚（anesthetic ether）为1842年发现并曾经广泛在临床使用的吸入麻醉药，为无色澄明易挥发的液体，有特异臭味，易燃易爆，易氧化生成过氧化物及乙醛，使毒性增加。麻醉浓度的乙醚对呼吸功能和血压几无影响，对心、肝、肾的毒性也小。乙醚尚有箭毒样作用，故肌肉松弛作用较强。但此药的诱导期和苏醒期较长，易发生意外。其特异臭味可刺激气管黏液分泌，易引起吸入性肺炎。加上易燃、易爆等缺点，现代手术室已少用，但使用简便，在野战、救灾等情况下仍有重要价值。

氟烷（halothane）是第一个用于临床的含氟吸入麻醉药（1956）。本品为无色透明液体，微带水果香味，遇光缓慢分解，可与碱石灰反应生成毒性物质，溶于橡胶而较少溶于聚乙烯制品，对多种金属有腐蚀作用。沸点50.2℃，不燃不爆，但化学性质不稳定。氟烷的MAC仅为0.75%，麻醉作用强，血/气分布系数也较小，故诱导期短，苏醒快，但氟烷的镇痛作用较弱，中枢性骨骼肌松弛作用常难以达到手术要求，故一般需加用阿片类镇痛药和（或）骨骼肌松弛药，以利于手术平稳进行。氟烷能使脑血管扩张，升高颅内压；增加心肌对儿茶酚胺的敏感性，诱发心律失常等。反复应用偶致肝炎或肝坏死，应予警惕。恩氟烷（enflurane，安氟醚）及异氟烷（isoflurane，异氟醚）是同分异构物。和氟烷比较，它们的理化性质更稳定，不与碱石灰反应，也对橡胶、塑料和金属器具无腐蚀性，是目前较为常用的吸入性麻醉药。MAC稍大，麻醉诱导平稳、迅速和舒适，苏醒也快，肌肉松弛良好，不增加心肌对儿茶酚胺的敏感性。反复使用无明显副作用，偶有恶心呕吐。两药在体内代谢量远低于氟烷。恩氟烷剂量过大可致惊厥，有癫痫史患者应避免使用。异氟烷对呼吸道有一定刺激性。

七氟烷（sevoflurane，七氟醚）与恩氟烷和异氟烷有相似的理化特性和麻醉效价强度。但该药性质不如前者稳定，在高温（超过48℃）下可被碱石灰分解成多种产物，后者可能对身体有一定危害。该药的优点为麻醉诱导期短，平稳，停药后患者苏醒快，对呼吸道无明显刺激，对心血管功能影响低于恩氟烷和异氟烷，致惊厥作用也小于恩氟烷。临床适合于小儿和门诊手术麻醉。

氧化亚氮（nitrous oxide）又名笑气，为无色、味甜、无刺激性的液态气体，性质稳定，不燃不爆。1798年报道该药的麻醉作用，1884年用于麻醉临床，是目前尚在使用的最老的气体麻醉药。该药无色、微甜、无刺激性、性质稳定，不易燃易爆、不在体内代谢。其麻醉效价强度低，但镇痛作用较好。含本品20%的吸入气可产生显著的镇痛作用，但80%的最大允许使用浓度也仅产生镇静作用。氧化亚氮主要作为复合麻醉药，与其他吸入麻醉药、静脉麻醉药或神经安定镇痛药合用，能缩短麻醉诱导期，降低全身麻醉药的MAC，减少用药量，减轻全身麻醉药对呼吸道的刺激作用和心脏的抑制作用。用于麻醉时，患者感觉舒适愉快，镇痛作用强，停药后苏醒较快，对呼吸和肝、肾功能无不良影响。但对心肌略有抑制作用。

第二节 静脉麻醉药

本类药物通过缓慢静脉注射或静脉滴注而产生全身麻醉作用。与吸入性麻醉药相比，其优点是无诱导期的各种不适，患者迅速进入麻醉状态，对呼吸道无刺激性，方法简便易行。主要缺点是不如吸入性麻醉药易于掌握麻醉深度。常用的静脉麻醉药有硫喷妥钠（thiopental sodium）、氯胺酮（ketamine）、丙泊酚（propofol）及依托咪酯（etomidate）等。

硫喷妥钠

硫喷妥钠（thiopental sodium）为超短效巴比妥类药物。脂溶性高，静脉注射后几秒钟即可进入脑组织，麻醉作用迅速，无兴奋期。由于本药在体内迅速重新分布，从脑组织转运到肌肉和脂肪等组织，使脑内浓度迅速下降，作用短暂，一次注射仅维持数分钟。本品镇痛效果差，肌肉松弛不完全，临床主要用于诱导麻醉、基础麻醉及脓肿的切开引流、骨折、脱臼的闭合复位等短时手术。硫喷妥钠对呼吸中枢有明显抑制作用，新生儿、婴幼儿禁用。可诱发喉头和支气管痉挛，可用阿托品预防，支气管哮喘者禁用。

氯胺酮

氯胺酮（ketamine）与其他全麻药有很大区别，对中枢神经系统既有抑制作用又有兴奋作用。能选择性阻断痛觉冲动向丘脑和大脑皮质的传导，同时又能兴奋脑干及边缘系统。患者痛觉消失，而意识可能部分存在，常有睁眼凝视呈木僵状、梦幻、肌张力增加、肢体无目的活动、眼球震颤等，此状态又称分离麻醉（dissociative anesthesia）。

氯胺酮起效快、镇痛力强、维持时间短，苏醒期较长，需2~3h。麻醉时对体表镇痛作用强于内脏。对呼吸影响轻微，对心血管具有明显兴奋作用，心率加快，血压升高，可能与兴奋交感神经中枢有关。适合于小手术或低血压患者的诱导麻醉。近年来，国内已广泛用氯胺酮、地西泮（diazepam）、普鲁卡因、肌松药进行复合麻醉，扩大了手术应用范围。禁用于高血压、颅内压升高及精神病患者。

丙泊酚

丙泊酚（propofol，异丙酚）起效、苏醒迅速，作用时间短，无蓄积作用。能抑制咽喉反射，有利于气管插管，能降低颅内压和眼压，减少脑耗氧量及脑血流量。镇痛作用微弱，对循环系统有抑制作用。可用于门诊短小手术的辅助用药，也可作为全身麻醉诱导、维持及镇静催眠辅助用药。

依托咪酯

依托咪酯（etomidate，乙苄咪唑）为一快速催眠性全身麻醉药，无镇痛作用，其催眠效应是硫喷妥钠的12倍。可用于全麻诱导，特点是起效快，维持时间短，苏醒迅速。主要缺点是恢复期恶心、呕吐发生率高达50%，并可抑制肾上腺皮质激素合成。可引起肌震颤，较大剂量引起呼吸抑制。

第三节 复合麻醉

复合麻醉是指同时或先后应用两种以上麻醉药物或其他辅助药物，以达到外科手术术中和术后镇痛的目的。常用方式有以下几种。

1. 麻醉前给药（premedication） 麻醉前应用其他药物以弥补全麻药的缺点。如手术前常用苯巴比妥（phenobarbital）或地西泮（diazepam）使患者消除紧张情绪。注射阿片类镇痛药，以增强麻醉效果。注射阿托品以防止唾液及支气管分泌所致的吸入性肺炎，也可对抗氟烷麻醉引起的心率减慢。

2. 基础麻醉（basal anesthesia） 手术前给予大剂量催眠药，如硫喷妥钠等，使患者进入浅麻状态，在此基础上进行麻醉，可使药量减少，麻醉平稳。常用于小儿。

3. 诱导麻醉（induction of anesthesia） 为了缩短全麻药诱导期，应用作用迅速的硫喷妥钠或氧化亚氮等，使患者迅速进入外科麻醉期后改用他药维持麻醉。

4. 合用肌松药 根据手术对肌肉松弛的要求，在麻醉同时注射琥珀胆碱或筒箭毒碱等骨骼肌松弛药。

5. 低温麻醉（hypothermal anesthesia） 合用氯丙嗪（chlorpromazine）使体温在物理降温配合下降至较低水平（28~30℃），机体基础代谢降低，重要器官的耗氧量降低，以便于阻断血流，进行心脏直视手术。

6. 控制性降压（controlled hypertension） 加用短时作用的血管扩张药硝普钠或钙拮抗药使血压适度适时下降，并抬高手术部位，以减少出血。常用于止血比较困难的颅脑手术。

7. 神经安定镇痛术（neuroleptanalgesia，NLA）是一种复合镇痛方法，常用氟哌利多（droperidol）及芬太尼（fentanyl）按50:1制成的合剂作静脉注射，使患者达到意识朦胧，自主动作停止，痛觉消失。在NLA的基础上配合全身麻醉药（如氧化亚氮）和肌松药（如琥珀胆碱）可达到满意的外科麻醉，称为神经安定麻醉（neuroleptanaesthesia）。

【案例及思考题】 患者，女，43岁，行"局麻下行乳房良性肿瘤切除术"。局麻药局部浸润麻醉后5min，患者突然烦躁不安、寒战、呼吸急促、胸闷，继之四肢抽搐、惊厥。

问题：
1. 为什么会出现上述症状？
2. 如何预防？

（耿 仙）

第十三章 镇静催眠药

镇静催眠药（sedative-hypnotic drugs）是一类抑制中枢神经系统系统功能、起镇静催眠作用的药物，其特点是对中枢神经系统的抑制作用有明显的剂量依赖关系。小剂量使用可轻度抑制中枢神经系统，缓解烦躁不安，恢复安定情绪，称镇静药（sedatives）；较大剂量使用可较深抑制中枢神经系统，促进和维持近似生理睡眠，称催眠药（hypnotics）；故统称为镇静催眠药。常用药物包括苯二氮䓬类、巴比妥类及其他类镇静催眠药。

传统的镇静催眠药如巴比妥类等，对中枢神经系统的抑制作用随剂量逐渐增加而产生镇静、催眠、嗜睡、麻醉和昏迷，最终可导致中枢性呼吸循环衰竭而死亡。曾认为这是镇静催眠药的一般作用规律，但是，20世纪60年代开始应用的苯二氮䓬类并不符合上述规律，单用即使很大剂量也不引起麻醉，且不易引起死亡。由于苯二氮䓬类有较好的选择性抗焦虑和镇静催眠作用，安全范围大，目前几乎完全取代了巴比妥类等镇静催眠药。

第一节 苯二氮䓬类

【构效关系】 苯二氮䓬类化学结构相似，多为1,4-苯并二氮䓬的衍生物。目前在临床应用的有20多种同类化学结构的药物，但不同药物之间的抗焦虑、镇静催眠、抗惊厥、中枢性肌肉松弛作用各有侧重。几乎所有重要的苯二氮䓬受体激动药（agonists）在5位由苯环、7位由—Cl或—NO₂等所取代，如地西泮（diazepam，安定）、氟西泮（flurazepam，氟安定）、氯氮䓬（chlordiazepoxide，利眠宁）、奥沙西泮（oxazepam，舒宁）和三唑仑（triazolam）等。但是如5位由＝O及4位由—CH₃取代，则具有苯二氮䓬受体拮抗药（antagonists）的特征，如氟马西尼（flumazenil）。除各种苯二氮䓬衍生物外，还有许多非苯二氮䓬类镇静催眠药，虽无苯二氮䓬环的基本结构，亦能结合于苯二氮䓬受体，如唑吡坦（zolpidem）、佐匹克隆（zopiclone）、扎来普隆（zaleplon）等，作用与苯二氮䓬类相似。

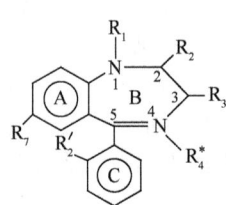

各种作用于苯二氮䓬受体结合位点的药物，可分为：①激动药（agonists）：与受体结合后可产生类似GABA的作用。根据各个药物（及其活性代谢物）的$t_{1/2}$的长短，可分为三类（表13-1）：长效类，$t_{1/2}>20h$，如地西泮（diazepam）和氟西泮（flurazepam）等；中效类，$t_{1/2}$为10～20h，包括艾司唑仑（estazolam）、劳拉西泮（lorazepam）等；短效类，$t_{1/2}<10h$ 如三唑仑（triazolam）、咪达唑仑（midazolam）和非苯二氮䓬类的唑吡坦（$t_{1/2}$约为2h）等。②反向激动药（inverse agonists）：在没有拮抗药存在的条件下，能产生与地西泮等激动药相反的生物学作用，如β-咔啉波（β-carbolines）等。目前尚未作药用，只作工具药使用。③拮抗药（antagonists）：不仅对激动药，也对反向激动药的大多数作用具有翻转和阻断作用，如氟马西尼（flumazenil）。

表13-1 苯二氮䓬类药物作用时间及分类

作用时间	药物	达峰浓度时间（h）	$t_{1/2}$（h）	代谢物 $t_{1/2}$（h）
短效类	三唑仑（triazolam）	1	2～3	有活性（7）
	奥沙西泮（oxazepam）	2～4	10～20	无活性
中效类	阿普唑仑（alprazolam）	1～2	12～15	无活性
	艾司唑仑（estazolam）	2	10～24	无活性
	劳拉西泮（lorazepam）	2	10～20	无活性
	替马西泮（temazepam）	2～3	10～40	无活性
	氯硝西泮（clonazepam）	1	24～48	弱活性
长效类	地西泮（diazepam）	1～2	20～80	有活性（80）
	氟西泮（flurazepam）	1～2	40～100	有活性（80）
	氯氮䓬（chlordiazepoxide）	2～4	15～40	有活性（80）
	夸西泮（quazepam）	2	30～100	有活性（73）

【体内过程】 苯二氮䓬类属弱碱性化合物，在肠道 pH 较高的环境更易吸收。地西泮口服吸收良好，约 1h 达 C_{max}，奥沙西泮和氯氮䓬口服吸收较慢，三唑仑吸收最快。苯二氮䓬类肌内注射给药吸收慢而不规则，欲快速显效时，应静脉注射。

苯二氮䓬类的血浆蛋白结合率较高，其中地西泮的血浆蛋白结合率高达 99%。苯二氮䓬类脂溶性高，静脉注射后能迅速向脑和其他血流丰富的组织和器官分布，脑脊液中浓度约与血清游离药物浓度相等，随后进行再分布而蓄积于脂肪和肌肉组织中。

本类药物在肝药酶作用下进行生物转化。多数药物的代谢产物仍具有与母体药物相似的作用，如地西泮可转变为去甲地西泮（nordiazepam）及奥沙西泮，其 $t_{1/2}$ 比母体药物更长。氯氮䓬可转变为地莫西泮（demoxepam），为活性长效代谢产物。氟西泮的 $t_{1/2}$ 仅 2~3h，而其主要活性代谢产物 N-去烷基氟西泮（N-desalkylflurazepam）的 $t_{1/2}$ 却在 50h 以上。因此，连续应用长效类药物时，应注意药物及其活性代谢物在体内蓄积。苯二氮䓬类及其代谢物最终均与葡糖醛酸结合而失活，经肾排出。本类药物在体内的氧化代谢过程可因肝功能障碍或同时饮酒而受到抑制，使其 $t_{1/2}$ 延长。

【药理作用与临床应用】

1. 抗焦虑作用 焦虑是多种精神失常的常见症状，患者多有恐惧、紧张、忧虑、失眠并伴有心悸、出汗、震颤等症状。苯二氮䓬类在小于镇静剂量时有良好的抗焦虑作用，显著改善紧张、焦虑、激动不安、恐惧以及因焦虑而引起的胃肠功能紊乱或失眠等症状。动物焦虑模型实验证明，苯二氮䓬类在很低剂量时即能增强动物被周期性电击足部惩罚后所抑制的摄食饮水行为，而巴比妥类则需要达到减少自发活动或产生共济失调的剂量时才出现此作用。苯二氮䓬类可使与情绪有关的边缘系统、海马和杏仁核的放电活动明显减弱，与其抗焦虑作用的机理有关。苯二氮䓬类用于焦虑症，对持续性焦虑状态宜选用长效类药物。对间断性焦虑患者宜选用中、短效类药物。临床常用地西泮和氯氮䓬。

2. 镇静催眠作用 理想的催眠药应能依需要纠正各种类型的失眠（难入睡、易醒、早醒等），引起完全类似于生理性的睡眠。生理性睡眠包含快动眼睡眠（rapid eye movement sleep，REM）和非快动眼睡眠（non-rapid eye movement sleep，NREM）。整个睡眠过程两者交替出现 4~5 次。NREM 包括入睡期、浅睡期、中睡期和深睡期 4 个期，其中 3 期和 4 期脑电图呈同步化慢波，无眼球运动，又称慢波睡眠（SWS），占整个睡眠时间的 70%~75%。REM 脑电图呈去同步化低幅快波，眼球快速运动，骨骼肌松弛等，也称快波睡眠（FWS）。梦境多发生在 REM。现有镇静催眠药物或多或少缩短 REM，主要延长 NREM，停药后，由于 REM 相对延长，会不同程度地产生多梦、噩梦等"反跳"现象。

苯二氮䓬类能缩短入睡诱导时间，延长睡眠持续时间。主要延长 NREM 时间，而 REM 时间相对被缩短，可减少梦惊及觉醒次数。非苯二氮䓬类药物唑吡坦对 REM 睡眠的抑制较苯二氮䓬类弱，"反跳"现象轻，这可能是它优于苯二氮䓬类之处。

苯二氮䓬类几乎完全取代了巴比妥类用于镇静催眠，其优点在于：①安全范围大，即使过量也不会引起麻醉和中枢麻痹；②无肝药酶诱导作用，耐受性轻；③对 REM 影响较小，停药后"反跳"现象轻；④嗜睡和运动失调等不良反应轻。

苯二氮䓬类常用于各种情绪紧张引起的失眠，但对躯体病理刺激引起失眠的作用较差。可引起暂时性记忆缺失，缓解患者对手术的恐惧情绪，用于麻醉前给药，减少麻醉药用量而增加其安全性。地西泮静脉注射也常用于心脏电击复律或内镜检查前给药。

3. 抗惊厥、抗癫痫作用 所有苯二氮䓬类药物都有抗惊厥作用，其中地西泮和三唑仑的作用尤为明显。临床用于辅助治疗破伤风、子痫、小儿高热惊厥和药物中毒性惊厥。静脉注射地西泮首选用于癫痫持续状态。对于其他类型的癫痫发作则以硝西泮（nitrazepam）和氯硝西泮（clonazepam）的疗效较好。

4. 中枢性肌肉松弛作用 地西泮在不影响其他行为的小剂量即可缓解猫去大脑僵直及人脑损伤所致的肌肉僵直，这可能是抑制中枢多突触反射和神经元间冲动传递的结果。这种肌肉松弛作用有助于加强全麻药的效果，但单用本类药物达不到外科手术要求的肌肉松弛状态。

5. 其他 较大剂量可致暂时性记忆缺失。一般剂量对正常人呼吸功能无影响，较大剂量可轻度抑制肺泡换气功能，有时可致呼吸性酸中毒，对慢性阻塞性肺疾病患者，上述作用可加剧。对心血管系统，小剂量作用轻微，较大剂量可降低血压、减慢心率。常用作心脏电击复律及各种内镜检查前用药。

【作用机理】 电生理研究表明，苯二氮䓬类在大脑皮质、大脑边缘系统、中脑及脑干和脊髓都能够加强 GABA 的作用。GABA 受体可以分为 $GABA_A$、$GABA_B$ 和 $GABA_C$ 三个亚型。$GABA_A$ 受体由多个多肽链亚单位（α、β、γ、δ、ρ 等）组成，它们相互组装成为完整的配体门控性 Cl⁻ 通道。在 Cl⁻ 通道周围形成 5 个特异结合位点（GABA、苯二氮䓬类、巴比妥类、印防己毒素和神经甾体化合物），可与相应的递质或药物结合。抑制性神经递质 GABA 与 $GABA_A$ 受体结合，使 Cl⁻ 通道开放，Cl⁻ 大量进入细胞膜内引起膜超极化，产生突触后抑制，使神经细胞兴奋性降低。苯二氮䓬类作用于其特异性结合位点，促进 GABA 与 $GABA_A$ 受体的结合，使 Cl⁻ 通道开放的频率增加，增强 GABA 功能而发挥其镇静、催眠、抗惊厥、中枢肌松作用。实验证明，苯二氮䓬类不能代替 GABA 的作用，在无 GABA 存在时，即使与苯二氮䓬结合位点结合也不能打开 Cl^- 通道。

苯二氮䓬类显著的安全性很可能是由于苯二氮䓬类只具有促进 GABA 与 $GABA_A$ 受体结合的作用，不像巴比妥类那样直接激动 $GABA_A$ 受体，从而不会导致深度的中枢神经系统抑制。巴比妥类虽然也能促进 Cl^- 内流，但它是以延长 Cl^- 通道开放时间而实现的。

【不良反应及注意事项】 最常见的不良反应是头昏、嗜睡、乏力等，长效苯二氮䓬类尤易发生。大剂量偶致共济失调。静脉注射速度过快可引起呼吸和循环功能抑制，严重者可致呼吸及心搏停止。本类药物有肝药酶诱导作用，长期用药可产生耐药性，需增加剂量。久用可发生依赖性和成瘾性。长期大剂量应用停药时可出现反跳和戒断症状（失眠、焦虑、激动、抑郁、躁狂、肌痛、震颤甚至惊厥等），因而停药时要逐渐减少药量。因可透过胎盘屏障和随乳汁分泌，孕妇和哺乳妇女忌用。

苯二氮䓬类单用很少产生严重后果，但与其他中枢神经系统抑制药如吗啡（吗啡）和乙醇（alcohol）等合用毒性显著增强，易引起急性中毒导致昏迷和呼吸抑制。中枢神经系统毒性常随年龄增长而增加。发生急性中毒时可采用苯二氮䓬受体拮抗药氟马西尼解救：初次静脉注射 0.3mg，如在 60s 内未达到要求的清醒程度，可重复注射，直至患者清醒或总量已达 2mg，然后可静脉滴注 0.1～0.4mg/h 维持。氟马西尼亦可用于逆转苯二氮䓬类的中枢镇静作用。

第二节 巴比妥类

巴比妥类为巴比妥酸的衍生物，巴比妥酸本身无中枢作用，在 C_5 位上两个 H 被不同基团取代才具有中枢神经系统抑制作用。取代基越长且有分支[如异戊巴比妥（amobarbital）]或双键[如司可巴比妥（secobarbital）]则脂溶性越高，作用快、强而短。C_5 以苯环取代[如苯巴比妥（phenobarbital）]则有较强的抗惊厥作用。C_2 位的 O 被 S 取代[如硫喷妥（thiophental）]时，脂溶性更高，作用更快、更短、更强，但维持时间缩短。

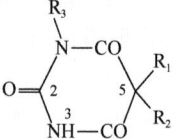

【体内过程】 巴比妥类口服或注射给药吸收快而完全，分布广泛。脂溶性高的药如硫喷妥易于透过血-脑屏障而进入脑组织，发生作用快，因其迅速再分布到肌肉和脂肪组织中储存，作用维持时间短。该类药物主要在肝脏代谢，苯巴比妥大部分以原形经肾排出。尿液的 pH 对巴比妥类的排泄影响较大，碱化尿液可大大地促进巴比妥类排泄。根据作用时间，可将本类药物分为长效、中效、短效、超短效四类（表 13-2）。

表 13-2 巴比妥类作用与用途比较表

药物分类	药物	$t_{1/2}$（h）	显效时间（h）	作用维持时间（h）	主要用途
长效	苯巴比妥	8～120	0.5～1	6～8	抗惊厥
中效	异戊巴比妥	10～40	0.25～0.5	3～6	抗惊厥、镇静催眠
短效	司可巴比妥	15～40	0.25	2～3	抗惊厥、镇静催眠
超短效	硫喷妥	8～10	iv 立即	0.25	静脉麻醉

【药理作用与作用机理】 巴比妥类是普遍性中枢神经系统抑制药，随剂量由小到大，中枢抑制作用由弱变强，相应表现为镇静、催眠、抗惊厥及抗癫痫、麻醉作用。大剂量对心血管系统也有抑制作用。10 倍催眠量时则可抑制呼吸，甚至致死。

巴比妥类与 $GABA_A$ 受体上的特异位点结合，促进 GABA 与 $GABA_A$ 受体结合，通过延长 Cl^- 通道开放时间来增加 Cl^- 内流，使细胞膜超极化。较高浓度时，则抑制 Ca^{2+} 依赖性动作电位。并且，在无 GABA 时也能直接增加 Cl^- 内流，呈现拟 GABA 的作用。

【临床应用】 巴比妥类的抗焦虑作用需要达到镇静剂量时才显效。由于本类药物的选择性低，TI 小，且较易发生依赖，因此，目前已很少用于镇静和催眠。利用其中枢神经系统抑制作用可用于麻醉前给药。苯巴比妥和异戊巴比妥静脉注射用于控制癫痫持续状态。苯巴比妥注射给药可用于惊厥的应急处理。硫喷妥钠用于小手术或内镜检查时静脉麻醉。

【不良反应】 巴比妥类，特别是长效类，后遗效应较苯二氮䓬类明显。催眠剂量即可引起眩晕、困倦、精细运动不协调等"宿醉"现象，偶可致剥脱性皮炎等严重过敏反应；中等量即可轻度抑制呼吸中枢，严重肺功能不全和颅脑损伤致呼吸抑制者禁用。其肝药酶诱导作用可加速其他药物的代谢，影响药效。长期连续服用巴比妥类药物可使患者产生对该药的精神依赖性和躯体依赖性，迫使患者继续服用药物，终至成瘾。成瘾后停药，戒断症状明显，表现为激动、失眠、焦虑，甚至惊厥等。

巴比妥类急性中毒主要表现为深度昏迷、呼吸抑制、反射减弱或消失、血压降低甚至休克。抢救时应立即采取对症治疗，维持呼吸、循环功能。若口服中毒在24h以内，应洗胃和导泻，并采取强迫利尿和碱化尿液等措施加速药物排泄。

第三节　其他镇静催眠药

氯美扎酮

氯美扎酮（chlormezanone，芬那露）具有抗焦虑、镇静、催眠、骨骼肌松弛及镇痛作用。与阿司匹林（aspirin）等解热镇痛药合用，其肌肉松弛作用增强。服药后15~20min可显著缓解症状，持续6h以上。不良反应有可逆性药疹、眩晕、水肿、排尿困难等，偶见黄疸。妊娠、哺乳期妇女慎用。连续服药时间不应超过1周。

乙氯维诺

乙氯维诺（ethchlorvynol）的$t_{1/2}$为1~3h，约90%在肝内被破坏。作用与巴比妥类相似，具有镇静催眠、抗惊厥和肌松作用。不良反应有眩晕、口中有薄荷样的回味、恶心、呕吐、低血压和面部麻木，轻度"宿醉"等。

丁螺环酮

丁螺环酮（buspirone，布斯哌隆）是一种新的非苯二氮䓬类，抗焦虑作用与地西泮相似，但无镇静、肌肉松弛和抗惊厥作用。布斯哌隆口服后快速吸收，有明显首过效应，$t_{1/2}$为2~4h。在未达到镇静作用的剂量就能明显缓解焦虑。与苯二氮䓬类不同之处在于此药没有抗惊厥、催眠和中枢性肌松作用。作用机理也与GABA系统无直接关系，它是$5-HT_{1A}$受体的部分激动药。本品服用1周后才能发挥稳定的抗焦虑作用。临床上主要用于治疗焦虑状态。不良反应较苯二氮䓬类轻，有头晕、头痛、恶心、呕吐及胃肠功能紊乱等，无明显的生理依赖性和成瘾性。

水合氯醛

水合氯醛（chloral hydrate）是三氯乙醛的水合物。口服吸收快，在肝中代谢为作用更强的三氯乙醇。口服15min起效，维持6~8h，作用温和，用于顽固性失眠患者。不缩短REMS睡眠，无宿醉后遗效应。可用于顽固性失眠或对其他催眠效果不佳的患者。大剂量可抗惊厥，可用于小儿高热、子痫及破伤风等惊厥。安全范围比巴比妥类小，使用时应注意。本品刺激性大，气味难闻，易引起恶心、呕吐，加重胃炎和胃溃疡症状。大剂量能抑制心肌收缩，缩短心肌不应期，过量对肝、肾、心肌有损害，故对严重心、肝、肾疾病患者禁用。一般以10%溶液口服。直肠给药，以减少刺激性。久用可产生耐受性和成瘾性，应防止滥用。

甲丙氨酯

甲丙氨酯（meprobamate，眠尔通）又称格鲁米特（glutethimide）和甲喹酮（methaqualone），口服给药吸收良好，1~3h血药浓度达高峰，大部分在肝脏代谢，10%以原形从尿中排出，血浆$t_{1/2}$为6~16h。本品有镇静、催眠、抗焦虑作用和较弱的肌松作用。临床上短期用于治疗焦虑和失眠，与镇痛药合用治疗肌痉挛。对癫痫小发作有一定疗效，但对大发作无效甚至加重。常见不良反应为嗜睡、运动失调，偶见皮肤过敏反应。久用产生耐受性和成瘾性，但较巴比妥类轻，妊娠早期用药有致畸作用。

唑吡坦

唑吡坦（zolpidem）又名思诺思（stilnox），为新型非苯二氮䓬类镇静催眠药。能选择性激动$GABA_A$受体上的BZ_1受点调节Cl^-通道，药理作用类似苯二氮䓬类，但抗焦虑、中枢性骨骼肌松弛和抗惊厥作用很弱，仅用于镇静和催眠。唑吡坦对正常睡眠时相干扰少，可缩短睡眠潜伏期，减少觉醒次数和延长总睡眠时间。后遗效应、耐受性、药物依赖性和停药戒断症状轻微。安全范围大，但与其他中枢抑制药（如乙醇）合用可引起严重的呼吸抑制。唑吡坦中毒时可用氟马西尼解救。15岁以下的儿童、孕妇和哺乳期妇女禁用。老年人应从常用量的半量开始服用。

佐匹克隆

佐匹克隆（zopiclone）又称唑比酮，是第三代镇静催眠药物的代表，具有镇静、抗焦虑、抗惊厥和肌肉松弛作用。临床试验及临床应用表明该药疗效确切，不良反应较少。佐匹克隆与其他镇静催眠药相比较，具有以下优点：作用迅速并能有效达6h，使患者入睡快且能保持充足的睡眠深度，比苯二氮䓬类药物更轻的后遗效应和宿醉现象。长期使用无明显的耐药和停药反跳现象。最新药物右旋佐匹克隆为佐匹克隆的右旋异构体，药效是母体的两倍，但毒性小于母体的一半。

【案例及思考题】

案例13-1　患者，男，17岁。一直体健。酷爱网游，暑假期间当了一个多月的游戏代练，天天凌晨3:00~4:00才睡。开学后辞去代练，但是，晚上11:00上床后依然凌晨3:00~4:00才能睡着，早上6:00~7:00就醒，且多梦、易醒、醒后无法入睡。

问题：
1. 你考虑他是什么问题？
2. 请给予建议。

案例13-2　患者，男，2岁，一日前因发热头痛就诊于附近诊所，乡村医生曾给予"头孢噻肟"

肌内注射。2h前，该患儿突发抽搐两次，但间歇期间神志清楚。半小时前，患儿哭闹，头向后仰翘，呈典型的角弓反张状。初诊为细菌感染性发热、高热惊厥，立即给予地西泮静脉注射，惊厥症状即停，但患者出现呼吸浅慢、脉细速、心率减慢等。

问题：
1. 患者可能出现了什么情况？
2. 此时护士应如何处理？
3. 应用地西泮时应如何进行用药护理？

（耿 仙）

第十四章 抗癫痫药及抗惊厥药

第一节 抗癫痫药

一、癫痫及其临床分型

癫痫（epilepsy）是一种反复发作的神经系统疾病，发作时多伴有脑局部病灶的神经元兴奋性过高而产生阵发性的异常高频放电，并向周围扩散而出现大脑功能短暂失调的综合征。主要临床表现为突然发作，短暂运动、感觉、意识、精神异常，反复发作，发作时伴有异常脑电图。癫痫的发病率很高，患者不仅身心受到伤害，而且严重影响学习、工作甚至日常生活。根据癫痫发作时的临床症状主要分型如表14-1。

表14-1 癫痫发作的临床分类及其治疗药物

发作类型	临床特征	有效药物
部分性发作		
1. 单纯部分性发作	多种临床表现，与发作时被激活的皮质部位有关。主要特征是不影响意识，每次发作持续20～60s	卡马西平、苯妥英钠、苯巴比妥、扑米酮、丙戊酸、抗痫灵
2. 复合性部分性发作（颞叶性、精神运动性发作）	发作时影响意识，常伴有无意识的活动，如唇抽动，摇头等。每次发作持续30s～2min	卡马西平、苯妥英钠、苯巴比妥、扑米酮、丙戊酸
3. 部分性发作、继发全身强直-阵挛性发作	上述两种局限性发作可发展为伴有意识丧失的强直-阵挛性发作和全身肌肉处于强直性收缩状态，而后进入收缩-松弛（阵挛性）状态，可持续1～2min	同上
全面性发作（惊厥或无惊厥）		
1. 失神性发作（小发作）	短暂的意识突然丧失。常伴有对称的阵挛性活动。脑电图（EEG）呈3Hz/s高幅左右对称的同步化棘波，每次发作约持续30s	乙琥胺、氯硝西泮、丙戊酸、三甲双酮
2. 肌阵挛性发作	一部分肌群或全身部分肌群发生短暂的（约1s）休克样抽动。EEG伴有短暂暴发的多棘波	丙戊酸、氯硝西泮
3. 婴儿痉挛肌阵挛性发作	发生于幼儿。全身肌肉节律性阵挛性收缩，意识丧失和明显的自主神经症状	糖皮质激素、丙戊酸、氯硝西泮
4. 强直-阵挛性发作（大发作）	突然意识丧失伴强烈的强直性痉挛后匀称的阵挛性抽搐，继之较长时间的中枢抑制	卡马西平、苯巴比妥、丙戊酸、苯妥英钠、扑米酮
5. 癫痫持续状态	指大发作持续状态，反复发作，发作间歇意识不恢复	地西泮、苯巴比妥、苯妥英钠等iv给药

药物治疗是目前控制发作的主要手段，目的在于减少或防止发作，但不能有效的预防和根治，因此，对癫痫的治疗是长期的甚至是终生的。根据作用机理，抗癫痫药被分为三大类：一类是限制通过激动电压依赖性的Na^+通道而产生的持久反复的神经元的兴奋；另一类是增强GABA介导的抑制性突触传递的功能；第三类抑制一种特别的电压依赖性的T型Ca^{2+}通道。抗癫痫药物通过三种方式抑制神经元放电或其传导：改变细胞膜对各种离子的通透性，如Na^+、Ca^{2+}；增强抑制性神经递质的活动，如GABA等；抑制兴奋性神经递质，如谷氨酸和天冬氨酸等。

抗癫痫药（antiepileptic drugs）发展较慢，溴化物（1857年）是第一个被发现对癫痫症有效的药物，现已被淘汰。1912年开始使用苯巴比妥治疗癫痫，它能有效控制对溴化物耐受的患者的症状。直到1938年才发现了苯妥英，其结构与巴比妥类有共同之处。这两个传统药物一直应用至今。1964年又发现了丙戊酸。近20余年来，又合成了不少疗效好、不良反应小、抗癫痫谱广的药物。常用的抗癫痫药的化学结构不同，临床应用也不同。虽然已有多种治疗癫痫的药物，但人们还在寻求疗效更好、副作用更少的治疗药物或方法，这些努力的成功与否依赖于进一步阐明癫痫发生、发展的细胞和分子机理，为新的治疗方法和研制理想治疗药物提供有益的靶标。

二、常用抗癫痫药

苯妥英钠

苯妥英钠（phenytoin sodium）又名大仑丁（dialantin），属乙内酰脲类，是1938年开始使用的非镇静催眠性抗癫痫药。

【体内过程】 苯妥英钠为一种弱酸，pK_a为8.3，难溶于水，其钠盐制品呈强碱性（pH为10.4），刺激性大，不宜作肌内注射。口服吸收不规则，连续服药须经6~10日才达到有效血浆浓度（10~20μg/ml），血浆蛋白结合率85%~90%，全身分布，V_d值为0.6L/kg。主要由肝药酶代谢为羟基苯妥英，再和葡糖醛酸结合经肾排出。消除速度与血药浓度有关，血药浓度低于10μg/ml时，消除方式属一级动力学，$t_{1/2}$约20h，血药浓度增高时，则按零级动力学方式消除，$t_{1/2}$亦随之延长。本药血浆浓度的个体差异较大，故临床应注意剂量个体化，这与治疗效果密切相关，苯妥英钠血药浓度为10μg/ml可控制癫痫发作，20μg/ml则出现轻度毒性反应。

【药理作用与作用机理】 苯妥英钠治疗量对中枢神经系统无镇静催眠作用，能对抗实验动物的电休克惊厥，但不能对抗戊四氮所引起的阵发性惊厥。苯妥英钠作用机理较为复杂，研究证明它不能抑制癫痫病灶异常放电，但可阻止病灶部位的异常放电向病灶周围的正常脑组织扩散。这可能与其抑制突触传递的强直后增强（post tetanic potentiation，PTP）的形成有关。PTP是指反复高频电刺激（强直刺激）突触前神经纤维，引起突触传递的易化，再以单个刺激作用于突触前神经元，使突触后纤维反应较未经强直刺激前为强。PTP在癫痫病灶异常放电的扩散过程中也起易化作用。

苯妥英钠的药理作用基础是其对细胞膜有稳定作用，降低细胞膜对Na^+和Ca^{2+}的通透性，抑制Na^+和Ca^{2+}的内流，从而降低了细胞膜的兴奋性，使动作电位不易产生。这种作用除与其抗癫痫作用有关外，也是其治疗三叉神经痛等多种疼痛和抗心律失常的药理作用基础。

【临床应用】
1. **抗癫痫** 是治疗癫痫大发作和局限性发作的一线药，但对小发作（失神发作）无效，甚至会使病情恶化。由于起效慢，故常先用苯巴比妥等作用较快的药物控制发作，在改用本药前，应逐步撤除先用的药物，不宜长期合用。
2. **治疗外周神经痛** 如三叉神经、舌咽神经和坐骨神经等疼痛。这种作用可能与其稳定神经细胞膜有关。
3. **抗心律失常**（见抗心律失常药）。

【不良反应及注意事项】
1. **局部刺激** 苯妥英钠碱性较强，对胃肠道有刺激性，口服易引起食欲减退、恶心、呕吐、腹痛等症状，宜饭后服用。静脉注射可发生静脉炎。长期应用还能使齿龈增生，多见于儿童及青少年，发生率约20%，这与部分药物从唾液排出刺激胶原组织增生有关。轻者不影响继续用药，注意口腔卫生，防止齿龈炎，经常按摩齿龈可以减轻增生。一般停药3~6个月以上可自行消退。
2. **神经系统反应** 药量过大引起急性中毒，导致小脑-前庭系统功能失调，导致眼球震颤、复视、眩晕、共济失调等。严重者可出现语言障碍、精神错乱，甚至昏睡、昏迷等。
3. **造血系统反应** 由于本品抑制叶酸（folinic acid）的吸收并加速其代谢，以及抑制二氢叶酸还原酶活性，长期应用可导致叶酸缺乏，发生巨幼红细胞性贫血，宜用甲酰四氢叶酸治疗防治。
4. **变态反应** 少数患者发生皮疹、粒细胞缺乏、血小板减少、再生障碍性贫血和肝坏死。长期用药者应定期检查血常规和肝功能，如有异常应及早停药。
5. **骨骼系统** 通过诱导肝药酶而加速维生素D的代谢，长期应用可致低血钙症，儿童患者可发生佝偻病样改变。少数成年患者可出现骨软化症。必要时应用维生素D预防。
6. **其他反应** 偶见男性乳房增大、女性多毛症、淋巴结肿大等。可偶致畸胎，故孕妇慎用。久服骤停可使癫痫发作加剧，甚至诱发癫痫持续状态。

【药物相互作用】 保泰松、磺胺类、水杨酸类、苯二氮䓬类和口服抗凝血药等可与苯妥英钠竞争血浆蛋白结合部位，使后者游离型血药浓度增加；异烟肼、氯霉素等通过抑制肝药酶可提高本品的血药浓度；而苯巴比妥和卡马西平等通过肝药酶诱导作用可加速本品的代谢，从而降低其血药浓度和药效。

苯 巴 比 妥

苯巴比妥（phenobarbital）又称鲁米那（luminal），是1921年用于抗癫痫的第一个有机化合物，至今仍以起效快、疗效好、毒性小和价格低而广泛用于临床。

【药理作用与应用】 苯巴比妥除镇静、催眠作用外，是巴比妥类中最有效的一种抗癫痫药物。电生理研究证明，苯巴比妥既能提高病灶周围正常组织的兴奋阈值、限制异常放电扩散，又能降低病灶内细胞的兴奋性，从而抑制病灶的异常放电。抗癫痫作用机理可能与其以下作用有关：①作用于突触后膜上的GABA受体，增加GABA介导的Cl^-电流，导致膜超极化，降低膜兴奋性；②作用于突触前膜，阻断突触前膜对Ca^{2+}的摄取，减少Ca^{2+}依赖性的神经递质（NA、ACh和谷氨酸等）的释放。此外，高浓度时巴比妥类也阻断电压依赖性Ca^{2+}通道。

苯巴比妥临床上主要用于治疗癫痫大发作及治疗癫痫持续状态。对单纯性局限发作及精神运动性发作亦有效，但对小发作、婴儿痉挛效果差。苯巴比妥作为镇静催眠药，大剂量对中枢抑制作用明显，均不作为首选药，在控制癫痫持续状态时，临床更倾向于用戊巴比妥钠静脉注射。

【不良反应】 苯巴比妥在较大剂量可出现嗜睡、精神萎靡、共济失调等副作用，用药初期较明显，长期使用则产生耐受性。偶可发生巨幼红细胞性贫血、白细胞减少和血小板减少。此外，本药为肝药酶诱导剂，与其他药物联合应用时应注意调整剂量。

扑 米 酮

扑米酮（primidone）又名去氧苯比妥或扑痫酮，化学结构类似苯巴比妥，在体内转化成苯巴比妥和苯乙基丙二酰胺。口服后吸收迅速而完全，3h 血浓度达高峰，血浆 $t_{1/2}$ 7～14h。对大发作及局限性发作疗效较好，可作为精神运动性发作的辅助药。与苯妥英钠和酰胺咪嗪合用有协同作用，与苯巴比妥合用无意义。扑米酮与苯巴比妥相比并无特殊优点，故只用于其他药物不能控制的患者。

扑米酮可引起镇静、嗜睡、眩晕、共济失调、复视、眼球震颤等，血液系统毒性反应有粒细胞减少、巨幼红细胞性贫血、血小板减少、贫血等，因此，用药期间应定期检查血常规。严重肝、肾功能不全者禁用。

美 芬 妥 英

美芬妥英（mephenytoin）口服易吸收，有效血药浓度 5～20μg/ml，大于此浓度可出现毒性反应。其 $t_{1/2}$ 约为 144h。在肝微粒体酶作用下，经过羟化和脱甲基化，形成两种代谢产物：（S）-美芬妥芙无药理活性，由尿排出；（R）-5-乙基-5-苯基乙内酰脲（nirvanol）具有抗惊厥活性，并在体内积蓄，有效血浓度为 25～40μg/ml，在肝内进一步羟化，一部分转化成无活性产物，由尿排出，另一部分转化成有药理活性的芳香族氧化中间产物，其毒性作用与此产物有关。

美芬妥英主要用于癫痫大发作，由于不良反应较严重，仅用于其他药物不能控制的患者。

长期应用美芬妥英约有 10%的患者出现多形性红斑。其次为高热、出血、黄疸、淋巴结肿大、中毒性肝炎和精神症状。也可引起再生障碍性贫血、粒细胞和血小板减少，但少见。用药期间应定期检查血常规和肝功能。

乙 琥 胺

乙琥胺（ethosuximide）属琥珀酰亚胺类。

【体内过程】 口服可完全被吸收，3h 后血中浓度可达高峰，有效血药浓度为 40～100μg/ml，较少与血浆蛋白结合，很快分布到各组织，表观分布容为 0.7L/kg，不在脂肪组织中蓄积。长期用药时脑脊液内的药物浓度与血浆浓度近似。儿童需 4～6 日血浆浓度才达稳态水平，成人需时更久。控制失神发作的有效血浆浓度为 40～100μg/ml。成人血浆 $t_{1/2}$ 为 40～50h，儿童约 30h。大约 25%以原形随尿排出，其余在肝脏代谢失活，其主要代谢产物是羟乙基衍生物，与葡糖醛酸结合后由尿排出。

【药理作用与应用】 乙琥胺可对抗戊四氮所致惊厥，有显著作用。临床是治疗小发作（失神性发作）的首选药，其疗效虽不及氯硝西泮，但副作用及耐受性的产生较后者少。对其他型癫痫无效。目前认为乙琥胺的作用机理与选择性抑制丘脑神经元 T 型 Ca^{2+} 通道有关。

【不良反应】 乙琥胺毒性低，常见副作用为胃肠道反应，如厌食、呃逆、恶心和呕吐等。其次为中枢神经系统反应，如头痛、头晕、困倦、嗜睡、欣快、呃逆等。有精神病史者慎用，可引起精神行为异常，表现为焦虑、抑郁、短暂的意识丧失、攻击行为、多动、精神不集中和幻听等。偶见嗜酸粒细胞增多症或粒细胞缺乏症，严重者发生再生障碍性贫血，故用药期间应勤查血常规。此外，乙琥胺本身也可加重癫痫发作，可使部分失神性发作患者转为大发作。由于失神发作常伴有大发作，此时应与抗癫痫大发作药物合用，可先服用苯巴比妥 2～3 周后，获得适宜剂量后再加用乙琥胺。

苯二氮䓬类药物

苯二氮䓬类药物（benzodiazepine，BZ）有抗惊厥及抗癫痫作用，可抑制病灶放电向周围扩散，但不能消除这种异常放电。临床常用于癫痫治疗的药物有地西泮、硝西泮和氯硝西泮。

1. 地西泮（diazepam，安定） 静脉注射地西泮是治疗癫痫持续状态的首选药，显效快，且较其他药物安全。

2. 氯硝西泮（clonazepam，氯硝安定） 是苯二氮䓬类中抗癫痫谱较广的抗癫痫药物。对癫痫小发作疗效比地西泮好，对肌阵挛性发作、婴儿痉挛也有效。缓慢静脉注射也可治疗癫痫持续状态，不可肌注，因为吸收很慢，会使峰值血浆浓度延迟至 2h 出现，这对控制紧急情况是无效的，而且会使其他的药物治疗复杂化。其抗癫痫作用机理可能与其增强脑内 GABA 神经元的抑制功能有关。此外，尚可提高 Ca^{2+} 依赖性 K^+ 电导，这也有助于减弱神经元的兴奋性。不良反应较轻，常见中枢神经系统反应和消化系统症状，停药后可恢复。

3. 硝西泮（nitrazepam，硝基安定） 主要用于癫痫小发作，对肌阵挛性发作及婴儿痉挛等也有效。

丙 戊 酸 钠

丙戊酸钠（sodium valproate）为一种新型广谱抗癫痫药，其化学名为二丙基醋酸钠。丙戊酸钠早在 1882 年即作为有机酶被合成，1963 年才偶尔发现它具有较强的抗惊厥作用，1964 年在法国首先用于治疗癫痫并获得成功。目前已在世界各国广泛应用，成为治疗癫痫的常用药物之一。

【体内过程】 丙戊酸钠口服吸收迅速而完全，生物利用度在 80%以上，1～4h 血药浓度达高峰，有效血药浓度为 30～100μg/ml，血浆蛋白结合率为 90%，$t_{1/2}$ 为 13h。在体内主要代谢为丙戊二酸与葡糖醛酸结合由肾排泄。丙戊酸钠能提高苯妥英钠、苯巴比妥、氯硝西泮和乙琥胺的血药总浓度和抗癫痫作用，而苯妥英钠、苯巴比妥、扑米酮和卡马西平则能降低丙戊酸钠的血药浓度和抗癫痫作用。

【药理作用与应用】 为广谱抗癫痫药，对大发作的疗效不及苯妥英钠、苯巴比妥。但当上述药无效时，用本药仍有效。对小发作疗效优于乙琥胺，但因其肝脏毒性，一般不作首选用药。对精神运动性发作疗效与卡马西平相似。

丙戊酸钠的抗癫痫作用与 GABA 有关，它是 GABA 氨基转移酶和琥珀酸半醛脱胺酶抑制剂，能减慢 GABA 的代谢；提高谷氨酸脱羧酶活性，使 GABA 形成增多，使脑内 GABA 含量增高，并能提高突触后膜对于 GABA 的反应性，从而增强 GABA 能神经突触后抑制。本品不抑制癫痫病灶放电，但能阻止病灶异常放电的扩散。此外丙戊酸钠也能抑制 Na^+ 通道和 T 型 Ca^{2+} 通道。

【不良反应】 不良反应较轻。常见有恶心、呕吐、食欲减退等消化系统症状，饭后服用或逐渐加量可以减轻以上反应。中枢神经系统方面的反应主要表现为嗜睡、平衡失调、乏力、精神不集中、不安和震颤等，但这些不良反应少见，减量可减轻。严重毒性反应为肝功能损害，约有 25% 的患者服药数日后出现肝功能异常，尤其是在用药开始后前几个月常见，故在用药期间应定期检查肝功能。孕妇慎用。

卡 马 西 平

卡马西平（carbamazepine）又名酰胺咪嗪，结构与丙咪嗪类似，最初用于治疗三叉神经痛，20 世纪 70 年代开始用于治疗癫痫。

【体内过程】 卡马西平口服吸收缓慢、不规则，2～6h 血浆浓度达到高峰，有效血药浓度为 4～10μg/ml，血浆蛋白结合率为 80%。在体内主要代谢为环氧化物，仍有抗癫痫作用。单次给药 $t_{1/2}$ 约 36h，因卡马西平能诱导肝药酶，加速自身代谢，故反复用药后 $t_{1/2}$ 可缩短。在治疗最初的几周内，由于对肝药酶的诱导作用，卡马西平的 $t_{1/2}$ 从 36h 减至 20h。西咪替丁和丙戊酸钠抑制它的代谢。卡马西平与其他抗癫痫药物会产生复杂的相互作用，这是该药应单独应用的主要原因。

【药理作用与应用】 卡马西平早在 40 年前已开始用于治疗三叉神经痛，30 年前在欧美开始用于治疗癫痫。卡马西平系广谱抗癫痫药，对于各类型癫痫均有不同程度的疗效，临床上现作为部分性发作（包括单纯部分性及复合部分性发作）及大发作的首选药，对小发作（失神性发作）也有对抗作用。对癫痫并发的精神症状亦有效果。卡马西平对三叉神经痛疗效优于苯妥英钠，对舌咽神经痛也有效。它还有抗躁狂作用，可用于锂盐无效的躁狂症患者，其副作用比锂盐少而疗效好。临床还可用于治疗尿崩症。与苯妥英钠相比，卡马西平对认知功能损害较轻。

卡马西平的作用机理类似苯妥英钠，治疗浓度时能阻滞 Na^+ 通道，抑制癫痫病灶及其周围神经元放电。同时还能增强中枢性抑制递质 GABA 在突触后的作用。

【不良反应】 常见的不良反应包括中枢神经系统症状（可逆转的视力模糊、复视、眩晕）、恶心、呕吐，少数患者可出现共济失调、手指震颤、皮疹、粒细胞及血小板减少，以及由维生素 D 代谢异常引起的骨软化、叶酸缺乏。

抗 痫 灵

抗痫灵（antiepilepsirin）是我国合成的新型抗癫痫药，为桂皮酰胺类药物，临床治疗癫痫已有近 20 年的历史。抗痫灵是广谱抗癫痫药，对各型癫痫均有不同程度的疗效，对大发作效果明显。其作用机理可能与升高脑内 5-HT 含量有关。抗痫灵除促进 5-HT 合成增加外，也可使纹状体和边缘脑区 5-HT 含量明显升高，还能促进 5-HT 从突触小体释放。

不良反应少见，可见厌食、恶心、头晕和嗜睡等反应，长期应用未见对肝、肾和造血系统毒性作用。

氟 桂 利 嗪

氟桂利嗪（flunarizine）为双氟化哌啶衍化物，是一强的 Ca^{2+} 通道拮抗药，选择性阻滞 T 型和 L 型 Ca^{2+} 通道。多年来在欧美各国用于治疗偏头痛和眩晕症，近年发现它具有较强的抗惊厥作用，其抗痫谱广，对多种动物癫痫模型均有不同程度的治疗作用，其特点是抗电休克惊厥作用较强，对戊四氮引起的阵挛性惊厥无效。临床用于各型癫痫，尤其对局限性发作、大发作效果好。常用量：10～15μg/d，一次口服。

氟桂利嗪的抗惊厥作用机理除与其阻滞 T 型和 L 型 Ca^{2+} 通道有关外，也能选择性阻滞电压依赖性 Na^+ 通道。

氟桂利嗪口服易吸收，2～4h 血中浓度可达高峰，有效血浆浓度 30～100ng/ml，其 $t_{1/2}$ 为 19～22 日，99% 与血浆蛋白结合，而后重新分布到各组织中去，其代谢过程目前所知甚少，只有少量经尿和粪便以原形排出。

氟桂利嗪是一种安全有效的抗癫痫药，毒性小，严重不良反应少见，常见不良反应为困倦，其次为镇静和体重增加。

三、抗癫痫药应用注意事项

癫痫是一种慢性疾病，需长期用药，甚至终生用药，要求所用药物应具备疗效高、毒性低、抗癫痫谱广及价格便宜等优点。在应用时须注意以下几点。

1. 若1年内偶发1~2次者，一般不用药物预防。

2. 单纯型癫痫最好选用一种有效药，一般先从小剂量开始，逐渐增量，达到理想疗效时，进行维持治疗。若单用一种药难以奏效或混合型癫痫患者，常需合并用药。

3. 治疗过程中不宜突然停药，抗癫痫药发挥疗效后再逐渐停用。症状完全控制后，至少维持治疗2~3年再逐渐停药，否则会导致复发。

4. 在治疗过程中不可随便更换药物。如需更换时，应采用过渡用药方法，即在原药基础上加用新药，待其发挥疗效后，再逐渐撤掉原药。

5. 长期应用需注意毒副作用，尤其应定期进行血常规、肝功能等有关检查。

6. 孕妇服用抗癫痫药可引起畸胎，死胎概率也较高，应注意。

第二节 抗惊厥药

惊厥（convulsion）是中枢神经系统过度兴奋的一种症状，表现为全身骨骼肌强烈的不随意收缩，呈强直性或阵挛性抽搐，常见于小儿高热、子痫、破伤风、癫痫大发作及某些药物中毒等引起中枢神经的过度兴奋。常用巴比妥类、地西泮或水合氯醛治疗，也可注射硫酸镁抗惊厥。

硫 酸 镁

【作用及应用】 给药途径不同，硫酸镁（magnesium sulfate）可产生完全不同的药理作用。口服硫酸镁很少吸收，有泻下及利胆作用，外用热敷可消炎去肿。注射给药则产生吸收作用，可引起中枢抑制和骨骼肌松弛。

在体内，Mg^{2+}主要存在于细胞内，而细胞外液仅占5%，血液中Mg^{2+}为2~3.5 mg/100ml，低于此浓度时，神经及肌肉组织的兴奋性升高。Mg^{2+}参与多种生物酶的功能活性调解，在神经冲动的传递和神经肌肉应激性的维持方面发挥重要作用。注射硫酸镁能抑制中枢及外周神经系统，引起骨骼肌、心肌、血管平滑肌松弛，继而发挥肌松作用和降压作用。作用机理是运动神经末梢ACh的释放过程需要Ca^{2+}参与，而Mg^{2+}与Ca^{2+}化学性质相似，两者相互竞争，Mg^{2+}因而干扰了ACh的释放，导致Mg^{2+}运动神经末梢ACh释放减少，从而产生箭毒样的肌松作用。当Mg^{2+}过量中毒时可用Ca^{2+}来解救，亦出于同样原理。

临床上主要用于缓解子痫、破伤风等惊厥，也常用于抢救高血压危象。临床上常以肌内注射或静脉滴注给药。

【不良反应与防治】 硫酸镁注射的安全范围很窄，血镁过高可引起呼吸抑制、血压剧降和心搏骤停而致死。肌腱反射消失是呼吸抑制的先兆，因此在连续用药期间应经常检查腱反射。中毒时应立即进行人工呼吸，并缓慢静脉注射氯化钙或葡萄糖酸钙予以紧急抢救。

【案例及思考题】 患者，女，9岁，因癫痫大发作入院，其母叙述曾服苯巴比妥10个月，疗效不佳，2日前停掉苯巴比妥，改服治疗量苯妥英钠。服用苯妥英钠后，病情反而加重。

问题：
1. 这是什么原因？
2. 这种做法违背了抗癫痫药的哪项用药原则？

（耿　仙）

第十五章　抗精神失常药

精神失常是由多种原因引起的精神活动障碍的一大类疾病，包括精神分裂症、躁狂症、抑郁症和焦虑症。治疗这些疾病的药物统称为抗精神失常药，也称为精神药物（psychotropic drugs）。根据其临床用途分为抗精神病药（antipsychotic drugs）或神经安定剂（neuroleptics）、抗躁狂症药物（antimanic drugs）、抗抑郁症药物（antidepressants）和抗焦虑症药物（anxiolytics）。临床上常用的抗焦虑症药苯二氮䓬类，已在第十三章述及。

第一节　抗精神病药

精神分裂症（schizophrenia）是以感知觉、思维、情感和行为等多方面的障碍以及精神活动的不协调，精神活动与现实脱离为主要特征的最常见的一类精神病，多在青壮年发病。根据临床症状，将精神分裂症分为Ⅰ型和Ⅱ型，前者以阳性症状（幻觉和妄想）为主，后者则以阴性症状（情感淡漠、主动性缺乏等）为主。抗精神病药主要用于治疗精神分裂症，对其他精神病的躁狂症状也有效。这类药物大多是强效多巴胺受体拮抗药，在发挥治疗作用的同时，大多药物可引起情绪冷漠、精神运动迟缓和运动障碍等不良反应。

根据化学结构，将抗精神分裂症药分为四类：吩噻嗪类（phenothiazines）、硫杂蒽类（thioxanthenes）、丁酰苯类（butyrophenones）及其他。这些抗精神病药大多具有相似的药理作用及作用机理，本节以吩噻嗪类为代表阐述。

一、吩噻嗪类

吩噻嗪是由硫、氮联结着两个苯环的一种三环结构，其2，10位被不同基团取代则获得本节述及的吩噻嗪类抗精神病药物。

氯丙嗪始于1952年在法国治疗兴奋性躁动患者获得成功，其后，又相继发现了对精神分裂症具有治疗作用的多个衍生物（表15-1），这类药物统称为吩噻嗪类抗精神病药物。根据C_{10}侧链不同，这类药物又分为二甲胺类、哌嗪类和哌啶类。

氯　丙　嗪

氯丙嗪又名冬眠灵（wintermine），是吩噻嗪类药物的典型代表，也是应用最广泛的抗精神病药物。它不仅能控制患者的兴奋，而且对其他精神症状也有效。主要拮抗脑内边缘系统多巴胺（dopamine，DA）受体，这是其抗精神病作用的最主要机理。氯丙嗪也能阻断肾上腺素α受体和M胆碱受体，因此其药理作用广泛，这也是其长期应用产生严重不良反应的基础。

【体内过程】　口服吸收后缓慢而不规则，达到血药浓度峰值的时间为2～4h。胃中食物、同时服用抗胆碱药均能明显延缓其吸收。肌内注射迅速吸收，到达血液后，90%以上与血浆蛋白结合。氯丙嗪分布于全身，脑、肺、肝、脾、肾中较多，其中脑内浓度可达血浆浓度的10倍。主要在肝脏代谢，经过肾脏排泄。因其脂溶性高，容易蓄积于脂肪组织，停药后数周乃至半年后，尿中仍可检出其代谢物。不同个体口服相同剂量的氯丙嗪后血药浓度可差10倍以上，故给药剂量应当实行个体化。氯丙嗪在体内的消除和代谢随年龄而递减，故老年患者必须减量。

【药理作用与作用机理】

1. 对中枢神经系统的作用

（1）抗精神病作用：氯丙嗪对中枢神经系统有较强的抑制作用，可以显著控制活动状态和躁狂状态而又不损伤感觉。正常人口服治疗量氯丙嗪后，可出现安静、活动减少、感情淡漠和注意力下降、对周围事物不感兴趣，在安静环境下易入睡，但易唤醒，醒后神态清楚，随后又易入睡。精神分裂症患者服用氯丙嗪后则呈现良好的抗精神病作用，能迅速控制兴奋躁动状态，大剂量连续用药能消除患者的幻觉和妄想等症状，减轻思维障碍，使患者恢复理智，情绪安定，生活自理。此作用起效较慢，但无耐受性，用药时间越长，疗效越好。对抑郁患者无效，甚至可以使之病情加剧。

对精神分裂症的病因先后已提出过许多假说，但迄今为止，只有中脑-边缘通路和中脑-皮质通路DA系统功能亢进的学说得到了较广泛的认可。该假说认为精神分裂症是由于中枢DA系统功能亢进所致。并且有许多研究资料支持该假说：①促进DA释放的苯丙胺可致急性或慢性妄想型精神分裂症，并加剧精神分裂症的症状；②减少DA的合成和储存能改善病情；③未经治疗的Ⅰ型患者，死后其壳核和伏隔核DA受体（尤其是D_2受体亚型）数目明显增加；④目前各种高效价的抗精神病药物多属于强效DA受体拮抗药，对Ⅰ型精神分裂症有较好的疗效。

DA是中枢神经系统内最重要的神经递质之一，其通过与脑内DA受体结合后参与人类神经精神活动的调节，其功能亢进或减弱均可导致严重的神经精神疾病。精神分裂症病因的 DA 功能亢进假说认为，精神分裂症（尤其是 I 型）是由于中脑-边缘系统和中脑-皮质系统的 D_2 样受体功能亢进所致。目前认为，吩噻嗪类抗精神病药物主要是通过阻断中脑-边缘系统和中脑-皮质系统的 D_2 样受体而发挥疗效的。值得提出的是，多种抗精神病药物在发挥疗效时，都不同程度地引起锥体外系的副作用，这是由于这些药物非特异性阻断黑质-纹状体通路的 D_2 样受体所致。

（2）镇吐作用：氯丙嗪有较强的镇吐作用。小剂量时即可对抗 DA 受体激动药阿扑吗啡（apomorphine）引起的呕吐反应，这是其阻断了延髓第四脑室底部的催吐化学感受区的 D_2 受体的结果。大剂量的氯丙嗪直接抑制呕吐中枢。但是，氯丙嗪不能对抗前庭刺激引起的呕吐。氯丙嗪也可治疗顽固性呃逆，其机理是氯丙嗪抑制位于延髓与催吐化学感受区旁的呃逆中枢调节部位。

（3）对体温调节的作用：氯丙嗪对下丘脑体温调节中枢有很强的抑制作用，与解热镇痛药不同的是，氯丙嗪不但可以降低发热机体的体温，也能降低正常机体体温。氯丙嗪的降温作用随外界环境温度而变化，环境温度越低其降温作用越明显，与物理降温同时应用，则可以协同降温；在炎热天气，氯丙嗪可使体温升高，这是其干扰了机体正常散热机理的结果。

2. 对自主神经系统的作用　氯丙嗪能拮抗肾上腺素 α 受体和 M 胆碱受体。拮抗 α 受体可导致血管扩张、血压下降，但如果连续用药可产生耐受性，且有较多副作用，故不适用于高血压的治疗；拮抗 M 胆碱受体作用较弱，引起口干、便秘、视物模糊。

3. 对内分泌系统的影响　结节-漏斗系统中的 D_2 亚型受体可促使下丘脑分泌多种激素，如催乳素释放抑制因子、卵泡刺激素释放因子、黄体生成素释放因子和 ACTH 等。氯丙嗪阻断 D_2 亚型受体，增加催乳素的分泌，抑制促性腺激素和糖皮质激素的分泌。氯丙嗪也可抑制垂体生长激素的分泌，可试用于巨人症的治疗。

【临床应用】

1. 精神分裂症　氯丙嗪主要用于 I 型精神分裂症（精神运动性兴奋和幻觉妄想为主）的治疗，能够显著缓解精神分裂症患者进攻、亢进、妄想、幻觉等阳性症状，尤其对急性患者效果显著，但不能根治，需长期用药，甚至终生治疗；对慢性精神分裂症患者疗效较差，往往需要用药 3 周甚至更长的时间方能见效。对 II 型精神分裂症患者无效甚至加重病情。氯丙嗪对其他精神病伴有的兴奋、躁动、紧张、幻觉和妄想等症状也有显著疗效；对各种器质性精神病（如脑动脉硬化性精神病、感染中毒性精神病等）和症状性精神病的兴奋、幻觉和妄想症状也有效，但剂量要小，症状控制后须即停药。剂量因人而异，通常 25～50mg/次，每日 3 次，依需要可逐渐增加，每日可用到 600mg。如果每日剂量为 75mg，可睡前一次服用。

氯丙嗪已在临床使用 50 多年，证明该药治疗精神病安全有效，至今国内精神科医生仍将该药列为治疗精神分裂症的首选药。由于该药具有较强的神经安定作用，对兴奋、激越、焦虑、攻击、躁狂等症状均有良好疗效。临床急诊或急性期治疗时，可首先采用 25～50mg 氯丙嗪与等量异丙嗪（非那根）混合（亦称冬眠 I 号或冬眠合剂）深部肌内注射或静脉滴注，可以快速有效地控制患者的兴奋和急性精神病性症状。疗程视病情而定，可在必要时每日注射一次，或每日肌内注射 1～2 次，连续 1～2 周。注射治疗期间，应进行体温、脉搏、血压的监测，注意不良反应的发生。臀部肌内注射应划区进行，以防吸收不良和冷性脓肿或感染的发生。一旦患者急性症状得到控制，即改为口服给药。急性期疗程为 6～8 周。病情基本痊愈后，应用有效量巩固治疗一个月，预防症状复燃。病情稳定后维持治疗，此时可酌减剂量，痊愈半年后可减为有效量的 2/3，以后逐渐减至治疗量的 1/3。如无效则在 6～8 周时变更治疗方案。因为精神分裂症具有复发倾向，目前临床学家主张首次发病后，至少维持治疗半年至一年；再次发病者需继续治疗 2～3 年；多次发病者宜长期服药维持疗效。

2. 呕吐和顽固性呃逆　氯丙嗪对多种药物（如洋地黄、吗啡、四环素等）和疾病（如尿毒症和恶性肿瘤）引起的呕吐具有显著的镇吐作用。对顽固性呃逆也具有显著的疗效。对晕动症无效。

3. 低温麻醉与人工冬眠　物理降温（冰袋、冰浴）配合应用氯丙嗪可降低患者体温，可用于低温麻醉。氯丙嗪与其他中枢抑制药（哌替啶、异丙嗪）合用，则可使患者深睡，体温、基础代谢及组织耗氧量均降低，增强患者对缺氧的耐受力，减轻机体对伤害性刺激的反应，并可使自主神经传导阻滞及中枢神经系统反应性降低，机体处于这种状态，称为"人工冬眠"，有利于机体度过危险的缺氧缺能阶段，为进行其他有效的对因治疗争得时间。人工冬眠多用于严重创伤、感染性休克、高热惊厥、中枢性高热及甲状腺危象等病症的辅助治疗。

【不良反应】

1. 一般不良反应　嗜睡、淡漠、无力等、视物模糊、口干、无汗、便秘、眼压升高等 M 受体拮抗症状；鼻塞、血压下降、直立性低血压及反射性心悸等 α 受体拮抗症状。本药局部刺激性较强，可用深部肌内注射。静脉注射可致血栓性静脉炎，应以生理盐水或葡萄糖注射液稀释后缓慢注射。为防止直立性低血压，注射给药后立即卧床休息 2h 左右，然后缓慢起立。

2. 锥体外系反应　长期大量服用氯丙嗪可出现如下三种反应。①帕金森综合征（Parkinsonism）：表现为肌张力增高、面容呆板、动作迟缓、肌肉震颤、流涎等；②静坐不能（akathisia）：患者表现坐立不安、反复徘徊；③急性肌张力障碍（acute dystonia）：多出现在用药后第1～5日。由于舌、面、颈及背部肌肉痉挛，患者可出现强迫性张口、伸舌、斜颈、呼吸运动障碍及吞咽困难。以上三种反应是由于氯丙嗪拮抗了黑质-纹状体通路的D_2样受体，使纹状体中的DA功能减弱、ACh的功能增强而引起的，可用减少药量、停药来减轻或消除，也可用抗胆碱药以缓解。

此外，长期服用氯丙嗪后，部分患者还可引起一种特殊而持久的运动障碍，称为迟发性运动障碍（tardive dyskinesia, TD），表现为口-面部不自主的刻板运动，广泛性舞蹈样手足徐动症，停药后仍长期不消失。其机理可能是氯丙嗪长期阻断DA受体，受体敏感性增加或反馈性促进突触前膜DA释放增加所致。此反应较难治疗，用抗胆碱药反使症状加重，抗DA药使此反应减轻。TD尤易侵袭那些器质性脑疾患者，因此，老年患者应尽量避免使用这类药物。精神分裂症的患者服用氯丙嗪后约有20%患者出现TD，病程长的患者则可高达40%。尽管TD症状通常较轻，但一旦发展为严重病例，患者的生活质量则进一步恶化。

3. 药源性精神异常 氯丙嗪本身可以引起精神异常，如过度镇静、意识障碍、萎靡、淡漠、兴奋、躁动、消极、抑郁、幻觉、妄想等，应与原有疾病加以鉴别，一旦发生应立即减量或停药。

4. 心血管和内分泌系统反应 主要表现有直立性低血压、持续性低血压休克、心电图异常、心律失常等，多见于伴动脉硬化、高血压的老年患者。长期用药还会引起内分泌系统紊乱，如乳腺增大、泌乳、月经停止、抑制儿童生长等。主要是由于氯丙嗪阻断了DA介导的下丘脑催乳素抑制途径，引起高催乳素血症，导致乳漏、闭经及妊娠试验假阳性；正常的男性激素向雌激素转变受到影响时会导致性欲的增强。性功能障碍（阳痿、闭经）的出现可能会使患者不合作。

5. 变态反应 常见症状有皮疹、接触性皮炎和光过敏反应性皮肤色素沉着，重者出现剥脱性皮炎。少数患者出现肝损害、黄疸，也可出现粒细胞减少、溶血性贫血和再生障碍性贫血等。治疗期间患者如发热、咽喉疼痛、全身不适，应及时检查血象。

6. 惊厥与癫痫 少数患者用药过程中出现局部或全身抽搐，脑电图有癫痫样放电，有惊厥或癫痫史者更易发生，应慎用，必要时加用抗癫痫药物。

7. 急性中毒 一次吞服大剂量氯丙嗪后，可致急性中毒，患者出现昏睡、血压下降至休克水平，并出现心肌损害，如心动过速、心电图异常（P—R间期或Q—T间期延长，T波低平或倒置），此时应立即对症治疗。

【**药物相互作用与禁忌证**】 氯丙嗪可以增强其他一些药物对中枢的抑制作用，如镇静催眠药、抗组胺药、镇痛药、乙醇等，联合使用时注意调整剂量。特别是当与吗啡、哌替啶（度冷丁）等合用时要注意呼吸抑制和降低血压的问题。此类药物具有抑制DA受体激动药左旋多巴的作用。氯丙嗪的去甲基代谢物可以拮抗胍乙啶的降压作用，可能是通过阻止后者被摄入神经末梢而发挥作用。某些肝药酶诱导剂如苯妥英钠、卡马西平等可加速氯丙嗪的代谢，应注意适当调整剂量。

氯丙嗪能降低惊厥阈，可诱发癫痫，故有癫痫及惊厥史者禁用；氯丙嗪能升高眼压，青光眼患者禁用；乳腺增生症和乳腺癌患者禁用；对冠心病患者易致猝死，应慎用。

其他吩噻嗪类药物

吩噻嗪中侧链为哌嗪环者有奋乃静（perphenazine）、氟奋乃静（fluphenazine）及三氟拉嗪（trifluoperazine）。奋乃静作用较氯丙嗪缓和，对心血管系统、肝脏及造血系统的副作用较氯丙嗪轻。除镇静作用、控制精神运动兴奋作用次于氯丙嗪外，其他同氯丙嗪。奋乃静对慢性精神分裂症的疗效则高于氯丙嗪。三氟拉嗪和氟奋乃静的中枢镇静作用较弱，且具有兴奋和激活作用。除有明显的抗幻觉妄想作用外，此两药对行为退缩、情感淡漠等症状有较好疗效，适用于精神分裂症偏执型和慢性精神分裂症。硫利达嗪（甲硫达嗪，thioridazine）的侧链为哌啶环，此药有明显的镇静作用，抗幻觉妄想作用不如氯丙嗪，锥体外系副作用小，老年人易耐受，作用缓和为其优点。各药特点见表15-1。

表15-1 吩噻嗪类抗精神病药作用比较

药物	抗精神病剂量（mg/d）	副作用		
		镇静作用	锥体外系反应	降压作用
氯丙嗪	300～800	+++	++	+++（肌内注射） ++（口服）
氟奋乃静	2.5～20	+	+++	+
三氟拉嗪	6～20	+	+++	+
奋乃静	8～32	++	+++	+
硫利达嗪	200～300	+++	+	++

+++强；++次强；+弱

二、硫杂蒽类

氯普噻吨

氯普噻吨（chlorprothixene），又名泰尔登（tardan）、氯丙硫蒽（chlorprothixene），是本类药物的代表，其结构与三环类抗抑郁药相似，故有较弱的抗抑郁作用。本品抗幻觉妄想作用不如氯丙嗪，但调整情绪、控制焦虑抑郁的作用较氯丙嗪强。氯普噻吨适用于带有强迫状态或焦虑抑郁情绪的精神分裂症、焦虑性神经官能症及更年期抑郁症。由于其抗AD与抗胆碱作用较弱，故不良反应较轻，锥体外系症状也较少。可引起阻塞性黄疸；哺乳期妇女可在乳汁中出现高浓度药物，应予注意。

氟哌噻吨

氟哌噻吨（flupenthixol）也称三氟噻吨，抗精神病作用与氯丙嗪相似，与氯丙嗪不同的是有特殊的激动效应，故禁用于躁狂症患者。该药低剂量具有一定的抗抑郁焦虑的效果，口服 0.5～3mg 可用于治疗焦虑和轻度抑郁。氟哌噻吨镇静作用弱，但锥体外系反应常见。偶有猝死报道。

三、丁酰苯类

尽管丁酰苯类的化学结构与吩噻嗪类完全不同，但其药理作用和临床应用与吩噻嗪类相似。

氟哌啶醇

氟哌啶醇（haloperidol）是第一个合成的丁酰苯类药物，是这类药物的典型代表。氟哌啶醇的化学结构与氯丙嗪完全不同，却能选择性阻断 D_2 样受体，有很强的抗精神病作用，但其锥体外系副作用发生率也高、程度也严重。口服 2～6h 后血药浓度达高峰，作用可持续 3 日。氟哌啶醇不仅可显著控制各种精神运动兴奋的作用，同时对慢性症状有较好疗效。

氟哌利多

氟哌利多（droperidol）也称氟哌啶，作用与氟哌啶醇基本相似。氟哌利多在体内代谢快，作用维持 6h 左右，知觉的改变约 12h，临床上主要用于增强镇痛药的作用，如与芬太尼配合使用，使患者处于一种特殊的麻醉状态：痛觉消失、精神恍惚、对环境淡漠，被称为神经阻滞镇痛术（neuroleptanalgesia），可作为一种外科麻醉，以进行小的手术如烧伤清创、内镜检查、造影等，其特点是集镇痛、安定、镇吐、抗休克作用于一体。也用于麻醉前给药、镇吐、控制精神病患者的攻击行为。

匹莫齐特

匹莫齐特（pimozide）为氟哌利多的双氟苯衍生物，临床上用于治疗精神分裂症、躁狂症和多动-秽语综合征。此药有较好的抗幻觉、妄想作用，并使慢性退缩被动的患者活跃起来。与氯丙嗪相比，其镇静、降压、抗胆碱等副作用较弱，而锥体外系反应则较强。匹莫齐特易引起室性心律失常和心电图异常（如 Q-T 间期延长、T 波改变），因此，对伴有心脏病的患者禁用。

四、其他抗精神病药物

五氟利多

五氟利多（penfluridol）属二苯基丁酰哌啶类（diphenylbutylpiperidines），是较好的口服长效抗精神分裂症药，一次用药疗效可维持一周。其长效的原因可能与储存于脂肪组织，从而缓慢释放入血有关。五氟利多能阻断 D_2 受体，有较强的抗精神病作用，亦可镇吐。对精神分裂症的疗效与氟哌啶醇相似，镇静作用较弱，适用于急慢性精神分裂症，尤其适用于慢性患者，对幻觉、妄想、退缩均有较好疗效。五氟利多的副作用以锥体外系反应最常见。

舒必利

舒必利（sulpiride）属苯甲酰胺类，选择性地阻断中脑-边缘系统 D_2 受体，而对纹状体的亲和力较低，因此其锥体外系不良反应较少。对紧张型精神分裂症疗效高，奏效也较快，有药物电休克之称。此药有改善患者与周围的接触、活跃情绪、减轻幻觉和妄想的作用，对情绪低落、忧郁等症状也有治疗作用，对长期用其他药物无效的难治性病例也有一定疗效。

氯氮平

氯氮平（clozapine）属于苯二氮䓬类，为新型抗精神病药。20 世纪 70 年代初使用于北欧临床，取得治疗精神分裂症的良好效果。我国已经引进并合成了该药，虽时有粒细胞缺乏病例报道，但一直沿用至今。目前在我国不少地区甚至将其作为治疗精神分裂症的首选药。

氯氮平为一广谱神经安定剂，对精神分裂症的疗效与氯丙嗪接近，但见效迅速，多在一周内见效。抗精神病作用强，对其他药无效的病例仍有效，也适用于慢性患者。氯氮平对其他抗精神病药无效的精神分裂症的阴性和阳性症状都有治疗作用，氯氮平选择性的作用于 D_4 多巴胺能受体亚型，特异性阻断中脑-边缘系统和中脑-皮质系统的 D_4 亚型受体，而对黑质-纹状系统的 D_2 和 D_3 亚型受体几无亲和力。其特别的优点是锥体外系反应轻微而且是一过性的，这与其选择性的作用于 D_4 多巴胺能受体的作用机理有关。氯氮平主要用于其他抗精神病药无效或锥体外系反应过强的患者，但用药前及用药期间须作白细胞计数检查。新近也有报道氯氮平抗精神病的治疗机理涉及阻断 $5-HT_{2A}$ 和 DA 受体、协调 5-HT 与 DA 系统的相互作用和平衡，因此，氯氮平也被称为 5-HT-DA 受体阻断剂（serotonin-dopamine antagonists，SDA），并由此提出了精神分裂症的 DA 与 5-HT 平衡障碍的病因假说。

氯氮平对情感淡漠和逻辑思维障碍的改善较差。氯氮平也可用于长期给予氯丙嗪等抗精神病药物引起的迟发运动障碍，症状可明显改善，原有精神疾病也得到控制。

氯氮平具有抗胆碱作用、抗组胺作用、抗 α 肾上腺素能作用，几乎无锥体外系反应，亦无内分泌方面的不良反应。可引起粒细胞减少，严重者可致粒细胞缺乏（女性多于男性），可能由免疫反应引起。亦有引起染色体畸变的报道。

利 培 酮

利培酮（risperidone）是新近研制并投入临床使用的第二代非典型抗精神病药物。该药治疗精神分裂症阳性症状如幻觉、妄想、思维障碍等及阴性症状均有效。适于治疗首发急性患者和慢性患者。不同于其他药物的是该药对精神分裂症患者的认知功能障碍和继发性抑郁亦具治疗作用。由于利培酮有效剂量小，用药方便、见效快，锥体外系反应轻，且抗胆碱样作用及镇静作用弱，易被患者耐受，治疗依从性优于其他抗精神病药。自 20 世纪 90 年代应用于临床以来，很快在全球推广应用，已成为治疗精神分裂症的一线药物。

第二节 抗躁狂症药

抗躁狂症药主要用于治疗躁狂症，上述抗精神病药物也经常用来治疗躁狂症，此外一些抗癫痫药如卡马西平和丙戊酸钠抗躁狂也有效。目前临床最常用的是碳酸锂，也有柠檬酸盐，在此仅以碳酸锂为代表加以介绍。

碳 酸 锂

碳酸锂（lithium carbonate）于 1949 年应用到临床，用于治疗躁狂症。用抗精神病药和碳酸锂可以控制和治疗这些症状。

碳酸锂主要是 Li^+ 发挥药理作用，治疗剂量对正常人的精神行为没有明显的影响。尽管研究已经发现 Li^+ 在细胞水平具有多方面的作用，但其情绪安定作用的确切机理目前仍不清楚。目前可能的解释：①在治疗浓度抑制去极化和 Ca^{2+} 依赖的 NA 和 DA 从神经末梢释放，而不影响或促进 5-HT 的释放；②摄取突触间隙中儿茶酚胺，并增加其灭活；③抑制腺苷酸环化酶和磷脂酶 C 所介导的反应；④影响 Na^+、Ca^{2+}、Mg^{2+} 的分布，影响葡萄糖的代谢。

碳酸锂还可用于治疗躁狂抑郁症（manic-depressive psychosis），该病的特点是躁狂和抑郁的双向循环发生。碳酸锂主要用于抗躁狂，但有时对抑郁症也有效，故有情绪稳定药（mood-stabilizing）之称。长期重复使用碳酸锂不仅可以减少躁狂复发，对预防抑郁复发也有效，但对抑郁的作用不如躁狂明显。

碳酸锂口服吸收快且安全，血药浓度高峰出现于服药后 2～4h。Li^+ 先分布于细胞外液，然后逐渐蓄积于细胞内。不与血浆蛋白结合，$t_{1/2}$ 为 18～36h。锂虽吸收快，但通过血-脑屏障进入脑组织和神经细胞需要一定时间。因此锂盐显效较慢。碳酸锂主要自肾排泄，约 80% 由肾小球滤过的锂在近曲小管与 Na^+ 竞争重吸收，故增加钠摄入可促进其排泄，而缺钠或肾小球滤出减少时，可导致体内锂潴留，引起中毒。

锂盐不良反应较多，安全范围较窄，最适浓度为 0.8～1.5mmol/L，超过 2mmol/L，即出现中毒症状。轻度的毒性症状包括恶心、呕吐、腹痛、腹泻和细微震颤。较严重的毒性反应涉及神经系统，包括精神紊乱、反射亢进、明显震颤、发音困难、惊厥直至昏迷与死亡。由于该药疗效和毒性与血药浓度平行，故应特别注意用量，若条件许可，应监测血锂浓度，随时调整计量。当血药浓度升至 1.6mmol/L 时，应立即停药。

第三节 抗 抑 郁 药

抗抑郁药（antidepressants）是主要用于治疗情绪低落、抑郁消极的药物。研究表明，各种抗抑郁药物均可使 70% 左右的抑郁患者病情明显改善。维持治疗可使抑郁减少复发。临床经验表明抗抑郁药治疗焦虑性障碍和惊恐发作、强迫性障碍及恐怖症也是有效的。对于非情感性障碍如遗尿症、贪食症，使用丙咪嗪和选择性 5-HT 重摄取抑制剂有效。

目前临床使用的抗抑郁药包括三环类抗抑郁药（tricyclic antidepressants，TCAs）（抑制 NA、5-HT 再摄取的药物）、NA 再摄取抑制药（inhibitors of NA uptake）、选择性 5-HT 再摄取抑制药（selective 5-ht uptake inhibitors）及其他抗抑郁药。这些药物大多以单胺学说作为抑郁症发病机理并在此基础上建立动物模型筛选出来的，所以在药理作用、临床应用和不良反应等方面有许多相似之处。就不良反应而论，5-HT 的增加和阻断 α-受体会影响睡眠和血压，阻断 M 受体会引起口干、便秘、视物模糊，NA 的增加和 M 受体的阻断可致心律失常，另外中枢和外周自主神经功能的失平衡也会诱发惊厥、性功能障碍和摄食、体重的改变等。

一、三环类抗抑郁药

由于这些药物结构中都有 2 个苯环和 1 个杂环，

故统称为 TCAs，在结构上与酚噻嗪类有一定相关性。常用的有丙米嗪（imipramine，米帕明）、地昔帕明（desipramine）、阿米替林（amitriptyline）、多塞平（多虑平，doxepin）等。

本类药物属于非选择性单胺摄取抑制剂，主要阻断 NA 和 5-HT 递质的再摄取，从而增加突触间隙这两种递质的浓度。被再摄取进入神经元末梢是 NA、5-HT 和 DA 灭活的重要机理。TCAs 及文拉法辛（venlafaxine）具有阻断上述神经递质再摄取的作用，使突触间隙的 5-HT 和 NA 增加而发挥抗抑郁作用。大多数 TCAs 具有抗胆碱作用，具有口干、便秘、排尿困难等副作用。此外 TCAs 还具有 α_1-肾上腺素能受体和 H_1（组胺）受体的拮抗作用而引起过度镇静。

丙 米 嗪

丙米嗪（imipramine）又名米帕明。

【体内过程】 丙米嗪口服吸收良好，2～8h 血药浓度达高峰，血浆 $t_{1/2}$ 为 10～20h。在体内丙米嗪广泛分布于各组织，以脑、肝、肾及心脏分布较多。丙米嗪主要在肝内经肝药酶代谢，通过氧化变成 2-羟基代谢物，并与葡糖醛酸结合，自尿排出。

【药理作用】

1. 对中枢神经系统的作用 正常人服用丙米嗪后出现安静、思睡、血压稍降、头晕、目眩，并常出现抗胆碱能反应（口干、便秘、视物模糊），连用数日后这些症状可能加重，甚至出现注意力不集中和思维能力下降。但抑郁症患者连续服药后，出现精神振奋现象，连续 2～3 周后疗效才显著，故不作应急治疗用药。

丙米嗪抗抑郁的作用机理目前认为是该药主要阻断 NA、5-HT 在神经末梢的再摄取，从而使突触间隙的递质浓度增高，促进突触传递功能而发挥抗抑郁作用。

2. 对自主神经系统的作用 治疗量丙米嗪可明显阻断 M 胆碱受体，表现为视物模糊、口干、便秘和尿潴留等。

3. 对心血管系统的作用 治疗量丙米嗪可降低血压，易致心律失常，其中心动过速较常见。心电图可出现 T 波倒置或低平。这些不良反应可能与该药阻断单胺类再摄取从而引起心肌中 NA 浓度增高有关。另外，丙米嗪对心肌有奎尼丁样直接抑制效应，故心血管病患者慎用。

【临床应用】

1. 治疗抑郁症 用于各种原因引起的抑郁症，对内源性抑郁症、更年期抑郁症效果较好。对反应性抑郁症次之，对精神病的抑郁症状效果较差。此外，对伴有焦虑的抑郁症病人疗效明显，尚可用于强迫症的治疗。

2. 治疗遗尿症 对于儿童遗尿可试用丙米嗪治疗，剂量依年龄而定：6～7 岁为 25mg；8～11 岁为 25～50mg；11 岁以上为 50～75mg，睡前口服，疗程以 3 个月为限。

3. 焦虑和恐怖症 对伴有焦虑的抑郁症患者疗效明显，对恐怖症已有不少报道 TCAs 有效。

【不良反应】 常见的不良反应为明显的抗胆碱作用，包括口干、扩瞳、视物模糊、便秘、排尿困难和心动过速等，还出现多汗、无力、头晕、失眠、皮疹、直立性低血压、反射亢进、共济失调、肝功能异常、粒细胞缺乏症等。因抗抑郁药易致尿潴留和升高眼压，故前列腺增生及青光眼患者禁用。

【药物相互作用】 苯妥英钠、保泰松、阿司匹林、东莨菪碱和吩噻嗪等可与 TCAs 竞争血浆蛋白结合部位，使后者游离型血药浓度增加。如和 MAOI 合用，可引起血压明显升高、高热和惊厥。这是由于 TCAs 抑制 NA 再摄取，减少 MAO 抑制剂对 NA 灭活，最终使 NA 浓度增高所致。TCAs 还能增强中枢抑制药的作用，如与抗精神病药、抗 PD 药合用时，其抗胆碱作用可相互增强。此外，抗抑郁药还能对抗胍乙啶及可乐定的降压作用。

阿 米 替 林

阿米替林（amitriptyline）又名依拉维，是临床上常用的 TCAs，其药理学特性及临床应用与丙米嗪极为相似，与后者相比，阿米替林对 5-HT 再摄取的抑制作用明显强于对 NA 再摄取的抑制；镇静作用和抗胆碱作用也较明显。治疗抑郁症剂量也与丙米嗪类似，鉴于阿米替林有较强的镇静催眠作用，也用于治疗焦虑、恐惧症。

阿米替林的不良反应与丙米嗪相似，但比丙米嗪严重，偶有加重糖尿病症状的报道。禁忌证与丙米嗪相同。

氯 米 帕 明

氯米帕明（clomipramine）又名氯丙米嗪，药理作用和应用类似于丙米嗪，但对 5-HT 再摄取有较强的抑制作用，而其活性代谢物去甲氯米帕明则对 NA 再摄取有相对强的抑制作用。临床上用于抑郁症、强迫症、恐怖症和发作性睡眠引起的肌肉松弛。不良反应及注意事项与丙米嗪相同。

治疗抑郁症，开始口服剂量 50～100mg/d，逐渐增加到 200mg/d，最大用量为 250mg/d，分次服用，也有人主张睡前一次性口服。

多 塞 平

多塞平（doxepin）又名多虑平，作用与丙米嗪类似，抗抑郁作用比后者弱，抗焦虑作用强，镇静作用和对血压影响也比丙米嗪大，但对心脏影响较小。

对伴有焦虑症状的抑郁症疗效最佳，焦虑、紧张、情绪低落、行动迟缓等症状数日后即可缓解，显效需 2～3 周。也可用于治疗消化性溃疡。

不良反应和注意事项与丙米嗪类似。一般不用于儿童和孕妇，老年患者应适当减量。

曲米帕明

曲米帕明（trimipramine）又名三甲丙米嗪，口服易吸收，在肝脏代谢，代谢物主要从尿中排除，血浆消除 $t_{1/2}$ 为 9～11h。药理作用和临床应用与丙米嗪类似，主要用于治疗抑郁症、消化性溃疡。不良反应和注意事项类似于丙米嗪，但镇静作用和抗胆碱作用比后者更强，所以口干、便秘、视物模糊、嗜睡、眩晕等更为多见。

二、NA 再摄取抑制药

该类药物选择性抑制 NA 的再摄取，用于以脑内 NA 缺乏为主的抑郁症，尤其适用于尿检 MH-PG（NA 的代谢物）明显减少的患者。这类药物的特点是奏效快，而镇静作用、抗胆碱作用和降压作用均比 TCAs 弱。

地昔帕明

地昔帕明（desipramine）又名去甲丙米嗪。

地昔帕明在去甲肾上腺素能神经末梢是一强 NA 摄取抑制药，其效率为抑制 5-HT 摄取的 100 倍以上。对 DA 的摄取亦有一定的抑制作用。对 H_1 受体有强拮抗作用。对 α 受体和 M 受体拮抗作用较弱。

对轻、中度的抑郁症疗效好。有轻度镇静作用，缩短 REM 睡眠，但延长了深睡眠。血压和心率轻度增加，有时也会出现直立性低血压，可能是由于抑制 NA 再摄取、阻断 α 受体作用的结果。

治疗抑郁症开始口服剂量 25mg/次，3 次/日，逐渐增加到 50mg/次，3～4 次/日，需要时最大可用到 300mg/d。老年人应适当减量。

与丙米嗪相比，不良反应较小，但对心脏影响与丙米嗪相似。过量则导致血压降低、心律失常、震颤、惊厥、口干、便秘等。

本品不应和拟交感胺类药物合用，因会明显增强后者的作用；同样，与 MAO 抑制剂合用也要慎重；与胍乙啶及作用于肾上腺素能神经末梢的降压药合用会明显降低降压效果，因为抑制了药物经胺泵摄取进入末梢。

马普替林

【体内过程】 马普替林（maprotiline）口服后吸收缓慢但能完全吸收，9～16h 达血浆药物峰浓度，广泛分布于全身组织，肺、肾、心、脑和肾上腺的药物浓度均高于血液，血浆蛋白结合率约 90%。

马普替林为选择性 NA 再摄取抑制药，对 5-HT 摄取几无影响。与三环类比较，本品的特点是：光谱抗抑郁，对反应性抑郁症、更年期抑郁症和神经官能症的抑郁现象均有效，但对内源性抑郁症疗效不佳。抗胆碱作用与丙米嗪类似，远比阿米替林弱。其镇静作用和对血压影响与丙米嗪类似。与其他 TCAs 一样，用药 2～3 周后才充分发挥疗效。对睡眠的影响与丙米嗪不同，它延长 REM 睡眠时间。对心脏的影响也与 TCAs 一样，延长 Q-T 间期，增加心率。

治疗抑郁症与丙米嗪相似，治疗剂量可见口干、便秘、眩晕、头痛、心悸等。也有用药后出现皮炎和皮疹的报道。能增强拟交感胺药物作用，减弱降压药物反应等。

去甲替林

去甲替林（nortriptyline）的药理作用与阿米替林相似，但本药抑制 NA 摄取远强于对 5-HT 的摄取。与阿米替林相比，其镇静、抗胆碱、降低血压作用及对心脏的影响和诱发惊厥作用均较弱。此药有助于抑郁症患者入睡，但缩短 REM 睡眠时间。引起直立性低血压是由于阻断 $α_1$ 受体所致，引起心率加快是由于抗胆碱作用所致。

本药治疗内源性抑郁症效果优于反应性抑郁症，去甲替林比其他 TCAs 治疗显效快。

其镇静作用、抗胆碱作用、降低血压作用、对心脏的影响等虽均比丙米嗪弱，但仍要注意过量引起的心律失常，尤其是心肌梗死的恢复期、传导阻滞或原有心律失常的患者，用药不慎会加重病情。双相抑郁症患者可引起躁狂症发作，应予以注意。本药与 TCAs 物一样，可降低惊厥发作阈，癫痫患者应慎用。

三、选择性 5-HT 再摄取抑制药

虽然 TCAs 疗效确切，但仍有 20%～30%的患者无效，毒性反应较多，患者对药物的耐受性差，过量易引起中毒甚至死亡。从 20 世纪 70 年代起开始研制的选择性 5-HT 再摄取抑制剂与 TCAs 的结构迥然不同，但对 5-HT 再摄取的抑制作用选择性更强，对其他递质和受体作用甚微，既保留了 TCAs 相似的疗效，也克服了 TCAs 的诸多不良反应。这类药物发展较快，已开发品种达 30 多种，包括临床常用的氟西汀（fluoxetine）、帕罗西汀（paroxetine）、舍曲林（sertraline）等。本类药物很少引起镇静作用，也不损害精神运动功能。对心血管和自主神经系统功能影响很小。本类药物还具有抗抑郁和抗焦虑双重作用，其抗抑郁效果也需要 2～3 周才显现出来。

这一类药物多用于由于脑内 5-HT 减少所致的抑郁症，也可用于病因不清但其他药物疗效不佳或不能耐受其他药物的抑郁症患者。

氟西汀

氟西汀（fluoxetine），又名百忧解。

【体内过程】 口服吸收良好，达血药峰值时间 6~8h，血浆蛋白结合率 80%~95%；给予单个剂量时血浆消除 $t_{1/2}$ 为 48~72h，在肝脏经 P_{450}-$2D_6$ 代谢生成去甲基活性代谢物去甲氟西汀，其活性与母体相同，但 $t_{1/2}$ 较长。

【药理作用】 氟西汀是一种强效选择性 5-HT 摄取抑制剂，比抑制 NA 摄取作用强 200 倍。氟西汀对肾上腺素受体、组胺受体、$GABA_\beta$ 受体、M 受体、5-HT 受体几乎没有亲和力。对抑郁症的疗效与 TCAs 相当，耐受性与超量安全性优于 TCAs。此外该药对强迫症、贪食症亦有疗效。

【临床应用】

1. 治疗抑郁症 常用剂量 20~40mg/d，1 次服用，需要时可用到 80mg/d。因药物在肝脏代谢，肝功能不好时可采取隔日疗法。

2. 治疗神经性贪食症 剂量 60mg/d 可有效控制摄食量。

【不良反应及注意事项】 偶有恶心呕吐、头痛头晕、乏力失眠、厌食、体重下降、震颤、惊厥、性欲降低等。肝病者服用后 $t_{1/2}$ 延长，须慎用。肾功能不全者，长期用药须减量，延长服药间隔时间。氟西汀与 MAO 抑制剂合用时须警惕"5-HT 综合征"的发生，初期阶段主要表现为不安、激越、恶心、呕吐或腹泻，随后高热、强直、肌阵挛或震颤、自主神经功能紊乱、心动过速、高血压、意识障碍，最后可引起痉挛和昏迷，严重者可致死，应引起临床重视。心血管疾病、糖尿病患者应慎用。

帕 罗 西 汀

帕罗西汀（paroxetine）又名赛洛特，口服吸收良好。为强效 5-HT 摄取抑制剂，增加突触间隙递质浓度而发挥治疗抑郁症的作用。该药已在我国临床应用，抗抑郁疗效与 TCAs 相当，而抗胆碱副作用、体重增加、对心脏影响及镇静等副作用较 TCAs 轻。

常见不良反应为口干、便秘、视物模糊、震颤、头痛、恶心等。禁与 MAO 抑制药联用，避免显著升高脑内 5-HT 水平而致"血清素综合征"。

舍 曲 林

舍曲林（sertraline）又名郁乐复，是一选择性抑制 5-HT 再摄取的抗抑郁药，可用于各类抑郁症的治疗，并对强迫症有效。主要不良反应为口干、恶心、腹泻、男性射精延迟、震颤、出汗等。该药与其他药物的相互作用临床经验不多，借鉴氟西汀的经验，禁与 MAO 抑制剂合用。

四、其他抗抑郁药

曲 唑 酮

曲唑酮（trazodone）不增强左旋多巴的行为效应，不具有抑制单胺氧化酶的活性和抗胆碱效应，也不增强 5-HT 前体物质 5-HTP 的行为效应。但在不影响非条件反射的剂量时就减少了小鼠的条件性回避反应，减轻苯丙氨基对小鼠的毒性反应等。曲唑酮有镇静作用，但抑制 REM 睡眠。

曲唑酮具有抗精神失常药物的一些特点，但又与之不完全相同。其抗抑郁作用机理可能与抑制 5-HT 摄取有关，但目前还不清楚。具有 α_2 受体拮抗药的特点，可翻转可乐定的中枢性心血管效应。

曲唑酮用于治疗抑郁症，具有镇静作用，适于夜间给药。无 M 受体阻断作用，也不影响 NA 的再摄取，所以对心血管系统无明显影响，也少见口干、便秘等不良反应，是一个比较安全的抗抑郁药。不良反应较少，偶有恶心、呕吐、体重下降、心悸、直立性低血压等，过量中毒会出现惊厥、呼吸停止等。

米 安 舍 林

米安舍林（mianserin）为一种四环类抗抑郁药。对突触前 α_2 肾上腺素受体有阻断作用。其治疗抑郁症的作用机理是通过抑制负反馈而使突触前 NA 释放增多。疗效与 TCAs 相当，而较少抗胆碱能样副作用。常见头晕、嗜睡等。

米 他 扎 平

米他扎平（mirtazapine）通过阻断突触前 α_2 肾上腺素受体而增加 NA 的释放，间接提高 5-HT 的更新率而发挥抗抑郁作用，抗抑郁效果与阿米替林相当，其抗胆碱样不良反应及 5-HT 样不良反应（恶心、头痛、性功能障碍等）较轻。主要不良反应为食欲增加及嗜睡。

反 苯 环 丙 胺

【体内过程】 反苯环丙胺（tranylcypromine）口服后快速从胃肠道吸收，1h 后血药浓度达高峰，广泛在体内分布，主要在肝脏代谢，尿中排泄，仅 2% 左右是以原形排泄，如酸化尿液则可增加到 8%。

【药理作用】 反苯环丙胺非选择性抑制 MAO 活性，给药后几日之内酶抑效应达最大，各组织内 NA、Adr、DA、5-HT 水平明显增高。其抗抑郁作用是由于增加突触处单胺浓度，这主要归因于对 MAO-A 的抑制。由于它也引起 DA 释放和抑制 DA 再摄取，所以具有苯丙胺样作用，如增加运动性，增加对外界刺激的反应性。

本药主要用于治疗抑郁症，也用于焦虑症和强迫症。常见不良反应有头痛、乏力、心悸、不安、失眠、恶心、口干、视物模糊、排尿困难、射精困难等，也可引起焦虑，有报道称可加重躁狂症状。

吗 氯 贝 胺

吗氯贝胺（moclobemide）于 20 世纪 90 年代初开发并用于临床，是选择性 MAO-A 抑制剂，影响

5-HT 和 NA 代谢。该药治疗抑郁症的疗效相当于丙米嗪，但其耐受性明显优于 TCAs。其不良反应明显低于其他 MAO 抑制剂。主要不良反应为恶心、头痛、头晕、失眠、便秘。

【案例及思考题】 患者，女，35 岁。因夫妻感情破裂离婚，随后认为某医生对己钟情，怀疑其为坏人对其跟踪，坚信某医生通过心理学家间歇地测验她的思想感情，且心理学家受坏人利用对其迫害。被诊为精神分裂症（钟情妄想和被害体验）而住院治疗。住院期间待人有礼，言谈中肯，主动叙述自己的病态体验，叙述时情感色彩浓厚，将现实生活中的见闻编织成一个结构严密的系统妄想。经药物治疗，症状得到控制，生活表现如常，工作能力、性格、情感等均无明显变化，与家人相处好。后又两次因症状加重住院治疗。最近一次入院时，出现被控制感、妄想，并伴有幻触，认为有人用仪器操纵她，使她兴奋、血压上升等。

问题：
试分析该病例的病情发展及处理办法。

（耿　仙）

第十六章 镇 痛 药

疼痛是一种因实际的或潜在的组织损伤而产生的痛苦感觉，常伴有不愉快的情绪或心血管和呼吸方面的变化。它既是机体的一种保护性反应，提醒机体避开或处理伤害，也是临床许多疾病的常见症状。缓解疼痛的药物可分为两大类：一是缓解疼痛作用较强、用于剧痛的镇痛药，其作用部位主要在中枢神经系统；二是缓解疼痛作用较弱、多用于钝痛的NSAIDs，主要作用于外周神经系统（见第十九章）。

中枢性镇痛药包括阿片生物碱类和人工合成镇痛药，这类药物选择性减轻或缓解疼痛感觉，同时又能减轻由疼痛引起的不愉快的情绪反应，使疼痛易于耐受。多数镇痛药反复应用可成瘾，故又称为成瘾性镇痛药或麻醉性镇痛药。剧烈疼痛不仅给患者带来痛苦和紧张不安等情绪反应，还可引起机体生理功能紊乱，甚至诱发休克。控制疼痛是临床药物治疗的主要目的之一。由于疼痛是很多疾病的重要表现，其特点可作为疾病诊断依据，故在诊断未明确之前，应慎用镇痛药，以免掩盖病情，贻误诊断和治疗。

第一节 阿片生物碱类

阿片（opium）为希腊文"浆汁"的意思，是来源于罂粟科植物罂粟未成熟蒴果浆汁的干燥物，其药理功效早在公元前3世纪即有文献记载，在公元16世纪已被广泛地用于镇痛、止咳、止泻、镇静、催眠。现已知阿片含20多种生物碱。这些生物碱按化学结构可分为两大类：一类是菲类，如吗啡和可待因，是阿片类镇痛药的主要镇痛成分；另一类是异喹啉类，如罂粟碱，具有松弛平滑肌、舒张血管作用。

吗 啡

吗啡（morphine）属于菲类生物碱，是以希腊梦幻之神孟菲斯（Morphus）的名字而命名，是阿片类中最主要的生物碱，其含量约为10%。

【构效关系】 吗啡的化学结构于1902年确定，基本骨架是以A、B、C、D环构成的氢化菲核。吗啡的分子结构由如下四部分组成（图16-1）。

1. 保留四个双键的氢化菲核（环A、B、C）。
2. 与菲核环B调和的N-甲基哌啶环。
3. 连接环A与环C的氧桥。
4. 环A上的一个酚羟基与环C上的醇羟基。

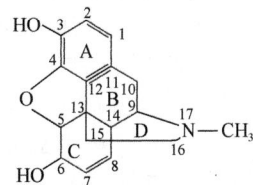

图16-1 吗啡的化学结构式

酚羟基氢原子被取代，如可待因（codeine）和海洛因（heroin），则镇痛作用下降，必须在体内代谢生成吗啡或乙酰吗啡发挥作用。当17位侧链甲基被烯丙基取代，则变成阿片受体激动药或拮抗药，如烯丙吗啡（naloyphine）、纳洛酮（naloxone）和纳曲酮（naltrexone）（表16-1）。具有蒂巴因（thebaine）结构的阿片生物碱经结构修饰后也可产生具强大镇痛作用的药物，如埃托菲。

表16-1 吗啡及其衍生物的构效关系

药名	取代部位和取代基团					效应特点
	3	6	17	14	7和8	
吗啡	—OH	—OH	—CH$_3$	—	双键	激动药
可待因	—OCH$_3$	—OH	—CH$_3$	—	双键	激动药
海洛因	—OCOCH$_3$	—OCOCH$_3$	—CH$_3$	—	双键	激动药
纳洛酮	—OH	=O	—CH$_2$CH=CH$_2$	—OH	单键	拮抗药
烯丙吗啡	—OH	—OH	—CH$_2$CH=CH$_2$	—	单键	部分激动药

【体内过程】 吗啡可经胃肠道黏膜、鼻黏膜及肺部等部位吸收。口服给药首过消除大，生物利用度约为25%。常注射给药，皮下注射30min后吸收量可达60%，血浆蛋白结合率约30%，游离型吗啡迅速分布全身各组织器官，尤以肺、肝、肾和脾等血流丰富的组织中浓度最高，但与海洛因、可待因和美沙酮不同，仅有小量通过血-脑屏障进入中枢神经系统。也可通过胎盘到达胎儿体内。主要在肝脏生物转化，60%~70%与葡糖醛酸结合。10%脱甲基生成去甲吗啡，20%为游离型。主要代谢产物吗啡-6-葡糖苷酸的

生物活性比吗啡强，但也难透过血-脑屏障。吗啡血浆 $t_{1/2}$ 为 2.5～3.5 h，吗啡-6-葡糖苷酸 $t_{1/2}$ 稍长于吗啡，注射给药的吗啡大部分自肾排出，小量经乳汁及胆汁排出。

【药理作用】

1. 中枢神经系统

（1）镇痛：吗啡是目前最有效的镇痛药。作用强，选择性高。皮下注射 5～10mg 即能显著地减轻或消除各种锐痛和钝痛。对持续性、慢性钝痛的效力大于间歇性锐痛。在镇痛的同时意识清楚，听觉、视觉及触觉等不受影响。

（2）镇静、致欣快：吗啡能改善由疼痛所引起的焦虑、紧张、恐惧等情绪反应，产生镇静作用，提高对疼痛的耐受力。用药后患者常出现嗜睡、精神朦胧、理智障碍等。在安静环境中易入睡，但容易唤醒。吗啡可使患者沉醉于美好幻想之中，喜孤静，并可引起飘飘欲仙的欣快感（euphoria），且对正处于疼痛折磨的患者十分明显，而对已适应慢性疼痛的患者则不显著或引起烦躁不安，这也是吗啡镇痛效果良好的重要因素，同时也是造成强迫用药的重要原因。

（3）抑制呼吸：治疗量的吗啡即可引起呼吸频率减慢，潮气量降低，肺通气量减少。随着剂量增加，抑制作用增强。急性中毒呼吸频率可减至 3～4 次/分。吗啡抑制呼吸与其作用于呼吸中枢的阿片受体有关，降低呼吸中枢对 CO_2 张力的反应性，并抑制呼吸调节中枢。这种呼吸抑制作用易被中枢兴奋药拮抗。

（4）镇咳：抑制延髓咳嗽中枢，使咳嗽反射减轻或消失，与吗啡作用于延髓孤束核的阿片受体有关。孤束核参与咳嗽中枢。吗啡对多种原因引起的咳嗽均有强大抑制作用，但易成瘾，因此临床上多以可待因代替。

（5）其他中枢作用：可引起瞳孔缩小，常以针尖样瞳孔作为吗啡中毒的指征。吗啡与中枢盖前核的阿片受体相结合，兴奋动眼神经缩瞳核；吗啡也能兴奋延髓催吐化学感受区（CTZ），引起恶心、呕吐；还能促进神经垂体释放血管升压素。

2. 心血管系统 治疗量的吗啡对心率、心律和心肌收缩力无影响，但可使外周血管扩张，引起直立性低血压。较大剂量静脉注射甚至使卧位患者的血压下降。更大剂量可出现心动过缓，这是由于吗啡可引起组胺释放和抑制血管运动中枢所致。由于抑制呼吸引起 CO_2 潴留，继发地使脑血管扩张，脑血流量增加，导致颅内压升高。因此，颅外伤及颅内占位性病变患者禁用。

3. 平滑肌

（1）胃肠道平滑肌：兴奋胃肠道平滑肌和括约肌，作用强而持久。由于吗啡提高胃窦部及十二指肠上部的肌张力，使胃排空时间延长；提高小肠及大肠的平滑肌张力甚至引起痉挛使推进性蠕动减弱，提高回盲瓣及肛门括约肌张力，使肠内容物通过延缓，同时抑制消化液的分泌，使食物消化延迟。而且吗啡抑制中枢，使便意迟钝，因而引起便秘。这可能与其作用于中枢及肠道的阿片受体有关。

（2）胆道平滑肌：治疗量的吗啡可致胆道平滑肌痉挛，奥迪括约肌收缩，胆道排空受阻，内压升高，引起上腹部不适甚至诱发胆绞痛。对输尿管也有收缩作用。故胆绞痛和肾绞痛不宜单独使用吗啡，应与阿托品合用。

（3）其他平滑肌：治疗量吗啡还能增强膀胱括约肌张力，引起排尿困难、尿潴留。尽管治疗量的吗啡很少出现支气管收缩作用，但对支气管哮喘患者可诱发哮喘发作，故支气管哮喘患者忌用。

4. 免疫系统 对细胞免疫和体液免疫均有抑制作用，此作用主要与 M 受体激动有关，在停药戒断症状出现期最为明显，长期给药对免疫的抑制作用可出现耐受现象。

【作用机理】

1. 作用部位与受体 1962 年我国学者邹冈等将静脉注射无镇痛作用的微量吗啡（10μg）注入家兔第三脑室周围灰质，可明显消除疼痛反应，提出了吗啡镇痛作用部位在第三脑室周围灰质。1973 年 Peter 和 Snyder 首先找到了阿片类药物能被特异性受体识别的直接证据。同年证实了阿片受体的特异性拮抗药纳洛酮。1993 年阿片受体分子克隆成功。

阿片受体分布广泛，脊髓罗氏胶质区、丘脑内侧、脑室及导水管周围灰质、边缘系统及蓝斑核为受体密度较高部位，中枢盖前核、延髓的孤束核、脑干极后区、迷走神经背核等均有阿片受体分布。阿片受体不仅存在于中枢，也存在于回肠及输精管等部位。

2. 受体的分型及其效应 体内存在阿片受体多种亚型。比较清楚的为 μ、δ、κ、ε 和 σ 亚型。吗啡类药物对不同型的阿片受体，亲和力和内在活性均不完全相同。各亚型的效应见表 16-2。

表 16-2 阿片受体亚型及效应

亚型	痛	呼吸	心率	血压	瞳孔	精神情绪
μ	↓↓	↓	−	−	↓	欣快 成瘾
κ	↓	±	±	±	↓	镇静
δ	↓	↓↓	±		↓	欣快
ε	↓	↑	↑	↑	↑	幻觉 谵妄
σ	↓	↓	↓	↓	↓	欣快

3. 内源性配基 脑内阿片受体的存在意味着脑内有相应的内源性配基。1975年，Hughes 和 Kosterlitz 成功地从脑内分离出两种五肽，即甲硫氨基-脑啡肽与亮氨酸-脑啡肽，并证明它们能与吗啡类药物竞争受体且具有吗啡样药理作用。随后又从垂体分离出 β-内啡肽、α-内啡肽及 γ-内啡肽等。再后又从脑内分离出强啡肽类。这些肽类总称为内源性阿片样肽（endogenous opioid peptides）。1995年分离出与阿片功能几乎相反的含17个氨基酸序列的孤啡肽。近来又从动物体内分离出非肽类阿片样物质，即吗啡和可待因。故阿片受体和阿片肽共同组成了机体的抗痛系统。

4. 痛觉刺激使脊髓痛觉初级传入神经纤维末梢释放兴奋性递质（可能为P物质或ACh），与突触后膜的受体结合后，将痛觉传入脑内，引起疼痛。痛觉初级传入神经纤维末梢上存在阿片受体，含脑啡肽神经元的末梢也终止于该处，它所释放的脑啡肽作用于阿片受体，引起传入神经纤维末梢细胞超极化，致使兴奋性递质释放减少，从而干扰痛觉冲动传入中枢，起到镇痛作用。外源性阿片类药物也能与阿片受体相结合，激动受体，激活了脑内存在的抗痛系统，产生中枢性镇痛作用。

【临床应用】

1. 镇痛 适用于其他镇痛药无效的急性锐痛，如严重创伤、晚期癌痛、战伤及烧伤痛等。心肌梗死引起的心绞痛，血压正常者可用吗啡止痛，而且吗啡可使患者镇静，消除焦虑不安情绪及扩张外周血管，减轻心脏负担。对内脏绞痛应与解痉药阿托品合用。吗啡镇痛效果与个体对药物的敏感性以及疼痛程度有关，应根据不同患者对药物的反应性来调整用量。久用易成瘾，除癌症剧痛外，一般仅短期应用于其他镇痛药无效时。诊断未明前慎用，以免掩盖病情而延误诊断。

2. 心源性哮喘 是由于左心衰竭而突然发生急性肺水肿，使肺换气功能降低，体内缺氧，CO_2 潴留引起的呼吸困难。需强心、利尿、扩血管等综合性治疗，除注射速效的强心苷、氨茶碱、呋塞米及吸氧外，静脉注射小剂量吗啡，使气促和窒息感等症状得以迅速改善，促进肺水肿的吸收。其作用机理可能是：①扩张外周血管，降低外周阻力，减少回心血量，减轻心脏负担；②其镇静作用消除患者的紧张不安、恐惧情绪，减少耗氧量；③降低呼吸中枢对 CO_2 的敏感性，减弱了过度的反射性呼吸兴奋。但对伴有昏迷、休克、严重肺部疾患或痰多患者禁用。

3. 止泻 常选用阿片酊或复方樟脑酊，用于急、慢性消耗性腹泻，可减轻症状。伴细菌感染者应合用抗生素。

【不良反应及注意事项】

1. 治疗剂量的吗啡可引起眩晕、嗜睡、恶心呕吐、便秘、尿潴留、胆内压增加、直立性低血压和免疫抑制等。偶见烦躁不安等情绪改变。

2. 连续多次给药机体易产生耐受性（tolerance）和成瘾性（addiction）。吗啡类药物反复使用其效力会逐渐减弱，形成耐受性，能耐受常用量的25倍而不致中毒。此时必须增加剂量才可获得原来的镇痛效果和欣快感。吗啡耐受性产生的原因，有报道认为可能与血-脑屏障中一种 p 蛋白表达增加使吗啡难以通过血-脑屏障及孤啡肽合成增加对抗了吗啡类药物的作用有关。

吗啡成瘾作用甚强，一旦停药，可出现烦躁不安、失眠、流泪、流涕、呕吐、腹痛腹泻、出汗、虚脱甚至意识丧失，精神出现变态等戒断症状，有明显强迫性觅药行为。

吗啡过量可引起急性中毒，主要表现为昏迷、深度呼吸抑制以及瞳孔极度缩小（针尖样瞳孔），常伴有血压下降、严重缺氧以及尿潴留。呼吸麻痹是致死的主要原因。抢救措施为人工呼吸、适量给氧以及静脉注射阿片受体阻断药纳洛酮。

【禁忌证】 吗啡能通过胎盘或乳汁抑制胎儿和婴儿的呼吸，若反复使用，胎儿和新生儿也会成瘾；同时能对抗催产素对子宫的兴奋作用而延长产程，故禁用于分娩止痛和哺乳妇女止痛。对支气管哮喘、肺源性心脏病、颅脑外伤及肝功能严重减退者禁用。

可 待 因

可待因（codeine）又称甲基吗啡，在阿片中含量约占 0.5%。口服易吸收，生物利用度为 60%。吸收后约有 10% 在肝内脱去甲基而转变为吗啡，可待因本身对阿片受体的亲和力很低，其镇痛作用可能与体内转变为吗啡有关。可待因的镇痛作用仅为吗啡的 1/12，镇咳作用为其 1/4。持续时间与吗啡相似；镇静作用不明显，欣快感及成瘾性弱于吗啡。在镇静剂量时，对呼吸中枢抑制较轻，无明显便秘、尿潴留及直立性低血压的副作用。可待因镇痛效果不及吗啡，用于中等程度疼痛。与解热镇痛药合用有协同作用，如氨酚待因片。也作为典型的中枢镇咳药用于镇咳。

第二节 人工合成的阿片类镇痛药

哌 替 啶

哌替啶（pethidine）又称度冷丁（dolantin）、麦啶（meperidine），为苯基哌啶衍生物，于1937年在人工合成阿托品类似物时发现其具有吗啡样作用，是目前临床上应用最广泛的人工合成镇痛药。

【体内过程】 可待因口服或注射给药均能吸收，口服生物利用度为 40%～60%，皮下或肌内注射吸收更迅速，故一般注射给药。血浆蛋白结合率 60%，$t_{1/2}$ 约为 3h。主要在肝脏代谢成哌替啶酸和去甲哌替啶，经肾排出。去甲哌替啶 $t_{1/2}$ 为 15～20h，具有明显的中枢兴奋作用，是可待因过量中毒时出现惊厥的原因。

【药理作用】　可待因的药理作用与吗啡基本相同，但其效价强度仅为吗啡的 1/10～1/7。

1. 中枢神经系统

（1）镇痛、镇静：镇痛效力约相当于吗啡的 1/10，作用维持 2～4h。镇痛的同时可产生明显的镇静作用，少数患者可出现欣快感。

（2）抑制呼吸：等效剂量的可待因与吗啡抑制呼吸的程度相等，但维持时间较短，对呼吸功能正常者无明显影响，但对肺功能不良及颅脑损伤者可危及生命。

（3）其他作用：可待因轻度抑制咳嗽中枢，并兴奋延髓 CTZ、增加前庭器官的敏感性。

2. 心血管系统　治疗剂量可待因偶可引起直立性低血压。

3. 平滑肌　可待因能提高胃肠道平滑肌张力和减少推进性蠕动，但因作用较弱，无明显止泻和引起便秘作用；治疗剂量可待因对支气管平滑肌无明显作用，大剂量可引起收缩。

【临床应用】

1. 镇痛　哌替啶镇痛作用虽较吗啡弱，但成瘾性较吗啡轻，产生也较慢，现已取代吗啡用于各种剧烈疼痛，但对胆绞痛和肾绞痛等内脏绞痛需加用阿托品。用于分娩止痛时，由于新生儿对可待因的呼吸抑制作用特别敏感，故产前 2～4h 不宜使用。

2. 心源性哮喘　哌替啶可代替吗啡用于心源性哮喘的辅助治疗。其机理与吗啡相同。

3. 麻醉前给药　麻醉前给予哌替啶，能解除患者对手术的紧张和恐惧情绪，减少麻醉药用量。

4. 人工冬眠　可待因与氯丙嗪、异丙嗪组成冬眠合剂，用于需人工冬眠的患者。

【不良反应】　治疗量可致眩晕、恶心、呕吐、口干、心动过速及直立性低血压等，剂量过大可致震颤、肌肉抽搐、反射亢进，甚至惊厥。长期反复应用也易产生耐受性和成瘾性。中毒解救用阿片受体特异性拮抗药纳洛酮，但其不能对抗可待因的中枢兴奋作用，需要配合应用巴比妥类药物。

芬 太 尼

芬太尼（fentanyl）效价强度约为吗啡的 100 倍，作用迅速，维持时间短，也能产生明显的欣快感、呼吸抑制和成瘾性。血浆蛋白结合率 84%，$t_{1/2}$ 为 3.7h。主要用于麻醉辅助用药和静脉复合麻醉，或与氟哌利多（droperidol）合用产生神经阻滞镇痛，适用于外科小手术。不良反应有轻度呼吸抑制、眩晕、恶心、呕吐及胆道平滑肌痉挛，大剂量能产生肌肉僵直，可用对抗络洛酮。

美 沙 酮

美沙酮（methadone）药理作用与吗啡相似，口服生物利用度为 92%，血浆蛋白结合率为 89%，$t_{1/2}$ 为 35h。主要经肝脏代谢并从肾脏排泄。美沙酮镇痛、呼吸抑制、镇咳作用与吗啡相似，对平滑肌兴奋作用、欣快作用及成瘾性不如吗啡。临床用于各种剧痛，也用于吗啡和海洛因的脱毒治疗。不良反应与可待因相似。

喷 他 佐 辛

喷他佐辛（pentazocine）又名镇痛新，是阿片受体部分激动剂，主要激动 κ 和 σ 受体，对 μ 受体有弱的拮抗作用。口服和注射给药均易吸收，生物利用度为 55%，血浆蛋白结合率为 65%，$t_{1/2}$ 为 4.5h。主要经肝脏代谢和肾脏排泄。

喷他佐辛镇痛效力是吗啡的 1/3，呼吸抑制作用是吗啡的 1/2。大剂量（60～90mg）致烦躁、焦虑、幻觉等精神症状，可用纳洛酮拮抗。对胃肠道平滑肌的兴奋作用比吗啡弱。对心血管系统的影响与吗啡不同，大剂量可引起血压升高、加快心率，静脉注射可增加左心室舒张期末和平均动脉压。由于喷他佐辛轻度拮抗 μ 受体，故无明显欣快感和成瘾性，已被国家食品药品监督管理总局列为非麻醉品，临床主要用于慢性疼痛患者。

曲 马 朵

曲马朵（tramadol）为阿片受体的激动剂，镇痛效力与喷他佐辛相当；镇咳效力约为可待因的 1/2，呼吸抑制作用弱，对胃肠道无影响，无明显扩血管和降压作用；耐受性和成瘾性较弱。曲马朵口服吸收快而完全，生物利用度 68%，血浆蛋白结合率 20%，$t_{1/2}$ 约为 5h。临床常用于外科、产科术后痛及晚期肿瘤疼痛。常见不良反应为眩晕、恶心、呕吐和出汗等。

罗 通 定

罗通定（rotundine）又称延胡索乙素（corydalis B），是罂粟科植物延胡索（Corydalis turshaninovii Bess.）等块茎中具有镇痛作用的生物碱消旋四氢巴马汀的左旋体。目前提取该药的主要原料是我国产千金藤属植物块根。

罗通定具有镇静、安定、镇痛和中枢性肌肉松弛作用，无明显成瘾性。其作用机理可能是阻断脑内多巴胺受体，增加与痛觉有关的特定脑区脑啡肽原和内啡肽原的 mRNA 表达，促进脑啡肽和内啡肽的释放。临床主要口服用于一般性头痛、脑震荡后头痛及其他慢性持续性钝痛和内脏痛。治疗剂量一般无不良反应，大剂量可抑制呼吸，偶见眩晕、乏力、恶心及其他锥体外系反应。

第三节　阿片受体拮抗药

纳洛酮和纳曲酮

纳洛酮（naloxone）和纳曲酮（naltrexone）是阿

片受体拮抗药。两者的化学结构与吗啡相似，对 μ、δ 和 κ 受体有竞争性拮抗作用。生理情况下，两药无明显的药理效应，但能使长期应用阿片类药物的成瘾者立即出现戒断症状，能快速对抗阿片类药物过量中毒所致的呼吸抑制和血压下降等。近年来认为内啡肽是一种休克因子，作用于 μ 和 κ 受体，引起心血管抑制、血压下降。纳洛酮和纳曲酮可对抗内啡肽的作用，对多种原因引起的休克有明显的治疗作用。纳洛酮的生物利用度低于 2%，一般注射给药，$t_{1/2}$ 为 1.1h；纳曲酮的生物利用度约为 30%，$t_{1/2}$ 为 2.7h。两药主要用于阿片类药物过量中毒的抢救，也适用于各种休克、脑卒中、酒精中毒、新生儿窒息、脊髓和脑创伤等。

【**案例及思考题**】 患者，男，55 岁。3 个月前发生急性心肌梗死，经治疗后基本好转。近两周未曾用药。近日夜里突发剧咳而憋醒，不能平卧，咳出粉红色泡沫样痰，患者烦躁、大汗淋漓。查体：心率 120 次/分、呼吸 38 次/分、血压 160/94mmHg，两肺野可闻及湿啰音。此患者被诊断为心源性哮喘。

问题：
1. 请选择治疗药物并说明选择的依据是什么？
2. 用药时应做好哪些用药护理？

（耿 仙）

第十七章 治疗中枢神经系统退行性疾病的药物

中枢神经系统退行性疾病(central nervous system degenerative disorders)是一类以特定脑区神经元退化和不可逆性丢失为特征的病变,包括帕金森病(Parkinson's disease, PD)、阿尔茨海默病(Alzheimer's disease, AD)、亨廷顿病(Huntington's disease, HD)、肌萎缩性侧索硬化症(amyotrophic lateral sclerosis, ALS)、Lewy体痴呆、Pick小体病(Pick body disease)和多发梗死性痴呆(multi-infarct dementia, MID)等。尽管这类疾病的病因及病变部位各不相同,但共同的基本特征是相关脑区结构和功能上的神经退行性变,病理表现为脑和(或)脊髓发生神经元退行性变性、脱失,且伴有神经细胞大量凋亡。目前针对神经退行性疾病的药物治疗只是缓解症状,并不能从根本上改变病程。本章主要介绍帕金森病和阿尔茨海默病的药物治疗。

第一节 治疗帕金森病药

帕金森病(Parkinson's disease, PD),又称震颤麻痹,是一种慢性中枢神经系统退行性疾病,常见于老年人。疾病早期即选择性累及全身多种神经元群,中晚期以中枢神经系统的损害为主,其最主要的临床表现是静止性震颤、肌强直、运动迟缓和姿势不稳等运动症状。典型的病理特征是中脑黑质多巴胺能神经元进行性变性缺失,残存的多巴胺能神经元胞质内出现病理标志物路易体(Lewy's body)。

PD的病因和发病机理尚不完全清楚,目前认为PD可能是遗传、环境、老龄化等因素共同作用的结果,具体机理涉及多巴胺(dopamine, DA)缺失、线粒体功能障碍、氧化应激、神经炎症、兴奋性毒性损伤等,相应也提出了多种病因学说,其中得到大多数学者公认的学说只有多巴胺缺失学说。该学说认为,PD的发病机理与缺乏中枢神经递质DA有关,主要病变区在黑质-纹状体多巴胺能神经通路。黑质多巴胺能神经元发出的上行纤维到达纹状体,其末梢与尾-壳核神经元(尾状核和壳核细胞)形成突触,以DA为递质对脊髓前角运动神经元发挥抑制作用。同时尾核中的胆碱能神经元与尾-壳核神经元所形成的突触以乙酰胆碱(acetylcholine, ACh)为递质发挥兴奋作用。正常时两种递质处于动态平衡状态,共同参与调节机体的运动机能。PD患者由于多巴胺能神经元变性(黑色素细胞缺失达70%~80%),DA合成减少,纹状体内DA含量降低,而兴奋性胆碱能神经元功能相对占优势,基底节神经核团功能调节紊乱,导致肌张力增高,从而产生震颤麻痹的一系列症状。最近对PD的病因提出氧化应激-自由基学说,即认为DA在代谢过程中产生H_2O_2和超氧阴离子O_2^-,在黑质部位Fe^{3+}催化下生成O_2^-和OH^-两种自由基,促进神经膜类脂的氧化而破坏多巴胺能神经细胞膜的功能。该学说启发了针对PD的抗氧化治疗思路,以保护神经细胞,延缓PD病变进程。

目前常用的有拟DA类药和中枢性抗胆碱药两类,用拟DA类药物补充脑内DA的不足,提高DA能神经功能,用中枢性抗胆碱药物对抗胆碱能神经,降低胆碱能神经兴奋功能,从而恢复DA能和ACh能神经调节的平衡状态。

一、拟多巴胺类药物

左旋多巴

【体内过程】 口服后迅速由小肠吸收,有30%~50%到达全身循环,胃液的酸度高、胃排空缓慢及高蛋白饮食后都可延缓左旋多巴的吸收,降低其生物利用度。左旋多巴被吸收后广泛分布于体内各种组织,绝大部分在外周被氨基酸脱羧酶代谢成DA,但进入中枢神经系统的原形药物仅占剂量的1%~3%。$t_{1/2}$一般为1~3h,当与外周多巴脱羧酶抑制药合用时,左旋多巴在外周的代谢减少,血浆$t_{1/2}$延长。本药在体内代谢后大部分转变为DA,其主要代谢产物为3-甲氧基-4-羟苯乙酸(高香草酸,HVA)和二羟苯乙酸(DOPAC),迅速经肾脏排泄,有些代谢物可使尿色变红。

【药理作用】 左旋多巴为体内合成DA的直接前体,可通过血-脑屏障,在脑内脱羧成为DA,对大多数PD患者具有显著疗效;也可恢复中枢神经系统功能,从而使肝性脑病患者意识苏醒。

【作用机理】 左旋多巴在脑内脱羧变成DA,补充纹状体中DA的不足,刺激纹状体中DA受体,改善随意神经冲动传导至运动皮质的调节。左旋多巴的代谢产物及DA,能刺激延髓呕吐中枢的化学感受器,并促进垂体释放生长激素。

【临床应用】

1. 治疗PD 左旋多巴可以改善患者运动障碍和肌肉强直,进而改善震颤;对步态不协调、面部无表情和流涎者也有效,使患者精神活动增加,情绪好转,提高对周围事物的兴趣;思维表达能力有所改善。

但左旋多巴对吩噻嗪类抗精神病药引起的椎体外系症状无效，因吩噻嗪类药物阻断中枢 DA 受体，使DA 无法发挥作用。

2. 治疗肝性脑病 左旋多巴能使肝性脑病患者的意识从昏迷转变为清醒，但不能改善肝功能，故不能根治。肝性脑病的伪递质学说认为，正常机体蛋白质代谢产物苯乙胺和酪胺都在肝内被氧化解毒。肝功能障碍时，血中苯乙胺和酪胺升高，在神经细胞内经β-羟化酶催化分别生成伪递质苯乙醇胺和羟苯乙胺，取代正常的递质 DA，妨碍神经系统的正常功能。服用左旋多巴后，其在脑内脱羧生成DA，从而恢复中枢神经系统功能。

【不良反应】 左旋多巴的不良反应大多是由于药物在体内代谢生成的DA 所引起的。

1. 胃肠道反应 治疗初期约有 80%的患者出现恶心、呕吐、食欲减退或上腹部不适，这是由于 DA刺激延髓催吐化学感受区所致。继续用药或与外周脱羧酶抑制药同服，胃肠道不良反应可明显减少或逐渐消失。偶见消化性溃疡出血或穿孔。

2. 心血管反应 治疗初期，约有 30%的患者出现轻度直立性低血压。少数患者头晕，继续用药可减轻症状。此外，由于多巴胺对β受体有激动作用，可引起心律失常。若与单胺氧化酶抑制药（Monoamine Oxidase Inhibitor，MAOI）、拟交感胺合用或剂量过大，可使血压升高。

3. 异常不随意运动 约有50%的患者在治疗2～4 个月内出现异常的不随意运动，多见于面部肌群，如张口、咬牙、伸舌、皱眉、头颈部扭动等。也可累及肢体或躯体肌群，偶见喘息样呼吸或过度呼吸。另外还可出现"开-关"现象（on-off phenomena），即患者突然多动不安（开），而后又出现肌强直性运动不能（关），两种现象可交替出现，严重妨碍患者的正常活动。

4. 精神障碍 引起失眠、焦虑、噩梦、狂躁、幻觉、妄想、抑郁等。此反应可能与 DA 作用于大脑边缘叶有关。

5. 其他不良反应 瞳孔散大，某些患者可发生急性青光眼。偶见血脂异常，使痛风症状恶化。

【药物相互作用】

1. 苯二氮䓬类药物和苯妥英钠可拮抗左旋多巴的抗震颤麻痹作用，同用时应注意。

2. 甲基多巴或可乐宁可拮抗左旋多巴的抗震颤麻痹作用，加重其直立性低血压的副作用。拟肾上腺素类药也可加重心血管的不良反应，因此左旋多巴不宜与上述药物合用。

3. MAOI 可在体内阻止 DA 的降解，增强其效应，但可导致心率加快及高血压危象，不宜合用。

4. 与抗精神病药和利血平合用可产生类似 PD 的症状，前者阻断 DA 受体，后者耗竭 DA，使左旋多巴失效。

5. 维生素 B_6 为多巴脱羧酶辅酶，可增强外周组织脱羧酶活性，大剂量应用可降低左旋多巴作用。但如与脱羧酶抑制剂合用，则维生素 B_6 可在脑内促进多巴脱羧作用，增强左旋多巴的作用。

6. 普萘洛尔可加强左旋多巴疗效，也增强其刺激生长激素分泌的作用。

【注意事项及禁忌证】 严重精神疾患、糖尿病、严重心律失常、心力衰竭、闭角型青光眼、消化性溃疡、有惊厥史者、孕妇及哺乳期妇女禁用。

卡 比 多 巴

【体内过程】 口服吸收40%～70%，血浆蛋白结合率约36%，在肝内代谢，50%～60%以原形或代谢产物从尿中排出。

【药理作用与作用机理】 卡比多巴是 α-甲基多巴肼（α-methyldopahydrazine）的左旋体，是左旋多巴增效药。本药有较强的左旋芳香氨基酸脱羧酶（aromatic L-amino acid decarboxylase，AADC）抑制活性，不易透过血-脑屏障。卡比多巴单用无效，与左旋多巴合用时，仅抑制外周多巴脱羧酶的活性，减少 DA 在外周组织的生成，减轻其外周不良反应，进而使进入中枢的左旋多巴增多，提高脑内 DA 的浓度，增强左旋多巴的疗效，改善震颤麻痹症状，所以是左旋多巴的重要辅助用药。

【临床应用】 临床应用同左旋多巴，其复方制剂复方卡比多巴为左旋多巴与卡比多巴10∶1或4∶1混合而成。

【不良反应】 常见有恶心，呕吐，直立性低血压，面部、舌、上肢和身体上部异常不随意运动，排尿困难，精神抑郁。少见不良反应有高血压、心律失常。

【药物相互作用】

1. 与左旋多巴合用，可减少其用量，减少副作用。合用治疗震颤麻痹时，可合用维生素 B_6，增加脑内左旋多巴转化为 DA 的速度。

2. 卡比多巴不宜与金刚烷胺、苯托品、开马君、苯海索合用。

【注意事项及禁忌证】 高血压、心律失常、糖尿病患者慎用。有骨质疏松者用卡比多巴应缓慢恢复正常活动，以减少骨折危险。用药期间需检查血常规、肝肾功能及心电图。

严重精神病、严重心律失常、心力衰竭、青光眼、消化性溃疡、有惊厥史者禁用。

溴 隐 亭

【体内过程】 口服吸收迅速，吸收率约为28%，首过代谢明显，生物利用度仅有 6%，血浆药物浓度达峰时间为 1～3h，作用时间较左旋多巴为长。血浆 $t_{1/2}$ 为 3～8h，主要经肝脏代谢，大部分由粪便中排出

(86.3%)。

【药理作用】 溴隐亭是一种多巴胺受体激动剂。主要作用于 D_2 受体，具有抗震颤麻痹、抑制催乳素分泌、抑制生长激素释放的作用。

【作用机理】 溴隐亭为特异性下丘脑和垂体的多巴胺受体激动剂，能直接作用于腺垂体，而抑制催乳素的分泌。它还能兴奋锥体外系的多巴胺受体，可以有效地缓解猴脑干被盖部腹正中区手术损害所引起的震颤，故可用于治疗震颤麻痹。溴隐亭还能激动自主神经支配的器官中的多巴胺受体而起相应的作用。

【临床应用】 主要用于抗 PD。与复方左旋多巴联合用于治疗早期 PD。用于不能耐受左旋多巴治疗的 PD 患者。也可用于回乳、催乳素分泌过多症和肢端肥大症等的治疗。

【不良反应】
1. 不良反应的发生率高达 60% 以上，与剂量大小有关。与食物同进，可能减轻。
2. 用药早期可见恶心、呕吐、眩晕、直立性低血压甚至昏厥。
3. 可引起下肢血管痉挛。还可出现鼻充血、红斑性肢痛、心律失常、心绞痛加重、口干、便秘、腹泻、头痛、嗜睡、幻觉妄想、躁狂、抑郁等。
4. PD 患者可能发生运动障碍，肢端肥大症患者可能出现胃肠出血。
5. 长期用药可出现皮肤网状青斑、腹膜纤维化、胸膜增厚和积液。
6. 在使用较高剂量时还可能出现精神病、幻觉、妄想、精神错乱，但使用低剂量也可能发生。

【药物相互作用】 ①与左旋多巴合用治疗 PD 时，能增强本药疗效，故应适当减量。②与大环内酯类合用时可升高本药的血药浓度，并可出现 DA 过量征兆。③与降血压药物合用时，可加强降压效果，降压药的用量应酌减。④口服激素类避孕药可致闭经或溢乳，干扰本药效应，不宜合用。⑤氟哌啶醇、甲基多巴、MAOI、甲氧氯普胺、吩噻嗪类、利血平和硫杂蒽类等能升高血清泌乳素浓度，干扰本药的效应，必须合用时，应适当调整本药剂量。⑥与其他麦角碱衍生物合用时，可使本药偶尔引起的高血压加重，但较为罕见。⑦与乙醇合用时，可能降低对药物的耐受性，故服药期间禁止饮酒。⑧丁酰苯类抗精神病药或 H_2 受体阻断药与溴隐亭合用可升高催乳素浓度而降低疗效。

【注意事项及禁忌证】 有高血压、严重精神病病史、严重缺血性心脏病和周围血管病患者禁用。

培 高 利 特

【体内过程】 口服后很快从胃肠道吸收，分布于所有组织中，维持 24h 以上。主要经粪便排出，少量经尿排出。

【药理作用】 培高利特为一典型的中枢神经突触后多巴胺受体激动剂，降低正常和利血平化大鼠血清催乳素含量，增加小鼠自主活动能力和攀爬行为，引起大鼠和豚鼠的刻板化运动，以及对抗猴中脑背盖腹侧损伤引起的自发性震颤。

【作用机理】 培高利特能明显抑制垂体前叶释放催乳素，降低正常和利血平化大鼠血清催乳素含量；降低大鼠脑内 DA 代谢转化，从而降低脑内 3,4 二羟基苯乙酸含量，使黑质-纹状体损伤的大鼠产生对侧旋转反应。

【临床应用】 培高利特为多巴胺受体激动剂，为复方左旋多巴制剂的协同药物，适用于：①PD 及帕金森综合征患者复方左旋多巴制剂疗效减退或出现运动功能障碍，如开关现象等，也可用于早期联合治疗；②高催乳素血症。

【不良反应】 可出现恶心、呕吐、头晕、乏力、鼻塞、皮肤瘙痒、便秘等不良反应。个别患者口服培高利特后，曾发生精神症状、直立性低血压；个别患者出现窦性心动过速伴房性期前收缩。

【药物相互作用】 通常与左旋多巴合用。

【注意事项及禁忌证】 服用必须在医生严格指导下，从小剂量开始，逐步增加至最佳剂量。严重心脏病及既往有神经病史的患者，使用高剂量时宜慎重。对培高利特或其他麦角类衍生物过敏者。

普 拉 克 索

【体内过程】 普拉克索口服吸收迅速完全。绝对生物利用度高于 90%，最大血浆浓度在服药后 1~3h 出现。与食物一起服用不会降低普拉克索吸收的程度，但会降低其吸收速率。普拉克索的总清除率大约为 500ml/min，肾脏清除率大约为 400ml/min。年轻人和老年人的普拉克索清除半衰期（$t_{1/2}$）从 8~12h 不等。

【药理作用与作用机理】 普拉克索是一种多巴胺受体激动剂，与多巴胺受体 D_2 亚家族结合有高度选择性和特异性，并具有完全的内在活性，对其中的 D_3 受体有优先亲和力。普拉克索通过兴奋纹状体的多巴胺受体来减轻 PD 患者的运动障碍。

【临床应用】 普拉克索用于治疗特发性 PD 的体征和症状，单独（无左旋多巴）或与左旋多巴联用。例如，在疾病后期左旋多巴的疗效逐渐减弱或者出现变化和波动时（剂末现象或"开关"波动），需要应用普拉克索。

【不良反应】 使用普拉克索可能出现以下不良事件：做梦异常，意识模糊，便秘，妄想，头昏，运动障碍，疲劳，幻觉，头痛，运动功能亢进，低血压，食欲增加（暴食，食欲过盛），失眠，性欲障碍，恶心，外周水肿，偏执；病理性赌博，性欲亢进或其他异常行为；嗜睡，体重增加，突然睡眠发作；搔痒、皮疹和其他过敏症状。

【药物相互作用】 西咪替丁可以使普拉克索的肾脏清除率降低大约34%。因此，抑制这种主动的肾脏清除途径或通过这种途径清除的药物，如西咪替丁和金刚烷胺，可能与普拉克索发生相互作用并导致任何一种或两种药物的清除率降低。当这些药物与普拉克索同时应用时，应降低普拉克索剂量。当普拉克索与左旋多巴联用时，建议在增加普拉克索的剂量时降低左旋多巴的剂量，而其他抗PD治疗药物的剂量保持不变。由于可能的累加效应，患者在服用普拉克索的同时要慎用其他镇静药物或乙醇。普拉克索应避免与抗精神病药物同时应用，如预期会有拮抗作用时。

【注意事项及禁忌证】 肾功能不全者应减量。

罗 平 尼 咯

【体内过程】 罗平尼咯口服后迅速被吸收，1.5h可达血药峰值。食物可能减慢其速度。生物利用度约为50%，蛋白结合率为10%~40%。罗平尼咯主要通过P450CYP1A2代谢，代谢物随尿排出。平均消除$t_{1/2}$约为6h。

【药理作用与作用机理】 罗平尼咯是非麦角类衍生物，为D_2受体激动剂。

【临床应用】 ①单独用于治疗PD。②与左旋多巴合用可控制"开-关"现象，并可减少左旋多巴总用量。

【不良反应】

1. 肠道 使用多巴胺受体激动剂会产生厌食、恶心和呕吐。与食物同服能减少胃肠道不良反应。也有发生消化性溃疡出血的报道。

2. 心血管 治疗初期易发生直立性低血压。

3. 运动障碍 与左旋多巴相似，出现异常的运动障碍，降低药物剂量会缓解。

4. 心理障碍 情绪不稳、幻觉、妄想及其他精神系统反应是多巴胺受体激动药治疗的副作用，较左旋多巴严重。停药后即消失。

5. 其他不良反应 头痛、鼻黏膜出血、惊醒、肺浸润、胸膜及腹膜后纤维化。罗平尼咯偶可引起某些患者突然昏睡。

【药物相互作用】 精神病患者、心肌梗死、活动性消化性溃疡患者禁用多巴胺受体激动药。有末梢血管疾病的患者应慎用。

1. 神经安定药和其他具有中枢活性的多巴胺拮抗药如舒必利或甲氧氯普氯普胺，可降低罗平尼咯的作用，应避免与此类药物合用。

2. 罗平尼咯与CYP酶CYP1A2的底物（如茶碱）或抑制药（如环丙沙星、氟伏沙明和西咪替丁）合用时，应减少用量；停用上述药物时，应适当增加剂量。

3. 高剂量雌激素可提高罗平尼咯的血浆浓度，而对接受激素替代治疗（HRT）的患者，罗平尼咯有相同的变化。因此，如罗平尼咯治疗期间，开始或停止HRT，均需作剂量调整。

【注意事项及禁忌证】 精神病患者、心肌梗死、活动性消化性溃疡者禁用多巴胺受体激动剂。有末梢血管疾病的患者应慎用。

司 来 吉 兰

【体内过程】 司来吉兰口服后迅速被肠胃道吸收，1h血药浓度达峰值，$t_{1/2}$为40h，主要通过肝代谢为苯丙胺和甲基苯丙胺经尿排出。平均清除$t_{1/2}$为1.6h。

【药理作用与作用机理】 司来吉兰是一种选择性单胺氧化酶-B（MAO-B）抑制药，具有抑制纹状体中的DA降解，使基底神经节储存DA，促进脑内DA的功能。本药还是抗氧化剂，阻滞DA氧化应激过程中OH^-自由基的形成，从而保护黑质DA神经元，延缓PD症状的发展。

目前研究认为MAO-B在1-甲基-4-苯基-1，2，3，6-四氢吡啶（1-methyl-4-pheny-1，2，3，6-tetrahydropyridine，MPTP）诱发PD的发病过程中起重要作用。MPTP可透过血-脑屏障，被MAO-B转化为毒性物质MPP^+，MPP^+可通过DA转运体再摄取功能被黑质DA细胞摄入，并抑制细胞内线粒体复合酶Ⅰ的功能，从而抑制其氧化磷酸化过程。这种作用导致黑质-纹状体DA神经元死亡，DA递质耗竭，出现非常类似于PD的临床症状。司来吉兰可阻止MAO-B将MPTP转化为具有神经毒性的MPP^+，从而阻滞或延缓早期PD的进展。

【临床应用】 司来吉兰的主要治疗作用是增加左旋多巴的作用，减少后者的剂量和毒性，使左旋多巴的"开-关"现象消失。司来吉兰与左旋多巴合用特别适用于治疗运动波动，如由于大剂量左旋多巴治疗引起的剂末波动。当加入司来吉兰治疗时，左旋多巴剂量应降低30%。

【不良反应】 与左旋多巴合用偶可出现焦虑、幻觉和运动障碍等，本药在高剂量时作用失去选择性，由于外周NA积聚，患者有出现严重高血压的风险。

【药物相互作用】 司来吉兰治疗中与间接的拟交感神经药相互作用可引起高血压反应。司来吉兰与非选择性MAOI合用可能引起严重低血压。司来吉兰应避免与5-HT重摄取抑制剂或氟西汀合用，因可导致共济失调、震颤、高热、高/低血压、惊厥、心悸、流汗、脸红、眩晕及精神变化等症状发生。

【注意事项及禁忌证】 有胃及十二指肠溃疡，不稳定高血压，心律异常，严重心绞痛或精神病患者服用司来吉兰需特别注意。若用药剂量过大，药物作用失去选择性，抑制单胺氧化酶A（MAO-A）的作用增加，可能引发严重高血压。

雷沙吉兰

【体内过程】 口服后在胃肠道吸收迅速，达峰时间约 30min，生物利用度约 36%，蛋白结合率为 60%～70%。在肝脏广泛代谢，代谢物为1-氨基二氢化茚。代谢产物主要随尿排泄，部分随粪便排泄，不到 1%的给药量以原形随尿排泄，$t_{1/2}$ 为 0.6～2h。

【药理作用与作用机理】 雷沙吉兰为不可逆性、选择性 MAO-B 抑制药。MAO 为一种参与脑内 DA 代谢性降解的酶，该酶被抑制后，DA 的信号传递增强，对 PD 有益，也可增强左旋多巴的作用。

【临床应用】 用于治疗 PD，可单用或作为左旋多巴的辅助用药。

【不良反应】

1. **心血管系统** 可见心绞痛，少见脑血管意外和心肌梗死。
2. **中枢神经系统** 可见头痛、眩晕、抑郁。
3. **呼吸系统** 可见鼻炎。
4. **肌肉骨骼系统** 可见颈痛、关节痛、关节炎。
5. **泌尿生殖系统** 可见尿急。
6. **胃肠道** 可见消化不良、食欲缺乏。
7. **血液** 可见白细胞减少。
8. **皮肤** 可见皮疹、黑色素瘤。
9. **眼** 可见结膜炎。
10. **其他** 可见流感样综合征。

【药物相互作用】

1. CYP1A2 的强抑制药可升高雷沙吉兰的血药浓度。
2. 与其他 MAOI 同用，有发生非选择性 MAO 抑制的危险，可能导致血压升高。
3. 与恩他卡朋合用，雷沙吉兰的清除率增加 28%。

【注意事项及禁忌证】 ①重度肝功能不全患者禁用；②中度肝功能不全患者避免使用。

二、中枢抗胆碱药

苯海索

【体内过程】 口服后胃肠道吸收快而完全，透过血-脑屏障进入中枢神经系统，1h 起效，作用持续 6～12h。服用量的 56%随尿排出。

【药理作用】 用药后可减少流涎，松弛平滑肌。缓解 PD 症状及药物诱发的锥体外系症状，但迟发性多动症不会减轻，用抗胆碱药后反会加重。此外，苯海索对平滑肌有直接抗痉挛作用，小量时可有抑制中枢神经系统作用，大量则引起脑兴奋。

【作用机理】 一般认为可部分阻滞中枢（纹状体）的胆碱受体，以助基底节的胆碱与 DA 的功能获得平衡。

【临床应用】 ①PD；②药物诱发的锥体外系反应。

【不良反应】

1. 视物模糊、便秘、出汗减少、排尿困难或疼痛、嗜睡、口鼻或喉干燥、畏光、恶心、呕吐等较多发生。
2. 失眠、不安，严重者可引起精神错乱。
3. 老年患者或用大剂量者，较常见有眼压增高所致眼痛及过敏性皮疹，直立性低血压等较少见。
4. 过量的表现为步态不稳或蹒跚，严重时可出现严重口渴、呼吸短促或困难、心跳加快、皮肤有异常的红润干燥和灼热感，均为抗胆碱样作用，也可出现惊厥、幻觉或睡眠障碍、严重嗜睡。
5. 原有精神病患者并用镇定药治疗时，则可能出现中毒性精神病样情绪或精神改变。

【药物相互作用】

1. 乙醇、中枢抑制药同用时，可加强镇静作用。
2. 金刚烷胺、抗胆碱药或其他有抗胆碱作用的药物、MAOI（如呋喃哩酮、帕吉林及丙卡巴肼）同用时，可加强苯海索的抗胆碱作用，并可发生麻痹性肠梗阻。
3. 制酸药或吸附性止泻剂可减弱苯海索的疗效，必须应用时两者至少要间隔 1～2h。
4. 左旋多巴或其复方制剂：苯海索可加强左旋多巴的疗效，遇有精神病史的患者不宜并用。
5. 氯丙嗪：使氯丙嗪代谢加快，但由于胃肠道的蠕动减慢，可使其血药浓度降低。

【注意事项及禁忌证】 ①可抑制乳汁的分泌，妊娠及哺乳期妇女慎用。②老年人长期应用容易促发青光眼。伴有动脉硬化者，对常用量的抗 PD 药容易出现精神错乱、定向障碍、焦虑、幻觉及精神病样症状。③下列情况应慎用：心血管功能不全者；迟发性多动症；锥体外系反应如由吩噻嗪类及利血平引起者，以及有精神病的患者；已有或倾向于有闭角型青光眼者；肝功能障碍者；高血压患者；完全性或部分性肠梗阻或有此病史者；重症肌无力患者；中度或重度前列腺增生或尿潴留患者；肾功能障碍者。

苯扎托品

【体内过程】 口服吸收快而完全。1h 后起效，作用持续 24h。$t_{1/2}$ 为 6～8h。

【药理作用与作用机理】 苯扎托品为阿托品类衍生物，具有中枢性抗胆碱、抗组胺及轻度局部麻醉作用。临床应用于 PD 和利血平、吩噻嗪类药物引起的帕金森症状，疗效优于苯海索。

【临床应用】 ①PD；②药物诱发的锥体外系反应。

【不良反应】 不良反应类似于阿托品，可有头晕、视物模糊、瞳孔放大、口干、心率加快、嗜睡、精神障碍等症状。

【药物相互作用】 吩噻嗪类或三环类抗抑郁药（TCAs）同用可引起肠麻痹。与选择性 5-HT 再摄取抑制剂合用偶可出现谵妄。与抗精神药合用有降体温和引起致死性心源性脑卒中的可能。

【注意事项及禁忌证】 青光眼患者禁用；心、肝、肾病者慎用；老年患者对苯扎托品可能更敏感、注意调整剂量。

三、其他药物

金刚烷胺

【体内过程】 在胃肠道吸收迅速且完全，吸收后分布于唾液、鼻腔分泌液中。在动物组织尤其是肺内的含量高于血清的含量。可通过胎盘及血-脑屏障。肾功能正常者 $t_{1/2}$ 为 11~15h。主要由肾脏排泄，90%以上以原形经肾小球滤过随尿排出，部分可被动再吸收；在酸性尿中排泄率可迅速增加，也有少量由乳汁排泄。

【药理作用与作用机理】 抗帕金森的作用可能是因金刚烷胺能促进纹状体内多巴胺能神经末梢释放 DA，并加强中枢神经系统的 DA 与儿茶酚胺的作用，以增加神经元的 DA 含量所致。抗病毒的机理似与阻止甲型流感病毒穿入呼吸道上皮细胞，剥除病毒的外膜及释放病毒的核酸进入宿主细胞有关。对已经穿入细胞内的病毒亦有影响病毒初期复制的作用。

【临床应用】 ①抗 PD；②抗病毒。

【不良反应】

1. 较常见的不良反应 幻觉，精神错乱，特别是老年患者，可能由于抗胆碱作用所致；情绪或其他精神改变，一般由于中枢神经系统受刺激或中毒。

2. 比较少见的不良反应 排尿困难，由于抗胆碱作用所致，以老年人为多；昏厥，常继发于直立性低血压。

3. 极少见的不良反应 语言含糊不清，或不能控制的眼球滚动，一般是中枢神经系统兴奋过度或中毒的表现；咽喉炎及发热，可能因白细胞减少和（或）中性粒细胞减少所致。

4. 持续存在或比较顽固难以消失的不良反应 注意力不能集中，头晕或头晕目眩，易激动，食欲消失，恶心，神经质，皮肤出现紫红色网状斑点或网状青斑，睡眠障碍或噩梦（中枢神经系统受刺激或中毒）等为常见；视物模糊，便秘，口、鼻及喉干，头痛，皮疹，经常感疲劳或无力，呕吐等为少见或极少见。

5. 长期治疗中常见的不良反应 足部或下肢肿胀，不能解释的呼吸短促，体重迅速增加。后者可能因充血性心力衰竭所致。

6. 逾量中毒的表现 惊厥，见于用 4 倍于常用量时；严重的情绪或其他精神改变，严重的睡眠障碍或噩梦。

【药物相互作用】

1. 乙醇 中枢神经系统的不良作用会加强，如头昏、头重脚轻、昏厥、精神错乱及循环障碍。

2. 抗 PD、抗胆碱药、抗组胺药、吩噻嗪类或 TCAs 加强阿托品样副作用，特别在有精神错乱、幻觉及噩梦的患者，需调整这些药物用量。

3. 中枢神经兴奋药 可加强中枢神经的兴奋，严重者可引起惊厥或心律失常等不良反应。

【注意事项及禁忌证】 孕妇及哺乳期妇女禁用。下列情况应慎用：①有脑血管病或病史者；②有反复发作的湿疹样皮疹病史；③末梢性水肿；④充血性心力衰竭；⑤精神病或严重神经官能症；⑥肾功能障碍；⑦有癫痫病史者，金刚烷胺可增加发作。

美金刚

【体内过程】 绝对生物利用度约为 100%，达峰时间为 3~8h，食物不影响美金刚的吸收。血浆蛋白结合率为 45%，约 80% 以原型存在，主要经肾脏排泄。

【药理作用与作用机理】 越来越多的证据显示谷氨酸能神经递质功能障碍（尤其是 NMDA 受体功能损害时）会表现出神经退行性痴呆的临床症状和疾病进展。美金刚是一种电压依赖性、中等程度亲和力的非竞争性 NMDA 受体拮抗药。它可以阻断谷氨酸浓度病理性升高导致的神经元损伤。

【临床应用】 用于阿尔茨海默病、PD、多发性硬化及痉挛状态。

【不良反应】

（1）心血管系统：高血压、心动过速。

（2）精神、神经系统：常见抑郁、失眠、运动活动增强或减弱、静坐不能或激动、头晕、嗜睡、头痛、坐立不安和兴奋过度、幻觉、错觉或谵妄。

（3）代谢与内分泌系统：体重增加、体重降低和出汗。

（4）胃肠道：恶心、呕吐、腹泻、便秘、唾液增多、食欲减退和口干。

（5）泌尿、生殖系统：尿失禁和尿路感染。

（6）呼吸系统：咳嗽、呼吸困难、支气管炎和上呼吸道感染。

（7）肌肉骨骼系统：背痛、步态异常和关节痛。

（8）眼：视物模糊。

【药物相互作用】 在合并使用 NMDA 拮抗药时，左旋多巴、多巴胺受体激动药和抗胆碱能药物的作用可能会增强，巴比妥类和神经阻滞剂的作用有可能减弱。美金刚与抗痉挛药物（如丹曲林或巴氯芬）合用时可以改变这些药物的作用效果，因此需要进行剂量调整。美金刚避免与金刚烷胺、氯胺酮、右美沙芬合用。美金刚与苯妥英合用可能风险增加。西咪替丁、雷尼替丁、普鲁卡因胺、奎尼丁、奎宁等可能与美金刚产生相互作用，有导致血浆水平升高的潜在风险。美金刚与双氢克尿噻或含双氢克尿噻的复方制剂合并应用时有可能使双氢克尿噻的血清水平降低。

【注意事项及禁忌证】 对美金刚或金刚烷胺过敏者、哺乳期妇女禁用。有严重精神错乱者、有癫痫病史者、肾功能不全者慎用。美国 FDA 妊娠期药物安全性分级：口服给药 B。

第二节 治疗阿尔茨海默病药

阿尔茨海默病（Alzheimer disease，AD）是一种以进行性认知障碍和记忆损害为主的中枢神经系统退行性疾病，是老年痴呆最常见的类型。主要病理特征是脑萎缩，镜下可见神经细胞间以 β-淀粉样蛋白（β-amyloid peptide，Aβ）为核心的老年斑（senile plaques，SP）、神经元胞体中的神经纤维缠结（neurofibrillary tangles，NFT）、胶质细胞增生活化及神经元丢失等病理改变。

阿尔茨海默病的发病机理尚未阐明，研究认为阿尔茨海默病发病与遗传、老化、环境和社会心理等多种因素有关，其中胆碱能假说和 β-淀粉样蛋白级联假说是目前阿尔茨海默病发病机理学说中比较公认且研究较多的。此外，Tau 蛋白异常磷酸化、兴奋性氨基酸毒性、氧化应激、钙超载、基因突变和免疫炎症等也被认为是阿尔茨海默病发生的因素。

胆碱能假说认为阿尔茨海默病患者脑内胆碱能神经元明显减少，造成了脑内胆碱能神经系统功能低下，从而导致阿尔茨海默病患者发生学习记忆减退和认知障碍，产生痴呆症状。该假说也是目前应用乙酰胆碱酯酶（acetylcholinesterase，AChE）抑制药和 M 胆碱能受体激动药治疗阿尔茨海默病的理论基础。目前批准用于治疗阿尔茨海默病的乙酰胆碱酯酶抑制药（AChEI）主要有他克林（tacrine）、多奈哌齐（donepezil）、加兰他敏（galanthamine）和利斯的明（rivastigmine）。其中，他克林由于肝毒性较大，已逐渐被其他 3 种药物取代。但是最新的研究发现，他克林可抑制阿尔茨海默病患者脑中分泌出来的微管蛋白和微管结合蛋白的磷酸化过程，提示他克林具有除抑制 AChE 以外的其他治疗阿尔茨海默病的新靶点。石杉碱甲（huperzine A）是从石杉科植物千层塔中提取出来的一种生物碱，是一种强效的胆碱酯酶可逆抑制剂。其作用特点与利斯的明相似，但作用维持时间更长。石杉碱甲属于非竞争性的 AChEI，且同时对 NMDA 受体具有拮抗作用。石杉碱甲目前在国内用于治疗阿尔茨海默病较普遍，且价格相对较低、安全指数大、稳定性好。但是，由于未被美国 FDA 批准用于治疗阿尔茨海默病，所以在国外的应用较受局限。

β-淀粉样蛋白级联假说认为 Aβ 在脑内沉积是阿尔茨海默病病理改变的中心环节，可引发一系列病理过程。Aβ 是脑内的正常产物，是淀粉样前体蛋白（amyloid precursor protein，APP）经 β 分泌酶和 γ 分泌酶水解形成的。Aβ 具有神经毒性，当其含量升高后，细胞并不能将其代谢掉，反而会在细胞中大量积累，形成 Aβ 老年斑，可以激活小胶质细胞，引发炎性反应；可以损害线粒体引起能量代谢障碍，氧自由基生成过多，导致氧化应激损害；可以激活细胞凋亡途径，促使神经元细胞损伤或死亡；还可以通过激活蛋白激酶，促进 Tau 蛋白异常磷酸化；Aβ 还可以损害胆碱能神经元，引起乙酰胆碱系统的病变。这些病理改变又可以促进 Aβ 生成增多和异常沉积，产生正反馈的级联放大效应，最终导致神经元减少，递质异常，引发临床认知和行为症状。但 Aβ 沉积是否是阿尔茨海默病发病的起始环节目前仍有争议。近年，针对 Aβ 沉积的治疗药物 bapineuzumab、solanezumab、alzhemed 等在临床实验中均未取得预期疗效，但依据这一假说而研究的药物种类仍很多。

一、乙酰胆碱酯酶抑制剂

他 克 林

【体内过程】 口服个体差异大，食物可明显影响其吸收。饭后服，$t_{1/2}$ 为 2～4h。

【药理作用】 脂溶性高，易透过血-脑屏障，对 AChE 有抑制作用，是常用药物。为第一代可逆性胆碱酯酶（AChE）抑制药，通过抑制 AChE 而增加 ACh 的含量，既可抑制血浆中的 AChE，又可抑制组织中的 AChE；还可激动 M 受体和 N 受体，促进 ACh 释放；还可促进脑组织对葡萄糖的利用。因此，他克林对阿尔茨海默病的治疗作用是多方面共同作用的结果，也是目前最有效的治疗药物。

【作用机理】 属于胆碱酯酶抑制剂药。①抑制脑内 AChE，增加脑内 ACh 含量。②促进脑内 ACh 的释放。③增加大脑皮质和海马的 N-R 密度。④促进脑组织对葡萄糖的利用，改善学习、记忆能力。

【临床应用】 治疗阿尔茨海默病（与磷脂酰胆碱合用），可延缓病程 6～12 个月，提高患者的认知能力和自理能力。

【不良反应】 最常见的不良反应为肝毒性及消化道反应，约有 30%接受低剂量该药治疗的患者可出现氨基转移酶升高。停用后，约 90%患者肝功能恢复正常。在开始给药的 18 周内，应每周测定血清氨基转移酶。

【药物相互作用】 空腹给药虽可增加其吸收，但胃肠道疾病患者仍宜饭后给药。

【注意事项及禁忌证】 在开始给药时若出现肝功能异常则应减量或停药，如氨基转移酶升高幅度较大时则应停用。如患者出现黄疸亦应立即停药。

利斯的明（卡巴拉汀）

【体内过程】 单次口服重酒石酸利斯的明 3mg，绝大部分（96%）能够迅速吸收，血浆峰浓度为（4.88±3.82）ng/ml，达峰时间（0.83±0.26）h，$t_{1/2}$（0.85±0.115）h，绝对生物利用度为 35.5%，随剂量的增加而增加。与血浆蛋白结合约 40%，易于通过血-脑屏障，主要通过胆碱酯酶代谢，代谢物对于胆碱酯酶的抑制作用不足原型的 10%。完全代谢后，90%以上的代谢产物经肾脏排泄，仅 1%经粪便排泄。

【药理作用】 利斯的明能增加脑皮质和海马区域可利用的 ACh，因此能够改善阿尔茨海默病患者因胆碱能神经系统功能低下所导致的认知功能障碍。

【作用机理】 利斯的明是一种氨基甲酸类选择性作用于脑内的乙酰和丁酰胆碱酯酶抑制剂，通过延缓功能完整的胆碱能神经元所释放的 ACh 的降解而促进胆碱能神经传导。

【临床应用】 临床用于轻度至中度认知障碍的阿尔茨海默病、血管性痴呆。

【不良反应】 常见的不良反应有恶心、呕吐、腹泻、腹痛、食欲缺乏、头晕、头痛。女性患者对恶心、呕吐、食欲减退和体重下降更为敏感。

【药物相互作用】 利斯的明不应与其他拟胆碱药合用。

【注意事项及禁忌证】 ①病态窦房结综合征、严重心律失常、消化性溃疡活动期、呼吸系统疾病、尿道梗阻、癫痫患者慎用。②麻醉期间使用，可加重琥珀酰胆碱的肌肉松弛作用。③利斯的明可加重或诱导锥体外系症状，包括发生率上升和震颤程度增加。④利斯的明可损害动作执行的能力，对驾驶或操作机械设备的正确性造成影响。⑤低体重者，出现不良反应的风险增加。⑥抽烟者口服利斯的明，清除率增加 23%。⑦美国 FDA 妊娠期药物安全性分级为 B 级，孕妇慎用。⑧哺乳期妇女使用可能对乳儿有风险。

加兰他敏

【体内过程】 加兰他敏是一个低清除率（血浆清除率约为 300ml/min）、表观分布容积中等（175L）的药物，可透过血-脑屏障，$t_{1/2}$ 为 7~8h。血浆蛋白结合率低，为 17.7%±0.8%。在全血中，加兰他敏主要分布在血细胞中（52.7%）和血浆的水分中（39.0%），而与血浆蛋白结合的部分只占 8.4%。全血加兰他敏浓度与血浆加兰他敏浓度的比值为 1.17。

【药理作用与作用机理】 加兰他敏为 AChEI，对运动终板上的胆碱 N_2 受体也有直接兴奋作用，可改善神经肌肉传导，对抗非去极化肌松药，并有一定的中枢拟胆碱作用。

【临床应用】 阿尔茨海默病和血管性痴呆；重症肌无力、进行性肌营养不良症、脊髓灰质炎后遗症及儿童脑性瘫痪、外伤性感觉运动障碍、多发性周围神经病。

【不良反应】
（1）常见的不良反应有恶心、呕吐、食欲缺乏、腹泻、体重减轻、头晕、头痛、眩晕、流涎。
（2）严重的不良反应有心动过缓、心力衰竭、食管穿孔（罕见）、胃肠道出血、血小板减少。

【药物相互作用】
1. 与奎尼丁、氟西汀、帕罗西汀等可抑制 CYP2D6 的药物或与酮康唑等可抑制 CYP3A4 的药物合用，血药浓度增加。合用时，加兰他敏的剂量要降低。
2. 与 β 受体拮抗药等可显著降低心率的药物合用，出现心动过缓和房室传导阻滞的风险增加。
3. 与 NSAIDs 合用，出现活动性溃疡或隐匿性胃肠道出血的风险增加。

【注意事项及禁忌证】 对加兰他敏过敏者禁用。①应用时应由小剂量逐渐增大，以避免不良反应；②由于加兰他敏的拟胆碱作用，可引起膀胱流出梗阻；③癫痫、运动功能亢进、机械性肠梗阻、心绞痛、心脏传导障碍、心动过缓、支气管哮喘和梗阻性肺病等患者慎用；④有溃疡史或有易患因素者，出现活动性溃疡或隐匿性胃肠道出血的风险增加；⑤中度肝或肾功能损害者宜减量慎用，严重肝或肾功能损害者不推荐使用；⑥有报道其可增加认知损害患者的死亡率；⑦美国 FDA 妊娠期药物安全性分级：口服给药 B；⑧哺乳期妇女使用可能对乳儿有风险。

多奈哌齐

【体内过程】 口服盐酸多奈哌齐后 3~4h 达血浆峰浓度，血浆浓度和时量曲线下面积与剂量成正比。消除 $t_{1/2}$ 约 70h。所以，多次每日单剂量给药将缓慢达到稳态。生物转化和尿排泄为主要的消除途径。

【药理作用】 多奈哌齐通过抑制 AChE，使直接参与神经传递的突触间中的 AChE 含量增加，产生治疗效果。

【作用机理】 盐酸多奈哌齐为可逆性 AChE 抑制剂，可抑制 AChE 对 ACh 的水解，从而提高 ACh 的浓度。对脑内 AChE 的抑制作用比对存在于中枢神经系统外的丁酰胆碱酯酶的抑制作用强 1000 倍。可能通过增强胆碱能神经的功能发挥治疗作用。

【临床应用】 临床用于轻度至中度认知障碍的阿尔茨海默病、血管性痴呆。

【不良反应】
（1）主要不良反应：恶心、呕吐、食欲缺乏、胃部不适、腹胀、腹泻、眩晕、高血压或低血压等；谵妄、震颤、易激怒、共济失调、情感不稳、神经痛、肌肉痉挛、肌张力过低、动作减少、抽搐、妄想、失眠等；胸痛、鼻塞、流涕、尿频、尿急、血尿；肌酸磷酸激酶、乳酸脱氢酶和血糖升高，体重增加；眼部刺痛、眼干、耳鸣、听力减退、疲劳等。

（2）严重不良反应：房室传导阻滞、心房颤动、尖端扭转型室性心动过速、心绞痛、充血性心力衰竭等。

【药物相互作用】 ①与琥珀酰胆碱合用，由于协同效应，神经肌肉阻断的作用延长；②与卡巴胆碱合用，胆碱能作用叠加，出现胆碱能不良反应（心动过缓、支气管痉挛、多汗、腹泻、呕吐）的风险增加；③与酮康唑、伊曲康唑、红霉素等可抑制CYP3A4的药物，或与氟西汀、奎尼丁等可抑制CYP2D6的药物合用，血药浓度增加；④与利福平、苯妥英钠、卡马西平等药酶诱导药合用，血药浓度降低；⑤与洋地黄、华法林合用时要注意剂量。

【注意事项及禁忌证】 对多奈哌齐或六氢吡啶类衍生物过敏者禁用。

下列患者慎用：哮喘或阻塞性肺病、心脏传导异常、胃肠道疾病或有溃疡性疾病史、有癫痫史；慢性肝硬化患者多奈哌齐清除时间减慢20%，但年龄与种族不影响药物代谢；哺乳期妇女使用可能对乳儿有危害。

石 杉 碱 甲

【体内过程】 由于用量极小，目前尚无人体药动学研究的药物检测方法。动物实验表明，口服吸收迅速而完全，分布亦快，分布相 $t_{1/2}$ 为 9.8min，生物利用度高，排泄缓慢，消除相 $t_{1/2}$ 为 247.5min，主要通过尿液以原型及代谢产物形式排出体外。

【药理作用】 石杉碱甲为一种可逆性胆碱酯酶抑制剂，对真性胆碱酯酶具有选择性抑制作用，易通过血-脑屏障，具有促进记忆再现和增强记忆保持的作用。

【作用机理】 生物活性高，有较高的脂溶性，分子小，易透过血-脑屏障，进入中枢后较多地分布于大脑的额叶、颞叶、海马等与学习和记忆有密切联系的脑区，在低剂量下对AChE有强大的抑制作用，使分布区内神经突触间隙的ACh含量明显升高，从而增强神经元兴奋传导，强化学习与记忆脑区的兴奋作用，起到提高认知功能、增强记忆保持和促进记忆再现的作用。

【临床应用】 ①良性记忆障碍；②阿尔茨海默病、血管性痴呆和脑器质性病变引起的记忆障碍。

【不良反应】 恶心、呕吐、腹泻、食欲缺乏、头晕、出汗、失眠、视物模糊等，均可自行消失。

【注意事项及禁忌证】 ①有严重心动过缓、低血压、心绞痛、哮喘及肠梗阻患者不宜使用。②妊娠期或哺乳期妇女慎用。

美 曲 膦 酯

【体内过程】 以无活性前药形式存在，服用数小时后可以转化为活性的代谢产物而发挥疗效。

【药理作用】 易化记忆过程，有益于改善阿尔茨海默病患者的行为障碍。高剂量服用能显著提高患者的认知能力，患者的幻觉、抑郁/焦虑、情感淡漠症状亦有改善。

【作用机理】 本药为AChEI，可使人体红细胞AChE活性平均下降52%左右，能显著提高大鼠脑内DA和NA的浓度（不提高5-HT的浓度）。

【临床应用】 用于治疗轻、中度阿尔茨海默病。

二、谷氨酸受体拮抗药
美 金 刚

【体内过程】 绝对生物利用度约为100%，达峰时间为3～8h，食物不影响美金刚的吸收。血浆蛋白结合率为45%，约80%以原型存在，主要经肾脏排泄。

【药理作用与作用机理】 越来越多的证据显示谷氨酸能神经递质功能障碍（尤其是NMDA受体功能损害时）会表现出神经退行性痴呆的临床症状和疾病进展。美金刚是一种电压依赖性、中等程度亲和力的非竞争性NMDA受体拮抗药。它可以阻断谷氨酸浓度病理性升高导致的神经元损伤。

【临床应用】 用于阿尔茨海默病、PD、多发性硬化及痉挛状态。

【不良反应】

（1）心血管系统：高血压、心动过速。

（2）精神、神经系统：常见抑郁、失眠、运动活动增强或减弱、静坐不能或激动、头晕、嗜睡、头痛、坐立不安和兴奋过度、幻觉、错觉或谵妄。

（3）代谢与内分泌系统：体重增加、体重降低和出汗。

（4）胃肠道：恶心、呕吐、腹泻、便秘、唾液增多、食欲减退和口干。

（5）泌尿、生殖系统：尿失禁和尿路感染。

（6）呼吸系统：咳嗽、呼吸困难、支气管炎和上呼吸道感染。

（7）肌肉骨骼系统：背痛、步态异常和关节痛。

（8）眼：视物模糊。

【药物相互作用】 在合并使用NMDA拮抗药时，左旋多巴、多巴胺受体激动药和抗胆碱能药物的作用可能会增强，巴比妥类和神经阻滞剂的作用有可能减弱。美金刚与抗痉挛药物（如丹曲林或巴氯芬）合用时可以改变这些药物的作用效果，因此需要进行剂量调整。美金刚避免与金刚烷胺、氯胺酮、右美沙芬合用。美金刚与苯妥英合用可能风险增加。西咪替丁、雷尼替丁、普鲁卡因胺、奎尼丁、奎宁等可能与美金刚产生相互作用，有导致血浆水平升高的潜在风险。美金刚与双氢克尿噻或含双氢克尿噻的复方制剂合并应用时有可能使双氢克尿噻的血清水平降低。

【注意事项及禁忌证】 对美金刚或金刚烷胺过敏者和哺乳期妇女禁用。有严重精神错乱者、有癫痫病史者、肾功能不全者慎用。

三、神经细胞生长因子增强剂

AIT082

【体内过程】 口服剂量范围大，能快速透过血-脑屏障。

【药理作用与作用机理】 AIT082能刺激轴突生长，加强神经营养因子的合成，改善记忆力。可通过提高受损害或退化神经元中的神经营养因子水平来增加神经细胞功能。

【临床应用】 主要用于治疗轻、中度阿尔茨海默病。

【不良反应及注意事项】 尚未发现。

丙戊茶碱

【药理作用与作用机理】 能抑制神经元腺苷重摄取以及抑制磷酸二酯酶，不仅对痴呆症状有短期改善作用，且有长期的神经保护作用。是血管和神经保护药，有确切的改善痴呆症状的作用且有良好的安全性。

【临床应用】 改善和延缓阿尔茨海默病患者的进程。

【不良反应及注意事项】 头痛、恶心、腹泻，但持续时间短。

四、M胆碱受体激动剂

占诺美林

【体内过程】 易透过血-脑屏障，且大脑皮质和纹状体的摄取率较高。

【药理作用】 服用本药后，阿尔茨海默病患者的认知功能和动作行为有明显改善。

【作用机理】 是选择性M1受体激动剂，对M2、M3、M4、M5受体作用弱，目前是发现的选择性高的M1受体激动剂之一。

【临床应用】 改善阿尔茨海默病患者认知功能和动作行为。

【不良反应及注意事项】 为了减少肝脏代谢及避免大剂量用药引起的胃肠不适等不良反应，可选择皮肤给药。部分患者因为肠胃不适及心血管方面的不良反应而中断治疗。

米拉美林

【体内过程】 体内分布广泛，主要是从尿排泄。

【药理作用】 提高认知能力和中枢胆碱活性。

【作用机理】 是非亚型选择性部分M胆碱受体激动剂，与其他M胆碱受体激动剂相比，本药对M1受体和M2受体亲和力几乎相同，且只对M胆碱受体有亲和力。

【临床应用】 新型抗阿尔茨海默病药物，能提高阿尔茨海默病患者的认知能力和中枢胆碱活性。

【不良反应及注意事项】 出汗、流涎、恶心、腹泻、低血压、头痛及尿频。

> **【案例及思考题】** 某帕金森病患者在患病初期一直接受左旋多巴治疗，后调整用药方案，采用复方左旋巴（含卡比多巴和左旋多巴）进行治疗。
>
> 问题：
> 卡比多巴的作用机理是什么？两种药物联合使用的药理学基础是什么？

（郭　磊）

第十八章 中枢兴奋药和促进脑功能恢复药

中枢兴奋药系指能选择性地兴奋中枢神经系统，从而提高其功能活动的药物。当中枢神经处于抑制状态或功能低下、紊乱时会导致多种中枢神经系统疾病和病症，包括轻度抑郁症、意识障碍、中枢性呼吸抑制与衰竭、儿童多动综合征、小儿遗尿症、发作性睡病与嗜睡症及神经麻痹性疾病等。使用中枢兴奋药可有效治疗上述疾病。各种中枢兴奋药对整个中枢神经系统均能兴奋，但对中枢不同部位有一定程度的选择性。随着药物剂量的提高不仅作用强度增加，而且对中枢的作用范围也将扩大，引起广泛的兴奋，甚至导致惊厥，也可因能量的耗竭而转入抑制，故应注意用量。该类药物按照作用机理和类别大致可以分为以下几类：①主要兴奋大脑皮质的药物。②主要兴奋延髓呼吸中枢的药物。③主要兴奋脊髓的药物。④新型中枢兴奋药。

促进脑功能恢复药大多具有改善脑代谢的作用，主要用于治疗脑创伤、脑血管意外引起的功能损伤，其中一些药物也可用于治疗老年期痴呆。这些药物包括如下几类。①吡咯烷酮类脑代谢激活剂：包括吡拉西坦、茴拉西坦、奥拉西坦等。②可增强脑内氧、葡萄糖或能量代谢的药物，如阿米三嗪-萝巴新、甲氯芬酯、吡硫醇、艾地苯醌等。③一些氨基酸、小分子肽、胆碱或磷脂等，可供神经系统生长的补充，如小牛血去蛋白提取物、胞磷胆碱、单唾液酸四己糖神经节苷酯、脑活素（脑蛋白水解物）、赖氨酸、肌氨肽苷等。④血管活性药物，用于扩张脑血管、改善血管性痴呆，如尼莫地平、丁咯地尔等。

第一节 主要兴奋大脑皮质的药物

咖啡因

【体内过程】 口服后容易吸收。胃肠道吸收快但不规则，进入中枢神经快，同时也出现于唾液和乳汁。分布 $t_{1/2}$ 一般为 3~5h，消除 $t_{1/2}$ 为 6h。血药浓度及其相应的峰值随用量而异，在降解代谢中生成甲基尿酸或甲基嘌呤而后随尿排出，尿液中仅有 1%~2% 为原型。

【药理作用】 具有兴奋中枢神经系统、心脏和骨骼肌，舒张血管和利尿等作用。

【作用机理】 对中枢兴奋作用较弱，小剂量增强大脑皮质兴奋过程，振奋精神，减少疲劳。剂量增大可兴奋延髓呼吸中枢及血管运动中枢，亦可以兴奋脊髓，特别当这些中枢处于抑制状态时，作用更显著。

【临床应用】 ①解除中枢抑制。②调节大脑皮质活动。

【不良反应】 小剂量或饮含咖啡因的饮料过多可有恶心、头痛、失眠；大剂量应用可致焦躁不安、过度兴奋、耳鸣、眼花；过大剂量可致肌肉抽搐和惊厥；还可增加胃酸分泌，加重胃溃疡。可应用镇静药对抗。长期应用可发生耐受性及成瘾性。

【药物相互作用】 口服避孕药、美西泮、西咪替丁、部分喹诺酮类抗菌药：减缓咖啡因的体内清除，导致作用增强和不良反应的增加。异烟肼和甲丙氨酯：提高脑内咖啡因的浓度。

【注意事项及禁忌证】 过量可能引起中毒。

苯丙胺

【体内过程】 口服易吸收，经肝代谢，随酸性尿排出，碱性尿排出较缓慢，$t_{1/2}$ 为 10~12h。

【药理作用与作用机理】 苯丙胺与麻黄碱相似，但对中枢有较强的兴奋作用。主要作用于大脑皮质和网状激活系统，表现为机灵警觉，对网状激活系统作用的程度，主要决定于局部 NA 的释放，但并无作用于肾上腺素受体的作用。也可作用于外周，使支气管平滑肌松弛，通过刺激化学感受器反射性地兴奋呼吸，同时使血压升高。

【临床应用】 ①主要用于各种精神抑制状态、发作性睡病、老年性沉思抑郁、TCAs 不适用时，以及中枢神经抑制药中毒等。②用于解除鼻炎的阻塞性症状。

【不良反应】 常见不良反应有激动、紧张、兴奋、头痛、眩晕、焦虑、入睡困难、恶心、呕吐、口干、食欲减退、腹痛、出汗、体重下降。大剂量使用易发生躁动、欣快、心动过速、血压升高、心律失常、晕厥等。过量使用时可产生幻觉、妄想、谵妄、暴力行为等。长期使用产生依赖性、耐药性。

【药物相互作用】 非选择性 MAOI 与苯丙胺合用会出现阵发性高血压、高热，甚至致死，禁止合用。苯丙胺与碱化尿液的药物（如碳酸酐酶抑制剂、碳酸氢钠等）合用时，药物排泄减慢，作用增强。与甲状腺素合用时，两者互相增效。

【注意事项及禁忌证】 苯丙胺成瘾性强，需按一类精神药品管理。对本药过敏者、高血压、动脉硬化、冠心病、甲状腺功能亢进、神经衰弱、精神兴奋紧张、处于躁狂状态、青光眼、有药物滥用史和成瘾史者禁用。老年人、小儿、孕妇及哺乳期妇女禁用。

哌甲酯

【体内过程】 口服易吸收。一次给药作用可维持 4h 左右。在体内迅速代谢，经肾排泄。

【药理作用与作用机理】 哌甲酯通过拮抗中枢神经系统内 DA 转运体,起到抑制 DA 再摄取的作用,作用性质与苯丙胺相似,能改善精神活动,促使思路敏捷,解除轻度抑制及疲乏感。

【临床应用】 用于注意缺陷多动障碍(儿童多动综合症,轻度脑功能失调)、发作性睡病以及催眠药引起的嗜睡、倦怠及呼吸抑制,还可用于治疗抑郁症、小儿遗尿症。

【不良反应】 可产生依赖性。

【药物相互作用】
（1）与抗癫痫药、抗凝药,以及保泰松合用可使血药浓度升高,出现毒性反应。
（2）与抗高血压药及利尿性抗高血压药合用,效应减弱。
（3）与抗 M 受体胆碱药合用可增效。
（4）与中枢兴奋药、肾上腺素受体激动药合用,作用相加,可诱发紧张、激动、失眠、甚至惊厥或心律失常。

【注意事项及禁忌证】 青光眼、激动性抑郁、过度兴奋者、对苯丙胺过敏者、孕妇及哺乳期妇女禁用。服用 MAOI 者,应在停药 2 周后再用苯丙胺。傍晚后不宜服药,以免引起失眠。失眠、眩晕、头晕、头痛、恶心、厌食、心悸等。癫痫、高血压患者慎用。

莫达非尼

【体内过程】 莫达非尼口服后迅速完全吸收,2～4h 血浆浓度达到峰值,食物不影响其生物利用度,但可延缓药物的吸收,使峰浓度延迟 1h。在体内广泛分布,表观分布容积约为 0.9L/kg,高于体液总量 0.6L/kg。血浆蛋白结合率为 60%,主要与血浆白蛋白结合。每日给药 200mg,血浆药物浓度达稳态后,不影响华法林、地西泮、普萘洛尔的血浆蛋白结合。莫达非尼在肝脏由 CYP 系统的 CYP3A4 代谢,因此联合应用 CYP3A4 的诱导剂或抑制剂,会影响莫达非尼的血药浓度及作用周期。经肝脏代谢,生成无治疗作用的两个主要代谢产物莫达非尼酸和莫达非尼砜。代谢产物占 90%,未代谢母体药物不足 10%。药物经肾脏排出,药物的消除 $t_{1/2}$ 为 10～15h,年轻女性的药物清除率高于年轻男性,老年人的清除率明显低于年轻人。

【药理作用】 莫达非尼能提高正常人群的中枢兴奋性,还具有一定的神经保护作用。

【作用机理】 莫达非尼中枢兴奋作用与脑中抑制性递质 γ-氨基丁酸(GABA)的减少有关,并受 5-HT 和 NA 的调控。研究发现,莫达非尼的中枢兴奋作用可能是通过增加谷氨酰胺合成酶,从而减少 GABA 的生成,并促进神经细胞的解毒功能和能量代谢活动而实现的。

【临床应用】 抑郁症患者。特发性嗜睡或发作性睡眠症。

【不良反应】 主要不良反应有恶心、神经过敏和焦虑,加量过快服药可出现轻至中度头痛。

【药物相互作用】
1. 卡马西平、伊曲康唑、酮康唑等 CYP3A4 的抑制剂或苯巴比妥、利福平等 CYP3A4 的诱导剂与莫达非尼同时应用,可能改变莫达非尼的血药浓度。

2. 莫达非尼是 CYP3A4 诱导剂,它使环孢素的血药浓度降低 50%,也可以降低茶碱的血药浓度。

3. 莫达非尼是可逆性 CYP2C19 抑制剂,它使华法林、地西泮、苯妥英钠的血药浓度升高,莫达非尼也可增加 TCAs、氯丙嗪、奥美拉唑、兰索拉唑、普萘洛尔等药物的血药浓度。与上述药物同时应用时,需相应调整剂量,并监测血药浓度。

4. 莫达非尼能降低甾体类避孕药的疗效,使用期间及停药后一个月内应采取其他避孕措施。

【注意事项及禁忌证】 严重肝损害的患者剂量减半,肾功能不全和老年患者服用剂量要酌减,左心室肥大、有缺血性心电图改变、胸痛、心律失常或有临床表现的二尖瓣脱垂的患者及近期发生心肌梗死、不稳定型心绞痛或有精神病史者禁用或慎用。

匹 莫 林

【体内过程】 口服匹莫林 20～30min 出现作用,T_{max} 2～4h,$t_{1/2}$ 12h,多次给药后经 2～3 日,可达稳态血药浓度。主要经肾脏排泄,24h 可排出 75%,其中约 43%为原型。

【药理作用与作用机理】 匹莫林有轻微的拟交感作用,通过提高中枢 NA 的含量达到中枢兴奋的作用,其作用温和,强度介于苯丙胺和哌甲酯之间,约相当于咖啡因的 5 倍。作用维持时间长,每日只需服用 1 次。

【临床应用】
（1）儿童脑功能轻微失调综合征(MBD)。
（2）轻微抑郁症、发作性睡眠症及更年期焦虑症。
（3）过度脑力劳动所致的疲劳,记忆障碍。
（4）遗传性过敏性皮炎。

【不良反应】 常见失眠,多发生在治疗初期尚未出现疗效之前,大多为一过性的。为避免失眠,午饭后不再服药。可见食欲减退,体重减轻,也多为一过性的。偶见头痛、头昏、嗜睡、烦躁不安、恶心、骨痛、眼球震颤等。

【药物相互作用】
1. 匹莫林可降低惊厥发作的阈值,故合用抗癫痫药时需调整后者的用量。

2. 匹莫林与其他中枢神经兴奋药合用时,可相互增强。

【注意事项及禁忌证】 肝、肾功能损害者,癫痫患者禁用。6 岁以下儿童、孕妇及哺乳期妇女慎用。

第二节 主要兴奋延髓呼吸中枢的药物

尼可刹米

【体内过程】 口服及注射均易吸收，作用时间短暂，一次静脉注射只能维持作用 5～10min。这可能是因为药物进入机体后迅速分布全身各部位的结果。药物在体内代谢为烟酰胺，然后再被甲基化成为 N-甲基烟酰胺，经尿排出。

【药理作用与作用机理】 尼可刹米选择性兴奋延髓呼吸中枢，也可作用于颈动脉体和主动脉体化学感受器，反射性地兴奋呼吸中枢，并提高呼吸中枢对二氧化碳的敏感性，使呼吸加深加快，对血管运动中枢有微弱兴奋作用，剂量过大可引起惊厥。

【临床应用】 ①用于呼吸抑制抢救：尼可刹米为最常用的呼吸兴奋剂，可用于各种原因引起的中枢性呼吸抑制，其中对吗啡类药物中毒所致呼吸抑制效果最好，对吸入全身麻醉药中毒次之，对巴比妥类药物中毒效果最差。②治疗高胆红素血症：用于高胆红素血症、新生儿溶血病等，单纯应用其疗效不如苯巴比妥，但两药合用则可提高疗效，且可降低苯巴比妥的不良反应。③治疗呃逆：肌内注射治疗呃逆效果满意。其作用机理可能是由于对呼吸中枢的兴奋作用，使呼吸加深加快，膈肌活动度增大，达到缓解膈肌痉挛，而使呃逆终止。

【不良反应】 不良反应少见。大剂量可引起血压升高、心悸、出汗、恶心、呕吐、震颤和心律失常，严重者可致惊厥，应及时停药。

【药物相互作用】
1. 苯巴比妥钠，戊巴比妥钠，异戊巴比妥钠，司可巴比妥钠，硫喷妥钠，苯妥英钠，氯氮，甲丙氨酯，盐酸吗啡，盐酸酚苄明，双嘧达莫（潘生丁），溴苄铵，硝普钠，二氮嗪，氨茶碱，氢氯噻嗪，呋塞米，依他尼酸，促皮质素，水解蛋白，复方氨基酸，碳酸氢钠，盐酸异丙嗪，维洛沙秦，盐酸阿糖胞苷，硫酸长春新碱，所有油溶性针剂，所有菌、疫苗混合可产生拮抗、增毒、分解、混浊、沉淀等，故不宜混合使用。
2. 氯霉素注射液：混合前应用注射用水稀释。

【注意事项及禁忌证】
1. 用药时需要密切观察病情变化，一旦出现烦躁、反射亢进、抽搐等惊厥先兆，应立即减量或停药。
2. 对心搏骤停引起的呼吸功能不全无效，早期禁用。
3. 对呼吸肌麻痹者无效，应避免应用。小儿高热而无呼吸衰竭时不宜使用。急性血卟啉症不宜用，因可能诱发急性发作。

二甲弗林

【体内过程】 口服吸收快而完全，作用快，维持时间 2～3h。

【药理作用与作用机理】 对呼吸中枢兴奋作用较强，作用比尼可刹米强 100 倍，能增强肺换气量，降低动脉血二氧化碳分压，提高氧饱和度，苏醒率可达 90%～95%。

【临床应用】 用于各种原因引起的中枢性呼吸衰竭，麻醉药、催眠药所致的呼吸抑制及外伤、手术等引起的虚脱和休克。

【不良反应】 不良反应有恶心、呕吐、皮肤烧灼感等，剂量过大可引起肌肉震颤、惊厥等。

【药物相互作用】 安全范围较窄，剂量掌握不当易致抽搐或惊厥，应准备短效巴比妥类（如异戊巴比妥），作惊厥时急救用。

【注意事项及禁忌证】 有惊厥病史、痉挛病史者，肝肾功能不全者，孕妇，吗啡中毒者禁用。静脉注射速度必须缓慢，并应随时注意病情进展。

洛贝林

【体内过程】 静脉注射后，其作用持续时间短，一般为 20min。

【药理作用与作用机理】 可刺激颈动脉窦和主动脉体化学感受器（均为 N_1 受体），反射性地兴奋呼吸中枢而使呼吸加快，对呼吸中枢并无直接兴奋作用。对迷走神经中枢和血管运动中枢也同时有反射性的兴奋作用；对自主神经节先兴奋而后阻断。作用时间短暂，常需持续静脉给药才能取得疗效。

【临床应用】 用于新生儿窒息、一氧化碳引起的窒息、吸入麻醉剂及其他中枢抑制药（如阿片、巴比妥类）的中毒，以及肺炎、白喉等传染病引起的呼吸衰竭。

【不良反应】 可有恶心、呕吐、呛咳、头痛、心悸等，大剂量可引起心动过速、传导阻滞、呼吸抑制，甚至惊厥。

【注意事项及禁忌证】 静脉注射须缓慢，以避免不良反应。

贝美格

【药理作用与作用机理】 能直接兴奋呼吸中枢及血管运动中枢，使呼吸增加，血压微升。大剂量则扩展到兴奋大脑和脊髓，引起不安和惊厥。

【临床应用】 ①治疗中枢抑制药急性中毒，对巴比妥类及其他催眠药有明显的对抗作用，临床上主要用于解救巴比妥类药物、水合氯醛、格鲁米特等的中毒，效果良好。②用做静脉全身麻醉药的催醒剂，临床上常用以减少硫喷妥钠等静脉全身麻醉药的麻醉深度以加速恢复。③提高癫痫的诊断率，用贝美格诱发试验可大大提高癫痫的诊断率，阳性率可达 90%

以上。

【不良反应】 贝美格一般剂量时不良反应较少。

（1）大剂量或注射过快引起恶心、呕吐、反射亢进，肌肉抽搐，甚至惊厥。

（2）迟发毒性表现为情绪不安、精神错乱、幻视等。

（3）进行癫痫诱发试验时，多数患者可出现头昏、眩晕、恶心、恐惧等不适感，个别可出现不自主眨眼、口唇或手指颤动等，停药后即消失。少数患者在试验中可能出现癫痫样发作，可肌内注射苯巴比妥钠或静脉滴注地西泮治疗。

（4）注射时需准备短时巴比妥类药，以便惊厥时解救。

【注意事项及禁忌证】 吗啡中毒者禁用。静脉注射或静脉滴注速度不宜过快，以免产生惊厥。

多沙普仑

【体内过程】 静脉注射起效只需 20～40s，1～2min 效应最显著，持续时间仅 5～12min。静脉注射后迅速代谢，代谢产物经肾排泄。$t_{1/2}$ 为 3h。

【药理作用与作用机理】 多沙普仑为呼吸兴奋剂，小量时通过颈动脉体化学感受器反射性兴奋呼吸中枢，大量时直接兴奋延髓呼吸中枢，使潮气量加大，呼吸频率有限增快。

【临床应用】 ①术后催醒；②中枢抑制催醒。大剂量兴奋脊髓及脑干，但对大脑皮质似无影响，在阻塞性肺疾病患者发生急性通气不全时，应用多沙普仑后，潮气量、血二氧化碳分压、氧饱和度均有改善。另外，大剂量时还可增加心排血量。

【不良反应】

（1）常见的不良反应：瘙痒、脸红、恶心、呕吐、腹泻。

（2）严重的不良反应：胸痛、心律失常、溶血、呼吸困难、喘鸣、血栓性静脉炎。

（3）下列情况持续存在时应加注意：精神错乱、呛咳、腹泻、眩晕、畏光、感觉奇热、头痛、恶心、呕吐等。

（4）逾量时征象：惊厥、震颤、反射亢进。

【药物相互作用】

1. 氟烷、异氟烷、恩氟烷等全身麻醉药 同时应用，可能发生心律失常，因此这些全身麻醉药至少停用 10min 后，才能使用多沙普仑。

2. 咖啡因、哌甲酯、匹莫林、肾上腺素受体激动药 使用时应仔细观察紧张、激动、失眠甚至惊厥和（或）心律失常。

3. MAOI 丙卡巴肼及升压药 合用时可使血压明显升高

【注意事项及禁忌证】

1. 下列情况慎用： 有急性支气管哮喘发作或发作史、肺栓塞、神经肌肉功能失常的呼吸衰竭、矽肺或肺纤维化呼吸受限等所致肺病变；使用拟交感神经药或 MAOI；心动过速；心律失常；脑水肿；甲状腺功能亢进或嗜铬细胞瘤等代谢亢进状态。

2. 用药期间应注意： 常规测血压、腱反射和脉搏，以防止用药逾量；于给药前和给药后半小时测定动脉血气，及早发现气道堵塞及高碳酸血症的患者，是否有二氧化碳蓄积或呼吸性酸中毒；通气过度可降低二氧化碳分压，导致脑血管收缩，降低脑血管循环。如突然出现低血压或呼吸困难，应即停药。

3. 哺乳期妇女使用对乳儿可能有危害。

4. 与卟啉病急性发作有相关性，因此认为用于卟啉病患者不安全。

5. 禁忌： ①对多沙普仑过敏者；②严重高血压患者；③颅脑损伤或脑血管意外患者；④癫痫或惊厥性疾患者；⑤心血管疾患者；⑥机械通气障碍，如由于气道堵塞、胸廓塌陷、呼吸肌轻瘫、气胸等引起的呼吸功能不全患者。

第三节 主要兴奋脊髓的药物

士 的 宁

【体内过程】 士的宁（Strychnine 番木鳖碱）可从胃肠道和注射部位迅速吸收进入组织。在肝内迅速被氧化代谢。约有 20% 以原药随尿排出。

【药理作用】 士的宁对脊髓有选择性兴奋作用，对大脑皮质和视听区有一定的兴奋作用，还可调节自主神经功能，有利于造血干细胞增殖。过量可使中枢兴奋作用增强，导致全身骨骼肌挛缩，以至发生强直性惊厥。

【作用机理】 士的宁能选择性提高脊髓的兴奋性，使脊髓反射的应激性提高，反射的时间缩短，神经冲动易于传导、骨骼肌的紧张度增加。士的宁是通过竞争性阻断脊髓前角内 Renshaw 细胞释放的突触后抑制递质甘氨酸，解除对前角运动神经元的抑制而产生兴奋作用。

【临床应用】 ①主要用于轻瘫、偏瘫和弱视症。②慎用于患非酮性甘氨酸血症的婴幼儿症状，缓解症状。③近年试用于白细胞减少症和再生不良性贫血，有一定的疗效。④对抗链霉素引起的骨骼肌松弛。

【不良反应】 可出现惊厥、呼吸肌痉挛和呼吸运动受限。

【注意事项及禁忌证】 高血压、动脉硬化、肝肾功能不全、癫痫、毒性甲状腺肿、破伤风、吗啡中毒脊髓处于兴奋状态者禁用。

注意事项：①士的宁因安全范围小，现已少用。②解救士的宁时不可使用吗啡，避免光刺激。③严格限制用量以防中毒。过量易产生惊厥。如出现惊厥，应立即静脉注射戊巴比妥以对抗，或用较大量的水合氯醛灌肠。如呼吸麻痹，需人工呼吸。因口服士的宁中毒时，待惊厥控制后，以高锰酸钾液洗胃。④因吗啡中毒而使脊髓处于兴奋状态者，禁用士的宁解救。高血压、动脉硬化和肝、肾功能不全、癫痫、破伤风、突眼性甲状腺肿患者忌用。

第四节 新型中枢兴奋药

他替瑞林

【体内过程】 他替瑞林口服后经小肠吸收，经 3～5h 可达血药浓度峰值。该药物的代谢类似促甲状腺素释放激素（TRH），主要通过肾脏随尿液排泄，$t_{1/2}$ 为 2～4h。

【药理作用】 他替瑞林为合成的 TRH 类似物，可结合脑内 TRH 受体对中枢神经系统产生强而持久的多重作用，可有效提高运动活性，并能够阻断由利血平诱导的体温减低，以及拮抗戊巴比妥诱导的睡眠。还能够改善抑郁、血循环性休克、意识紊乱、记忆力减退和运动机能障碍等。他替瑞林对中枢神经系统的兴奋作用比 TRH 强 10～100 倍，作用持续时间比 TRH 长约 8 倍。其对 TRH 受体的亲和力约为 TRH 的 1/11，因而内分泌作用比 TRH 弱，但在体内比 TRH 稳定。

【临床应用】 用于改善脊髓小脑共济失调。

【不良反应】 主要是消化系统反应，包括呕吐、恶心和胃不适。

【注意事项】 肾功能受损者慎用。

第五节 促进脑功能恢复药

吡拉西坦

【体内过程】 吡拉西坦进入血液后，透过血-脑屏障到达脑和脑脊液，易通过胎盘屏障。$t_{1/2}$ 为 5～6h，V_d 为 0.6L/kg，肾脏消除速度为 86ml/min。

【药理作用与作用机理】 吡拉西坦为脑代谢改善药，具有促进脑内代谢作用，可以对抗由物理因素、化学因素所致的脑功能损伤。对缺氧所致的逆行性健忘有改进作用。可以增强记忆，提高学习能力。

【临床应用】 急性脑血管病及脑外伤后记忆和轻中度脑功能障碍；儿童发育迟缓；酒精中毒性脑病，肌阵挛性癫痫，镰状红细胞贫血神经并发症的辅助治疗。

【不良反应】
(1) 中枢神经系统的不良反应包括神经质、易兴奋、头晕、头痛、睡眠障碍、精神错乱和嗜睡。这些症状均不严重，且与服用剂量大小无关。
(2) 消化道症状常见的不良反应有恶心、胃部不适、胃纳差、腹胀、腹痛，症状的轻重与服药剂量直接相关。
(3) 轻度肝功能损害罕见，表现为轻度氨基转移酶升高。但与药物剂量无关。

【药物相互作用】 用华法林抗凝治疗，产生稳定的抗凝作用后，如再加用吡拉西坦，可使凝血酶原时间延长。

【注意事项及禁忌证】禁忌证：①对吡拉西坦过敏者；②亨廷顿病患者。

茴拉西坦

【体内过程】 主要分布在胃肠道、肾、肝、脑和血液。24h 后，77%～85%由尿中排出，4%从粪便中排出。尿中主要代谢产物为：N-对甲氧基苯甲酰氨基丁酸和 5-羟基-2-吡咯烷酮。口服吸收后，血中原药消除 $t_{1/2}$ 平均 20～30min，2h 后血药浓度已难测出。

【药理作用】 茴拉西坦对正常大鼠辨别学习的记忆再现过程有良好的促进作用，能对抗缺氧引起的记忆减退，能有效改善某些原因引起的记忆障碍。

【作用机理】 茴拉西坦为脑功能改善药，是 γ-氨基丁酸（GABA）的环化衍生物。通过血-脑屏障选择性作用于中枢神经系统。

【临床应用】 ①轻中度学习、记忆和认知功能障碍的血管性痴呆和阿尔茨海默病；②脑卒中后不同程度的轻中度认知和行为障碍；③中老年良性记忆障碍；④儿童脑功能发育迟缓者。

【不良反应】
(1) 长期服用者，有轻度白细胞、血小板计数和血红蛋白的改变，但无显著性意义。
(2) 少数患者服药后主诉头晕，偶有兴奋、躁动、精神错乱，但以嗜睡者较为多见，程度不重。
(3) 消化道症状稍多，主要表现为口干、畏食、便秘，但这些症状均可在停药后消失。
(4) 可有轻度肝、肾功能损害，表现为血肌酐升高。
(5) 偶有全身皮疹的报道。

【注意事项及禁忌证】 对茴拉西坦过敏者禁用。注意事项：①有明显肝功能异常者应适当调整给药剂量；②肾功能不全者慎用；③以往对普拉西坦、吡拉西坦、奥拉西坦、替尼司坦等其他吡咯烷基衍生物过敏或不耐受的患者慎用；④亨廷顿病患者慎用（可能加重症状）。

奥拉西坦

【体内过程】 奥拉西坦口服吸收迅速，并分布于全身体液。达峰时间约 1h，峰浓度（48.34±18.35）μg/ml～（54.96±34.73）μg/ml，表观分布容积（27.45±21.16）L～（36.18±28.73）L，$t_{1/2}$ 为（3.34±1.59）h～（4.74±1.41）h，药物消除迅速，约 40%的原型药在服药后 48h 内经尿排出。

【药理作用】 奥拉西坦为促智药，透过血-脑屏障对特异性中枢神经道路有刺激作用，改善智力和记忆。

【作用机理】 奥拉西坦是环 GABOB 衍生物。可促进磷酰胆碱和磷酰乙醇胺合成，促进脑代谢，透过血-脑屏障对特异性中枢神经道路有刺激作用。

【临床应用】 适用于轻中度血管性痴呆、老年性痴呆及脑外伤等症引起的记忆与智力障碍。

【注意事项及禁忌证】 对奥拉西坦过敏者、肾功能不全者禁用。

阿米三嗪-萝巴新

【药理作用与作用机理】 阿米三嗪-萝巴新（烯丙哌三嗪、双甲磺酸盐、阿吗碱）能增加大脑组织氧供应，有抗缺氧及改善脑代谢和微循环的作用，可改善皮质电活动及精神运动表现和行为，增强脑细胞功能。

【临床应用】

1. 治疗老年人认知和慢性感觉神经损害的有关症状（不包括阿尔茨海默病和其他类型的痴呆）。

2. 血管源性视觉损害和视野障碍的辅助治疗。

3. 血管源性听觉损害、眩晕和（或）耳鸣的辅助治疗。

【不良反应及注意事项】 体重减轻，周围神经病变，恶心、上腹部沉闷或烧灼感、消化不良、排空障碍、失眠、嗜睡、激动、焦虑、头晕、心悸。

【药物相互作用及禁忌证】 不应与含有阿米三嗪的其他制剂同时使用。

【注意事项及禁忌证】 注意事项如下所示。①周围神经病变：在长期治疗中，曾报告周围神经病变的发生。周围神经病变的发生率是罕见的。②可能伴有体重减轻：当下肢出现或持续存在感觉异常和（或）无法解释的体重减轻超过 5%时，应停止治疗。这些症状在停药后会消失。阿米三嗪-萝巴新的使用不能代替高血压的特殊治疗。③对驾驶和机械操作能力的影响：由于嗜睡和头晕的发生，驾驶和操作机械可能是危险的。

甲氯芬酯

【体内过程】 口服后经肠道吸收，经肝脏代谢，并经肾脏排泄。

【药理作用与作用机理】 能促进脑细胞的氧化还原代谢，增加对糖类的利用，对中枢抑制患者有兴奋作用。

【临床应用】 外伤性昏迷、新生儿缺氧症、儿童遗尿症、意识障碍、老年性精神病、酒精中毒及某些中枢和周围神经症状。

【不良反应】 注射时偶有血管痛，血压变动和失眠。

【注意事项及禁忌证】 精神兴奋过度、高血压及有明显炎者禁用。

吡硫醇

【体内过程】 口服 2~4h，血中浓度达高峰，在中枢神经系统内维持 1~6h，并在体内完全代谢吸收。

【药理作用】 改善全身同化作用，增加颈动脉血流量，增强脑功能。对边缘系统和网状结构亦有一定作用。

【作用机理】 吡硫醇为脑代谢改善药，系维生素 B_6 的衍生物，能促进脑内葡萄糖及氨基酸代谢。

【临床应用】 ①脑震荡综合征、脑外伤后遗症、脑炎及脑膜炎后遗症等；②改善头胀、头晕、失眠、记忆力减退、注意力不集中、情绪变化等症状；③对脑动脉硬化、阿尔茨海默病性精神障碍有一定疗效。

【不良反应】 不良反应少，偶见皮疹、恶心、头晕或眩晕、头痛等，停药后即可恢复。

【注意事项及禁忌证】 孕妇、哺乳期妇女慎用。

艾地苯醌

【体内过程】 T_{max} 为 3.31h，C_{max} 为 290μg/ml，消除 $t_{1/2}$ 为 7.69h，尿中未检出原形药物，均为代谢物，24h 内尿中排泄率 7.32%。

【药理作用与作用机理】 艾地苯醌为脑代谢、精神症状改善药，可激活脑线粒体呼吸活性，改善脑缺血的脑能量代谢，改善脑内葡萄糖利用率，使脑内 ATP 产生增加，抑制脑线粒体生成过氧化脂质，抑制脑线粒体膜脂质过氧化作用所致的膜障碍。

【临床应用】 慢性脑血管病及脑外伤等所引起的脑功能损害。能改善主观症状、语言、焦虑、抑郁、记忆减退、智能下降等精神行为障碍。

【不良反应】 不良反应发生率 3%左右，主要有变态反应、皮疹、恶心、食欲缺乏、腹泻、兴奋、失眠、头晕等。偶见白细胞减少、肝功能损害。

【注意事项及禁忌证】 长期服用，要注意检查谷氨酸丙酮酸转氨酶（GOT）、谷氨酸草酰乙酸转氨酶（GPT）等肝功能。①对孕妇给予药物安全性还未完全确定，因而对妊娠妇女禁用。②艾地苯醌可向母乳中传递，因而哺乳期妇女应慎用。

小牛血去蛋白提取物

【体内过程】 小牛血去蛋白提取物非单一活性成分药，且其活性成分是生理物质，因此难以对其进行药动学研究。然而，动物实验表明，静脉内给药后 5min 即开始起作用（血糖水平开始降低），给药后 180min，这种作用达到高峰。

【药理作用与作用机理】 小牛血去蛋白提取物能引起与器官无关的细胞能量代谢增加。这种活性可通过测定葡萄糖和氧的摄取增加得到证实。这两种作用是相互关联的，并且能引起 ATP 周转量的提高，因而在细胞中提供较多的能量。在能量代谢的正常功能不全或受损害（缺氧、基质缺乏）及对能量的需求增加（修复、再生）时，小牛血去蛋白提取物促进依赖能量的功能代谢和保留性代谢过程，可见继发性的血液供应的增加。

【临床应用】 大脑循环和营养方面的障碍（缺血性疾病发作、颅脑外伤）；外周血流（动、静脉）障碍及由这些障碍引起的后遗症（动脉血管病、腿部溃疡）；植皮；烧伤、烫伤、糜烂；愈合伤口障碍；褥疮、伤口愈合缓慢；辐射所致的皮肤、黏膜损伤。

【不良反应】 变态反应极为罕见（如荨麻疹、皮肤潮红、药物热、休克等）。

【注意事项及禁忌证】 ①小牛血去蛋白提取物是高渗溶液，故用于肌内注射时要缓慢，每次不得超过5ml（半支）。②小牛血去蛋白提取物用于输注必需加在等渗盐水、5%葡萄糖溶液中。③在与其他输液或注射液混合时，即使混合液清澈也不能排除药物相互作用可能产生的物理化学变化。鉴于上述原因，不宜与其他针剂混合使用。④小牛血去蛋白提取物为淡黄色，色泽深浅取决于制备开始时用的材料。所以，一批药物与另一批之间有少量色泽上的差异，但不影响疗效。如溶液浑浊或有可见颗粒，则不要使用。⑤因有发生过敏的可能，建议作试验性注射。

胞磷胆碱

【体内过程】 胞磷胆碱可迅速进入血流，并有部分通过血-脑屏障进入脑组织。其中胆碱部分在体内成为良好的甲基化供体，可对多种化合物有转甲基化作用，约有1%的胆碱可从尿中排出。

【药理作用与作用机理】 胞磷胆碱为核苷衍生物，通过降低脑血管阻力，增加脑血流而促进脑物质代谢，改善脑循环。另外，其可增强脑干网状结构上行激活系统的功能，增强锥体系统的功能，改善运动麻痹，故对促进大脑功能的恢复和促进苏醒有一定作用。

【临床应用】 ①大面积脑梗死所致的昏迷和意识障碍，有助于脑卒中后遗偏瘫患者肢体功能的恢复，可与促进脑代谢及脑循环的药物同用；②急性颅脑外伤和脑手术后的意识障碍。

【不良反应】 神经系统偶见失眠，罕见头痛、眩晕、兴奋、烦躁不安、痉挛、乏力及震颤、一过性复视。消化系统偶见恶心、干呕、胃痛、畏食、腹泻等。严重的不良反应有低血压、心动过缓、心动过速。

【注意事项及禁忌证】 对胞磷胆碱过敏者禁用。①有癫痫病史、肝肾功能不全者慎用；②未获得孕妇及哺乳期妇女使用的安全性资料，宜慎用。

单唾液酸四己糖神经节苷脂

【体内过程】 外源性单唾液酸四己糖神经节苷脂能以稳定的方式与神经细胞膜结合，引起膜的功能变化。给药后2h在脑和脊髓测得放射活性高峰。4~8h后减半。药物的清除缓慢，主要通过肾脏排泄。

【药理作用】 神经节苷脂是一种复合糖脂，是神经细胞膜的天然组成部分。单唾液酸四己糖神经节苷脂自猪脑中提取获得，对神经组织有较大的亲和性，能透过血-脑屏障，与神经细胞膜结合，促进神经修复。

【作用机理】 单唾液酸四己糖神经节苷脂可以促进神经重塑（neuroplasticity）（包括神经细胞的存活、轴突生长和突触生成），提高神经细胞的存活率，改善神经传导速度，促进脑电活动恢复，对损伤后继发性神经退化有保护作用。单唾液酸四己糖神经节苷脂能维持中枢神经细胞膜上的 Na^+-K^+-ATP 酶及 Ca^{2+}-Mg^{2+}-ATP 酶的活性，维持细胞内外离子平衡、减轻神经细胞水肿、防止细胞内 Ca^{2+} 积聚；还可对抗兴奋性氨基酸的神经毒性作用，减少自由基对神经细胞的损害。

【临床应用】 用于治疗脑脊髓创伤、脑血管意外、PD。

【不良反应】 少数患者用药后出现皮疹样反应。

【注意事项及禁忌证】 神经节苷脂累积病（如家庭性黑矇性痴呆、视网膜变性病）、肝肾功能严重障碍者禁用。

脑苷肌肽

【药理作用】 脑苷肌肽为复方制剂，由多肽和多种神经节苷脂组成。神经节苷脂具有感知、传递细胞内外信息的功能，在神经细胞识别及信息传递、促进神经元萌发突起、促进细胞分裂增殖方面发挥重要的作用，可加速损伤的神经组织的再生修复，促进神经支配功能恢复，减低兴奋性氨基酸的释放，减轻细胞毒性和血管水肿。小分子多肽可透过血-脑屏障，广泛参与各种生化过程，包括物质的合成、转运及信息物质的生成、传递，可调节神经细胞膜通道，激活和促进神经细胞蛋白质合成，补充神经代谢所需的营养物质，促进脑神经新陈代谢。

【临床应用】 脑苷肌肽能促进心、脑组织的新陈代谢，参与脑组织神经元的生长、分化和再生过程，改善脑血液和脑代谢功能，用于治疗心肌和脑部疾病引起的功能障碍。

【不良反应】 有个别患者静脉滴注3~4h出现发冷、体温略有升高、头晕、烦躁，调慢滴速或停药后症状消失。

【注意事项及禁忌证】 肾功能不全者、孕妇慎用；遗传性糖脂代谢异常者禁用。

脑活素（脑蛋白水解物）

【药理作用】 有利于脑细胞记忆功能的恢复，使已损伤但未变性的神经细胞恢复功能。

【作用机理】 可直接透过血-脑屏障进入脑神经细胞，促进神经细胞蛋白质合成，同时可加速葡萄糖通过血-脑屏障的运转速度，改善脑能量供应，增加cAMP的活性。

【临床应用】 临床用于脑动脉硬化、脑外伤后遗症、大脑发育不全、早老性痴呆、记忆力减退等，其有效性有待进一步确定。

【不良反应】 偶引起变态反应，表现为寒战、低热，可见胸闷不适、头痛、气促、呕吐及排便，故过敏体质者慎用，一旦出现变态反应立即停药；

【注意事项及禁忌证】 ①注射过快可有发热感；②严重肾功能减退者禁用。

氨 络 酸

【体内过程】 经胃肠道迅速吸收，1h后达最高血药浓度（50μg/ml），其后迅速减少，24h后消失。

【药理作用】 氨络酸可能为一种中枢介质，能增强葡萄糖磷酸酯酶的活性，利于脑细胞功能的恢复。

【作用机理】 氨络酸在体内与血氨结合生成尿素排出体外，有降低血氨及促进大脑新陈代谢的作用。

【临床应用】 用于脑卒中后遗症、脑动脉硬化症、头部外伤后及一氧化碳中毒所致昏迷的辅助治疗，亦可用于各型肝昏迷。

【不良反应】 用药后偶见灼热感、恶心、头晕、失眠、便秘、腹泻。

盐酸赖氨酸

【药理作用与作用机理】 L-赖氨酸是人体8种必需氨基酸之一，能促进人体生长发育、增强免疫功能，并有提高中枢神经组织功能的作用。如缺乏可引起发育不良、食欲缺乏、体重减轻及低蛋白血症等。

【临床应用】 主要用作治疗脑组织缺血、缺氧性疾病的神经元保护剂。能提高血-脑屏障通透性，有助于药物进入脑细胞内；可用于治疗老年性脑萎缩及记忆力衰退；也可用于赖氨酸缺乏症、食欲缺乏、偏食、消瘦，能促进婴儿、儿童的正常生长发育，增强智力，可作为患有慢性疾病的儿童、成人和孕妇的辅助治疗；调节体内氮代谢平衡，促进肝细胞的再生、修复；增加机体免疫力。

【不良反应】 少数患者出现轻度胃肠反应。

【注意事项及禁忌证】 急性缺血性脑血管病、高血氯、酸中毒及肾功能不全者慎用。

CEP-1347

【药理作用与作用机理】 是新型神经保护药，作为混合谱系激酶（MLK）家族的强效选择性抑制剂，可阻断早期应急诱导的细胞凋亡，具有延迟神经退行性病变的潜力。

【临床应用】 可治疗阿尔茨海默病、亨廷顿病和PD等多种神经退行性疾病。

尼 莫 地 平

【体内过程】 口服后主要从肠胃道吸收，约5h血药浓度达高峰，生物$t_{1/2}$约5h，在肝脏和脂肪组织中浓度最高，在肝脏内93%~95%的药物被代谢，代谢产物主要由胆汁排出，一部分由肾排出。

【药理作用】 有效地阻止Ca^{2+}进入细胞内、抑制平滑肌收缩，达到解除血管痉挛之目的。具有保护和促进记忆、促进智力恢复的作用。可选择性地作用于脑血管平滑肌，扩张脑血管，增加脑血流量，显著减少血管痉挛引起的缺血性脑损伤。

【作用机理】 尼莫地平是一种Ca^{2+}通道阻滞剂。正常情况下，平滑肌的收缩依赖于Ca^{2+}进入细胞内，引起跨膜电流的去极化。尼莫地平通过有效地阻止Ca^{2+}进入细胞内、抑制平滑肌收缩，达到解除血管痉挛之目的。

【临床应用】 适用于各种原因的蛛网膜下腔出血后的脑血管痉挛和急性脑血管病恢复期的血液循环改善。

【不良反应】 最常见的不良反应：①血压下降，血压下降的程度与药物剂量有关；②肝炎；③皮肤刺痛；④胃肠道出血；⑤血小板减少；⑥偶见一过性头晕、头痛、面潮红、呕吐、胃肠不适等。

此外，口服尼莫地平以后，个别患者可发生碱性磷酸酶（ALP）、乳酸脱氢酶（LDH）、AKP的升高，血糖升高及个别人的血小板数的升高。

【药物相互作用】

1. 与其他作用于心血管的Ca^{2+}拮抗药联合应用时可增加其他Ca^{2+}拮抗药的效用。

2. 当尼莫地平90mg/d与西咪替丁1000mg/d联合应用1周以上，尼莫地平血药浓度可增加50%，这可能与肝内CYP被西咪替丁抑制，尼莫地平代谢减少有关。

【注意事项及禁忌证】

1. 脑水肿及颅内压增高患者须慎用。

2. 尼莫地平的代谢产物具有毒性反应，肝功能损害者应当慎用。

3. 尼莫地平可引起血压的降低。在高血压合并蛛网膜下腔出血或脑卒中患者中，应注意减少或暂时停用降血压药物，或减少尼莫地平的用药剂量。

4. 可产生假性肠梗阻，表现为腹胀、肠鸣音减弱。当出现上述症状时应当减少用药剂量和保持观察。

5. 避免与β受体拮抗药或其他钙拮抗药合用。

丁 咯 地 尔

【体内过程】 盐酸丁咯地尔经静脉给药后，广泛分布于体液和组织中，经肝脏代谢消除，$t_{1/2}$约3h。盐酸丁咯地尔主要以原形和芳香环去甲基的代谢物由尿中排出。盐酸丁咯地尔的血清蛋白结合率与血药浓度有关；血药浓度为 0.5mg/L 时，血清蛋白结合率为 81%；血药浓度为 5mg/L 时，血清蛋白结合率为 25%。

【药理作用与作用机理】 丁咯地尔为肾上腺素 α 受体拮抗药，可松弛血管平滑肌、扩张血管，减少血管阻力，并有较弱的钙拮抗作用。丁咯地尔还具有改善红细胞变形性、抑制血小板聚集，改善微循环，增加氧分压的作用。

【临床应用】 ①外周血管疾病：间歇性跛行、雷诺病，Burger 综合征、血管性痉挛。②慢性脑血管供血不足引起的症状：眩晕、耳鸣、智力减退、记忆力下降或注意力不集中、定向力障碍等。

【不良反应】 常见的不良反应有胃肠不适、头痛、头晕和肢体皮肤刺痛灼热感等。过量使用或肾功能不全者使用会导致严重的神经和心血管不良反应。神经系统不良反应为：痉挛、癫痫发作、肌阵挛等。心血管不良反应为：心动过速，低血压，心律不齐，血液循环停止。

【注意事项及禁忌证】 丁咯地尔通过肾脏排泄，因此使用前必须检查肌酐清除率，严重肾功能不全者（肌酐清除率＜30ml/min）禁用；急性心肌梗死、心绞痛、甲状腺功能亢进、阵发性心动过速、脑出血及有出血倾向或近期有大量失血者禁用；分娩后的产妇和严重动脉出血的患者禁用。

【案例及思考题】 一名 12 岁男孩近三年一直服用哌甲酯治疗多动综合征，但其服用的药片不慎被妹妹大量误食，引起了严重的毒性作用。
问题：
1. 哌甲酯的作用机理是什么？
2. 小妹妹过量服药后的表现有哪些？

（郭　磊）

第四篇　自体活性物质药理学

第十九章　解热镇痛抗炎药与抗痛风药

解热镇痛抗炎药是一类具有解热、镇痛，而且大多数还有抗炎、抗风湿作用的药物。基于抗炎作用，为区别于肾上腺皮质激素及其衍生物，称其为非甾体抗炎药（non-steroidal anti-inflammatory drugs，NSAIDs）。阿司匹林是其代表药物，所以 NSAIDs 也称为阿司匹林类药物。尽管 NSAIDs 的化学结构不同，但都具有相似的药理作用和类似的不良反应。其主要作用机理是抑制体内环氧化酶（cycloxygenase，COX）活性而减少二十碳烯酸衍生物的合成。

由于炎症与免疫、炎症与肿瘤等机理研究的重要进展，药理学家发现了一些新的抗炎药物作用靶标，如 cAMP 磷酸二酯酶，多种与炎症相关的细胞因子等。其中肿瘤坏死因子-α（tumor nicrosis factor-α，TNF-α）、白细胞介素-1（interleukin-1，IL-1）、IL-6 等的抑制剂已经在临床上用于治疗多种与之相关的慢性炎性疾病。

痛风是一种尿酸代谢异常导致的常见病。NSAIDs 可减轻痛风造成的疼痛和炎症。同时本章也将介绍影响尿酸代谢及其排泄的治疗痛风的药物。

第一节　概　述

一、药物分类

根据化学结构（图 19-1）可将 NSAIDs 分为如下几类。

1. 水杨酸类　阿司匹林（aspirin，乙酰水杨酸，acetylsalicylic acid）、水杨酸钠（sodium salicylate）、三水杨酸胆碱镁（choline magnesium trisalicylate）、双水杨酸酯（salsalate）、二氟苯尼酸（diflunisal）、柳氮磺吡啶（sulfasalazine）、偶氮水杨酸（olsalazine）。

2. 苯胺类　对乙酰氨基酚（acetaminophen）。

3. 吲哚类和茚乙酸类　吲哚美辛（indomethacin）、舒林酸（sulindac）、依托度酸（etodolac）。

4. 杂环芳基乙酸类　托美丁（tolmetin）、双氯酚酸（diclofenac）等。

5. 芳基丙酸类　布洛芬（ibuprofen）、萘普生（naproxen）、氟吡洛芬（flurbiprofen）、酮洛芬（ketoprofen）、非诺洛芬（fenoprofen）等。

6. 灭酸类　甲芬那酸（mefenamic acid）、甲氯芬那酸（meclofenamic acid）。

7. 烯醇酸（enolic acids）和其他类　吡罗昔康（piroxicam）、氧昔康（oxicams）、替诺昔康（tenoxicam）、萘丁美酮（nabumetone）。

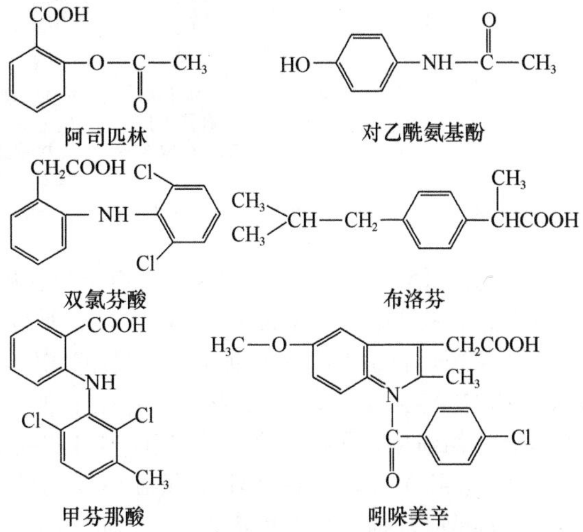

图 19-1　常用 NSAIDs 的化学结构

二、药理作用及机理

炎症反应中，细胞膜磷脂在磷脂酶 A_2（phospholipase A_2，PLA_2）的作用下释放花生四烯酸（arachidonic acid，AA）。AA 经 COX 作用生成前列腺素（prostaglandin，PG）、前列环素（prostacyclin，prostaglandin I_2，PGI_2）和血栓素（thromboxan A_2，TXA_2）；经脂氧化酶（lipoxygenase，LOX）作用则生成白三烯（leukotriene，LT）、脂氧素（lipoxin，LX）和羟基环氧素（hepoxilin，HX）。PG、LT 和 HX 等细胞膜磷脂代谢产物在炎症反应中发挥重要作用，抗炎药物通过抑制膜磷脂代谢的各个环节发挥抗炎作用。1971 年 Vane 及其助手，以及 Smith 和 Willis 等证明阿司匹林抑制 COX 而减少 PG 的产生；此后的大量研究表明，NSAIDs 能抑制所有细胞产生和释放 PG。因此认为，抑制 PG 合成是 NSAIDs 的主要作用机理（图 19-2）。

NSAIDs 在化学结构上虽属不同类别，但这三类药物均有三种主要作用。

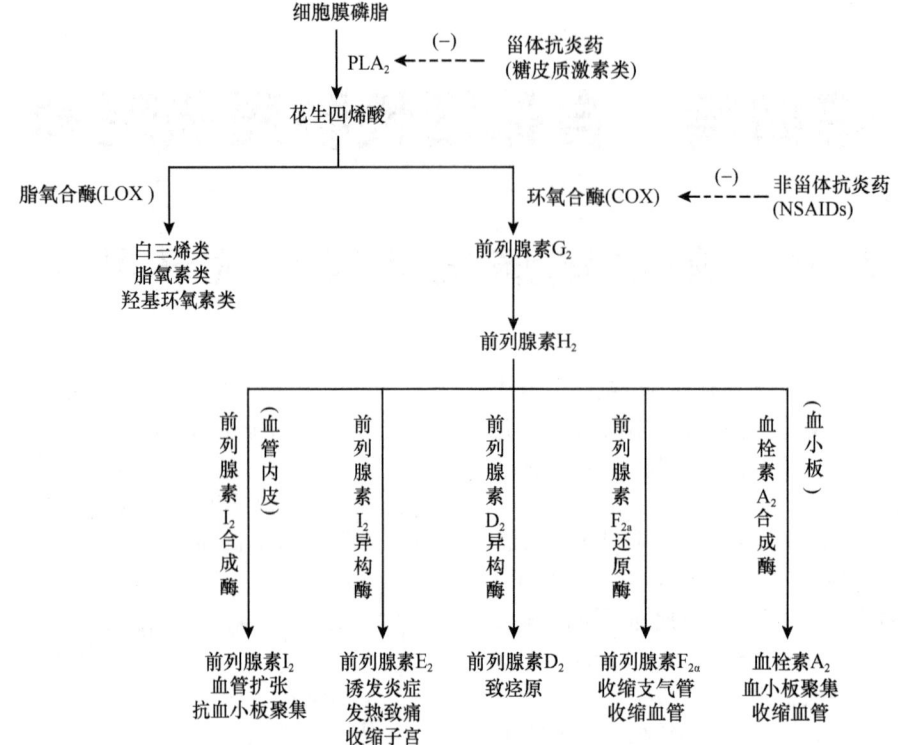

图19-2　AA的代谢途径、主要代谢产物的生物活性及药物作用环节

1. 抗炎作用　大多数NSAIDs都具有抗炎作用，其作用机理是抑制体内COX的活性。COX是合成PG的限速酶，目前发现有三种亚型，即COX-1、COX-2和COX-3。COX-1为结构型，存在于血管、肾脏和胃等组织中，具有生理保护作用，如维持胃肠道黏膜的完整性，调节肾血流量和血小板功能；COX-2为诱导型，细胞因子和其他炎症介质诱导激活炎症部位的COX-2，生成PG。PG是炎症反应中一类活性较强的炎症介质，纳克级水平的PG就能引起炎症反应，它可以扩张小血管，增加微血管的通透性，还有致热、募集中性粒细胞及与其他炎症介质的协同作用；COX-3是COX家族新发现的成员，关于它的作用和功能仍在研究中，目前认为它在疼痛中扮演重要角色。

NSAIDs的抗炎作用与抑制COX活性，减少炎症反应中PG合成有关，同时NSAIDs对参与炎症的血管内皮细胞的状态，白细胞黏附因子的表达，白细胞趋化因子（如补体因子C_{5a}、血小板激活因子、白三烯B_4等）、IL-1、TNF-α等的影响亦参与了其抗炎机理。

目前认为，抑制COX-2是NSAIDs发挥药效作用的基础，对COX-1的抑制构成胃肠道不良反应的基础。近年来，药理学家努力寻找更特异的COX-2抑制剂，以减少不良反应。选择性COX-2抑制剂可以减少药物对胃黏膜的损伤，但长期用药可能增加心肌梗死或脑卒中的危险，罗非昔布所引起的"万络事件"给这类药物的使用敲响警钟。这说明PG及其代谢产物的病理生理作用极其复杂，除了与炎症和疼痛的关系之外，对血液系统、心血管系统及其他系统的影响亦非常重要。COX-2抑制剂类药物临床应用的时间尚短，其临床作用及不良反应还有待于进一步观察。

2. 镇痛作用　NSAIDs通过抑制PG合成，使局部痛觉感受器对缓激肽等致痛物质引起的疼痛敏感性降低，对于炎症和组织损伤引起的疼痛尤为有效，对慢性钝痛具有较好的镇痛作用，而对尖锐的一过性刺痛（直接刺激感觉神经末梢引起）无效。NSAIDs能进入脂质双层，阻断信号转导，从而抑制疼痛。部分NSAIDs可在脊髓水平产生镇痛作用，可能与抑制PG合成或干扰伤害感受系统的介质和调质的产生及释放有关。

3. 解热作用　下丘脑的体温调节中枢使机体的产热和散热之间保持动态平衡。炎症反应中，IL-1β、IL-6、干扰素α、干扰素β及TNF等多种细胞因子增加，促使下丘脑视前区附近PGE_2合成与释放增加，激动细胞表面受体，使细胞内cAMP水平升高，下丘脑体温调定点升高，机体产热增加，散热减少，体温升高。NSAIDs抑制PG合成，使升高的体温调定点回归正常，产生解热作用，而对体温调定点正常时发生的体温变化（如剧烈运动以及炎热环境造成的体温升高）无影响。

4. 其他　阿司匹林对血小板中COX具有强大的、不可逆的抑制作用，减少TXA_2生成，抑制血小板的聚集，防止血栓形成。最近研究表明，NSAIDs

能够抑制肿瘤的发生、发展和转移，还能够预防和延缓阿尔茨海默病、延缓角膜老化等，但仍处于研究阶段。

三、临床应用

NSAIDs 均具有解热镇痛抗炎作用，但各药的作用差异明显。例如，对乙酰氨基酚的解热和镇痛作用明显，但抗炎作用极弱。这可能与药物对机体不同酶的敏感性差异有关。

NSAIDs 为临床常用解热药物，可使发热者体温降至正常，对正常体温无影响。

NSAIDs 适用于轻、中度疼痛，对炎症引起的疼痛尤为有效；对中空脏器的疼痛效果不佳；对手术后的慢性疼痛有效。尽管其镇痛作用弱于阿片类镇痛药物，但不产生呼吸抑制、耐受性及成瘾性等中枢不良反应。由于痛经与子宫内膜前列腺素分泌过多有关，NSAIDs 也可用于治疗痛经。

NSAIDs 亦是临床治疗肌肉和骨关节的炎症性疾病的主要药物，能减轻风湿性和类风湿性关节炎等疾病的炎症和疼痛，对炎症造成的组织损伤无影响。

NSAIDs 还可用于治疗新生儿动脉导管未闭。

四、不良反应

NSAIDs 的不良反应发生率较高。以阿司匹林为例，很多患者因不能耐受而中断使用。目前，许多新 NSAIDs 的疗效并不优于老药，但不良反应有所减少。

1. 消化系统不良反应 胃肠功能紊乱是最常见的不良反应，主要表现为消化不良、上腹不适、恶心、呕吐、溃疡、出血甚至穿孔等。主要机理：一方面 NSAIDs 本身是弱酸性物质，口服后对胃黏膜有直接刺激作用；另一方面，胃黏膜的 COX-1 生成的 PG 具有重要生理作用，可减少胃酸分泌、促进胃黏液分泌、增加胃黏膜血管的血流量，起到保护黏膜的作用。NSAIDs 抑制 PG 合成，因此对胃黏膜有损伤作用。最近的临床统计表明，长期服用 NSAIDs 的患者发生严重胃肠道毒副作用的危险比不用此药的患者高 3 倍。

2. 神经系统不良反应 大多数 NSAIDs 可产生神经系统不良反应。其发生率因药而异，阿司匹林不超过 5%，吲哚美辛可达 10%～25%。常见症状包括头痛、头晕、耳鸣等。中毒时可出现谵妄、惊厥、木僵、昏迷、反射消失等症状。

3. 泌尿系统不良反应 PG 对正常肾脏的血管扩张作用很小，但充血性心力衰竭、肝硬化、慢性肾脏疾病及某些低血容量性疾病患者对 PG 的血管扩张作用和 AD 的血管收缩作用较正常人敏感。此时，NSAIDs 容易影响肾脏的血液灌流。PG 可减轻 Cl^- 潴留，减弱抗利尿激素的作用，表现一定的利尿排钠作用，

NSAIDs 抑制前列腺素生成，可能造成一定程度的水肿。此外，NSAIDs 促进 K^+ 重吸收，减少肾素分泌，可能造成高血钾。

尽管长期使用单一 NSAIDs 产生严重肾脏损伤的病例不多见，但滥用复方药物能产生严重的肾脏不良反应，包括肾乳头坏死、坏死性间质性肾炎等。这些不良反应往往在隐匿中加重，开始多影响肾小管功能和肾脏的浓缩功能，若未及时发现并停止使用 NSAIDs，则可能造成永久性的肾脏损伤。

4. 血液系统不良反应 NSAIDs 几乎都可以抑制血小板聚集，延长出血时间，但只有阿司匹林引起不可逆反应。粒细胞减少、再生障碍性贫血和其他血液病均有少数报道。吲哚美辛、保泰松、双氯芬酸发生再生障碍性贫血的危险度较大。NSAIDs 致血液系统不良反应的机理尚未阐明，可能由于变态反应所致。

5. 皮肤不良反应 皮肤反应是 NSAIDs 的第二大常见不良反应，以舒林酸、萘普生、甲氯芬酸和吡罗昔康为多见，包括皮疹、荨麻疹、瘙痒、剥脱性皮炎、光敏等皮肤反应，有时还会发生一些非常罕见的、严重甚至致命的不良反应。

6. 肝脏不良反应 NSAIDs 所致肝功能障碍，轻者表现为氨基转移酶升高，重者表现为肝细胞变性坏死。但肝损伤发生率较低，不可逆性肝损伤比较罕见，老年人、肾功能损害、长期大量应用者可以增加肝损害。

第二节 常用的解热镇痛抗炎药

一、水杨酸类药物

水杨酸是最早被发现的药物，由于其刺激性大，患者很难耐受，因此只能外用。其衍生物分为两类：①在其羧基上发生取代，生成水杨酰酯（esters of salicylic acid）；②羧基不变，羟基与其他有机酸形成水杨酸酯，如阿司匹林（aspirin），又称乙酰水杨酸。

阿 司 匹 林

【体内过程】 阿司匹林口服后吸收迅速，少部分在胃、大部分在小肠上部吸收，1～2h 达到血浆浓度高峰。吸收速率受多种因素的影响，主要有药物的溶解速度、胃黏膜表面的 pH、胃排空时间等。阿司匹林在吸收过程中和被组织吸收后，很快被黏膜、红细胞、肝细胞及血浆中的水解酶水解，生成水杨酸，并以水杨酸盐的形式迅速分布到全身各处。因此阿司匹林在血浆中的浓度低，$t_{1/2}$ 很短，大约 15min。

水杨酸盐与血浆蛋白结合率高达 80%～90%，白蛋白与阿司匹林的结合点基本处于饱和状态，增加剂量易迅速增加游离药物浓度，并与其他药物竞争蛋白结合位点，发生药物相互作用。

大部分水杨酸盐在肝内氧化代谢，其代谢产物与甘氨酸或葡糖醛酸结合后以尿液形式排出。尿液 pH

的改变对水杨酸盐的排泄量影响较大，在碱性尿液中可排出85%，而在酸性尿液中则仅为5%。口服小剂量阿司匹林（1g以下）时水解生成的水杨酸盐较少，按一级动力学消除，$t_{1/2}$短；大剂量口服阿司匹林（＞1g）后，产生大量水杨酸，则以零级动力学消除，$t_{1/2}$显著延长，如再增加剂量，血中水杨酸浓度急剧升高，可出现中毒症状。

【药理作用】

1. 解热 阿司匹林能迅速使发热者体温降至正常。中等剂量的阿司匹林在降温的同时，使机体的耗氧量和代谢水平升高，中毒剂量的阿司匹林会造成发热者大汗乃至脱水。

2. 镇痛 适用于轻、中度疼痛，对内脏病变导致的疼痛无效。此类药物是应用最广泛的镇痛药物，长期使用不产生耐受性和依赖性，其他不良反应也较阿片类药物少。阿司匹林的镇痛作用主要在外周，但不排除与某些中枢作用有关。

3. 对风湿病、炎症、免疫及胶原代谢的影响 水杨酸类药物从发现至今，一直作为抗风湿病的主要药物。尽管能有效控制风湿病的症状，但其对风湿病造成的组织（包括心脏和其他组织）损伤并无影响。目前认为，除抑制PG合成之外，水杨酸类可能还有其他作用机理。

近年来特别重视免疫机理与风湿病的关系。发现水杨酸类对一些抗原-抗体反应有抑制作用。其中包括抗体的生成过程、抗原-抗体的结合、抗原诱导的组胺释放。同时发现它能非特异性地抑制免疫反应发生时的血管通透性增加。但这些作用所需的水杨酸浓度很高，因此不能确定其是否能反映水杨酸类的抗风湿病机理。

近年来的研究发现，水杨酸类药物能影响结缔组织的代谢。黏多糖可防止感染和炎症的扩散。水杨酸对黏多糖的合成、代谢以及其在结缔组织基质中的构成等都有影响，可能通过这些机理发挥抗炎作用。

4. 影响血小板的功能 低浓度的阿司匹林能使血小板COX活性中心的丝氨酸不可逆地乙酰化而失活，减少TXA_2生成，抑制血小板的聚集，防止血栓形成，达到抗凝作用。高浓度阿司匹林能够直接抑制血管壁中COX，减少PGI_2合成。PGI_2是TXA_2的生理对抗剂，它的合成减少可能促进血栓形成。血小板中COX对阿司匹林的敏感性远较血管中COX高。

【临床应用】

1. 发热 解热是此类药物的常见用途，但应充分考虑解热的必要性之后方可使用。通常口服，婴幼儿可考虑直肠给药。水杨酸钠成人解热剂量为325～650mg，每4h一次。儿童每日50～75mg/kg，分成4～6次给予，每日总剂量不超过3.6g。

2. 疼痛 镇痛剂量与解热剂量相同。一般轻、中度的头痛、关节痛、肌肉痛等均可使用。

3. 风湿及类风湿性关节炎 水杨酸类药物是治疗类风湿性关节炎的首选药物。但由于不良反应，尤其是胃肠道反应，使其应用受到限制。剂量一般为每日4～6g。大多数风湿性关节炎患者能在使用水杨酸类或其他NSAIDs后获得较好的疗效。但有些病例需要使用"二线药物"进行治疗，包括金制剂、氯喹、青霉胺、肾上腺皮质激素或免疫抑制剂等。

4. 防止血栓形成 由于阿司匹林能抑制血小板聚集而起到抗凝作用，近年来临床使用小剂量阿司匹林预防心肌梗死和深静脉栓塞等疾病。此种用途的剂量尚不确定，一般在40～325mg/d；剂量过大可能抑制血管内皮细胞PGI_2的生成，促进血栓形成。

5. 防止妊娠高血压 有妊娠高血压倾向的孕妇每日口服60～100mg阿司匹林，可以减少血栓素TXA_2的生成，减少高血压的发生。

6. 局部应用 5-氨基水杨酸是治疗炎性肠道疾病的药物。但此药口服不能吸收，需经直肠给药。

【不良反应及注意事项】

1. 胃肠道作用 胃肠道反应最常见。口服可直接刺激胃黏膜，引起上腹不适、恶心、呕吐。大剂量长期服用（如抗风湿治疗）可引起胃溃疡或无痛性胃出血，原有溃疡病者，症状加重。研究表明，每日口服阿司匹林4～5g，可导致每日从粪便中失血3～8ml。餐后服药或同服止酸药可减轻胃肠道反应，阿司匹林引起的胃肠道反应与直接刺激局部胃黏膜细胞和抑制胃壁组织COX-1生成PG如PGE_2有关，胃壁PG对胃黏膜细胞有保护作用。合用PGE_1的衍生物米索前列醇可减少溃疡的发生率。

2. 免疫系统作用 少数患者可出现荨麻疹、血管神经性水肿、过敏性休克等变态反应。某些哮喘患者服用阿司匹林或其他NSAIDs后可诱发哮喘，称为"阿司匹林哮喘"。其发病机理尚未明确，可能与白三烯类物质合成增加有关。故哮喘、鼻息肉等患者禁用阿司匹林。

3. 神经系统作用 大剂量水杨酸类药物对中枢神经系统有毒性作用。一般是先兴奋（甚至发生惊厥）后抑制。早期表现为头痛、眩晕、恶心、呕吐、耳鸣、听力减退等，总称为水杨酸反应。严重者可出现过度换气、酸碱平衡失调，甚至精神紊乱乃至昏迷。严重中毒者应立即停药，静脉滴入碳酸氢钠溶液以碱化尿液，加速水杨酸盐自尿排泄。

4. 加重出血倾向 阿司匹林不可逆抑制COX，对血小板合成TXA_2有强大而持久的抑制作用，由于血小板无法自身更新COX，合成TXA_2能力恢复需要等到新生血小板补充（7～8日）。但血管内皮有合成COX的能力，对PGI_2的合成抑制弱而短暂。结果血液中TXA_2/PGI_2下降，血小板凝集受到抑制，使血液不易凝固，出血时间延长。大剂量阿司匹林可以抑制凝血酶原的形成，引起凝血障碍，加重出血倾向，维生素K可以预防。严重肝病、有出血倾向的疾病如血友病患者、产妇和孕妇禁用。如需手术患者，术前1周应停用阿司匹林。

5. 呼吸系统作用 阿司匹林可直接刺激呼吸中枢，导致明显的过度通气，呼吸深度和频率都增加，患者每分通气量明显增加，可引起呼吸性碱中毒。

6. 心血管系统作用 使用大剂量阿司匹林或水杨酸钠治疗风湿热时，由于心排血量增加，循环血量可增加20%，对于心肌炎患者可能造成充血性心力衰竭或肺水肿，老年患者长期使用危险性更高。

7. 肝肾作用 阿司匹林对正常肾功能无明显影响。但在少数人，尤其是老年人，伴有心、肝、肾功能损害的患者，即使用药前肾功能正常，也可引起水肿、多尿等肾小管功能受损的症状。大剂量应用水杨酸类药物治疗的风湿病患者中，有5%左右会出现与氨基转移酶活性升高等肝损伤表现。另外，使用阿司匹林治疗儿童水痘病毒感染或其他病毒（包括流感病毒）感染时，可能发生表现为严重肝损伤和脑病的Reye综合征。尽管水杨酸与Reye综合征的关系尚不清楚，但流行病学证据表明两者有相关性。因此，病毒感染患儿不宜用阿司匹林，可用对乙酰氨基酚代替。

【**药物相互作用及禁忌证**】 阿司匹林可通过竞争与白蛋白结合提高游离药物浓度，引起药物相互作用。与阿司匹林竞争血浆蛋白结合位点的物质很多，包括甲状腺激素、青霉素、苯妥英钠、尿酸、其他种类的NSAIDs等。当阿司匹林与口服抗凝血药双香豆素合用时易引起出血；与肾上腺皮质激素合用，不但能竞争性的与白蛋白结合，又有药效学协同作用，更易诱发溃疡及出血；与黄酰脲类口服降糖药合用引起低血糖；与丙戊酸、呋塞米、青霉素、甲氨蝶呤等弱碱性药物合用时，由于竞争肾小管主动分泌的载体，增加各自的游离血药浓度。

对阿司匹林过敏或使用阿司匹林曾导致哮喘的患者，急性胃肠道溃疡患者，有出血倾向的患者，有严重肝、肾或心力衰竭的患者，产妇和孕妇禁用阿司匹林。

二、苯 胺 类

对乙酰氨基酚（acetaminophen，醋氨酚，扑热息痛）、非那西丁（phenacetin）均为苯胺衍生物。后者因毒性大，不单独应用。该类药物具有良好的解热镇痛作用，但抗炎作用弱，毒副作用少，较易耐受，应用广泛。对乙酰氨基酚常与其他药物组成复方非处方药。

【**体内过程**】 口服对乙酰氨基酚和非那西丁几乎完全在胃肠道吸收，30~60min血药浓度达高峰，在各种体液中均匀分布。药物与血浆蛋白结合的比率不固定。服用治疗剂量的药物，90%~100%于第一日随尿排出。80%的非那西丁在肝内迅速去乙基，成为对乙酰氨基酚，其余部分去乙酰基，成为对氨基苯乙醚。对乙酰氨基酚60%与葡糖醛酸结合，35%与硫酸结合失活后经肾排泄。极少部分对乙酰氨基酚进一步经CYP代谢为对肝有毒性的羟化物。治疗剂量时，药物与肝脏谷胱甘肽的巯基反应，不产生明显的毒性；大剂量服用后，毒性代谢产物可耗竭肝脏的谷胱甘肽，进而与肝细胞中某些蛋白的巯基反应，造成肝细胞坏死。对氨基苯乙醚通过羟化，产生可使血红蛋白氧化为高铁血红蛋白及引起溶血的毒性代谢物。

【**药理作用**】 此类药物的解热镇痛作用与阿司匹林相似，但抗炎作用弱。可能是因为对乙酰氨基酚是环氧酶的弱抑制剂，且对中性粒细胞的激活无抑制作用。单次或反复使用此类药物对心血管系统和呼吸无影响，对胃肠道无刺激。

【**临床应用**】 对乙酰氨基酚和非那西汀的解热镇痛作用缓和持久，强度类似阿司匹林，且毒副作用小于阿司匹林。对乙酰氨基酚可单独应用，非那西丁则与其他解热镇痛药配成复方（如APC）应用，由于其对肾脏及血红蛋白的毒性，近年来逐渐被对乙酰氨基酚取代。由于对乙酰氨基酚无明显肠道刺激作用，故适用于不宜使用阿司匹林的头痛发热患者。

【**不良反应及注意事项**】 治疗剂量时，对乙酰氨基酚不良反应少，偶见皮疹或其他变态反应，严重者伴有药热反应。对乙酰氨基酚过量急性中毒（成人单次剂量10~15g，或150~250mg/kg）可致肝坏死。此类药物长期服用可能导致药物依赖性及肾损害。

【**药物相互作用及禁忌证**】 对乙酰氨基酚与氯霉素同用时可增加氯霉素的毒性，故不应同服。

三、吲哚类和茚乙酸类

吲哚美辛是有效的治疗类风湿性关节炎及相关疾病的药物，由于毒副作用多，临床上已限制其应用，后来合成的舒林酸和依托度酸是其类似物，毒副作用减少。

吲哚美辛

吲哚美辛（indomethacin）是较强的PG合成酶抑制药，有显著的抗炎及解热作用，对炎性疼痛有明显镇痛效果。动物实验证明，吲哚美辛抗风湿性和类风湿性关节炎及痛风性关节炎作用强于阿司匹林。但其不良反应明显，在患者耐受的剂量范围内，疗效并不优于阿司匹林。吲哚美辛的镇痛作用与其中枢和外周机理均有关。

【**体内过程**】 口服吸收迅速完全，空腹服药2h血药浓度达峰值，食物可延迟达峰时间。药物吸收后90%与血浆蛋白结合。关节滑液中的浓度在口服5h后可与血浆浓度相同。主要在肝脏代谢，代谢物从尿、胆汁、粪便排出。

【药理作用与临床应用】　吲哚美辛对 COX-1 和 COX-2 均有强大的抑制作用，也能抑制磷脂酶 A_2 和磷脂酶 C，减少粒细胞游走和淋巴细胞增殖。故有显著抗炎和解热作用，对炎性疼痛有明显镇痛效果，其抗炎作用是阿司匹林的 10～40 倍。

由于其严重的毒性反应，该药只在特殊情况下使用，如其他药物不能解热的霍奇金病，或对其他药物不能耐受或疗效不佳的病例。因夜间服用较易被患者耐受，常在临睡前服用（100mg），白天服用其他易被耐受的 NSAIDs。

吲哚美辛治疗强直性脊椎炎和骨性关节炎的疗效高于阿司匹林。虽然不影响尿酸代谢，但其治疗急性痛风有较好疗效。

与其他抑制 PG 生成的药物一样，吲哚美辛可用于治疗巴特综合征，疗效显著，但停药后很快复发。

吲哚美辛可抑制先兆流产的子宫收缩。对导管未闭的新生儿动脉，可静脉注射吲哚美辛 0.1～0.2mg/kg，每 12h 一次，注射 3 次可使 70%的患儿动脉导管关闭，尤其对于体重 500～1750g 的早产儿更适用。吲哚美辛还可降低低体重新生儿颅内出血的发病率，或减少其严重程度。新生儿使用此药应注意其肾毒性，尿量降低到每小时 0.6ml/kg 以下时，应停药。

【不良反应及注意事项】　30%～50%的患者服用治疗剂量的吲哚美辛即可出现不良反应，约 20%的患者因此停药。

1. 胃肠道反应　食欲减退、恶心、腹泻、腹痛、上消化道溃疡（偶见穿孔或出血）；偶见急性胰腺炎。

2. 中枢神经系统不良反应　头痛、眩晕等，偶见精神失常。

3. 造血系统不良作用　粒细胞减少、血小板减少、再生障碍性贫血等。

4. 变态反应　皮疹等，严重者可发生哮喘。由于本药强烈抑制 AA 环氧酶，可通过增加白三烯的生成产生类似阿司匹林哮喘的作用。

【药物相互作用及禁忌证】　吲哚美辛与对乙酰氨基酚长期合用时可增加肾脏毒性；与其他 NSAIDs 合用时消化道溃疡的发病率明显增高；与肝素和口服抗凝药合用时，又增加出血倾向的潜在危险。

孕妇、儿童、机械操作人员、精神失常、溃疡病、癫痫、PD 及肾病患者禁用。

舒 林 酸

舒林酸（sulindac）的化学结构与吲哚美辛相似，作用强度是吲哚美辛的 50%，但其硫化代谢产物抑制 PG 合成的能力是药物本身的 500 倍。口服后胃肠道黏膜仅接触到黏膜 PG 合成抑制较弱的原药，因而胃肠道不良反应相对较少。舒林酸不改变尿中的 PG 含量，不影响肾功能，可能是由于肾脏使活性较高的硫化代谢产物转化成活性较低的硫氧化合物。但用于肾功能不良的患者时，仍应引起注意。

本药口服 90%吸收，1h 后原药达血浆浓度高峰，2h 后出现高活性的硫化代谢产物。在体内除与葡糖醛酸结合外，还有两条代谢途径，一是被氧化成砜类化合物，二是在此基础上再被可逆地还原成硫化物，上述三种代谢产物并存于体内。药物本身的 $t_{1/2}$ 为 7h，活性代谢产物的 $t_{1/2}$ 则长达 18h。药物及其代谢产物都与血浆蛋白结合。

20%的药物以原形及结合产物、30%以砜类化合物及结合产物的形式从尿中排出，25%随粪便排出。

舒林酸主要用于类风湿性关节炎、骨性关节炎、强直性脊椎炎。也可用于治疗急性痛风。400mg/d 舒林酸的抗炎疗效分别相当于 4g/d 阿司匹林、1200mg/d 布洛芬和 125mg/d 吲哚美辛。剂量视患者反应而定，常用剂量为 150～200mg/次，每日 2 次。药物与食物同服用，可减少胃肠道刺激，但干扰药物的吸收，使血药浓度下降。

不良反应低于吲哚美辛，20%的患者可见轻、中度的腹痛、恶心等胃肠道反应，10%的患者可有头痛、眩晕等神经系统症状，5%的患者有皮疹等变态反应。少数患者可有一过性肝功能异常。

依 托 度 酸

依托度酸（etodolac）对胃黏膜细胞 PG 合成的抑制作用较低，因此胃肠道刺激较轻。

口服后吸收迅速完全，血浆中药物 90%以上与蛋白结合，在肝脏代谢。经肝肠循环，$t_{1/2}$ 延长为 7h。

单剂（200～400mg）用于手术后止痛，作用可维持 6～8h。亦可用于类风湿性关节炎和骨性关节炎。其缓释制剂可每日 1 次使用。

胃肠道刺激比其他 NSAIDs 发生率低。皮疹和中枢神经系统副作用仅有少量报道。

四、灭 酸 类

常用的药物有甲芬那酸（mefenamic acid）和甲氯芬那酸（meclofenamic acid）。

灭酸类药物的抗炎镇痛作用不优于其他 NSAIDs，且毒副作用明显，因此不作为首选的治疗药物。临床主要用作类风湿性关节炎、骨性关节炎的二线药物。孕妇和儿童不宜使用。

甲芬那酸的镇痛作用与外周和中枢作用都有关。除抑制 PG 产生，甲芬那酸本身能在一定程度上对抗 PG 的作用。

最常见的不良反应是胃肠道反应，发生率大约为 25%。轻者表现为胃纳不佳，上腹部不适，严重者可发生伴有肠炎的腹泻。皮疹等过敏症状亦有报道。偶见溶血性贫血，可能与自身免疫机理有关。

有胃肠道疾病者不宜服用本品。服药中发现皮疹或腹泻应及时停药。注意检查血常规，预防溶血性贫血的发生。

五、杂环芳基乙酸类

此类药物包括托美丁（tolmetin）和双氯酚酸（diclofenac）等。

托 美 丁

【体内过程】 托美丁口服吸收完全迅速，20～60min 达血浆浓度高峰。血浆 $t_{1/2}$ 为 5h，关节液中 2h 后开始出现，维持 8h。血浆中的药物几乎全部与蛋白结合。药物以原形、结合产物形式从尿中排出。

【药理作用与临床应用】 有良好的抗炎作用和一定的解热镇痛作用。主要用于治疗骨性关节炎、类风湿性关节炎、幼年性类风湿性关节炎、强直性脊椎炎等。临床研究表明，托美丁（0.8～1.6g/d）、阿司匹林（4.0～4.5g/d）和吲哚美辛（100～150mg/d）的疗效基本相当，且这个剂量的托美丁副作用较少，较易被患者接受。

【不良反应】 不良反应发生率为 25%～40%，5%～10%患者因此而停药。主要是胃肠道反应，如厌食、恶心、呕吐等，胃及十二指肠溃疡等也有发生。神经系统症状类似吲哚美辛，但发生率较低，程度较轻。

双 氯 酚 酸

【体内过程】 口服吸收迅速完全，2～3h 达血浆浓度高峰，与食物同服可使吸收减慢，但不减少。首过效应明显，血中药物只有总用量的 50%。药物几乎全部与血浆蛋白结合，$t_{1/2}$ 为 1～2h。药物在关节液中集聚，其关节镇痛作用时间长于血浆 $t_{1/2}$。在肝脏代谢，经尿（65%）和胆汁（35%）排泄。

【药理作用与临床应用】 双氯酚酸是较强的解热镇痛抗炎药物。其抑制环氧酶的活性较吲哚美辛、萘普生等强，且可通过抑制脂肪酸进入白细胞，减少细胞中 AA 的浓度。

临床常使用其钠盐。100～200mg/d，分数次服用，用于长期治疗类风湿性关节炎、骨性关节炎、强直性脊椎炎等。亦可短期用药用于急性肌肉及关节损伤、关节疼痛、痛经和手术后镇痛等。可将本品与 PGE_1 衍生物一起制成肠溶糖衣片，保持其治疗作用，减少其副作用。

【不良反应及注意事项】 副作用的发生率在 20%左右，2%因不能耐受停药。胃肠道反应最常见，可见肠黏膜溃疡、出血乃至肠穿孔。15%的患者出现肝氨基转移酶升高，此种升高是可逆的，很少伴有肝脏疾病的临床表现。若氨基转移酶升高持续 8 周以上，并出现其他肝脏损伤的表现应停药。神经症状、变态反应、钠水潴留等亦有报道。儿童、哺乳期妇女、孕妇不宜使用。

六、芳基丙酸类

布洛芬（ibuprofen）是第一个应用到临床的芳基丙酸类药物，以后又相继出现了萘普生（naproxen）、非诺洛芬（fenoprofen）、酮洛芬（ketoprofen）和氟比洛芬（flurbiprofen）等。他们有 NSAIDs 的所有药理作用，不良反应少，临床应用广泛。临床应用于类风湿性关节炎、骨性关节炎、脊椎强直、急性痛风性关节炎、肌腱和腱鞘炎的对症治疗，以及痛经。

布 洛 芬

【体内过程】 口服吸收迅速完全，1～2h 达血药浓度高峰，$t_{1/2}$ 为 2h。几乎全部与血浆蛋白结合，通常剂量下，只占据蛋白结合位点的一小部分。布洛芬缓慢向关节液转运，血浆浓度下降时，关节液中药物浓度仍可保持较长时间。易通过胎盘，90%从尿排出。由于布洛芬的 $t_{1/2}$ 短，每日需用药多次，因此临床常使用其控释剂型，如芬必得等。

【药理作用与临床应用】 布洛芬对 COX 的抑制作用与阿司匹林相当。治疗类风湿性关节炎的剂量为 1200～1800mg/d，最大可达 3200mg/d。用于维持疗效时，剂量可适当减小。对轻度或中等程度疼痛，如原发痛经，可口服 400mg/6h。与食物同服，可减轻其胃肠道刺激。

【不良反应及注意事项】 布洛芬的胃肠道副作用发生率在 5%～15%，表现为上腹部疼痛、恶心及饱胀感等，有 10%～15%的患者因不能耐受而停药。禁用于孕妇和哺乳期妇女。

七、吡罗昔康及其衍生物

吡罗昔康及其衍生物包括吡罗昔康（piroxicam）、氧昔康（oxicams）、替诺昔康（tenoxicam），属于烯醇酸类化合物，具有解热、镇痛和抗炎作用。除抑制 PG 合成外，吡罗昔康对白细胞有抑制作用，且能抑制软骨中的胶原酶。

吡罗昔康口服吸收迅速完全，2～4h 后达到血药浓度高峰。食物和抗酸药不影响其吸收，有肝肠循环，半衰期变化较大，平均为 50h。吸收后的药物几乎全部与血浆蛋白结合。大部分以代谢物形式经尿和粪便排出。

吡罗昔康主要用于骨性关节炎和风湿性、类风湿性关节炎。疗效与阿司匹林、吲哚美辛或萘普生相当，但副作用小，易被患者接受。口服 20mg/d。需 12 日才达稳态血药浓度，因此在给药的前 12 日，可加倍给药。

主要副作用是胃肠道反应，发生率在20%左右，5%的患者因此停药。少数患者服药后发生消化性溃疡。如需要长期服药，应注意血常规及肝肾功能，并注意大便色泽有无变化，必要时进行大便隐血试验。

第三节 抗痛风药

痛风是由于体内嘌呤代谢紊乱所引起的一种疾病。其特征为高尿酸血症，并由此导致尿酸结晶在关节、结缔组织和肾脏沉淀。尿酸盐结晶激活单核细胞/巨噬细胞，促使细胞分泌多种细胞因子，其中包括IL-1β和TNF-α；激活内皮细胞；吸引中性粒细胞向炎症部位迁徙，以致产生红肿热痛等炎症表现。中性粒细胞分泌物使炎症部位环境酸化，进一步促进尿酸结晶沉淀。痛风的急性发作主要表现为单个远端关节炎或皮下痛风结节。痛风的病理机理尚未完全清楚。但尿酸生成与尿酸排出失衡，血中尿酸浓度升高是基本表现。与尿酸生成增多相比，尿酸排出的减少在痛风发病中可能更为重要。痛风的治疗目标包括：减轻急性发作时的症状；减少再次发作的风险；降低血中尿酸浓度。为达上述目标，可以使用的药物包括NSAIDs、秋水仙碱和糖皮质激素（必要时）以抗炎和止痛。使用别嘌醇（allopurinol）和非布索坦（febuxostat）减少尿酸生成，或者使用丙磺舒（probenecid）以促进尿酸排泄。

一、黄嘌呤氧化酶抑制药

别 嘌 醇

【体内过程】 口服易吸收，0.5～1h达到血药浓度高峰，$t_{1/2}$为2～3h。在肝脏的代谢产物奥昔嘌醇也具有活性，$t_{1/2}$为14～28h。

【药理作用与作用机理】 别嘌醇是体内正常代谢物次黄嘌呤的异构体。次黄嘌呤及黄嘌呤可以被次黄嘌呤氧化酶催化生成尿酸。而别嘌醇与黄嘌呤竞争次黄嘌呤氧化酶，生成别黄嘌呤，不能进一步生成尿酸，减少尿酸生成。防止高尿酸血症形成。有利于避免尿酸结晶在组织中的沉积。

【临床应用】 别嘌醇可以降低血中尿酸浓度，主要用于治疗慢性原发性、继发性痛风和痛风性肾病。

【不良反应及注意事项】 别嘌醇的主要不良反应是过敏性皮疹。通常是瘙痒性红斑。但应注意，个别过敏体质的患者甚至可能出现史-约综合征。这是一种累及皮肤和黏膜的急性水疱病变。表现为服药后出现多形性红斑或是皮肤的轻度水疱性病变，多形性红斑进一步发展形成毒性表皮坏死溶解。最严重者可能致命。因此过敏体质患者服用别嘌醇时，可以考虑从小剂量开始逐渐增加剂量的脱敏法。其他不良反应包括腹泻腹痛、低热、暂时性氨基转移酶升高或粒细胞减少。一般停药后会恢复。

服药期间应保持尿液中性或碱性，以利药物从肾脏排出。此外，肝肾功能损伤或老年患者应慎用。

【药物相互作用及禁忌证】 饮酒、氯噻酮、依他尼酸、呋塞米、美托拉宗、吡嗪酰胺或噻嗪类利尿剂均可增加血清中尿酸含量。控制痛风和高尿酸血症时，应用本品要注意用量的调整。对高血压或肾功能差的患者，别嘌醇与噻嗪类利尿剂合用时，有发生肾衰竭及出现过敏的报道。与尿酸化药合用时，可增加肾结石形成的可能。与氨苄西林同用时，皮疹的发生率增多，尤其在高尿酸血症患者。与抗癌药物合用时，可以防止由于大量癌细胞被破坏而形成的高尿酸血症。但与6-巯基嘌呤合用时，因竞争黄嘌呤氧化酶，减少其代谢，会增加6-巯基嘌呤的毒性，6-巯基嘌呤的用量一般要减少1/4～1/3。

非布坦索

【药理作用与作用机理】 非布坦索是非嘌呤类黄嘌呤氧化酶抑制剂。它紧密结合钼蝶呤活性位点并使氧化态和还原态的黄嘌呤氧化酶均被抑制。减少尿酸生成。

【临床应用】 非布坦索用于治疗伴有痛风发作的高尿酸血症，但不用于没有痛风发作的单纯高尿酸血症患者。开始可以使用较低剂量，如果血中尿酸浓度在2周内没有降低到预期水平，可以逐渐加量。通常非布坦索降低高尿酸血症的作用强于别嘌醇。

【不良反应及注意事项】 非布坦索的主要不良反应是肝功能损伤、恶心呕吐、皮疹等。因此应在用药期间监测肝功能。同时，由于非布坦索明显降低血尿酸浓度，使组织中沉积的尿酸被动员移动，所以可能导致痛风发作。所以本品经常与NSAIDs或秋水仙碱联合用药，以减少诱发痛风的可能性。

【药物相互作用及禁忌证】 本品抑制通过黄嘌呤氧化酶代谢药物（如茶碱、巯基嘌呤、巯唑嘌呤）的降解，不可合用。

二、秋 水 仙 碱

【药理作用与作用机理】 秋水仙碱是一种古老的抗痛风药物。它是一种抗有丝分裂物质。它能与中性粒细胞微管蛋白结合，改变细胞的趋化性、黏附性和吞噬性。它还能抑制中性粒细胞和单核细胞的磷脂酶A_2，从而使其释放的PG和白三烯减少。秋水仙碱还抑制局部细胞释放IL-6等致炎细胞因子。上述作用都有利于控制局部的炎症，缓解红肿热痛等反应。

【临床应用】 秋水仙碱并不影响尿酸的代谢，因此不能降低血中尿酸浓度。但它能迅速有效的缓解急性痛风的发作。如果在发作的24h之内给药，秋水仙碱可以使2/3的患者红肿痛的症状在12h之内缓解。48～72h之内完全缓解。有文献表明，小剂量秋水仙碱可以用于预防痛风的急性发作。

【不良反应及注意事项】 秋水仙碱的不良反应较多，并且较常见。早期常见胃肠道反应，发生率可达80%，严重者可致脱水及电解质紊乱等。长期服用可致严重出血性胃肠炎。神经系统毒性常表现为肌肉和周围神经病变。静脉用药可导致造血功能异常，甚至再生障碍性贫血。肾脏功能受损常见。其他不良反应有静脉炎、皮疹、脱发和发热等。由于其较严重的不良反应，所以并非治疗痛风的首选药物。选择使用时一定要慎重。

三、丙磺舒

【药理作用与作用机理】 丙磺舒抑制尿酸盐在肾小管的主动重吸收，增加尿酸盐的排泄，从而降低血中尿酸盐的浓度，可以缓解或抑制关节尿酸结晶的形成，达到治疗痛风的作用。

【临床应用】 丙磺舒不具有抗炎和镇痛作用，临床用于慢性痛风的治疗。

【不良反应及注意事项】 丙磺舒的不良反应较少。偶有胃肠道刺激症状或变态反应。但在急性痛风发作初期用药时，由于肾脏排出尿酸增加，动员了沉积在关节组织中的尿酸向血液中转移，可能引起部分患者的症状加剧，故不宜用于急性痛风。此外，大量尿酸有可能造成尿路结石。因此应大量饮水或加服碳酸氢钠，使尿液碱化，以利尿酸排出。

【药物相互作用及禁忌证】 丙磺舒可减少多种药物通过肾脏的排泄，从而影响其药动学特点，如青霉素类、头孢菌素类、一些 NSAIDs、甲氨蝶呤及口服降糖药等。因此，不宜与上述药物合用。

【案例及思考题】

患者1，男，24岁，感冒发热伴头痛，遵医嘱予阿司匹林500mg口服后，发热头痛症状明显缓解。

患者2，男，60岁，活动后胸骨后压榨性疼痛，诊断为冠心病心绞痛，除了给予治疗心绞痛的药物以外，长期服用阿司匹林肠溶片，每次75mg，1次/日。以降低冠心病心绞痛的发生率。

问题：

阿司匹林为什么既能治疗头痛发热，又能用于冠心病心绞痛的治疗？

为什么两位患者使用的阿司匹林的剂量不同？

（朱 蕾）

第二十章 组胺与抗组胺药

第一节 组　胺

组胺（histamine，HA）是由组氨酸经 L-组氨酸脱羧酶催化脱羧形成，广泛分布于体内具有多种生理活性的自体活性物质。在哺乳动物体内，组胺合成后储存于肥大细胞和嗜碱性粒细胞的颗粒内，以心肌、皮肤、胃肠道和肺脏含量为多，而在中枢神经系统，组胺则由特定的神经细胞合成，作为组胺能神经元的递质。天然组胺以无活性的结合型形式存在，在炎症、组织损伤、某些药物、神经刺激或一些抗原/抗体反应条件下，以游离型的活性形式释放，从而参与炎症和变态反应等生理、病理过程。

【组胺受体】　目前已发现组胺受体有 H_1、H_2、H_3 和 H_4 四种亚型，均为 G 蛋白偶联受体，且均表现出不需要受体激活的组成型活性。组胺与靶细胞膜上的组胺受体结合后，产生相应的生物学效应。不同亚型受体的第二信使通路和组织分布不同（表 20-1）。

表 20-1　组胺受体亚型

受体	受体后信号转导机理	组织分布
H_1	Gq/11→增加 IP_3、DAG 和细胞内 Ca^{2+}，激活 NF-κB	平滑肌，血管内皮，脑
H_2	Gs→增加 cAMP	胃壁细胞，心肌，肥大细胞，脑
H_3	Gi/o→减少 cAMP	中枢神经系统和一些外周神经
H_4	Gi/o→减少 cAMP，增加细胞内 Ca^{2+}	造血细胞，胃黏膜

G. G protein，G 蛋白；cAMP. cyclic adenosine monophosphate，环腺苷酸；IP_3. inositol trisphosphate，肌醇三磷酸；DAG. diacylglycerol，二酰甘油；NF-κB. nuclear factor kappa B，核因子 κB

H_1 受体主要在血管内皮细胞和平滑肌细胞表达，介导炎症和变态反应。H_1 受体兴奋的效应包括水肿、支气管收缩和主要的传入神经末梢增敏。H_1 受体也表达于下丘脑结节乳头体核、皮质和边缘系统的突触后神经元上，这些神经元可能参与昼夜节律的调控、觉醒和能量代谢。

H_2 受体主要在胃壁细胞上表达，与胃泌素和 ACh 共同调节胃酸的分泌。H_2 受体在心肌细胞、一些免疫细胞和特定的突触后神经元上也有表达。

H_3 受体和 H_4 受体及他们的下游效应是目前研究的热点领域。H_3 受体主要表达在中枢神经系统不同脑区，包括皮质、基底节和下丘脑结节乳头核，它作为突触前自身受体（autoreceptors）和异身受体（heteroreceptors）调节组胺及其他神经递质（包括 DA、ACh、NA、GABA 和 5-HT）的合成和释放，这可能是组胺具有广泛中枢作用，如觉醒、食欲和记忆的重要原因。另外，组胺受体在外周神经系统的突触前神经元也有表达。在胃黏膜和支气管平滑肌中，H_3 受体抑制了组胺释放。

H_4 受体表达在造血细胞，主要是肥大细胞、嗜酸性粒细胞和嗜碱性粒细胞。H_4 受体和 H_3 受体具有 40%同源性，因此能与许多 H_3 受体激动剂结合，但亲和力较低。H_4 受体是近年来新发现的组胺受体，在炎症反应中发挥重要作用。研究发现，H_4 受体参与了组胺介导的 LTB_4 产生、黏附分子上调及肥大细胞、嗜酸性粒细胞和树突状细胞趋化。

【生理及药理作用】

1. 血管平滑肌　组胺可以扩张小动脉、小静脉，降低外周阻力，减少回心血量，引起血压下降。此作用涉及 H_1 受体和 H_2 受体，但两者机理并不相同。血管内皮细胞 H_1 受体激活后，活化 Ca^{2+} 依赖的内皮型一氧化氮合酶（endothelial nitric oxide synthase，eNOS），产生的一氧化氮（nitric oxide，NO）扩散进入血管平滑肌细胞，扩张血管；血管平滑肌细胞 H_2 受体激活后，通过 cAMP-PKA 通路，松弛血管平滑肌细胞。静脉注射大剂量组胺，可发生强而持久的血压下降，甚至休克。人类冠状动脉也有 H_1 受体、H_2 受体，两者功能平衡失调可致冠状动脉血管痉挛。

2. 血管外平滑肌　组胺激动平滑肌细胞 H_1 受体，增加胞质中 Ca^{2+} 浓度，产生收缩作用。组胺收缩支气管平滑肌，引起呼吸困难，支气管哮喘者更敏感，健康人的支气管敏感性较低。对多种动物胃肠道平滑肌都有兴奋作用，豚鼠回肠最为敏感，可作为组胺生物检定的标本。对子宫平滑肌的作用有种属差异，人子宫不敏感，豚鼠子宫收缩，而大鼠子宫松弛。

3. 血管内皮　组胺可引起血管内皮细胞收缩，增加毛细血管通透性，导致渗出液增加而引起水肿。因此，组胺是损伤部位局部反应的主要介质。此效应主要通过血管内皮细胞上 H_1 受体介导。

4. 心脏　组胺对心肌收缩和心脏电生理均有影响。组胺通过增加心肌细胞中 Ca^{2+} 内流而增强心肌收缩力，通过加快窦房结细胞 4 相去极化速率而增加心率。组胺还可以减慢房室传导，提高心室自律性，大剂量可诱发心律失常。组胺减慢房室传导的作用涉及 H_1 受体，其他效应主要与 H_2 受体有关。

5. 腺体　激动胃壁细胞 H_2 受体，激活腺苷酸环化酶，增加细胞内 cAMP 水平，使壁细胞顶端囊泡膜

上的 H^+-K^+-ATP 酶激活，泵出 H^+，产生强大的刺激胃酸分泌作用。另外，组胺也能促进唾液、泪液、肠液和支气管腺体的分泌，但作用较弱。

6. 神经系统 组胺作为神经递质在中枢神经系统中发挥作用。尽管其在中枢神经系统中的功能尚未完全阐明，但研究发现组胺在维持觉醒周期、认知和抑制食欲方面具有重要作用。另外，组胺对感觉神经末梢有强烈刺激作用，可引起瘙痒和疼痛，这是荨麻疹和昆虫叮咬反应的主要原因。

【临床应用】 组胺本身无治疗用途，主要作为诊断药物。

1. 鉴别真假胃酸缺乏症：晨起空腹皮下注射磷酸组胺 0.25～0.5mg，若仍无胃酸分泌，即为真性胃酸缺乏症，见于胃癌和恶性贫血患者。由于五肽胃泌素的应用，组胺的应用日渐减少。

2. 作为哮喘和变应性皮肤病的阳性对照药物。

3. 小剂量组胺皮内注射，可出现"三重反应"（triple response of lewis）：即红斑（皮肤毛细血管扩张），丘疹（毛细血管通透性增加）和红晕（轴突反射致临近小动脉扩张）。麻风患者由于皮肤神经受损，"三重反应"常不完全，可作为麻风病的辅助诊断。

【不良反应及注意事项】 常见不良反应有颜面潮红、头痛、直立性低血压等。支气管哮喘患者禁用。

第二节 组胺受体激动药

倍他司汀

倍他司汀（betahistine，盐酸甲氨乙基吡啶，抗眩啶），是组胺 H_1 受体激动剂，可扩张血管；可促进脑干和内耳迷路的血液循环，纠正内耳血管痉挛，减轻膜迷路积水；尚有抗血小板聚集及抗血栓形成作用。临床上用于美尼尔综合征、血管性头痛及脑动脉硬化。还可用于治疗急性缺血性脑血管疾病，如脑血栓、脑栓塞、一过性脑供血不足等；高血压所致直立性眩晕、耳鸣等亦有效。不良反应较少，偶有恶心、头晕、心悸、胃部不适等症状。与抗组胺药合用，后者可拮抗本品的作用，两者不宜合用。溃疡病患者慎用。哮喘、嗜铬细胞瘤患者禁用。

英普咪定

英普咪定（impromidine，甲咪硫脒）和培他唑（betazole，氨乙吡唑）均为选择性 H_2 受体激动药，能刺激胃酸分泌，用于胃功能检查。

第三节 抗组胺药

根据对组胺受体选择性的不同，抗组胺药分为 H_1 受体、H_2 受体、H_3 受体和 H_4-抗组胺药，一般为选择性的反向激动剂或竞争性阻断剂。

一、H_1-抗组胺药

长期以来，H_1-抗组胺药被认为是 H_1 受体拮抗药，直到近年，研究显示 H_1-抗组胺药是 H_1 受体的反向激动剂。H_1 受体存在两种构象状态——无活性态和活性态，两种构象保持平衡。在基础状态，受体趋向于组成型活化。组胺是 H_1 受体活性态构象的激动剂，使平衡向活性态移动。H_1-抗组胺药是反向激动剂，优先结合 H_1 受体的无活性态构象，使平衡向无活性态移动。因此，即使无内源性组胺存在，反向激动剂也能减弱受体的组成型活性。

组胺是超敏反应的主要介质，这一发现使 Bovet 和 Staub 在 1937 年发现了第一个 H_1-抗组胺药。目前，H_1-抗组胺药分为第一代和第二代。第一代药物如苯海拉明（diphenhydramine）、异丙嗪（promethazine）、曲吡那敏（pyribenzamine）、氯苯那敏（chlorpheniramine）和多塞平（doxepin）等作用持续时间短，受体选择性差，对中枢作用强，常引起明显的镇静和抗胆碱作用。第二代药物如西替利嗪（cetirizine）、美喹他嗪（mequitazine）、阿司咪唑（astemizole）、阿伐斯汀（acrivastine）、左卡巴斯汀（levocabastin）及咪唑斯汀（mizolastine）、非索非那丁（fexofenadine）及氯雷他定（loratadine）等无明显中枢镇静作用，消化道不良反应较少，某些药物作用时间较持久。对喷嚏、鼻痒效果好，但对鼻塞效果差。第一代和第二代 H_1-抗组胺药的药理作用和临床应用基本相似。

【体内过程】 口服或注射均易吸收，大部分在肝内代谢后，代谢物经肾排出，药物以原形经肾排泄的极少，但第二代抗组胺药除阿伐斯汀、西替利嗪、非索非那定外，几乎不经肝脏代谢。多数药物在口服后 15～30min 起效，1～2h 作用达高峰，一般持续 4～6h。咪唑斯汀的 $t_{1/2}$ 长于 24h。阿司咪唑口服后达峰时间为 2～4h，由于其去甲基代谢产物仍具有活性，存在肝肠循环，其 $t_{1/2}$ 可达 10 日以上。

【药理作用】

1. 抗 H_1 受体作用 对抗组胺引起的支气管、胃肠道平滑肌的收缩作用。小剂量的组胺即可引起豚鼠窒息死亡。如先给 H_1-抗组胺药，可保护豚鼠耐受致死量数倍甚至千倍以上的组胺。亦可保护豚鼠耐受以支气管痉挛为主要症状的过敏性休克，但对人的过敏性休克无保护作用，可能除组胺外，人过敏性休克的发病还有其他介质的参与。对组胺引起的毛细血管扩张和通透性增加（局部水肿）有很强的抑制作用。对组胺引起的血管扩张和降低血压作用，仅有部分对抗作用，需同时应用 H_1-抗组胺药和 H_2-抗组胺药才能完全对抗。

2. 中枢抑制作用 此类药物多数可通过血-脑屏障，可产生不同程度的中枢抑制作用。第一代药物多数可通过血-脑屏障，有不同程度的中枢抑制作用，表现为镇静、嗜睡。苯海拉明和异丙嗪抑制作用最强，氯苯那敏最弱。第二代药物与第一代相比有显著的优越性，最重要的特点就是无明显的中枢抑制作用及抗胆碱不良反应。阿司咪唑不易透过血-脑屏障，无中枢抑制作用。阿伐斯汀、左卡巴斯汀和咪唑斯汀等均无镇静、嗜睡的不良反应。

3. 其他作用 苯海拉明、异丙嗪、美可洛嗪等具有较弱的阿托品样抗胆碱作用，可用于止吐和防晕。咪唑斯汀对鼻塞有一定疗效；部分药物还有较弱的局麻作用和对心脏的奎尼丁样作用。

【临床应用】

1. 皮肤黏膜变态反应性疾病 多用于局部变态反应性疾病，如荨麻疹、花粉症、过敏性鼻炎等，可作为首选药物，通常选用镇静作用弱的第二代药物；对昆虫咬伤所致的皮肤瘙痒和水肿亦有效；对血清病、药疹和接触性皮炎也有一定疗效。H_1-抗组胺药对变态反应性支气管哮喘效果很差，对过敏性休克无效。

2. 防晕止吐 用于晕动病、放射病等引起的呕吐，主要用于轻型病例，常用的药物是茶苯海明、苯海拉明和异丙嗪。

3. 镇静催眠 某些具有明显镇静作用的 H_1-抗组胺药如异丙嗪，可与其他药物如平喘药氨茶碱配伍使用，以对抗氨茶碱中枢兴奋、失眠等不良反应。

4. 其他 苯海拉明的抗胆碱作用可以治疗早期的 PD，也可治疗精神病药物引起的锥体外系反应。

【不良反应及注意事项】

1. 中枢神经系统反应 第一代药物常见镇静、嗜睡、乏力等中枢抑制现象，以苯海拉明和异丙嗪较为明显，驾车或高空作业者不宜使用。能够增加其中枢神经系统反应的风险因素包括体重过低、严重肝肾功能障碍及合用乙醇等降低中枢神经系统功能的药物。第二代药物多无中枢抑制作用。

2. 心脏影响 H_1-抗组胺药可以延长 Q—T 间期，引起心脏毒性，尤其是已有心功能障碍的患者。一些早期开发的第二代药物在血浆浓度较高时会产生严重的心脏毒性，其中两个药物——阿司咪唑和特非那定，因延长 Q—T 间期有时导致室性心律失常，被美国 FDA 撤市。

3. 抗胆碱能反应 第一代药物比第二代药物更明显，包括瞳孔扩大、眼干、尿潴留和排尿困难等。

二、其他抗组胺药

竞争性阻断剂或反向激动剂也已开发用于拮抗 H_2、H_3 或 H_4 受体。

H_2 受体拮抗药可选择性地阻断 H_2 受体，不影响 H_1 受体，临床主要用作胃酸分泌抑制药。目前常用的 H_2 受体拮抗药有西咪替丁（cimetidine，甲氰咪胍）、雷尼替丁（ranitidine，呋喃硝胺）、法莫替丁（famotidine）和尼扎替丁（nizatidine）等。具体内容见相关章节。

H_3 受体和 H_4 受体是研究活跃的领域。目前，还未批准任何选择性拮抗 H_3 受体或 H_4 受体的药物用于临床。H_3 受体可反馈性抑制组胺在中枢神经系统和外周神经系统中产生的特定效应，拮抗 H_3 受体的药物具有诱导觉醒、提高注意力和促进认知功能的潜力，其在发作性睡病、阿尔茨海默病、注意力缺陷多动症、抑郁、精神分裂症、癫痫、肥胖和糖尿病等疾病中的应用还在研究中。

H_4 受体在肥大细胞和嗜酸性粒细胞相关的炎症性疾病中发挥重要作用，因此是一个非常令人兴奋的分子标点。拮抗 H_4 受体的药物可能用于哮喘、过敏性鼻炎、炎性肠病和类风湿性关节炎等炎症性疾病的治疗。

【案例及思考题】 患者，男，30岁，患有过敏性鼻炎，每年春季会出现眼睛发痒、鼻痒、流涕、打喷嚏等症状。自行服用非处方药苯海拉明以缓解症状，但感觉口干、嗜睡和乏力。去医院就诊后，改服氯雷他定，症状得到缓解，而且没有嗜睡等不良反应。

问题：

1. 苯海拉明为什么会缓解患者的症状及引起嗜睡和乏力？
2. 为什么氯雷他定不会引起嗜睡等不良反应？

（朱 蕾）

第二十一章 影响其他自体活性物质的药物

自体活性物质（autacoids），又称局部激素（local hormones），是一类广泛存在于体内多种组织，产生特定的生理效应或病理反应的内源性活性物质。自体活性物质在体内合成后不进入血液循环，而以旁分泌方式到达邻近部位产生效应。自体活性物质：①小分子化学信号物质，包括组胺（见第二十章）、5-HT、PG、白三烯等，还包括具有一定神经递质或调质功能的 NO 和腺苷；②大分子化学信号物质，包括血管活性肽类（血管紧张素、内皮素、激肽类、利尿钠肽、P 物质、血管活性肠肽、降钙素基因相关肽和神经肽 Y 等）、细胞因子和生长因子。本章主要介绍除组胺外，其他小分子化学信号自体活性物质、部分大分子化学信号自体活性物质及抑制某些自体活性物质或干扰其与受体相互作用的阻断药。

第一节 5-羟色胺和影响 5-羟色胺药

5-羟色胺（5-hydroxytryptamine，5-HT），又名血清素（serotonin），是由色氨酸经色氨酸羟化酶和脱羧酶催化生成，并与 ATP 等物质一起储存于嗜铬细胞颗粒内。5-HT 广泛分布于胃肠道、脾脏、血液和中枢神经系统等处。胃肠道的 5-HT 分布在肠嗜铬细胞中，约占全身总量的 90%；脾脏和血液的 5-HT 主要存在于血小板中，占全身总量的 8%~10%；中枢神经系统的 5-HT 占全身总量的 1%~2%，主要分布在松果体、下丘脑、丘脑内侧核、中脑和脑干，可能参与痛觉、睡眠和体温等的调节。中枢神经系统 5-HT 含量或功能异常可能与精神病、偏头痛等疾病有关。5-HT 不能透过血-脑屏障，中枢与外周的 5-HT 在代谢和功能上具有相对独立性。

5-HT 的作用是通过多种受体介导的，目前已发现 7 种 5-HT 受体，某些 5-HT 受体还有其亚型，但其分布和功能尚不清楚。其中，仅 5-HT$_3$ 受体与配体门控性离子通道偶联，其余 6 种均与 G 蛋白偶联。

一、5-羟色胺

5-HT 通过激动不同的受体亚型，产生不同的生理和药理作用。

【药理作用与作用机理】

1. 心血管系统

（1）血管：5-HT 在血管壁上有着复杂的作用，正常血管 5-HT$_2$ 受体既有内皮依赖性血管扩张又有直接收缩血管平滑肌的作用，其平衡决定了血管的病理生理反应状态。5-HT 收缩血管的机理：①激动 5-HT$_{2A}$ 受体，引起肾、肺血管明显收缩；②增强其他血管活性物质如 NA、血管紧张素 II（Ang II）、加压素、血栓素 A$_2$（TXA$_2$）等引起的血管收缩反应；③激动 5-HT$_1$ 受体，收缩脑基底动脉；④直接作用于受损部位的血管平滑肌细胞引起的血管收缩。5-HT 扩张血管的主要原因，包括激动内皮细胞 5-HT$_1$ 受体引起内皮细胞舒张因子（EDRF）和前列腺素（PG）释放及激活交感神经末梢的 5-HT$_{1A}$ 受体抑制 NA 的释放。

（2）血压：静脉注射数微克 5-HT，可引起血压的三相反应。①短暂的降低，与 5-HT 激动 5-HT$_3$ 受体，引起心脏负性频率作用有关；②持续数分钟血压升高，是 5-HT$_{2A}$ 受体介导的血管收缩反应所致；③长时间的低血压，是 5-HT$_1$ 受体介导的骨骼肌血管舒张所致。

（3）心脏：5-HT 激动 5-HT$_2$ 受体，在离体心脏介导正性肌力和正性频率作用，在整体主要由 5-HT$_3$ 受体调节心率，以心动过缓为主。

2. 兴奋平滑肌 激动胃肠道平滑肌 5-HT$_2$ 受体或肠壁内神经节细胞 5-HT$_4$ 受体，均可引起胃肠道平滑肌收缩，胃肠道张力增加，肠蠕动加快；此外，5-HT 还可兴奋支气管平滑肌，对哮喘患者作用明显，但对正常人影响较小。

3. 促进血小板聚集 激动血小板 5-HT$_2$ 受体，引起血小板聚集。

4. 神经系统 5-HT 对中枢神经系统的作用是由不同的受体亚型及其信号转导机理介导的，5-HT 可以兴奋某些神经元而抑制其他神经元，也可作用于突触前。动物侧脑室注入 5-HT 后，可引起镇静、嗜睡等一系列行为反应，并影响体温调节和运动功能。5-HT 注射入皮肤会引起疼痛，主要是通过 5-HT$_3$ 受体刺激（疼痛介导的）感觉神经末梢引起。

5-HT 本身无临床应用价值，但其受体亚型众多，通过对不同受体的选择性激动或拮抗，可以发挥不同的药理作用（表 21-1）。

表 21-1 作用于 5-HT 受体的激动药和阻断药

受体	作用	代表药物	治疗疾病
5-HT$_{1A}$	激动药	乌拉地尔	高血压
		丁螺环酮、吉哌隆、伊沙匹隆	焦虑症
5-HT$_{1D}$	激动药	麦角胺、桑莫去疼、舒马普坦	偏头痛和丛集性头痛
5-HT$_2$	阻断药	美西麦角	偏头痛

续表

受体	作用	代表药物	治疗疾病
		赛庚啶、苯噻啶	过敏性疾病
		酮色林	高血压
5-HT$_3$	阻断药	昂丹司琼	化疗引起的呕吐
5-HT$_4$	激动药	西沙必利、伊扎必利	胃肠功能紊乱
5-HT	再摄取抑制药	氟西汀	抑郁症

资料来源：杨宝峰，陈建国，2015. 药理学. 第3版. 北京：人民卫生出版社

二、5-羟色胺受体激动药

舒马普坦

【体内过程】 舒马普坦（sumatriptan）口服后吸收迅速，但不完全，因首过效应绝对生物利用度约为15%。血浆蛋白结合率为14%~21%，口服 ^{14}C 标记物后测得，大部分（约60%）是以代谢物形式通过肾脏排泄。

【药理作用与作用机理】 舒马普坦是 5-HT$_{1D}$ 受体的选择性激动药，可引起颅内血管收缩，且防止脑血管血浆蛋白外渗，减轻神经源性炎症。

【临床应用】 用于偏头痛和丛集性头痛，是治疗急性偏头痛较为有效的药物。用于成人有先兆或无先兆偏头痛的急性发作。

【不良反应及注意事项】 常见的不良反应是感觉异常，严重的不良反应是心肌缺血，禁用于缺血性心脏病患者。少数患者（包括有或没有高血压病史）可出现血压明显升高甚至出现高血压危象，因此禁用于未得到有效控制的高血压患者。

【药物相互作用及禁忌证】 含麦角胺的药物可能加剧血管痉挛反应，因此24h内使用麦角胺类药物或包含麦角胺药物的患者禁用舒马普坦。对于服用MAOI的患者，同时服用推荐剂量的舒马普坦，其血药浓度可达到单独服用同等剂量舒马普坦的7倍，因此，正在使用或两周内使用过MAOI的患者禁用舒马普坦。

右芬氟拉明

右芬氟拉明（dexfenfluramine）通过选择性激动 5-HT$_1$ 受体，产生强大的抑制食欲作用，被广泛用于控制体重和治疗肥胖症。对肥胖患者的食欲抑制作用比非肥胖者更明显。主要不良反应为口干、恶心、便秘、腹泻、乏力等，但继续用药可消失。心律失常、肝、肾功能不全者慎用。青光眼、孕妇、哺乳期忌用。如有动脉压升高，应停药。忌与MAOI合用。

乌拉地尔

乌拉地尔（urapidil）通过激动中枢 5-HT$_{1A}$ 受体而降低延髓心血管调节中枢的交感反馈以及阻断外周 α$_1$ 受体，降低外周阻力，发挥中枢和外周双重降压作用。主要用于治疗高血压危象（如血压急骤升高），重度和极重度高血压及难治性高血压。亦可用于控制围手术期高血压。常见的不良反应为头痛、头晕、恶心、呕吐、出汗、烦躁、乏力、心悸、心律不齐、上胸部压迫感或呼吸困难等症状，其原因多为血压降得过快所致，通常在数分钟内即可消失，多无需停药。

氟西汀

氟西汀（fluoxetine）属于选择性 5-HT 再摄取抑制药（SSRIs），通过抑制 5-HT 再摄取，发挥拟 5-HT 作用，主要用于治疗抑郁症。氟西汀常见的不良反应为恶心、厌食、体重减轻、震颤、焦虑、失眠、腹泻和性功能障碍等，发生率为5%~30%。

近年 SSRIs 的应用改善了抑郁症的治疗，常用的 SSRIs 类药物还有西酞普兰（citalopram）、舍曲林（sertraline）、帕罗西汀（paroxetine）和氟伏沙明（fluvoxamine）。与阿米替林和丙米嗪等三环类抗抑郁药相比，它们的共同特点是：安全剂量范围大，无明显的心脏毒性和抗胆碱副作用。

三、5-羟色胺受体拮抗药

赛庚啶和苯噻啶

赛庚啶（cyproheptadine）和苯噻啶（pizotyfine，新度美安）均有抗 5-HT 作用，选择性阻断 5-HT$_2$ 受体，并可阻断 H$_1$ 受体和较弱的抗胆碱作用。用于荨麻疹、湿疹、接触性皮炎、皮肤瘙痒和过敏性鼻炎的治疗，苯噻啶作用更强。也可用于预防偏头痛发作，治疗儿童偏头痛，赛庚啶作用更强。不良反应为口干、恶心、乏力、嗜睡。由于兴奋下丘脑摄食中枢，可以增加食欲和体重。青光眼、前列腺增生及尿闭患者禁用。驾驶员及高空作业者慎用。不宜与MAOI合用。

酮色林

酮色林（ketanserin，凯坦色林）选择性阻断 5-HT$_{2A}$ 受体，可对抗 5-HT 引起的血管收缩、支气管收缩和血小板聚集。酮色林还有较弱的阻断 H$_1$ 受体作用及阻断 α$_1$ 肾上腺素能受体而扩张阻力血管和毛细血管，降低血压的作用。临床主要用于治疗高血压。该药起效缓慢，需12周才能达到最大疗效。舌下含服25min起效，静脉或肌内注射5~30mg治疗高血压危象。不良反应是镇静、头昏、眩晕、口干、室性心律失常、胃肠功能紊乱和体重增加。

昂丹司琼

昂丹司琼（ondansetron）选择性阻断 5-HT$_3$ 受体，具有强大的镇吐作用，主要用于癌症患者手术和化疗伴发的严重恶心、呕吐。不良反应轻微，常见头痛、

腹部不适、便秘、口干、皮疹、偶见支气管哮喘等。

本类药物还有格拉司琼（granisetron）、托烷司琼（tropisetron）、阿扎司琼（azasetron）和帕洛诺司琼（palonosetron）等，作为强效镇吐药应用于临床。

氯 氮 平

氯氮平（clozapine）是 5-$HT_{2A/2C}$ 受体拮抗药，代表新一类非经典抗精神病药，锥体外系不良反应轻，对多巴胺受体亚型有高度亲和力。

第二节 脂质衍生物

脂质可衍生两大类自体活性物质：二十碳烯酸类（eicosanoids）和血小板活化因子（platelet activating factor, PAF），具有广泛的生物活性。二十碳烯酸类构成庞大的家族，主要包括：前列腺素类（prostaglandins, PGs）、血栓素类（thromboxans, TXs）和白三烯类（leukotrienes, LTs）。

一、花生四烯酸的生物合成和转化

花生四烯酸（arachidonic acid, AA, 二十碳四烯酸）是人体的一种必需脂肪酸，是二十碳烯酸类最丰富、最重要的前体化合物，是含有 4 个双键的 5、8、11、14-二十碳烯酸。

细胞受到刺激后，磷脂酶 A_2（PLA_2）被激活，细胞膜磷脂释放出 AA，游离 AA 经两条途径被转化。①环氧合酶（cyclooxygenase, COX）途径，AA 被催化生成 PGs 和 TXs。AA 在不同组织形成的最终代谢产物不同，如血小板中由于 TXA_2 合成酶丰富，是体内合成 TXA_2 的主要部位；血管壁内皮细胞中含有丰富的 PGI_2 合成酶，主要合成 PGI_2；肾脏的环氧合酶代谢途径主要生成 PGE_2 及 $PGF_{2\alpha}$。②脂氧合酶（lipoxygenase, LOX）途径，生成 LTs、脂氧素类（lipoxins, LXs）和羟基环氧素类（hepoxilins, HXs）。其中 PGs、TXs 和 LTs 具有广泛的生物活性，参与了炎症、血小板聚集和速发型变态反应等多种病理过程，与心脑血管疾病、哮喘和休克等疾病的发病密切相关。AA 的代谢途径、主要代谢物的生物活性及药物作用环节详见第十九章第一节。

二、前列腺素和血栓素

【药理作用与作用机理】 PG 和血栓素的作用复杂多样，对血管、呼吸道、消化道和生殖器官平滑肌均有明显作用；对血小板、单核细胞、传出神经和中枢神经系统也有明显影响。PG 通过 G 蛋白效应机理——激活或抑制腺苷酸环化酶（adenylyl cyclase, AC）或激活磷脂酶 C（phospholipase C, PLC）发挥作用。

1. 血管平滑肌 TXA_2 和 $PGF_{2\alpha}$ 具有缩血管作用，对静脉作用更明显；PGE_2 和 PGI_2 通过激活 AC，使 cAMP 升高，松弛小动脉，降低血压，后者作用强。TXA_2 是强效血管收缩剂，表现为升高血压，TXA_2 还是平滑肌细胞的有丝分裂原，能促进血管平滑肌细胞增生。

2. 内脏平滑肌 多数 PG 和血栓素具有收缩胃肠道平滑肌的作用，PGE_2 和 $PGF_{2\alpha}$ 收缩纵肌，PGI_2 和 $PGF_{2\alpha}$ 收缩环肌，而 PGE_2 松弛环肌。给予 PGE_2 或 $PGF_{2\alpha}$ 可致结肠痉挛性疼痛。在呼吸道，PGE_1、PGE_2 和 PGI_2 使平滑肌松弛，TXA_2 和 $PGF_{2\alpha}$ 则可使其收缩。此外，PGE_2 和 $PGF_{2\alpha}$ 具有收缩子宫平滑肌的作用。

3. 血小板 PGE_1、PGI_2 抑制血小板聚集，而 TXA_2 则有强烈促聚集作用。因此，在许多疾病中它们的平衡至关重要。出血性疾病多表现为 PGI_2 增多或 TXA_2 减少，凝血障碍性疾病则相反。

4. 中枢和外周神经系统 致热原使白细胞介素 1（interleukin-1, IL-1）释放，IL-1 促进 PGE_2 的合成和释放。脑室给药时，PGE_1 和 PGE_2 可升高体温，PGD_2 产生自然睡眠。PGE 可抑制节后交感神经末梢释放 NA，促进生长激素、催乳素、促甲状腺激素（TSH）、促肾上腺皮质激素（ACTH）、卵泡刺激素（FSH）和黄体生成素（LH）等释放。

5. 肾脏 PGE_2、PGI_2 在不影响肾小球滤过率的条件下可以利尿、排钠和钾，TXA_2 则能降低肾小球滤过率和肾脏血流量。

6. 内分泌与代谢 PGE_2 和 PGI_2 抑制胃酸分泌，前者还能促进水和电解质向肠腔转运，引起水样腹泻，并能抑制体外脂肪的分解代谢。

【临床应用】 PGs 药物合成难、代谢快、作用广泛、易致不良反应。部分合成药在心血管系统、消化系统和生殖系统有一定的应用价值。

（一）作用于心血管系统的 PGs 类药物

PGE_1 结构较稳定，已作为药物用于临床。PGI_2 及其结构类似物也多有临床应用。

前 列 地 尔

前列地尔（alprostadil，PGE_1）具有直接扩张血管和抑制血小板聚集作用，可增加血流量，改善微循环，与抗高压药和血小板聚集抑制剂有协同作用。静脉滴注后经肺循环迅速被代谢，经肾排泄，血浆 $t_{1/2}$ 为 5～10min。临床用于治疗慢性动脉闭塞症引起的四肢溃疡及微小血管循环障碍引起的四肢静息疼痛，改善心脑血管微循环障碍和脏器移植术后抗栓治疗。静脉或动脉输注 50～100ng/(kg·min) 可治疗动脉导管未闭和急性心肌缺血。阴茎注射 10～20µg 可诊断和治疗阳痿。不良反应有头痛、食欲减退、腹泻、低血压、心动过速、可逆性骨质增生和注射局部红肿热痛等，禁用于妊娠和哺乳期妇女。

依前列醇与依洛前列素

依前列醇（epoprostenol，前列环素，cycloprostin，PGI_2）具有明显的舒张血管和抑制血小板聚集作用。PGI_2 的 $t_{1/2}$ 为 2~3min，经肺循环时不被代谢。静脉滴注 3~15μg，抗凝作用可持续到停止滴入数分钟后，较高剂量如 20μg/(kg·min) 时可使血小板凝块解聚。PGI_2 可替代肝素用于体外循环和肾透析时防止血栓形成，还可用于缺血性心脏病、多器官衰竭、外周血管痉挛性疾病和肺动脉高压。高剂量时可有低血压、潮红、头痛和胃肠道反应等副作用。

依洛前列素（iloprost）是 PGI_2 衍生物，作用、应用和不良反应与 PGI_2 相同，但性质稳定。

（二）抗消化性溃疡的 PGs 类药物

PGs 分布于整个消化道，特别是胃和十二指肠含量较为丰富。人患溃疡病时，黏膜 PGs（主要是 PGE）含量或合成能力显著下降，特别在急性期，胃体及胃窦黏膜及胃液中 PGE 较正常显著下降，而在溃疡愈合时则升高。PGE 对胃有良好的保护作用，但口服无效，作用时间短，选择性差，副作用多。目前多用其结构类似物，如米索前列醇（misoprostol）、罗沙前列醇（rosaprostol）和恩前列素（enprostil），可抑制胃酸分泌，对胃、十二指肠黏膜细胞具有保护作用。具体内容见相关章节。

（三）作用于生殖系统的 PGs 类药物

PGE_2 和 $PGF_{2\alpha}$ 对子宫有收缩作用，可用于催产、引产和人工流产的 PGs 类药物包括地诺前列酮（dinoprostone，prostaglandin E_2，PGE_2）、硫前列酮（sulprostone）和卡前列素（carboprost，15-甲基-$PGF_{2\alpha}$，15-Me-$PGF_{2\alpha}$）。具体内容见相关章节。

三、白三烯及其拮抗药

（一）白三烯

LTs 近年来被公认为体内重要的炎症介质，其药理作用主要包括如下几点。

1. 呼吸系统 LTs 可引起支气管收缩、黏液分泌增加和肺水肿。具有半胱氨酰基团的 LTs（LTC_4、LTD_4、LTE_4）对呼吸道均有较强的收缩作用，为组胺的 1000 倍，且持续时间较长；没有半胱氨酰基团的 LTA_4 和 LTB_4 则作用很弱。

2. 心血管系统 静脉注射 LTs 先短暂升压，是其直接收缩外周血管之故；而后持久降压，是 LTs 引起的心排血量和血容量减少所致。此外，LTs 具有负性肌力作用。LTs 可能是缺血性心脏病的诱发因素之一。LTC_4、LTD_4 和 LTE_4 是心肌损害最主要的介质，可引起冠状动脉持久收缩、冠状动脉血流量明显减少，导致心肌缺血性损害，作用强度为 $LTD_4>LTC_4>LTE_4$。LTs 还能增敏心脏对组胺所致的快速心律失常作用，并可能与脑血管痉挛和脑缺血有关。

3. 变态反应和炎症 LTs 是变态反应和急性炎症反应的重要介质，并对其他介质有诱导和促进作用。LTB_4 使单核细胞和巨噬细胞趋化，促进白细胞向炎症部位游走聚集，产生炎性介质，释放溶酶体酶，引起病理性炎症。LTC_4 和 LTD_4 收缩小动脉，减低血流速度；扩张小静脉，微血管通透性增加，血浆外渗，引起水肿。其中 LTD_4 的渗出作用最强，为组胺的 1000 倍，并与 PGs 有协同作用。

4. 肾脏 肾脏有丰富的 LTs 受体，LTs 使肾血管收缩，降低肾小球滤过率，增强血管通透性，引起蛋白尿，因而是肾脏炎性疾病的病理介质。

（二）白三烯拮抗药

LTs 受体组织分布广泛，但种属间差异较大，目前对 LTB_4、LTC_4、LTD_4 和 LTE_4 受体及其阻断药的研究较为深入。根据作用机理不同，将白三烯拮抗药分为 LTs 合成抑制药和 LTs 受体拮抗药两大类：

1. LTs 合成抑制药 本类药物主要通过抑制 AA 的 5-LOX 途径而抑制 LTs 的合成。

齐留通（zileuton）属 5-LOX 抑制剂，能够选择性的不可逆的抑制 AA 转变为 LTs 的合成酶——5-LOX 的活性，从而抑制 LTs 的合成。主要用于成人和 12 周岁以上的儿童哮喘的预防和慢性哮喘的治疗。但由于其生物利用度低，效能低和明显的不良反应如肝毒性，齐留通不如 LTs 受体拮抗药的应用广泛。

5-LOX 活性需要跨膜定位在核膜上，5-脂氧合酶激活蛋白（5-lipoxygenase activating protein，FLAP）协助 5-LOX 定位于核膜上，形成活性酶复合物；FLAP 也结合 PLA_2 产生的 AA，并将其转运到 5-LOX 的活性位点。干扰 FLAP 的作用可能是选择性抑制 5-LOX 活性和减少 LTs 合成的有效手段。目前，已研制出一些 FLAP 抑制剂，如 GSK2190915、BRP-187 等，但处于临床前或临床研究阶段。

2. LTs 受体拮抗药

孟 鲁 司 特

孟鲁司特（montelukast）对半胱氨酰白三烯（Cys-LT）受体有高度的亲和性和选择性，能有效地抑制半胱氨酰白三烯与 CysLT1 受体结合所产生效应。适用于两岁及两岁以上儿童和成人哮喘的预防和长期治疗，包括预防白天和夜间的哮喘症状，治疗对阿司匹林敏感的哮喘患者及预防运动诱发的支气管收缩。尚可用于减轻过敏性鼻炎引起的症状。耐受性良好，不良反应轻微，通常不需要终止治疗。

临床应用的此类药物还有孟鲁司特（montelukast）和普仑司特（pranlukast），其药理作用及临床应用与扎鲁司特相似。

四、血小板活化因子及其受体拮抗药

（一）血小板活化因子

血小板活化因子（platelet activating factor，PAF）是一种强效生物活性磷脂，由许多细胞和组织产生，如白细胞、血小板、巨噬细胞、单核细胞、肥大细胞、内皮细胞、肺、肝和肾。由于首先发现这类磷脂具有血小板聚集作用而命名。

【生物合成与代谢】 PAF 的合成有两条酶促途径：①在 PLA_2 和乙酰辅酶 A 作用下生成 PAF，称再修饰（remodeling）途径，是病理状态下 PAF 产生的主要途径；②从烷基甘油磷酸开始，经乙酰转移酶、磷酸胆碱转移酶等作用，最终合成 PAF，称为新生（denovo）途径，为生理情况下的合成途径。PAF 经乙酰水解酶和乙酰转移酶两步催化转变为其前体物质而失活。

【药理作用与作用机理】 PAF 受体属 G 蛋白偶联受体（G protein coupled receptor，GPCR），PAF 与靶细胞膜上的 PAF 受体结合后激活磷脂酶 C、D 和 A_2，通过 DG、IP_3 和 Ca^{2+}等产生广泛的生物学效应：①引起血小板、中性粒细胞聚集和释放；②扩张血管，降低外周阻力，增加血管通透性，引起低血压；③收缩胃肠道和外周支气管平滑肌；④在肾脏可以降低肾脏血流量、肾小球滤过率和尿量；⑤产生大量活性氧、白三烯等炎性介质，介导炎症和变态反应；⑥是最强的内源性促溃疡形成介质。因此，PAF 在支气管哮喘、中毒性休克、动脉粥样硬化、心脑缺血、肾脏疾病、变态反应、消化性溃疡和银屑病等疾病过程中具有重要作用。

（二）PAF 受体拮抗药

PAF 受体拮抗药能够阻止 PAF 与受体结合，因此对与 PAF 过量生成有关疾病的防治具有重要意义。AF 受体拮抗药可分为特异性和非特异性两大类。常见非特异性受体拮抗药有 3-去偶氮腺苷（3-deazadenosine）和 L-高半胱氨酸（L-homocysteine）等，可干扰磷脂甲基化而减少血小板合成 PAF。其他磷脂同类衍生物也能抑制 PAF 脂酰转移酶，阻断 PAF 合成。根据特异性 PAF 受体拮抗药来源，可分为天然和合成两大类：天然植物成分，如萜类、木质素类和胶黏毒素（gliotoxin）等结构上与 PAF 类似的天然药物，具有 PAF 选择性抑制作用，如 CV3988、银杏苷 B（ginkgolid B，BN52021）及其同类物质海风藤酮（kadsurenone）等；合成的 PAF 受体拮抗药的化学结构类型繁多，主要包括天然化合物的衍生物、含有季铵盐的 PAF 结构类似物和含氮杂环化合物三种。近年来合成的 PAF 受体拮抗药，如 TCV-309，可能在炎症、分娩和哮喘方面有一定的作用。

第三节　一氧化氮及其供体与抑制剂

一、一氧化氮

一氧化氮（nitric oxide，NO）是广泛存在于生物体内各组织器官，参与多种生理和病理过程的生物活性物质。

【生物合成与代谢】 NO 是在 L-精氨酸（L-arginine，L-Arg）经一氧化氮合酶（nitric oxide synthase，NOS）催化转变成 L-胍氨酸（L-citrulline）过程中释放的，NOS 是该反应的限速酶，有神经型（nNOS 或 NOS1）、诱导型（iNOS 或 NOS2）和内皮型（eNOS 或 NOS3）三种亚型。其中，nNOS 和 eNOS 为组成型酶，因此将其统称为组成型 NOS（cNOS）。iNOS 是一种 NADPH 依赖性酶，不依赖 Ca^{2+}/钙调蛋白，在正常情况下不表达，在细胞受刺激后才表达；cNOS 也是一种 NADPH 依赖型酶，但它依赖于 Ca^{2+}/钙调蛋白。生理条件下内皮细胞是 NO 的主要来源，缺血-再灌注时氧自由基增多，内皮功能受损，NO 生成减少。

NO 因含有一个未成对的电子，极易被氧化，因此 $t_{1/2}$ 极短，仅为 3～5s，故多采用尿中 NO_3^-估计体内 NO 的含量。生理条件下 NO 与谷胱甘肽结合生成稳定的亚硝基谷胱甘肽，作为内源性 NO 载体；病理条件下（糖尿病、动脉硬化）血管内谷胱甘肽减少，内源性 NO 载体减少。

【药理作用与临床应用】 NO 与受体结合后，激活鸟苷酸环化酶（guanylate cyclase，GC），催化 GTP 生成 cGMP，后者作为第二信使分子，进一步刺激 cGMP 激酶，导致细胞内 Ca^{2+}浓度下降，从而发挥一系列作用：

1. 血管 血管内皮细胞释放的 NO，通过弥散作用于平滑肌细胞的 GC，增加细胞内 cGMP 含量，舒张血管平滑肌；保护血管内皮细胞，可对抗缺血-再灌注对血管内皮的损伤；抑制血小板和中性粒细胞的黏附，维持血管通透性和血管功能的完整性；抑制血管平滑肌细胞增殖和迁移，减少胶原纤维，阻止血管重构。

2. 心脏 在整体，NO 对心脏的作用受到多方面的影响，如靶组织的状态（正常或缺血）、NO 浓度、血流动力学因素等。

（1）心肌收缩力：低浓度 NO 可以增强心肌收缩力，而高浓度 NO 通过降低 cAMP、抑制 L 型 Ca^{2+}通道、降低心肌收缩蛋白与 Ca^{2+}的亲和力或生成过氧亚硝基阴离子（ONOO-）使收缩蛋白亚硝基化，抑制心肌收缩。

（2）心肌细胞凋亡：NO 具有抗凋亡和促凋亡双

重效应，取决于细胞类型和状态、NO 浓度等。NO 通过增加 cGMP 含量、诱导热休克蛋白生成、保护线粒体膜、抑制胱天蛋白酶活性等发挥抗凋亡作用。同时，NO 还可以作用于转录因子和 DNA，激活线粒体、Fas 和胱天蛋白酶凋亡途径促进凋亡。

(3) 清除氧自由基：NO 作为抗氧化剂，抑制低密度脂蛋白的氧化，清除活化的白细胞产生的氧自由基，在缺血-再灌注损伤中具有保护作用。

3. 呼吸系统 NO 降低肺动脉压和扩张支气管平滑肌，吸入 NO 可治疗新生儿肺动脉高压和呼吸窘迫综合征，对成年呼吸窘迫综合征也有疗效。

4. 血液系统 NO 抑制血小板黏附和聚集，进而抑制血小板活化，减少 TXA_2 和生长因子的释放，因此具有防止血栓形成的作用。理论上对血小板功能的影响也有利于防止动脉硬化。

5. 神经系统 在中枢神经系统，NO 作为神经递质或调质发挥重要作用。突触后释放的 NO 使突触前兴奋性谷氨酸释放，可能对脑发育和学习记忆发挥短时程或长时程的增强效应。NO 还可以维持与强化痛觉。但是，高浓度 NO 可引起神经元和视网膜感光细胞退化。在外周组织，神经元释放的 NO 可使阴茎海绵体血管平滑肌舒张，使阴茎勃起，NOS 抑制剂可抑制勃起反应。某些 NO 供体对治疗阳痿有一定价值。

6. 炎症 NO 增加血管通透性，促进水肿等急性炎症过程，对慢性炎症过程也有明显影响。NOS 抑制剂对关节炎有治疗作用，饮食中大量 L-精氨酸可使关节炎恶化。

二、一氧化氮供体

一氧化氮供体是指能产生 NO 的化合物，主要包括：①有机硝酸酯类，如硝酸甘油；②硝普钠；③含有半胱氨酸的化合物等，它们通过不同的代谢途径产生 NO 而实现其药理效应。临床上常使用 NO 供体治疗心血管系统疾病，如控制高血压、治疗急性心肌梗死、心绞痛、慢性充血性心力衰竭等，取得了较好的疗效。具体内容见相关章节。

三、一氧化氮抑制剂

一氧化氮抑制剂多为 NOS 抑制剂，包括非选择性和选择性抑制剂。非选择性抑制剂包括氮 G 单甲基-左旋精氨酸（L-NMMA）和氨 G-硝基-左旋精氨酸甲基乙酯（L-NAME），它们是 L-精氨酸类似物，通过与 L-精氨酸竞争 NOS 结合位点，抑制 NO 生成。选择性抑制剂能一定量地抑制 iNOS 的量。N-[3-(氨甲基)苯甲基]乙脒抑制 iNOS 的量为 cNOS 的 200~5000 倍，为现今选择性和抑制性最强的抑制剂。

第四节 腺 苷

腺苷（adenosine）是由 5'-核苷酸酶（5'-nucleotidase）催化 5'-AMP 去磷酸或 S-腺苷半胱氨酸在其水解酶作用下水解生成的一种嘌呤核苷，在缺血预适应中发挥重要作用。

【腺苷受体】 腺苷通过腺苷受体发挥作用，腺苷受体可分为 A_1、A_{2A}、A_{2B} 和 A_3 四种亚型，均为 GPCR，其中 A_1、A_2 受体与"预适应"关系密切。

1. A_1 受体 主要位于中枢神经系统，其次是心脏、肾脏和脾脏。在神经系统，A_1 受体的激活可以阻止神经细胞死亡。在心脏，A_1 受体参与激活 K_{ATP}，K^+ 外流增加，使膜电位超极化，抑制 L 型 Ca^{2+} 通道开放，自律性降低，发挥抗心律失常和保护缺血-再灌注损伤的作用。其作用机理可能是：①激活 Gi 蛋白，使与 Gi 偶联的 K_{ATP} 开放；②通过激活 Gi 和磷脂酶，激活蛋白激酶 C（PKC）。

2. A_1 受体 通过分子克隆技术证实 A_2 受体有与腺苷高亲和力的 A_{2A} 和低亲和力的 A_{2B} 两种亚型。A_2 受体参与调节以下效应：①扩张冠状动脉血管，增加冠状动脉血流量；②抑制内皮素释放，抑制血小板聚集；③减少超氧阴离子生成；④减少中性粒细胞激活。

3. A_3 受体 A_3 受体的结构、组织分布及种属差异具有多样性，目前尚未统一认识。有研究表明，增加 A_3 受体的表达，可以在不影响心率和收缩功能的条件下增强心肌对缺血的耐受力。此外，激活 A_3 受体可促进肥大细胞脱颗粒，因此选择性 A_3 受体拮抗药可能对哮喘有效。

【临床应用】

1. 心律失常 腺苷对心脏的负性作用，使其在临床上作为常用的抗心律失常药。具体内容见相关章节。

2. 心肌缺血预适应（ischemic preconditioning，预适应） 是指心肌经一次或多次短暂缺血之后对随后较长时间缺血的耐受性明显增强。在短暂缺血之后，缺血心肌和血管内皮释放内源性活性物质，其中腺苷通过激动腺苷受体，调节心肌细胞代谢，对随后的缺血损伤产生保护作用，即发挥心肌缺血预适应作用。药理性预适应是在缺血预适应的基础上发展起来的，通过药物激发或模拟机体自身内源性保护物质而呈现的保护组织作用。临床上应用腺苷及腺苷激动剂等实行药理性预适应已取得了显著的效果。例如，腺苷受体激动剂 IB-MECA 和腺苷受体转运抑制剂双嘧达莫均有心肌保护作用。

腺苷"预适应"的机理目前认为主要有以下几种。①腺苷/K_{ATP} 学说，K_{ATP} 阻滞剂格列本脲可抑制腺苷诱导的"预适应"效应。②腺苷/神经介导学说，用利血平耗竭递质后，腺苷的"预适应"效应消失，因此认为 NA 的释放及其对心肌细胞 α_1 受体的激动，可促进腺苷的释放和发挥作用。ACh 也介导了"预适应"效应。③腺苷/5'-核苷酸酶学说，腺苷受体激动剂（甲氧明，methoxamine）可使 5'-核苷酸酶活性增加，发挥"预适应"效应；而 5'-核苷酸酶抑制剂可取消甲氧明的心肌保护作用。因此认为腺苷的释放和 5'-核苷酸酶的活性是"预适应"的机理之一。

3. 缺血后处理 患者多为发生心肌梗死后才到医院就诊，因此限制了缺血预适应在临床上的应用。2000 年有学者提出缺血后处理（ischemic postconditioning，后处理），即缺血后于再灌注初期给予多次短暂复灌-缺血的处理方式，具有较好的心脏保护作用。大量研究表明，再灌注前 5min 给予 A_{2A} 受体激动剂 NECA，可以发挥后处理的保护作用，但是给予 A_{2B} 拮抗药或敲除 A_{2A} 受体后，后处理的保护作用消失。腺苷介导的后处理保护机理可能与预适应类似，但确切机理尚未阐明。

目前一些腺苷合成促进剂和受体激动剂正在进行临床试验，但真正安全有效的药物尚未大量投入临床使用。

第五节　血管活性肽

血管活性肽是体内分布广泛的对血管有活性作用的肽类的总称，按其对血管的舒缩作用，分为两类：①缩血管活性物质，包括血管紧张素和内皮素；②舒血管活性物质，包括激肽类、利尿钠肽和 P 物质。

一、血管紧张素

由肾素-血管紧张素系统产生的血管紧张素Ⅱ在循环系统中发挥重要作用，血管紧张素Ⅰ转化酶抑制剂及血管紧张素Ⅱ受体拮抗药已广泛用于高血压治疗，并取得了较好的疗效。具体内容见相关章节。

二、内　皮　素

（一）内皮素

内皮素（endothelins，ETs）是由内皮细胞释放的 21 个氨基酸多肽，是至今发现的最强的内源性血管收缩剂。ETs 有三种异型体，即 ET-1、ET-2、ET-3，其中对 ET-1 的研究较多。

【生物合成与代谢】 在内皮细胞核糖体内，根据内皮素基因转录的 mRNA，合成前内皮素原（preoro-ET，ppET），ppET 在内肽酶作用下生成大内皮素（big ET），然后在内皮素转化酶（endothelin converting enzyme，ECE）作用下水解生成 ETs。某些化学（凝血酶、肾上腺素）和机械（血流）因素通过调控 ETs 的合成来促进 ETs 的释放。

【药理作用与作用机理】 ET 受体分为 3 种亚型：ET_A、ET_B 和 ET_C，对 ET_C 研究较少。ET_A 主要分布在心肌和血管平滑肌（动、静脉）细胞，激活 L 型 Ca^{2+} 通道和磷脂酶，收缩血管和促进平滑肌细胞增殖；ET_B 主要分布在肝、肾、子宫、脑和内皮细胞，通过促进 NO 和 PGI_2 释放，舒张血管，抑制平滑肌细胞增殖；ET_C 受体仅分布于中枢神经系统，特别是脑垂体细胞抑制催乳素释放。ET 通过与 ET 受体结合产生广泛的生物学效应。

1. 血管 静脉注射 ETs 先出现短暂的血压下降，然后是持久的血压升高。ETs 的收缩血管作用可能与高血压及其他心血管疾病（心肌缺血、心肌梗死）、脑血管疾病（脑缺血，脑卒中）、肾衰竭等有关。

2. 心脏 增强心肌（心房肌、心室肌）收缩力，作用强大持久，使心肌耗氧量增高，加重心肌缺血。ETs 可激发慢反应细胞动作电位，使电位幅度增大，平台期延长，提示 ETs 的正性肌力作用与电压依赖性钙通道有关。但是大剂量的 ET-1 可收缩冠状动脉和促进 TNF-α 释放，抑制心功能，此外 ET-1 通过激活 MAPK 途径，促进心肌细胞和成纤维细胞增殖、肥大，引起心室重塑。

3. 内脏平滑肌 ETs 对多种平滑肌（支气管、消化道、泌尿生殖道）有收缩作用，因此 ETs 与支气管哮喘和消化性溃疡的发生有密切关系。

4. 促进平滑肌细胞分裂 ETs 可促进血管平滑肌细胞 DNA 合成，促进有丝分裂，引起血管平滑肌的增殖，从而促进动脉粥样硬化。

（二）内皮素拮抗药

1. 内皮素转化酶抑制剂（endothelin converting enzyme inhibitor，ECEI） 被认为是一类具有良好开发前景的心血管类药物，目前处于研究中。

2. 内皮素受体拮抗药 根据对内皮素受体选择性不同，可分为 ET-A 选择性阻断药、ET-B 选择性阻断药及非选择性阻断药。ET-A 选择性阻断药的主要代表药物有西他生坦、安贝生坦（ambrisentan）和达卢生坦；ET-B 选择性阻断药为 BQ-788 和 RES-70-1 等；非选择性的阻断药主要代表药有波生坦（bosentan）、替唑生坦及恩拉生坦等。

安　贝　生　坦

安贝生坦一种选择性 ET-A 高度亲和性阻断药，对 ET-A 的选择性是对 ET-B 选择性的 4000 倍以上，可强效抑制内皮素所致的血管收缩，2007 年获得美国 FDA 批准，口服用于肺动脉高压的治疗。常见的不良反应有轻度水肿、上呼吸道感染、鼻出血、恶心、呕吐和头痛等。

波　生　坦

波生坦片是一种双重内皮素受体拮抗药，与 ETA

和 ETB 受体竞争结合，与 ETA 受体的亲和力比与 ETB 受体的亲和力稍高。波生坦可降低肺和全身血管阻力，从而在不增加心率的情况下增加心排血量。用于治疗 WHOIII 期和 IV 期原发性肺高压患者的肺动脉高压，或者硬皮病引起的肺高压。最常见的不良反应有头痛、潮红、肝功能异常、下肢水肿和贫血。

三、激肽类

（一）激肽

【生物合成与代谢】 激肽（kinins）是由激肽原（单链糖蛋白）经激肽释放酶催化裂解产生的一类强扩血管 9 肽，分为缓激肽（bradykinin，BK）和胰激肽（kallidin，KD）两种。缓激肽由血浆中高分子量激肽原（HMW）经血浆激肽释放酶催化裂解而成，主要存在于血浆中。低分子量的激肽原（LMW）可透过毛细血管壁成为组织中激肽原，LMW 经组织激肽释放酶催化裂解而成胰激肽，胰激肽主要存在于组织和腺体内。

激肽生成后很快被组织或血浆中的激肽酶水解而失活。激肽酶有两种：激肽酶 I 只存于血液中；激肽酶 II 即血管紧张素转换酶（angiotensin-wnverting enzyme，ACE），存在于血浆和组织中，可将无活性的血管紧张素 I 转化成有活性的血管紧张素 II。因此，激肽酶可使一种血管扩张剂（激肽）失活，一种血管收缩剂（血管紧张素）激活。

【药理作用与作用机理】 激肽通过与靶细胞膜上的激肽受体 B_1 和 B_2 结合产生作用，其机理可能与激活 PLA_2，释出 AA，产生 PGs 及对靶组织的直接作用有关。

缓激肽和胰激肽具有类似的作用：①能够扩张血管、收缩平滑肌和提高毛细血管通透性等，其扩张心、肾、肠、骨骼肌和肝内血管的强度是组胺的 10 倍；②能够收缩呼吸道平滑肌、子宫平滑肌和大多数胃肠平滑肌，因此激肽是引起哮喘的因素之一；③是皮肤和内脏感觉神经末梢的强烈激活剂，可引起剧烈疼痛，PGE 能增强和延长其致痛作用；④另外，还能促进白细胞游走和聚集，参与炎症反应，是重要的炎症介质之一。

（二）影响激肽释放酶-激肽系统的药物

1. 激肽释放酶抑制剂 可抑制激肽的合成，常用的是抑肽酶。

抑 肽 酶

抑肽酶（aprotinin）多提自牛肺，是一种由 58 个氨基酸组成的激肽释放酶抑制剂，使激肽原不能形成激肽。另外，抑肽酶还能抑制胰蛋白酶、糜蛋白酶等蛋白水解酶，阻止胰脏中其他活性蛋白酶原的激活及胰蛋白酶原的自身激活。临床用于预防和治疗急性胰腺炎、纤维蛋白溶解引起的出血及弥散性血管内凝血。还可用于抗休克治疗。在腹腔手术后，直接注入腹腔可预防肠粘连。注速过快偶有恶心、荨麻疹、发热、瘙痒及血管痛等不适。多次注射可能产生静脉炎及脉搏加快、青色症、多汗、呼吸困难等不良反应。

2. 血管紧张素转换酶抑制药 卡托普利阻断激肽酶 II，减少缓激肽的降解，增强缓激肽的作用，因此有人认为血管紧张素转换酶抑制药的心脏保护作用来源于缓激肽聚集。

3. 激肽受体拮抗药和激动药 目前已发现许多 B_1 和 B_2 受体拮抗药，如艾替班特。B_2 受体激动剂可能对心血管疾病有一定的治疗作用，目前仍处于试验阶段。

艾 替 班 特

艾替班特（icatibant）是一种缓激肽 B_2 受体选择性的竞争性拮抗药。2011 年 8 月获美国 FDA 批准上市，用于 18 岁及以上人群治疗遗传性血管水肿的急性发作。常见的不良反应是注射部位反应、发热、氨基转移酶升高、眩晕和皮疹等。

四、利尿钠肽

利尿钠肽（natriuretic peptides，NPs）包括心房利尿钠肽（atrial natriuretic factor，ANP）、脑利尿钠肽（brain natriuretic factor，BNP）和 C 型利尿钠肽（type C natriuretic factor，CNP），具有排钠利尿、舒张血管、抑制细胞增殖等作用。ANP 使肾小球滤过率增加，近曲小管 Na^+ 重吸收减少，并能抑制肾素、加压素和醛固酮的分泌。内源性 ANP 在预防高血压的发生发展中有重要作用。血浆 ANP 含量可以判定慢性充血性心力衰竭的程度及疗效。临床试验表明，ANP 对轻、中度高血压和肾衰竭等有潜在治疗价值，但剂量过大时可产生恶心、呕吐、潮红、低血压和心动过缓等副作用。BNP 与 ANP 作用相似，在维持血容量方面发挥重要作用。CNP 的利钠利尿效应较弱。

五、P 物 质

P 物质（substance P，SP）是包含 11 个氨基酸的多肽。在中枢作为神经递质，将痛觉冲动传入脑内；在胃肠道作为局部激素。SP 舒张小动脉，产生显著的降压作用。与其他血管舒张剂不同，SP 可收缩静脉。SP 具有强烈的内脏平滑肌兴奋作用，引起胃肠道和子宫平滑肌的节律性收缩及支气管平滑肌的收缩。SP 可刺激巨噬细胞合成并释放溶酶体酶、LTC_4、PGD_2 和 TXB_2 等 AA 代谢产物，参与炎症反应中组织修复过程，使成纤维细胞、平滑肌细胞和内皮细胞增殖。SP 还能刺激唾液分泌，排钠利尿和引起肥大细胞脱颗粒。

【案例及思考题】 患者，男，24 岁，患有慢性哮喘，经常在夜里因咳嗽和胸闷而醒来。一天晚上因接触宠物而哮喘发作，被送往医院。急诊医生给予沙丁胺醇气雾吸入，同时静脉给予氢化可的松，哮喘症状得到缓解。出院时，医生的处方包括吸入类糖皮质激素、沙丁胺醇气雾剂以及口服孟鲁司特。

问题：
1. 孟鲁司特治疗哮喘的机理是什么？
2. 孟鲁司特在治疗哮喘时有哪些注意事项？

（朱 蕾）

第五篇 心血管系统药理学

第二十二章 肾素-血管紧张素系统药理

第一节 肾素-血管紧张素系统

肾素-血管紧张素系统（renin-angiotensin system，RAS）由血管紧张素原（angiotensinogen）、肾素（renin）、血管紧张素转换酶（angiotensin-converting enzyme，ACE）、血管紧张素（angiotensin，Ang）及其相应的受体构成的重要体液系统。RAS 不仅存在于体液，在肾脏、心脏、血管与脑组织中也存在，可协同激肽系统调节局部的生理或病理过程。因此，RAS 在调节心血管系统生理功能、高血压、心肌肥大、充血性心力衰竭等病理过程中均具有重要作用。

血管紧张素原在肾素的作用下转化成十肽的血管紧张素 I（angiotension I，Ang I），后者活性较低，可在 ACE 作用下切去两个氨基酸转化为 RAS 中最具活性的血管紧张素 II（angiotension II，Ang II）。Ang II 作用于血管紧张素受体（angiotension receptor，AT）亚型 1，即 AT_1 受体，产生收缩血管、促进肾上腺皮质释放醛固酮、增加血容量、升高血压等作用，而且有生长因子样作用，促进心肌肥大、血管增生及动脉粥样硬化等病理过程。血管紧张素 II 也作用于血管紧张素受体亚型 2（AT_2），激活缓激肽 B_2 受体与一氧化氮（NO）合酶，产生 NO，舒张血管，降低血压，促进细胞凋亡，产生部分拮抗 AT_1 受体的作用。此外，在心脏与血管组织中，少部分 Ang I 也可通过糜酶旁路生成 Ang II。

1. 肾素 是一种酸性蛋白水解酶，主要来自肾脏。它水解血管紧张素原，生成 Ang I。肾素的合成和释放受以下因素影响：

（1）交感神经张力：肾小球球旁细胞上分布有 $β_1$ 受体，受交感神经支配。交感神经兴奋时，激动 $β_1$ 受体，肾素释放增加。β 受体拮抗药、可乐定等联合应用，肾素释放减少。

（2）肾内压力感受器：当肾动脉灌注压低于 85mmHg 时或 NO 释放增加导致肾内压力降低时，球旁细胞的压力感受器被激活，肾素释放增加。

（3）致密斑机理：长期使用利尿药，远曲小管中 Na^+ 浓度降低时，激活致密斑，肾素释放增加。

（4）活性物质与药物因素：Ang II 浓度升高时，能负反馈的抑制肾素分泌。例如 ACE 抑制药能通过减少 Ang II 而促进肾素释放；具有扩血管活性物质，如前列腺素、NO，以及多巴胺、缓激肽等促进肾素释放。

（5）细胞内 cAMP 与 Ca^{2+} 浓度：cAMP、Ca^{2+} 均是细胞内重要的第二信使。当细胞内 cAMP 浓度升高时，肾素分泌增加，当激活腺苷酸环化酶或抑制磷酸二酯酶时，如应用 β 受体激动药、磷酸二酯酶抑制药等，可通过升高细胞内 cAMP 含量，使肾素释放增加。细胞内 Ca^{2+} 浓度升高则抑制肾素释放，如 Ang II、加压素、钙离子导入剂等均增加细胞内 Ca^{2+} 浓度，抑制肾素释放；反之，钙通道阻滞药则增加肾素释放。

2. ACE 又称激肽酶 II（kinase II），为肽基-羧基肽酶，可使肽链 C 端二肽残基水解。ACE 对底物的选择性不高，不但降解 Ang I 为 Ang II，也可降解缓激肽、P 物质、内啡肽，使其失活。ACE 包括细胞与胞质两种类型，前者存在于细胞膜表面，主要参与血压调节；后者可溶，存在体液中。

3. 血管紧张素及其受体 血管紧张素原在多种酶的催化下，生成一系列血管紧张素，血管紧张素 1-7。Ang I 是 Ang II 的前体，它的生物活性很低。Ang II 是 RAS 的主要活性肽，目前已发现的 Ang II 受体有四种亚型，分别为 AT_1～AT_4 受体。AT_1 受体分布于人体的血管、心、肝、脑、肺、肾和肾上腺皮质等部位。AT_2 受体主要分布在人胚胎组织和未发育成熟的脑组织中，在成年人心肌部分脑组织中有少量分布。AT_3 受体尚未被克隆，该受体分布和信号通路等都不清楚。AT_4 受体广泛分布于哺乳动物的心血管、脑、肾、肺等处。在循环系统中，Ang II 的生理作用几乎都是通过激动 AT_1 受体产生的。

AT_1 受体由 359 个氨基酸组成，AT_1 受体被激活时，使心房与心室的心肌收缩力增加，血管收缩，血压升高。其升压机理为：①兴奋血管平滑肌 AT_1 受体，直接收缩血管；②兴奋肾上腺髓质 AT_1，促进儿茶酚胺释放；③激活肾上腺皮质 AT_1/AT_2 受体，促进醛固酮释放，增加水钠潴留与血容量；④兴奋交感神经末梢突触前膜 AT_1 受体，兴奋交感神经系统，促进 NA 释放。

AT_2 受体由 363 个氨基酸组成，其功能尚未完全阐明。它广泛分布于胎儿组织，出生后其表达迅速衰减，故认为与胎儿发育有关，它能激活缓激肽 B_2 受体与 NO 合酶，促进 NO 合成、舒张血管、降低血压。它也参与促细胞凋亡，对抗 AT_1 受体的促心血管增殖与重构作用。其病理学意义尚无定论。

第二节 血管紧张素转换酶抑制剂

1981 年，卡托普利作为第一个上市的口服有效的血管紧张素转换酶抑制药(angiotensin converting enzyme inhibitors, ACEI)，此后 ACEI 迅速发展，目前已至少有 17 种被批准上市的 ACEI。目前已成为临床上治疗高血压、慢性心功能不全等心血管疾病的重要药物。本类药物由于化学结构的差异，它们在药动学、临床应用、效能方面有所不同。

一、化学结构与分类

1. ACEI 的化学结构与构效关系 ACE 中含 Zn^{2+} 结合位点，它是 ACEI 有效基团的必需结合位点。一旦结合，ACE 活性消失。目前 ACEI 可与 Zn^{2+} 结合的基团有如下三类。

（1）含有巯基（—SH）：如卡托普利。

（2）含有羧基（—COOH）：如依那普利、雷米普利、培哚普利、贝那普利、赖诺普利等。

（3）含有磷酸基（POO—）：如福辛普利。

ACEI 与 Zn^{2+} 结合的亲和力及结合数目决定药物的作用强度与作用持续时间。通常含羧基的 ACEI 药物比其他两类与 Zn^{2+} 结合牢固，作用更强、更持久。

2. 活性药与前药 许多 ACEI 为前药，如依那普利、雷米普利含有—$COOC_2H_5$，它们必须在体内转化成为依那普利酸、雷米普利酸，才能与 Zn^{2+} 结合；福辛普利含有—POOR，它必须转化为福辛普利酸，才能起作用。

二、药理作用与应用

1. 基本药理作用

（1）阻止 Ang II 生成：ACEI 阻止 Ang II 的生成，从而取消其收缩血管、刺激醛固酮释放、增加血容量、升高血压、促生长等作用，有利于高血压、心力衰竭与心血管重构的防治。

（2）抑制缓激肽降解：ACE 不但降解 Ang I，还可以降解缓激肽，因此，ACEI 可抑制缓激肽的降解。缓激肽具有心血管保护作用，它可激活激肽 B_2 受体使 NO 和 PCI_2 生成增加，而 NO 与 PCI_2 都有舒张血管、降低血压、抗血小板聚集、抗心肌与血管平滑肌细胞肥大、增生等重构作用。

（3）保护血管内皮细胞：ACEI 能恢复内皮细胞依赖性的血管舒张作用，逆转或减轻高血压、心力衰竭、动脉粥样硬化等引起的内皮细胞功能损伤，产生保护血管内皮细胞的功能。

（4）抗心肌缺血与保护心肌细胞：动物实验研究显示，ACEI 能减轻心肌缺血/再灌注损伤，缩小梗死范围的作用。此作用可能与激肽 B_2 受体、PKC、抗氧自由基损伤等有关。

（5）增敏胰岛素受体：卡托普利等多种 ACEI 药能增加糖尿病、高血压患者对胰岛素的敏感性。此作用与阻止 Ang II 生成无关，推测可能是由增加的缓激肽介导的。

2. 临床应用

（1）治疗高血压：ACEI 是治疗高血压患者的一线药物。单独可用于轻、中度高血压患者。或者与利尿药合用，增强疗效，用于重度高血压患者。不仅有效控制血压，对心、肾、脑等靶器官具有保护作用，且能减轻心肌肥厚，缓解或逆转心血管重构。对伴有心力衰竭、糖尿病、肾病的高血压患者，尤适用。

（2）治疗充血性心力衰竭：近年来发现，ACEI 能降低心力衰竭患者死亡率，改善充血性心力衰竭预后，延长寿命，效果比其他血管舒张药和强心药好，是目前 ACEI 重要的临床应用。

（3）治疗心肌梗死：ACEI 可改善血流动力学和器官灌流，显著降低心肌梗死并发心力衰竭患者的病死率。

（4）治疗糖尿病肾病和其他肾病：糖尿病肾病是糖尿病患者常见并发症之一。ACEI 能改善或阻止糖尿病肾病患者肾功能的恶化。此外，对高血压、肾小球病变、间质性肾炎等引起的肾功能障碍也有一定疗效，减轻蛋白尿。其肾脏保护作用与降压作用无关，是改善肾出球小动脉舒张功能的结果。

三、不良反应

ACEI 的不良反应相对轻微，大多数患者耐受性良好。主要不良反应如下。

1. 低血压 首剂低血压副作用，多出现在口服吸收快、生物利用度高的 ACEI 类药物卡托普利。而吸收慢、生物利用度低的赖诺普利，此反应较少见。

2. 咳嗽 刺激性无痰干咳是其常见的不良反应，也是患者被迫停药的主要原因。偶尔有支气管痉挛性呼吸困难，可不伴有咳嗽。原因是 ACEI 使缓激肽和（或）前列腺素、P 物质在支气管、肺内蓄积所致。依那普利与赖诺普利咳嗽的发生率比卡托普利高，而福辛普利则较低。

3. 高血钾 ACEI 阻止 Ang II 生成，使醛固酮分泌减少，导致高血钾，尤其在肾功能障碍或者同服保钾利尿药的患者更为多见。

4. 低血糖 卡托普利等 ACEI 类药物能增强胰岛素的敏感性，可引起低血糖。在 1 型与 2 型糖尿病患者均有此作用。

5. 肾功能损伤 在肾动脉阻塞或肾动脉硬化造成的双侧肾血管患者，ACEI 能加重肾功能损伤，升高血浆肌酐浓度，甚至产生氮质血症。这是因为 Ang II 可通过收缩出球小动脉维持肾灌注压，而 ACEI 舒张出球小动脉，降低肾灌注压，导致肾滤过率与肾功能降低，停药后常可恢复。偶有不可逆性肾功能减退发展为持续性肾功能衰竭者，应予注意。

6. 对妊娠与哺乳的影响 ACEI 用于妊娠妇女时，可引起胎儿畸形，甚至死胎。某些 ACEI 类药物如雷米普利、福辛普利可从乳汁中分泌，故哺乳妇女忌用。

7. 血管神经性水肿 多发于用药的第一个月，嘴唇、舌头、口腔、鼻部与面部其他部位水肿，偶见喉头水肿，威胁生命。原因与其导致缓激肽或其代谢产物的蓄积有关。

8. 含—SH 化学结构 ACEI 的不良反应 含有-SH 化学结构的 ACEI 如卡托普利可产生味觉障碍、皮疹、粒细胞缺乏等反应。皮疹常发生于用药几周内，多为瘙痒性丘疹。粒细胞缺乏仅见于肾功能障碍患者，患者出现发热等症状，停药后可消失。

三、常用血管紧张素转换酶抑制药的特点

卡 托 普 利

【**药理作用**】 卡托普利含有—SH 基团，可直接抑制 ACE，其降压作用起效快，口服后 30min 开始降压，1h 达高峰。降压效果与患者体内 RAS 活性状态有关。肾素水平高或用低盐饮食或服用利尿药者，降压持续时间 8～12h。因含有—SH 基团，有自由基清除作用，对与自由基有关的心肌缺血/再灌注损伤有防治作用。

【**体内过程**】 口服吸收迅速，约 15min 起效，1h 血药浓度达峰值，生物利用度为 75%，食物能影响其吸收，因此宜在进餐前 1h 服用。吸收后药物分布广泛，可透过胎盘，分布至中枢神经系统及哺乳妇女乳汁中的浓度较低。$t_{1/2}$ 为 2h，在体内消除较快，在肝内代谢，代谢产物和原形药物从尿中排泄。

【**临床应用**】

1. 高血压 抗高血压药的常用药物，可单用或与其他抗高血压药合用治疗中重度高血压。

2. 充血性心力衰竭 是治疗充血性心力衰竭安全、有效的药物，能降低患者的病死率。

3. 心肌梗死 卡托普利对缺血心肌有保护作用，能减轻缺血/再灌注损伤和由此引起的心律失常，缩小心肌梗死范围。心肌梗死患者在梗死后早期应用卡托普利，能改善心功能、降低病死率。

4. 糖尿病性肾病 大量临床报道已肯定此疗效。

【**不良反应**】 卡托普利毒性小，耐受性良好。除咳嗽等前述不良反应外，因含—SH 基团，出现青霉胺样反应，如皮疹、嗜酸性粒细胞增多、味觉异常或丧失等。用药时间较长、剂量较大或肾功能障碍者可见中性粒细胞减少，多发生于服药后 1～3 个月，应该定期检查血象。卡托普利禁用于双侧肾动脉狭窄患者，孕妇禁用。

依 那 普 利

依那普利为前药，口服后在肝脏酯酶作用下，生成二羧酸活性代谢物依那普利酸，后者对 ACE 的抑制作用比卡托普利强约 10 倍。依那普利作用出现较缓慢，口服 4～6h 作用达高峰。但作用维持时间较长，可达 24h 以上，因此可每日给药 1 次。在体内分布较广，其血浆 $t_{1/2}$ 约为 11h，主要经肾排泄。依那普利降压同时能保持心肌收缩力，不影响心输出量。在充血性心力衰竭患者能使外周血管阻力和肺毛细血管楔嵌压降低，从而减轻心脏前、后负荷，改善心脏功能。能增加肾血流量，对血糖、尿酸和胆固醇代谢无明显影响。可用于治疗高血压，可单独应用或与其他降压药如利尿药合用。也可用于治疗慢性心功能不全患者，可单独应用或与强心药利尿药合用。其不良反应为干咳、低血压、血管神经性水肿、高血钾、急性肾功能衰竭等，发生率低于 10%，一般均为轻度、短暂的，不影响继续治疗。因其化学结构不含巯基，白细胞减少、味觉障碍等均少见。禁忌证同卡托普利。

赖 诺 普 利

赖诺普利是依那普利的赖氨酸衍生物，其特点为在体内不经肝脏转化即可产生药理效应，作用出现迟，但维持作用时间长而平稳。与 ACE 结合牢固且持久，具有强力 ACE 抑制作用，日服 1 次即可。赖诺普利口服吸收达峰时间为 6～8h，生物利用度 25%，饮食不影响吸收及生物利用度，连续给药 3～4 日可达稳态血药浓度。该药在体内不被代谢，亦不与血浆蛋白结合，主要从肾脏排泄，肾清除率达 100ml/min，$t_{1/2}$ 为 12.6h。对肾功能减退患者、老年人与心力衰竭患者应减量。赖诺普利可单用或与其他药物合用治疗高血压，也可单用或与利尿药和洋地黄合用治疗充血性心力衰竭，目前本品是高血压病及充血性心力衰竭治疗的二线药物。其不良反应与其他 ACEI 相似。

贝 那 普 利

贝那普利为前药，在肝脏中水解为贝那普利酸起效。贝那普利作用强，持续时间长，日服 1 次即可。口服吸收快，1h 起效，约 4h 作用达高峰。血浆消除呈双相：初期消除 $t_{1/2}$ 为 3h，末期消除 $t_{1/2}$ 为 24h。药物大部分因代谢失活，经肾脏排泄的活性成分不到

1%，部分经肝脏排泄，轻、中度肾功能减退或肝硬化对其血药浓度影响不大。

贝那普利对高血压与心力衰竭有效，疗效与依那普利相似或稍强。能增加肾血流、改善肾功能，对多种慢性肾衰竭如肾小球肾病、间质性肾炎、肾血管硬化、糖尿病性肾病等有效，能降低由轻、中度肾衰竭发展到末期的危险性。

福辛普利

福辛普利是第一个含有磷酸基(POO^-)的 ACEI，是前药。生物利用度 36%，70%～80%在肝脏与肠黏膜水解为福辛普利酸起效。血药浓度峰值与降血压作用均在 3～6h 达到高峰。因亲脂性强，与血浆蛋白结合达 95%以上，血浆 $t_{1/2}$ 约 12h。对心脑 ACE 抑制作用强而持久，对肾脏 ACE 抑制作用弱而短暂。药代动力学特点是由肝肾双通道排泄，故在单纯肝或肾功能减退患者，一般不需要减量，较少引起蓄积中毒。福辛普利有乳汁中有分泌，哺乳妇女忌用。福辛普利可使血管阻力降低，醛固酮分泌减少，血浆肾素增高，扩张动脉、静脉，降低周围血管阻力（后负荷）和肺毛细血管楔压（前负荷），改善心排血量。主要适用于轻、中、重度高血压及心力衰竭，治疗高血压时，可单独使用作为初始治疗药物，或与其他抗高血压药物联合使用。治疗心力衰竭时，可与利尿药合用。常见不良反应是头痛、眩晕、疲乏、嗜睡、恶心、咳嗽。最常见的停药原因为头痛和咳嗽。偶见症状性低血压、直立性低血压、晕厥、心悸、周围性水肿、皮疹、皮炎、便秘、胃炎、焦虑、失眠、感觉异常、关节痛、肌痛、哮喘等。

第三节 AT_1 受体拮抗药

一、基本药理作用与应用

AT_1 受体拮抗药，从受体水平阻断 RAS 系统的活性，与 ACEI 比较，具有作用专一的特点，可阻断任何途径生成的 Ang Ⅱ，避免"逃逸"现象。自 1995 年以来，美国 FDA 先后批准应用的 AT_1 受体拮抗药有氯沙坦、缬沙坦、厄贝沙坦、坎地沙坦、依普沙坦、替米沙坦等。

AT_1 受体拮抗药对 AT_1 受体有高度选择性，亲和力强，作用持久。AT_1 受体被阻滞后，可阻断 Ang Ⅱ 收缩血管与刺激肾上腺释放醛固酮的作用，使外周阻力降低，血压下降。AT_1 受体拮抗药能通过减轻心脏的后负荷，治疗充血性心力衰竭。它还可阻止 Ang Ⅱ 促进心血管细胞增殖肥大的作用，延缓心血管重构。

AT_1 受体被阻滞后，反馈性的增加血浆肾素 2～3 倍，导致血浆 Ang Ⅱ 浓度升高。但由于 AT_1 受体已被阻滞，这些反馈性效应难以表现。但是血浆中升高的 Ang Ⅱ 可通过激动 AT_2 受体，激活缓激肽-NO 途径，产生舒张血管、降低血压、抑制心血管重构等，从而有益于高血压与心力衰竭的治疗。

此外，AT_1 受体被阻滞后醛固酮产生减少，水钠潴留随之减轻，但对血钾影响甚微。

二、常用 AT_1 受体拮抗药

氯 沙 坦

【药理作用】 氯沙坦对 AT_1 受体有选择性阻断作用，其对 AT_1 受体的亲和力比其对 AT_2 受体的亲和力高 20 000～30 000 倍。5-羧酸代谢物 EXP3174 为其活性代谢物，其阻断 AT_1 受体作用比氯沙坦强 10～40 倍。

氯沙坦可改善肾血流动力学作用，减轻肾血管阻力，选择性扩张出球小动脉，降低肾小球内压力，降低蛋白尿，增加肾血流量和肾小球滤过率，保护肾脏而延缓慢性肾功能不全的过程，特别对糖尿病肾病的恶化有逆转作用。氯沙坦特异性的拮抗 AT_1 受体，阻断了循环和局部组织中 Ang Ⅱ 所致的动脉血管收缩、交感神经兴奋和压力感受器敏感性增加等效应，强力和持续性降低血压，使收缩压和舒张压下降。还可减轻左心室肥厚，抑制心肌细胞增生，延迟或逆转心肌重构，改善左室功能。对血糖、血脂代谢无不利影响。

【体内过程】 氯沙坦口服吸收迅速，肝脏首过效应显著，吸收率为 33%，生物利用度为 33%～37%，血浆蛋白结合率为 98.7%。$t_{1/2}$ 为 1.5～2h。口服后有 14%氯沙坦在人体肝脏内代谢为 EXP3174，后者在给药后 3～4h 血中浓度达峰值。EXP3147 的 $t_{1/2}$ 为 6～9h。氯沙坦与 EXP3147 均很难通过血-脑屏障。大部分药物在内被肝细胞色素 P450 系统代谢，仅少量氯沙坦以原形与 EXP3147 随尿排泄。

【临床应用】 可用于高血压的治疗。

【不良反应】 不良反应发生率较低，在开始应用时，可出现低血压症状；部分患者以前曾因服用包括 ACEI 在内的其他药物而发生过血管性水肿(包括导致气道阻塞的喉及声门肿胀，及/或面、唇、咽和/或舌肿胀)，仅在极少数服用氯沙坦有报道；老年人的血药浓度高于年轻人，轻、中度肝肾功能不全者无需调整剂量。孕妇及哺乳期妇女禁用。

缬 沙 坦

缬沙坦能选择性地阻断 Ang Ⅱ 与 AT_1 受体的结合（其特异性拮抗 AT_1 受体的作用大于 AT_2 约 20000 倍），从而抑制血管收缩和醛固酮的释放。为非前体药，不需要经过肝脏的生物转化而直接具有药理活性。口服吸收快，药物起效快，作用强，口服后 2h 血药浓度达峰值，作用持续 24h 以上。原发性高血压

患者口服缬沙坦 80mg 后，4～6h 可获最大降压效果，降压作用可持续 24h。缬沙坦长期给药也能逆左室肥厚和血管壁增厚。

可单用或与其他抗高血压药物合用治疗高血压。不良反应在发生率较低，有头痛、头晕、咳嗽、腹泻、恶心、腹痛、乏力等。也可发生中性粒细胞减少症。偶见肝功能指标升高。孕妇与哺乳期妇女禁用。

厄贝沙坦

厄贝沙坦是强效、长效的 AT_1 受体阻断药，能特异性地拮抗 AT_1 受体，对 AT_1 的拮抗作用大于 AT_2 8 500～10 000 倍，可抑制血管收缩和醛固酮的释放，产生降压作用。本品不抑制 ACE、肾素及其他激素受体，也不抑制与血压调节和 Na^+ 平衡有关的离子通道。口服给药后，厄贝沙坦吸收良好；其绝对生物利用度为 60%～80%，进食不会明显影响其生物利用度。血浆达峰时间为 1～1.5h，$t_{1/2}$ 为 11～15h。厄贝沙坦通过葡糖醛酸化或氧化代谢，原药及代谢物经胆道和肾脏排泄。原发性高血压患者一次口服 150mg 后，3～4h 降压作用达峰值，持效 24h 以上。可单用或与其他抗高血压药物合用治疗高血压。厄贝沙坦用于高血压合并病性肾病患者，能减轻肾损害，减少尿蛋白，增加肌酐清除率。

坎地沙坦

坎地沙坦是坎地沙坦酯的活性代谢物，对 AT_1 受体具有强效、长效、选择性较高等特点。它对 AT_1 受体的亲和力比氯沙坦高 50～80 倍。口服生物利用度 42%，食物不影响其吸收。血浆蛋白结合率 99.5%。坎地沙坦酯口服后在体内迅速水解为坎地沙坦，后者的血浆 $t_{1/2}$ 为 3～11h。坎地沙坦经肾及胆汁排出体外。

本药可用于高血压的治疗。长期应用能逆转左心室肥厚，对肾脏也有保护作用。不良反应较少。禁忌证同其他 AT_1 受体拮抗药。

【案例及思考题】 患者，男，50 岁，患原发性高血压 2 年，服用氢氯噻嗪后有效控制血压。但最近一次体检发现血压为 160/105mmHg。改用某药替代氢氯噻嗪后两周，患者出现味觉缺失。

问题：
1. 请问患者所服用药物是什么？
2. 该类药物的降压作用机理有哪些？

（张 喆）

第二十三章 离子通道阻滞药

离子通道是细胞膜中的跨膜蛋白质分子，在脂质双分子层膜上构成具有高度选择性的亲水性孔道，是各种无机离子跨膜被动运输的通道，其功能是细胞生物电活动的基础。离子通道是药物作用的重要靶点，离子通道基因缺陷及功能改变与多种先天性和获得性疾病的发生、发展有密切关系。随着电生理学和分子生物学的迅速发展，特别是膜片钳技术和分子克隆技术的应用，使人类有能力从分子水平解释离子通道的结构和功能以及与疾病的关系等问题。

第一节 离子通道概论

一、离子通道研究简史

1949 年 Cole 和 Marmont 设计了电压钳（voltage clamp）技术，直接测定细胞膜对离子的通透性。后经 Hodgkin、Huxley、Katz 等加以改进，成功地应用于枪乌贼巨轴突动作电位离子电流的研究。1955 年，Hodgkin 和 Keens 在研究神经轴突膜对钾离子通透性时发现，放射性钾跨轴突膜的运动很像是通过许多狭窄孔洞的运动，并提出了"通道"的概念。Hodgkin、Huxley 提出了描述电压门控动力学的 Hodgkin-Huxley 模型，并因此荣获 1963 年度诺贝尔生理学或医学奖。

电压钳技术仍存在许多局限性，如无法记录单个通道的电活动，也无法应用于直径较小的细胞。1976 年 Neher 和 Sakmann 建立了膜片钳技术，利用一个玻璃微电极同时完成膜片（或全细胞）电位的钳制和膜电流的记录，圆满地解决了上述问题。1991 年，膜片钳技术的创始人荣获诺贝尔生物学奖。

目前离子通道结构和功能的研究综合应用各种技术，包括电压和电流钳位技术、单通道电流记录技术、通道蛋白分离、纯化等生化技术，人工膜离子通道重建技术、通道药物学、基因重组技术等。这些新技术的应用有助于发现一些新型离子通道，不仅可以深入了解药物和毒素对人和动物生理功能作用的机理，还可以从分子水平得到通道功能亚单位的类型和构象等信息。

二、离子通道的特性

离子通道具有两大共同特征，即离子选择性及门控特性。离子选择性包括通道对离子大小的选择性及电荷选择性，在一定条件下，某一种离子只能通过与其相应的通道跨膜扩散。离子通道的门控特性：离子通道一般都具有相应的闸门，通道闸门的开启和关闭过程称为门控（gating），正常情况下，通道大多处于关闭状态，只有在特定的条件下，通道的闸门才能开启，引起离子跨膜转运。一般认为，通道可表现为三种状态，激活（activation）是指在外界因素作用下，通道允许某种或某些离子顺浓度差和电位差通过膜，相当于通道开放。通道的失活（inactivation）是与通道关闭不完全相同的功能状态。此时不仅是通道处于关闭状态，而且即使有外来刺激也不能使之进入开放状态。通道关闭（close）的状态是安静时通道所处状态，此时如遇到适当刺激，通道即可进入激活状态。通道的激活、失活及关闭均有其特定条件，使通道蛋白质发生不同的分子构象变化，从而表现出不同的功能状态。

三、离子通道的分类

离子通道按激活方式分为如下三类。

1. 电压门控离子通道 即膜电压变化激活的离子通道，通道开、关不仅与膜电位有关，与电位变化的时间也有关。按通过的离子命名，包括电压依赖性钠通道、钙通道、钾通道和氯通道等。

2. 配体门控离子通道 由递质与通道蛋白分子上的结合位点相结合而开启，按递质或受体命名，如烟碱型乙酰胆碱受体、γ-氨基丁酸（GABA）受体。

3. 机械门控离子通道 是一类感受细胞膜表面应力变化，实现胞外机械信号向胞内转导的通道，根据通透性分为离子选择性和非离子选择性通道，根据功能作用分为张力激活型和张力失活型离子通道。

离子通道按通透的离子分为如下几种。

（一）钠通道

钠通道是选择性允许 Na^+ 跨膜转运的离子通道，属电压门控离子通道，其功能是维持细胞膜兴奋性及其传导性。在心脏、神经和肌肉细胞，动作电位始于快钠通道的激活，Na^+ 内流引起动作电位的 0 期去极化。现已克隆出九种人类钠通道基因。

根据对钠通道阻滞剂河豚毒素（tetrodotoxin，TTX）和芋螺毒素（μ-conotoxin，μCTX）的敏感性不同分为三类：即神经类（对 TTX 敏感性高，而对 μCTX 敏感性低）；骨骼肌类（对 TTX 和 μCTX 敏感性均高）；心肌类（对 TTX 和 μCTX 敏感性均低）。

（二）钙通道

钙通道在正常情况下为细胞外 Ca^{2+}（$[Ca^{2+}]_0$）内流的离子通道。它存在于机体各种组织细胞，是调节细胞同 Ca^{2+} 浓度（$[Ca^{2+}]_i$）的主要途径。一般认为，膜上存在两大类钙离子通道，即电压门控钙通道和受体激活的钙通道。

1. 电压门控钙通道 目前已克隆出 L、N、T、P、Q 和 R 六种亚型的电压依赖性钙通道，其中 L 亚型钙通道是细胞兴奋时外 Ca^{2+} 内流的最主要途径，分布于各种兴奋细胞，是心肌细胞动作电位 2 相平台期形成的主要离子流。表 23-1 列出几种电压依赖性钙通道亚型的特征。

表 23-1 几种电压依赖性钙通道亚型特性

亚型	存在部位	钙电流特性	阻滞剂
L	心脏，神经	作用持续时间长，激活电压高、电导效大	维拉帕米，DHPs，Cd^{2+}
T	心脏，神经	作用持续时间短，电导小，激活电压低且迅速失活	氟桂利嗪，sFTX，Ni^{2+}
N	神经	作用持续时间短，激活电压高	ω-CTX-CVIA，Cd^{2+}
P	小脑浦氏细胞	作用持续时间长，激活电压高	ω-CTX-MVIIC，ω-Aga-IVA
Q	小脑颗粒细胞		
R	神经		

注：DHPs. 二氢吡啶类；sFTX. 合成的蜘蛛毒素；ω-CTX. ω-芋螺毒素；Aga-IVA. 一种蜘蛛毒素

2. 受体调控性钙通道 这类通道存在于细胞器如肌质网和内质网膜上，是内钙释放进入胞质的途径。由于 IP_3 或 Ca^{2+} 等第二信使激活细胞器上相应受体而引起通道开放，故称为细胞内受体门控离子通道。当细胞膜去极化时，电压门控钙通道开放，Ca^{2+} 内流使细胞内 Ca^{2+} 突然增加而触发 Ca^{2+} 释放，从而引起细胞兴奋-收缩偶联等生理活动，这一过程称为 Ca^{2+} 诱发 Ca^{2+} 释放。现主要有下述两种钙释放通道。①Ryanodine 受体钙释放通道：Ryanodine 受体分布于骨骼肌、心肌、平滑肌、脑、内分泌细胞、肝和成纤维细胞等。现已克隆出 R_yR_1、R_yR_2 和 R_yR_3 三种亚型，分别称为骨骼肌 R_yR、心肌 R_yR 和脑 R_yR。咖啡因为这类受体激动剂，激动 R_yR_s，促进储 Ca^{2+} 释放而使 $[Ca^{2+}]_i$ 升高。②IP_3 受体通道：IP_3 作用于细胞器如肌质网和内质网膜上的 IP_3 受体引起储 Ca^{2+} 释放，称为 IP_3 受体通道。经 cDNA 克隆已确定 IP_3R_1、IP_3R_2 和 IP_3R_3 通道三种亚型。IP_3R_1 是主要的 Ca^{2+} 释放通道，在心脏，IP_3R_1 与药物和激素引起心肌收缩反应有关。

（三）钾通道

钾通道是选择性允许 K^+ 跨膜通过的离子通道，是目前发现的亚型最多、作用最复杂的一类离子通道，广泛分布于骨骼肌、神经、心脏、血管、气管、胃肠道、血液及腺体等细胞。自 1987 年成功地克隆出第一个钾通道基因后，现已克隆出几十种亚型。其中，钾通道在调节细胞的膜电位和兴奋性及平滑肌舒缩活性中起重要作用。

钾通道按其电生理特性不同分为电压依赖性钾通道、钙依赖性钾通道及内向整流钾通道。

1. 电压依赖性钾通道 这类钾通道的活性受膜电位变化调控，包括如下几种。

（1）外向延迟整流钾通道：其产生的电流为 I_k，此类通道在去极化时激活而产生外向电流，与膜的复极化有关。

在心肌细胞，I_K 主要由两种成分组成，快速激活整流钾电流 I_{Kr} 和缓慢激活整流钾电流 I_{Ks}，为心肌细胞动作电位复极 3 期的主要离子流。Ⅲ类抗心律失常药物选择性阻滞 I_{Kr}，使动作电位时程延长。在人心房肌细胞存在一种超快速延迟整流钾电流，称为 I_{Kur}，激活时间仅 50ms，其成分为外向钾电流。该电流在调控心房复极中起重要作用，与房性心律失常的发生有密切关系。

（2）瞬时外向钾通道：其产生的电流为 I_{to}，此类钾通道在去极化明显时才能激活，其产生外向电流无整流特性，参与动作电位 1 期的复极过程。该通道激活迅速、失活快。I_{to} 可分为对 4-氨基吡啶（4-AP）敏感的钾电流 I_{to1}，以及对钙敏感的 I_{to2}，实为钙依赖性氯电流。I_{to1} 可被 4-AP 阻滞，I_{to2} 可被利阿诺定阻滞。

（3）起搏电流：I_f 是非特异性阳离子电流，即由一种以上单价阳离子，如 K^+ 和 Na^+ 共同携带的离子电流。I_f 为超极化激活的时间依赖性内向整流电流，是窦房结、房室结和希浦系统的起搏电流之一。

2. 钙依赖性钾通道 是一类具有电压和 Ca^{2+} 依赖的钾通道。细胞膜去极化和胞质 $[Ca^{2+}]_i$ 升高均可激活而使其开放，K^+ 外流，使膜复极化或超极化，是调节血管平滑肌肌源性张力的主要离子通道之一。根据其电导大小分为高（BK）、中（IK）和低（SK）电导钙依赖性钾通道三个亚型。

3. 内向整流钾通道 这类钾通道都具有内向整流特性，其中比较重要的有三种：内向整流钾通道（Kir），ATP 敏感的钾通道（K_{ATP}）及 ACh 激活的钾通道（K_{ACh}）。

（1）内向整流钾通道：该通道在心肌细胞称为 Kir，其电流为 I_{K1}。心房肌、心室肌和浦肯耶细胞均有 Kir 通道，但以心室肌细胞最为丰富，窦房结 P 细胞无 Kir 通道。在心肌细胞，Kir 通道也参与动作电位的 3 相复极，但主要维持 4 相静息电位，防止由于 Na^+-K^+ 泵的作用使膜超极化大于钾平衡电位（E_k）。

（2）ATP 敏感的钾通道：该通道被称为 K_{ATP}（Kir6.2）通道，其电流为 $I_{K(ATP)}$，K_{ATP} 为代谢性调节 K^+ 外流通道。骨骼肌、心肌、血管平滑肌、胰腺 β 细胞、神经、内分泌细胞及肾上腺皮质细胞等均有分布。在正常生理情况下，该通道处在失活状态，只有在缺氧、能量耗竭及 ATP 减少时，通道才逐渐被激活而开放，该通道与心肌缺血预适应及胰岛素分泌有密切关系。通常所称的钾通道开放剂就是指激活 K_{ATP} 通道的药物，代表药物有克罗卡林、二氮嗪等；阻滞药有格列本脲、甲苯磺丁脲等。

（3）ACh 激活的钾通道：该类通道称为 K_{ACh}（Kir3.x）通道，其电流为 $I_{K(ACh)}$。K_{ACh} 是一种电导大、门控过程快的钾通道。它存在于心脏的窦房结、房室结和心房肌细胞。主要由 ACh 和 GTP 激活，亦可被超极化激活。ACh 作用于 M 受体而激活此通道，增加舒张电位而导致负性频率作用。ACh 浓度升高增加其开放概率，但不影响其开放时间。

（四）氯通道

氯离子是机体细胞最富于生理意义的阴离子，它在细胞内外的转运，除了 $Cl^--HCO_3^-$ 交换及 $Na^+-K^+-2Cl^-$ 和 K^+-Cl^- 共同转运外，还可经过 Cl^- 通道进行转运。机体的兴奋性和非兴奋性细胞膜及溶酶体、线粒体、内质网等细胞器的质膜均分布有这通道。氯通道的生理作用是：在兴奋性细胞稳定膜电位和抑制动作电位的产生；在肥大细胞等非兴奋性细胞维持其负的膜电位，为膜外 Ca^{2+} 进入细胞内提供驱动力；该通道还在调节细胞体积、维持细胞内环境稳定起重要作用。

四、离子通道的生理功能

生命是最小形态功能单位是细胞，离子通道则是细胞活性的至关重要的成分，通过调节离子流的动力学，完成信号的跨膜传递。离子通道具有众多的生理功能，概括起来有如下几方面。

（一）决定细胞的兴奋性、不应性和传导性

离子通道主要以生物电活动形式表现兴奋的产生及传导。由于细胞膜内外各种离子的分布不均匀性，造成膜两侧离子浓度差和电位差，从而形成膜电位。膜内外离子的跨膜内外离子的跨膜运动，引起膜电位的变化。因此，离子通道的主要功能是形成动作电位、传递信号，从而调节功能活动。钠通道和钙通道主要调控去极化，而钾通道主要是调控复极化和维持静息膜电位，从而共同决定兴奋细胞的兴奋性、不应性和传导性等。

（二）介导兴奋-收缩偶联和兴奋-分泌偶联

在肌肉及腺体等可兴奋细胞发挥其生理功能时，首先产生的生理效应是细胞产生动作电位（兴奋），然后才出现肌肉收缩或腺体分泌的反应表现，其中，钙通道的开放，导致 Ca^{2+} 内流是偶联的关键环节。提高细胞内 Ca^{2+} 浓度而触发各种生理效应，如肌肉的收缩（包括心肌及骨骼肌的收缩等）、腺体分泌（包括胰腺和唾液腺等）、钙依赖性离子通道的开放和关闭、蛋白激酶（如 PKC）的激活及基因表达的调节等。

（三）调节平滑肌的舒缩活动

血管平滑肌有钙通道、钾通道、氯通道和非选择性阳离子通道，它们都可调节血管平滑肌的舒缩活性。

（四）参与细胞跨膜信号转导过程

在细胞间信息传递的过程中，离子通道发挥重要作用。在神经-肌肉接头的信号转导中，神经末梢释放递质需电压门控钙通道参与。在中枢神经系统的突触传递过程中，参与突触传递的离子通道有电压门控的钙通道、钾通道、钠通道和配体门控离子通道。一般由对 Na^+ 和 K^+ 都通透的 NMDA 和非 NMDA 受体离子通道开放引起突触后膜去极化，形成兴奋性突触后电位；由对 Cl^- 通透的 $GABA_A$ 受体离子通道开放引起突触后膜超极化，形成抑制性突触后电位，进而产生突触后兴奋或抑制状态以致出现中枢的兴奋或抑制过程。

（五）维持细胞正常形态和功能完整性

细胞正常结构和形态的完整性，有赖于细胞所处环境的渗透压及水的跨膜转运。细胞正常体积的维持与离子通道及细胞膜上 $Na^+-K^+-2Cl^-$、Na^+-Cl^- 等转运体有关，如当细胞肿胀时，钾离子通道被激活，K^+ 外流增多，Cl^- 外流增多。

近年来关于离子通道的研究越来越深入，细胞膜上离子通道蛋白质结构或功能改变引起离子通道障碍，不仅导致心血管离子通道病，主要包括长 Q—T 间期综合征、Brugada 综合征、儿茶酚胺敏感的多形性室速、短 Q—T 间期综合征等，同时也影响神经、肌肉、肾脏等系统和器官，导致机体整体生理功能紊乱，形成某些先天性或后天获得性疾病，如钾通道病常染色体显性良性家族性新生儿惊厥，钠通道病全面性癫痫热性发作叠加症，钙通道中央脊髓性肌病，氯通道病先天性肌强直等。

第二节 作用于离子通道的药物

作用于钠通道的药物临床常用的有 I 类抗心律失常药，局麻药、抗癫痫药。其中 I 类抗心律失常药主要作用于钠通道，见抗心律失常药一章。

作用于钾通道的药物常被称为钾通道调控剂，包括钾通道阻滞药和钾通道开放药（potassium channel openers, PCOs），它们通过阻滞或促进细胞内 K^+ 外流而产生各种药理作用。钾通道开放进，K^+ 外流，膜超极化，动作电位时程缩短，继而降低钠通道和钙通道的开放概率，降低膜的兴奋性。钾通道阻滞时，K^+ 外流停止或减少，动作电位时程和有效不应期延长。作用于钾通道的药物，通过影响钾通道闸门的启闭而

发挥药理作用。

（一）钾通道阻滞药

钾通道阻滞药是一类可抑制 K^+ 通过钾通道的药物，种类很多，有无机离子（如 Cs^+、Ba^{2+} 等）、有机化合物（如 TEA、4-AP 等）、多种毒素（如蝎毒、蛇毒、蜂毒等），以及目前临床治疗用药物，见抗心律失常药物及降糖药。

（二）钾通道开放药

钾通道开放药是选择性作用于钾通道，增加细胞膜对钾离子的通透性，促进钾离子外流的一类药物。钾通道开放药是近年来发现的一类具有新颖药理作用的药物。许多研究者发现对 PCOs 这类药物予以极大关注。目前合成的钾通道开放药（PCPs）都是作用于 K_{ATP} 通道。

钾通道开放药的研究始于 20 世纪 80 年代中期。当时发现一新型化合物 cromakalim 通过激活血管平滑肌钾通道，产生降压和平滑肌舒张作用。钾通道开放药舒张血管平滑肌的作用通过以下几个过程实现：①细胞膜电位更负，电压依赖性钙通道不易开放；②K^+ 持续外流，可对抗神经递质及激素所致去极化；③超极化可阻止胞内 Ca^{2+} 储存部位对 Ca^{2+} 的再摄取、储存和释放；④促 Na^+-Ca^{2+} 交换，排出 Ca^{2+}，从而细胞内 Ca^{2+} 下降。钾通道开放药目前临床已用于高血压、心绞痛和心肌梗死等的治疗。

第三节 钙通道阻滞药

钙离子作为生物细胞的重要第二信使，参与细胞多种重要功能的调节，包括心脏起搏、心肌细胞和骨骼肌及血管平滑肌兴奋-收缩偶联、神经递质释放、腺体分泌及基因表达等。因此钙离子通道在维持细胞和器官正常生理功能上起到极为重要的作用。

钙通道阻滞药又称为钙拮抗药，是一类选择性阻滞钙通道，抑制细胞外 Ca^{2+} 内流，降低细胞内 Ca^{2+} 浓度的药物。在 20 世纪 60 年代初，Fleckenstein 及 Godfraind 在离体豚鼠乳头肌实验中发现普尼拉明和维拉帕米降低心肌收缩力而不影响其动作电位，类似心肌细胞脱钙现象，使兴奋-收缩脱偶联，这种抑制作用可被 Ca^{2+} 逆转，从而首先提出钙通道阻滞药的概念。

一、钙通道阻滞药的分类

目前应用于临床的钙通道阻滞药主要是指选择性作用于电压依赖性 L 亚型 Ca^{2+} 通道的药物，可抑制 Ca^{2+} 经 L 型钙通道进入细胞内。1987 年世界卫生组织根据药物化学结构及其选择性，将选择性钙通道阻滞药分为如下几种。

1. 苯烷胺类 维拉帕米、加洛帕米。
2. 二氢吡啶类 硝苯地平、尼卡地平、尼莫地平、尼群地平、尼索地平、非洛地平、拉西地平、氨氯地平、伊拉地平、尼伐地平。
3. 地尔硫䓬类 地尔硫䓬。

不同化学结构的选择性钙通道阻滞药对心脏、血管的敏感性不同，并不是因为心脏、血管上存在不同类型的 L 型钙通道，而是由于这些钙通道阻滞药分别作用于通道的不同状态（如激活态、失活态及复活态等）所致。在 L 型钙通道上存在各类钙通道阻滞药的相应结合位点。维拉帕米等苯烷胺类钙通道阻滞药结合于 D_4 区 S_6 膜内侧段，减慢通道失活后恢复开放的速度，抑制 $I_{Ca(L)}$ 的电流幅度，而且其抑制作用具有频率依赖性（开放频率越快，抑制作用越强）。因此，维拉帕米等对心肌、窦房结和房室结等兴奋频率较高的组织敏感性强。二氢吡啶类钙通道阻滞药结合于 D_3 和 D_4 区 S_6 膜外段，对 $I_{Ca(L)}$ 的抑制作用无频率依赖性，对心脏作用弱，对血管平滑肌作用强。值得注意的是，即使同类化学结构的钙通道阻滞药，由于取代基不同，器官敏感性也不同，如硝苯地平对冠状动脉敏感，而尼莫地平对脑血管敏感。

二、药理作用

由于 Ca^{2+} 在体内参与广泛的生理生化过程，所以钙通道阻滞药的作用表现很复杂，但主要以心血管系统作用为主。

（一）对心脏的作用

1. 负性肌力作用 钙通道阻滞药因降低心肌细胞内的游离 Ca^{2+} 浓度，而使心肌的兴奋-收缩发生脱偶联，呈现负性肌力作用，因此可降低心肌耗氧量。

钙通道阻滞药的负性肌力作用与许多因素有关。除对心肌的直接作用外，也与其扩张血管作用的强度和由此产生的反射性交感神经兴奋有关，故各药之间的负性肌力作用有差异。从作用结果看，以维拉帕米和地尔硫䓬的负性肌力作用较强，硝苯地平较弱。

2. 负性频率和负性传导作用 心脏慢反应细胞（如窦房结和房室结细胞）的除极依赖于 $I_{Ca(L)}$，所以对钙通道阻滞药的作用很敏感。钙通道阻滞药可使窦房结细胞 4 相自发除极速度和房室结细胞 0 相除极速度降低，降低窦房结自律性并抑制房室传导。此作用是钙通道阻滞药治疗室上性心动过速的基础。维拉帕米和地尔硫䓬的负性频率和负性传导作用最强，而硝苯地平对窦房结和房室结的作用弱，扩张血管作用强，还能反射性加快心率。三类代表性钙通道阻滞药的心血管效应见表 23-2。

表 23-2 硝苯地平、维拉帕米和地尔硫䓬的心血管效应比较

效应	硝苯地平	维拉帕米	地尔硫䓬
外周扩血管作用	+++	++	++
反射性交感兴奋作用	++	+	+
负性肌力作用	+++	++	+
负性传导作用	0	++	+
房室传导减慢作用	0	+	+
房室结不应期延长作用	0	+	+

0 无作用；+ 作用较弱；++ 作用中等；+++ 作用强

3. 对缺血心肌的保护作用 心肌缺血时，心肌细胞发生能量障碍，细胞内钙积聚引起细胞凋亡或坏死，钙通道阻滞药能减轻钙超载，对缺血心肌细胞产生保护作用。

（二）对平滑肌的作用

1. 对血管平滑肌作用 因血管平滑肌的肌浆网发育较差，血管收缩时所需要的 Ca^{2+} 主要来自细胞外，故血管平滑肌对钙通道阻滞药的作用很敏感。三种选择性钙通道阻滞药均可松弛血管平滑肌，以二氢吡啶类扩血管作用最强，其扩张血管作用有以下特点。

（1）对小动脉的扩张作用比静脉明显，降低外周阻力，以降低后负荷为主，由于对多数静脉血管影响小，故对前负荷无明显影响。

（2）对痉挛性收缩的血管扩张作用更强，因此，硝苯地平治疗冠状动脉痉挛所引起的变异性心绞痛的效果好。

（3）对缺血区的冠状血管也有扩张作用，因此，能增加冠状动脉血流量及心肌供氧。

钙通道阻滞药除能扩张血管外，还能抑制血管因长期受异常血流动力学的影响所引起的顺应性降低和血管重构。

2. 其他平滑肌 钙通道阻滞药也能舒张呼吸道平滑肌，大剂量时对消化道、泌尿道及子宫平滑肌等亦有一定的舒张作用。

3. 改善组织血流 Ca^{2+} 在血小板的激活过程中起着重要作用。钙通道阻滞药可抑制血小板的激活反应；还可增加红细胞的变形能力，降低血液黏滞度。

4. 其他作用

（1）抗动脉粥样硬化：近年研究证明，钙通道阻滞药如氨氯地平等具有抗动脉粥样硬化作用，能够延缓或防止动脉粥样硬化斑块的形成。主要通过以下方面实现：①减轻钙超载所致动脉壁损伤；②也可抑制平滑肌细胞的原癌基因（c-fos）异常表达和动脉基质蛋白合成，提高血管顺应性；③抑制三羟基三甲戊二酸单酰辅酶 A（HMG-COA）还原酶基因的表达与脂质过氧化水平，保护内皮细胞；④抑制血管增强生长因子依赖性低密度脂蛋白（LDL）受体基因的转录等，增强 LDL 受体基因转录和表达，从而降低胆固醇。

（2）抑制内分泌腺的分泌：较大剂量的钙通道阻滞药具有抑制多种内分泌腺的功能，如抑制神经垂体分泌催产素、加压素；抑制腺垂体分泌促甲状腺激素、促肾上腺皮质激素等；作用于胰岛 B 细胞抑制胰岛素分泌。

三、临床应用

1. 心绞痛 钙通道阻滞药是防治心绞痛的有效药物。治疗效果与心绞痛的类型和药物种类有关。①稳定型心绞痛：维拉帕米、地尔硫䓬、硝苯地平均有效。可显著减少发作次数和硝酸甘油用量，提高运动耐量，改善心电图。与硝酸酯类药物如硝酸异山梨酯或 β 肾上腺受体拮抗药普萘洛尔合用效果更好。对个别劳累型病人，二氢吡啶类药物可因其外周血管扩张作用强，继发交感神经活动增强而加重心绞痛的症状。硝苯地平与普萘洛尔合用可避免此缺点。②不稳定型心绞痛：维拉帕米、地尔硫䓬、硝苯地平（不单用）与 β 受体阻断药合用效果更好。③变异型心绞痛：因扩血管作用强，三药均有效，常首选硝苯地平，其对冠状动脉痉挛所引起的变异型心绞痛的疗效最佳。

2. 高血压 应用钙通道阻滞药治疗各型高血压均已得到肯定。其中，二氢吡啶类药物如硝苯地平、尼卡地平、尼莫地平等扩张外周血管作用较强。维拉帕米和地尔硫䓬也有降压作用，可用于轻度及中度高血压。由于钙通道阻滞药各有其特点，临床应用时应根据具体病情选用适当的药物，如对兼有冠心病的患者，以选用硝苯地平为宜；伴有脑血管病的选用尼莫地平；伴有快速心律失常者最好选用维拉帕米。这些药物可单用，也可与其他药物合用，如硝苯地平与 β 肾上腺受体拮抗药普萘洛尔合用，可消除硝苯地平因扩血管作用所产生的反射性心动过速，也可与利尿药合用以消除扩血管所致的水钠潴留，并加强其降压效果。

3. 心律失常 维拉帕米是治疗阵发性室上性心动过速的首选药物。80%的患者在静脉注射维拉帕米后能转为窦性心律。强心苷所引起的心律失常与钙超载所致的延迟后除极有关，因此维拉帕米对强心苷中毒所引起的心律失常也有效。地尔硫䓬也可用于治疗室上性心动过速，但作用较维拉帕米弱。

4. 肥厚性心肌病 肥厚性心肌病时，心脏舒张功能下降，心肌细胞内钙超载。钙通道阻滞药抑制细胞钙超载，可有效治疗该病。

5. 脑动脉痉挛和脑卒中 脑动脉痉挛是蛛网膜下腔出血的主要并发症。这种脑动脉痉挛的原因虽不清楚，但可能都与细胞内游离钙浓度增加有关。钙通道阻滞药可因减少细胞内钙而起作用。在现有的钙通道阻滞药中，尼莫地平因其脂溶性较高，易通过血-脑屏

障,有较强的扩张脑血管的作用,既能缓解神经症状,也能降低病死率。

6. 外周血管痉挛性疾患 钙通道阻滞药可扩张外周阻力血管,增加组织器官的血流量,改善由血管痉挛所引起的缺血症状,用于间歇性跛行、雷诺病或雷诺综合征等。

7. 其他 钙通道阻滞药还可试用于治疗支气管哮喘、偏头痛、胃肠痉挛性腹痛等。

四、不良反应

钙通道阻滞药相对比较安全,但由于这类药物作用广泛,选择性相对较低,故其副作用仍不容忽视。不良反应与其扩张血管及心肌抑制等作用有关。由钙通道阻滞药所引起一般不良反应有颜面潮红、头痛、眩晕、恶心、便秘等。严重的不良反应有低血压、心动过缓、房室传导阻滞、心功能抑制(只见于维拉帕米和地尔硫䓬)及足水肿。此外硝苯地平偶可诱发心绞痛。

五、代表性钙通道阻滞药

由于钙通道阻滞药研究进展较快,尤其是二氢吡啶类钙通道阻滞药已有十几种之多,本章仅讲述维拉帕米、硝苯地平、地尔硫䓬三种代表性药物。

维 拉 帕 米

维拉帕米抑制 $I_{Ca(L)}$ 的作用具有频率依赖性,即通道开放次数越多,阻滞作用越强,其抑制钙内流可降低心脏舒张期自动去极化速率,而使窦房结的发放冲动减慢,也可减慢传导。可减慢前向传导,因而可以消除房室结折返。对外周血管有扩张作用,使血压下降,但较弱,一般可引起心率减慢,但也可因血压下降而反射性加快心率。对冠状动脉有舒张作用,可增加冠状动脉流量,改善心肌供氧,此外,它尚有抑制血小板聚集作用。口服适用于治疗:①各种类型心绞痛,包括稳定型或不稳定型心绞痛,以及冠状动脉痉挛所致的变异型心绞痛;②房性期前收缩,预防心绞痛或阵发性室上性心动过速;③肥厚型心肌病;④高血压病。本药口服吸收迅速完全,口服后30min起效,2～3h血药浓度达峰值,由于首关效应,生物利用度仅20%～35%。$t_{1/2}$ 为6h。不良反应多与剂量有关,常发生于剂量调整不当时,可出现便秘、腹胀、腹泻及头痛等,静脉注射可致低血压、房室阻滞、心肌收缩性下降。禁用于严重心衰及中、重度传导阻滞病人。

硝 苯 地 平

硝苯地平抑制 $I_{Ca(L)}$ 的作用无频率依赖性,对心脏影响小,但血管舒张作用强。硝苯地平能舒张冠状动脉,特别对痉挛状态的冠状动脉敏感,小剂量扩张冠状动脉时并不影响血压。硝苯地平也舒张外周小动脉,降低外周血管阻力。主要用于预防和治疗冠心病心绞痛,特别是变异型心绞痛和冠状动脉痉挛所致心绞痛,对呼吸功能没有不良影响,故适用于患有呼吸道阻塞性疾病的心绞痛患者,其疗效优于β受体拮抗剂。还适用于各种类型的高血压,对顽固性、重度高血压也有较好疗效。由于能降低后负荷,对顽固性充血性心力衰竭亦有良好疗效,宜于长期服用。本药口服吸收完全,$t_{1/2}$ 为4h,生物利用度为45%～70%,在肝中代谢为无活性产物,经肾排泄。不良反应一般较轻,初服者常见面部潮红,其次有心悸、窦性心动过速、低血压等。低血压者慎用。

地 尔 硫 䓬

地尔硫䓬的心脏作用与维拉帕米相似,可抑制窦房结自律性,减慢房室结传导,其血管作用类似硝苯地平,可增加冠状动脉血流量,降低血压。临床上用于高血压、冠心病、心绞痛、肥厚性心肌病的治疗,也可用于转复阵发性室上性心动过速、控制心房颤动或心房扑动的心室率。本药口服吸收迅速完全,10～15min开始起效,生物利用度为45%左右,主要分布在心、肝、肾等各种器官和组织。肝脏代谢,其代谢产物也有活性,代谢产物60%经粪便排泄,40%经尿排出。$t_{1/2}$ 为3～4h。不良反应有皮疹、头痛、面部潮红、房室阻滞等。禁忌证同为维拉帕米。

【案例及思考题】 患者,男,74岁,突发剧烈心前区疼痛,胸闷,气憋,心界向左扩大,心尖区Ⅲ级吹风样收缩期杂音,心率96次/分,律不齐。双肺底湿性啰音。心电图示Ⅰ、aVL、V5、V6 导联 ST段抬高,Ⅰ、aVL 导联有异常 Q 波,室性期前收缩。血清 CK-MB200U。诊断为急性前侧壁心肌梗死。

问题:
1. 对此患者心律失常的治疗应首选哪个药物?
2. 此药属于何种离子通道药物?

(张 喆)

第二十四章 利尿药与脱水药

第一节 利 尿 药

水电解质平衡紊乱是普遍和重要的临床问题,如果不及时纠正,可能危及患者的生命。利尿药是临床治疗这类疾病的重要工具,它们作用于肾脏,增加电解质和水的排出,使尿量增多。临床上主要用于治疗各种原因引起的水肿,也可用于某些非水肿性疾病,如高血压、肾结石、高血钙症等的治疗。

常用利尿药按它们的效能和作用部位分为如下三类(图24-1)。

1. 高效能利尿药 该类药主要作用于肾脏髓袢升支粗段髓质部和皮质部,利尿作用强大,如呋塞米、依他尼酸(利尿酸)、布美他尼等。

2. 中效能利尿药 主要作用于髓袢升支粗段皮质部和远曲小管近端,利尿效能中等,如噻嗪类、氯噻酮等。

3. 低效能利尿药 主要作用于远曲小管和集合管,利尿作用弱于上述两类,如螺内酯、氨苯蝶啶、阿米洛利等,以及作用于近曲小管的碳酸酐酶抑制药,如乙酰唑胺等。

一、利尿药作用的生理学和药理学基础

尿液的生成是通过肾小球滤过、肾小管的重吸收而实现的,利尿药通过作用于肾单位的不同部位而产生利尿作用。

(一)肾小球滤过

血液中的成分除蛋白质和血细胞外均可经肾小球滤过而形成原尿。原尿量的多少取决于肾血流量及有效滤过压。正常人每日原尿量可达180 L,但排出的终尿仅为1~2 L,说明约99%的原尿在肾小管被重吸收。有些药物如强心苷、氨茶碱、多巴胺等,可以通过加强心肌收缩力、扩张肾血管、增加肾血流量和肾小球滤过率,使原尿量生成增加,但由于肾脏存在球-管平衡的调节机理,终尿量并不能明显增多,利尿作用很弱。因此,目前常用的利尿药不是作用于肾小球,而是直接作用于肾小管,通过减少对水、电解质的重吸收而发挥利尿作用。

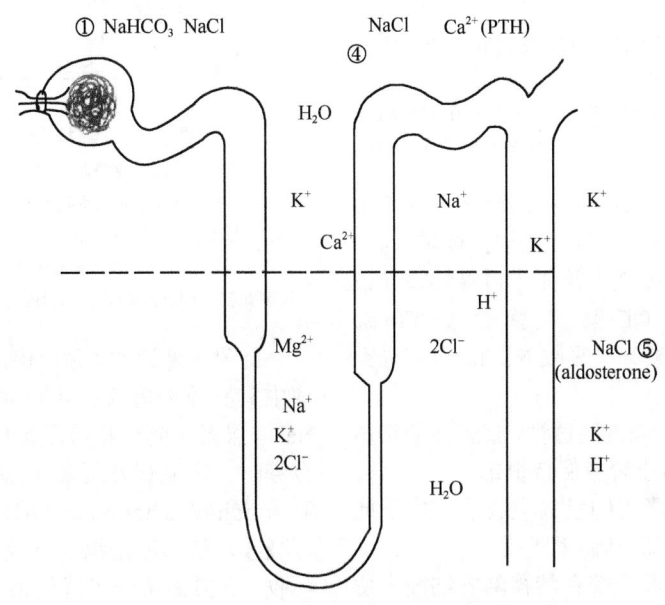

图24-1 肾小管转运系统及利尿药和脱水药的作用部位
①乙酰唑胺;②渗透性利尿药;③髓袢升支粗段;④噻嗪类;⑤醛固酮受体拮抗药

(二)肾小管的重吸收

1. 近曲小管 原尿中约85% $NaHCO_3$、40% NaCl 及葡萄糖、氨基酸和其他所有的可滤过的有机溶质通过近曲小管特定的转运系统被重吸收,60%的水被动重吸收以维持近曲小管液体渗透压的稳定。与利尿药作用最相关的是 $NaHCO_3$、NaCl 的重吸收。在目前应用的利尿药中,只有碳酸酐酶(carbonic anhydrase, CA)抑制药主要在近端小管中起作用。

近曲小管重吸收 $NaHCO_3$ 是由近曲小管顶质膜

（管腔面）的 Na^+/H^+ 交换子所触发的。该转运系统促进管腔的 Na^+ 进入细胞，以 1∶1 的比例交换细胞内的 H^+。基侧质膜的 Na^+-K^+-ATP 酶将吸收进入细胞内的 Na^+ 泵出细胞，进入间质，使细胞内的 Na^+ 保持在一个较低的水平。H^+ 分泌进入管腔与 HCO_3^- 形成 H_2CO_3。H_2CO_3 与 HCO_3^- 都不会被近曲小管直接转运，而是脱水成为 CO_2 和 H_2O，迅速的跨越细胞膜（CO_2 则通过简单扩散的形式），在细胞内再水化成为 H_2CO_3。H_2CO_3 分解后，H^+ 用于 Na^+/H^+ 交换，CO_2 经一种特殊的转运子转运通过基侧质膜入血。管腔内的脱水反应和细胞内的再水化反应均由碳酸酐酶催化（图 24-2）。碳酸酐酶的活性可以被一类重要的利尿药，即碳酸酐酶抑制药所抑制。

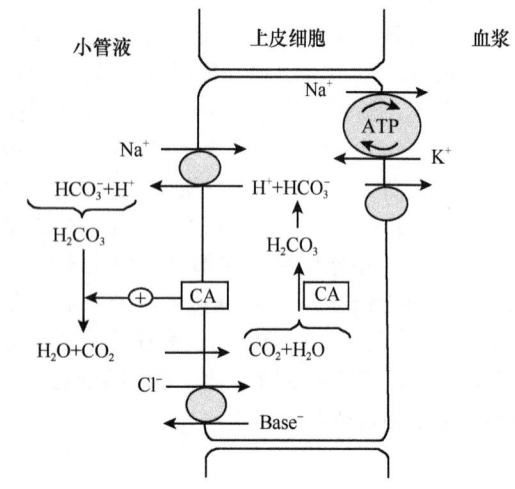

图 24-2　近曲小管上皮细胞的 Na^+/H^+ 交换和 HCO_3^- 的重吸收

Na^+-K^+-ATP 酶存在于基侧质膜，以维持细胞内的 Na^+ 与 K^+ 在正常水平。
资料来源：Harlan E I，2011. Basic and Clinical Pharmacology. 247.

在近曲小管远端，HCO_3^- 和有机溶质被小管液带走，此时小管液中主要含有 NaCl，Na^+ 被持续重吸收，但 Na^+/H^+ 交换子驱动的 H^+ 的分泌则不再继续，导致管腔 pH 降低，激活 Cl^-/碱交换子（Cl^-/base exchanger，尚未确定），最终净吸收 NaCl。目前尚无利尿药影响该过程。

由于近曲小管对水有高度通透性，管腔液的渗透压和 Na^+ 浓度在整个近曲小管液保持恒定。

2. 髓袢降支细段　降支细段只吸收水。由于此段髓质高渗，水被渗透压驱动而重吸收。

值得一提的是，近曲小管和髓袢降支细段上皮细胞顶质膜存在水通道（water channel）蛋白或称水孔蛋白（aquaporin，AQP），因此对水的通透性大。水孔蛋白是特异通透水分子的孔道，现在认为水依赖渗透压的被动转运主要是通过水通道。第一个水通道分子的克隆是 Peter Agre 及其同事 1991 年完成的，目前已经发现了 10 种水通道亚型，它们分布在不同的组织器官，包括与水转运密切相关的肾、汗腺、脑、脉络膜丛、唾液腺、肺与支气管、生殖系统、眼前房的几个结构等，在近曲小管和髓袢降支细段上皮细胞顶质膜上分布的水通道蛋白为 AQP1。已经证实水通道功能的异常与某些疾病相关，如肾源性尿崩症的发病与 AQP2 型水孔蛋白的异常有关。

3. 髓袢升支粗段髓质和皮质部　原尿中约 35% 的 Na^+ 在此段被重吸收。髓袢升支粗段对 NaCl 重吸收依赖于管腔膜上的 Na^+-K^+-$2Cl^-$ 共转运子（Na^+-K^+-$2Cl^-$ cotransporter），高效能利尿药选择性的阻断该转运子，因而也称其为髓袢利尿剂（髓袢利尿药），如呋塞米等。

进入细胞内的 Na^+ 由基侧质膜上的 Na^+-K^+-ATP 酶主动转运至细胞间质，在细胞内蓄积的 K^+，扩散返回管腔，形成 K^+ 的再循环，造成管腔内正电位，驱动 Mg^{2+} 和 Ca^{2+} 的重吸收（图 24-3）。因此，抑制升支粗段的利尿药，不仅增加 NaCl 的排出，也增加 Ca^{2+}、Mg^{2+} 的排出。

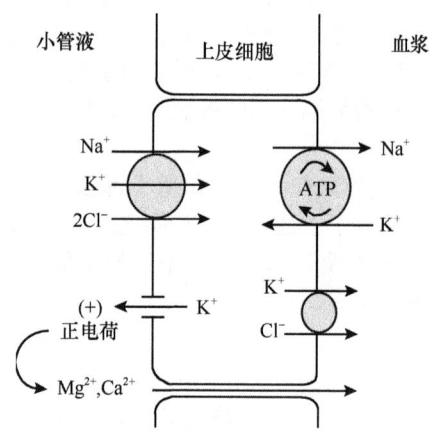

图 24-3　髓袢升支粗段的离子转运

髓袢升支粗段对 NaCl 重吸收依赖于管腔膜上的 Na^+-K^+-$2Cl^-$ 共转运子。进入细胞内的 Na^+ 由基侧质膜上的 Na^+-K^+-ATP 酶主动转运至细胞间质，K^+ 在细胞内蓄积，并扩散返回管腔，造成管腔内正电位，驱动 Mg^{2+} 和 Ca^{2+} 的重吸收

资料来源：Harlan E I，2001. Basic and Clinical Pharmacology. 248.

此段不通透水，因而该段在尿液的稀释和浓缩机理中具有重要意义。不仅稀释了管腔液，而且吸收 Na^+ 与尿素一起维持此段髓质的高渗，当尿液流经集合管时，在血管升压素（vasopressin，又称抗利尿激素 antidiuretic hormone，ADH）调节下，大量的水被再吸收，使尿液浓缩。高效能利尿药抑制 NaCl 的重吸收，一方面降低了肾的稀释功能，另一方面由于髓质高渗无法维持而降低了肾的浓缩功能，排出大量低渗尿液，产生强大的利尿作用。

4. 远曲小管　滤液中约 10% 的 NaCl 主要通过 Na^+-Cl^- 共同转运子（Na^+-Cl^- cotransporter）在远曲小管被重吸收。与升支粗段一样，远曲小管相对不通透水，NaCl 的重吸收进一步稀释了小管液。噻嗪类利尿药通过阻断 Na^+-Cl^- 共同转运子，而产生作用。另外，Ca^{2+}通过顶质膜上的 Ca^{2+}通道和基侧质膜上的 Na^+-Ca^{2+} 交换子（Na^+-Ca^{2+} exchanger）而被重吸收，甲状旁腺激素可以调节这个过程。

5. 集合管 集合管重吸收原尿中 2%～5%的 NaCl，重吸收的机理与其他节段不同，主细胞顶质膜通过分离的通道转运 Na^+和排出 K^+，进入主细胞内的 Na^+，通过基侧质膜的 Na^+-K^+-ATP 酶转运进入血液循环。由于 Na^+进入细胞的驱动力超过 K^+的分泌，因而 Na^+的重吸收要超过 K^+的分泌，可产生显著的管腔负电位。该负电位驱动 Cl^-通过旁细胞途径吸收入血。

由于集合管管腔 Na^+的浓度与 K^+的分泌有密切的联系。作用于集合管上游的利尿药如果增加 Na^+的排出，则将促进集合管 K^+的分泌。而且如果 Na^+的排出是与离子结合的方式，如与 HCO_3^-结合，Cl^-则不容易在集合管被重吸收，导致管腔的负电位增加，进一步促进 K^+的分泌。

醛固酮通过对基因转录的影响，增加顶质膜 Na^+和 K^+通道的活性，及 Na^+-K^+- ATP 酶的活性，促进 Na^+的重吸收及 K^+的分泌。醛固酮的拮抗药螺内酯及氨苯蝶啶等药作用于此部位，它们又称留钾利尿药。

影响尿浓缩的最后关键是血管升压素。在无血管升压素存在的情况下，集合管不通透水。现在已经阐明血管升压素对水重吸收的调节是通过 AQP2 水通道的所谓"穿梭机理"。血管升压素激动 V_2 受体，cAMP 水平升高，通过胞吐作用，促使细胞内含有 AQP2 水通道的囊泡向顶质膜移动并融合，水通过 AQP2 通道转运进入肾小管上皮细胞，然后再通过基侧质膜上的 AQP3 和 AQP4 通道将水吸收入间质液。当 cAMP 水平降低时，则胞吞作用恢复，AQP2 水通道从顶质膜转运至囊泡。

二、常用利尿药

（一）高效能利尿药

本类药物主要作用部位在髓袢升支粗段，选择性地抑制 NaCl 的重吸收，又称髓袢利尿剂（髓袢利尿药）。由于本段肾小管对 NaCl 地重吸收具有强大的能力，而且本类药物不易导致酸中毒，因此是目前最有效的利尿药。常用药物有呋塞米（速尿），依他尼酸（利尿酸），布美他尼。三种药物的化学结构各不相同，依他尼酸是一个苯氧基乙酸衍生物，呋塞米和布美他尼与碳酸酐酶抑制药一样是磺胺的衍生物，临床上应用的另一个药物托拉赛米是它们的活性代谢物，其 $t_{1/2}$ 比它的原形药长。有机汞利尿药也可以抑制髓袢升支粗段 Na^+地重吸收，由于毒性大，临床上已停止使用。

【体内过程】 本类利尿药能迅速被吸收，呋塞米在口服 30min 内，静脉注射 5min 后生效，维持 2～3h。消除主要通过肾脏近曲小管有机酸分泌机理排泌或肾小球滤过，随尿以原形排出。$t_{1/2}$ 的长短受肾功能影响，正常为 1h 左右，肾功能不全时可延长为 10h。由于吲哚美辛和丙磺舒与髓袢利尿药相互竞争近曲小管有机酸分泌途径，因此若与髓袢利尿药同时使用，则影响后者的排泄和作用。由于髓袢利尿药作用于肾小管的管腔侧，其作用的发挥也与它们在尿中的排泄量有一定关系。

【药理作用】 髓袢利尿药能使肾小管对 Na^+的重吸收由原来的 99.4%下降为 70%～80%，正常状态下，持续给予大剂量呋塞米可使成人 24h 内排尿 50～60L。利尿作用的分子机理是特异性地抑制分布在髓袢升支的管腔膜侧的 Na^+-K^+-$2Cl^-$共同转运子，因而抑制 NaCl 的重吸收，降低肾的稀释与浓缩功能，排出大量接近于等渗的尿液。同时由于 K^+重吸收减少，也可以降低由于 K^+的再循环导致的管腔正电位（图 24-3）。而管腔膜正电位降低，减小了 Ca^{2+}、Mg^{2+}重吸收的驱动力，使它们的排泄也增加。长期应用可使某些患者产生明显的低镁血症。但由于 Ca^{2+}在远曲小管可被主动重吸收，故一般不引起低钙血症。输送到远曲小管和集合管的 Na^+增加又促使 Na^+-K^+交换增加，从而使 K^+的排泄进一步增加。综上所述，髓袢利尿药可以使尿中 Na^+、K^+、Cl^-、Mg^{2+}、Ca^{2+}排出增多，大剂量呋塞米也可以抑制近曲小管的碳酸酐酶活性，使 HCO_3^-排出增加。

袢利尿药促进肾脏 PG 的合成。NSAIDs，如吲哚美辛，通过抑制环氧酶而减少肾脏 PG 的合成，干扰利尿药的作用，特别是对于肾病综合征和肝硬化的患者，这种干扰作用更为明显。

髓袢利尿药通过对血管床的直接作用影响血流动力学。呋塞米和依他尼酸对心力衰竭的患者，能迅速增加全身静脉容量，降低左心室充盈压，减轻肺淤血。呋塞米还能增加肾血流量，改变肾皮质内血流分布。作用机理尚未完全阐明，可能与该类药促进 PG 合成有关。

【临床应用】 髓袢利尿药主要应用于肺水肿和其他水肿，以及急性高血钙等。

1. 急性肺水肿和脑水肿 静脉注射呋塞米能迅速扩张容量血管，回心血量减少，在利尿作用发生之前即可缓解急性肺水肿，是急性肺水肿的迅速有效的治疗手段之一。同时由于利尿，使血液浓缩，血浆渗透压增高，也有利于消除脑水肿，对脑水肿合并心力衰竭者尤为适用。

2. 其他严重水肿 可治疗心、肝、肾等各类水肿。主要用于其他利尿药无效的严重水肿患者。

3. 急慢性肾衰竭 急性肾衰竭时，髓袢利尿药可增加尿量和 K^+的排出，冲洗肾小管，减少肾小管的萎缩和坏死，但不延缓肾衰竭的进程。大剂量呋塞米可以治疗慢性肾衰竭，增加尿量，在其他药物无效时，仍然能产生作用。

4. 高钙血症 本类药可以抑制 Ca^{2+} 的重吸收，降低血钙。通过联合应用髓袢利尿药和静脉输入生理盐水而大大增加 Ca^{2+} 的排泄，这对迅速控制高钙血症有一定的临床意义。

5. 加速某些毒物的排泄 应用本类药物，结合输液，可使尿量增加，在一日内达到 5L 以上。主要用于那些经肾排泄的药物中毒的抢救，如长效巴比妥类、水杨酸类、溴剂、氟化物、碘化物等。

【不良反应】

1. 水与电解质紊乱 常为过度利尿所引起，表现为低血容量、低血钾、低血钠、低钾性碱血症、长期应用还可引起低血镁。

低钾性碱血症是由于该类药增加盐水排泄，因而加强集合管 K^+、H^+ 的分泌所致。低血钾可增强强心苷对心脏的毒性，低血钾对肝硬化的患者可能诱发肝性脑病。故应注意及时补充钾盐或加服留钾利尿药。

长期应用还可引起低血镁，由于 Na^+-K^+-ATP 酶的激活需要 Mg^{2+}，当低血钾和低血镁同时存在时，如不纠正低血镁，即使补充 K^+ 也不易纠正低钾血症。

2. 耳毒性 表现为耳鸣、听力减退或暂时性耳聋，呈剂量依赖性。耳毒性的发生机理可能与药物引起内耳淋巴液电解质成分改变有关。肾功能不全或同时使用其他耳毒性药物，如并用氨基糖苷类抗生素时较易发生耳毒性。依他尼酸最易引起，且可能发生永久性耳聋。布美他尼的耳毒性最小，为呋塞米的 1/6，对听力有缺陷及急性肾衰竭者宜选用布美他尼。

3. 高尿酸血症 髓袢利尿药可能造成高尿酸血症，并诱发痛风。与利尿后血容量降低，细胞外液容积减少，导致的尿酸经近曲小管的重吸收增加有关。另外，本类药和尿酸竞争有机酸分泌途径也是原因之一。长期用药时多数患者可出现高尿酸血症，但临床痛风的发生率较低。

4. 其他 可有恶心、呕吐、大剂量时尚可出现胃肠出血。少数患者可发生白细胞、血小板减少。亦可发生变态反应，表现为皮疹、嗜酸细胞增多、偶有间质性肾炎等，停药后可以迅速恢复，主要由于有磺胺结构，对磺胺过敏的人对呋塞米，布美他尼和托拉塞米可发生交叉变态反应，而非磺胺衍生物的依他尼酸则较少引起变态反应。

（二）中效能利尿药

噻 嗪 类

人们在研究和发展更有效的碳酸酐酶抑制药时，发现了噻嗪类利尿药，后来明确噻嗪类利尿药抑制 NaCl 的转运不依赖于抑制碳酸酐酶的活性，而且其作用部位在远曲小管。尽管它们中的一些药物仍然保留了明显的抑制碳酸酐酶活性的作用，但这不是它们产生利尿的主要作用机理。

噻嗪类是临床广泛应用的一类口服利尿药和降压药。该类药是由杂环苯并噻二嗪与一个磺酰胺基组成。本类药物作用相似，仅所用剂量不同，但均能达到同样效果。氢氯噻嗪是本类药物的原形药物，常用的噻嗪类尚有氯噻嗪。其他如吲达帕胺、氯噻酮（氯酞酮）、美托拉宗、喹乙宗，它们虽无噻嗪环但有磺胺结构，其利尿作用与噻嗪类相似。

【体内过程】 本类药脂溶性较高，口服吸收迅速而完全，口服后 1~2h 起效，4~6h 血药浓度达高峰。所有的噻嗪类均以有机酸的形式从肾小管分泌，因而与尿酸的分泌产生竞争，可使尿酸的分泌速率降低。一般于 3~6h 排出体外。氯噻嗪相对脂溶性小，因此常采用相对大的剂量。氯噻嗪吸收缓慢，且作用时间较长。吲达帕胺主要经过胆汁排泄，但仍有足够的活性形式经过肾清除，从而发挥它在远曲小管的利尿作用。

【药理作用】

1. 利尿作用 噻嗪类增强 NaCl 和水的排出，产生温和持久的利尿作用。其作用机理是抑制远曲小管近端 Na^+-Cl^- 共转运子，抑制 NaCl 的重吸收。由于转运至远曲小管 Na^+ 增加，促进了 K^+-Na^+ 交换。尿中除排出 Na^+、Cl^- 外，K^+ 的排泄也增多，长期服用可引起低血钾。本类药对碳酸酐酶有一定的抑制作用，故略增加 HCO_3^- 的排泄。

与髓袢利尿药一样，噻嗪类的作用依赖于 PG 的产生，而且也能被 NSAIDs 所抑制。

此外，与髓袢利尿药相反，本类药物还促进远曲小管由 PTH 调节的 Ca^{2+} 重吸收过程，而减少尿 Ca^{2+} 含量，减少 Ca^{2+} 在管腔中的沉积。这可能是由于 Na^+ 重吸收减少，肾小管上皮细胞内 Na^+ 降低，促进基侧质膜的 Na^+-Ca^{2+} 交换所致。

2. 抗利尿作用 噻嗪类利尿药能明显减少尿崩症患者的尿量及口渴症状，主要因排 Na^+，使血浆渗透压降低，而减轻口渴感。其抗利尿作用机理不明。

3. 降压作用 噻嗪类利尿药是常用的降压药，用药早期通过利尿、血容量减少而降压，长期用药则通过扩张外周血管而产生降压作用（见第二十五章）。

【临床应用】

1. 水肿 可用于各种原因引起的水肿。对轻、中度心源性水肿疗效较好，是慢性心功能不全的主要治疗措施之一（见第二十七章）。对肾性水肿的疗效与肾功能损害程度有关，受损较轻者效果较好；肝性水肿在应用时，要注意防止低血钾诱发肝昏迷。

2. 高血压病 本类药是治疗高血压的基础用药之一，多与其他降压药合用，可减少后者的剂量，减少副作用。

3. 其他 可用于肾性尿崩症及加压素无效的垂体性尿崩症，以及高尿钙伴有肾结石者，抑制高尿钙引起的肾结石的形成。

【不良反应】

1. 电解质紊乱 如低血钾、低血钠、低血镁、低氯性碱血症等，合用留钾利尿药可防治。

2. 高尿酸血症 痛风者慎用。

3. 代谢变化 可导致高血糖、高脂血症。可使糖尿病患者及糖耐量中度异常的患者血糖升高，可能是因其抑制了胰岛素的分泌及减少组织利用葡萄糖。纠正低血钾后可部分翻转高血糖效应。本类药可使血清胆固醇增加 5%～15%，并增加低密度脂蛋白。糖尿病、高血脂患者慎用。

4. 变态反应 本类药物为磺胺类药物，与磺胺类有交叉变态反应。可见皮疹、皮炎（包括光敏性皮炎）等，偶见严重的变态反应如溶血性贫血、血小板减少、坏死性胰腺炎等。

（三）低效能利尿药

低效能利尿药按作用方式的不同包括两类：保钾利尿药和碳酸酐酶抑制药。

保钾利尿药作用在集合管和远曲小管，它们或者通过直接拮抗醛固酮受体（如螺内酯），或者通过抑制管腔膜上的 Na^+ 通道（如氨苯蝶啶，阿米洛利）发挥利尿作用。

碳酸酐酶抑制药的代表药为乙酰唑胺。

螺 内 酯

螺内酯又称安体舒通，是人工合成的甾体化合物。

【药理作用】 螺内酯是醛固酮的竞争性拮抗药。醛固酮从肾上腺皮质释放后，进入远曲小管细胞，并与胞质内盐皮质激素的胞质受体结合成醛固酮-受体复合物，然后转位进入胞核诱导特异 DNA 转录、翻译，产生醛固酮诱导蛋白，进而调控 Na^+、K^+ 转运。螺内酯结合到胞质中的盐皮质激素受体，阻止醛固酮-受体复合物的核转位，而产生拮抗醛固酮的作用。

另外，该药也能干扰细胞内醛固酮活性代谢物的形成，影响醛固酮作用的充分发挥。表现出排 Na^+ 保 K^+ 的作用。

【临床应用】 螺内酯的利尿作用弱，起效缓慢而持久，服药后 1 日起效，2～4 日达最大效应。其利尿作用与体内醛固酮的浓度有关，仅在体内有醛固酮存在时，才发挥作用。对切除肾上腺的动物则无利尿作用。

1. 治疗与醛固酮升高有关的顽固性水肿 对肝硬化和肾病综合征水肿患者较为有效。

2. 充血性心力衰竭 近年来认识到醛固酮在心力衰竭发生发展中起重要作用，因而螺内酯用于心力衰竭的治疗已经不仅仅限于通过排 Na^+、利尿消除水肿。而是通过多方面的作用改善患者的状况（见第二十七章）。

【不良反应】 其不良反应较轻，少数患者可引起头痛、困倦与精神错乱等。久用可引起高血钾，尤其在肾功能不良时，故肾功能不全者禁用。此外，还有性激素样副作用，可引起男子乳房女性化和性功能障碍，妇女多毛症等。

氨苯蝶啶和阿米洛利

氨苯蝶啶和阿米洛利虽化学结构不同，却有相同的药理作用。

【体内过程】 氨苯蝶啶在肝脏代谢，但其活性形式及代谢物也从肾脏排泄。阿米洛利则主要以原形经过肾脏排泄。由于氨苯蝶啶消除途径广泛，因此 $t_{1/2}$ 比阿米洛利短，前者为 4.2h，后者为 21h，而且氨苯蝶啶还需频繁用药。

【药理作用】 它们均作用于远曲小管末端和集合管，通过阻滞管腔膜钠通道而减少 Na^+ 的重吸收，同时由于 Na^+ 的重吸收减少使管腔的负电位降低，导致驱动 K^+ 分泌的动力减少，抑制了 K^+ 分泌，因而产生排 Na^+、利尿、保 K^+ 的作用。两药的作用并非竞争性拮抗醛固酮，它们对肾上腺切除的动物仍有留钾利尿作用。

阿米洛利在高浓度时，阻滞 Na^+-H^+ 和 Na^+-Ca^{2+} 反向转运子，可能抑制 H^+ 和 Ca^{2+} 的排泄。

【临床应用】 它们在临床上常与排钾利尿药合用治疗顽固水肿。

【不良反应】 不良反应较少。长期服用可致高钾血症，严重肝、肾功能不全者、有高钾血症倾向者禁用。偶见嗜睡、恶心、呕吐、腹泻等消化道症状。另外，有报道氨苯蝶啶和吲哚美辛合用可引起急性肾衰竭。

乙 酰 唑 胺

乙酰唑胺又称醋唑磺胺，是碳酸酐酶抑制药的原形药。碳酸酐酶抑制药是现代利尿药发展的先驱，是磺胺的衍生物，在应用磺胺抗菌时，发现它能造成碱利尿和高氯性酸中毒，进而开发出碳酸酐酶抑制药。

乙酰唑胺的化学结构中有磺胺基，是其活性必需基团。

【药理作用与作用机理】 乙酰唑胺通过抑制碳酸酐酶的活性而抑制重碳酸盐的重吸收，治疗量时乙酰唑胺抑制近曲小管约 85%的 HCO_3^- 的重吸收。由于 Na^+ 在近曲小管可与 HCO_3^- 结合排出，集合管 Na^+ 重吸收会大大增加，使 K^+ 的分泌相应增多（Na^+-K^+ 交换增多）。因而碳酸酐酶抑制药主要造成尿中 HCO_3^-、K^+ 和水的排出增多。

乙酰唑胺还抑制肾脏以外部位碳酸酐酶依赖的 HCO_3^- 的转运。例如，眼睫状体向房水中分泌 HCO_3^- 与肾脏近曲小管重吸收 HCO_3^- 相似，但 HCO_3^- 的转运方向相反。在近曲小管是将 HCO_3^- 转运入血，而在睫状体是从血液向外转运。同样在脉络丛，也是向脑脊

液分泌 HCO_3^-。虽然这些过程 HCO_3^- 的转移方向与在近曲小管中相反,但都可以被碳酸酐酶抑制药所抑制,并改变液体的生成量和 pH。

【临床应用】 由于新利尿药的不断涌现,加之其利尿作用较弱,本类药物现在很少作为利尿药使用。但它们仍有几种特殊的用途。

1. 治疗青光眼 减少房水的生成,降低眼压,对多种类型的青光眼有效,是乙酰唑胺应用最广的适应证。多佐胺和布林佐胺是两个新的碳酸酐酶抑制药,眼局部应用能够降低眼压。

2. 急性高山病 登山者在急速登上 3000m 以上时会出现无力、头昏、头疼和失眠等症状。这些一般较轻,几日后可自然缓解。但严重时,会出现肺水肿或脑水肿而危及生命。乙酰唑胺可减少脑脊液的生成和脑脊液及脑组织的 pH,减轻症状,改善机体功能。在开始攀登前 24h 口服乙酰唑胺可起到预防作用。

3. 碱化尿液 通过采用乙酰唑胺碱化尿液,可促进尿酸、胱氨酸和弱酸性物质(如阿司匹林)的排泄。但只在使用初期有效,长时间服用乙酰唑胺要注意补充给予碳酸氢盐。

4. 纠正代谢性碱中毒 持续性代谢性碱中毒多数是因为体内 K^+ 和血容量减少或是因为体内盐皮质激素水平过高。因此,一般针对这些病因治疗而不用乙酰唑胺。但当心力衰竭的患者在使用过多利尿药造成代谢性碱中毒时可使用乙酰唑胺,因为补盐可能会增加心脏充盈压。此外在纠正碱中毒的同时,由于其微弱的利尿作用也对心力衰竭有益。乙酰唑胺还可用于快速纠正呼吸性酸中毒继发的代谢性碱中毒。

5. 其他 乙酰唑胺可用作癫痫的辅助治疗;伴有低血钾症的周期性麻痹;严重高磷酸盐血症,增加磷酸盐的尿排泄。

【不良反应】 严重不良反应少见。

1. 作为磺胺的衍生物,可能会造成骨髓抑制、皮肤毒性、磺胺样肾损害、对磺胺过敏的患者易对本药产生变态反应。

2. 代谢性酸中毒 长期用药后,体内储存的 HCO_3^- 减少可导致高氯性酸中毒。酸中毒和 HCO_3^- 耗竭会引起其他肾小管节段对 Na^+ 重吸收增加,因此乙酰唑胺在使用一段时间之后,其利尿作用会显著降低,一般仅维持有效利尿作用 2~3 日。

3. 尿结石 其减少 HCO_3^- 的作用会导致磷酸盐尿和高钙尿症。长期用药也会引起肾脏排泄可溶性物质(如柠檬酸盐)的能力下降,而且钙盐在碱性 pH 条件下相对难溶,易形成肾结石。

4. 失钾 同时给予 KCl 补充可以纠正。

5. 其他毒性 较大剂量常引起嗜睡和感觉异常;肾衰竭患者使用该类药物可引起蓄积效应造成中枢神经系统毒性。

第二节 脱 水 药

脱水药又称渗透性利尿药,包括甘露醇、山梨醇、高渗葡萄糖、尿素等。渗透性利尿药静脉注射给药后,可以提高血浆渗透压,产生组织脱水作用。当这些药物通过肾脏时,增加水和部分离子的排出,产生渗透性利尿作用。该类药一般具备如下特点:①静脉注射后不易通过毛细血管进入组织;②易经肾小球滤过;③不易被肾小管再吸收。

甘露醇

甘露醇为己六醇结构,临床主要用 20% 的高渗溶液静脉注射或静脉滴注。

【药理作用与临床应用】

1. 脱水作用 静脉注射后,该药不易从毛细血管渗入组织,能迅速提高血浆渗透压,使组织间液向血浆转移而产生组织脱水作用,可降低颅内压和眼压。甘露醇口服用药,则造成渗透性腹泻,可用于从胃肠道消除毒性物质。

甘露醇是治疗脑水肿降低颅内压安全而有效的首选药物。也可用于青光眼病人的急性发作和术前应用以降低眼压。

2. 利尿作用 静脉注射甘露醇后,血浆渗透压升高,血容量增加,血液黏滞度降低;并通过稀释血液而增加循环血容量及肾小球滤过率;甘露醇在肾小球滤过后不易被重吸收,使水在近曲小管和髓袢升支的重吸收减少,导致肾排水增加。

另外,由于排尿速率的增加,减少了尿液与肾小管上皮细胞接触的时间,使电解质的重吸收也减少。如抑制髓袢升支对 Na^+ 的重吸收,可以降低髓质高渗区的渗透压,进而抑制集合管水的重吸收。一般在 10~20min 左右起效,2~3h 达高峰,持续 6~8h。

甘露醇可用于预防急性肾衰竭。在少尿时,若及时应用甘露醇,通过脱水作用,减轻肾间质水肿。同时渗透性利尿效应可维持足够的尿量,稀释肾小管内有害物质,保护肾小管免于坏死。另外,还能改善急性肾衰竭早期的血流动力学变化,对肾衰竭伴有低血压者效果较好。

【不良反应】 少见,注射过快时可引起一过性头痛、眩晕、畏寒和视物模糊。慢性心功能不全者禁用,因可增加循环血量而增加心脏负荷。另外,活动性颅内出血者禁用。

山 梨 醇

山梨醇是甘露醇的同分异构体,作用与临床应用同甘露醇,进入体内大部分在肝内转化为果糖,故作用较弱。易溶于水,价廉,一般可制成 25% 的高渗液使用。

高渗葡萄糖

50% 的高渗葡萄糖也有脱水及渗透性利尿作用,

但因其可部分地从血管弥散进入组织中，且易被代谢，故作用弱而不持久。停药后，可出现颅内压回升而引起反跳，临床上主要用于脑水肿和急性肺水肿，一般与甘露醇合用。

【案例及思考题】 患者，女，74岁，反复心肌气促10余年，加重半月入院，患者30年前诊断为风湿性二尖瓣狭窄。10余年前活动后出现心悸气促，并反复发作。半月前因"感冒"导致上述症状加重。体查：烦躁不安、面色苍白、口唇发绀、呼吸急促、心动过速、血压升高，双肺可闻及哮鸣音。胸部X线检查：肺血管纹理模糊，肺门阴影不清楚。诊断：①风湿性心脏病，二尖瓣狭窄，心力衰竭；②心源性肺水肿。

问题：

1. 请问为消除或减轻水肿应给予何种利尿药治疗？
2. 用药过程中护理人员应注意些什么问题？

（张　喆）

第二十五章 抗高血压药

凡能降低血压而用于高血压治疗的药物称为抗高血压药。正常人血压应低于140/90mmHg。高于上述标准，即为高血压。绝大部分（90%以上）高血压病因不明，称为原发性高血压，少数高血压有因可查，称为继发性高血压或症状性高血压。高血压的发生率在成人为15%～20%。高血压的直接并发症有脑血管意外、肾衰竭、心力衰竭等。这些并发症大多可致残或致死。大量证据表明，高血压患者容易并发冠心病。总体上讲，高血压人群如不经合理治疗，平均寿命较正常人群缩短15～20年。恶性高血压如不经治疗，可在一年内死亡。因此，世界各国都在大力研究高血压病，研制抗高血压药物。1949年神经节拮抗药作为第一种抗高血压药用于临床。在此后的半个世纪中抗高血压药物大量涌现，如20世纪50年代的肼屈嗪、利血平，60年代的胍乙啶、甲基多巴、可乐定、β受体拮抗药，其后有钙拮抗药和转化酶抑制药等。近年来又发展了血管紧张素Ⅱ受体拮抗药。使用这些药物在一定程度上减少了高血压的并发症，尤其是减少了中、重度高血压患者的脑卒中、心力衰竭和肾损害的发生率，降低了高血压的死亡率。

原发性高血压的发病机理不明，但已知体内有许多系统与血压的调节有关，其中最主要的有交感神经-肾上腺素系统及肾素-血管紧张素系统（renin-angiotensin system，RAS）。此外，血管舒缓肽-激肽-前列腺素系统、血管内皮松弛因子-收缩因子系统等都参与了血压变化的调节。抗高血压药可分别作用于上述不同的环节，从而降低血压。根据各种药物的主要作用和作用部位可将抗高血压药物分为下列几类。

1. 利尿药 如氢氯噻嗪等。
2. 交感神经抑制药
（1）中枢性降压药：如可乐定、莫索尼定等。
（2）神经节拮抗药：如美加明、樟磺咪芬等。
（3）去甲肾上腺素能神经末梢阻滞药：如利血平、胍乙啶等。
（4）肾上腺素受体拮抗药：如普萘洛尔等。
3. 肾素-血管紧张素系统抑制药
（1）血管紧张素转换酶抑制药：如卡托普利等。
（2）血管紧张素Ⅱ受体拮抗药：如氯沙坦等。
（3）肾素抑制药：如雷米克林等。
4. 钙通道阻滞药 如硝苯地平等。
5. 血管扩张药 如肼屈嗪和硝普钠等。

目前，国内外应用广泛或称为第一线抗高血压药物的是利尿药、钙通道阻滞药、β受体拮抗药和血管紧张素转化酶抑制药、血管紧张素Ⅱ受体拮抗药等五大类药物，将他们统称为常用抗高血压药物。其他抗高血压药物较少单独应用。

第一节 常用抗高血压药物

一、利 尿 药

限制钠盐的摄入是治疗高血压早期的手段之一。随着20世纪50年代噻嗪类利尿药的问世，用药物改变体内Na^+平衡成为治疗高血压的主要方法之一。各类利尿药单用即有降压作用，并可增强其他降压药的作用。

【药理作用与作用机理】 利尿药降低血压的确切机理尚不十分明确。用药初期，利尿药可减少细胞外液容量及心排血量。长期给药后心排血量逐渐恢复至给药前水平而降压作用仍能维持，此时细胞外液容量仍有一定程度的减少。若维持有效的降压作用，血浆容量通常约比治疗前减少5%，伴有血浆肾素水平持续升高，说明体内Na^+持续减少。利尿药长期使用可降低血管阻力，但该作用并非直接作用，因为利尿药在体外对血管平滑肌无作用，在肾切除的患者及动物使用利尿药也不能发挥降压作用。利尿药降低血管阻力最可能的机理是持续地降低体内Na^+及降低细胞外液容量，平滑肌细胞内Na^+浓度降低可能导致细胞内Ca^{2+}浓度降低，从而使血管平滑肌对缩血管物质的反应性减弱。

【临床应用】 噻嗪类利尿药是利尿降压药中最常用的一类。大规模临床试验表明噻嗪类利尿药可降低高血压并发症如脑卒中和心力衰竭的发病率和病死率。单独使用噻嗪类利尿药作降压治疗时，剂量应尽量小。研究发现许多患者使用小至12.5mg的氢氯噻嗪或氯酞酮即有降压作用，超过25mg降压作用并不一定增强，而且可使不良反应发生率增加。因此建议单用利尿药降压时的剂量不宜超过25mg，若25mg仍不能有效地控制血压，则应合用或换用其他类型抗高血压药。

单用噻嗪类利尿药降压治疗，尤其是长期使用应合用留钾利尿药（K^+-sparing 利尿药）或合用血管紧张素转换酶抑制药亦可减少K^+的排出。长期大量使用噻嗪类利尿药除引起电解质改变外，尚对脂质代谢、糖代谢产生不良影响。有研究认为噻嗪类利尿药有增加心血管意外的危险性。该类药虽能降压但不能降低冠心病的发生率和死亡率，可能与其对脂质、糖代谢的不利影响有关。

对合并有氮质血症或尿毒症的患者可选用高效利尿药呋塞米。吲哒帕胺不良反应少，不引起血脂改变，故伴有高脂血症患者可用其代替噻嗪类利尿药利尿降压。

二、钙通道阻滞药

血管平滑肌细胞的收缩有赖于细胞内游离 Ca^{2+}，若抑制了 Ca^{2+} 的跨膜转运，则可使细胞内游离 Ca^{2+} 浓度下降。因此钙通道阻滞药通过减少细胞内 Ca^{2+} 含量而松弛血管平滑肌，进而降低血压。钙通道阻滞药品种繁杂，结构各异。从化学结构上可将其分为二氢吡啶类和非二氢吡啶类。前者对血管平滑肌具有选择性，较少影响心脏，作为抗高血压药常用的有硝苯地平、尼群地平和尼卡地平等。非二氢吡啶类包括维拉帕米等，对心脏和血管均有作用。氨氯地平和拉西地平是新一代的钙通道阻滞药。这些药物的显著特点是能与钙通道复合物中的结合位点呈高特异性结合，亲和力很高，因此作用时间较长。氨氯地平的 $t_{1/2}$ 长达 40～50h。拉西地平具有高度的亲脂性，这使拉西地平能进入血管细胞膜深部的脂质层，在脂质层储存并缓慢扩散至钙通道所在的脂质双层结构中。这些特点导致了药物降压作用起效慢，持续时间长，抗高血压作用疗效的谷/峰比值高，每日一次，能使血压平稳下降。

硝 苯 地 平

【体内过程】 口服易吸收，且完全，生物利用度为 65%，$t_{1/2}$ 为 2.5h。主要在肝脏代谢，少量以原形药从肾脏排出。普通片剂口服后 20～30min 内产生降压作用，最大降压作用在 1～2h 后出现，作用持续 6～8h。缓释片剂口服吸收较慢，血药浓度达峰时间为 1.2～4h，而一般制剂为 0.5～1.9h。

【药理作用】 硝苯地平作用于细胞膜 L 型钙通道，通过抑制 Ca^{2+} 从细胞外进入细胞内，从而使细胞内 Ca^{2+} 浓度降低，导致小动脉扩张，总外周血管阻力下降而降低血压。由于周围血管扩张，可引起交感神经活性反射性增强而引起心率加快。

【临床应用】 硝苯地平对轻、中、重度高血压均有降压作用，亦适用于合并有心绞痛或肾脏疾病、糖尿病、哮喘、高脂血症及恶性高血压患者。目前多推荐使用缓释片剂，以减轻迅速降压造成的反射性交感活性增加。大剂量（>60mg/d）的硝苯地平可能增加急性心肌梗死患者的心律失常及死亡率，故不宜用于急性心肌梗死后的高血压患者。

【不良反应】 主要的不良反应为血管过度扩张造成的症状，如心率加快、脸部潮红、眩晕、头痛、踝部水肿（系毛细血管扩张而非水钠潴留所致）。缓释制剂亦有上述不良反应。长期使用可引起牙龈增生。

其他钙通道阻滞药

尼群地平作用与硝苯地平相似，但对血管松弛作用较硝苯地平强，降压作用温和而持久，适用于各型高血压。每日口服 1～2 次。不良反应与硝苯地平相似，肝功能不良者宜慎用或减量，可增加地高辛血药浓度。

尼索地平为目前作用最强的钙通道阻滞药，作用与硝苯地平相似。口服 10～20mg/d，1～2 次/日，不良反应与硝苯地平相似，突然停药可致明显的停药反应，可诱发心绞痛等。

伊拉地平作用与硝苯地平相似，有很强的血管选择性，对心脏抑制作用小，口服 2.5～7.5mg，2 次/日。不良反应与硝苯地平相似。

拉西地平血管选择性强，不易引起反射性心动过速和心排血量增加，用于轻、中度高血压。降压作用起效慢，持续时间长，每日口服 1 次。具有抗动脉粥样硬化作用。口服 4mg，1 次/日。不良反应有心悸、头痛、面红、水肿等。

氨氯地平作用与硝苯地平相似，但降压作用较硝苯地平平缓，持续时间较硝苯地平显著延长。每日口服 1 次。不良反应同拉西地平。

其他尚有尼卡地平，尼莫地平，为短效药，每日用药 3 次；马尼地平，长效，每日用药 1 次。

以上各种钙通道阻滞药均有良好的降压作用。短效药硝苯地平等价格低廉，降压效果确实，最为常用。从保护高血压靶器官免受损伤的角度以长效类新药为佳，但价格较贵。因此，中效类如尼群地平等效果确实、价格低廉，值得认真研究，潜力较大。

三、β受体拮抗药

β受体拮抗药最初用于心绞痛的治疗。临床应用中偶然发现其有降压作用。随后的研究证实该类药物确能有效地降低血压，并被广泛地用于抗高血压治疗。尽管不同的β受体拮抗药在许多方面如脂溶性、对 $β_1$ 受体的选择性、内在拟交感活性及膜稳定等方面有所不同，但均为同样有效的降压药，用于各种程度的高血压。长期应用一般不引起水钠潴留，亦无明显的耐药性。大规模临床试验表明其可降低脑卒中和心肌梗死的发病率和死亡率。不具内在拟交感活性的β受体拮抗药可增加血浆三酰甘油浓度，降低 HDL-胆固醇，而有内在拟交感活性者对血脂影响很少或无影响。

β受体拮抗药确切的降压机理不很清楚，可能的解释有以下几点：①拮抗入球小动脉球旁细胞的 $β_1$ 受体，减少肾素的分泌；②透过血-脑屏障，阻断中枢的 $β_1$ 受体，使外周的交感神经活性降低；③拮抗外周 NA 能神经末梢突触前膜的 β_1 受体，抑制正反馈调节作用，使 NA 的释放减少；④促进前列环素的合成。

普萘洛尔

【体内过程】 普萘洛尔为高度亲脂性化合物，口服吸收完全。肝脏首过消除显著，生物利用度约为 25%，且个体差异较大，因此口服后血中药物浓度个体差异可达 20 倍。$t_{1/2}$ 约为 4h，但降压作用持续时间较长，1~2 次/日。

【药理作用】 普萘洛尔为非选择性 β 受体拮抗药，对 β_1 和 β_2 受体具有相同的亲和力，无内在拟交感活性。降压作用出现较缓，数周后达到最大降压作用。普萘洛尔亦可减轻高血压患者的心肌肥厚。

【临床应用】 用于各种程度的原发性高血压，可作为抗高血压的首选药单独应用，也可与其他抗高血压药合用。对心排血量及肾素活性偏高者疗效较好，高血压伴有心绞痛、偏头痛、焦虑症等选用 β 受体拮抗药较为合适。与其他抗高血压药物相比，其优点为不引起直立性低血压，较少引起头痛和心悸。口服从小剂量 10mg，3 次/日开始，国外报道最大剂量可达 400mg/d 或更多，国内应用很少超过 160mg/d。

【不良反应】 普萘洛尔可升高血浆三酰甘油水平，使 HDL-胆固醇降低，其机理不十分明确。高血压合并糖尿病的患者若发生低血糖反应，使用普萘洛尔可延缓血糖恢复的速度，应予以避免。高血压患者长期应用 β 受体拮抗药，骤然停药，可使血压反跳性升高，心绞痛加剧，甚至诱发急性心肌梗死，血压升高甚至超过给药前水平。因此，高血压患者长期应用 β 受体拮抗药停药时必须逐渐减量（减药过程 10~14 日）。普萘洛尔降低血流量及肾小球滤过率，高血压伴有肾病及老年患者应用普萘洛尔时应适当减少剂量，并注意监测血肌酐及尿素氮水平。

普萘洛尔禁用于哮喘、病态窦房结综合征及房室传导阻滞患者。

其他 β 受体拮抗药

纳多洛尔作用机理与普萘洛尔相似，但作用比普萘洛尔强 2~4 倍。对心肌抑制较弱。一次口服降压作用可维持 24h。口服 40~160mg/d，1 次/日。不良反应与普萘洛尔相似。

阿替洛尔降压机理与普萘洛尔相同，但对心脏的 β_1 受体有较大的选择性，而对血管及支气管的 β_2 受体的影响较小。但较大剂量时对血管及支气管平滑肌的 β_2 受体也有作用。无膜稳定作用，无内在拟交感活性。口服用于治疗各种程度高血压。降压作用持续时间较长。每日服用一次。

美托洛尔作用与纳多洛尔相似，属选择性 β_1 受体拮抗药，有较弱的膜稳定作用。口服用于各种程度的高血压治疗。个体差异较大。普通片每日服用 3 次，缓释剂美托洛尔能有效控制 24h 血药浓度，可每日给药一次，血压波动小，不良反应亦较少。静脉注射一般不用于高血压，仅用于心律失常的治疗。

比索洛尔对 β_1 受体的选择性比纳多洛尔高，无内在拟交感活性。口服易吸收。常用量为 2.5~10mg/d，1 次/日。

拉贝洛尔在拮抗 β 受体的同时也拮抗 α 受体。其中拮抗 β_1 和 β_2 受体的作用强度相似，对 α_1 受体作用较弱，对 α_2 受体则无作用。本品适用于各种程度的高血压及高血压急症、妊娠期高血压、嗜铬细胞瘤、麻醉或手术时高血压。合用利尿药可增强其降压效果。静脉注射或静脉滴注用于高血压急症，如妊娠高血压综合征。大剂量可致直立性低血压，少数患者用药后可引起疲乏、眩晕、上腹部不适等症状。

卡维地洛为 α、β 受体拮抗药，阻断 β 受体的同时具有舒张血管作用。口服首过效应显著，生物利用度为 22%，药效维持可达 24h。口服 25~50mg，1 次/日。不良反应与普萘洛尔相似，但不影响血脂代谢。用于治疗轻度及中度高血压，或伴有肾功能不全、糖尿病的高血压患者。开始用药剂量为口服 12.5 mg/次，1 次/日。以后可增至 25mg/次，1 次/d，但最高剂量不超过 50mg/d。老年高血压患者应适当减少剂量（12.5mg/d），肝功能不全者忌用。

四、血管紧张素转换酶抑制药

血管紧张素转换酶抑制药（angiotensin converting enzyme inhibitors，ACEI）的应用，是抗高血压药物治疗学上的一大进步。该类药物通过抑制 ACE 活性，使血管紧张素 II（angiotensin II，Ang II）的生成减少，以及使缓激肽（bradykinin，BK）的降解减少，降低血管阻力，降低血压。血管紧张素转换酶抑制药不仅具有较好的降压效果，对高血压患者的并发症及一些伴发疾病亦具有良好影响。如能延缓糖尿病性肾病的进展、减轻肾小球硬化、抑制血管壁增厚与重构、减轻左心室肥厚、改善左心收缩功能、降低心肌梗死后并发症及死亡率。因此该类药物亦作为伴有糖尿病、左心室肥厚、左心功能障碍及急性心肌梗死后的高血压患者的首选药物。顽固性咳嗽这一不良反应往往是停药的原因之一。

卡托普利

【药理作用】 卡托普利减少血管紧张素 II 的生成和减少缓激肽的降解，从而减轻心肌肥厚及血管壁增厚，减少细胞外基质，抑制高血压时的心血管重构。卡托普利具有轻至中等强度的降压作用，可降低外周血管阻力，增加肾血流量，不伴反射性心率加快。

卡托普利对高血压合并慢性心功能不全者能改善心脏泵血功能，增加心排血量、减少心律失常、降低死亡率，并通过减轻心脏负荷，扩张冠状血管等作用，降低实验动物急性心肌梗死后梗死面积的扩展及左心室的扩大，提高存活率。

卡托普利还可推迟糖尿病性肾病的进展。高血压患者若合并糖尿病，出现尿蛋白和肾功能降低，使用卡托普利能降低肾小球对蛋白的通透性，改善胰岛素依赖性糖尿病的肾脏病变，使尿蛋白减少，肾功能改善。

卡托普利可改善糖耐量异常，增加胰岛素敏感性，改善糖尿病神经系统病变，对糖尿病患者十分有益。

【临床应用】 适用于各型高血压。目前为抗高血压治疗的一线药物之一。60%～70%患者单用本品能使血压控制在理想水平，加用利尿药则对95%患者有效。本品尤其适用于合并有糖尿病及胰岛素抵抗、左心室肥厚、心力衰竭、急性心肌梗死后的高血压患者。可明显改善生活质量。无耐受性，连续用药1年以上疗效不会明显下降，而且不引起停药反跳症状。

卡托普利与利尿药或β受体拮抗药合用于重度或顽固性高血压疗效较好。

【不良反应】 不良反应较少，主要为长期用药后出现的频繁干咳。偶见一过性的皮疹、瘙痒、嗜酸粒细胞增多、味觉缺失等。重度心力衰竭、重度高血压患者在应用大量利尿药基础上首次应用卡托普利可使血压陡降，应注意。双侧肾动脉狭窄者应用卡托普利后可使肾小球滤过率下降，故禁用。孕妇禁用。

【药物的相互作用】 抗酸药可降低本品的生物利用度。辣椒素（capsaicin）可加重咳嗽。NSAIDs能抑制前列环素合成，故合用降低其降压作用。补K^+及合用留钾利尿药可诱发高血钾。本品可增加地高辛血药浓度，增加对别嘌醇的变态反应。

依 那 普 利

【药理作用】 依那普利为不含—SH基的长效、高效血管紧张素转换酶抑制剂。依那普利为前体药，在体内被肝脏脂酶水解转化为苯丁羟脯酸（enalaprilat，依那普利拉），后者能与ACE持久结合而发挥抑制作用。降压机理与卡托普利相似，但抑制ACE的作用较卡托普利强10倍。能降低总外周血管阻力，增加肾血流量。降压作用强而持久。口服后最大降压作用出现在服药后6～8h，作用持续时间较长，可每日给药一次。剂量超过10mg后，增加剂量只延长作用持续时间。

【临床应用】 与卡托普利相似，用于高血压的治疗。有报道对心功能的有益影响优于卡托普利。不良反应、药物相互作用与卡托普利相似。但因为其不含—SH基，故无典型的青霉胺样反应（皮疹、嗜酸细胞增多等）。因作用强，引起咳嗽较多，合并有心力衰竭时低血压亦较多见，应适当控制剂量。

其他血管紧张素转换酶抑制药

其他血管紧张素转换酶抑制药还有赖诺普利、贝那普利、福辛普利、喹那普利、雷米普利、培哚普利和西拉普利等。它们的共同特点是长效，每日只需服用一次。除了赖诺普利外，其余均为前体药。作用及临床应用同依那普利。

五、AT_1受体拮抗药

血管紧张素Ⅱ受体分四种类型，即AT_1～AT_4受体。血管紧张素Ⅱ的经典作用均是由AT_1受体介导的，这些作用包括血管收缩、促细胞生长、水钠潴留等。AT_2受体的功能与之相反，具有血管扩张、利尿排Na^+、促进细胞凋亡等。

氯 沙 坦

【药理作用】 氯沙坦为第一个用于临床的非肽类血管紧张素Ⅱ受体拮抗药。在体内转化成5-羧基酸性代谢产物EXP-3174，后者有非竞争性的AT_1受体拮抗作用。它对AT_1受体具有高度的选择性，对其他活性物质如加压素、儿茶酚胺、ACh、缓激肽、组胺、5-HT等无拮抗作用。其最大降压作用小于转化酶抑制药。本品尚可增加尿酸排泄，降低血尿酸水平。

【临床应用】 可用于各型高血压，若3～6周后血压下降仍不理想，可加用利尿药。

【不良反应】 与血管紧张素转换酶抑制药不同，使用本品不会出现咳嗽、血管神经性水肿。由于抑制了血管紧张素Ⅱ的作用，与血管紧张素转换酶抑制药一样，氯沙坦也可引起低血压、肾功能障碍、高血钾等。高血钾一般仅发生于肾功能不全、摄入过多K^+及同时合用留钾利尿药的情况。其他不良反应如胃肠不适、头痛、头昏等亦有报道。本品不宜用于妊娠中、晚期，早期妊娠一旦确诊应尽早停止使用。本品在动物的乳汁中含量很高，故哺乳者不宜应用。

其他沙坦类药物

这类药物尚有缬沙坦、厄贝沙坦、坎地沙坦和替米沙坦等。其中坎地沙坦作用强度大、应用剂量小、维持时间久、谷峰比值高（＞80%），是目前这类药物之最优者。

第二节 其他抗高血压药物

一、中枢性降压药

可 乐 定

【体内过程】 本品口服易吸收，服后1.5～3h血药浓度达峰值，口服后$t_{1/2}$为5.2～13h，口服生物利用度为71%～82%。约50%以原形药从尿中排出，药物能透过血-脑屏障，蛋白结合率为20%。降压作用在口服后约 30min 开始，最大作用在 2~4h，持续 6~8h，静脉注射后 10min 产生降压作用，持续 3~7h，24h 内总量不宜超过 0.6mg。

【药理作用】 可乐定的降压作用中等偏强，并可抑制胃肠分泌及运动，对中枢神经系统有明显的抑制作用。以往认为其降压机理主要是通过兴奋延髓背侧孤束核突触后膜的 α_2 受体，抑制交感神经中枢的传出冲动，使外周血管扩张，血压下降。后来的研究表明，可乐定也作用于延髓嘴端腹外侧区（rostral ventrolateral medulla oblongata, RVLM）的咪唑啉受体（I_1 受体，imidazoline-I_1），使交感神经张力下降，外周血管阻力降低，从而产生降压作用。这两个核团的两种受体之间有协同作用，可乐定的降压作用是以上两点共同作用的结果。可乐定引起的嗜睡等副作用主要由 α_2 受体介导。过大剂量的可乐定也可兴奋外周血管平滑肌上的 α_2 受体，引起血管收缩，使降压作用减弱。本品尚有降低眼压、预防偏头痛、消除吗啡成瘾等作用。

【临床应用】 适于治疗中度高血压，常用于其他药无效时，降压作用中等偏强，不显著影响肾血流量和肾小球滤过率，可用于高血压的长期治疗。与利尿药合用有协同作用，用于重度高血压。口服也用于预防偏头痛，或作为治疗吗啡类镇痛药成瘾者的戒毒药。其溶液点眼用于治疗开角型青光眼。

【不良反应】 常见的不良反应是口干和便秘。其他有嗜睡、抑郁、眩晕、血管性水肿、腮腺肿痛、恶心、心动过缓、食欲缺乏等。

伴有脑血管病、冠状动脉供血不足、精神抑郁、窦房结功能低下或血栓闭塞性脉管炎等疾病患者慎用。

静脉注射时，在产生降压作用前可出现短暂的升压现象。突然停药可出现停药反应，即血压突然升高。血浆儿茶酚胺升高。逐渐减量可防止出现血压反跳。这种停药后出现的高血压可用酚妥拉明治疗。长期应用偶可产生耐药性，加用利尿药后可纠正此现象，故耐药性的产生可能与 Na^+ 潴留有关。可乐定不宜用于高空作业或驾驶机动车辆的人员，以免因精力不集中，嗜睡而导致事故发生。

【药物相互作用】 可乐定能加强其他中枢神经系统抑制药的作用，合用时应慎重。三环类化合物如丙咪嗪等药物在中枢与可乐定发生竞争性拮抗，取消可乐定的降压作用，不宜合用。

莫 索 尼 定

【体内过程】 口服吸收不受食物影响，生物利用度为 88%，口服后降压作用可维持 24h。60% 药物以原形药从尿中排出，乳汁中浓度比血浆高 50%~100%，推荐剂量：0.4mg，1 次/日，肾功能正常者的最大剂量为 0.6mg/d。

【药理作用】 莫索尼定为第二代中枢性降压药，作用与可乐定相似，但对咪唑啉 I_1 受体的选择性比可乐定高。降压效能略低于可乐定。

由于选择性较高，莫索尼定的不良反应少，无显著的镇静作用，亦无停药反跳现象。长期用药也有良好的降压效果，并能逆转高血压患者的心肌肥厚。

【不良反应】 由于莫索尼定对中枢及外周 α_2 受体作用较弱，故口干、嗜睡等不良反应较可乐定少。应避免与 β 受体拮抗药合用。可增强乙醇及中枢抑制药的作用。禁用于病态窦房结综合征、传导阻滞、恶性心律失常、重度心力衰竭、不稳定型心绞痛、重度肾衰竭及血管神经性水肿者。

利 美 尼 定

利美尼定作用及应用与莫索尼定相似，对咪唑啉 I_1 受体的选择性高。口服吸收完全，服后 1~2h 起效，维持 14~17h，$t_{1/2}$ 为 8h，65% 药物以原形药从肾排出。口服 1mg，1~2 次/日。不良反应较少。无镇静、停药反应及直立性低血压。

其他中枢性降压药

甲基多巴为第一代中枢性降压药，因对肝脏有损害，不良反应较严重，现已不用。胍法辛和胍那苄较新，国内应用少。

二、α_1 受体拮抗药

用于抗高血压的 α 受体拮抗药主要为具有 α_1 受体拮抗作用而不影响 α_2 受体的药物。本类药物可降低动脉阻力，增加静脉容量，不易引起反射性心率增加或血浆肾素活性增加。长期使用后扩血管作用仍存在，但肾素活性可恢复正常。许多患者用药后出现水钠潴留。α_1 受体拮抗药最大的优点是对代谢没有明显的不良影响，并可降低血糖、三酰甘油、总胆固醇及低密度脂蛋白含量而使高密度脂蛋白含量增高。α_1 受体拮抗药可用于各种程度的高血压治疗，但其对轻、中度高血压有明确疗效，与利尿药及 β 受体拮抗药合用可增强其降压作用。其主要不良反应为首剂现象（低血压），一般服用数次后这种首剂现象即可消失。

哌 唑 嗪

【体内过程】 口服易吸收，1~2h 血药浓度达峰值。主要在肝脏脱甲基后与葡糖醛酸结合并从胆汁排泄，约 1% 以原形药从肾脏排出，$t_{1/2}$ 约 3h。

【药理作用】 哌唑嗪选择性作用于突触后 α_1 受体，使容量血管和阻力血管扩张，从而降低心脏的前、后负荷，使血压下降。降压有效率为 60%~80%。对嗜铬细胞瘤引起的血压升高也具有降压作用。在降压的同时，对心率、心排血量、肾血流量和肾小球滤过率都无明显影响。对血脂、血糖代谢有利，可降低血

清总胆固醇、低密度脂蛋白和极低密度脂蛋白，升高高密度脂蛋白。

【临床应用】　适用于轻、中度高血压及并发肾功能受损者，也有将其列为首选降压药之一，可用于嗜铬细胞瘤的治疗。若与利尿药合用疗效更好。常用剂量为首次口服0.5mg，如无明显首剂现象及其他不良反应，可根据血压情况逐渐增加剂量。

【不良反应】　主要不良反应为首次应用时出现的"首剂现象"，表现为严重的直立性低血压。一般在首次给药后30~60min出现。可能是由于拮抗了内脏交感神经的缩血管作用，使静脉舒张，回心血量减少所引起。低钠饮食及合用β受体拮抗药的患者较易发生。首次剂量采用0.5mg，临睡前服用，可减轻这种不良反应。其他不良反应有头痛、心悸、口干、鼻塞、性功能障碍、乏力等。这些不良反应一般在连续用药过程中自行减少。

特拉唑嗪

特拉唑嗪的作用和疗效及不良反应均与哌唑嗪相同，但作用持续时间较长，$t_{1/2}$约为12h。对心率影响不明显。可用于高血压的治疗。一般口服开始剂量为1mg，1次/日，可逐渐增加至2~10mg/d。

多沙唑嗪

多沙唑嗪对血管平滑肌突触后膜α_1受体的拮抗作用强度为哌唑嗪的1/2，但作用时间较长，$t_{1/2}$约为22h。多沙唑嗪可扩张血管、降低外周血管阻力，对心率及心排血量均无明显影响，能增加肾血流量、改善脂质代谢。口服易吸收，生物利用度为65%。口服1mg血中药物浓度在3.6h达峰值。可用于治疗轻、中度高血压。口服剂量为2~4mg，1次/日，可根据血压适当增加剂量。不良反应与哌唑嗪相似。

三、血管平滑肌扩张药

此类药物通过直接扩张血管而产生降压作用。其中有一些如肼屈嗪等，主要扩张小动脉，对容量血管无明显作用。由于小动脉扩张，外周阻力下降而降低血压。同时通过压力感受性反射，兴奋交感神经，出现心率加快、心肌收缩力加强、心排血量增加，从而部分对抗了其降压效力。且有心悸、诱发心绞痛等不良反应，还反射性地增加醛固酮的分泌，导致水钠潴留。并可能增加高血压患者的心肌肥厚程度。另一些药如硝普钠对小动脉和静脉均有扩张作用，由于也扩张静脉，使回心血量减少，因此不增加心排血量。血管平滑肌扩张药不会引起直立性低血压及阳痿等。

由于直接扩张血管平滑肌的药物不良反应较多，一般不单独用于治疗高血压，仅在利尿药、β受体拮抗药或其他降压药无效时才加用此药。利尿药可克服其水钠潴留的副作用，交感神经抑制药可对抗其反射性交感功能亢进，从而加强降压作用，减少不良反应。硝普钠降压迅速，作用强，主要用于高血压急症。米诺地尔、二氮嗪以往亦归属于血管平滑肌扩张药，现将其归入钾通道开放药而独立成为一类。

肼屈嗪

【体内过程】　口服后很快吸收，血药浓度在口服后约1h达峰值。药物可经多种途径代谢，但主要在肝脏乙酰化。服药后乙酰化快者的生物利用度较乙酰化慢者为低，静脉注射后有15%以原形药从尿中排出，$t_{1/2}$为2~8h。

【药理作用】　肼屈嗪能直接扩张周围血管，以扩张小动脉为主。降压作用强，降低舒张压的作用较降低收缩压为强。可改善肾、子宫和脑的血流量。

【临床应用】　用于高血压，因不良反应较多，故一般不单独使用，有被淘汰的趋势。与其他药物如β受体拮抗药、利尿药等合用，可以增加疗效，减少不良反应。用于肾性高血压及舒张压较高的重度高血压患者。

【不良反应】　本品易产生耐药性。不良反应有头痛、面红、心悸，可诱发心绞痛、恶心、腹泻、结膜炎、发热、眩晕、呼吸困难、乏力、肌肉痉挛、鼻塞、周围神经炎、荨麻疹等。长期大剂量使用，可引起类风湿性关节炎和红斑狼疮等严重不良反应。禁用于冠状动脉病变、脑血管硬化、心动过速及心绞痛患者。

硝普钠

【体内过程】　本品口服不吸收，静脉滴注起效快。以每分钟1~100μg/kg给药能降低收缩压和舒张压，停药后5min内血压回升，故可通过调整滴注速度维持血压于所需水平。本品在体内产生的CN^-可被肝脏转化成SCN^-，后者经肾排泄。

【药理作用】　硝普钠可直接松弛小动脉和静脉平滑肌，属硝基扩张血管药，在血管平滑肌内代谢产生NO，NO具有强大的舒张血管平滑肌作用。近年发现NO与内皮衍生的松弛因子（EDRF）在许多性能上相似，认为EDRF与NO是同一物，是一种内源性血管舒张物质。NO可激活鸟苷酸环化酶，促进cGMP的形成，从而产生血管扩张作用。本品属非选择性血管扩张药，很少影响局部血流分布。一般不降低冠状动脉血流、肾血流及肾小球滤过率。

【临床应用】　适用于高血压急症的治疗和手术麻醉时的控制性低血压。也可用于高血压合并心力衰竭、嗜铬细胞瘤发作引起血压升高时的治疗。

【不良反应】　静脉滴注时可出现恶心、呕吐、精神不安、肌肉痉挛、头痛、皮疹、出汗、发热等。大剂量或连续使用（特别在肝肾功能损害的患者），可引起血浆氰化物或硫氰化物浓度升高而中毒。用药时须严密监测血浆氰化物浓度。可致甲状腺功能减退、高铁血红蛋白血症、静脉炎和代谢性酸中毒等。有肝、肾功能不全者禁用。

四、去甲肾上腺素能神经末梢阻滞药

去甲肾上腺素能神经末梢阻滞药主要通过影响儿茶酚胺的储存及释放产生降压作用。以往常用的有利血平及胍乙啶。利血平不良反应多，可引起副交感神经功能紊乱、胃溃疡、抑郁症及性功能障碍等，目前已不单独应用。胍乙啶较易引起肾、脑血流量减少及水钠潴留，主要用于重症高血压。

利血平

利血平对肾上腺素能神经末梢中的囊泡膜具有很高的亲和力，能与囊泡膜上胺泵（依赖于 Mg^{2+}-ATP 的胺类主动转运机理）呈难逆性结合，抑制其摄取单胺类递质。从而使囊泡内递质的合成与储存逐渐减少以至耗竭，使去甲肾上腺素能神经冲动传递受阻，产生降压作用并伴有心率减慢。利血平具有镇静作用。口服后 2~7 日血压缓慢下降，数周后达最低点，停药后血压在 2~6 周内回升。本品曾广泛用于轻、中度高血压。但因不良反应较多，目前已不单独使用，在复方制剂中尚有利血平。此外，本药是研究交感神经活动重要的工具药。

胍乙啶

【体内过程】 本品口服吸收不完全，且个体差异较大。血药浓度在服药后约 3h 达峰值，$t_{1/2}$ 为 9~10 日。药物部分在肝中代谢。以原形药及代谢物形式从尿中排出。不易透过血-脑屏障。

【药理作用】 胍乙啶主要阻止神经末梢 NA 的释放，耗竭 NA 的储存。其降压作用的产生主要是由于外周血管扩张，伴有心率减慢。

【临床应用】 本品往往与其他抗高血压药合用治疗重度或顽固性高血压，不单独应用于轻、中度高血压。

【不良反应】 常见的不良反应有严重的直立性低血压和运动性低血压。其他不良反应还有眩晕、乏力、心动过缓、水肿、血尿素氮增加、恶心、呕吐、腹泻、头痛、鼻塞、腮腺压痛、肌肉震颤、哮喘、排尿困难、性功能障碍、消化性溃疡、贫血等。有心、肾功能不全者，支气管哮喘，嗜铬细胞瘤或溃疡病患者禁用或慎用。禁与单胺氧化酶抑制剂合用。

五、神经节拮抗药

神经节拮抗药能选择性地与神经细胞的 N_1 胆碱受体结合，妨碍 ACh 与受体结合，使节前纤维释放的 ACh 不能引起神经节细胞的除极化反应，从而阻断了神经冲动在神经节中的传递。

神经节拮抗药对交感神经和副交感神经均有拮抗作用，它对效应器的具体效应则视两类神经对该器官的支配以何者占优势而定。由于交感神经对血管的支配占优势，应用神经节拮抗药后，使小动脉扩张，总外周阻力下降，加上静脉扩张，回心血量和心排血量减少，结果使血压显著下降。又因肠道、眼、膀胱等平滑肌和腺体以副交感神经占优势，因此用药后常出现便秘、扩瞳、口干、尿潴留等。

本类药物曾广泛用于高血压的治疗，但由于副作用较多，降压作用过强过快，现已仅限用于一些特殊情况，如高血压危象、主动脉夹层动脉瘤、外科手术中的控制性低血压等。

本类药物有樟磺咪芬、美卡拉明等。

六、钾通道开放药

钾通道开放，K^+ 外流增多，细胞膜超极化，膜兴奋性降低，Ca^{2+} 内流减少，血管平滑肌舒张，血压下降。钾通道开放药有吡那地尔、尼可地尔和米诺地尔等。这类药物在降压时常伴有反射性心动过速和心排血量增加。血管扩张作用具有选择性，见于冠状动脉、胃肠道血管和脑血管，而不扩张肾和皮肤血管。若与利尿药和（或）β 受体拮抗药合用，则可纠正其水钠潴留和（或）反射性心动过速的副作用。

米诺地尔旧称长压定。降压作用强而持久，口服后 4h 血压下降，12~16h 达峰值，维持 24h 以上。主要用于顽固性高血压，但必须与利尿药或 β 受体拮抗药合用。开始口服 5~10mg/d，逐渐增加剂量，最大用量为 40mg/d，每日服药一次。不良反应有水钠潴留、心悸、多毛症。突然停药可产生血压突然回升的"反跳现象"。米诺地尔是一个老药，以前由于其作用机理不清楚，将其归在血管扩张药中。现将其归入钾通道开放药这一新类型中。

吡那地尔抗高血压作用比肼屈嗪强 3 倍。它可降低血浆总胆固醇和三酰甘油，对心脏具有保护作用，副作用为轻微的头痛和水肿。

尼可地尔为一强效抗心绞痛药，不抑制心肌收缩力。除促进 K^+ 外流外，可能还通过激活鸟苷酸环化酶升高 cGMP 起作用。对血管平滑肌有硝酸甘油样作用。

七、作用于其他新靶点的药物

肾素抑制药

由于肾素是血管紧张素Ⅱ合成的限速步骤，血管紧张素原是肾素的唯一底物，故人们对肾素抑制药的研究非常感兴趣。但由于肾素具有种属特异性，研究人的肾素抑制药只能用灵长类动物，而其高血压模型难以得到，因此，研究颇受限制。近年来，应用转基因动物模型将使这类研究大大加速。目前研究较多的肾素抑制药为依那克林和雷米克林，前者为肽类，后者为非肽类。

5-HT 受体拮抗药

酮色林，具有拮抗 5-HT$_{2A}$ 受体作用及轻度的 α$_1$ 受体拮抗作用。作用温和，特别适用于老年患者。单纯以 5-HT$_{2A}$ 受体或 α$_1$ 受体拮抗均不能解释其降压作用。有研究表明，它能抑制交感神经放电，可能有中枢机理参与。研究发现酮色林还能降低清醒自发性高血压大鼠的血压波动性，使血压稳定。这与其对中枢 5-HT$_{2A}$ 受体拮抗而增强动脉压力感受性反射功能有关。

前列环素合成促进药

沙克太宁，属呋喃吡啶类，能增加前列环素的合成，能与动员胞内 Ca^{2+} 的各类物质相互作用，有直接松弛血管平滑肌的作用。直接舒张血管的作用可能是由 NO 介导的。它对血管壁脆化、组织水肿、缺血/再灌注心脏具有保护作用。它还有 H$_1$ 受体拮抗作用、轻度的利尿作用、抑制血管平滑肌细胞增殖的作用、防止心肌细胞内离子浓度的变化和心律失常的发生。沙克太宁作用温和，副作用相对较少。

内皮素受体拮抗药

内皮素（ET）是日本学者等于 1988 年发现的，具有很强的血管收缩活性，由 21 个氨基酸组成，有 ET-1、ET-2、ET-3 三种，其中 ET-1 分布最广。ET 受体至少可分 ET$_A$（ET-1 的特异性受体）和 ET$_B$（非特异性受体）两种。ET$_A$ 受体主要分布于心血管系统，而 ET$_B$ 受体主要分布于肾脏、肾上腺、中枢神经系统等。起初人们认为 ET$_A$ 受体介导血管收缩反应，ET$_B$ 受体介导血管舒张反应。但最近有研究表明 ET$_B$ 受体也参与血管收缩反应。波生坦为非选择性内皮素受体拮抗药，属非肽类，口服有效，降压作用较强。

第三节　抗高血压药物的合理应用

1. 有效治疗与终生治疗　确实有效的降压治疗可以大幅度地减少并发症的发生率。例如，我国的研究表明血压每降低 9/4 mmHg，可使脑卒中减少 36%，冠心病减少 3%，人群总的心血管事件减少 34%。高血压患者如能得到有效的治疗，他们的平均寿命与常人无异。一般认为，经不同日数次测压，血压≥150/95mmHg 即需治疗。如有以下危险因素中的 1～2 条，血压≥140/90mmHg 就要治疗。这些危险因素是：老年、吸烟、肥胖、血脂异常、缺少体力活动、糖尿病等。所谓有效的治疗，就是将血压控制在 140/90mmHg 以下。最近的高血压的最理想治疗研究结果指出，抗高血压治疗的目标血压是 138/83mmHg。但是，全国只有 3%左右的高血压患者的血压得到良好的控制。因此，必须加强宣传工作，纠正"尽量不用药"的错误倾向，抛弃那些无效的"治疗"。所有的非药物治疗，只能作为药物治疗的辅助。高血压病因不明，无法根治，需要终生治疗。有些患者经一段时间的治疗后血压接近正常，于是就自动停药。停药后血压可重新升高；另外，患者的靶器官损伤是否继续进展也需考虑和顾及，因血压升高只是高血压病的临床表现之一。因此，在高血压的治疗中要强调终生治疗。

2. 保护靶器官　高血压的靶器官损伤（end organ damage，EOD）包括心肌肥厚、肾小球硬化和小动脉重构等。在抗高血压治疗中必须考虑逆转或阻止 EOD。一般而言，降低血压即能减少 EOD。但并非所有的药物均如此，如肼屈嗪虽能降压，但对 EOD 无保护作用。根据以往几十年抗高血压治疗的经验，认为对靶器官的保护作用比较好的药物是血管紧张素转换酶抑制药和长效钙通道阻滞药。AT$_1$ 受体拮抗药将与血管紧张素转换酶抑制药一样具有良好的器官保护作用。除了血流动力学的效应之外，抑制细胞增生等非血流动力学作用也在其中起重要作用。其他药物对 EOD 也有一定的保护作用，但较弱。

3. 平稳降压　国内外的研究证明血压不稳定可导致器官损伤。血压在 24h 内存在自发性波动，这种自发性波动被称为血压波动性（blood pressure variability，BPV）。在血压水平相同的高血压患者中，BPV 高者，靶器官损伤严重。将大鼠的动脉压力感受器的传入神经去除，造成动物的血压极不稳定（虽此时 24h 平均血压水平与正常动物相当）。这些动物有严重的器官损伤。至于在长期应用中究竟哪些药物确能使血压稳定，限于技术复杂，尚缺乏系统的研究。目前应注意尽可能减少人为因素造成的血压不稳定。使用短效的降压药常使血压波动增大，而真正 24h 有效的长效制剂比较好。目前对抗高血压药有一个衡量指标称之为"谷/峰比值"（trough：peak ratio，TP）。第一日用安慰剂，第二日给治疗药。药物效应最大时两日的差值称为"峰"，下一次给药前的差值称为"谷"。要求药物的"谷峰比值"在 50%以上。

4. 个体化治疗　主要根据患者的年龄、性别、种属、病情程度、并发症、合并其他疾病等情况制订治疗方案。所选用的药物、剂量在各个患者之间都可能不同。由于药物代谢酶受遗传因素影响，存在多态，药物作用的靶点（受体或酶）也存在多态性，因此各人对药物的反应可能不一样。随着分子生物学技术的发展，有可能像做抗生素的药敏试验那样对患者进行抗高血压药物反应的敏感性试验，据此选药。

5. 联合用药　抗高血压药物的联合应用常常是有益的。对于接受一种药物治疗而血压未能控制的患者有三种可能的对策：一是加大原来药物的剂量，但带来的后果可能是作用不见增加而不良反应增加，除非患者起始用药剂量很小；二是换用另一个药，但如果第二个药效果也不好的话，很容易导致患者的依从性降低或失去信心；三是联合用药，有研究表明，血压控制良好的患者中有 2/3 是联合用药。在目前常用的四类药物（利尿药、β 受体拮抗药、二氢吡啶类钙通道阻滞药和血管紧张素转换酶抑制药）中，任何两类药物的联用都是可行的。其中又以 β 受体拮抗药加二氢吡啶类和血管紧张素转换酶抑制药加钙通道阻滞药的联用效果较好。不同作用机理的药物联合应用多数能起协同作用。这样可使两种药物的用量均减少，副作用得以减少。而且，有些药物的联用可以相互抵消某些副作用。

【案例及思考题】 患者，男，65 岁，主诉：半个月来心跳气急，头痛，夜间不能平卧。现病史：患者多年前体检发现血压稍高，无自觉症状，未用药治疗。1 年前出现劳累后头疼、头晕。血压 170/100mmHg，服用复方降压片后血压可稳定于 135/90mmHg，症状消失后即停药。以后前述症状反复出现，近来因劳累心悸气短，下肢水肿，夜间不能平卧 3 日。体检发现：神志清醒，半卧位，呼吸稍促，颈静脉怒张，血压 180/130mmHg，心率 90 次/分，两肺有湿性啰音，心脏向左扩大。诊断：①原发性高血压；②高血压性心脏病。给予氢氯噻嗪片口服，25mg/次，1~2 次/日，依那普利片口服，10mg/次，1 次/日治疗，并休息。3d 后症状明显改善，血压 145/85mmHg。

问题：

高血压患者早期治疗应选择什么药物？如何应用？理论基础是什么？

（张 喆）

第二十六章 抗心绞痛药

心绞痛（angina pectoris）是冠状动脉供血不足引起的心肌急剧的、暂时的缺血与缺氧综合征，其典型临床表现为阵发性的胸骨后压榨性疼痛并向左上肢放散。心绞痛的主要病理生理机理是心肌需氧与供氧的平衡失调，致心肌暂时性缺血缺氧（图26-1），代谢产物（乳酸、丙酮酸、组胺、类似激肽样多肽、K^+等）聚积心肌组织，刺激心肌自主神经传入纤维末梢引起疼痛。临床上根据世界卫生组织"缺血性心脏病的命名及诊断标准"，将心绞痛归纳为以下三种类型：①劳累性心绞痛，其特点是由劳累、情绪波动或其他增加心肌耗氧量的因素所诱发，休息或舌下含服硝酸甘油可缓解；②自发性心绞痛，其发作与心肌耗氧量无明显关系，多发生于安静状态，发作时，症状重，持续时间长，且不易被硝酸甘油缓解；③混合性心绞痛，其特点是在心肌需氧量增加或无明显增加时都可能发生。

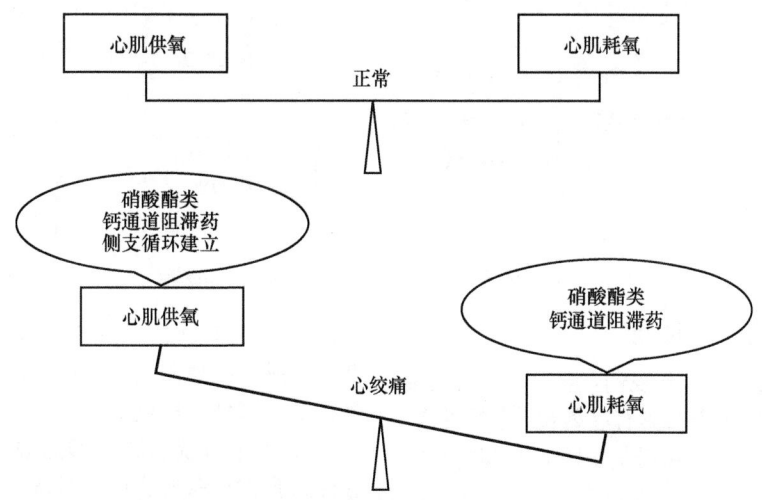

图26-1 心绞痛时心肌氧的供需失衡及治疗对策

心肌的氧供取决于动、静脉的氧分压差及冠状动脉的血流量。正常情况下，心肌细胞摄取血液氧含量的65%～75%，已接近于极限，因而，增加氧供应主要依靠增加冠状动脉的血流量。冠状动脉循环有很大的储备能力，在运动和缺氧时冠状动脉均可适度扩张，血流量可增加到休息时的数倍。动脉粥样硬化引起冠状动脉狭窄或部分分支闭塞时，其血流量减少，冠状动脉扩张性减弱，冠状动脉循环的储备能力下降，因而对动脉粥样硬化性心脏病依靠增加冠状动脉的血流量来增加氧供应是有一定限度的，因此降低心肌组织对氧的需求量即成为治疗心绞痛的另一主要措施。

决定心肌耗氧量的主要因素是心室壁张力（ventricular wall tension）、心率（heart rate）和心室收缩力（ventricular contractility）（图26-2）。心室壁张力越大，维持张力所需的能量越多，心肌耗氧量（O_2 consumption）越大。心室壁张力与心室内压力（相当于收缩期动脉血压）和心室容积成正比，与心室壁厚度成反比，心室内压增高与心室容积增大均可使心肌耗氧量增加。心率与心室耗氧量成正比。每分射血时间（ejection time）等于心率与心室每搏射血时间的乘积。射血时心室壁张力增大，每搏射血时间增加，心

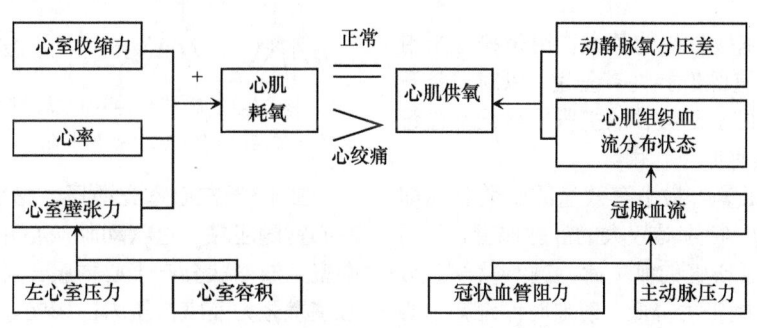

图26-2 影响心肌耗氧量及供氧量的因素

肌耗氧量也增加，心肌收缩力增强与收缩速度加快，均可使心肌的机械做功增加而增加心肌耗氧量。临床上将影响耗氧量的主要因素简化为"三项乘积"（收缩压×心率×左心室射血时间）或"二项乘积"（收缩压×心率）作为粗略估计心肌耗氧量的指标。

冠状动脉粥样硬化斑块变化、血小板聚集和血栓形成是诱发不稳定型心绞痛的重要因素，临床应用抗血小板药、抗血栓药治疗，也有助于心绞痛的缓解。

综上所述，心肌组织氧的供需失衡和血栓形成是心绞痛发生的重要病理生理学基础，因此，目前治疗的主要策略是缓解心肌的血氧供需矛盾及抗血栓（图26-1）。现有的治疗心绞痛药物主要通过以下三个环节发挥疗效：①舒张静脉，减少回心血量，降低前负荷，和（或）舒张外周小动脉，减少外周阻力，减轻后负荷以降低心室壁张力，减慢心率，减小心室收缩力从而降低心肌耗氧量；②舒张冠状动脉，解除冠状动脉痉挛或促进侧支循环的形成而增加冠状动脉供血；③抗血小板黏附、聚集，抑制血栓形成。

第一节　硝酸酯类及亚硝酸酯类

本类药物均有硝酸多元酯结构，脂溶性高，分子中的—O—NO$_2$是发挥疗效的关键结构。本类药物中以硝酸甘油最常用，此外，还有硝酸异山梨酯、单硝酸异山梨酯和戊四硝酯等，其化学结构如下所示。

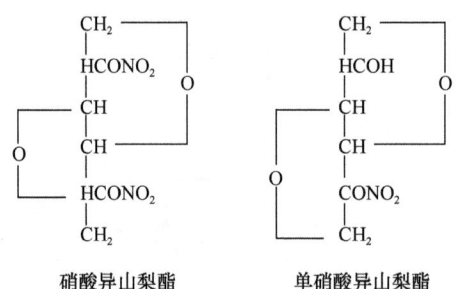

硝酸甘油　　　　　　　戊四硝酯　　　　硝酸异山梨酯　　单硝酸异山梨酯

硝 酸 甘 油

硝酸甘油是硝酸酯类的代表药，用于治疗心绞痛已有一百多年的历史，由于其具有起效快、疗效肯定、使用方便、经济等优点，至今仍是防治心绞痛的最常用药。

【体内过程】　硝酸甘油口服因受首关效应等的影响，生物利用度仅为8%，故临床上不口服用药。舌下含服因其脂溶性高，极易通过口腔黏膜吸收，血药浓度很快达峰值，含服后1～2min即可起效，疗效持续20～30min，血浆$t_{1/2}$为2～4min。硝酸甘油也可经皮肤吸收，有用2%硝酸甘油软膏或贴膜剂睡前涂抹在前臂皮肤或贴在胸部皮肤，可持续较长的有效浓度。硝酸甘油在肝内经谷胱甘肽-有机硝酸酯还原酶还原成水溶性较高的二硝酸代谢物，少量为一硝酸代谢物及无机亚硝酸盐，最后与葡糖醛酸结合由肾脏排出。二硝酸代谢物具有较弱的舒张血管作用，仅为硝酸甘油的1/10。也有研究认为硝酸甘油在血管和肝外组织中代谢。

【药理作用】　硝酸甘油的基本作用是松弛平滑肌，但对不同组织器官的选择性有差别，以对血管平滑肌的作用最显著。由于硝酸甘油扩张了体循环血管及冠状血管，因而具有如下作用。

1. 降低心肌耗氧量　最小有效量的硝酸甘油即可明显扩张静脉血管，特别是较大的静脉血管，从而减少回心血量，降低了心脏的前负荷，心腔容积缩小，心室内压减小，心室壁张力降低，射血时间缩短，心肌耗氧量减少。稍大剂量的硝酸甘油也可显著舒张动脉血管，特别是较大的动脉血管，动脉血管的舒张降低了心脏的射血阻力，从而降低了左心室内压和心室壁张力，降低心肌耗氧量。

2. 扩张冠状动脉，增加缺血区血液灌注　硝酸甘油选择性扩张较大的心外膜血管，输送血管及侧支血管，尤在冠状动脉痉挛时更为明显；而对阻力血管的舒张作用较弱。当冠状动脉因粥样硬化或痉挛而发生狭窄时，缺血区的阻力血管已因缺氧、代谢产物堆积而处于舒张状态。这样，非缺血区阻力就比缺血区大，用药后血液将顺压力差从输送血管经侧支血管流向缺血区，从而增加缺血区的血液供应（图26-3）。

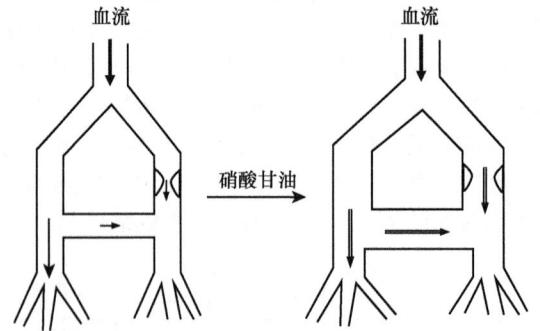

图26-3　硝酸甘油对冠状动脉血流分布的影响
血液从阻力较大的非缺血区经扩张的侧支血管流向阻力较小的缺血区

3. 降低左心室充盈压，增加心内膜供血，改善左心室顺应性　冠状动脉从心外膜呈直角分支，贯穿心室壁成网状分布于心内膜。因此，内膜下血流易受心室壁张力及室内压力的影响。当心绞痛发作时，因心肌组织缺血缺氧、左心室舒张末压增高，降低了心外膜血流与心内膜血流的压力差,因此,心内膜下区域缺血更为严重。硝酸甘油扩张静脉血管,减少回心血量,降低心室内压;扩张动脉血管,降低心室壁张力,从而增加了心外膜向心内膜的有效灌注压,有利于血液从心外膜流向心内膜缺血区。

4. 保护缺血的心肌细胞 硝酸甘油释放 NO,促进内源性的 PGI_2、降钙素基因相关肽(calcitonin gene-related peptide,CGRP)等物质生成与释放,这些物质对心肌细胞均具有直接保护作用。

【作用机理】 硝酸甘油作为 NO 供体在平滑肌细胞内在谷胱甘肽转移酶的催化下释放出 NO。对血管平滑肌有强烈松弛作用的内源性血管内皮舒张因子(endothelium-derived relaxing factor,EDRF)的化学本质即为 NO。EDRF 由血管内皮细胞中的 L-精氨酸-NO 合成途径产生,并从内皮细胞弥散到血管平滑肌细胞,在平滑肌细胞内它能与 NO 受体可溶性鸟苷酸环化酶活性部位的 Fe^{2+} 结合,激活鸟苷酸环化酶(guanylyl cyclase,GC),增加细胞内第二信使 cGMP 的含量,进而激活 cGMP 依赖性蛋白激酶(cGMP dependent protein kinase),减少细胞内 Ca^{2+} 释放或外 Ca^{2+} 内流,使肌球蛋白轻链去磷酸化而松弛血管平滑肌。硝酸甘油通过与 EDRF 相同的作用机理松弛平滑肌而又不依赖于血管内皮细胞。因此在内皮有病变的血管仍可发挥作用(图 26-4)。此外,硝酸甘油通过产生 NO 而抑制血小板聚集、黏附,也有利于冠心病的治疗。

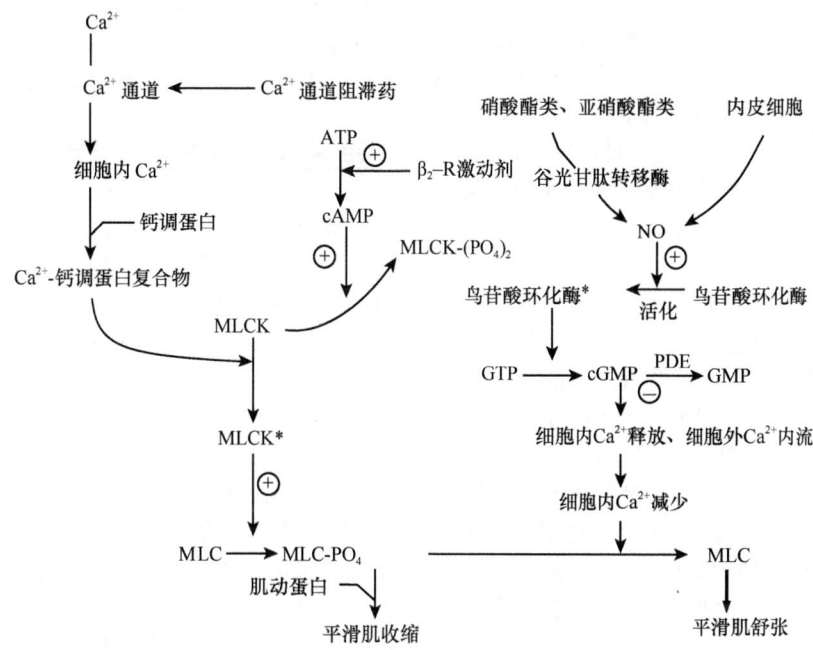

图 26-4 血管平滑肌舒缩的调节机理及硝酸酯类和钙通道阻滞药作用机理示意图
*. 活性;MLCK. 肌球蛋白轻链激酶(myocin light chain kinase);PDE. 磷酸二酯酶

【临床应用】 舌下含服硝酸甘油能迅速缓解各种类型心绞痛。在预计可能发作前用药也可预防发作。对急性心肌梗死者不仅能降低心肌耗氧量,增加缺血区供血,还可抑制血小板聚集和黏附,从而缩小梗死范围。反复连续使用要限制用量,以免血压过度降低引起心、脑等重要器官灌注压过低,反而加重缺血。此外,由于硝酸甘油可降低心脏前、后负荷,也可用于心力衰竭的治疗。

【不良反应及注意事项】 多数不良反应是由其血管舒张作用所继发,如头、面、颈、皮肤血管扩张引起暂时性面颊部皮肤潮红,脑膜血管舒张引起搏动性头痛,眼内血管扩张则可升高眼压等。大剂量可出现直立性低血压及晕厥。剂量过大可使血压过度下降,冠状动脉灌注压过低,并可反射性兴奋交感神经、增加心率、加强心肌收缩性反而可使耗氧量增加而加重心绞痛发作。超剂量时还会引起高铁血红蛋白血症,表现为呕吐、发绀等。

硝酸甘油连续应用 2 周左右可出现耐受性,用药剂量大或反复应用过频易产生耐受性。不同类的硝酸酯之间存在交叉耐受性,停药 1~2 周后耐受性可消失。出现耐受性后轻者必须增加用量,但又会加重不良反应,重者即使增加用量也无法达到满意疗效。硝酸甘油产生耐受的机理还不十分清楚,大体可分为两种情况,一种是血管平滑肌细胞使硝酸甘油转化为 NO 发生障碍,有人称之为"血管耐受"。可能在细胞内生成 NO 过程中需要—SH,使细胞内—SH 氧化,造成—SH 消耗所致。另一种为非血管机理,也有人称为"伪耐受"可能与硝酸酯类使血管内压力迅速下降,机体通过代偿,增强交感活性,释放 NA,激活肾素-血管紧张素系统,使钠水潴留,血容量及体重增加,血液稀释,红细胞比容降低等有关,神经内分泌改变,自由基生成等也与耐受性有关。

硝酸异山梨酯和单硝酸异山梨酯

硝酸异山梨酯又叫消心痛，其作用及机理与硝酸甘油相似，但作用较弱，起效较慢，作用维持时间较长。本品经肝代谢生成异山梨醇-2-单硝酸酯和异山梨醇-5-单硝酸酯，仍具有扩张血管及抗心绞痛作用。此外，本品剂量范围个体差异较大，剂量大时易致头痛及低血压等副作用，缓释剂可减少不良反应。主要口服用于心绞痛的预防和心肌梗死后心力衰竭的长期治疗。

单硝酸异山梨酯的作用及应用与硝酸异山梨酯相同。

第二节 钙通道阻滞药

钙通道阻滞药是临床用于预防和治疗心绞痛的常用药。本类药物尽管种类较多，化学结构不同，但都具有阻滞心肌细胞和平滑肌细胞，特别是血管平滑肌细胞的电压依赖性 L 型钙通道，抑制 Ca^{2+} 内流的作用，因而具有广泛的药理作用及临床应用（详见第二十三章），本节仅就其抗心绞痛方面的有关内容作进一步介绍。

【抗心绞痛作用及机理】 钙通道阻滞药通过阻滞 Ca^{2+} 通道，抑制 Ca^{2+} 内流而产生以下作用。

1. 降低心肌耗氧量 钙通道阻滞药能使心肌收缩力减弱，心率减慢，血管平滑肌松弛，血压下降，心脏负荷减轻，从而使心肌耗氧减少。

2. 舒张冠状血管 本类药物对冠状动脉中较大的输送血管及小阻力血管有扩张作用，特别是对处于痉挛状态的血管有显著的解除痉挛作用，从而增加缺血区的灌注。此外还可增加侧支循环，改善缺血区的供血和供氧。

3. 保护缺血心肌细胞 心肌缺血时，可增加细胞膜对 Ca^{2+} 通透性，增加外钙内流或干扰细胞内 Ca^{2+} 向细胞外转运，使胞内 Ca^{2+} 积聚，特别使线粒体内 Ca^{2+} 超负荷，从而失去氧化磷酸化的能力，促使细胞死亡。Ca^{2+} 通道阻滞药通过抑制外钙内流，减轻缺血心肌细胞的 Ca^{2+} 超负荷而保护心肌细胞，对急性心肌梗死者，能缩小梗死范围。

有报道，钙通道阻滞药还有促进血管内皮细胞产生及释放内源性 NO 的作用。

【临床应用】 常用于抗心绞痛的钙通道阻滞药有硝苯地平（又称心痛定）、维拉帕米（又称异搏定）、地尔硫䓬（又称硫氮䓬酮）、哌克昔林（又称双环己哌啶）及普尼拉明（又称心可定）等。由于钙通道阻滞药有显著解除冠状动脉痉挛的作用，因此对变异型心绞痛疗效显著，对稳定型心绞痛及急性心肌梗死等也有效。

硝苯地平扩张冠状动脉和外周小动脉作用强，抑制血管痉挛效果显著，对变异型心绞痛最有效，对伴高血压患者尤为适用。对稳定型心绞痛也有效，对急性心肌梗死患者能促进侧支循环，缩小梗死区范围。可与 β 受体拮抗药合用，增加疗效。近年有报道称硝苯地平可增加发生心肌梗死的危险，应引起重视。

维拉帕米扩张冠状动脉作用较弱，对变异型心绞痛多不单独应用本药。对稳定型心绞痛有效，疗效近似普萘洛尔，它与 β 受体拮抗药合用起协同作用，但两药合用可显著抑制心肌收缩力及传导系统，故合用要慎重。因其抑制心肌收缩力、抑制窦房结和房室结的传导，故对伴心力衰竭、窦房结或明显房室传导阻滞的心绞痛患者应禁用。

地尔硫䓬对变异型、稳定型和不稳定型心绞痛都可应用，其作用强度介于上述两药之间。扩张冠状动脉作用较强，对周围血管扩张作用较弱，降压作用小，对伴房室传导阻滞或窦性心动过缓者应慎用，又因其抑制心肌收缩力，对心衰患者也应慎用。

第三节 肾上腺素 β 受体拮抗药

本类药物众多，药理作用及临床应用广泛。本节仅就其抗心绞痛作用作一简介。β 肾上腺素受体拮抗药可使心绞痛患者心绞痛发作次数减少，改善缺血性心电图，增加患者运动耐量，减少心肌耗氧量，改善缺血区代谢，缩小心肌梗死范围。现已作为一类防治心绞痛的药物。

1. 降低心肌耗氧量 心肌缺血者在心绞痛发作时，心肌局部和血中儿茶酚胺含量均显著增加，激动 β 受体，使心肌收缩力增强，心率加快，血管收缩使左心室后负荷增加，从而使心肌耗氧量增加。同时因心率加快，心室舒张时间相对缩短，使冠状动脉血流量减少，因而加重心肌缺氧。β 受体拮抗药通过拮抗 β 受体使心肌收缩力减弱，心肌纤维缩短速度减慢，心率减慢及血压降低，可明显减少心肌耗氧量。但它对心肌收缩力抑制可增加心室容积，同时收缩力减弱心室射血时间延长，导致心肌耗氧增加，但总效应仍是减少心肌耗氧量。临床观察，用药后心率缓慢，舒张期延长和收缩力减弱明显的患者疗效最好。用心房起搏方法加快心率，普萘洛尔就失去抗心绞痛作用，说明其抗心绞痛作用与减慢心率有关。

2. 改善心肌缺血区供血 本类药因能降低心肌耗氧量，使非缺血区血管阻力增高，促使血液流向已代偿性扩张的缺血区，从而增加缺血区血流量。其次，由于减慢心率，心舒张期相对延长，有利于血液从心外膜血管流向易缺血的心内膜区。此外，也可增加缺血区侧支循环，增加缺血区灌注量。

此外，拮抗 β 受体，可抑制脂肪分解酶活性，减少心肌游离脂肪酸含量；改善心肌缺血区对葡萄糖的摄取和利用，改善糖代谢，减少耗氧；促进氧合血红蛋白结合氧的解离而增加组织供氧。

【临床应用】 普萘洛尔、吲哚洛尔、噻吗洛尔及选择性 β_1 受体拮抗药阿替洛尔、美托洛尔、醋丁洛尔等均可用于心绞痛。尤其是用于对硝酸酯类不敏感或疗效差的稳定型心绞痛，可使发作次数减少，对伴有心律失常及高血压者尤为适用。对冠状动脉痉挛诱发的变异型心绞痛不宜应用。由于 β 受体被阻断，α 受体相对占优势，易致冠状动脉收缩。对心肌梗死也有效，能缩小梗死区范围，但因抑制心肌收缩力，故应慎用。

目前有主张 β 受体拮抗药和硝酸酯类合用，宜选用作用时间相近的药物，通常以普萘洛尔与硝酸异山梨醇酯合用。两药能协同降低耗氧量，同时 β 受体拮抗药能对抗硝酸酯类所引起的反射性心率加快，硝酸酯类可缩小 β 受体拮抗药所致的心室容积增大和心室射血时间延长，两药合用可互相取长补短（表26-1）。合用时用量减少，副作用也减少，由于两类药都可降压，如血压下降过多，冠状动脉流量减少，对心绞痛不利。一般宜口服给药，剂量的个体差异大，应从小量开始逐渐增加剂量。停用 β 受体拮抗药时应逐渐减量，如突然停用可导致心绞痛加剧和（或）诱发心肌梗死。对心功能不全、支气管哮喘、哮喘既往史及心动过缓者不宜应用。长期应用后对血脂也有影响，本类药物禁用于血脂异常的患者。

表26-1 硝酸酯类、β 受体拮抗药及钙通道阻滞药对决定心肌耗氧量诸因素的影响

影响心肌耗氧因素	硝酸酯类	β 受体拮抗药	钙通道阻滞药
心室壁张力	↓	±	↓
心室容量	↓	↑	±
心室压力	↓	↓	↓
心率	↑	↓	±
收缩性	↑	↓	±

第四节　其他抗心绞痛药物

卡维地洛

近年研制开发的一种新型去甲肾上腺素能神经受体阻断药。既能阻断 β_1、β_2 受体，也可阻断 α 受体，同时具有一定抗氧化作用，目前常用于心绞痛、充血性心力衰竭和高血压治疗。

尼可地尔

尼可地尔是一种新型的血管扩张药，一方面促进 NO 释放，增加血管平滑肌细胞内 cGMP 生成，松弛血管；另一方面又可激活血管平滑肌细胞膜 K^+ 通道，促进 K^+ 外流，使细胞膜超极化，抑制 Ca^{2+} 内流，不仅使血管平滑肌松弛，增加冠状动脉血液供应，还可减轻 Ca^{2+} 超载对缺血心肌细胞的损害。目前主要适用于变异型心绞痛，长期应用不易产生耐受性。

吗 多 明

吗多明为钙通道阻滞药，可扩张血管平滑肌（特别是静脉和小静脉的平滑肌），使血压轻度下降，回心血量减少，心排血量降低，心脏工作负荷减轻，心肌氧耗减少。舌下含服或喷雾吸入用于稳定型心绞痛或心肌梗死伴高充盈压者疗效较好。近年来动物实验发现吗多明具有致癌作用，国外市场上已暂停使用。

丹参酮 II-A 磺酸钠

近年研究已表明丹参具有良好的抗心脑缺血的作用，含有二十余种成分，其中丹参酮 II-A 是从丹参中提出的脂溶性抗心肌缺血有效成分，制成丹参酮 IIA 磺酸钠后为水溶性，为红色的澄明液体。可注射使用。本品能增加冠状动脉流量，改善缺血区心肌的侧支循环及局部供血，改善心肌的代谢紊乱，提高心肌耐缺氧能力，抑制血小板聚集及抗血栓形成，缩小实验动物缺血心肌梗死面积，在一定剂量下亦能增强心肌收缩力。临床应用主要用于治疗冠心病、心绞痛、心肌梗死的医治，也可用于室性早搏。部分病人用后可出现胃肠道不适、血清谷丙转氨酶升高、皮疹、肌内注射后有疼痛等，停药后即可消失。

【案例及思考题】 一名 58 岁的女性患者，患有高血压，一直服用卡托普利控制血压在正常范围，但经常在劳累后有心前区发闷的感觉，休息后即好转。一日因过度劳累导致心前区疼痛并向后背放散，伴大汗，休息后不见缓解，来医院就诊。心电图显示有心肌缺血和左心室大的改变，诊断为高血压冠状动脉硬化性心脏病（没有心力衰竭），心绞痛发作。

问题：

1. 用什么药物治疗这名患者的心绞痛急性发作？简要说明理由。

2. 针对这名患者，出院后应该用什么药物维持治疗（你认为最好的联合用药是什么）？简要说明理由。

（张　喆）

第二十七章 治疗充血性心力衰竭药

充血性心力衰竭（congestive heart failure，CHF）又称为慢性心功能不全（chronic cardiac insufficiency），是指在适当的静脉回流下，心排血量绝对或相对减少，不能满足机体组织需要的一种病理状态。CHF是多种原因所致的超负荷心肌病，此时心肌收缩和（或）舒张功能出现障碍，导致动脉系统供血不足、静脉系统淤血等症状。

CHF时心功能的改变：心肌收缩力下降，左室射血分数（left ventricular ejection fractions，LVEF）低于45%；心率加快，心室舒张末期充盈不足，心排血量减少；前负荷增加，左室舒张末压或肺毛细血管楔压明显升高，并导致肺循环及体循环淤血；后负荷增加，心排血量进一步减少，心脏负担加重。伴随上述变化，心肌耗氧增加。

CHF时神经激素的异常及交感神经系统的变化：反射性交感神经活性增高，在CHF早期具有一定的代偿作用。但高浓度去甲肾上腺素的长期作用使心肌后负荷及耗氧量增加，引起心肌肥厚、心律失常及猝死，并能直接导致心肌细胞坏死，使病情进一步恶化。

肾素-血管紧张素-醛固酮系统（renin-angiotensin-aldosterone-system，RAS）激活：血管紧张素生成增多，使心脏及外周的血管收缩，心脏射血阻力增加，导致心肌缺血缺氧，易诱发心律失常，并促进心肌、血管平滑肌增生。醛固酮增高引起钠水潴留，增加心脏的前负荷，促进心肌纤维化。RAS激活与交感神经共同作用导致心肌及血管增生肥大性改变，即心肌及血管重构。

CHF时其他内源性血管活性物质亦发生变化，如精氨酸加压素（argininvasopressin，AVP）、内皮素（endothelin，ET）分泌增多可引起血管收缩，后者亦可引起心室重构。在CHF时，血液循环中儿茶酚胺水平明显提高，可引起心肌$β_1$受体下调与G蛋白脱偶联，从而导致对β受体激动药及内源性儿茶酚胺的敏感性下降。

目前用于治疗CHF的药物包括如下几种。

1. 强心苷类 地高辛等。

2. 利尿药 氢氯噻嗪、呋塞米、螺内酯等。

3. 血管紧张素

（1）血管紧张素Ⅰ转化酶抑制药：卡托普利等。

（2）血管紧张素Ⅱ受体拮抗药：氯沙坦等。

4. β受体拮抗药 卡维地洛、美托洛尔等。

5. 其他抗CHF的药物

（1）血管扩张药：肼屈嗪、硝普钠、硝酸酯类及$α_1$受体拮抗药（如哌唑嗪）。

（2）非苷类正性肌力药：磷酸二酯酶Ⅲ抑制剂（米力农等）及钙增敏药（匹莫苯、噻唑嗪酮等）。

（3）钙通道阻滞：氨氯地平、非洛地平等。

第一节 强 心 苷 类

强心苷类是一类具有强心作用的苷类化合物，本类药物有地高辛、洋地黄毒苷、毛花苷丙、毒毛花苷K等。常用于CHF的治疗且有确切疗效的是地高辛。

【构效关系】 强心苷类由糖和苷元两部分组成（图27-1）。糖的部分由葡萄糖或稀有糖如洋地黄毒糖等组成，对强心苷类的正性肌力作用无根本性影响，但可增加药物的极性。苷元由甾核和不饱和内酯环两部分组成。甾核具有三个重要的取代基。C_3位具有β构型的羟基，如改为α构型，则苷元失去强心作用。C_{14}需有一个β构型的羟基，没有此羟基或差向异构为α位，则苷元失去强心作用。C_{17}连接有β构型的内酯环，此环必须是不饱和的，也不能打开，否则会影响作用的强度或使之失去正性肌力作用。近年对强心苷类进行化学结构的改造，旨在增加安全范围，减少毒性反应，已取得一些进展。

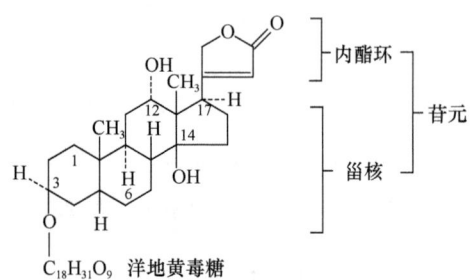

图27-1 地高辛的化学结构

【体内过程】 强心苷类的体内过程取决于药物的极性，而极性的高低由糖链数目而定。常用药物体内过程的比较见表27-1。

表27-1 四种强心苷类药物的药动学参数

项目	洋地黄毒苷	地高辛	毛花苷丙	毒毛花苷K
口服吸收（%）	90～100	60～85	20～30	2～5
蛋白结合（%）	97	25	<20	3～10
肝肠循环（%）	27	7	少	少
代谢转化（%）	70	20	少	0
原型经肾排出（%）	10	60～90	90～100	100

续表

项目	洋地黄毒苷	地高辛	毛花苷丙	毒毛花苷K
分布容积（L/kg）	0.6	5.1～8.1	4.4	—
半衰期（h）	5～7d	36	23	12～19
治疗血浆浓度（ng/ml）	10～35	0.5～2.0	—	—
给药途径	口服	口服	静脉注射	静脉注射
起效时间（h）	2	1～2	10～30min	5～10min
T_{max}（h）	8～12	4～8	1～2	0.5～2
毒性消失时间（d）	3～10	1～2	1～1.5	6h
作用完全消失时间（d）	2～3周	5～7	4～5	1～3
全效量（mg）	0.8～1.2	0.7～1.2	1～1.2	0.25～0.5
维持量（mg）	0.05～0.3	0.7～1.2	—	—

1. 吸收 强心苷类药物中洋地黄毒苷口服吸收达100%。地高辛吸收比例波动大，可变动在20%～80%，生物利用度为60%～80%，可能与药物颗粒大小及药物溶出度有关。洋地黄毒苷经肝脏、胆管排入肠道而被再吸收，形成肝肠循环，作用时间延长。

2. 分布 强心苷类药与血浆蛋白结合比例不同，血浆$t_{1/2}$不等。洋地黄毒苷、地高辛可分布于全身各组织，以肾脏、心脏及骨骼肌中浓度较高；毛花苷丙、毒毛花苷K以较高的浓度分布于心脏、肾脏及肝脏组织中。各药均可分布于乳汁中。

3. 代谢 洋地黄毒苷主要在肝脏代谢，经CYP450氧化脱糖成苷元，C_3位碳羟基转为α构型而失活，部分在C_{12}位碳羟基化而转变为地高辛仍保留活性。地高辛在体内代谢较少，主要被还原为双氢地高辛等，其形成过程有赖于肠道细菌的存在。毒毛花苷K和毛花苷丙很少在体内代谢，可能与脂溶性低不易进入肝细胞有关。

4. 排泄 洋地黄毒苷由于脂溶性高，在体内维持时间长，其代谢产物及少量原型药物经肾脏排出，部分经胆汁排泄形成肝肠循环。地高辛约有60%～90%以原型经肾排出，肾功能不全者易中毒。毒毛花苷K和毛花苷丙几乎全部以原型经肾排泄。

【**药理作用**】
1. 对心脏的作用
（1）正性肌力作用：对心脏具有直接的选择性作用，可增强心肌收缩力。使心肌纤维缩短速度及肌张力上升速度加快，使心肌收缩有力而敏捷，表现为左室内压最大上升速度$\pm dp/dt_{max}$增大，心肌最大缩短速度V_{max}加快，由此可明显加强衰竭心脏的收缩力，增加心排血量，从而解除心功能不全的症状。因强心苷类还具有收缩血管而增加外周阻力的作用，限制了心排血量的增加对正常人并不增加心排血量。而在CHF状态下，地高辛可通过间接反射性作用，抑制正处于兴奋状态的交感神经活性，从而使外周阻力并不增加，以保证心排血量增加。

（2）负性频率作用（negative chronotropic action）：使因CHF加快的心率减慢。这一作用继发于地高辛的正性肌力作用。由于心排血量增多，作用于颈动脉窦、主动脉弓的压力感受器，反射性兴奋迷走神经使心率减慢。此外，还可增敏窦弓感受器，直接兴奋迷走神经、结状神经节及增加窦房结对乙酰胆碱的反应性。在CHF时，交感神经活性增高，压力感受器反射的敏感性明显下降，其原因与该部位的Na^+,K^+-ATP酶的活性有关，由于该酶活性增高，压力感受器细胞内K^+增多，膜电位负值增大，呈超极化，兴奋性被阻抑，敏感性下降。强心苷类可抑制Na^+,K^+-ATP酶，翻转了上述作用，避免超极化，从而恢复压力感受器的正常敏感性和反射机理，从另一方面参与了CHF的治疗作用。

负性频率作用有利于解除心功能不全的症状，因心率减慢可增加心脏休息时间，同时又可使舒张期延长，静脉回心血量增多，得以保证心排血量增加，与此同时冠状动脉血液灌注改善，从而有益于心肌的营养供应。

强心苷类的负性频率作用并非评价疗效的必要条件。临床应用发现在心率减慢之前或在心率未见明显减慢的情况下，CHF的一些症状，如呼吸急促、水肿等已有所改善。

（3）对心肌耗氧量的影响：决定心肌耗氧量的主要因素是室壁张力、射血时间及心肌收缩力。虽然强心苷类可使CHF的心肌收缩力增强，心肌耗氧量增多，但基于正性肌力作用，使射血时间缩短、心室内残余血量减少、心室容积缩小、室壁张力下降及负性频率的综合作用，心肌总耗氧量并不增加。这是强心苷类区别于儿茶酚胺类药物的显著特点。

（4）对心肌电生理特性的影响：CHF的病因不同，病变部位各异，心肌电生理特点不尽一致，特别是强心苷类用药剂量的改变也会直接或间接影响其电生理特性。在治疗剂量下可降低窦房结的自律性，减慢房室传导速度及缩短心房有效不应期。此作用与强心苷类增加迷走神经的兴奋性有关。迷走神经兴奋可促进K^+外流，最大舒张电位负值增加（绝对值增加），与阈电位距离加大，从而降低窦房结的自律性。加速K^+外流可使心房的有效不应期缩短。迷走神经兴奋作用可减少Ca^{2+}内流，使慢反应电活动的房室结除极减慢，因此可减慢房室传导。

提高浦肯野纤维自律性及缩短有效不应期。此作用与强心苷类直接抑制心肌细胞膜Na^+-K^+-ATP酶有关。由于对该酶的抑制作用，使细胞内缺钾，最大舒张电位负值减小（绝对值减少），与阈电位距离接近，从而使自律性提高。由于最大舒张电位的减小，除极速率降低，动作电位振幅缩小，有效不应期缩短。

（5）对心电图（ECG）的影响：治疗剂量强心苷类最早引起T波幅度减小、低平或倒置。ST段呈鱼钩状，与动作电位2相缩短有关，是临床判断是否应用强心苷类的依据。P—R 间期延长，反映传导速度减慢；Q—T 间期缩短，说明浦肯野纤维和心室肌动作电位时程缩短；P—P 间期延长，反映心率减慢。中毒剂量可出现各种类型的心律失常，ECG 检查可发现其相应的改变。

2. 对神经系统及神经内分泌的作用

（1）对神经系统的作用：在 CHF 时交感神经兴奋性明显提高，血浆中 NA 含量显著增加，可直接产生心脏毒性，是促进 CHF 病情发展的危险因素，NA 的水平变化是判定预后的重要指标。强心苷类除通过正性肌力作用间接抑制交感神经活性外，还具有直接作用。

有研究表明强心苷类抑制非心肌组织 Na^+-K^+-ATP 酶亦是治疗 CHF 的作用机理之一。副交感传入神经的 Na^+-K^+-ATP 酶受抑制，提高了位于左室、左房和右房入口处、主动脉弓和颈动脉窦的压力感受器的敏感性，抑制性传入冲动的数量增加，使中枢神经系统下达的交感兴奋性减弱。

长期应用强心苷类，可降低循环中 NA 的浓度，改善 CHF 的预后，但中毒剂量可通过中枢及外周作用，提高交感神经活性，应注意用量。治疗剂量强心苷类对中枢神经系统无明显影响，中毒剂量可兴奋延髓化学催吐感受区（CTZ），可引起呕吐，此作用由多巴胺受体（D_2）所介导，可被氯丙嗪拮抗。过量中毒也可引起中枢兴奋症状。

（2）对神经内分泌的影响：近年研究发现，CHF 的发生与发展与神经激素失调具有重要关系。强心苷类可抑制肾素-血管紧张素-醛固酮系统（RAS），降低血浆肾素的活性，进而减少血管紧张素Ⅱ及醛固酮的分泌，产生对心脏的保护作用。促进心房钠尿肽（atrial natriuretic peptide，ANP）的分泌，恢复 ANP 受体的敏感性，可对抗 RAS，产生利尿作用。

3. 对血管及肾脏的作用

（1）对血管的作用：收缩血管平滑肌，使下肢血管、肠系膜血管及冠状血管收缩，外周阻力增加，局部血流减少。在 CHF 时，强心苷类直接或间接抑制交感神经活性，超过其缩血管效应，故外周阻力有所下降，局部血流增加。

（2）对肾脏的作用：在 CHF 时强心苷类通过加强心肌收缩力，心排血量增多，肾血流增加，间接产生利尿作用；亦可抑制肾小管细胞 Na^+-K^+-ATP 酶，减少肾小管对 Na^+ 的重吸收，产生直接利尿作用。

【正性肌力作用机理】 强心苷类对心肌收缩过程的作用与收缩蛋白及其调节蛋白无关，也不影响心肌能量供应，但能增加兴奋时心肌细胞内 Ca^{2+}，这是强心苷类正性肌力作用的基本机理。

强心苷类选择性与心肌细胞膜上 Na^+-K^+-ATP 酶结合并抑制其活性，见图 27-2。多数学者认为 Na^+-

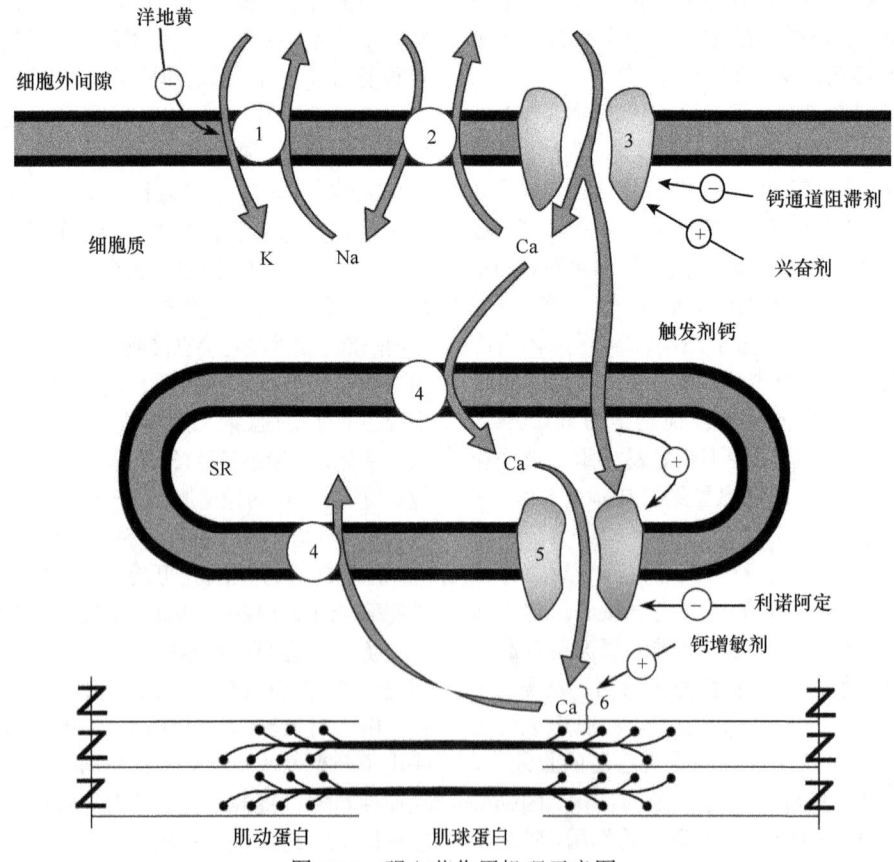

图 27-2 强心苷作用机理示意图

1. Na^+，K^+-ATP 酶；2. Na^+-Ca^{2+} 交换体；3. 电压依赖性 Ca^{2+} 通道；4. 肌浆网钙泵（SR）；5. 钙离子激活肌浆网钙通道；6. Ca^{2+} 促进肌动蛋白与肌球蛋白结合，触发肌肉收缩

K^+-ATP 酶就是强心苷类的受体。Na^+-K^+-ATP 酶是一个二聚体，由 α 和 β 亚单位组成。α 亚单位是催化亚单位，贯穿膜内外两侧，分子质量 112kD，约含 1021 个氨基酸残基。β 亚单位是一糖蛋白，可能与 α 亚单位的稳定性有关。已知 α 亚单位有 8 个疏水性跨膜 α-螺旋段，即 H_1～H_8，分属于 N 端和 C 端 1/3，所余中央 1/3 则折叠成巨大的胞溶部结构域，其中包含 ATP 结合水解部位 501 位赖氨酸，ATP 水解成的磷酸则结合于 369 位天冬氨酸。

强心苷类与酶的结合位点，认为可能在 N 端 H_1～H_2 的胞外襻上，此胞外襻能影响结合过程中的构象变化，使酶活性下降。治疗量强心苷类抑制 Na^+-K^+-ATP 酶活性约 20%，结果是细胞内 Na^+ 增多，K^+ 减少。当细胞内 Na^+ 增多时，激活 Na^+-Ca^{2+} 交换机理，使 Na^+ 内流减少，Ca^{2+} 外流减少，或者使 Na^+ 外流增加的同时，Ca^{2+} 内流增加。其结果是细胞内 Ca^{2+} 量增加，肌浆网摄取 Ca^{2+} 也增加，储存增多。此外，细胞内 Ca^{2+} 少量增加时，可使动作电位 2 相内流的 Ca^{2+} 增多，进而促使肌浆网的钙释放。这样，在强心苷类作用下，心肌细胞内可利用的 Ca^{2+} 增加，使心肌收缩力加强（图 27-3）。

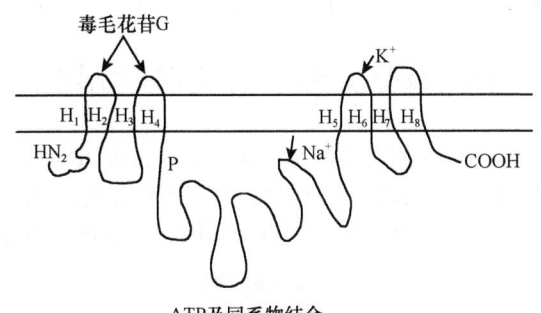

图 27-3 Na^+-K^+-ATP 酶 α 亚单位的结构及强心苷作用点模式图

在多种条件下，强心苷类的正性肌力作用与 Na^+-K^+-ATP 酶的抑制间显示了一定的相关性。但是当 Na^+-K^+-ATP 酶活性抑制大于 30%时，可能出现毒性反应，当达到或超过 60%～80%时可产生明显的毒性反应。其特点是心肌细胞内的钙超载，心肌松弛作用不足而加重心功能不全。另外心肌细胞内明显低钾，使心肌细胞的自律性提高，产生各种心律失常。

【临床应用】

1. 治疗慢性心功能不全 强心苷类对正常及衰竭心脏，无论是对心房肌还是心室肌均有正性肌力作用，无脱敏及快速耐受性，因此可用于各种原因所致的心功能不全。其缺点为缺乏心肌松弛作用，不能纠正舒张功能障碍，对供氧及能量代谢无影响。对伴有心房纤颤和心室率快的 CHF 疗效最好；对高血压、瓣膜病、先天性心脏病所致低排血量的 CHF 疗效良好；对贫血、甲状腺功能亢进及维生素 B_1 缺乏所致能量产生障碍的 CHF 疗效较差。对肺源性心脏病、心肌炎或风湿活动期的 CHF 疗效差。对心肌外机械因素影响所致的 CHF，如缩窄性心包炎及严重二尖瓣狭窄者疗效很差或无效。

2. 抗心律失常

（1）心房纤颤：心房率为 400～600 次/min，此时可有过多的冲动下传到心室，引起心室率过快（100～200 次/min），影响心脏排出足够的血液，导致严重循环障碍。强心苷类抑制房室传导，使较多的冲动不能穿透房室结到达心室而隐匿在房室结中，减慢心室率。强心苷类是降低心房颤心室率的首选药物。

（2）心房扑动：心房率达 300～360 次/min，与心房纤颤相比，心房的异位节律相对较规则，但冲动穿透力强，容易传入心室，使心室率过快而难以控制。强心苷类可缩短心房的有效不应期，使心房扑动转为颤动，继之减慢心室率，是治疗心房扑动的常用药物。停药后，其缩短不应期的作用消除，相对地延长了有效不应期而停止折返，有可能恢复窦性节律。

（3）阵发性室上性心动过速：可通过提高迷走神经活性而终止，在采用压迫颈动脉窦等方法无效时，可用强心苷类。

【不良反应】

1. 胃肠道反应 可见厌食、恶心、呕吐及腹泻等。剧烈呕吐应减量或停药，是最常见的早期中毒症状。

2. 中枢神经系统反应 可见眩晕、头痛、失眠、疲倦及谵妄等症状。可见定向障碍、黄视、绿视及视力减退等症状。视觉障碍属中毒先兆，是停药指征之一。

3. 心脏反应 可出现各种不同程度的心律失常，是最严重的中毒反应。①快速型心律失常：强心苷类中毒可引起室性早搏、二联律，出现较早而常见（33%），是停药的指征之一。也可出现房性、房室结性、室性心动过速，甚至发生室颤。②房室传导阻滞：强心苷类中毒可引起各种程度的房室传导阻滞。③窦性心动过缓：强心苷类降低窦房结的自律性，心率低于 60 次/min，亦属中毒先兆，是停药指征之一。

【中毒的防治】 首先应明确中毒先兆，及时停药，监测血药浓度有助于及早发现。

1. 快速型心律失常 与抑制 Na^+-K^+-ATP 酶引起异位起搏点的自律性提高有关。静脉滴注氯化钾或苯妥英钠可与强心苷竞争 Na^+-K^+-ATP 酶，降低自律性。苯妥英钠可抑制延迟后除极所引起的触发活动，并加速房室传导以抵消强心苷的抑制作用。

对室性心律失常，如室性心动过速及心室颤动应选用利多卡因。对极严重的地高辛中毒者，可用地高辛抗体 Fab 片段静脉注射，对抗作用强、显效快，每 80mg Fab 片段能拮抗 1mg 地高辛。

2. 缓慢性心律失常 如窦性心动过缓和房室传

导阻滞可选用阿托品治疗。

【用法】

1. 负荷量法 首先在短期内给予较大剂量以达全效量("洋地黄化量"),即出现最大疗效,再逐日给予维持量以补充每日消除的剂量。例如,首次口服地高辛 0.25~0.5mg,以后每 6~8h 给予 0.25mg 至全效量,而后每日给予 0.125~0.5mg 维持。此种给药方式可根据病情分为速给法和缓给法,现已少用。

2. 维持量法 目前已广泛采用此给药方法,可明显降低毒性反应的发生率。按一级消除动力学的规律每日给予维持量,经 4~5 个 $t_{1/2}$,能使血药浓度达到稳态而发挥疗效。地高辛的维持量为 0.125~0.25mg,老年及肾功不良者宜用小剂量(0.125mg),每日或隔日一次。

【药物相互作用】 强心苷类与排钾利尿药合用时,应根据患者肾功能状态适当补钾。地高辛与维拉帕米、普罗帕酮、胺碘酮、普鲁卡因胺、丙吡胺等药物合用时,使地高辛血药浓度增加,应减少地高辛用量。

第二节 利 尿 药

【药理作用】 本节主要介绍利尿药对 CHF 的作用,其他详见第二十四章。

1. 促进钠、水排泄 利尿药通过其利尿作用促进钠、水排出,减少血容量,主要减轻心脏的前负荷,缓解体循环充血及肺淤血。

2. 降低心脏后负荷 利尿药的促 Na^+ 排出作用,减少血管平滑肌细胞 Na^+-Ca^{2+} 交换,使细胞内 Ca^{2+} 减少,进而导致血管壁的张力下降,外周阻力降低,降低心脏的后负荷,增加心排血量,减轻心功能不全的症状。

3. 防止心肌重构 CHF 时醛固酮的升高可引起低镁、低钾、激活交感神经、抑制副交感神经,并与血管紧张素Ⅱ作用协同影响心肌结构和功能。醛固酮促进心肌重构,进而促进 CHF 的发展。利尿药可拮抗醛固酮,逆转上述作用。

【临床应用】 利尿药适用于轻、中、重度心功能不全的患者,尤其是左、右心室充盈量偏高、伴有水肿或有明显充血和淤血的患者。

1. 噻嗪类利尿药 对于轻、中度的 CHF 可选用噻嗪类利尿药,常用氢氯噻嗪,可间断应用,每周 2~4 次。

2. 髓袢利尿药 对中度的 CHF,可口服髓袢利尿药,如呋塞米、布美他尼等。对严重的 CHF,尤其是急性左心功能不全、肾小球滤过率少于 30ml/min 时,以及利尿药抵抗时可选用呋塞米、布美他尼等静脉注射。

3. 保钾利尿药(K^+-sparing diuretics) 严重的 CHF 患者因伴有高醛固酮血症,应选用具有抗醛固酮作用的保钾利尿药,是辅助治疗严重 CHF 常用的药物。小剂量(20mg/d)螺内酯不仅能减少 K^+ 的排出,还可减少心肌 K^+ 的外流,对预防强心苷中毒引起心律失常有一定的意义。与其他排钾利尿药合用增强利尿作用,并保持体内 K^+ 的平衡。

单用利尿药不能延长寿命,对心排血量方面无明显影响。值得注意的是由于血容量的降低,可能会引起神经激素的激活,对 CHF 的预后产生不利的影响。但利尿药至今仍是 CHF 综合治疗不可缺少的药物。

第三节 血管紧张素转化酶抑制剂及血管紧张素Ⅱ受体拮抗药

自 20 世纪 80 年代初开始,血管紧张素Ⅰ转化酶(angiotensin converting enzyme,ACE)抑制剂用于高血压的治疗。近十多年来,发现 ACE 抑制剂除具有扩张血管作用,还可逆转心肌肥厚、心室重构及抑制心肌纤维化,不仅可以缓解 CHF 症状,而且能改善预后,降低 CHF 的病死率,是目前治疗 CHF 中阻断神经内分泌系统及心肌重构的关键药物之一。

一、血管紧张素转化酶抑制剂

血管紧张素转化酶抑制剂(ACE inhibitors)包括卡托普利、依那普利、西拉普利、贝那普利、培哚普利、雷米普利及福辛普利等,它们的作用基本相似。

卡 托 普 利

【体内过程】 卡托普利为有机酸,口服吸收较好,15min 起效,生物利用度为 70%,1h 血药浓度达高峰,$t_{1/2}$ 为 2h,作用维持时间为 6~12h。血浆蛋白结合率为 30%。主要经肝脏、肾脏清除,肾功能障碍时排泄缓慢,$t_{1/2}$ 延长,能提高血药浓度,应考虑减量或延长给药间隔。

【药理作用与作用机理】 本节主要介绍对 CHF 的作用,其他详见第二十二章。

1. 对 CHF 时神经激素的影响 卡托普利的基本作用是与血管紧张素转化酶结合并抑制其活性,使血液循环及局部组织中 AngⅠ向 AngⅡ转化受阻,血浆及组织(心脏、血管及血管内皮)中的 AngⅡ生成减少。

(1)局部组织中的 AngⅡ可促进去甲肾上腺素的释放,卡托普利抑制 AngⅡ的生成,直接降低儿茶酚胺的浓度,并抑制循环中 AngⅡ生成,使血管张力下降;间接抑制交感活性,同时减少血管升压素、内皮素的释放;恢复 β_1 受体下调的数量。

(2)卡托普利可使缓激肽降解减少缓激肽能激活

激肽 $β_2$ 受体，进一步激活磷脂酶（PLC），产生 IP_3，促进细胞内 Ca^{2+} 释放，不仅激活 NO 合酶，产生 NO，同时也激活细胞膜上的磷脂酶 A_2（PLA_2），产生 PGI_2。NO 与 PGI_2 都有舒张血管及抗心肌、血管壁细胞肥大增生重构作用。

（3）CHF 时，醛固酮分泌增多，通过水、钠潴留及排 K^+、排 Mg^{2+} 作用，引起水肿、心室充盈压增高、诱发心律失常，以及增加心脏猝死的危险；促进心肌纤维化、成纤维细胞增生引起心肌血管重构。卡托普利抑制 AngⅡ的生成，进而引起的醛固酮释放减少，不仅可减轻水钠潴留，而且可对抗长期应用利尿药及洋地黄所致的 RAS 激活，醛固酮分泌增加产生的一系列可能使 CHF 恶化的因素。

2. 对血流动力学的影响

（1）降低外周血管阻力：卡托普利可降低血管张力，使平均动脉压、肺动脉压及肺楔压下降，从而降低外周血管阻力。

（2）扩张冠状动脉，改善心功能：卡托普利具有扩张冠状血管的作用，增加冠状动脉血流量，保护缺血心肌，减轻缺血再灌注损伤，同时可减少心律失常的发生。卡托普利可降低左室充盈压及心室壁张力，改善心脏舒张功能。

（3）增加肾血流和肾小球滤过率：卡托普利可降低肾血管阻力，增加肾血流量及肾小球滤过率，增加尿量，以达到缓解 CHF 症状的目的。

3. 对抗心肌肥厚及心室重构的作用 卡托普利逆转心肌肥厚和心室重构的机理在于抑制 AngⅡ生成，终止 AngⅡ的致肥厚、促生长及诱导相关原癌基因的表达作用。另外卡托普利增加缓激肽含量及减少醛固酮的分泌均有助于心肌肥厚及重构的逆转作用。

CHF 是一种超负荷的心肌病，在发病的早期就开始出现心肌肥厚和心室重构。心室肥厚是心室对压力负荷过重或缺氧的一种适应性反应，心肌细胞、间质细胞及血管发生不均一性增加，此代偿反应在 CHF 的晚期可进一步恶化。CHF 具体表现为心肌细胞持续肥大，伴有细胞凋亡、成纤维细胞增殖、胶原增加、心肌间质纤维化、细胞内线粒体减少和血管壁细胞增殖。左心室重构则发生几何形状的改变，即体积和重量的增加。心肌肥厚和心肌纤维化使心脏的泵功能减退，加剧心脏收缩和舒张障碍，是 CHF 病程中的危险因素。ACE 抑制药可有效阻止和逆转心肌肥厚、心肌成纤维化及冠状动脉输送血管壁的增厚。

AngⅡ的作用与 AngⅡ受体有关。研究证明，在人类心肌中，AngⅡ受体有两种亚型，即 AT_1 和 AT_2 受体。在 CHF 患者中两种受体的表达增强。AngⅡ作用于 AT_1 受体后，可激活磷脂酶 C 等，增加 IP_3 和 DAG 的含量，通过 $PLC-IP_3$、DAG-PKC 信号转导通路，增加 Ca^{2+} 内流，使细胞内 Ca^{2+} 的浓度提高，诱导原癌基因 c-fos、c-myc 转录表达，增加心肌细胞内 DNA、RNA 的含量，增加蛋白质的合成，由此诱发心肌细胞增殖及心室重构。AngⅡ作用于受体的信号转导还包括经酪氨酸蛋白激酶通路及丝裂原激活的蛋白激酶通路，这些通路被激活后，均可调节和促进细胞的生长、增生。已知的 AngⅡ促心肌成纤维化的作用机理表明，信号转导机理包括信号转导子和激活转录子（signal transducers and activators of transcription，STAT）家族。STAT 是心肌细胞、心肌成纤维细胞和血管平滑肌细胞的转录因子。AngⅡ促进心肌成纤维化与相关癌基因 c-fos、c-jun、Egr-1，纤维连接蛋白的基因表达有关。

以上结果提示：AngⅡ作用于 AT_1 和 AT_2 受体，通过信号传导系统，诱导原癌基因 c-myc、c-fos 及 c-jun 等转录表达，促进 CHF 时心肌细胞的生长、增殖及重构。ACE 抑制剂通过减少 AngⅡ的生成，而发挥上述逆转作用。

【临床应用】

1. CHF 及左室肥厚 抑制 AngⅡ生成，逆转心肌肥厚及心室重构；血管张力下降，心排血量增加，改善体循环及肺循环淤血；醛固酮生成减少，缓解由醛固酮增多引起的水肿及心肌增生肥厚；缓激肽降解减少，促进 NO 和 PGI_2 的生成，进一步舒张血管及抗心肌、血管细胞肥大增生及心室重构。多方面缓解 CHF 的症状和体征，降低 CHF 的病死率，延长寿命，提高生活质量。

2. 高血压 详见第二十五章。

3. 心肌梗死 卡托普利能降低心肌梗死并发心力衰竭的死亡率。

4. 糖尿病性肾病及其他肾病 由于肾小球囊内压升高损伤肾小球，糖尿病患者常伴有肾脏病变。卡托普利能阻止各型糖尿病患者肾功能的恶化。对高血压、肾小球肾炎及间质性肾炎等引起的肾功能障碍也有一定疗效。但对肾动脉阻塞或肾动脉硬化造成的双侧肾血管病无效，甚至能加重肾损伤。

【不良反应】 初次服药有首剂现象，表现为低血压，应从小剂量开始给药。长期应用引起高血钾。卡托普利能增加胰岛素受体对胰岛素的敏感性，从而使血糖降低。ACE 抑制剂舒张出球小动脉，降低肾灌注压，降低肾小球滤过率，导致肾功能障碍，停药后大多可恢复。以上反应均为抑制 AngⅡ引起。由缓激肽降解减少引起的无痰干咳较为常见，是被迫停药的主要原因。偶见声带水肿、支气管痉挛性呼吸困难，吸入色甘酸钠可缓解。

二、血管紧张素Ⅱ受体拮抗药

血管紧张素Ⅱ受体拮抗药（agiotensin Ⅱ receptor antagonists，ARBs）对 1 型血管紧张素（angiotensin type 1，AT_1）受体具有高度选择性，亲

和力强,作用持久。临床应用的有氯沙坦、缬沙坦、伊贝沙坦、坎地沙坦、他索沙坦、依普沙坦与替米沙坦。

氯沙坦

【药理作用】 氯沙坦对血循环、心肌自分泌及旁分泌部位的 AT_1 受体具有高度选择性拮抗作用,而对 AT_2 受体的拮抗作用很弱。由于氯沙坦对缓激肽途径无影响,故使用后不引起咳嗽、血管神经性水肿等不良反应。

氯沙坦拮抗 AngⅡ 对心血管系统的作用,产生以下作用。①逆转心肌肥厚、心室重构及心肌纤维化;②血管张力下降,可降低左室舒张末压及左室舒张末容积,改善血流动力学,减轻心脏的后负荷;③醛固酮分泌减少,避免钠、水潴留及钾、镁的丢失。

【临床应用】 氯沙坦除用于高血压治疗外,主要用于 CHF 的治疗。适用于血浆肾素活性提高,AngⅡ 增多所导致血管壁和心肌肥厚及纤维化的 CHF。

本类药物用于临床时间较短,尚未见明显的不良反应。在开始应用时,可出现低血压症状。老年人的血药浓度高于年轻人。轻、中度肝肾功能不全者无须调整剂量。孕妇及哺乳期妇女禁用。

第四节 β受体拮抗药

由于β受体拮抗药具有负性肌力作用,一直被认为是 CHF 的禁忌药物。1975 年 Wagstein 最先报道β受体拮抗药对 CHF 和左室功能不全者具有治疗作用,提出在心肌状况严重恶化之前早期应用可降低死亡率,提高生活质量。目前常用的β受体拮抗药有卡维地洛、拉贝洛尔及比索洛尔等。

【药理作用与作用机理】

1. 保护心肌细胞 在 CHF 的进程中,交感神经系统被缓慢激活,高浓度的 NA 可直接损伤心肌。

体外试验表明:①NA 刺激心肌细胞肥大和胚胎基因的再表达;②NA 通过 $β_1$ 受体通路使心肌细胞凋亡;③NA 作用于β受体,刺激成纤维细胞 DNA 和蛋白质的合成;④过度表达人体 $β_1$ 受体、Gas 蛋白的转基因小鼠模型,产生显著的心肌病表型,最终心腔扩大,收缩功能障碍;⑤Gas 蛋白过度表达的模型还使心肌细胞凋亡增加;⑥过度表达人体 $β_2$ 受体的转基因小鼠与其他心肌病遗传模型交配的交叉模型,心力衰竭和心肌重塑加速。β受体阻断可防止心肌病的发展。上述资料表明缓慢发生肾上腺素能神经系统的激活可介导心肌重构,这是应用β受体拮抗药治疗慢性心力衰竭的理论基础。

2. 抑制 RAS 抑制肾上腺素分泌,进而使血管紧张素Ⅱ、醛固酮生成减少,可使血管扩张,减少钠水潴留,降低心脏的前、后负荷,减少心肌耗氧量,从而改善心肌缺血。

3. 降低交感神经的兴奋性 减慢心率,延长左室充盈时间,增加心肌血流灌注,减少心肌的耗氧量,减少 CHF 时心律失常的发生,可改善预后,降低 CHF 猝死的发生率。

4. 其他 卡维地洛等兼有拮抗α受体、抗生长及抗氧自由基等作用,卡维地洛长期应用可降低死亡率,提高生存率。

【临床应用】 适用于心功能比较稳定的Ⅱ、Ⅲ级,左心肌射血分数(left ventrialar ejection,LVEF)<40%的 CHF 患者。应尽早在 ACE 抑制剂和利尿药的基础上加用β受体拮抗药。β受体拮抗药是作用较强的负性肌力药,治疗初期对心功能有抑制作用,但长期治疗(≥3 个月)则改善心功能,使 LVEF 增加。因此,β受体拮抗药只适用于 CHF 的长期治疗。

β受体拮抗药治疗前和治疗期间患者体重稳定,无明显体液潴留。应从最小剂量开始,在严密观察下逐渐增加剂量,用药初期可能引起病情加重,但随着用药时间的延长,心功能改善明显,平均奏效时间为三个月。避免突然停药。

【不良反应及注意事项】 在用药初期出现,一般不需停药。低血压常发生于兼有拮抗α受体作用的药物制剂,通过减少 ACE 抑制剂的用量来缓解低血压。一般不减少利尿剂的剂量,以防引起体液潴留。体液潴留与心力衰竭发生在治疗初期体重增加,如不及时纠正,则引起 CHF 恶化,应及时使用利尿药。在增加剂量过程中可能会出现心动过缓和房室传导阻滞,心动过缓(心率<55 次/min)、Ⅱ度及以上房室传导阻滞患者禁用。禁用于支气管痉挛性疾病。

第五节 其他治疗充血性心力衰竭药

一、血管扩张药

用于 CHF 的血管扩张药除本章介绍的 ACE 抑制剂、钙通道阻滞药外,还有硝普钠、肼屈嗪、硝酸酯类及 $α_1$ 受体拮抗药哌唑嗪等。血管扩张药在 CHF 的治疗中已取得一些进展,某些扩血管药不仅能改善 CHF 的症状,还可降低病死率,提高患者的生活质量。

血管扩张药治疗 CHF 是一种辅助疗法,一般用于正性肌力作用药物和利尿药治疗无效的 CHF 或顽固性 CHF。药物的选择应根据病因、病情而定,一般肺静脉压明显升高、肺淤血症状明显者应选用扩张静脉为主的药物,如硝酸盐类;对心排血量低而肺静脉压高者,应选用硝普钠,或合并使用肼屈嗪和硝酸酯类。对心排血量明显减少而外周阻力升高者,宜选用扩张小动脉的药物,如肼屈嗪、哌唑嗪等。

血管扩张药在应用时应注意调整剂量,不宜使动脉血压过度下降,一般不超过 1.3~2.0kPa,否则会因动脉压下降，冠状动脉的灌注压降低，对心肌供血不利。另外，在左室充盈压并无异常增加时，也不要过度降低前负荷，否则会使左室充盈不足，影响体循环及冠状动脉的供血。血管扩张药在 CHF 的治疗中，本身具有正性肌力作用，或与具有正性肌力作用的药物联合应用，可提高疗效。

血管扩张药的减负荷作用，可导致液体的潴留，由此可产生耐受性，因此应合用利尿药。由于血管扩张药种类较多，作用机理不同，对心血管的效应又各异，所以应适当改换药物或联合用药。

二、非苷类正性肌力药

磷酸二酯酶Ⅲ抑制剂

磷酸二酯酶Ⅲ抑制剂（phosphodiesterase-Ⅲ inhibitor，PDE 抑制剂）通过抑制 PDE-Ⅲ的活性，减少 cAMP 的灭活，使心肌细胞内的 cAMP 含量增加而产生正性肌力作用，同时对血管平滑肌具有松弛作用，可使血管扩张。兼具两种作用的药物称为强心扩管药或正肌扩管药。从作用机理看，本类药物应为较理想的抗 CHF 药物，但大量的临床研究表明，短期内应用可获得一定的疗效，长期应用时不良反应多，可增加病死率，甚至缩短生存时间。对本类药物的研究尚有待进一步深化，常用的药物有米力农及维司力农等。

钙增敏药

钙增敏药是近年研究发现的新一代用于 CHF 的药物，可作用于收缩蛋白水平，增加肌钙蛋白 C（troponin C，TnC）对 Ca^{2+} 的敏感性，从而具有增强心肌收缩力而不伴有能量消耗的优点，但钙增敏药具有舒张延缓和提高舒张期张力的副作用。大多数还兼具对 PDE-Ⅲ的抑制作用，可部分抵消钙增敏药的副作用。钙增敏药可能通过多种机理调节肌丝对 Ca^{2+} 的反应。

常用药物匹莫苯、硫马唑（甲磺唑）及噻唑嗪酮。三种药均具有钙增敏作用，同时也具有 PDE-Ⅲ抑制作用。在 CHF 的治疗中具有正性肌力作用和血管扩张作用，可增加 CHF 患者的运动耐量及改善症状。然而这些药物和米力农一样，可降低 CHF 患者的存活率。该类药物均缺乏心肌舒张期的松弛作用。另外，对血管平滑肌收缩性的增强可能会对 CHF 的病情发展带来不利影响。

钙增敏药的作用机理尚有待进一步的探讨。其疗效有待于大规模的临床研究。

β受体激动药

CHF 在发生发展过程中交感神经系统被激活，RAS 等也处于相当高的水平。同时心脏的 $β_1$ 受体下调，β受体激动药的作用难以奏效，反而可因心率加快，心肌耗氧增多而对 CHF 不利，不宜使用 β 受体激动药。

多巴胺类药物中多具有 β 受体的选择性激动作用，同时也可扩张外周血管，可用于 CHF 的治疗，常用药物有多巴酚丁胺、异波帕胺。两者均可增加 CHF 的死亡率，不宜作常规治疗 CHF 之用。

三、钙通道阻滞药

钙通道阻滞药具有较广泛的药理作用。根据临床观察发现，硝苯地平、地尔硫䓬、维拉帕米等可使 CHF 恶化，可增加 CHF 的病死率。负性肌力作用被认为是钙通道阻滞药加重 CHF 的主要原因。近年来对 CHF 的病理生理学认识发生了很大的变化，认识到神经激素分泌失调是 CHF 发生发展的重要因素。硝苯地平、地尔硫䓬等可使交感神经、RAS 及血管升压素等神经内分泌系统不同程度的激活，因而加重 CHF。

氨氯地平和非洛地平是 20 世纪 90 年代开发的新一代二氢吡啶类钙通道阻滞药，具备上述的作用特点，可用于 CHF 的治疗。长期用药较安全，对生存率无不利影响。氨氯地平的作用出现缓慢，维持时间较长，同时还具有抗动脉粥样硬化，抗 TNF-α 及白细胞介素的作用。

【案例及思考题】 患者，男，62岁，患有高血压 18 年，因胸骨后疼痛感、阵发性呼吸困难，不能平卧、恶心、腹胀收入院。体格检查结果如下所示。BP: 156/88mmHg; HR: 130 次/min，节律不整; R: 26 次/min。肝脏肋下 2 指、剑突下 4 指并有压痛，颈静脉怒张，下肢浮肿。X 线检查显示：心脏显著增大，心胸比 0.7。诊断为充血性心力衰竭。给予：①吸氧。②毒毛花苷 K 注射液 0.25mg 加入 50%葡萄糖 40ml，缓慢静脉注射。③螺内酯 20mg/次，每日 2 次。

问题：

请分析病例中患者用药的合理性，并进一步提出你的建议。

（张 喆）

第二十八章 抗心律失常药

心律失常（arrhythmia）是指任何病因引起的心动节律和频率的异常。心律正常时心脏协调而有规律地收缩、舒张，顺利完成泵血功能。心律失常时心脏泵血功能发生障碍，影响全身器官的供血。某些类型的心律失常如心室颤动，可危及生命，必须及时纠正。心律失常的治疗方式有药物治疗和非药物治疗（起搏器、电复律、导管消融和手术等）。药物治疗在抗心律失常方面发挥了重要作用，但是抗心律失常药又存在致心律失常（proarrhythmia）的毒副作用，故而正确合理应用抗心律失常药尤为重要。

第一节 心律失常的电生理学基础

一、正常心肌细胞电生理特性

心脏细胞具有自律性、兴奋性、传导性和收缩性四种特性。根据收缩性的有无可以将心脏细胞分为两类：一类是工作细胞，包括心房肌和心室肌细胞，具有兴奋性、传导性和收缩性；另一类是自律细胞，为特殊分化的心肌细胞，包括窦房结细胞、房室结细胞和浦肯野细胞，具有自律性、兴奋性和传导性。

正常的心脏冲动起自窦房结，顺序经过心房、房室结、房室束及浦肯野纤维，最后到达心室肌，引起心脏的节律性收缩。心脏活动依赖于心肌正常电活动，而心肌细胞动作电位（action potential，AP）的整体协调平衡是心脏电活动正常的基础。单个心肌细胞动作电位特性又取决于各种跨膜电流的平衡状态，不同部位的心肌细胞其动作电位略有不同（图28-1）。按照动作电位特征可将心肌细胞分为快反应细胞和慢反应细胞。慢反应细胞包括窦房结细胞和房室结细胞。其动作电位0相除极由L型钙电流介导，除极速度慢、振幅小。快反应细胞包括心房肌细胞、心室肌细胞和浦肯野细胞。其动作电位0相除极由钠电流介导，除极速度快、振幅大。

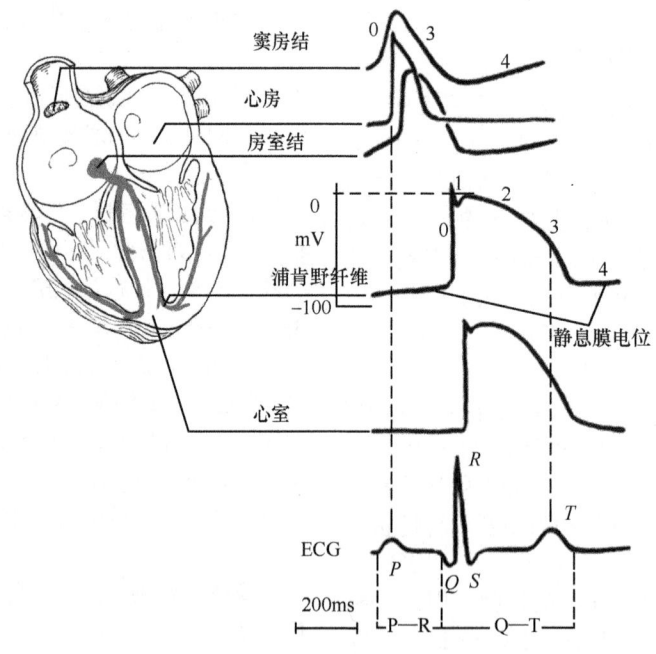

图28-1 心脏不同部位细胞的动作电位特征与心电图关系

心肌细胞电生理特性与细胞膜的离子通道活动密切相关，多种内向和外向电流参与静息电位和动作电位的发生，任一离子通道电流发生变化均可引起心肌电生理特性的改变。浦肯野细胞动作电位时程中的参与电流见图28-2。

二、心律失常的发生机理

心律失常的发生与心肌细胞电活动密切联系，主要包括冲动形成异常和冲动传导异常。

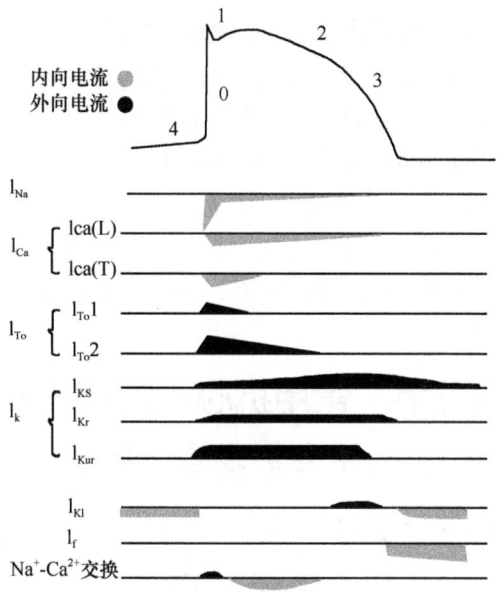

图 28-2 浦肯野细胞动作电位时程中的主要参与电流

（一）冲动形成异常

1. 自律性增高 交感神经活性增高、低血钾、心肌牵张等因素可使自律细胞自律性增高；而缺血、缺氧则可使非自律细胞出现异常自律性。这些异常的兴奋向周围心肌组织扩散即可引发心律失常。

2. 后除极与触发活动 某些情况下，心肌细胞在一个动作电位后出现一个提前的去极化，称为后除极（afterdepolarization），由后除极引发异常冲动即触发活动（triggered activity）。后除极根据发生时间的不同又可分为以下几种。

（1）早期后除极（early after-depolarization，EAD）：是指发生在完全复极之前的后除极，常发生在2、3相复极中，动作电位时程过度延长时易于发生（图 28-3A）。诱发因素有药物、低血钾等。早期后除极引发的心律失常以尖端扭转型室性心动过速常见（torsades de pointes）。

（2）延迟后除极（delayed after-depolarization，DAD）：是指在心肌细胞内钙超载时，发生在动作电位完全或接近完全复极时的一种短暂性震荡除极（图 28-3B）。细胞内钙超载时，激活钠-钙交换电流（Na^+-Ca^{2+} exchanger），泵出 1 个 Ca^{2+}，泵入 3 个 Na^+，表现为内向电流，引起膜去极化，当达到钠通道激活电位时，引发新的动作电位。强心苷、心肌缺血、细胞外高钙等均可诱发延迟后除极。

（二）冲动传导异常——折返激动

折返激动的形成，主要是在环形通路的心肌病变部位发生单向传导阻滞，一次冲动下传后，又沿另一环形通路折回，再次兴奋已兴奋过的心肌，是引发快速型心律失常的常见机理之一。发生于房室结或房室之间的折返表现为阵发性室上性心动过速；发生于心房内表现为心房扑动或心房颤动；若心室中存在多个

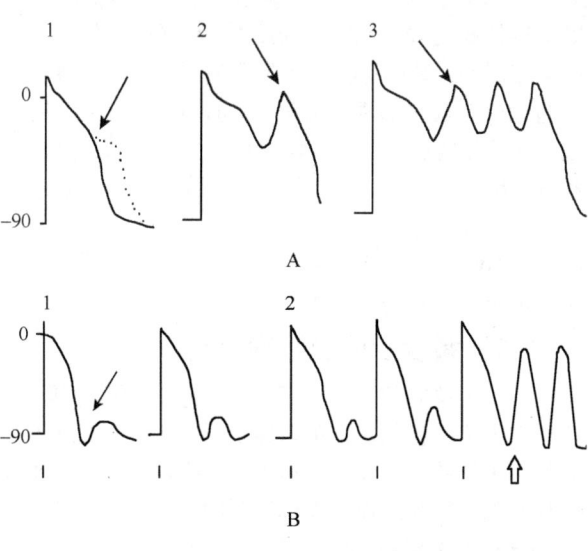

图 28-3

A. 早期后除极与触发活动（1. 早期后除极的膜电位变化；2. 早期后除极引起的第二个动作电位；3. 早期后除极引起的触发活动）；B. 延迟后除极与触发活动（1. 延迟后除极的膜电位变化；2. 延迟后除极引起的触发活动）

折返通路，则可诱发心室扑动或颤动。若心脏存在房室连接旁路，在心房、房室结和心室之间形成折返，则可引起预激综合征。折返激动形成过程见图 28-4。

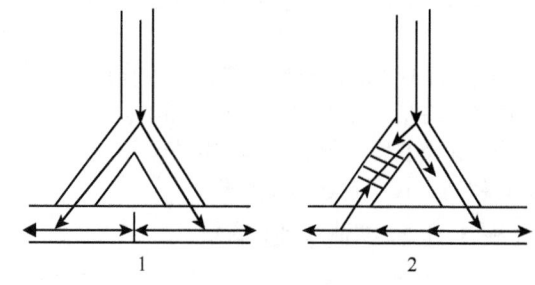

图 28-4 折返激动形成示意图
1. 正常冲动传导；2. 单向阻滞和折返

第二节 抗心律失常药物的作用机理及分类

一、抗心律失常药物的作用机理

抗心律失常药物主要通过降低心肌细胞的自律性、减少后除极与触发活动、改变传导或有效不应期以消除折返，从而抑制心律失常的发生。药物作用的具体方式包括阻滞钠、钾、钙离子通道和拮抗交感神经活性，抗心律失常药物影响心脏的多种离子通道，也具有致心律失常作用。

抗心律失常药物的基本作用机理有如下几方面：

（一）降低自律性

抗心律失常药物通过降低动作电位 4 相斜率、提高动作电位的发生阈值、增加静息膜电位绝对值、延长动作电位时程等方式降低异常自律性。β肾上腺素

受体拮抗药可降低细胞内 cAMP 水平而降低动作电位 4 相斜率；钠通道阻滞药阻滞钠通道，提高快反应细胞动作电位的发生阈值；钙通道阻滞药阻滞钙通道，可提高慢反应细胞动作电位的发生阈值；腺苷和乙酰胆碱分别通过 G 蛋白偶联的腺苷受体和乙酰胆碱受体，激活乙酰胆碱敏感性钾通道，促进钾离子外流，增加静息膜电位绝对值；钾通道阻滞药阻滞钾电流，可延长动作电位时程。

（二）减少后除极触发活动

动作电位时程的过度延长可引起早期后除极，缩短动作电位时程的药物可以减少早期后除极的发生；细胞内钙超载可引起延迟后除极，钙通道阻滞药通过抑制细胞内钙超载而减少延迟后除极。

（三）消除折返

抗心律失常药物通过改变传导性或延长有效不应期消除折返。钙通道阻滞药和 β 肾上腺素受体拮抗药可减慢房室结传导，从而消除房室结折返所致的室上性心律失常；钠通道阻滞药和钾通道阻滞药可延长快反应细胞的有效不应期，钙通道阻滞药和钾通道阻滞药可延长慢反应细胞的有效不应期。

二、抗心律失常药物的分类

Vaughan Williams 根据药物的主要作用通道和电生理特点，将抗心律失常药物分为四类：Ⅰ类钠通道阻滞药、Ⅱ类 β 肾上腺素受体拮抗药、Ⅲ类延长动作电位时程药、Ⅳ类钙通道阻滞药。

（一）Ⅰ类钠通道阻滞药

根据对钠通道阻滞强度和阻滞后通道复活时间常数（$\tau_{recovery}$）将钠通道阻滞药分为三个亚类，即ⅠA、ⅠB、ⅠC。

1. ⅠA 类 $\tau_{recovery}$ 1～10s，适度阻滞钠通道，降低动作电位 0 期除极速率，减慢传导速度，不同程度抑制心肌细胞钾、钙通道，延长复极过程，显著延长有效不应期。代表药物为奎尼丁、普鲁卡因胺等。

2. ⅠB 类 $\tau_{recovery}$ < 1s，轻度阻滞钠通道，轻度降低动作电位 0 期除极速率，降低自律性，缩短或不影响动作电位时程。代表药物利多卡因、苯妥英钠等。

3. ⅠC 类 $\tau_{recovery}$ > 10s，明显阻滞钠通道，显著降低动作电位 0 期除极速率及幅度，明显减慢传导速度。代表药物为普罗帕酮、氟卡尼等。

（二）Ⅱ类 β 肾上腺素受体拮抗药

药物通过拮抗心肌细胞受体，抑制交感神经兴奋所致的起搏电流、钠电流和 L 型钙电流增加，减慢 4 期舒张期自动除极速率，降低自律性，减慢动作电位 0 期除极速率，减慢传导速度。代表药物为普萘洛尔等。

（三）Ⅲ类延长动作电位时程药

阻滞多种钾通道，延长动作电位时程和有效不应期。代表药物为胺碘酮，属典型的多靶点单组分药物，还可阻滞起搏细胞的钠、钙通道等。

（四）Ⅳ类钙通道阻滞药

主要抑制 L 型钙电流，降低窦房结自律性，减慢房室结传导性，抑制细胞内钙超载。代表药物为维拉帕米等。

第三节 常用抗心律失常药物

一、Ⅰ类钠通道阻滞药

（一）ⅠA 类

奎 尼 丁

奎尼丁（quinidine）是从金鸡纳（*Cinchona ledgeriamna*）树皮中分离出的一种生物碱，为奎宁的右旋体。

【体内过程】 口服吸收迅速而完全，1～2h 血药浓度达高峰，生物利用度为 70%～80%，血浆蛋白结合率为 80%～90%，组织中药物浓度较血药浓度高 10～20 倍，心肌浓度尤高。$t_{1/2}$ 为 5～7h。有效血药浓度为 2～5μg/ml，超过 6μg/ml 易引起毒性反应。主要经过肝脏 CYP450 氧化代谢，其羟化物仍有药理活性。代谢物与原型均经肾脏排泄，原型占 20%。

【药理作用】 奎尼丁低浓度（1μmol/ml）时即可阻滞 I_{Na}、I_{Kr}，较高浓度还可阻滞 I_{Ks}、I_{K1}、I_{to} 及 $I_{Ca(L)}$。此外，本药还具有明显的抗胆碱作用和拮抗外周血管 α 肾上腺素受体作用。

1. 降低自律性 治疗浓度的奎尼丁可降低心房肌、心室肌和浦肯野纤维的自律性，对正常窦房结自律性几乎没有影响，但对病窦综合征可明显降低其自律性。

2. 减慢传导 奎尼丁能降低心房肌、心室肌和浦肯野纤维的 0 相上升最大速率，因而减慢传导速度。此作用可使病理情况下的单向传导阻滞变为双向传导阻滞，从而消除折返激动。奎尼丁的抗胆碱作用可加快房室结的传导性，可导致心室率加快。

3. 延长不应期 奎尼丁能延长心房肌、心室肌和浦肯野纤维的 APD 和 ERP，因 ERP 的延长比 APD 的延长更显著，所以 ERP 绝对延长。这一作用可使心肌细胞的 ERP 趋于均一，从而减少折返激动的形成。

【临床应用】 奎尼丁为广谱抗心律失常药，适用于房颤、房扑、室上性和室性心动过速的转复和预防，还可用于顽固性频发房性和室性早搏的治疗。对心房纤颤及心房扑动，电转律前先合用强心苷减慢心室率，转律后维持窦性心律防止复发。预激综合征时，还可中止室性心动过速。

【不良反应及注意事项】 奎尼丁安全范围较小，约 1/3 患者出现不良反应。常见有以下几种。

1. 胃肠道反应 表现为恶心、呕吐、腹泻等，其中腹泻最为常见，发生率为 30%～50%。

2. 金鸡纳反应（cinchonic reaction） 影响消化系统和神经系统，表现为头痛、头晕、耳鸣、腹泻、恶心、视物模糊、失听、谵妄、精神失常等。

3. 心血管反应 表现为低血压、传导阻滞、室性心动过速等。中毒量可引起奎尼丁晕厥（quinidine syncope），患者出现意识丧失、四肢抽搐、呼吸停止，出现阵发性心动过速甚至室颤，发作前均有心电图 Q-T 间期过度延长，发作时呈现尖端扭转型室性心动过速。

4. 变态反应 少数患者出现药热、皮疹、血小板减少、粒细胞减少等症。

【药物相互作用】
（1）与地高辛合用可使血浆中的地高辛浓度升高，增加毒性，应适当减少地高辛的用量。
（2）奎尼丁可拮抗 α 肾上腺素受体，与扩张血管或降低血容量的药物合用可产生相加作用。
（3）肝药酶诱导剂如苯巴比妥、苯妥英钠、利福平可加快奎尼丁在肝内的代谢过程，作用时间缩短；西咪替丁、钙通道阻滞药减慢奎尼丁在肝脏的代谢，作用时间延长。
（4）奎尼丁可使双香豆素、华法林等抗凝剂抗凝作用增强。
（5）奎尼丁与利血平合用，心肌抑制作用增强，诱发奎尼丁毒性。
（6）氯丙嗪对心脏具有奎尼丁样作用，与奎尼丁合用可导致严重心动过速。
（7）与普尼拉明（prenylamine，心可定）合用，奎尼丁的作用增强，可导致室颤。
（8）噻嗪类利尿药可使奎尼丁肾小管重吸收增加，血浓度升高，毒性增加。
（9）与骨骼肌松弛药（如筒箭毒碱）和氨基糖苷类抗生素合用可增强肌松作用，甚至引起呼吸麻痹而窒息。

【禁忌证】 Ⅱ度以上的房室传导阻滞、强心苷中毒、高血钾、严重心力衰竭、低血压、严重肝肾功能不全、病态窦房结综合征、心动过缓、心肌受损、哺乳者和对金鸡纳过敏者禁用。

普鲁卡因胺

普鲁卡因胺（procainamide）是局部麻醉药普鲁卡因的酰胺型化合物，该药对房性心律失常的作用比奎尼丁弱，对室性心律失常的作用优于奎尼丁。

【体内过程】 口服吸收迅速而完全，1h 血药浓度达高峰，肌内注射 0.5～1h 或静脉注射 4min 血药浓度即到峰值。生物利用度为 80%，血浆蛋白结合率约 20%，体内分布广，但不易进入脑组织。$t_{1/2}$ 为 3～4h，在肝脏经乙酰化代谢成为乙酰卡尼，并经尿液排泄。乙酰卡尼也具有抗心律失常作用，但与母药不同，该药基本不阻滞钠通道，而主要延长动作电位时程。

【药理作用】 普鲁卡因胺的心脏电生理作用与奎尼丁相似，但较弱；无明显抗胆碱作用及拮抗 α 受体作用。普鲁卡因胺降低浦肯野纤维的自律性，减慢传导，该药以抑制房室结以下传导为主，对房性心律失常作用较差。延长心房、心室及浦肯野纤维的动作电位时程和有效不应期。

【临床应用】 主要用于室性心律失常，如室性早搏、室性心动过速和急性心肌梗死时的室性心律失常的治疗，作用比奎尼丁快，静脉注射或滴注用于抢救危急病例。对室上性心律失常也有效。

【不良反应及注意事项】 口服可出现恶心、呕吐、腹泻等胃肠道反应。静脉给药可引起低血压，大剂量可致窦性停搏、房室传导阻滞等。变态反应较常见，如皮疹、药热、白细胞减少、肌痛等。中枢神经系统不良反应为幻觉、精神失常等。长期用药可导致系统性红斑狼疮样综合征。

（二）ⅠB类

利多卡因

利多卡因（lidocaine）具有局部麻醉和抗心律失常作用，是目前治疗室性心律失常的首选药物。

【体内过程】 口服吸收良好，但首过消除 70%，生物利用度低，宜静脉滴注给药。血浆蛋白结合率为 70%，体内分布广泛，表观分布容积为 1L/kg。给药 5～7h 达血药稳态浓度，主要在肝脏代谢，$t_{1/2}$ 为 2h，经肾脏排泄。

【药理作用】 利多卡因对激活状态和失活状态的钠通道都有阻滞作用，当通道恢复至静息状态时，阻滞作用迅速解除。因此对于缺血或强心苷中毒所致的除极化型心律失常有较强抑制作用。利多卡因选择性作用于浦肯野纤维和心室肌。心房肌细胞动作电位时程短，钠通道处于失活状态的时间短，因此利多卡因对房性心律失常的疗效较差。

1. 降低自律性 利多卡因抑制 4 相 Na^+ 内流并促进 3 相 K^+ 外流，使舒张期自动除极速率下降，最大舒张电位增大，因而自律性降低。由于除极缓慢，阈电位相应升高，同时 3 相 K^+ 外流增加，相对延长不应期，促使 ERP 均一，故可提高致颤阈。

2. 改变传导性 治疗剂量的利多卡因对正常心肌的传导性没有影响。对病变心肌传导性的影响与血 K^+ 浓度有关。当心肌缺血，血 K^+ 浓度升高时，利多卡因抑制 Na^+ 内流，明显减慢传导，将单相传导阻滞转变为双相传导阻滞而消除折返，可防止急性心肌梗死所致的心室颤动发生。当血 K^+ 浓度降低或心肌组织损伤发生部分去极化时，利多卡因可促进 3 相 K^+ 外流，增加膜电位，使 0 相除极速率和幅度增加，加快传导，消除单相传导阻滞而终止折返激动。高浓度时，明显抑制 0 相上升速率而减慢传导。

3. 延长不应期 利多卡因能促进 3 相 K^+ 外流，使浦肯野纤维及心室肌的 APD 和 ERP 都缩短，但缩短 APD 更明显，故相对延长 ERP。

【临床应用】 利多卡因为窄谱抗心律失常药，主要用于治疗室性心律失常，对心导管手术、强心苷中毒和急性心肌梗死的室性心律失常有效，为防治急性心肌梗死室性心律失常的首选药物，可降低其发病率和死亡率。亦可用于心肌梗死急性期，以预防心室纤颤的发生。

【不良反应及注意事项】 安全范围大。不良反应主要表现为中枢神经系统症状，肝功能不良或静脉滴注过快时，可出现头昏、头痛、嗜睡、视物模糊、感觉异常、肌肉颤动甚至惊厥、神志不清、呼吸抑制等，眼震颤为早期中毒信号。剂量过大可致低血压、心率减慢和房室传导阻滞。

【药物相互作用】
（1）西咪替丁和普萘洛尔可增加利多卡因的血药浓度。
（2）氨基糖苷类抗生素可增强本药的神经阻滞作用。
（3）与红霉素合用可导致本药代谢产物单乙基亚氨酰二甲苯（MEGX）水平显著升高，而本药本身的血浆浓度几乎不受影响。
（4）与抗心律失常药合用：①溴苄胺可拮抗本药负性肌力作用，两药联用可增强抗心律失常作用；②与普萘洛尔合用，抗心律失常作用和毒性均增强；③与普鲁卡因胺合用，抗心律失常作用和毒性均增强。可产生一过性谵妄及幻觉，但不影响本药的血药浓度；④奎尼丁、美西律、丙吡胺、美托洛尔、纳多洛尔、胺碘酮可使本药的毒性增加，甚至引起窦性停搏；⑤与普罗帕酮合用可抑制本药的氧化代谢途径和（或）减少肝脏血流量，从而增强中枢神经系统的不良反应（如眩晕、感觉异常、昏睡）；有个案报道胺碘酮可降低本药的清除，导致本药中毒（如心律失常、癫痫发作、昏迷）；⑥与妥卡尼合用可导致严重的中毒反应（如癫痫发作），而抗心律失常的药效反应可能不会有明显的提高。

【禁忌证】 Ⅱ度以上房室传导阻滞、双束支传导阻滞、严重低血压、严重充血性心力衰竭、病态窦房结综合征、阿-斯综合征、癫痫、休克、严重肝功能不全等患者禁用。

苯妥英钠

苯妥英钠（phenytoin sodium）为乙内酰脲类抗癫痫药，是强心苷中毒引起的快速型心律失常的首选治疗药物。

【体内过程】 口服吸收较慢且不完全，8~12h 血药浓度达峰值，生物利用度为 60%~80%，血浆蛋白结合率为 88%~92%，$t_{1/2}$ 平均为 22h。主要在肝脏内代谢为无活性的羟基苯妥英钠，经肾脏排泄，碱性尿时排泄较快。

【药理作用】 苯妥英钠对心肌电生理特性的影响与利多卡因相似，选择性作用于浦肯野纤维，降低自律性，相对延长 ERP。苯妥英钠可加快房室结传导，对抗强心苷中毒引起的房室结传导减慢；并可加快强心苷中毒时浦肯野纤维 0 相除极速率，改善其传导性。

【临床应用】 主要用于治疗室性心律失常，特别对强心苷中毒引起的室性心律失常效果较好，亦可用于治疗心脏手术、急性心肌梗死、心导管术引起的室性心律失常。

【不良反应及注意事项】 静脉注射过快易致房室传导阻滞、低血压、心动过缓、甚至心搏骤停。中枢神经系统症状常见有眼球震颤、共济失调、神志模糊、精神改变、眩晕、失眠、头痛等。

【药物相互作用】 抗凝药（如香豆素类、噻氯匹定）、磺胺类、西咪替丁、甲硝唑、氯霉素、克拉霉素、异烟肼、吡嗪酰胺、氟康唑、维生素 B_6 等可降低本药的代谢，从而增强本药的效果和（或）毒性。与香豆素类抗凝药合用时，开始可增加抗凝效应，但持续应用则可降低。长期应用对乙酰氨基酚的患者使用本药可增加肝脏中毒的危险性，而且疗效降低。本药可加速糖皮质激素、雌激素、奎尼丁、美西律、地高辛等的代谢。

【禁忌证】 对本药及其他乙内酰脲类药物过敏、阿-斯综合征、Ⅲ度房室传导阻滞、窦房传导阻滞、窦性心动过缓、低血压、白细胞减少、严重贫血、孕妇禁用。

美 西 律

【体内过程】 口服吸收迅速且完全，2~4h 血药浓度达峰值，生物利用度约为 90%，血浆蛋白结合率为 70%，$t_{1/2}$ 为 10~17h，主要在肝脏代谢，约 10% 以原型经肾脏排出。

【药理作用】 对心肌电生理的影响与利多卡因相似，降低浦肯野纤维自律性，减慢传导，相对延长 ERP。

【临床应用】 与利多卡因相似，主要用于治疗室性心律失常，特别对心肌梗死后急性室性心律失常有效。

【不良反应及注意事项】 不良反应与剂量相关。早期可出现胃肠道不适，长期口服可出现手颤、共济失调、复视、精神失常等。

【药物相互作用】 与其他的Ⅰ类抗心律失常药物合用时可有协同作用。阿片类镇痛药可使美西律吸收缓慢，阿托品使美西律吸收延迟，甲氧氯普胺使美西律吸收增加，抗酸药可降低美西律生物利用度。

【禁忌证】 严重窦房结功能障碍、Ⅱ度及Ⅲ度房室传导阻滞、心室内传导阻滞、重度心力衰竭、心源性休克、严重肝功能障碍禁用。

（三）IC类

普 罗 帕 酮

【体内过程】 口服吸收完全，首过消除明显，生物利用度低并呈剂量依赖性，口服后30min起效，2～3h作用达高峰，并持续6～8h以上。血浆蛋白结合率为95%～97%，经肝脏代谢生成的5-羟基普罗帕酮，钠通道阻滞作用与普罗帕酮（propafenone）相近，但β受体拮抗作用减弱。99%以代谢物形式经肾脏排泄。

【药理作用】 普罗帕酮具有细胞膜稳定作用，明显抑制钠通道开放态和失活态。普罗帕酮减慢心房、心室及浦肯野纤维传导，降低浦肯野纤维自律性，延长APD和ERP，但对复极过程影响弱于奎尼丁。普罗帕酮结构类似普萘洛尔，具有较弱的β肾上腺素受体拮抗作用、阻滞钙通道和负性肌力作用。

【临床应用】 适用于室上性及室性早搏、心动过速及预激综合征的治疗。

【不良反应及注意事项】 不良反应发生率较高，尤以心血管系统严重。

1. 心血管系统不良反应 窦性心动过缓、窦性停搏和窦房等各类传导阻滞。诱发急性左心衰竭甚至心源性休克。出现室性心律失常加重、尖端扭转型室性心动过速甚至心室颤动。

2. 胃肠道反应 恶心、呕吐、口干、便秘和胃肠道不适。

3. 神经系统不良反应 头痛、头晕、眩晕、舌麻、视物模糊、精神障碍、失眠、忧郁、感觉异常、手指震颤、癫痫发作。

4. 偶有溶血性贫血和粒细胞缺乏症及肝功能损害。

【药物相互作用及禁忌证】 普罗帕酮不宜与其他抗心律失常药合用，以避免加重不良反应。严重窦性心动过缓、窦性停搏、病态窦房结综合征、高度房室传导阻滞、心力衰竭、心源性休克者禁用。

二、Ⅱ类β肾上腺素受体拮抗药

β肾上腺素受体拮抗药能阻断肾上腺素能神经对心肌的β受体效应，同时具有阻滞钠通道和缩短复极过程的作用。表现为减慢4相舒张期除极速率而降低自律性，降低动作电位0相上升速率而减慢传导。常用药物有普萘洛尔（propranolol）、美托洛尔（metoprolo）、阿替洛尔（atenolo）、醋丁洛尔（acebutolol）、艾司洛尔（esmolol）等。

普 萘 洛 尔

【体内过程】 口服吸收完全，首过消除明显，生物利用度约为30%。口服后2h血药浓度达峰值，但个体差异大。血浆蛋白结合率93%。经肝脏代谢，$t_{1/2}$为3～4h；90%以上以经肾脏排出，其中原型药不足1%。

【药理作用】 普萘洛尔为非选择性β肾上腺素受体拮抗药。它能拮抗由β受体激动引起的心率加快、心肌收缩力加强和房室传导加快等作用；亦可抑制Na^+内流。普萘洛尔能拮抗儿茶酚胺对窦房结、心房起搏点及浦肯野纤维4相自发除极的促进作用，因而降低其自律性。减少儿茶酚胺所致的延迟后除极发生，减慢房室结传导，延长房室结ERP。

【临床应用】 主要用于室上性心律失常的治疗，尤其对由于儿茶酚胺水平增高如运动、情绪紧张、嗜铬细胞瘤和甲状腺功能亢进引起的窦性心动过速效果良好。合用强心苷或地尔硫䓬，控制心房扑动、心房颤动及阵发性室上性心动过速的心室率过快效果较好。可减少心肌梗死患者心律失常的发生，并缩小梗死面积，降低梗死率。还可治疗运动、情绪变化所致室性心律失常，减少肥厚型心肌病所致的心律失常。

【不良反应及注意事项】 可致窦性心动过缓、房室传导阻滞、低血压、精神抑郁、记忆力减退。诱发及加重心力衰竭、哮喘。长期应用可使脂质代谢和糖代谢异常，突然停药可出现反跳现象。

【药物相互作用】 奎尼丁可使普萘洛尔的清除下降。普罗帕酮可增加普萘洛尔血药浓度，引起卧位血压明显降低。与胺碘酮合用可出现明显的心动过缓和窦性停搏。与丙吡胺、氟卡尼合用，也可引起心动过缓。与二氢吡啶类钙通道阻滞药合用治疗心绞痛或高血压有效，但也可引起严重的低血压或心力储备降低。与维拉帕米合用可能引起低血压、心动过缓、充血性心力衰竭和传导障碍。肼屈嗪可增加普萘洛尔的生物利用度，空腹服药多见，而对缓释制剂的影响较小。芬太尼麻醉时，使用普萘洛尔可引起严重的低血压。西咪替丁、甲氧氯普胺、环丙沙星、呋塞米可使普萘洛尔血浓度提高。与氯丙嗪同用，可使两者的血药浓度均增高。与地高辛合用可导致房室传导时间延长，并且本药可使地高辛血药浓度升高。

【禁忌证】 严重窦性心动过缓、窦房阻滞、重度房室传导阻滞、病态窦房结综合征、心源性休克、支气管哮喘、过敏性鼻炎患者禁用。

美 托 洛 尔

美托洛尔选择性阻断$β_1$受体，无内在拟交感活性和膜稳定作用。抑制窦房结、房室结的自律性和传导性。对儿茶酚胺升高引起的室上性心律失常效果最好，对急性心肌梗死患者，可明显减少室性心动过速及室颤的发生，从而降低病死率。主要用于高血压、心绞痛、心律失常的治疗。口服吸收迅速而完全，口服后 1.5～2h 血药浓度达高峰，生物利用度约 40%，血浆蛋白结合率 12%，$t_{1/2}$ 为 3～4h，经肝脏代谢，以代谢物从肾脏排泄。

阿替洛尔

阿替洛尔为长效 β_1 肾上腺素受体拮抗药，无内在拟交感活性和膜稳定作用。对心肌电生理的影响与普萘洛尔相似，降低窦房结和房室结的自律性，减慢冲动传导，延长有效不应期，消除自律性增加及折返激动所致的室上性和室性心律失常。口服吸收迅速而且完全，2～4h 血药浓度达高峰，生物利用度为 50%～60%，$t_{1/2}$ 为 7h。不良反应与普萘洛尔相似，尤以低血压和心动过缓常见。

艾司洛尔

艾司洛尔为短效 β_1 肾上腺素受体拮抗药，抑制窦房结及房室结的自律性、传导性。主要用于室上性心律失常，可减慢心房纤颤和心房扑动的心室率。静脉注射后数秒钟起效，5min 血药浓度达高峰，$t_{1/2}$ 仅 9min。不良反应有低血压、减弱心肌收缩力等。

三、III 类延长动作电位时程药

III 类抗心律失常药主要抑制 K^+ 外流，延长心房肌、心室肌及浦肯野纤维动作电位时程和有效不应期。常用药物有胺碘酮（amiodarone）、索他洛尔（sotalol）等。

胺 碘 酮

【体内过程】 脂溶性高，口服、静脉注射给药均可。口服吸收迟缓而不完全，起效缓慢，生物利用度约 50%。静脉注射 5min 后起效，停药后可持续 20min 至 4h。主要分布于脂肪组织，其次为心脏、肾脏、肺脏、肝脏及淋巴结，也可进入乳汁。经肝脏代谢为去乙基胺碘酮，仍有生物活性，消除 $t_{1/2}$ 长达数周。血浆蛋白结合率为 90%，停药后作用可维持 1～3 个月。

【药理作用】 胺碘酮对心肌细胞膜多种 K^+ 通道均有抑制作用，如 I_k、I_{k1}、I_{to} 等，明显延长 APD 和 ERP。对 Na^+ 通道及 Ca^{2+} 通道亦有轻度抑制作用，降低窦房结和浦肯野纤维的自律性、传导性。胺碘酮尚有非竞争性拮抗 α、β 肾上腺素受体作用和扩张血管平滑肌作用，扩张冠状动脉，增加冠状动脉血流量，减少心肌耗氧量。

【临床应用】 胺碘酮为广谱抗心律失常药，对心房扑动、心房颤动、室上性心律失常和室性心动过速有效，尤伴有预激综合征者效果更佳。

【不良反应及注意事项】 常见心血管不良反应如窦性心动过缓、房室传导阻滞及 Q—T 间期延长，偶见尖端扭转型室性心动过速。长期应用可见角膜褐色微粒沉着，不影响视力，停药后微粒可逐渐消失。少数患者发生甲状腺功能亢进或减退。个别患者出现间质性肺炎或肺纤维化。长期应用必需监测肺功能、进行肺部 X 线检查和定期监测血清 T_3、T_4。

【药物相互作用及禁忌证】 胺碘酮是肝药酶 CYP3A4 的代谢底物，西咪替丁抑制 CYP3A4，增加胺碘酮血药浓度；利福平诱导 CYP3A4，降低胺碘酮血药浓度。胺碘酮也抑制其他肝脏代谢酶，可增加相应底物如地高辛、奎尼丁、普鲁卡因胺、华法林的血药浓度。与其他延长 Q-T 间期的药物（如 I A 类抗心律失常药物、吩噻嗪、三环类抗抑郁药等）合用时，使 Q-T 间期进一步延长，增加致心律失常作用的发生概率。增加 β 肾上腺素受体拮抗药及钙拮抗药对窦房结、房室结及心肌收缩力的抑制作用。

决奈达隆

决奈达隆（dronedarone）为新型抗心律失常药物，主要用于心房颤动和心房扑动患者维持窦性节律。结构与胺碘酮相似，但不含碘，对甲状腺等器官的毒性明显降低。决奈达隆可能增加严重心力衰竭和左心收缩功能不全患者的死亡风险。

索 他 洛 尔

索他洛尔为兼有 II 类（β 肾上腺素受体拮抗药）和 III 类（延长动作电位时程药）电生理活性的抗心律失常药。不具有内在拟交感活性和膜稳定作用。小剂量时，表现为 β 受体拮抗作用，可降低自律性，减慢房室传导。较大剂量时，可延长心房、心室动作电位时程和有效不应期，心电图上表现为 P—R、Q—T 和 Q—Tc 间期延长。索他洛尔与胺碘酮不同，不抑制心肌动作电位 0 相除极速率，故 QRS 波无明显变化。临床用于治疗室性心律失常、室上性心律失常，各种症状性及危及生命的心律失常，以及心房颤动、心房扑动转律后正常窦性节律的维持。

索他洛尔口服吸收完全，无首过消除，生物利用度为 90%～100%。口服后 2～3h 血药浓度达高峰，2～3 日达稳态，血浆蛋白结合率低，体内不被代谢，几乎全部以原型经肾脏排泄。$t_{1/2}$ 为 12～15h。

四、IV 类钙通道阻滞药

钙通道阻滞药（calcium channel blockers）通过阻滞 L 型钙通道，使钙电流减小。该类药物降低窦房结、房室结细胞的自律性，减慢房室结传导速度，延长房室结细胞膜钙通道复活时间，延长其不应期。常用药物为维拉帕米（verapamil）和地尔硫䓬。

维拉帕米

【体内过程】 口服吸收迅速而完全，30min 起效，2~3h 血药浓度达高峰，首过消除明显，生物利用度仅 10%~30%，血浆蛋白结合率为 90%。静脉注射后 5~10min 起效，持续 6h。在肝脏代谢，其代谢物去甲维拉帕米仍有活性。$t_{1/2}$ 为 3~7h。

【药理作用】 维拉帕米对激活状态和失活状态的 L 型钙通道均有阻滞作用，抑制钙内流的作用呈现频率依赖性，并推迟失活钙通道的复活；此外还可抑制 I_{kr} 钾通道。维拉帕米降低窦房结的自律性，降低缺血时心房、心室和浦肯野纤维的异常自律性，减少或取消后除极所引发的触发活动；减慢房室结传导，终止房室结折返激动，防止心房扑动、心房纤颤引起的心室率加快。延长窦房结、房室结有效不应期。

【临床应用】 主要用于治疗室上性和房室结折返激动引发的心律失常。为阵发性室上性心动过速的首选治疗药物，静脉注射后，数分钟内即可停止发作。也可用于心房扑动和心房颤动时减慢心室率。还可治疗心绞痛、肥厚型心肌病、高血压。

【不良反应及注意事项】 口服安全，可出现眩晕、头痛、潮红、乏力、神经过敏、红斑性肢痛、感觉异常、恶心、呕吐、便秘、踝部水肿、心动过缓、房室传导阻滞等。静脉给药可引起血压降低、暂时窦性停搏、心力衰竭加重等。

【药物相互作用及禁忌证】 维拉帕米可提高地高辛的血药浓度。与 β 受体阻断剂或奎尼丁合用，可增加心脏毒性。Ⅱ 或 Ⅲ 度房室传导阻滞、心功能不全、心源性休克患者禁用。

五、其他抗心律失常药物

腺 苷

腺苷（adenosine）为普遍存在于人体细胞的内源性核苷，由三磷酸腺苷降解形成，主要通过激动腺苷受体而发挥其作用。

【体内过程】 腺苷在体内代谢迅速，起效快，作用时间短，一般仅 10~20s。$t_{1/2}$ 约为 10s。在体内可被大多数组织细胞摄取，并被腺苷脱氨酶灭活。临床需静脉快速注射给药。

【药理作用】 腺苷作用于 G 蛋白偶联的腺苷受体，激活窦房结、房室结、心房的乙酰胆碱敏感性钾通道，降低窦房结自律性，延长房室结传导和缩短心房肌动作电位时程。也抑制 L 型钙通道并延长房室结有效不应期，抑制交感神经兴奋所致延迟后除极。窦房结和房室结对生理剂量的腺苷非常敏感，并可产生一过性房室传导阻滞，故能成功地终止房室结参与折返的阵发性室上性心动过速。另外，腺苷持续静脉给药可产生强烈的扩张血管作用。

【临床应用】 对于房室结参与折返的阵发性室上性心动过速非常有效，可作为治疗的首选药物。还可用于室上性心动过速的鉴别诊断。

【不良反应及注意事项】 可引起面红、呼吸困难、支气管痉挛、恶心和头晕等。罕见有不适感、出汗、心悸、焦虑、视物模糊、心动过缓、心脏停搏、腹痛、眩晕、金属味等。

【药物相互作用及禁忌证】 双嘧达莫可减少腺苷的代谢，增强药效，并引起不良反应如低血压、呼吸困难、呕吐等。腺苷与卡马西平合用，可加重心脏传导阻滞。腺苷的作用可被茶碱和其他甲基黄嘌呤类药物如咖啡因等拮抗，合用时应增大剂量。

【药物相互作用及禁忌证】 病态窦房结综合征及 Ⅱ 度或 Ⅲ 度房室传导阻滞且未植入心脏起搏器者、哮喘、心房颤动或心房扑动伴异常旁路、对本药过敏者禁用。

【案例及思考题】 患者，女性，19 岁，2 年前开始出现阵发性心悸，突然发作、突然终止，无明显诱因，自测脉搏可达 180 次/min，每次持续 30~60min。近 1 个月愈加频繁，每周发作 1 次。发作时心电图可见 170 次/min，节律规则，QRS 波形态正常。根据患者症状及心电图所示，诊断为阵发性室上性心动过速。

问题：

1. 阵发性室上性心动过速可选用哪些抗心律失常药物进行治疗？

2. 除药物以外，还可采用哪些方法治疗阵发性室上性心动过速？

（王恩军）

第二十九章 调血脂药与抗动脉粥样硬化药

动脉粥样硬化（atherosclerosis，AS）是一种常见的心血管系统疾病，好发于大动脉及中动脉，尤其是主动脉、冠状动脉和脑动脉。其主要病理改变是血管内膜脂质沉着、纤维组织增生及钙质沉着，最后形成斑块，导致血管壁硬化、弹性下降、管腔狭窄，器官缺血性病变。防治动脉粥样硬化首先应调节饮食、加强锻炼、避免吸烟等诱发因素，如血脂仍不正常，再使用调血脂药与抗动脉粥样硬化药进行治疗，常用药物包括他汀类、胆汁酸结合树脂、贝特类、烟酸类等。

第一节 概 述

一、血脂与血浆脂蛋白

血脂是血浆中所含脂类的统称，包括三酰甘油（triglyceride，TG）、胆固醇（cholesterol，Ch）、磷脂（phospholipid，PL）和游离脂肪酸（free fatty acid，FFA）等。血脂与载脂蛋白（apoprotein，Apo）结合形成脂蛋白（lipoprotein，LP）后才能溶于血浆，并进行转运和代谢。

Apo现已发现有18种，主要有A、B、C、D、E等5类。某些载脂蛋白又可分成若干亚类。不同的血浆脂蛋白所含的载脂蛋白不同。载脂蛋白的功能包括以下几种。①转运脂类物质。②作为脂类代谢酶的调节剂：卵磷脂胆固醇酯酰转移酶（lecithin-cholesterol acyltransferase，LCAT）可被ApoAⅠ等激活。脂蛋白脂肪酶可被ApoCⅡ所激活，也可被ApoCⅢ所抑制。ApoAⅡ可激活肝脂肪酶的活性。③作为脂蛋白受体的识别标记：ApoB、ApoE及ApoAⅠ等参与细胞膜HDL受体的识别。④参与脂质转运：胆固醇酯转移蛋白（cholesterylester transfer protein，CETP）可促进胆固醇酯由HDL转移至VLDL和LDL；磷脂转运蛋白（phospholipid transfer protein，PLTP）可促进磷脂由CM和VLDL转移至HDL。

脂蛋白根据密度的不同可分为乳糜微粒（chylomicron，CM）、极低密度脂蛋白（very low density lipoprotein，VLDL）、低密度脂蛋白（low density lipoprotein，LDL）、中间密度脂蛋白（intermediate density lipoprotein，IDL）和高密度脂蛋白（high density lipoprotein，HDL）。

CM主要转运外源性三酰甘油和胆固醇到肝脏及外周组织，VLDL、LDL、IDL转运内源性三酰甘油和胆固醇至肝外组织。HDL则逆向转运胆固醇回到肝脏，具有保护血管的作用。

二、高脂蛋白血症与动脉粥样硬化

各种脂蛋白在血浆中保持相对恒定的浓度及比例，若浓度或比例失调则为脂代谢异常。当血浆或脂蛋白水平高于正常范围时，即为高脂血症（Hyperlipoidemia）或高脂蛋白血症（hyperlipoproteinemia）。主要包括VLDL、IDL、LDL的升高及HDL的降低和脂蛋白增加等。高脂血症根据发病原因的不同可分为原发性（遗传性）和继发性两类，前者病因尚不清楚，可能与调控脂蛋白代谢的基因突变有关；后者多由糖尿病、甲状腺功能减退、肾病、高血压等疾病引起。1970年，世界卫生组织将高脂血症分为五型六类，见表29-1。

表29-1 高脂血症的分型

类型	脂蛋白变化	血脂变化	发病率
Ⅰ	CM↑	三酰甘油↑↑↑胆固醇↑	罕见
Ⅱa	LDL↑	胆固醇↑↑	常见
Ⅱb	VLDL、LDL↑	胆固醇↑↑三酰甘油↑↑	常见
Ⅲ	中间密度脂蛋白增加	胆固醇↑↑三酰甘油↑三酰甘油↑	罕见
Ⅳ	VLDL↑	三酰甘油↑↑	常见
Ⅴ	CM、VLDL↑	三酰甘油↑↑↑胆固醇↑	较少

动脉粥样硬化的危险因素主要包括高脂血症、高血压病、糖尿病、吸烟、肥胖等。其中高脂血症可促进动脉粥样硬化病变的形成和发展，对于高脂血症，应首先采用饮食控制、增加体力活动或运动、调节生活方式等非药物方式进行干预，如血脂仍不正常，应及时使用调血脂药调整血脂或脂蛋白异常。

第二节 调血脂药

一、主要降低TC和LDL的药物

（一）他汀类

他汀类（statius）药物为羟甲基戊二酸单酰辅酶A（HMG-CoA）还原酶抑制剂，可竞争性抑制HMG-CoA还原酶，HMG-CoA还原酶是肝细胞合成胆固醇的限速酶，他汀类药物抑制HMG-CoA还原酶可减少内源性胆固醇的合成。

他汀类药物早在1976年即从橘青霉菌（Penicillium citricum）培养液中发现美伐他汀（compactin），后又相继从红曲霉菌（Monascus ruber）和土曲霉菌（Aspergillus terreus）中发现洛伐他汀（lovastatin），洛伐他汀作为第一个他汀类药物于 1987 年经美国 FDA 批准上市。目前临床常用的他汀类药物包括洛伐他汀（lovastatin）、辛伐他汀（simvastatin）、普伐他汀（pravastatin）、氟伐他汀（fluvastatin）、阿托伐他汀（atorvastatin）、西伐他汀（cervastatin）、匹伐他汀（pitavastatin）、瑞舒伐他汀（rosuvastatin）等。其中辛伐他汀、普伐他汀是洛伐他汀的化学修饰衍生物，氟伐他汀、阿伐他汀、西伐他汀、匹伐他汀、瑞舒伐他汀等均为人工合成品。

【体内过程】 他汀类药物中羟酸型一般吸收较好，普伐他汀为活性羟酸型，氟伐他汀、阿伐他汀、西伐他汀为含氟的活性羟酸型；而内酯型药物洛伐他汀、辛伐他汀需在肝脏代谢成羟酸型才具有活性。口服给药，氟伐他汀几乎完全吸收，其他他汀类生物利用度为 40%～70%，大部分药物在肝脏代谢，主要经胆汁排泄，5%～20%经肾脏排泄。阿伐他汀 $t_{1/2}$ 为 14h，西伐他汀、瑞舒伐他汀 $t_{1/2}$ 为 19h，其余他汀类 $t_{1/2}$ 为 1～3h。

【药理作用与作用机理】

1. 调血脂作用 他汀类具有明显的调血脂作用，治疗剂量下，对 LDL-C 作用最强，TC 次之，TG 较弱，调血脂作用呈现剂量依赖性，用药 2 周出现明显疗效，4～6 周达高峰，而 HDL-C 略有升高，长期应用可保持疗效。

人体内胆固醇主要由肝脏合成，而胆固醇合成的关键酶是 HMG-CoA 还原酶，他汀类与 HMG-CoA 的化学结构相似，且和 HMG-CoA 还原酶的亲和力高出 HMG-CoA 数千倍，可在胆固醇合成的早期阶段竞争性地抑制 HMG-CoA 还原酶活性，对该酶发生竞争性的抑制作用，使甲羟戊酸形成障碍，阻碍肝脏内源性胆固醇的合成，血 TC 下降。由于肝内胆固醇合成减少，而代偿性地增加了肝细胞膜上 LDL 受体的合成，使血浆中大量的 LDL 被摄取，经 LDL 受体途径代谢为胆汁酸而排出体外，进一步降低血浆 TC 和 LDL 水平。由于各种他汀类与 HMG-CoA 还原酶亲和力不同，所以调血脂作用强弱各异。

2. 非调血脂作用 他汀类尚具有以下非调血脂作用抗动脉粥样硬化：①改善血管内皮功能，提高血管内皮对扩血管物质的反应性；②稳定动脉粥样硬化斑块，减少动脉壁巨噬细胞及泡沫细胞的形成，使动脉粥样硬化斑块稳定和缩小；抑制血管平滑肌细胞（VSMCs）的增殖和迁移，促进 VSMCs 凋亡；③抗炎作用，降低血浆 C 反应蛋白，减轻动脉粥样硬化过程的炎性反应；④抗氧化作用，减少脂蛋白对氧化反应的敏感性；⑤抗凝作用，抑制血小板聚集和提高纤溶活性。

【临床应用】

1. 主要用于杂合子家族性和非家族性Ⅱa 型、Ⅱb 型和Ⅲ型高脂蛋白血症，也可用于 2 型糖尿病和肾病综合征引起的高胆固醇血症。

2. 亦可用于肾病综合征、血管成形术后再狭窄、预防心脑血管急性事件及缓解器官移植后的排异反应和治疗骨质疏松症。

【不良反应及注意事项】 不良反应较少而轻，大剂量应用时患者偶可出现胃肠反应、肌痛、皮肤潮红、头痛等暂时性反应；偶见无症状性氨基转移酶升高、肌酸磷酸激酶（CPK）升高，停药后即恢复正常；偶有横纹肌溶解症，以西立伐他汀和辛伐他汀发病率高，多数为肌病，极少数发展成为横纹肌溶解症。用药期间应定期检测肝功能，有肌痛者应检测 CPK，必要时停药。孕妇、哺乳期妇女、儿童、肝功能异常者禁用。有肝病史者慎用。

【药物相互租用】 与胆汁酸结合树脂类合用，可增强降低 TC 及 LDL-C 的效应，与贝特类或烟酸联合应用可增强降低 TG 的效应；与环孢素或大环内酯类抗生素等伍用，能增加肌病的危险性。与香豆素类抗凝药同时应用，使凝血酶原时间延长，应注意检测凝血酶原时间，及时调整抗凝药物剂量。

洛 伐 他 汀

洛伐他汀（lovastatin）是从红曲霉中提取的真菌代谢物，是第一个应用于临床的 HMG-CoA 还原酶抑制药。洛伐他汀为无活性的内酯环结构，口服吸收后在肝脏内水解成开环羟酸型呈现活性。口服易吸收，吸收约 30%，肝脏分布量多，T_{peak} 为 2～4h，蛋白结合率为 95%。调血脂作用稳定可靠，一般用药 2 周出现明显疗效，4～6 周可达最佳治疗效果。

辛 伐 他 汀

辛伐他汀（simvastatin）为洛伐他汀的甲基衍生物，亦为无活性的内酯。调血脂作用较洛伐他汀强一倍。临床试验证实，长期应用辛伐他汀能有效降低胆固醇，同时可以延缓动脉粥样硬化病变进展和病情恶化，减少心脏事件和不稳定心绞痛的发生。

普 伐 他 汀

普伐他汀（pravastatin）为开环活性结构，口服吸收快，亲水性强。除降血脂作用外，尚可抑制单核-巨噬细胞向内皮的黏附和聚集，具有抗炎作用，对急性冠状动脉综合征患者，早期应用普伐他汀能迅速改善内皮功能，减少冠状动脉再狭窄和心血管事件的发生。

氟 伐 他 汀

氟伐他汀（fluvastatin）为第一个全合成的他汀类药物，结构中含有氟苯吲哚环的甲羟内酯衍生物，吲哚环模拟 HMC-CoA 还原酶的底物，甲羟戊酸内酯模拟中间产物 MVA，通过同时阻断 HMC-CoA 还原酶的底物和产物而发挥降血脂作用。同时，氟伐他汀增加 NO 活性，改善血管内皮功能，抗血管平滑肌增殖，预防斑块形成；并且还可抗血小板聚集，改善胰岛素抵抗。口服吸收迅速而完全，首过消除明显。与其他药物相互作用较少，极少引起肌病。

阿托伐他汀

阿托伐他汀（atorvastatin）降脂作用及适应证与氟伐他汀相似，但降低 TG 作用较强，大剂量对纯合子型家族性高胆固醇血症亦有效。

瑞舒伐他汀

瑞舒伐他汀（rosuvastatin）抑制 HMC-CoA 还原酶的作用较其他他汀类强，且作用时间长，明显降低 LDL-C，升高 HDL-C。口服给药 T_{peak} 为 3～5h，生物利用度约为 20%，$t_{1/2}$ 为 19h，90%经胆汁排泄，10%经尿排泄，大部分以原型排泄。

（二）胆汁酸结合树脂

胆汁酸结合树脂（bile acid binding resin）类药物为大分子碱性阴离子交换树脂，不溶于水，进入肠道后不被吸收，可与带正电荷的胆汁酸结合，抑制胆汁酸的肝肠循环和反复利用，从而大量消耗胆固醇，使血浆 TC 和 LDL-C 水平降低。常用药物有考来烯胺（cholestyramine）和考来替泊（colestipol）。

考来烯胺

考来烯胺又称消胆胺，为苯乙烯型强碱性阴离子交换树脂，无臭或有氨臭，常用其氯化物，其氯化物呈白色或淡黄色球状颗粒或粉末。

【**药理作用与作用机理**】 考来烯胺可剂量依赖性的降低 TC 和 LDL-C，也相应降低 Apo B，但对 HDL 几无改变，对 TG 和 VLDL 的影响较小。其机理主要为：一方面考来烯胺在肠道中螯合胆汁酸，阻止其重吸收而中断肝肠循环，减少外源性胆固醇的吸收，促进内源性胆固醇在肝脏代谢成为胆汁酸。另一方面胆汁酸重吸收受抑，排出增加，促进肝内胆固醇经 7-羟化酶向胆汁酸的转化，从而降低肝脏中胆固醇的含量。同时随肝胆固醇的降低，肝细胞 LDL 受体增敏，使得 LDL 清除率增加而降低血浆胆固醇和 LDL 水平，这一作用可部分被 HMC-CoA 还原酶继发性活性增强而抵消，若与他汀类药物合用，可产生协同作用。

【**临床应用**】 主要用于治疗Ⅱa、Ⅱb及家族性杂合子高脂蛋白血症，治疗Ⅱb型高脂蛋白血症时应配伍使用降低 TG 和 VLDL 的药物。由于纯合子家族性高胆固醇血症患者肝细胞缺乏 LDL 受体，故对纯合子家族性高胆固醇血症无效。

【**不良反应**】 应用剂量较大时，考来烯胺有特殊的臭味和一定的刺激性，用后可能有便秘、腹胀、嗳气和食欲减退等，多数症状两周后消失，若便秘过久，应予以停药；偶可出现短时的氨基转移酶升高、高氯酸血症或脂肪痢等。

【**药物相互作用**】 考来烯胺在肠腔内与他汀类、氯噻嗪、保泰松、苯巴比妥、洋地黄毒苷、甲状腺素、口服抗凝药、脂溶性维生素（维生素 A、维生素 D、维生素 E、维生素 K）、叶酸及铁剂等结合，影响这些药物的吸收。应尽量避免配伍应用，必要时应在给予本类药物前 1h 或 4～6h 后使用上述药物。

考来替泊

考来替泊又称降胆宁，为二乙基五胺环氧氯丙烷聚合物，弱碱性阴离子交换树脂，呈淡黄色，无臭无味，有亲水性，含水分约 50%，但不溶于水。主要药理作用及不良反应与考来烯胺相似。

（三）胆固醇吸收抑制药

依折麦布

依折麦布（ezetimibe）又称依泽替米贝，为第一个选择性抑制肠道植物固醇和胆固醇吸收的新型药物。主要作用是降低 LDL，依折麦布口服吸收后，80%转化为有药理活性的依折麦布-葡糖醛酸苷结合产物，依折麦布及其糖脂化代谢产物通过阻断小肠上皮刷状缘上的 NPC1L1（niemann-pick C1-like 1 protein）受体而特异地抑制胆固醇的吸收，从而降低胆固醇向肝脏的转运，使肝脏胆固醇储存减少，进而降低血浆中的 LDL-C，此外依折麦布可降低总胆固醇、载脂蛋白 B 和 TG 水平，并轻微升高 HDL，且与他汀类药物具有协同作用。

依折麦布口服吸收迅速，空腹单次口服 10mg 后，T_{peak} 为 4～12h，C_{max} 为 3.4～5.5μg/L，主要经肝代谢，随胆汁和肾脏排泄，具有肝肠循环，$t_{1/2}$ 约为 22h。

（四）酰基辅酶 A 胆固醇酰基转移酶抑制药

甲亚油酰胺

甲亚油酰胺（melinamide）抑制酰基辅酶 A 胆固醇酰基转移酶（acyl-coenzyme A cholesterol acyltransferase, ACAT），阻滞细胞内胆固醇向胆固醇酯的转化，减少外源性胆固醇的吸收，阻滞胆固醇在肝形成 VLDL，并且阻滞外周组织胆固醇酯的蓄积和泡沫细胞的形成，有利于胆固醇的逆化转运，使血浆及组织胆固醇降低。

ACAT 使细胞内胆固醇转化为胆固醇酯，促进肝细胞 VLDL 的形成和释放，使血管壁胆固醇蓄积，提高胆固醇在小肠的吸收，促进巨噬细胞和泡沫细胞的形成，因而促进动脉粥样硬化病变的形成过程。因此，抑制 ACAT 可发挥调血脂和抗动脉粥样硬化的作用。

甲亚油酰胺适用于Ⅱ型高脂血症。口服约 50%吸收，可见食欲减退、腹泻等轻微胃肠道不良反应。

二、主要降低 TG 和 VLDL 的药物

(一) 贝特类

贝特类（fibrates）又称苯氧酸类（fibric acid），20世纪60年代上市的第一个药物氯贝丁酯（clofibrate，安妥明）能有效降低 TG 及 VLDL，因而广泛应用，后发现不良反应较多，现已少用。目前常用的贝特类包括吉非贝齐（gemfiboazil）、苯扎贝特（benzafibrate）、非诺贝特（fenofibrate）等，调血脂作用增强而不良反应减少。

【体内过程】 贝特类药物口服吸收迅速而完全，T_{peak}为2~4h，血浆蛋白结合率为92%~96%，不易分布到外周组织，大部分在肝与葡糖醛酸结合，经肾脏排泄。$t_{1/2}$不完全相同，吉非贝齐和苯扎贝特具有活性酸形式，起效快，持续时间短，$t_{1/2}$为1~2h；非诺贝特需水解成活性酸形式产生作用，起效慢，持续时间长，$t_{1/2}$为20h。

【药理作用】 贝特类既有调血脂作用又有非调血脂作用。可降低血浆 TG、VLDL-C、TC、LDL-C，升高 HDL-C；非调血脂作用包括抗凝血、抗血栓、抗炎作用等，共同发挥抗动脉粥样硬化作用。

【作用机理】 贝特类的作用机理尚未完全阐明，可能主要通过激活类固醇激素受体类的核受体-过氧化物酶体增殖激活受体 α（peroxisome proliferator activated receptor-α，PPAR-α）而发挥作用，包括促进脂肪酸氧化，抑制脂肪酸进入肝脏合成 TG 及 VLDL；增加 LPL 合成，促进 CM 和 VLDL 的分解代谢；促进 Apo A I 的表达，增加 HDL 合成，减慢 HDL 清除，促进胆固醇逆向转运；减少 Apo C III 的表达，增强 VLDL 的清除；提高 LPL 与受体的亲和力，促进 LDL 颗粒的清除。

贝特类非调血脂作用主要源于 PPAR-α 活化后可升高 NO 含量，抑制巨噬细胞表达基质金属蛋白酶-9，稳定动脉粥样硬化斑块；PPAR-α 作为炎性调节因子，活化后可降低动脉粥样硬化过程中的炎症反应，抑制血管平滑肌细胞增殖和血管成形术后的再狭窄；此外贝特类还可降低某些凝血因子的活性，减少纤溶酶原激活物抑制物的产生，抑制凝血并加强纤溶酶作用而发挥抗血栓作用。

【临床应用】 用于原发性高 TG 血症，对Ⅲ型高脂血症和混合型高脂血症有较好的疗效，亦可用于2型糖尿病的高脂蛋白血症。

【不良反应及注意事项】 一般耐受良好，常见不良反应为消化道反应，如食欲不振、恶心、腹胀等；其次为乏力、头痛、失眠、皮疹、阳痿等；偶有肌痛、尿素氮增加、氨基转移酶升高，停药后可恢复。贝特类增强口服抗凝药的抗凝活性；与他汀类药物合用，可能增加肌病的发生；增加胆石症的发病率；患肝胆疾病、孕妇、儿童及肾功不全者禁用。

吉非贝齐

吉非贝齐具有活性酸形式，吸收迅速而完全，起效快，作用时间短，T_{peak}为1~2h，$t_{1/2}$为1.5~2h，生物利用度为97%，血浆蛋白结合率为92%~96%，66%经肾脏排泄，6%经肠道排泄。可显著降低血浆 TG 及 VLDL，并升高 HDL，主要用于 TG 升高并伴有 LDL 升高或 HDL 降低的高脂血症，长期应用可明显降低冠心病的发生率和死亡率。

苯扎贝特

苯扎贝特（benzafibrate）具有活性酸形式，口服吸收迅速而完全，$t_{1/2}$为1.5~2h，48h 后94.6%的药物经肾脏排泄，3%经肠道排出，孕妇及肾功能不全者禁用。作用及应用同吉非贝齐，除调血脂作用外，还可降低空腹血糖，并降低血浆游离脂肪酸、纤维蛋白原和糖化血红蛋白，抑制血小板聚集，长期应用可使血浆 $L_{p(a)}$ 水平降低。主要用于伴有血脂升高的2型糖尿病患者。

非诺贝特

非诺贝特（fenofibrate）须经肠道或肝脏水解成活性酸形式，口服吸收迅速，50%~75%被吸收，T_{peak}为4h，血浆蛋白结合率为99%，$t_{1/2}$为22h，约66%经肾脏排泄，小部分经肠道排泄。严重肝肾功能不全者、孕妇及哺乳期禁用。除有调血脂作用外，还可降低血浆纤维蛋白原、血尿酸和血浆黏稠度，改善血流动力学，阻止冠状动脉血管腔的缩小。

(二) 烟酸类

烟酸

烟酸（nicotinic acid）为水溶性维生素 B 族之一，在体内转化为烟酰胺，是机体代谢的必需物质，烟酰胺无调血脂作用，而大剂量烟酸则具有调血脂作用。

【体内过程】 口服吸收迅速而完全。生物利用度95%，T_{peak}为30~60min。血浆蛋白结合率低，迅速被肝、肾和脂肪组织摄取，代谢物及原型经肾脏排泄，$t_{1/2}$为20~45min。

【药理作用】 大剂量的烟酸可降低血浆 TG、VLDL、LDL、LP（a），升高 HDL。

烟酸降低细胞 cAMP 的水平，使脂肪酶的活性降低，脂肪组织中的 TG 不易分解出 FFA，肝合成 TG 的原料不足，减少 VLDL 的合成和释放，也使 LDL 来源减少；增加 LPL 的活性，促进 CM 和 VLDL 中 TG 的清除；抑制 Apo A I 消除，减少 HDL 分解，提高 Apo A I 及 HDL 浓度，促进胆固醇的逆行转运，阻止动脉粥样硬化病变的发展。此外烟酸还抑制 TXA_2 的生成，增加 PGI_2 的生成，发挥抑制血小板聚集和扩张血管的作用。

【临床应用】 广谱调血脂药，适用于混合型高

脂血症、高 TG 血症、低 HDL 血症及高 LP（a）血症，除Ⅰ型以外的各型高脂血症均可使用，对Ⅱb 型和Ⅳ型最好。作为他汀类的辅助治疗药物，特别用于低 HDL-C 和高 TG 及他汀类药物禁用的患者。与胆汁酸结合树脂或贝特类药物合用，可提高疗效。

【不良反应及注意事项】 最常见的不良反应为皮肤潮红、心悸和胃肠道反应。皮肤潮红可能是前列腺素引起的皮肤血管扩张所致，用药前 30min 给予阿司匹林可减轻，同时阿司匹林还可延长烟酸半衰期，防止烟酸所致的尿酸浓度升高。另外烟酸刺激胃黏膜，加重或引起消化道溃疡，餐时或餐后服用可以减轻。大剂量尚可引起肝功能异常、血尿酸增多和糖耐量降低等。溃疡病、糖尿病及肝功异常及孕妇禁用。

阿昔莫司

阿昔莫司（acipimox）是烟酸的衍生物，口服吸收迅速而完全，$t_{1/2}$ 为 2h，不与血浆蛋白结合，体内不被代谢，原型经肾脏排泄。药理作用类似烟酸，明显降低血浆 TG，升高 HDL；与胆汁酸结合树脂配伍可加强其 LDL-C 作用，作用较强而持久，不良反应少而轻；除用于Ⅱb 型、Ⅲ型和Ⅳ型高脂血症外，也适用高 LP（a）血症及 2 型糖尿病伴有高脂血症患者。

（三）多烯脂肪酸类

多烯脂肪酸（polyenoic fatty acid）又称多不饱和脂肪酸（polyunsaturated fatty acid，PUFAs），根据其不饱和键在脂肪酸链中出现的位置，可分为 n-3 型和 n-6 型多烯脂肪酸。

1. n-3 型多烯脂肪酸 二十碳五烯酸（eicosapentaenoic acid，EPA）和二十二碳六烯酸（docosahexaenoic acid，DHA）

【药理作用】

EPA 和 DHA 具有明显的调血脂作用，可显著降低 TG 和 VLDL，适度升高 HDL。其机理是通过抑制肝脏合成 TG 和 Apo B，增强脂蛋白脂酶（LPL）活性，促进 CM 及 VLDL 的分解，同时抑制肝脂肪酶而减少 HDL 的分解。

EPA 和 DHA 因广泛分布于细胞膜磷脂，可取代花生四烯酸（arachidonic acid，AA），作为三烯前列腺素和五烯白三烯的前体产生相关活性物质而发挥非调血脂作用，主要包括：在血小板取代 AA 形成 TXA_3，减弱 TXA_2 促血小板聚集和收缩血管作用，同时抑制血小板生长因子的释放，阻止血管平滑肌细胞的增殖和迁移；在血管壁形成 PGI_3，PGI_3 具有 PGI_2 扩张血管和抗血小板相类似的作用；增加红细胞可塑性，降低血液黏滞度，改善微循环；在白细胞，EPA 可转化为白三烯的 LTB_5，从而减弱 LTB_4 促进白细胞向血管内皮的黏附和趋化；EPA 和 DHA 对动脉粥样硬化早期的白细胞-内皮细胞炎性反应的多种细胞因子表达呈明显的抑制作用。

【临床应用】 适用于高 TG 性高脂血症。对心肌梗死患者的预后有明显改善。亦可用于糖尿病并发高脂血症的患者。

【不良反应】 一般无不良反应，长期或大剂量使用，可引起出血时间延长、免疫力低下。

2. n-6 型多烯脂肪酸 主要来源于玉米油、葵花籽油、亚麻籽油及大豆油等植物油，有亚油酸（linoleic acid，LA）和 γ-亚麻酸（γ-linolenic acid，γ-LNA）。常用月见草油（evening primrose oil）和亚油酸（linoleic acid）。可适当降低 TG、TC 和 LDL，升高 HDL，但作用较弱。

月见草油含有约 90% 的不饱和脂肪酸，其中亚油酸约 70%，γ-亚麻酸约 6%~9%，亚油酸和 γ-亚麻酸具有较弱的调血脂作用。亚油酸在体内可转化为系列 n-6 型多烯脂肪酸，发挥调血脂和抗动脉粥样硬化作用，常做成胶丸或与其他调血脂药和抗氧化药制成多种复方制剂使用。

第三节 抗氧化剂

氧自由基（oxygen free radical）在动脉粥样硬化的发生和发展中发挥重要作用，一方面氧自由基引发脂质过氧化，损伤血管内皮细胞，促进斑块形成及血小板聚集和血栓形成；另一方面，氧自由基通过氧化修饰 LDL、VLDL、LP（a）和具有抗动脉粥样硬化作用的 HDL，促进动脉粥样硬化的形成和发展。因此，防止氧自由基的形成及对脂蛋白的氧化修饰，成为抗动脉粥样硬化的重要措施。目前常用的抗氧化药物（antioxidants）有普罗布考（probucol）和维生素 E（vitamin E）。

普罗布考

【体内过程】 口服吸收不完全（<10%），且不规则，餐后服用可增加吸收。T_{peak} 为 24h，长期服用 3~4 个月达 Css。脂溶性较高，吸收后主要分布于脂肪组织及肾上腺，血清中浓度较低，血清中普罗布考 95% 分布于脂蛋白的疏水核。消除缓慢，$t_{1/2}$ 长达 47 日。主要经胆汁排泄，仅有 2% 经肾脏排泄。

【药理作用与作用机理】

1. 抗氧化作用 普罗布考为脂溶性抗氧化剂，抗氧化作用强，进入体内分布于脂蛋白表面，本身被氧化成普罗布考自由基，阻断脂质过氧化，减少脂质过氧化物（lipid peroxide，LPO）及 ox-LDL 的产生，抑制血管内皮细胞损伤、单核细胞黏附迁移、清道夫受体摄取 ox-LDL 成泡沫细胞、平滑肌细胞增殖和迁移等，从而减缓动脉粥样硬化的病变过程。

2. 调血脂作用 普罗布考降低血浆 TC、LDL-C、HDL-C 及 Apo A_1 浓度，对 TG、VLDL 无影响。与他汀类或胆汁酸结合树脂配伍应用，可增强调血脂作用。

普罗布考能竞争性抑制 HMC-CoA 还原酶,抑制胆固醇合成;抑制 LDL 转运载体 Apo B 的合成,使 LDL 生成减少,并增加 LDL 受体数量和活性,促进 LDL 清除;从而降低血浆 TC 及 LDL-C 浓度。普罗布考通过增加胆固醇酯转移蛋白和 Apo E 的血浆浓度,使 HDL 颗粒中胆固醇减少,但 HDL 数量和活性提高,增加 HDL 的转运效率,使胆固醇逆转运清除加快。

【临床应用】 用于各型高胆固醇血症,包括纯合子和杂合子家族性高胆固醇血症。对继发于肾病综合征或糖尿病的Ⅱ型高脂血症也有效。并可预防 PTCA 后的再狭窄。长期使用,可使肌腱等部位的黄色瘤消退。

【不良反应及注意事项】 不良反应少而轻,以胃肠道反应为主,如腹泻、腹胀、腹痛、恶心等,偶有嗜酸性粒细胞增多、肝功异常、高尿酸血症、高血糖、血小板减少、肌病、感觉异常等。因普罗布考能延长 Q—T 间期,用药期间应注意心电图变化,禁用于 Q—T 间期延长者,也禁与延长 Q—T 间期的药物合用。小儿及孕妇禁用。

维 生 素 E

维生素 E(vitamin E)为脂溶性维生素,是体内最主要的抗氧化剂之一,本身无调血脂作用。其结构中苯环上的羟基失去电子或 H^+,氧自由基结合电子或 H^+ 被中和,进而丧失氧化损伤的作用。维生素 E 可抑制脂蛋白的氧化修饰及其引发的系列动脉粥样硬化病变过程。维生素 E 口服易吸收,在体内氧化生成的生育醌与葡糖醛酸结合后经胆汁排泄,经肠道重吸收后被维生素 C 或氧化还原系统复原后可继续发挥抗氧化作用。

第四节 其 他 类

(一)多烷醇

多 廿 烷 醇

多廿烷醇(policosanol)是从蔗蜡中提取的含有八种高级脂肪醇的混合物。

【体内过程】 口服吸收迅速,口服 1h 后,出现第一个峰值,第二个最大峰值出现在 4h 之后。健康受试者单剂量给药,该药绝大部分通过粪便排泄,只有约 1%通过尿液排出体外。

【药理作用与作用机理】 多廿烷醇通过抑制胆固醇的生物合成而发挥作用。此外,多廿烷醇还可以通过增加 LDL 与受体的结合和内在化过程,促进 LDL-C 的分解代谢,从而降低血浆中 LDL-C 的水平。同时多廿烷醇还可以增加 HDL-C 水平,降低 TG 和 VLDL-C 水平。多廿烷醇还具有抗血小板聚集,减轻体重,提高性能力等作用。

【临床应用】 适用于原发型Ⅱa 和Ⅱb 高脂血症患者。

当仅靠饮食不足以控制血浆中总胆固醇及 LDL-C 的水平时,推荐使用多廿烷醇治疗。多廿烷醇还对Ⅱ型高胆固醇血症合并肾功能不全、非胰岛素依赖型糖尿病、高血压、冠心病高危、心力衰竭等疾病的患者;以及对他汀类药物耐受患者、绝经期妇女、胃肠不适患者均有很好疗效。

【不良反应及注意事项】 不良反应轻微而短暂,在短期及长期双盲对照临床研究中,用药剂量 5~20mg/d,只有 0.1%~0.2%的患者出现皮疹等不良反应。

(二)黏多糖和多糖类

本类药物主要为硫酸多糖,包括从动物脏器内和藻类中提取或半合成的肝素(heparin)、低分子量肝素(low molecular weight heparin,LMWH)、硫酸软骨素(chondroitin sulfate)和硫酸皮肤素(dermatan sulfate)等;在体内可产生调血脂、抑制炎症反应、抑制血管平滑肌细胞增殖、抗血栓、保护血管内皮等作用,从多方面发挥抗动脉粥样硬化效应。

【案例及思考题】 患者,男性,32 岁,体检发现 TC 为 17.26mmol/L(正常值为 2.8~5.7mmol/L),TG 为 1.92mmol/L(正常值为 0.56~1.7mmol/L),HDL-C 为 0.74mmol/L(正常值为 0.91~1.04mmol/L),LDL-C 为 18.53mmol/L(正常值为 3.12~3.64mmol/L),VLDL-C 为 1.24mmol/L(正常值为 0.21~0.78mmol/L)。诊断为高脂血症,给予阿伐他汀 20mg,每日一次,晚餐时服用。

问题:
1. 他汀类药物的作用和机理如何?
2. 还可选用哪些调血脂药,依据是什么?

(王恩军)

第六篇 呼吸、消化与造血系统药理学

第三十章 作用于呼吸系统的药物

呼吸系统疾病的常见症状主要包括喘息、咳嗽和咳痰，而平喘药（anti-asthmatic drug）、镇咳药（antitussives）、祛痰药（expectorants）可以有效缓解上述临床症状，预防并发症的发生。

第一节 平喘药

喘息是支气管哮喘及喘息型支气管炎的主要症状。其病理改变为炎症细胞浸润、支气管平滑肌痉挛、支气管狭窄及气道高反应性。平喘药是一类能缓解或消除哮喘及喘息症状的药物，根据药物作用机理的不同可分为抗炎平喘药、支气管扩张药、抗过敏平喘药。

一、抗炎平喘药

临床常用的抗炎平喘药主要是糖皮质激素类，其作用广泛，通过抑制气道炎症反应，改善气道重构和呼吸功能，达到长期防止哮喘发作的效果，已成为平喘药中的一线药物。

（一）糖皮质激素

糖皮质激素（glucocorticoids，GCs）用于哮喘的治疗已有50年历史。其对支气管平滑肌收缩没有直接的抑制作用，而是通过调控炎症相关靶基因的表达，抑制哮喘时炎症反应的多个环节发挥平喘作用。作用机理包括如下几方面。①抗炎作用：可抑制嗜酸性粒细胞、中性粒细胞、巨噬细胞等各种炎症细胞趋化、聚集、活化，抑制炎症相关细胞因子如TNF-α、IL-1、IL-5、IL-6、IL-8表达及生物效应，促进肺炎症细胞的凋亡，减轻局部炎症反应和气道黏膜的充血水肿，减少渗出及分泌。②免疫抑制作用：抑制淋巴细胞功能，减少组胺、5-羟色胺、缓激肽等过敏介质的释放，抑制抗体的生成。③抑制气道高反应性：抑制炎症和免疫反应而降低患者吸入抗原、胆碱受体激动剂、冷空气及运动后的支气管收缩反应。④增强支气管平滑肌对儿茶酚胺类的敏感性：阻止β受体下调，增强β受体的反应性，缓解支气管痉挛和黏膜水肿。

糖皮质激素给药方式分为全身用药和气雾吸入给药。①全身用药包括口服与注射给药，抗炎作用强大，平喘效果显著，但易引起较多的严重不良反应。仅适用于哮喘持续状态或其他药物不能控制的严重哮喘。②气雾吸入给药：在气道内可获得较高的药物浓度，充分发挥局部抗炎作用，快速抑制气道高反应性，但需要数周甚至数月才可获最大效应，可减少口服激素制剂用量或逐步替代口服激素，并可避免或减少全身性药物的不良反应。用于支气管扩张药不能有效控制的慢性哮喘患者，长期应用可以减少或终止发作，减轻病情严重程度，但不能缓解急性症状。

吸入剂型糖皮质激素是目前最常用的抗炎性平喘药，临床常用药物有丙酸倍氯米松（beclomethasone dipropionate）、布地奈德（budesonide）、丙酸氟替卡松（fluticasone propionate），脂溶性高低顺序为丙酸氟替卡松＞丙酸倍氯米松＞布地奈德，高脂溶性者在气道内浓度高，容易转运进入细胞内与局部糖皮质激素受体结合，产生较强抗炎活性。长期用药时，糖皮质激素沉积在咽部及呼吸道，可引起声音嘶哑、声带萎缩变形、诱发口咽部念珠菌感染，故吸入后需立即漱口。

（二）磷酸二酯酶-4抑制剂

罗氟司特（roflumilast）是第一个被欧盟（2010年）和美国（2011年）批准上市用于慢性阻塞性肺疾病（chronic obstructive pulmonary diseases，COPD）治疗的药物，也是第一个用于临床的选择性磷酸二酯酶-4（PDE-4）抑制剂。

PDE-4主要分布于炎症细胞、气道上皮细胞和平滑肌细胞内，PDE-4是细胞内特异性的cAMP水解酶，PDE-4抑制剂抑制PDE-4活性，增加细胞内cAMP水平而发挥治疗作用。

1. 抑制炎症细胞聚集和活化 罗氟司特抑制PDE-4活性，减轻气道上皮细胞、中性粒细胞、巨噬细胞和嗜酸性粒细胞等炎症细胞的聚集和活化，减少炎症因子TNF-α、IL-1等释放，罗氟司特具有强大的抗炎作用而缓解气道炎症。

2. 扩张气道平滑肌 罗氟司特具有轻度扩张支气管平滑肌的作用，可缓解气道高反应性。

3. 缓解气道重塑 罗氟司特除了能降低气道高反应性外，还可减少上皮细胞基底的胶原沉着、气道平滑肌细胞增厚、杯状细胞增生和黏蛋白的分泌，促进气道上皮纤毛运动从而促进排痰。

罗氟司特用于治疗反复发作并加重的成人重症COPD，常与长效支气管扩张药联合应用。对于慢性喘息型支气管炎和COPD伴有喘息患者亦有较好的疗效。

罗氟司特不用于18岁以下的患者，常见不良反应是腹泻、恶心、头痛、头晕、背痛、食欲减退和体重减轻，多见于用药后的第一周，随着治疗的进行大部分症状会好转消失。少数患者会出现失眠、焦虑、抑郁、情绪变化及自杀倾向，需加以监测。

二、支气管扩张药

支气管扩张药是常用的平喘药，主要包括β肾上腺素受体激动药、茶碱类和抗胆碱药。

（一）β肾上腺素受体激动药

分为非选择性β肾上腺素受体激动药和$β_2$肾上腺素受体激动药两类。

1. 非选择性β肾上腺素受体激动药　异丙肾上腺素、肾上腺素、麻黄碱曾是治疗哮喘的常用药物，但因对受体缺乏选择性、作用时间短、易引发心脏兴奋，现已较少应用。

2. $β_2$肾上腺素受体激动药　20世界80年代以来在临床上应用，选择性的激动$β_2$肾上腺素受体，对$β_1$肾上腺素受体作用弱，对α肾上腺素受体几乎无影响。具有稳定性好、作用时间长、选择性高、低剂量下较少引发心血管系统不良反应、可多途径给药等优点，已基本取代非选择性β肾上腺素受体激动药，成为哮喘对症治疗的首选药物之一。

【体内过程】　常用药物体内过程特点见表30-1。

表30-1　常用$β_2$受体激动药作用特点和体内过程

药物	作用特点	体内过程
沙丁胺醇（salbutamol）	短效$β_2$受体激动药。对$β_2$受体作用强于$β_1$受体，兴奋心脏作用仅为异丙肾上腺素1/10	口服30min起效，T_{peak}为2~4h，生物利用度为30%，作用持续6h。$t_{1/2}$为2.7~5h。气雾吸入5~15min起效，T_{peak}为1h。生物利用度为10%，作用维持3~6h。$t_{1/2}$为3.8h
特布他林（terbutaline）	作用与沙丁胺醇相似，既可口服，又可注射，是本类中唯一可以皮下注射的药物	口服30min起效，T_{peak}为2~4h，作用持续4~7h。皮下注射后5~15min起效，0.5~1h达最大效应，持续1.5~4h。气雾吸入5~15min起效，0.5~1h达最大效应，作用持续4h。
克仑特罗（clenbuterol）	强效长效$β_2$受体激动药，松弛支气管平滑肌效果为沙丁胺醇的100倍	口服10~20min起效，作用持续4~6h。气雾吸入5~10min起效，作用持续2~4h。直肠给药，作用持续24h
福莫特罗（formoterol）	作用极强且持久，吸入或口服对气道的扩张作用及对组胺、乙酰胆碱等引起的气道收缩的保护作用可维持12h以上，特别对气道选择性良好	口服吸收迅速，T_{peak}为0.5~1h，$t_{1/2}$约为2h，吸入给药后5min起效，约2h达最大效应，$t_{1/2}$为1.3~1.7h。
班布特罗（bambuterol）	新型长效$β_2$受体激动药，为特布他林的前体药物	口服吸收后可避免特布他林必需基团首关消除，进而代谢生成特布他林而发挥作用。对肺组织有较高亲和性，分布浓度高，较特布他林起效慢，但有更稳定持久和更高的肺部$β_2$受体选择性激动作用。作用可维持24h以上

【药理作用与作用机理】　$β_2$肾上腺素受体激动药主要作用是松弛支气管平滑肌，其机理如下所示。药物与气道靶细胞膜上的$β_2$受体结合，激活兴奋性G蛋白，活化腺苷酸环化酶，催化细胞内ATP转化为cAMP，细胞内的cAMP水平增加，进而激活cAMP依赖性蛋白激酶A（PKA），通过降低细胞内游离钙浓度、肌球蛋白轻链激酶（MCLK）失活和钾通道开放等途径，引起平滑肌松弛。此外，$β_2$肾上腺素受体激动药还可抑制肥大细胞与中性粒细胞释放炎症介质与过敏介质，增强气道纤毛运动、促进气道分泌、降低血管通透性、减轻气道黏膜下水肿等，上述效应均有利于缓解或消除哮喘。

【临床应用】　主要用于支气管哮喘、喘息型支气管炎及伴有支气管痉挛的其他呼吸道疾病，如肺气肿、COPD等。气雾吸入和静脉给药起效迅速，气雾吸入常用于哮喘持续状态，而静脉给药是治疗哮喘急性发作的首选方式。口服给药一般用于预防哮喘发作，尤其长效制剂适用于哮喘夜间发作、运动诱发哮喘和COPD的治疗。

【不良反应及注意事项】

1. 肌肉震颤　为最常见的不良反应，是药物激动骨骼肌慢收缩纤维的$β_2$受体，引起肌肉震颤，好发部位在四肢与面颈部，轻者感到不舒服，重者影响生活与工作。气雾吸入时发生率较全身给药低。部分患者可随着用药时间延长，肌肉震颤逐渐减轻或消失。

2. 心脏反应　表现为心悸，可伴有头痛、头晕、恶心等。$β_2$肾上腺素受体激动药对心脏的作用较轻，但在大剂量或注射给药时，仍可引起心脏反应，特别是原有心律失常的患者，应优先选用气雾剂吸入给药,避免长期大剂量单独使用,严重病例应交替使用不同类型平喘药。

3. 代谢紊乱 ①血中乳酸和丙酮酸升高:β_2肾上腺素受体激动药可增加肌糖原分解,引起血乳酸、丙酮酸升高,并产生酮体。糖尿病患者应用时应注意引起酮中毒或乳酸中毒。②低钾血症:由于β_2肾上腺素受体激动药兴奋骨骼肌细胞膜上Na^+-K^+-ATP酶,使K^+进入细胞内而引起血钾降低,过量应用时或与糖皮质激素合用时,可能引起低钾血症。

(二)茶碱类

茶碱(theophyline)是一类甲基黄嘌呤类衍生物,具有平喘、强心、利尿、扩张血管和中枢兴奋等作用。

【体内过程】 口服吸收良好,5~7h达血药稳态浓度,生物利用度个体差异较大,蛋白结合率约60%,体内分布广泛。主要在肝脏代谢,经肾排泄,其中约10%为原型。儿童$t_{1/2}$约3.5h,成人$t_{1/2}$约8h。

【药理作用与作用机理】

1. 平喘作用 茶碱类对支气管平滑肌具有较强的扩张作用,并具有抗炎、改善呼吸等作用,其机理涉及多个环节:①抑制磷酸二酯酶(PDE):茶碱为非选择性PDE抑制药,可抑制呼吸道平滑肌内PDE_3、PDE_4、PDE_5,使细胞内cAMP浓度升高而舒张支气管平滑肌。②拮抗腺苷受体:茶碱是腺苷受体拮抗药,可以拮抗腺苷引发的气管收缩或气道痉挛。③促进肾上腺髓质激素释放:茶碱可以促使肾上腺素和去甲肾上腺素分泌增加,激动β_2肾上腺素受体而产生松弛支气管平滑肌作用。④免疫调节与抗炎作用:茶碱在低浓度时即可抑制肥大细胞、嗜酸性粒细胞、巨噬细胞、T淋巴细胞等的功能,减少炎症介质释放,抑制炎症细胞浸润,降低血管通透性。⑤增加膈肌收缩力并促进支气管纤毛运动:增加膈肌收缩力有利于改善呼吸肌功能;促进支气管纤毛运动有利于加速纤毛清除痰液。

2. 其他作用 ①强心作用:增强心肌收缩力,增加心排血量;②利尿作用:增加肾血流量和肾小球滤过率,并抑制肾小管对离子的重吸收;③松弛胆道平滑肌,解除胆道痉挛。

【临床应用】

1. 支气管哮喘和喘息样支气管炎 茶碱扩张支气管作用较β_2肾上腺素受体激动药弱,且起效缓慢,抗炎作用不及糖皮质激素,故一般情况较少使用。口服给药主要用于慢性哮喘的维持治疗和预防急性发作。静脉给药主要用于哮喘持续状态和β_2肾上腺素受体激动药不能控制的急性哮喘。

2. 慢性阻塞性肺病 可改善COPD患者的气促、喘息症状,对COPD伴有右心功能不全的心源性哮喘患者效果尤佳,缘于茶碱可扩张肺动脉及降低肺动脉压、强心和利尿作用。

3. 其他 ①中枢型睡眠呼吸暂停综合征:茶碱具有中枢兴奋作用,对于脑部疾病或原发性呼吸中枢病变导致通气不足患者,明显增强通气功能,改善症状;②心源性哮喘的辅助治疗;③缓解胆绞痛,宜与镇痛药合用。

【不良反应及注意事项】 茶碱安全范围较小,不良反应发生与血药浓度密切相关,血药浓度超过20mg/L易发生,主要包括以下几方面。①胃肠道不适:上腹部疼痛、恶心、呕吐等;②中枢兴奋:头痛、激动、失眠,甚至癫痫发作;③急性中毒:剂量过大或静脉注射过快可引起心动过速、心律失常、血压骤降、惊厥、昏迷等,严重者可发生呼吸、心跳停止,静脉注射时应充分稀释并缓慢注射;④偶见横纹肌溶解所致的急性肾衰竭,亦可致死。

【药物相互作用】

(1)与下述药物合用时可增加茶碱的血药浓度和(或)毒性:地尔硫䓬、维拉帕米、美西律、西咪替丁、雷尼替丁、噻氯匹定、卡介苗、流感病毒疫苗、阿糖腺苷、抗甲状腺药、别嘌醇、红霉素、依诺沙星、环丙沙星、氧氟沙星、克林霉素、林可霉素、噻苯达唑、氟康唑。

(2)咖啡因及其他黄嘌呤类药可增加茶碱的作用和毒性。

(3)茶碱与沙丁胺醇合用有协同作用,同时也增强不良反应。

(4)苯巴比妥、苯妥英钠及卡马西平,可加快茶碱代谢与清除;同时茶碱也干扰苯妥英钠的吸收。

【禁忌证】 低血压、严重心血管疾病、肝功能不全者慎用。茶碱过敏者、消化道溃疡、急性心肌梗死、休克患者禁用。

氨 茶 碱

氨茶碱(aminophylline)为茶碱和乙二胺的复盐,含茶碱77%~83%。可松弛支气管、肠道、胆道等多种平滑肌,并抑制过敏介质的释放。在解痉的同时还可缓解支气管黏膜的充血和水肿。增强呼吸肌、心肌的收缩力,减少呼吸肌疲劳及增加心排血量。增加肾小球滤过率和肾血流量,抑制肾小管对离子的重吸收,产生利尿作用。扩张冠状动脉、外周血管和胆管。

临床主要用于支气管哮喘、哮喘样支气管炎、急性重度哮喘、哮喘持续状态的治疗。也可用于治疗胆绞痛、急性心功能不全、心源性哮喘、病态窦房结综合征和窦房传导阻滞。

氨茶碱碱性较强,局部刺激性大,口服可致恶心、呕吐,肌内注射可引起局部红肿、疼痛,现已极少用。静脉滴注过快或浓度过高可强烈兴奋心脏,引起头晕、心悸、心律失常、血压剧降,严重者可致惊厥、肌肉颤动和癫痫。

胆 茶 碱

胆茶碱(cholinophylline)为茶碱与胆碱的复盐,

作用与茶碱相似。口服易吸收，胃肠道刺激性小，作用时间较长，对心脏和神经系统的影响较少。

多索茶碱

多索茶碱（doxofylline）松弛支气管平滑肌的作用为氨茶碱的 10～15 倍，与茶碱不同的有以下几方面：①具有镇咳作用。②无腺苷受体阻断作用，较少引起中枢、胃肠道及心血管等肺外系统的不良反应。但大剂量仍可引起血压下降。

二羟丙茶碱

二羟丙茶碱（diprophyllin）与氨茶碱作用相似，具有扩张支气管、扩张冠状动脉、强心、利尿作用。但其作用较弱，在胃液中稳定，对胃肠道刺激性小，口服耐受性和吸收性均较好，对心脏和神经系统的影响较小，尤适用于伴有心动过速的哮喘患者。

茶碱缓释剂

茶碱缓释剂（theophylline）具有血药浓度稳定、作用持续时间长、给药次数少、胃肠道刺激反应轻等特点，适用于慢性反复发作性哮喘与夜间哮喘。

（三）吸入性 M 胆碱受体拮抗药

胆碱能神经对呼吸道平滑肌张力具有重要的调节作用，在呼吸道平滑肌、气道黏膜下腺体、血管内皮细胞上分布有 M_3 受体，M_3 受体激动时，出现气道平滑肌收缩、气道口径缩小、黏液分泌增加、血管扩张等功能改变。吸入性 M 胆碱受体拮抗药为阿托品衍生物，可选择性拮抗 M_3 受体，扩张支气管平滑肌，临床常用药物有异丙托溴铵、噻托溴铵、氧托溴铵、泰乌托品。

异丙托溴铵

异丙托溴铵（ipratropium bromide）对呼吸道平滑肌具有较高的选择性，有较强的支气管平滑肌松弛作用，对呼吸道腺体和心血管作用较弱。异丙托溴铵为季铵盐，气雾吸入起效缓慢，对急性哮喘疗效较差，主要用于支气管哮喘、喘息样支气管炎的预防及治疗，尤其适用于高迷走神经活性、对 β 受体激动药引起的肌肉震颤、心动过速等不能耐受、老年性哮喘患者，吸入后 5～10min 起效，达峰时间为 30～60min，作用持续 6～8h。少数患者可出现口干、口苦、喉刺激症状、咳嗽和气管痒感。

噻托溴铵

噻托溴铵（tiotropium bromide）为长效抗胆碱药，与 M 受体的亲和力较高，且与 M 受体解离缓慢，可持久地扩张支气管，有效改善肺功能，缓解呼吸困难，降低 COPD 加重的频率。每日吸入给药 1 次，可维持超过 24h。临床用于慢性支气管炎、COPD、肺气肿伴随呼吸困难的维持治疗，以及急性发作的预防。常见不良反应为口干和咳嗽，持续用药症状可消失。

三、抗过敏平喘药

变态反应引发呼吸道肥大细胞、嗜酸性粒细胞释放炎症介质，导致气道平滑肌痉挛及炎症。抗过敏平喘药通过抑制肥大细胞释放炎症介质，抑制巨噬细胞、嗜酸性粒细胞、单核细胞等炎症细胞的活性和轻度的抗炎作用起作用，因起效缓慢，主要用于预防哮喘的发作，对急性患者无效。本类药物主要包括炎症细胞膜稳定剂、H_1 受体阻断剂、白三烯受体拮抗药。

（一）炎症细胞膜稳定剂

色甘酸钠

色甘酸钠（sodium cromoglycate）主要对速发型变态反应具有明显的保护作用，其机理包括如下几点：①稳定肥大细胞膜：选择性的作用于肺组织的肥大细胞，抑制外钙内流，阻止肥大细胞脱颗粒释放组胺、白三烯等过敏介质。②抑制气道感觉神经纤维所引发的反射：抑制二氧化硫、冷空气、甲苯二异氰酸盐、运动等刺激引起的支气管痉挛。③抑制非特异性支气管高反应性：色甘酸钠可降低哮喘患者气道对物理、化学刺激的反应性。

色甘酸钠主要用于预防过敏性哮喘、运动性哮喘的发作，儿童患者疗效尤佳，但起效缓慢，需连续用药数日方可起效。色甘酸钠为非脂溶性药物，口服吸收不足 1%，需采用粉雾定量雾化器吸入给药。还可用于过敏性鼻炎和季节性花粉症的治疗。口服和灌肠可用于溃疡性结肠炎的治疗。滴眼液适用于过敏性结膜炎或角膜炎及其他过敏性眼病。软膏外用于过敏性湿疹、接触性皮炎的治疗。吸入治疗哮喘时，对少数患者有局部刺激作用，可引起咳嗽甚或诱致哮喘加重，应减量用药或更换别药。

色甘酸钠吸入给药偶见咽部、气管等局部刺激症状，甚至引发支气管痉挛或哮喘加重，可合用小剂量异丙肾上腺素预防。

奈多罗米

奈多罗米（nedocromil）作用与色甘酸钠相似，能稳定肥大细胞膜，抑制各类炎症介质的释放，作用强于色甘酸钠。此外，奈多罗米还具有特异的抗炎作用，从而减轻支气管的气道高反应性和支气管平滑肌痉挛。临床用于各种气道阻塞性疾病的预防性治疗。

（二）H_1 受体阻断剂

酮替芬

酮替芬（ketotifen）具有 H_1 受体拮抗、抑制过敏介质释放、拮抗 5-羟色胺及白三烯等作用，对已释放介质亦有拮抗作用。主要用于预防各类哮喘的发作，临床疗效优于色甘酸钠，对儿童型哮喘的疗效优于成人型哮喘，对糖皮质激素依赖型哮喘患者，可减少糖皮质激素的用量。但对运动性哮喘疗效欠佳。也可用于过敏性鼻炎、荨麻疹、湿疹、过敏性皮炎等的治疗。

不良反应常见轻度头昏、口干、嗜睡、困倦等，1周后可逐步减轻或消失。偶见皮疹瘙痒、局部皮肤水肿等过敏症状，应及时停药。

（三）抗白三烯药

白三烯（leukotrienes，LTs）是花生四烯酸经 5-脂氧合酶代谢产生的一组炎性介质，对哮喘时的气道炎症反应产生重要作用，包括收缩支气管平滑肌、刺激黏液分泌、增加血管通透性、促进黏膜水肿形成、促进嗜酸性粒细胞和中性粒细胞浸润等。抗白三烯药通过阻断受体、抑制白三烯生成而发挥治疗作用，包括 LTs 受体拮抗药和 5-脂氧合酶（5-LOX）抑制剂。

LTs 受体拮抗药主要有以下几种。扎鲁司特（zafirlukast）用于成人和 12 岁以上儿童哮喘的预防和长期治疗。孟鲁司特（montelukast）用于成人和 2 岁以上儿童的哮喘的预防和长期治疗，对阿司匹林敏感的哮喘及运动引起的支气管收缩疗效显著。普鲁司特（pranlukast）临床应用与扎鲁司特相似，用于成人与 12 岁以上儿童哮喘的治疗。

5-LOX 抑制剂：齐留通（zileuton）用于成人及 12 周岁以上儿童哮喘的预防和慢性哮喘的治疗。但长期使用可致肝功能改变，氨基转移酶升高，使用前以及使用中需注意检测肝氨基转移酶活性。

第二节 镇 咳 药

咳嗽是呼吸道受到刺激时产生的保护性反射活动，可以促进呼吸道痰液和异物的排出，保持呼吸道清洁与通畅。但频繁、剧烈的咳嗽不仅导致患者感到不适和痛苦，甚或引发并发症、加重病情。故此，在进行对因治疗的同时，适当使用镇咳药进行对症治疗，可缓解症状、减轻痛苦、防止原发疾病发展、避免引起并发症。若咳嗽伴有咳痰困难，则应以祛痰为主，慎用镇咳药，否则痰液排出受阻，易继发感染，阻塞呼吸道、引起窒息。

镇咳药根据抑制咳嗽反射的环节不同，可分为如下两类。①中枢性镇咳药：直接抑制延髓咳嗽中枢而发挥镇咳作用；②外周性镇咳药：通过抑制咳嗽反射弧中的感受器、传入神经、传出神经或效应器中任何一环节而发挥镇咳作用。有些药物兼有中枢和外周两种作用。

一、中枢性镇咳药

可 待 因

可待因（codeine）对延髓的咳嗽中枢有选择性抑制作用，镇咳作用强而迅速，强度约为吗啡的 1/4，因疗效确切，常作为标准镇咳药进行对比评价。可待因还兼有镇痛、镇静作用，可缓解轻至中度的疼痛，镇痛强度为吗啡的 1/12~1/10。临床用于各种原因引起的剧烈干咳及刺激性咳嗽，尤其适用于伴有胸痛的剧烈干咳；也用于缓解轻至中度疼痛。

可待因脂溶性高，口服、注射给药均可，生物利用度为 40%~70%，$t_{1/2}$ 为 2.5~4h。口服 30~45min 起效，T_{max} 约为 1h，作用持续约 4h。肌内注射 T_{max} 约为 30min，作用维持约 3h。

治疗量时偶有恶心、呕吐、便秘、嗜睡及眩晕等，大剂量能明显抑制呼吸中枢。小儿用药过量可引起惊厥。长期用药可产生耐受性和依赖性。能抑制支气管腺体的分泌及纤毛运动，使痰液黏稠不易咳出，多痰者易造成气道阻塞及继发感染，故不宜应用。

右美沙芬

右美沙芬（dextromethorphan）抑制延髓咳嗽中枢，镇咳作用与可待因相似或稍强，起效快，无镇痛作用，治疗量不抑制呼吸。适用于各种原因引起的干咳或刺激性咳嗽。右美沙芬安全范围较大，偶见轻度口干、头晕、恶心、便秘等阿托品样作用，停药后可自行消失。过量可引起精神错乱、呼吸抑制。无耐受性及依赖性。孕妇及黏痰多者慎用，有精神病史者禁用。

喷 托 维 林

喷托维林（pentoxyverine）兼有中枢和外周镇咳作用，可直接抑制咳嗽中枢，强度为可待因的 1/3，并有微弱的阿托品样作用和局部麻醉作用，可轻度抑制呼吸道感受器和传入神经末梢，松弛痉挛的支气管平滑肌，降低气道阻力。临床用于各种原因引起的干咳及上呼吸道感染引发的急性咳嗽。偶见轻度头痛、头晕、口干、恶心、腹胀、便秘等不良反应，无依赖性。青光眼、心功能不全、伴肺部淤血患者慎用。

二、外周性镇咳药

二 氧 丙 嗪

二氧丙嗪（dioxopromethazine）为异丙嗪的衍生物，具有较强的镇咳作用，10mg 二氧丙嗪的镇咳作用约与 15mg 可待因相当，适用于急性气管炎、慢性气管炎和各种疾病引起的咳嗽。还具有抗组胺、平滑肌解痉、抗炎和局麻作用，故也可用于祛痰和平喘。还可用于荨麻疹、皮肤瘙痒症的治疗。不良反应为困倦、乏力、镇静催眠等。无耐受性及成瘾性。

苯 丙 哌 林

苯丙哌林（benproperine）抑制肺、胸膜牵张感受器引发的神经反射，解除支气管平滑肌痉挛，亦对咳嗽中枢有一定抑制作用。为非麻醉性强效镇咳药，起效迅速，镇咳作用为可待因的 2~4 倍。适用于刺激性干咳及其他原因引起的咳嗽。口服后约 15min 起效，作用持续 4~7h。偶见口干、困倦、乏力、头晕、胃部烧灼感、食欲缺乏、皮疹等不良反应。无成瘾性。

那 可 丁

那可丁（noscapine）可解除支气管平滑肌痉挛，抑制肺牵张反射引起的咳嗽，并具有一定的兴奋呼吸中枢作用。镇咳作用与可待因相当，作用持续 4h。用于刺激性干咳的治疗。无耐受性和依赖性。偶见轻微的恶心、头痛、嗜睡。不宜用于痰多的患者。

第三节 祛 痰 药

痰液为气道炎症的特异性产物，可刺激呼吸道黏膜引发咳嗽加重感染。祛痰药（expectorants）可使痰液稀释或黏稠度降低而易于咳出，根据作用机理不同分为痰液稀释药和黏痰溶解药。

一、痰液稀释药

痰液稀释药口服后可刺激胃黏膜，反射性引起呼吸道腺体分泌增加，使痰液稀释，易于咳出，代表药物有氯化铵（ammonium chloride）、愈创甘油醚（guaifenesin）。

氯 化 铵

本品口服后刺激胃黏膜的迷走神经，引起轻度的恶心，反射性地引起气管和支气管腺体分泌增加，使痰液稀释，易于排除。祛痰作用较弱，常与其他止咳祛痰药物配成复方制剂，用于呼吸系统疾病引发的黏痰不易咳出者。不良反应可见恶心、呕吐、口渴、胃痛及高氯性酸中毒。严重肝肾功能减退、溃疡病、代谢性酸中毒禁用。

愈创甘油醚

愈创甘油醚作用与氯化铵相似，可刺激胃黏膜迷走神经末梢，反射性引起支气管黏膜腺体分泌增加，降低痰的黏性，使黏痰易于咳出。同时兼有轻度止咳、抗菌作用。可单独或制成复方制剂用于支气管炎、肺脓肿、支气管扩张等疾病的咳嗽、多痰。可见恶心、胃肠不适、头晕、嗜睡和过敏等不良反应。

二、黏痰溶解药

乙酰半胱氨酸

乙酰半胱氨酸（acetylcysteine）分子中含的巯基可使痰液中糖蛋白多肽链的二硫键断裂，降低痰液黏稠度，并使之液化；同时对脓性痰液中的 DNA 具有裂解作用，故此对白色黏痰、脓痰均能起到溶解效应，使黏度下降，易于咳出。雾化吸入用于大量黏痰阻塞气道而咳出困难者，尤其适用于手术后咳痰困难者及肺部感染的预防和治疗，紧急时可气管滴入。乙酰半胱氨酸具有特殊的臭味和呼吸道刺激性，可致恶心、呕吐、呛咳、支气管痉挛，支气管哮喘、肺功能不全的老年患者慎用。可使青霉素、头孢菌素、四环素类抗生素破坏，不宜合用。

溴 己 新

溴己新（bromhexine）可裂解痰液中的黏多糖，并抑制黏多糖的合成分泌，促使痰液黏稠度降低。还具有刺激支气管腺体分泌增加、促进呼吸道黏膜纤毛运动、促进痰液排出等作用。用于慢性支气管炎、哮喘、支气管扩张、矽肺等黏痰不易咳出患者。偶有恶心、胃部不适、血清氨基转移酶暂时升高，宜在饭后服用。肝功能不全、溃疡患者慎用。可增强四环素类抗生素的抗菌活性。

氨 溴 索

氨溴索（ambroxol）为溴己新的体内活性代谢产物，具有黏痰溶解作用，作用强于溴己新，毒性小，用于支气管炎、支气管哮喘、支气管扩张、肺气肿、手术后等的咳痰困难。雾化吸入 1h 内生效，作用维持 3~6h。仅出现轻微的胃肠道不适，偶见皮疹等变态反应。

羧甲司坦

羧甲司坦（carbocisteine）抑制支气管腺体分泌，增加低黏度的唾液黏蛋白分泌，减少高黏度的岩藻黏蛋白产生，降低痰液黏滞度；并加强呼吸道纤毛运动，促进痰液咳出。适用于呼吸道疾病引起的痰液黏稠、咳痰困难。起效快，口服后 4h 即可见明显疗效。不良反应主要为消化道刺激症状，可引起恶心、腹泻、胃肠道出血，偶见头晕、皮疹等。消化性溃疡患者禁用。

厄多司坦

厄多司坦（erdosteine）具有溶解黏液和清除自由基作用。通过调节黏液分泌及黏性，增加呼吸道纤毛运动的转运，增加痰的排出。同时可抑制吸烟产生的自由基的活性，防止肺气肿发生。适用于支气管炎、支气管哮喘等疾病引起痰液黏稠、咳痰困难。不良反应轻微，常见有恶心、呕吐、味觉丧失等。

美 司 钠

美司钠（mesna）为含半胱氨酸的化合物，可使痰中黏蛋白的二硫键断裂，降低痰黏度，为速效、强效的黏痰溶解药。常气雾吸入或滴入用于大量黏痰阻塞引起的呼吸困难。还可作为环磷酰胺等抗肿瘤药物的辅助用药，预防泌尿系统损伤。

【案例及思考题】 患者，女性，21 岁，自幼经常咳嗽，偶有胸闷、气喘，能自行缓解。近日"感冒"后突发气促、气喘、呼吸困难入院。检查可见：端坐呼吸，口唇发绀，鼻翼扇动，颈静脉怒张，胸廓对称膨隆。双侧语颤触觉减弱。两肺可闻及哮鸣音，肺底细湿罗音。根据患者的症状、体征及辅助检查，确诊为支气管哮喘。予以糖皮质激素和氨茶碱雾化吸入，哮喘得以缓解。

问题：
1. 为何使用糖皮质激素和氨茶碱进行治疗？
2. 平喘药包括哪些药物，作用机理如何？

（王恩军）

第三十一章 作用于消化系统的药物

消化系统疾病种类繁多，症状各异，常表现为上腹部不适、恶心、呕吐、溃疡、腹痛、腹泻、腹胀、便秘、黄疸等。作用于消化系统的药物以消化系统为靶点，缓解各种消化系统症状，主要包括抗消化性溃疡药、消化功能调节药、利胆药。

第一节 治疗消化性溃疡的药物

消化性溃疡（peptic ulcer）包括胃和十二指肠溃疡，发病原因主要是胃酸分泌过多、胃黏膜保护作用减弱和幽门螺杆菌（*Helicobacter pylori*，Hp）感染。尤其是 Hp 感染，可促进胃酸分泌、降低胃黏膜的抵抗力，通过根治 Hp 感染，可彻底治愈多数消化性溃疡。综上，目前治疗消化性溃疡的药物主要分为抗酸药、抑制胃酸分泌药、胃黏膜保护药、抗 Hp 药四类。

一、抗 酸 药

抗酸药（antacids）为弱碱性盐类，口服后直接中和胃酸，提高胃内 pH，降低胃蛋白酶活性，解除胃酸对消化道黏膜的侵蚀和刺激，促进溃疡愈合和缓解疼痛。抗酸药中和胃酸而不抑制胃酸分泌，甚至可能引起胃酸反射性的分泌增加，故抗酸药物主要用于胃酸分泌过多、消化性溃疡的辅助治疗。常用药物包括碳酸氢钠、碳酸钙、氢氧化铝、氢氧化镁、铝碳酸镁等。

碳酸氢钠

碳酸氢钠（sodium bicarbonate）口服后能迅速中和胃酸，缓解疼痛，但作用时短暂。中和胃酸时产生大量 CO_2，可引起嗳气、腹胀、胃内压力增加、继发性胃酸过多等，大剂量时反射性引起胃泌素释放，导致反跳性胃酸分泌增加。口服碳酸氢钠可碱化尿液，还用于解救弱酸类药物过量中毒及防止磺胺类药物在尿液中析出结晶。

碳 酸 钙

碳酸钙（calcium carbonate）比碳酸氢钠抗酸作用强而持久，可见胃肠不适、嗳气、便秘等不良反应，长期用药，亦可引起胃酸反跳性分泌增加。还可用于骨质疏松、手足抽搐症、佝偻病等补充钙质。

氢 氧 化 铝

氢氧化铝（aluminium hydroxide）具有抗酸、收敛、止血和黏膜保护等作用。氢氧化铝抗酸作用缓慢而持久，与胃酸作用产生的氯化铝具有收敛作用，可局部止血。氢氧化铝还与胃液形成凝胶，覆盖在溃疡表面发挥黏膜保护作用。此外，铝离子可与肠道内的磷酸盐结合，促进磷酸盐排出，抑制磷酸盐吸收。不良反应以便秘最为常见，长期大量服用时，钙磷代谢异常可引起低磷血症、骨质疏松和骨软化症等。

铝 碳 酸 镁

铝碳酸镁（hydrotalcite）具有抗酸、结合和黏膜保护作用。铝碳酸镁抗酸作用迅速、温和而持久；可与胃蛋白酶、胆汁酸结合，抑制胃蛋白酶的活性，防止胃蛋白酶、胆汁酸对胃黏膜的刺激和损伤；还可促进前列腺素、表皮生长因子的合成与释放，发挥黏膜保护作用。铝碳酸镁含有铝、镁两种金属离子，从而相互抵消了便秘和腹泻的不良反应。可干扰四环素类、喹诺酮类抗菌药物的吸收。

二、抑制胃酸分泌药

胃酸由壁细胞分泌，分泌过程受到神经和体液多种因素的影响，包括乙酰胆碱、组胺、促胃液素，而在胃壁细胞膜的基底侧则分布有 M_3 受体、H_2 受体、促胃液素受体（CCK_2 受体），上述受体激动时，可激活质子泵（H^+-K^+-ATP 酶），促进 H^+-K^+ 交换，向胃液中分泌 H^+。

与胃壁细胞相邻的肠嗜铬样细胞（enterochromaffin-like cell，ECL 细胞）上也分布有 M_1 受体和 CCK_2 受体，ACh 和促胃液素激动 M_1 受体及 CCK_2 受体，可促使 ECL 细胞释放分泌组胺，再通过旁分泌的方式激活胃壁细胞膜上的 H_2 受体，促进胃酸分泌。

综上，抑制胃酸分泌药可通过拮抗 M 受体、H_2 受体、CCK_2 受体和抑制 H^+-K^+-ATP 酶活性产生抑制胃酸分泌的作用，其中 H_2 受体拮抗药和 H^+-K^+-ATP 酶抑制药是目前临床常用的抗酸药物。

（一）质子泵抑制药

胃 H^+-K^+-ATP 酶位于胃壁细胞的胃黏膜侧，通过 H^+-K^+ 交换将 H^+ 分泌到胃液中，是胃酸分泌的最后环节，因此抑制 H^+-K^+-ATP 酶可对抗刺激胃酸分泌的所有因素，质子泵抑制药（proton pump inhibitor，PPI，H^+-K^+-ATP 酶抑制药）是目前临床应用最广、作用最强的胃酸分泌抑制药。常用药物包括奥美拉唑、兰索拉唑、泮托拉唑、雷贝拉唑和埃索美拉唑等。

奥 美 拉 唑

奥美拉唑（omeprazole）为 1988 年第一个上市应

用的 PPI。

【体内过程】 奥美拉唑为脂溶性弱碱性药物，对胃酸不稳定，常用肠溶制剂或静脉注射给药。口服易吸收，起效迅速，单次用药时生物利用度约为35%，反复用药的生物利用度可达60%。T_{peak}为0.5～3h，$t_{1/2}$为0.5～1h。食物可延迟奥美拉唑吸收，应餐前空腹服用。

【药理作用与作用机理】

1. 抑制胃酸分泌 奥美拉唑在胃壁细胞分泌小管内转化为亚磺酰胺，后者以共价键方式与质子泵的巯基不可逆性的结合，拮抗H^+-K^+-ATP酶活性，对基础胃酸分泌和组胺、五肽胃泌素、刺激迷走神经等引起的胃酸分泌均有强大而持久的抑制作用。奥美拉唑作用持续时间取决于H^+-K^+-ATP酶的再生时间。一次口服20mg，可使24h胃酸分泌减少60%～70%，连续用药效果更佳。用药后可反馈性促进胃泌素分泌，但不影响药物抑制作用效果。

2. 抑制胃蛋白酶分泌 奥美拉唑抑制胃酸分泌的同时可抑制胃蛋白酶的分泌。

3. 抗Hp作用和黏膜保护作用 ①体内外实验均证实奥美拉唑具有抗Hp作用；②动物实验证实奥美拉唑对阿司匹林、乙醇、应激引发的胃黏膜损伤具有保护作用。

【临床应用】

1. 消化性溃疡 奥美拉唑能迅速抑制胃酸分泌，缓解疼痛，促进溃疡愈合。还可与抗菌药物组成二联或三联用药方案，进行Hp根除治疗。

2. 胃食管反流病 抑制胃酸分泌是治疗胃食管反流病的重要措施，奥美拉唑抑制胃酸分泌，可缓解症状，促进黏膜愈合。

3. 上消化道出血 静脉注射可用于消化性溃疡急性出血的治疗。

【不良反应及注意事项】 常见不良反应主要有口干、恶心、呕吐、腹胀、腹痛等胃肠道症状和头晕、头痛、嗜睡、失眠、外周神经炎等神经系统症状；其他可见皮疹、男性乳腺发育、溶血性贫血等。动物实验表明奥美拉唑可引起胃底部和胃体部ECL细胞增生，长期使用应定期检查胃黏膜有无肿瘤样增生。

【药物相互作用】 奥美拉唑抑制肝脏CYP2C19酶，使双香豆素、华法林、地西泮、苯妥英钠、硝苯地平等药物消除减慢。奥美拉唑可抑制泼尼松转化为活性形式，降低其疗效。奥美拉唑改变胃内pH，可使缓释及控释制剂受到破坏，药物溶出加快；减少铁剂、四环素、氨苄西林和酮康唑的吸收；影响地高辛转化，降低其疗效。

【禁忌证】 严重肾功能不全、婴幼儿、孕妇、哺乳期妇女及对本药过敏者禁用。

兰 索 拉 唑

兰索拉唑（larooprazole）为第二代PPI，作用与奥美拉唑相似，但抑制胃酸分泌和抗Hp作用较奥美拉唑强。口服易吸收，$t_{1/2}$为1.3～1.7h，但作用时间长，单次口服30mg，抑酸作用可维持24h以上，生物利用度为85%。临床以肠溶制剂为主，口服时不可压碎或咀嚼。

泮 托 拉 唑

泮托拉唑（pantoprazole）为第三代PPI，性质稳定，组织选择性高，生物利用度高并保持相对稳定，且不受食物或其他抗酸药的影响。与CYP450酶系亲和力较低，与其他通过该酶系代谢的药物间的相互影响较小，与碱性抗酸药亦没有相互作用。不良反应较少，可见头痛、头晕、恶心、腹胀、腹泻、皮肤瘙痒等症。

雷 贝 拉 唑

雷贝拉唑（rabeprazole）为第三代PPI。抑制胃酸分泌、治愈黏膜损害、抗Hp作用较其他PPI强，且与H^+-K^+-ATP酶作用具有部分可逆性，可较快实现胃酸分泌抑制作用的恢复。对CYP450酶系影响较小。口服后1h内起效，T_{peak}为2～4h，$t_{1/2}$约为1h，持续时间可长达48h，3日后可达稳态，停药后可保持2～3日。常见不良反应为恶心、腹泻和头痛等。

（二）H_2受体拮抗药

H_2受体拮抗药是作用仅次于PPI的抑制胃酸分泌药，可竞争性拮抗壁细胞H_2受体，抑制胃酸分泌。其中对基础胃酸和夜间胃酸分泌抑制作用最强，对进食、胃泌素、迷走神经兴奋、低血糖等引发的胃酸分泌也有抑制作用。由于夜间胃酸分泌对十二指肠溃疡具有严重影响，而H_2受体拮抗药对夜间胃酸分泌具有良好抑制作用，故H_2受体拮抗药对十二指肠溃疡的疗效优于胃溃疡，是目前治疗十二指肠溃疡的首选药物。本类药物目前有三代：第一代主要是西咪替丁；第二代为雷尼替丁；第三代有法莫替丁、尼扎替丁、罗沙替丁等。

西 咪 替 丁

西咪替丁（cimetidine，甲氰咪胍）是第一个上市的H_2受体拮抗药，由于不良反应较多，现已少用。

【体内过程】 口服吸收迅速，生物利用度约为70%，口服300mg后30min即达有效血药浓度（0.5μg/ml），T_{peak}为45～90min，可抑制50%的基础胃酸分泌达4～5h。肌内注射的生物利用度为90%～100%，T_{peak}为15min，肌内注射与静脉注射生物利用度基本相同，肌注或静注300mg可抑制80%的基础胃酸分泌长达5h。进餐时服药可延缓吸收并延长作用维持时间。广泛分布于全身组织，可透过胎盘屏障、血-脑屏障，亦可经乳汁分泌，在乳汁中的浓度可高于血浆浓度。血浆蛋白结合率为15%～20%。在肝脏代谢，经肾脏排泄，$t_{1/2}$约为2h。本药可经血液透析及腹膜透析清除。

【药理作用与作用机理】 西咪替丁作用于壁细胞上的 H_2 受体，竞争性拮抗组胺作用，抑制胃酸分泌。可有效抑制基础胃酸分泌和食物、胃泌素等因素引起的胃酸分泌，并能防止或减轻胆盐、乙醇、阿司匹林及其他 NSAIDs 等所致的胃黏膜腐蚀性损伤，对应激性溃疡和上消化道出血也有明显疗效。此外，西咪替丁有抗雄激素作用、抗病毒作用，还能减弱免疫抑制细胞的活性，增强免疫反应，从而阻抑肿瘤转移，延长存活期。

【临床应用】

1. 消化性溃疡 西咪替丁可用于十二指肠溃疡、胃溃疡、应激性及药物性溃疡的预防与治疗。

2. 胃食管反流病

3. 其他 ①各种原因引起免疫功能低下的治疗和肿瘤的辅助治疗；②治疗带状疱疹及生殖器疱疹；③痤疮、妇女多毛症。

【不良反应及注意事项】 西咪替丁在体内分布广泛，药理作用复杂，故不良反应较多。常见腹泻、恶心、呕吐、腹胀、便秘、口苦、肝损害等消化系统反应；头晕、头痛、嗜睡等神经系统症状；中性粒细胞减少、全血细胞减少等血液系统症状；心动过缓、面部潮红等心血管系统症状；还可拮抗雄激素并促进催乳素分泌，出现血浆睾酮水平下降、男性乳房发育、阳痿、性欲减退及女性溢乳等。

【药物相互作用及禁忌证】 西咪替丁为肝药酶抑制剂，可增加普萘洛尔、苯妥英钠、环孢素、茶碱、美沙酮、卡马西平、地西泮等药的血药浓度，合用时需注意调整剂量。孕妇及哺乳期妇女、过敏者禁用。

雷尼替丁

雷尼替丁（ranitidine）为第二代 H_2 受体拮抗药，可有效抑制基础胃酸分泌及由组胺、胃泌素和食物等因素引起的胃酸分泌，并抑制胃蛋白酶的分泌，降低胃蛋白酶的活性。雷尼替丁抑制胃酸分泌的作用为西咪替丁的 5～12 倍，具有速效和长效的特点，主要用于治疗胃溃疡、十二指肠溃疡、胃食管反流病等高胃酸分泌性疾病；还可用于治疗应激状态、NSAIDs 引发的急性胃黏膜损伤。雷尼替丁口服吸收迅速但不完全，存在首过消除，生物利用度约为 50%，其吸收不受食物和抗酸药的影响。T_{peak} 为 1～2h，$t_{1/2}$ 为 2～3h，主要以原型经肾排泄。雷尼替丁不良反应较西咪替丁轻，也可见消化系统、神经系统等症状；对肝药酶的抑制作用为西咪替丁的 1/10，对肝脏代谢药物的干扰作用较轻；对雄激素、催乳素分泌影响较小。

法莫替丁

法莫替丁（famotidine）为高效、长效的第三代 H_2 受体拮抗药。可有效抑制基础胃酸、夜间胃酸和食物刺激引起的胃酸分泌，亦可抑制组胺、胃泌素等刺激引起的胃酸分泌，还可抑制胃蛋白酶的分泌。其抑制 H_2 受体的强度为西咪替丁的 40 倍，雷尼替丁的 7 倍。主要用于胃溃疡、十二指肠溃疡、复发性溃疡、应激性溃疡、胃食管反流病、胃泌素瘤等的治疗。法莫替丁口服吸收迅速但不完全，约 1h 起效，T_{peak} 为 2～3h，作用持续 12h，生物利用度约为 50%，且不受食物影响。在体内分布广泛，但不透过胎盘屏障。血浆蛋白结合率为 15%～20%。$t_{1/2}$ 为 3h，肾功能不全者半衰期延长。法莫替丁无抗雄激素与抑制肝药酶作用，因此不良反应较少。

尼扎替丁

尼扎替丁（nizatidine）为第三代 H_2 受体拮抗药。抑制胃酸分泌作用与雷尼替丁相当，但生物利用度更高，可达到 90%，T_{peak} 为 0.5～3h，$t_{1/2}$ 为 1～2h，亦无抗雄激素与抑制肝药酶作用。

罗沙替丁

罗沙替丁（roxatidine）为第三代 H_2 受体拮抗药。可抑制胃酸与胃蛋白酶分泌，抑制胃酸分泌的作用为西咪替丁的 3～6 倍，抑制胃蛋白酶的作用为西咪替丁的 1.6～6.2 倍。缓解溃疡疼痛较西咪替丁、雷尼替丁起效快，且不良反应较少，适合消化性溃疡的长期维持治疗。

（三）M 胆碱受体拮抗药

M 胆碱受体拮抗药可阻断胃壁细胞 M_3 受体和 ECL 细胞 M_1 受体，从而抑制胃酸分泌，阿托品、溴丙胺太林等非选择性 M 胆碱受体拮抗药还具有解痉作用，在 PPI 与 H_2 受体拮抗药出现之前曾广泛应用，但由于抑制胃酸分泌作用较弱、不良反应较多，已较少用于治疗消化性溃疡。目前多选用选择性 M_1 受体拮抗药，通过阻断 ECL 细胞 M_1 受体，拮抗迷走神经介导的组胺释放引起的胃酸分泌，其抑制胃酸分泌作用较非选择性 M 受体拮抗药强，且不良反应较轻，但其抑制胃酸分泌作用仍较 PPI 及 H_2 受体拮抗药弱。常用药物有哌仑西平、替仑西平、唑仑西平。

哌仑西平

哌仑西平（pirenzepine）为选择性 M 受体拮抗药代表，对 M_1 受体具有高度亲和力，对 M_2 受体、M_3 受体亲和力较低，治疗量时仅抑制胃酸和胃蛋白酶分泌，而对瞳孔、平滑肌、心脏、唾液腺等作用不明显，主要用于治疗消化性溃疡、急性胃黏膜损伤及胃泌素瘤，尤其适用于胆碱型及迷走神经张力过高所致溃疡。口服吸收缓慢而不完全，T_{peak} 为 2～3h，生物利用度为 20%～30%，食物影响药物吸收；肌内注射吸收良好，T_{peak} 为 20min。体内分布广泛，但不通过血-脑屏障。蛋白结合率为 11%，$t_{1/2}$ 为 10～12h，约 90%以原型经肠道和肾脏排出。不良反应较轻，可见口干、便秘、腹泻、头痛、视物模糊。

（四）促胃液素受体拮抗药

促胃液素受体拮抗药可直接拮抗胃壁细胞上的CCK_2受体，抑制胃酸分泌，也可拮抗 ECL 细胞上的CCK_2受体，抑制促胃液素介导的组胺释放引起的胃酸分泌。本类药物抑制胃酸分泌作用较弱，目前临床应用较少。主要药物有丙谷胺。

丙 谷 胺

丙谷胺（proglumide）为促胃液素的结构类似物，能够竞争性阻断促胃液素受体，抑制胃酸和胃蛋白酶的分泌，并能促进胃黏膜糖蛋白合成，增强胃黏膜屏障作用，从而保护胃黏膜，促进溃疡的修复和愈合。可用于胃溃疡、十二指肠溃疡、胃炎、急性上消化道出血的治疗。丙谷胺口服吸收迅速而完全，T_{peak} 为 2h，主要分布于胃肠道、肝脏、肾脏，经肠道和肾脏排泄，$t_{1/2}$ 约为 33h。不良反应可见腹泻、腹痛、恶心等消化系统症状及头痛、头晕、失眠、外周神经炎等神经系统反应。

三、胃黏膜保护药

胃黏膜屏障包括细胞屏障和黏液-碳酸氢盐屏障。细胞屏障由胃黏膜上皮细胞的腔面膜和细胞间的紧密连接构成，可抵抗胃酸和胃蛋白酶的侵蚀。黏液-碳酸氢盐屏障由胃黏膜细胞和腺体细胞分泌的富含糖蛋白的凝胶状黏液和碳酸氢盐构成，覆盖于胃黏膜表面，保护胃黏膜细胞。胃黏膜表层上皮细胞还分布有前列腺素受体（PGE_2 和 PGI_2），这些受体激活时可促进黏液和碳酸氢盐的分泌、增加胃黏膜的血流量，促进溃疡愈合。胃黏膜保护药主要通过促进黏液和碳酸氢盐分泌、促进前列腺素合成、形成胶冻样保护层、抑制胃蛋白酶活性、促进黏膜上皮细胞增生与修复等机理，发挥黏膜保护作用。药物包括前列腺素衍生物、铋剂、硫糖铝、替普瑞酮等。

米索前列醇

米索前列醇（misoprostol）为第一个临床应用的前列腺素 E_1 衍生物。

【体内过程】 口服吸收迅速，1.5h 可完全吸收。吸收后迅速转化为活性代谢物米索前列酸，血浆蛋白结合率为 80%~90%，在肝脏、肾脏、肠、胃等组织中的浓度高于血浆浓度。米索前列醇 $t_{1/2}$ 为 20~40min，米索前列酸 $t_{1/2}$ 为 1.5h，但作用可持续 5h。75%经肾脏排泄，15%经肠道排泄。

【药理作用与作用机理】

1. 抑制胃酸分泌 米索前列醇可激动胃壁细胞的前列腺素 E_2 受体，抑制壁细胞的腺苷酸环化酶，降低壁细胞 cAMP 浓度，从而产生强大的抑制胃酸和胃蛋白酶分泌作用。米索前列醇可明显抑制基础胃酸、组胺、促胃液素及食物引起的胃液分泌。

2. 胃黏膜保护作用 米索前列醇激动胃壁细胞的前列腺素 E_2 受体还可刺激胃黏液和碳酸氢盐的分泌，加强胃黏膜屏障作用；增加胃黏膜的血流量，促进胃黏膜上皮细胞的增殖和修复。

3. 促进妊娠子宫收缩 米索前列醇可促进妊娠子宫收缩；并软化宫颈、增强子宫张力和宫内压。

【临床应用】

1. 消化性溃疡 适用于胃溃疡、十二指肠溃疡，也可预防与治疗 NSAIDs 引起的出血性消化道溃疡。但因价格较贵，一般作为二线药物用于难治性溃疡病或反复发作者。

2. 终止妊娠 与米非司酮序贯使用，用于终止停经 49 日内的早期妊娠。

【不良反应及注意事项】 米索前列醇的不良反应以恶心、呕吐、腹部不适、腹痛、腹泻等胃肠道反应常见，其他可有头痛、眩晕、乏力、皮疹、面部潮红、手掌瘙痒、寒战等症。用于终止早孕时，必须与米非司酮序贯配伍应用，且必须按药物流产常规的要求进行观察和随访。

【药物相互作用】 米索前列醇与抗酸药（尤其是含镁抗酸药）合用时会加重腹泻、腹痛等不良反应。食物可延迟米索前列醇吸收。

【禁忌证】 脑血管或冠状动脉病变、低血压、癫痫患者及哺乳期妇女慎用。孕妇、青光眼、哮喘、过敏性结肠炎、过敏体质及心脏、肝脏、肾脏或肾上腺皮质功能不全者禁用。

恩 前 列 素

恩前列素（enprostil）可抑制基础胃酸及由组胺、促胃液素、食物等引起的胃酸分泌；增加胃液中糖蛋白的含量，加强黏膜屏障；增加黏膜血流，促进上皮细胞分泌碳酸氢盐以中和胃酸。作用较米索前列醇强而持久，且毒性较低，可长期服用，尤其适用于预防和治疗 NSAIDs 引起的消化道黏膜损伤和消化道溃疡的发生。

硫 糖 铝

硫糖铝（sucralfate）为蔗糖硫酸酯的碱式铝盐，与溃疡病灶的亲和力为正常黏膜的 6~7 倍，在酸性环境下，解离为带负电荷的硫酸蔗糖和铝离子，与渗出蛋白结合形成凝胶，保护胃黏膜抵御胃酸侵袭，促进溃疡愈合。同时，硫糖铝能吸附胃蛋白酶和胆酸，降低胃蛋白酶活性，治疗剂量可使胃蛋白酶活性下降约 30%；硫糖铝还可促进黏液-碳酸氢盐分泌、促进胃黏膜前列腺素 E_2 合成、聚集表皮生长因子，加强黏液-碳酸氢盐屏障作用，促进溃疡愈合。临床主要用于治疗消化性溃疡、胃食管反流病，以及预防上消化道出血。不良反应常见便秘，偶见眩晕、嗜睡、腹泻、口干、恶心、胃痛、皮疹、瘙痒等。硫糖铝须空腹摄入，而且连续应用不宜超过 8 周。长期大剂量使用可引起低磷血症，出现骨软化。硫糖铝在酸性环境中起保护胃、十二指肠黏膜作用，故不宜与碱性药物合用。硫糖铝可影响脂溶性维生素（维生素 A、维生素 D、维生素 E 和维生素 K）、四环素、阿米替林、口服抗凝药（华法林）、地高辛、喹诺酮类药抗菌药物、苯妥英钠、布洛芬、吲哚美辛、氨茶碱、甲状腺素等药物的吸收，必要时应间隔 2h 以上服药。抑制胃酸分泌药可干扰硫糖铝的作用，合用须在硫糖铝用药前 0.5h 或用药后 1h。慢性肾功能不全慎用。孕妇、哺乳妇女、早产儿及未成熟新生儿禁用。

柠檬酸铋钾

柠檬酸铋钾（bismuth potassium citrate）可与溃疡表面的蛋白质及氨基酸络合成复合物，覆盖于溃疡表面形成保护膜，抑制胃酸、胃蛋白酶对黏膜的侵蚀，促进溃疡的修复和愈合。此外，还可与胃蛋白酶发生络合而使其失活；促进碳酸氢盐和黏液分泌、刺激前列腺素 E_2 释放、富集上皮生长因子、改善胃黏膜血流、抗 Hp。临床主要用于胃溃疡、十二指肠溃疡、复合性溃疡、吻合口溃疡、糜烂性胃炎、慢性浅表性胃炎，以及与抗菌药物合用根除 Hp 感染。服药期间，口中可能带有氨味，且舌、粪便可被染成黑色，偶见恶心、呕吐、腹泻、便秘、头痛、头晕、失眠等症。枸橼酸铋钾不宜长期大量服用，以避免中毒及肾损害；服用前后 30min 必须禁食。肝功能不全、儿童、哺乳妇女、急性胃黏膜病变慎用。肾功能不全、孕妇禁用。

胶体果胶铋

胶体果胶铋（colloidal bismuth pectin）为新型胶体铋制剂，具有保护胃黏膜、止血和抗 Hp 作用。胶体果胶铋使用果胶酸代替了柠檬酸根等小分子酸根而增强了胶体特性，可在酸性条件下形成高黏度溶胶，其与溃疡黏膜具有较强亲和力和高度选择性，可在胃黏膜表面形成一层牢固的保护膜，增强胃黏膜的屏障作用；还可刺激黏液分泌、促进上皮细胞自身修复、刺激前列腺素和表皮生长因子的释放，促进溃疡快速愈合而止血；还可使 Hp 细胞壁破裂、酶活性下降，代谢紊乱，从而杀灭 Hp，提高消化性溃疡的愈合率和降低溃疡的复发率。临床主要用于胃溃疡、十二指肠溃疡、慢性浅表性胃炎、慢性萎缩性胃炎和消化道出血的治疗。胶体果胶铋宜在餐前 1h 左右服用，口服后几乎不吸收，血药浓度极低，绝大部分药物经肠道排出体外，故不良反应轻微，一般无肝脏、肾脏及神经系统等方面损害。

替普瑞酮

替普瑞酮（teprenone）为萜烯类化合物，可促进高分子糖蛋白、磷脂的合成，促进胃黏膜细胞增生，促进前列腺素合成及黏液分泌，从而产生较强抗溃疡作用和组织修复作用。临床主要用于治疗急性胃炎、慢性胃炎急性加重期及胃溃疡，尤其是对难治性和复发性胃溃疡均有效，与 H_2 受体拮抗药合用时疗效更佳。不良反应可见便秘、腹痛、腹胀、腹泻、恶心、谷草氨基转移酶（AST）及谷丙氨基转移酶（ALT）轻度升高、头痛、皮肤瘙痒等症，一般停药后即可消失。

麦滋林

麦滋林（marzulene）为新型胃黏膜保护药，由谷氨酰胺和水溶性奠两种成分组成。谷氨酰胺可增加葡萄糖胺、氨基己糖、黏蛋白的合成，促进黏膜细胞增生和前列腺素 E_2 合成，促进黏液分泌，增强黏液-碳酸氢盐屏障作用。水溶性奠可抗炎、抑制胃蛋白酶活性、促进前列腺素 E_2 合成、促进黏膜细胞增生。谷氨酰胺与水溶性奠复合构成麦滋林，可增强胃和十二指肠黏膜的防御功能，适用于慢性胃炎和消化性溃疡的治疗。不良反应轻微，偶见恶心、呕吐、便秘、腹痛、腹泻及面部潮红，可长期用药。

四、抗幽门螺杆菌药

抑制胃酸分泌药、抗酸药和胃黏膜保护药的应用可有效治疗消化性溃疡，但复发率居高不下，现已证实根除 Hp 才能实现消化性溃疡的临床治愈。Hp 为革兰阴性杆菌，寄生在胃黏膜组织中，促进胃溃疡、十二指肠溃疡、淋巴增生性胃淋巴瘤、慢性萎缩性胃炎甚至胃癌的发生和发展。抗 Hp 药主要包括 PPI、H_2 受体拮抗药、铋剂、抗菌药物，但单一药物很难根除 Hp 感染，临床常使用联合方案进行根除治疗，主要包括以 PPI 为基础的联合方案和以铋剂为基础的联合方案，联合用药可明显提高 Hp 的清除率，减少耐药发生，降低溃疡复发率。

常用联合方案有如下几种。

（1）以 PPI 为基础的联合方案

1）PPI（标准剂量）+克拉霉素（0.5g）+阿莫西林（1.0g）。

2）PPI（标准剂量）+克拉霉素（0.5g）+甲硝唑（0.4g）。

3）PPI（标准剂量）+阿莫西林（1.0g）+甲硝唑（0.4g）。

4）PPI（标准剂量）+阿莫西林（1.0g）+呋喃唑酮（0.1g）。

标准剂量的 PPI 包括奥美拉唑 20mg、兰索拉唑 30mg、雷贝拉唑 10mg、埃索美拉唑 20mg。疗程 10～14 日。亦可使用 H_2 受体拮抗药替代 PPI。

（2）以铋剂为基础的联合方案

1）铋剂（标准剂量）+克拉霉素（0.5g）+呋喃

唑酮（0.1g）。

2）铋剂（标准剂量）+克拉霉素（0.5g）+甲硝唑（0.4g）。

3）铋剂（标准剂量）+甲硝唑（0.4g）+四环素（0.5g）；

标准剂量的铋剂包括柠檬酸铋钾 220mg、果胶铋 240mg。疗程 14 日。

第二节 消化功能调节药

消化功能调节药主要包括助消化药、止吐药和胃肠促动力药、泻药、止泻药。

一、助消化药

助消化药多为消化液中成分或促进消化液分泌的药物，能增进食欲、促进消化，主要用于消化道分泌功能减弱或消化不良等。

胃蛋白酶

胃蛋白酶（pepsin）来自动物胃黏膜，酸性环境活性增强，碱性环境活性下降，故常与稀盐酸同服，以增进食欲，促进消化。主要用于慢性萎缩性胃炎、胃癌、恶性贫血等所致的消化不良，进食蛋白质食物过多及病后机体恢复期消化功能减退。忌与碱性药物或抑制胃酸分泌药物同服。

胰 酶

胰酶（pancreatin）来自动物胰腺，主要含蛋白酶、淀粉酶和脂肪酶。酸性环境中易被破坏，中性或弱碱性条件下活性较强。主要用于胰腺分泌不足及由此引起的消化不良，如慢性胰腺炎、胰腺肿瘤、胰腺切除术后等。常用肠溶片，不可咀嚼，与等量碳酸氢钠同服，可增强疗效，不宜与酸性药物同服。

乳酶生

乳酶生（lactasin）为乳酸杆菌干燥制剂，可在肠道分解糖类，产生乳酸，降低 pH，抑制腐败菌繁殖，防止蛋白质发酵，减少肠内产气，促进消化和止泻作用。主要用于消化不良、腹胀及小儿消化不良性腹泻。不宜与抗菌药物或吸附药合用。

干酵母

干酵母（dried yeast）为啤酒酵母菌的干燥菌体，含有多种 B 族维生素，如：维生素 B_1、维生素 B_2、维生素 B_7、维生素 B_{12}、烟酸、叶酸等。主要用于食欲不振、消化不良及 B 族维生素缺乏性疾病的辅助治疗。干酵母宜饭后嚼碎服用。

二、止吐药和胃肠促动力药

呕吐是由多种因素引起的机体保护性反射活动，延髓催吐化学感受区（chemoreceptor trigger zone, CTZ）、前庭器官、内脏等神经冲动刺激延髓呕吐中枢，引起恶心、呕吐。CTZ 分布有 M 受体、H_1 受体、D_2 受体、5-HT_3 受体，止吐药可通过拮抗上述受体产生止吐作用。此外，M 受体激动药、胆碱酯酶抑制药、D_2 受体拮抗药和 5-HT_4 受体激动药可增加胃肠道蠕动和收缩，称为胃肠促动力药。

（一）M 受体拮抗药

东莨菪碱（scopolamine）通过阻断呕吐中枢和外周传出神经的 M 受体，可降低迷路感受器的敏感性并抑制前庭-小脑神经通路的传导，同时抑制胃肠蠕动，从而产生抗晕止吐作用，主要用于前庭刺激引发的晕动症。

（二）H_1 受体拮抗药

苯海拉明（diphenhydramine）、茶苯海明（dimenhydrinate）、异丙嗪（promethazine）、美克洛嗪（meclozine）等第一代 H_1 受体拮抗药可进入中枢，阻断 H_1 受体产生镇静作用，阻断 M 受体产生止吐作用，尤其对晕动症和内耳眩晕症效果较好，主要用于晕动症和内耳眩晕症的防治。

（三）D_2 受体拮抗药

氯丙嗪

氯丙嗪（chlorpromazine）作为经典抗精神病药，小剂量可阻断 CTZ 的 D_2 受体，大剂量直接抑制呕吐中枢，产生强大止吐作用，对多种药物和疾病引发的恶心、呕吐有效，同时对顽固性呃逆有效，但对前挺刺激引发的晕动症无效，由于不良反应较多，现已较少作为止吐药应用。

甲氧氯普胺

甲氧氯普胺（metoclopramide）兼具中枢性镇吐作用和胃肠道兴奋作用。拮抗 CTZ 的 D_2 受体，大剂量也可拮抗 5-HT_3 受体，产生强大中枢性止吐作用。同时，可阻断胃肠多巴胺受体，促进食道、肠道蠕动；并收缩贲门，舒张幽门，加快胃排空。临床用于慢性消化不良引起的恶心、呕吐；也可用于中枢损伤、药物、手术、肿瘤及放疗、化疗引起的呕吐。甲氧氯普胺尚有刺激催乳素释放作用，可试用于乳量严重不足的产妇。不良反应可见轻微嗜睡、疲倦、头痛、腹泻等，停药可自行缓解；长期用药可见锥体外系反应、溢乳、男性乳房发育等。

多潘立酮

多潘立酮（domperidone）不易透过血-脑屏障，为外周性多巴胺受体拮抗药，可直接阻断胃肠道的多巴胺 D_2 受体，促进胃肠道蠕动，促进胃排空，增强食管蠕动和食管下端括约肌的张力，防止胃-食管反流，但对结肠影响较小。多潘立酮主要用于治疗胃肠动力不足引起的消化系统疾病，如功能性消化不良、轻度胃瘫、胃食管反流病等，以及其他疾病和药物，如偏头痛、颅脑外伤、尿毒症、血液透析、抗帕金森病药、抗肿瘤化疗药物等，引起的恶心、呕吐。多潘立酮口服吸收迅速，T_{peak}为15~30min，首过消除明显，生物利用度较低，$t_{1/2}$为7~8h，血浆蛋白结合率为92%~93%，分布广泛，肝内代谢，经肾脏和肠道粪便排泄，少量可经乳汁分泌。不良反应轻微，偶见头痛、头晕、口干、便秘、腹泻等；由于促进催乳素分泌，可引起乳房胀痛、溢乳、男性乳房发育、阳痿等。

伊托必利

伊托必利（itopride）为新型胃肠促动力药，既可拮抗多巴胺D_2受体，刺激乙酰胆碱释放；又可抑制胆碱酯酶，减少乙酰胆碱水解，从而加强乙酰胆碱的作用，显著增强胃和十二指肠运动，而且还具有中等强度的镇吐作用。主要适用于功能性消化不良引起的上腹部不适、食欲不振、恶心、呕吐等。不良反应可见腹泻、腹痛、便秘、皮疹、发热、头痛等。

（四）5-HT₃受体拮抗药

5-HT₃受体拮抗药包括昂丹司琼（ondansetron）、阿扎司琼（azasetron）、阿洛司琼（alosetron）、格拉司琼（granisetron）、托烷司琼（tropisetron）、莫雷司琼（ramosetron）等，可拮抗中枢及迷走神经传入纤维突触前膜的5-HT₃受体，对顺铂、环磷酰胺、多柔比星等化疗药物或放疗诱发肠嗜铬细胞释放5-HT，引起的恶心、呕吐有迅速而强大的止吐作用，但对晕动症及多巴胺受体激动药阿扑吗啡引起的呕吐无效。主要用于化疗、放疗引发的恶心、呕吐。

（五）5-HT₄受体激动药

5-HT₄受体激动药可激动胃肠肌间神经丛的5-HT₄受体，促进乙酰胆碱的释放，激动胃肠道平滑肌的M_3受体，增加胃肠道的蠕动和收缩。其胃肠促动作用强于外周D_2受体拮抗。药物有西沙必利、莫沙必利等。

西沙必利

西沙必利（cisapride）为全胃肠道促动力药，具有从食管到肛门的全段胃肠促动作用。可增强食物蠕动，增加食管下端括约肌张力，防止胃内容物反流入食管并改善食管的清除率；能加强胃和十二指肠的收缩，促进胃和十二指肠的排空；还能促进肠道的蠕动，显著加快小肠、结肠的通过时间。临床用于功能性消化不良、胃食管反流病、胃轻瘫、慢性便秘及慢性特发性假性肠梗阻。口服吸收迅速而完全，生物利用度为40%~50%，T_{peak}为1~2h，服药后立即进食可促进吸收，提高生物利用度，但不影响吸收速度。体内分布广泛，血浆蛋白结合率约为98%，经肝脏代谢，经肾脏和肠道排泄，极少量可经乳汁分泌，$t_{1/2}$为7~10h。不良反应可见Q—T间期延长及尖端扭转型室性心律失常。偶见瞬时性腹部痉挛、腹鸣和腹泻，减量可消失；过敏；轻度短暂的头痛或头晕。鉴于其严重心律失常的不良反应，美国FDA已于2000年7月停止使用该药。

莫沙必利

莫沙必利（mosapride）作用与西沙必利相似，但选择性作用于上消化道，对小肠和结肠无影响。不良反应较西沙必利少，尤其未见尖端扭转型室性心律失常，主要用于功能性消化不良、胃轻瘫、胃食管反流病。不良反应可见腹泻、腹痛、口干、皮疹及倦怠、头晕等。偶见天冬氨酸转氨酶、丙氨酸氨酶、碱性磷酸酶升高及嗜酸性粒细胞增多、三酰甘油升高。

三、泻药

泻药（laxatives，cathartics）是可以刺激肠道蠕动、增加肠道水分、软化粪便、润滑肠道、促进排便的药物。根据作用机理的不同可分为渗透性泻药（osmotic laxatives）、刺激性泻药（imitant laxatires）、润滑性泻药（surface-active agents）三类。

（一）渗透性泻药

渗透性泻药亦称为容积性泻药（bulk laxatives），是一类口服不易吸收，可抑制肠道水分吸收，增加肠道渗透压和容积、刺激肠道蠕动，进而产生泻下作用的药物。

硫酸镁和硫酸钠

硫酸镁（magnesium sulfate）和硫酸钠（sodium sulfate）也称为盐类泻药。口服后，硫酸根离子、镁离子在肠道内难吸收，形成高渗状态而减少水分重吸收，增加肠道容积，刺激肠道蠕动，1~4h内发生剧烈的腹泻。硫酸钠导泻作用较硫酸镁弱。此外，高浓度硫酸镁可刺激十二指肠，反射性引起胆囊收缩、胆总管括约肌舒张；硫酸镁还可通过增加胆囊收缩素-促胰液素的分泌，进一步加强胆囊收缩、胆总管括约肌舒张，从而产生利胆作用。主要用于急性便秘、外科手术前或结肠镜检查前排空肠内容物，辅助排除肠道内毒物及某些肠道寄生虫；也可用于胆囊炎、胆结石、阻塞性黄疸。

盐类泻药宜早晨空腹服用，并大量饮水以加速导泻和防止脱水。妊娠妇女、月经期妇女、肾功能不全、老年人慎用。中枢抑制药中毒或有中枢抑制症状需导泻时，不宜使用硫酸镁，可使用硫酸钠。

乳果糖（lactulose）在小肠内不被水解吸收，增加肠道渗透压，在结肠被细菌分解成乳酸和醋酸，使肠内渗透压进一步增高，增大肠道容量，刺激肠道蠕动，产生缓和导泻作用。此外，乳果糖使肠道pH降低，抑制蛋白分解，肠道内产氨减少，并促使氨转变为铵离子而随粪便排出，产生降低血氨作用。主要用于习惯性便秘，以及防治高血氨症及肝性脑病。

甘露醇（mannitol）口服不吸收，在肠腔内形成高渗环境，促进肠道内液体分泌，通便导泻。主要用于术前肠道准备。

纤维素类（celluloses）口服后不吸收亦不分解，可吸附大量水分，软化粪便，并刺激肠道收缩和蠕动，加快排泄。主要用于习惯性便秘的治疗。

（二）刺激性泻药

刺激性泻药又称为接触性泻药（contact cathartics），本类药物或代谢产物可刺激肠道黏膜，促进肠道蠕动，并改变肠道黏膜通透性，使电解质和水分向肠道扩散，增加肠道内容物，引起泻下。

酚酞（phenolphthalein） 主要作用于大肠，口服后在肠道碱性环境中形成可溶性钠盐，刺激肠壁内神经丛，直接作用于肠道平滑肌，使肠蠕动增加；同时还可抑制肠道内水分的吸收，使水和电解质在结肠蓄积，产生缓泻作用。其作用强度与肠中碱性大小有关，且其作用温和，很少引起肠道痉挛。主要用于慢性习惯性便秘。服用后6～8h排出软便，因有肝肠循环，一次给药可维持2～4日。口服后可部分吸收并经肾脏排泄，可使碱性尿液呈现红色，不良反应偶见肠绞痛、出血倾向，罕见变态反应。药物过量或长期应用可致水电解质紊乱及结肠功能障碍。

比沙可啶（bisacodyl）与酚酞同属二苯甲烷类刺激性泻药，主要作用于大肠，在肠道内分解成有活性的代谢产物，刺激肠道，促进肠道蠕动；同时可抑制结肠内水电解质吸收，使肠道容积增大，引起反射性排便。主要用于急、慢性便秘和习惯性便秘的治疗；手术前、腹部 X 线检查及内镜检查前清洁和排空肠道。口服 6h 内，直肠给药 15～60min 内起效。刺激性较强，可致腹痛绞痛、直肠炎等。孕妇、哺乳期妇女、6岁以下儿童慎用；过敏、急腹症、严重水电解质紊乱、肛门破裂、痔疮溃疡禁用。

蒽醌类（anthraquinone）：大黄（rhubarb）、番泻叶（senna）、芦荟（aloe）等植物中含有蒽醌苷类物质，在肠道内可进一步分解释放出蒽醌，刺激结肠黏膜，促进蠕动，48h 可排出软便或腹泻。适用于急、慢性便秘及检查前排空肠道。

（三）润滑性泻药

润滑性泻药可润滑肠壁，软化粪便，从而产生温和的泻下作用，适用于老人、儿童及伴有高血压、动脉瘤、疝气、痔疮的便秘患者。

液状石蜡（liquid paraffin）为矿物质油，口服不吸收，抑制水分吸收，润滑肠壁，软化粪便，使粪便易于排出。长期使用，肠内脂溶性物质可溶解在其中，故影响维生素 A、维生素 D、维生素 K 及钙、磷的吸收。

甘油（glycerin）以 50%浓度直肠给药，迅速形成高渗状态产生脱水作用和吸湿作用，发挥渗透性导泻和润滑性导泻双重作用，润滑软化大便，刺激肠壁收缩，给药数分钟内可引发排便。

四、止 泻 药

止泻药（antidiarrheal drugs）是可以减少肠蠕动、保护肠道免受刺激而制止腹泻的药物。腹泻是多种疾病的常见症状，治疗时应采取对因治疗；但是剧烈而持久的腹泻，可引起脱水、电解质紊乱，适当给予止泻药，有助于防止脱水及电解质紊乱的发生。根据作用机理不同，止泻药可分为抑制肠道蠕动药和收敛吸附药两类。

（一）抑制肠道蠕动药

抑制肠道蠕动药（enterokinesia inhibitors）为阿片受体激动药，主要通过激动肠道平滑肌的 μ 阿片受体，提高肠道平滑肌张力，抑制肠道蠕动，延长停留时间，促使肠道水分充分吸收，产生止泻作用。

阿片类制剂（opioid preparations）包括阿片酊（opioid tincture）、复方樟脑酊（tincture camphor compound），有效成分为阿片，止泻作用及机理与吗啡相同。止泻作用较强，但易产生依赖性，主要用于较严重的非细菌感染性腹泻。

地芬诺酯

地芬诺酯（diphenoxylate，苯乙哌啶）为人工合成的哌替啶衍生物，外周作用明显，中枢作用较弱。止泻机理与阿片类相同，激动肠道 μ 阿片受体，减慢肠道蠕动，增加肠道水分吸收，产生较强止泻作用。临床用于急、慢性功能性腹泻及慢性肠炎等。不良反应少而轻，可见头晕、头痛、嗜睡、口干、恶心、呕吐、腹胀、腹部不适。长期使用可产生欣快感及依赖性，过量中毒可导致中枢抑制，甚至昏迷。

洛哌丁胺

洛哌丁胺（loperamide）为氟哌啶醇衍生物，有类似哌啶结构。主要作用于肠道 μ 阿片，抑制肠道平滑肌收缩，减少蠕动；还可抑制乙酰胆碱和前列腺素的释放，抑制多种钙依赖酶的活性，从而抑制肠道蠕动和分泌。亦可增加肛门括约肌张力，抑制大便失禁和便急。洛哌丁胺止泻作用强大，为吗啡的 40～50 倍；起效快，T_{peak} 为 4～6h；作用时间持久，$t_{1/2}$ 为 9～15h。主要用于各种病因引起的急、慢性腹泻，特别适于慢性腹泻的长期治疗。另可用于肛门直肠手术的患者。不良反应较少，偶见口干、胃肠痉挛、便秘、恶心和皮肤过敏。大量应用亦可致欣快感及中枢抑制，故应避免长期大量使用。过量中毒时可使用纳洛酮救治。

（二）收敛吸附药

收敛药（astringents）可沉淀组织内部分蛋白质，抑制肠道渗出；吸附药（adsorbents）可吸附肠道内气体、细菌、病毒、外毒素及有毒物质。收敛吸附药通过收敛、吸附作用减轻肠道刺激，减少肠道蠕动，产生止泻作用。收敛药主要有鞣酸蛋白（tannalbin）、次水杨酸铋（bismuth subsalicylate）、碱式碳酸铋（bismuth subcarbonate）等；吸附药有药用炭（medicinal charcoal）、白陶土（kaolin）、矽炭银（agysical）、蒙脱石（smectite）等。

鞣酸蛋白（tannalbin）口服后在肠内分解释放出鞣酸，可使肠黏膜表面蛋白凝固、沉淀，形成保护膜，从而减轻刺激、减少渗出及蠕动，发挥收敛、止泻作用。临床用于急性肠炎、非细菌性腹泻、小儿消化不良等。也可外用于湿疹、溃疡的治疗。

药用炭（medicinal charcoal）为活性化炭末，可吸附肠道内气体、细菌、毒素等，减轻对肠壁刺激，减少肠道蠕动，起到保护、阻止毒物吸收和止泻作用。主要用于腹泻、胃肠胀气、食物中毒等。

蒙脱石（smectite）为双八面体蒙脱石粉末，口服后均匀覆盖于消化道黏膜表面，加强屏障作用，防止胆盐、药物、乙醇、病毒、细菌及毒素对肠道黏膜的侵害；并可吸附肠道内气体、病毒、细菌、毒素等，使之失去致病作用，减轻肠道损伤；还可促进肠道黏膜上皮修复损伤、平衡肠道正常菌群。临床用于成人及儿童的急性、慢性腹泻，对儿童急性腹泻效果尤佳；辅助缓解食管、胃、十二指肠、结肠等疾病伴有的疼痛。

第三节 利 胆 药

利胆药（choleretic drugs）可促进胆汁分泌或胆囊排空，临床用于辅助治疗胆囊炎、胆石症等疾病。胆汁的基本成分是胆汁酸，胆汁酸的主要成分是胆酸、鹅去氧胆酸和去氢胆酸，占95%；次要成分为石胆酸和熊去氧胆酸。胆汁酸具有多项生理功能：调节胆固醇合成与消除；促进脂质和脂溶性维生素吸收；调节胆汁分泌；促进胆汁中胆固醇的溶解；引起胆汁流动等。常用的利胆药可通过影响胆固醇、胆汁酸来实现利胆作用。

去氢胆酸（dehydrochclic acid）为半合成的胆酸氧化衍生物。能增加胆汁中的水分含量，使胆汁稀释，数量增加，流动性增强，发挥胆道冲洗作用。临床用于胆石症、急慢性胆道感染、胆囊术。禁用于胆道梗阻及严重肝肾功能不良者。

鹅去氧胆酸（chenodeoxycholic acid）为正常胆汁中的初级胆汁酸。胆囊胆固醇性结石为代谢性结石，是由于胆汁内胆固醇浓度增高及缺乏足够的胆盐和磷脂维持其胶粒液相能力，胆固醇呈过饱和状态而形成结石。鹅去氧胆酸可增加胆汁中胆酸含量，使胆固醇不能过饱和；同时抑制 HMG-CoA 还原酶活性，使胆固醇合成及分泌减少；还可减少小肠对胆固醇的吸收，从而改变胆汁中胆汁酸盐与胆固醇的比例关系，使结石中的胆固醇溶解、脱落。临床用于预防和治疗胆固醇型胆结石症。但由于服药剂量较大，易发生腹泻，且可引起肝脏损害，目前已少用。慢性肝病、肝功能不良、梗阻性肝胆疾病、炎性肠道疾病、胆道感染、胰腺炎、哺乳期妇女、孕妇禁用。

熊去氧胆酸（ursodesoxycholic acid）为鹅去氧胆酸的异构体，作用与鹅去氧胆酸相似，溶解胆固醇结石的效果优于鹅去氧胆酸。通过降低胆汁中胆固醇含量，抑制胆固醇的合成与吸收，并增加胆汁酸的分泌，降低胆固醇的饱和指数，从而促进结石中胆固醇的逐渐溶解。还可松弛胆总管括约肌，促进胆汁排出。临床主要用于预防和治疗胆固醇型胆结石；也可用于治疗胆囊炎、胆管炎、胆汁性消化不良、黄疸、原发性胆汁性肝硬化等。不良反应及毒性比鹅去氧胆酸小，常见腹泻，发生率约为 2%。严重肝炎、严重肝功能减退、胆道完全阻塞、孕妇、儿童、哺乳期妇女禁用。

硫酸镁（magnesium sulfate）口服或灌入十二指肠，均可产生利胆作用（详见本章渗透性泻药）。临床用于治疗胆囊炎、胆石症、阻塞性黄疸及十二指肠引流检查。

桂美酸（cinametic acid）为苯丙酸型利胆药，利胆作用显著而持久，促进胆汁排泄；并能松弛胆总管括约肌，解痉止痛；还可促进血中胆固醇分解成胆酸排出，可降低血中胆固醇含量。临床用于慢性胆囊炎、胆石症、胆道感染的辅助用药。不良反应为轻度腹泻。

牛磺胆酸钠（sodiumtauroglycocholate）自牛胆汁或猪胆汁提取制成，主要含牛磺胆酸钠和甘氨胆酸钠。口服能刺激肝细胞分泌胆汁（主要是分泌固体成分），能促进脂肪乳化和吸收，帮助脂溶性维生素的吸收。临床用于长期胆瘘胆汁丧失的患者，可补充胆盐不足，也可用于脂肪消化不良和慢性胆囊炎。

苯丙醇（phenylpropanol）具有较强的促进胆汁分泌作用及轻度解痉作用，能松弛胆道平滑肌，促使胆汁及胆道小结石排出。同时还能促进胆固醇转变成胆酸，可降低胆固醇。口服后能促进脂肪消化，减轻腹胀、腹痛、厌油、恶心等症状，并能增加食欲。临床用于胆囊炎、胆道感染、胆石症、胆道运动功能障碍、胆道手术后综合征和高胆固醇血症等。不良反应偶见胃部不适。胆道阻塞性黄疸患者禁用。

茴三硫（anethol trithione）可促进胆汁排出，使胆酸、胆色素及胆固醇等固体成分的分泌量显著增加，特别是增加胆色素分泌；可活化肝细胞，恢复肝脏功能及提高解毒能力；还可促进尿素生成和排泄，具有明显利尿作用；并促进唾液腺分泌。临床用于胆囊炎、胆石症、急慢性肝炎等的治疗，也可治疗口干症。

【案例及思考题】 患者，女，48岁。半年来常出现上腹部疼痛，饥饿及夜间疼痛明显，并伴有反酸、嗳气。近日因疼痛加剧来院就诊，经胃镜检查确诊为十二指肠溃疡伴幽门螺杆菌感染。

问题：
1. 治疗消化性溃疡的药物有哪些？作用及机理如何？
2. 抗HP药如何配伍使用？

(王恩军)

第三十二章 作用于血液系统的药物

血液中凝血和抗凝血、纤溶和抗纤溶系统保持动态平衡,共同维持血液的流动性,一旦平衡破坏,或引发凝血,导致血栓栓塞性疾病;或引发出血性疾病。本章药物主要针对上述疾病,包括抗凝血药、抗血小板药、纤维蛋白溶解药、促凝血药、血容量扩充药。

第一节 抗凝血药

血液凝固是多种凝血因子参与的蛋白质水解活化过程,由内源性和外源性凝血途径激活凝血酶,形成不溶性的纤维蛋白,促使血液凝固(图32-1)。抗

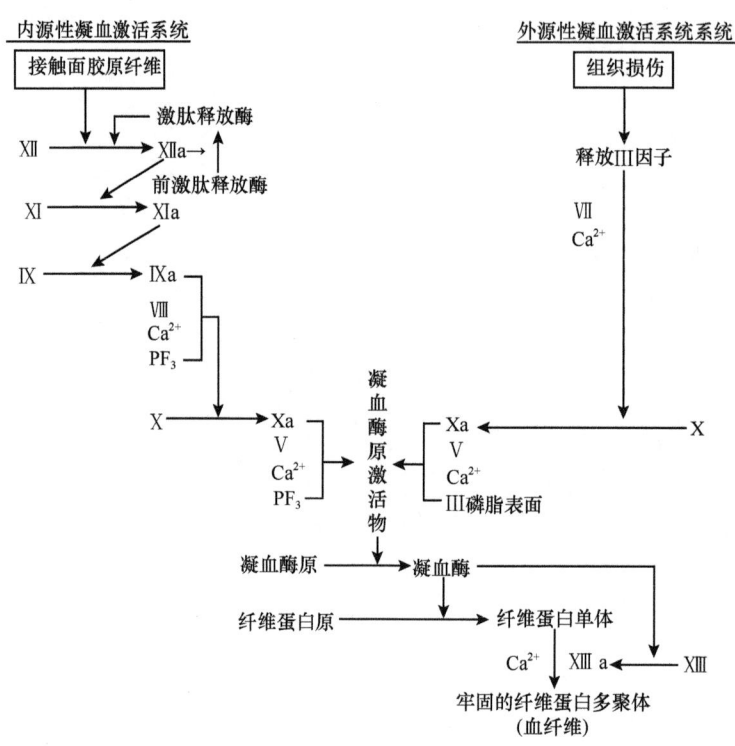

图 32-1 凝血过程

凝血药可通过影响凝血因子,阻止血液凝固,用于血栓栓塞性疾病的防治。常用药物有肝素、香豆素类、柠檬酸钠等。

肝 素

肝素(heparin)是一种由葡萄糖胺、L-艾杜糖醛苷、N-乙酰葡萄糖胺和 D-葡糖醛酸交替组成的黏多糖硫酸脂,强酸性,分子质量为 $5\sim30\,\text{kDa}$,平均分子质量为 $12\,\text{kDa}$。因首先从动物肝脏发现而得名,肺脏中含量最高。天然存在于肥大细胞、血浆及血管内皮细胞中。药用肝素主要从猪、牛肺脏或猪肠黏膜中提取。

【体内过程】 肝素是带有大量负电荷的大分子,口服不吸收,皮下注射吸收缓慢而不规则,肌内注射易形成血肿,常静脉给药。主要经肝脏单核巨噬细胞系统肝素酶分解代谢,代谢产物及原型经肾排泄,抗凝活性 $t_{1/2}$ 与给药剂量有关,平均 $1\sim2\,\text{h}$,肺栓塞、肝肾功能严重障碍者 $t_{1/2}$ 明显延长。

【药理作用与作用机理】

1. 抗凝作用 肝素在体内、体外均有强大的抗凝作用。静脉注射后,立即起效,可使多种凝血因子灭活,血液凝固时间、凝血酶原时间及凝血酶时间均延长,作用维持 $3\sim4\,\text{h}$。

肝素的抗凝作用主要依赖于抗凝血酶Ⅲ(antithrombin Ⅲ,AT-Ⅲ)。AT-Ⅲ为丝氨酸蛋白酶抑制剂,其精氨酸残基可与凝血酶(Ⅱa)及凝血因子Ⅸa、凝血因子Ⅹa、凝血因子Ⅺa、凝血因子Ⅻa的丝氨酸残基结合,灭活这些凝血因子,但正常情况下该反应速度较慢。带负电荷的肝素可与带正电荷的AT-Ⅲ的赖氨酸残基结合形成复合物,使AT-Ⅲ的精氨酸充分暴露,更易于与丝氨酸蛋白酶的丝氨酸残基结合,加速 AT-Ⅲ对凝血因子Ⅱ、凝血因子Ⅸa、凝血因子Ⅹa、凝血因子Ⅺa、凝血因子Ⅻa的灭活,肝素可使反应加速千倍以上。肝素激活AT-Ⅲ后迅速解离,循环反复

利用，而 AT-III-凝血酶复合物则由单核-吞噬细胞系统消除。

2. 抗血栓作用　肝素可抑制由凝血酶诱导的血小板的黏附和聚集。

3. 抗炎作用　肝素可抑制炎症介质活性及炎症细胞活动，抑制血管平滑肌细胞增生。

4. 调血脂作用　肝素可使血管内皮细胞释放脂蛋白酯酶，水解血中乳糜微粒和 VLDL 发挥调血脂作用。

【临床应用】

1. 血栓栓塞性疾病　肝素主要用于防治血栓形成和栓塞，如心肌梗死、肺栓塞、脑栓塞、深静脉栓塞、动脉栓塞等，对已形成的血栓无溶解作用。

2. 弥散性血管内凝血　羊水栓塞、胎盘早期剥离、异型输血反应、暴发性紫癜、脓毒血症及恶性肿瘤溶血等原因引发的弥散性血管内凝血（DIC），早期应用肝素，可防止因纤维蛋白和凝血因子耗竭所致的继发性出血。但对毒蛇咬伤所致 DIC 无效。

3. 体外抗凝　如体外循环、血液透析、心导管检查、输血等。

【不良反应及注意事项】

1. 出血　为肝素主要不良反应，表现为皮肤瘀点或瘀斑、血肿、关节积血、黏膜出血、颅内出血等，应严格控制剂量，密切观察患者症状，监测凝血时间或部分凝血酶时间，一旦出血立即停药，严重出血需缓慢静脉注射硫酸鱼精蛋白解救，硫酸鱼精蛋白为强碱性，并带有正电荷，可与肝素的硫酸基结合形成复合物，使肝素丧失抗凝活性，1mg 硫酸鱼精蛋白可中和 100U 的肝素。

2. 血小板减少症　发生率约 3%，多数发生在用药 2~10 日，包括 I 型和 II 型两种，I 型表现轻微，不出现血栓或出血症状，即使继续应用，血小板数可自行恢复；II 型严重，可发生动、静脉血栓，系肝素促使血小板释放血小板释放因子 4(PF_4)并与之结合，继而形成 PF_4-肝素-IgG 免疫复合物引发病理性免疫反应所致。

3. 其他　偶见变态反应，如哮喘、皮疹、结膜炎及发热；长期用药可出现脱发、骨质疏松及自发性骨折；孕妇可致早产及死胎。

【药物相互作用】　肝素为酸性药物，不能与碱性药物合用；甲巯咪唑、丙硫氧嘧啶等与肝素有协同作用；与香豆素及其衍生物合用，可导致严重的凝血因子 IX 缺乏而致出血；与阿司匹林等 NSAIDs、右旋糖酐、双嘧达莫等合用，可增加出血危险；与糖皮质激素类、依他尼酸合用，可致胃肠道出血；与胰岛素或磺酰脲类药物合用能导致低血糖；静脉同时给予肝素和硝酸甘油，可降低肝素活性；与血管紧张素转化酶抑制剂合用可引起高血钾。

【禁忌证】　对肝素过敏、有出血倾向、血友病、血小板功能不全和血小板减少症、紫癜、严重高血压、细菌性心内膜炎、肝肾功能不全、溃疡病、颅内出血、活动性肺结核、孕妇、先兆流产、产后、内脏肿瘤、外伤及术后等禁用。

低分子量肝素

低分子量肝素（low molecular weight heparin, LMWH）是由普通肝素分离制备的短链制剂，平均分子质量为 4.5kDa。与普通肝素相比，具有以下特点。①选择性抑制 Xa：肝素抑制凝血因子 IIa，需与 IIa、AT-III 结合形成复合物，抑制凝血因子 Xa 则只需与 AT-III 结合；LMWH 分子链较短，不能与 AT-III 和 IIa 同时结合形成复合物，因此主要对凝血因子 Xa 发挥作用，对凝血因子 IIa 及其他凝血因子作用较弱，也不影响已形成的凝血酶，故抗凝作用较弱，抗血栓作用较强。②较少引起血小板减少症：LMWH 不易引起血小板释放 PF_4，较少引起血小板减少。③生物利用度高，$t_{1/2}$ 长：LMWH 皮下注射吸收快而规则，生物利用度可达 90%，$t_{1/2}$ 为 4~5h，每日注射 1~2 次即可。④不良反应有出血、低醛固酮血症伴高血钾症、变态反应、暂时性氨基转移酶升高等，LMWH 引起的出血，也可用硫酸鱼精蛋白解救。

常用制剂有依诺肝素（enoxaparin）、替地肝素（tedelparin）、弗希肝素（fraxiparin）、洛吉肝素（logiparin）及洛莫肝素（lomoparin）等，用于深静脉血栓和肺栓塞的预防和治疗、急性心肌梗死、不稳定型心绞痛和血液透析、体外循环等。

水　蛭　素

水蛭素（hirudin）是从水蛭唾液中提取的含 65 个氨基酸残基的蛋白，分子质量约为 7kDa。为强效、特异的凝血酶抑制剂，抗凝作用不依赖 AT-III 的存在，可 1:1 与凝血酶催化位点和阴离子外位点结合形成复合物，抑制凝血酶的蛋白水解功能，阻碍纤维蛋白原的裂解和纤维蛋白生成，并抑制凝血酶引起的血小板聚集和分泌，从而抑制血栓形成。现已可用 DNA 重组技术生产，重组水蛭素（lepirudin）和水蛭素口服不吸收，静脉注射后进入细胞间隙，并迅速被清除，90% 以上以原型经肾脏排泄，$t_{1/2}$ 约为 1h，皮下注射可维持较长时间。临床用于预防术后血栓形成、经皮冠状动脉成形术后再狭窄、不稳定型心绞痛、急性心肌梗死后溶栓的辅助治疗、DIC、血液透析及体外循环等。用药期间，应每日监测活化部分凝血活酶时间（activated partial thromboplastin time, APTT）。

阿　加　曲　班

阿加曲班（argatroban）为人工合成的小分子精氨酸衍生物，作用与水蛭素相似，抗凝作用不依赖于 AT-III，可迅速与游离及结合的凝血酶催化部位结合，可逆性抑制凝血酶的活性，阻碍纤维蛋白原的裂解和纤维蛋白凝块的形成，抑制某些凝血因子活化，抑制凝血酶诱导的血小板聚集及分泌作用，抑制纤维蛋白的交联，并促使纤维蛋白溶解。阿加曲班对与纤维蛋白结合血栓的作用优于肝素和水蛭素。临床主要用于慢性动脉闭塞症，可局部用于移植物防止血栓形成。阿加曲班安全范围较窄，过量无特效解救药物，需监测 APTT，使之保持为 55～85s。静脉给药，主要分布于细胞外液，血浆蛋白结合率约为 45%，肝脏代谢，胆汁排泄，因此肾功能不良亦可使用，$t_{1/2}$ 为 40～50min，肝功能不良可使 $t_{1/2}$ 延长。

香豆素类

香豆素类（heparin）是一类含有 4-羟基香豆素基本结构的物质，口服吸收后参与体内代谢发挥抗凝作用，故称口服抗凝药。常用双香豆素（dicoumarol）、华法林（warfarin，苄丙酮香豆素）和醋硝香豆素（acenocoumarol，新抗凝）等。

【体内过程】 华法林口服吸收快、完全，生物利用度几乎为 100%，吸收后 99% 以上与血浆蛋白结合，表观分布容积小。T_{peak} 为 2～8h，但药效的 T_{peak} 比达峰时间长。可通过胎盘屏障。在肝脏中代谢，代谢物由肾脏排出，$t_{1/2}$ 约为 40h。作用维持 2～5 日。双香豆素口服吸收慢、不规则，易受食物影响，吸收后几乎全部与血浆蛋白结合。分布于肺脏、肝脏、脾脏及肾脏，经肝药酶羟基化失活后自尿中排泄。醋硝香豆素口服吸收完全而迅速，主要以原型经肾脏排泄。双香豆素和醋硝香豆素还可经乳腺排泄。

【药理作用与作用机理】 香豆素类是维生素 K 拮抗药，抑制维生素 K 在肝脏由环氧化物向氢醌型转化，从而阻止维生素 K 的反复利用，影响含有谷氨酸残基的凝血因子Ⅱ、凝血因子Ⅶ、凝血因子Ⅸ、凝血因子Ⅹ、抗凝血蛋白 C 和抗凝血蛋白 S 的 γ-羧化作用，使这些因子停留于无凝血活性的前体阶段，从而影响凝血过程。香豆素类体外无抗凝作用，对已经 γ-羧化的凝血因子无抑制作用，由于凝血因子Ⅱ、凝血因子Ⅶ、凝血因子Ⅸ、凝血因子Ⅹ、抗凝血蛋白 C 和抗凝血蛋白 S 的 $t_{1/2}$ 分别是 50h、6h、24h、36h、8h 及 30h，故香豆素类口服需要 12～24h 出现作用，1～3 日达高峰，维持 3～7 日。

【临床应用】 口服用于防治血栓栓塞性疾病，如心房纤颤和心脏瓣膜病所致血栓栓塞；心脏瓣膜修复术后需长期服用华法林；肺栓塞、深部静脉血栓使用肝素或溶栓药后，常规使用华法林维持 3～16 个月，防止复发。还可用于减少外科大手术、风湿性心脏病、髋关节固定术、人工瓣膜置换术后的静脉血栓发生率。

【不良反应】 过量易致自发性出血，表现有瘀斑、紫癜、牙龈出血、鼻出血、伤口出血经久不愈和月经量过多等。出血可发生在任何部位，特别是泌尿道和消化道，最严重者为颅内出血，应密切监测凝血酶原时间，一旦出现出血倾向，应立即停药并缓慢静脉注射大量维生素 K 或输注新鲜血液。通过胎盘屏障还可导致胎儿出血，同时可影响胎儿骨骼发育。亦可致皮肤坏死。

【药物相互作用与禁忌证】 阿司匹林、保泰松等使血浆中游离香豆素类浓度升高，抗凝作用增强。降低维生素 K 生物利用度的药物或各种病理状态导致胆汁减少均可增强香豆素类的作用。广谱抗生素抑制肠道产生维生素 K 的菌群，减少维生素 K 的生成，增强香豆素类的作用。肝病时，因凝血因子合成减少也可增强其作用。肝药酶诱导剂苯巴比妥、苯妥英钠、利福平等能加速香豆素类的代谢，降低其抗凝作用。

柠檬酸钠

柠檬酸钠（citrate sodium）为体外抗凝药，所含柠檬酸根离子可与血浆中的 Ca^{2+} 结合形成难解离的可溶性柠檬酸钙，使血液中 Ca^{2+} 减少，从而抑制凝血过程，产生抗凝作用。柠檬酸根离子在体内可及时被氧化，因此体内无抗凝作用。柠檬酸钠仅用于体外血液抗凝，阻止血液凝固。大量输血（>1000ml）或输血速度过快，柠檬酸根不能及时被氧化，可引起低钙血症，导致手足抽搐、心功能不全、血压下降。必要时可应用钙盐防治。

第二节 抗血小板药

血小板的黏附、聚集和释放，可促进止血和凝血，并维护毛细血管壁的完整性。抗血小板药又称血小板抑制药，可抑制血小板黏附、聚集以及释放，抑制血栓形成。根据作用机理不同可分为以下几种。

（1）抑制血小板代谢的药物：包括磷酸二酯酶抑制药双嘧达莫、腺苷酸环化酶兴奋药依前列醇、环加氧酶抑制药阿司匹林、血栓素 A_2 合成酶抑制药利多格雷等。

（2）抑制 ADP 活化血小板的药物：噻氯匹定。

（3）血小板膜糖蛋白受体（GPⅡ$_b$/Ⅲ$_a$ 受体）阻断药：阿昔单抗。

（4）凝血酶抑制药：水蛭素和重组水蛭素、阿加曲班等（详见本章抗凝血药一节）。

一、抑制血小板代谢的药物

（一）磷酸二酯酶抑制药

双嘧达莫

双嘧达莫（dipyridamole）又称潘生丁（persantin），

可抑制 ADP、胶原与低浓度凝血酶诱导的血小板聚集，在体内、体外均可抗血栓。作用机理主要为以下几方面。①抑制 PDE 活性，增加细胞内 cAMP 含量，使细胞内游离 Ca^{2+} 减少，血小板处于静止状态，降低对各种刺激物的反应性；②增加血管内皮细胞 PGI_2 的生成及活性；③激活腺苷活性，进而激活腺苷酸环化酶活性，使 cAMP 增多；④轻度抑制血小板的环氧酶，使血栓素 A_2（TXA_2）合成减少。主要用于血栓栓塞性疾病、人工心脏瓣膜置换术后、缺血性心脏病、脑卒中和短暂性脑缺血发作，防止血小板血栓形成。还可抑制动脉粥样硬化早期病变过程。口服后易吸收，T_{peak} 为 1～3h，生物利用度为 27%～66%，蛋白结合率为 91%～99%，肝脏代谢，胆汁排泄，消除 $t_{1/2}$ 为 10～12h。不良反应有胃肠道刺激，以及由于血管扩张引起的血压下降、头痛、眩晕、潮红、晕厥等。

西 洛 他 唑

西洛他唑（cilostazol）抑制血小板、平滑肌细胞内 PDE-Ⅲ 的活性，升高 cAMP，产生抗血小板、扩张血管作用。对 ADP、肾上腺素、胶原、花生四烯酸和凝血酶诱导引起的血小板聚集均有抑制作用。口服 100mg 西洛他唑对血小板体外聚集的抑制较相应剂量的阿司匹林强 7～8 倍。临床用于治疗由动脉粥样硬化、大动脉炎、血栓闭塞性脉管炎、糖尿病所致的慢性动脉闭塞症；改善肢体缺血所引起的慢性溃疡、疼痛、冷感及间歇跛行，并可用于血管成形术、血管移植术、交感神经切除术后的补充治疗，以协助缓解症状、改善循环及抑制移植血管内血栓形成。口服后约 3h 达 T_{peak}，血浆蛋白结合率 95%，肝脏代谢为环氧化物和环羟化物，环氧化物的活性为西洛他唑的 3～4 倍，$t_{1/2}$ 为 11～13h。不良反应主要为血管扩张引起的头痛、头晕及心悸等，也可见恶心、呕吐、腹胀、腹痛等消化道症状。

（二）腺苷酸环化酶兴奋药

依 前 列 醇

依前列醇（epoprostenol）为人工合成的 PGI_2，是目前活性最强的血小板聚集抑制剂。通过兴奋血小板内腺苷酸环化酶，使细胞内 cAMP 升高，可抑制 ADP、胶原、花生四烯酸等诱导的血小板聚集和释放，较高剂量可使血小板凝块解聚。此外，PGI_2 直接作用于血管平滑肌，扩张外周血管、冠状动脉及肾血管，可降低外周血管阻力，并保护缺血心肌和肾脏功能。PGI_2 性质不稳定，作用短暂，$t_{1/2}$ 仅为 3～5min，只限于静脉滴注使用。由于通过肺循环时不被代谢，临床用于防止体外循环时血栓形成。静脉滴注过程中可见血压下降、心悸、面部潮红、头痛，以及胃痉挛痛、恶心、呕吐等消化系统刺激症状。

同类药物还有伊洛前列素（iloprost）、前列地尔（alprostadil）、贝前列素（beraprost）等。

（三）环加氧酶抑制药

阿 司 匹 林

阿司匹林（aspirin）是目前应用最广泛的抗血小板药物。小剂量的阿司匹林可抑制血小板 COX-1 活性，抑制花生四烯酸转变为 PGG_2 和 PGH_2，使 TXA_2 合成减少。临床可用于预防心绞痛、心肌梗死、心房纤颤、脑梗死等症的血栓形成；也可用于治疗急性心绞痛、心肌梗死、急性脑卒中、短暂性脑缺血发作等，可减少缺血性心脏病发作和复发的危险，也可使一过性脑缺血发作患者的卒中发生率和死亡率降低。

（四）TXA_2 合成酶抑制药和 TXA_2 受体拮抗药

TXA_2 合成酶抑制药可抑制 TXA_2 的形成，促使 PGG_2 和 PGH_2 合成 PGI_2，从而发挥抗血小板及扩张血管作用。药物主要有利多格雷（ridogrel）、奥扎格雷（ozagrel）、匹可托安（picotamide）、达唑氧苯（dazoxiben）等。

利 多 格 雷

利多格雷为强大的 TXA_2 合酶抑制药并具有中度的 TXA_2 受体拮抗作用，对血小板血栓和冠状动脉血栓的作用比水蛭素及阿司匹林更有效。对急性心肌梗死患者的血管梗死率、复灌率及增强链激酶的纤溶作用等与阿司匹林相当。不良反应较少，仅有轻度胃肠道反应，易耐受。

二、抑制 ADP 活化血小板的药物

噻 氯 匹 定

噻氯匹定（ticlopidine）选择性并特异性干扰 ADP 介导的血小板活化，不可逆的抑制血小板聚集和黏附。血小板中的 α 颗粒含有纤维蛋白原、粘连蛋白、有丝分裂因子等物质，噻氯匹定不仅抑制 ADP 诱导的 α 颗粒分泌，减轻血管壁损伤的黏附反应；还可抑制 ADP 诱导的血小板膜 GPⅡ$_b$/Ⅲ$_a$ 受体复合物与纤维蛋白原结合而抑制血小板聚集；亦可拮抗 ATP 对腺苷酸环化酶的抑制作用。因此，噻氯匹定是血小板活化、黏附和 α 颗粒分泌的抑制药。临床主要用于预防脑卒中、心肌梗死及外周动脉血栓性疾病的复发，疗效优于阿司匹林。不良反应常见恶心、腹泻、中性粒细胞减少等。

同类药物还有氯吡格雷（clopidogrel）、替卡格雷（ticagrelor）等。

三、血小板膜糖蛋白受体阻断药

ADP、TXA_2、凝血酶等血小板诱导剂引起的血小板聚集，最终的共同通路是使血小板膜表面的糖蛋

白 GP Ⅱ$_b$/Ⅲ$_a$ 受体暴露，这一受体有纤维蛋白原、血管性血友病因子（von Willebrand factor，vWF）、纤维连接蛋白（fibronectin）等配体。当血小板激活时，GP Ⅱ$_b$/Ⅲ$_a$ 糖蛋白受体转为高亲和力状态，并与这些配体结合形成血小板聚集。GP Ⅱ$_b$/Ⅲ$_a$ 阻断药阻碍血小板与上述配体结合，抑制血板聚集。

阿 昔 单 抗

阿昔单抗（abciximab，c7E3Fab，ReoPro）是第一个获 FDA 批准的 GP Ⅱ$_b$/Ⅲ$_a$ 受体拮抗药，国内临床尚未应用。其为血小板膜表面 GP Ⅱ$_b$/Ⅲ$_a$ 的人/鼠嵌合单克隆抗体，抑制血小板聚集作用明显，对血栓形成、溶栓治疗后防止血管再闭塞有明显治疗作用。其特点是作用强，时间短，不良反应少。$t_{1/2}$ 仅为 30min，但血小板结合时间较长，停止静脉灌注后可维持 18～24h。

同类药物包括非肽类 GP Ⅱ$_b$/Ⅲ$_a$ 受体拮抗药拉米非班（lamifiban）、替罗非班（tirofiban）及可供口服的珍米洛非班（xemilofiban）、夫雷非班（fradafiban）及西拉非班（sibrafiban）等，用于急性心肌梗死、溶栓治疗、不稳定型心绞痛和血管成形术后再梗死等。

第三节 纤维蛋白溶解药

纤维蛋白溶解药（fibrinolyticdrug）可使纤溶酶原（plasminogen）转变为纤溶酶（plasmin），继而降解纤维蛋白和纤维蛋白原而限制血栓增大和溶解血栓。故又称溶栓药（thrombolyticdrug）。

链 激 酶

链激酶（streptokinase，SK）是从 β-溶血性链球菌培养液中提纯得到的一种蛋白质，为第一代溶栓药代表，分子质量约为 47kDa，现用基因工程技术制备重组链激酶（recombinant streptokinase，rSK）。

链激酶与内源性纤维蛋白溶酶原结合成复合物，并促使纤维蛋白溶酶原转变为纤溶酶，纤溶酶迅速水解血栓中纤维蛋白，导致血栓溶解。主要用于急性血栓栓塞性疾病，如急性肺栓塞、深部静脉栓塞及心肌梗死的早期治疗。不良反应为出血，注射局部血肿。严重出血可注射对羧基苄胺对抗。亦可见皮疹、药热等变态反应。禁用于出血性疾病、新近创伤、消化道溃疡、伤口愈合中及严重高血压患者。

尿 激 酶

尿激酶（urokinase，UK）是从人尿中分离得到的内源性纤溶酶原激活剂，为第一代溶栓药。其作用机理与链激酶不同，可直接促使无活性的纤溶酶原变为有活性的纤溶酶，溶解血栓中的纤维蛋白。适应证、不良反应及禁忌证与链激酶相似，但尿激酶无抗原性，不引起变态反应，且价格昂贵，一般用于链激酶过敏或者耐受者。

阿 尼 普 酶

阿尼普酶（anistreplase）是茴香酰化纤溶酶原-链激酶激活剂的复合物，为第二代溶栓药。阿尼普酶进入血液后弥散到血栓含纤维蛋白表面，通过复合物的赖氨酸纤溶酶原活性中心与纤维蛋白结合，缓慢脱掉乙酰基后，血栓纤维蛋白表面的纤溶酶原变为纤溶酶而发挥溶解血栓作用。临床用于急性心肌梗死，可改善症状，降低病死率，亦可用于其他血栓性疾病。本品选择性的激活血栓中的纤溶酶原，很少引起全身性纤溶活性增强，故较少引起全身性出血，出血常发生在注射部位或胃肠道；起效缓慢，作用时间较长，$t_{1/2}$ 为 90～105min。

组织型纤溶酶原激活剂

组织型纤溶酶原激活剂（tissue plasminogen activator，t-PA）为人体内生理性纤溶酶原激活剂，主要由血管内皮细胞合成并释放进入血液循环，最初由人子宫和黑色素瘤细胞培养液中提取，现已用基因工程方法生产重组 rt-PA（recombinant tissue-type plasminogen activator，rt-PA），即阿替普酶（alteplase）。t-PA 在靠近纤维蛋白-纤维蛋白溶酶原相结合的部位，通过其赖氨酸残基与纤维蛋白结合，并激活与纤维蛋白结合的纤维蛋白溶酶原转变为纤溶酶。其作用较激活循环中游离型纤溶酶快，且不易引发出血。临床用于治疗急性心肌梗死、肺栓塞、脑栓塞等，使阻塞血管再通率比链激酶高，且不良反应小，是较好的第二代溶栓药。

同类药物还有第二代溶栓药西替普酶（silteplase）、那替普酶（nateplase），及第三代溶栓药瑞替普酶（reteplase）等。

第四节 促 凝 血 药

促凝血药是防治凝血功能低下导致出血性疾病的一类药物，根据作用机理不同分为促进凝血因子活化药物、抗纤维蛋白溶解药、凝血因子制剂、促血小板生成药。

一、促进凝血因子活化药物

维 生 素 K

维生素 K（vitamin K）是含有甲萘醌基本结构的一族维生素，包括维生素 K$_1$、维生素 K$_2$、维生素 K$_3$ 和维生素 K$_4$ 四种，维生素 K$_1$（phytomenadione）存在于苜蓿等绿色植物中，维生素 K$_2$（menaquinone）来自于肠道细菌或腐败鱼粉，两者均为脂溶性维生素，吸收需要胆汁协助。维生素 K$_3$（menadione sodium bisulfate）、维生素 K$_4$（menadiol）为人工合成的维生素，为水溶性维生素，吸收不需要胆汁协助。

【药理作用与作用机理】

1. 促进凝血因子活化 维生素 K 是 γ-羧化酶的

辅酶，主要作用是参与肝合成凝血因子Ⅱ、凝血因子Ⅷ、凝血因子Ⅸ、凝血因子Ⅹ、抗凝血蛋白C和抗凝血蛋白S等的活化过程，促进这些凝血因子前体蛋白分子氨基末端第10个谷氨酸残基的γ-羧化作用，使这些因子具有活性，与Ca^{2+}结合，再与带有大量负电荷的血小板磷脂结合，促使血液凝固。

2. 缓解平滑肌痉挛 维生素K_1、维生素K_3肌内注射具有解痉作用。

【临床应用】

1. 维生素K缺乏引起的出血 主要用于梗阻性黄疸、胆瘘、慢性腹泻、早产儿、新生儿出血等患者及香豆素类、水杨酸类药物或其他原因导致凝血酶原过低而引起的出血者，亦可用于预防长期应用广谱抗菌药继发的维生素K缺乏症。

2. 缓解胃肠平滑肌痉挛 如胆石症、胆道蛔虫引发的绞痛。

【不良反应】 维生素K毒性较低，维生素K_1静脉注射过快，可出现胸痛、面部潮红、多汗、虚脱、呼吸困难、血压下降等类似过敏症状，应缓慢滴注或肌内注射。局部肌内注射处偶可发生红肿、疼痛、硬结等。维生素K_3、维生素K_4口服易导致恶心、呕吐等胃肠道反应，较大剂量可引发新生儿或早产儿高胆红素血症或溶血性贫血，对葡萄糖-6-磷酸脱氢酶缺乏的患者也可诱发急性溶血性贫血。

二、抗纤维蛋白溶解药

氨甲苯酸

氨甲苯酸（aminomethylbenzoic acid，PAMBA）又称对羧基苄胺，结构与赖氨酸类似，能竞争性抑制纤维蛋白溶酶原激活因子，使纤维蛋白溶酶原不能转变为纤溶酶，从而抑制纤维蛋白的溶解，产生止血作用。临床用于纤溶功能亢进所致的出血，如肺、肝、胰、前列腺、甲状腺及肾上腺等手术所致的出血及产后出血、前列腺肥大出血及上消化道出血等。也可用于纤维蛋白溶解药过量中毒的解救。常见不良反应有胃肠道反应、头晕、耳鸣等；快速静脉给药可致体位性低血压、心律失常及心脏或肝脏损害。肾功能不全者慎用。

氨甲环酸

氨甲环酸（tranexamic acid，AMCHA）又名凝血酸，抗纤溶活性为氨甲苯酸的7～10倍，但不良反应较多。

三、凝血因子制剂

凝血因子制剂是从健康人体或动物血液中提取并分离提纯、冻干而制成的含有各种凝血因子的制剂，主要用于凝血因子缺乏的替代治疗。

凝 血 酶

凝血酶（thrombin）是从牛、兔或猪血中提取获得的无菌制剂。局部应用，可使纤维蛋白原转变为纤维蛋白，促使病灶表面的血液迅速形成稳定的凝血块，能有效地控制小血管或毛细血管渗血的局部止血，外科止血常和明胶海绵同用。必须直接与创面接触才能产生止血作用。口服也可用于上消化道出血，但只有在胃酸被中和后才能奏效，因pH<5情况下凝血酶被灭活。

凝血酶原复合物

凝血酶原复合物（prothrombin complex）从健康人新鲜血浆分离而得，为凝血因子Ⅱ、凝血因子Ⅷ、凝血因子Ⅸ、凝血因子Ⅹ、以及少量其他血浆蛋白的混合制剂，能补充血浆凝血因子，促进血液凝固，临床用于乙型血友病（先天性凝血因子Ⅹ缺乏）、肝脏疾病、香豆素类抗凝药过量和维生素K依赖性凝血因子（凝血因子Ⅱ、凝血因子Ⅶ、凝血因子Ⅸ、凝血因子Ⅹ）缺乏引起的出血。

抗血友病球蛋白

抗血友病球蛋白（anti hemophilia globulin）主要含有凝血因子Ⅷ及少量纤维蛋白原。临床为甲型血友病（先天性凝血因子Ⅷ缺乏）的首选治疗药物。也可用于溶血性血友病、抗凝血因子Ⅷ抗体所致严重出血的治疗。静脉滴注速度过快可致头痛、眩晕、发热、荨麻疹等症。

四、促血小板生成药

酚 磺 乙 胺

酚磺乙胺（etamsylate）又名止血敏，可促使血小板增生，增强血小板的聚集和黏附，促进血小板释放凝血活性物质，缩短凝血时间；还可收缩血管，降低毛细血管通透性，缩短出血时间。临床用于防治手术前后的出血，以及血小板减少或功能不良、血管因素引起的出血，如血小板减少性紫癜、胃肠道出血、泌尿道出血、眼底出血、牙龈出血、鼻出血等。不良反应可见恶心、头痛、皮疹、低血压等；偶见过敏性休克。

第五节 血容量扩充药

血容量扩充药是作为补充体液、纠正低血容量、维持血压和器官灌注的一类药物，可分为血液制品、晶体液、胶体液。主要用于各种严重创伤、手术、烧伤、休克等的血容量绝对或相对不足时补充血容量。血液制品包括全血、血浆、人血白蛋白等；作用持久但价格昂贵、来源有限、不易储存；晶体液包括葡萄糖、氯化钠等，使用方便但作用短暂；胶体液包括右旋糖酐、琥珀酰明胶、聚明胶肽等，弥补血液制品、晶体液的缺点，但无营养、免疫、递氧等功能，不能完全替代血液制品。

右 旋 糖 酐

右旋糖酐（dextran）为高分子葡萄糖聚合物，根据聚合葡萄糖分子数量的不同，分为中分子质量、低分子质量、小分子质量三类，中分子质量为右旋糖酐70，其分子质量约为75 000Da；低分子质量包括右旋糖酐40和右旋糖酐20，其平均分子质量为20 000～40 000Da；小分子质量为右旋糖酐10，其平均分子质量为10 000Da。

【药理作用】 右旋糖酐相对分子质量较大，能提高血浆胶体渗透压，从而扩充血容量，维持血压。作用强度与维持时间依中、低、小分子质量而逐渐降低，右旋糖酐70维持12h，右旋糖酐20和右旋糖酐10作用短，仅维持3h。低、小分子质量右旋糖酐阻止红细胞和血小板集聚及纤维蛋白聚合，降低血液黏滞性，并对凝血因子Ⅱ有抑制作用，从而改善微循环。右旋糖酐具渗透性利尿作用。

【临床应用】 各类右旋糖酐主要用于低血容量性休克，包括急性失血、创伤和烧伤性休克。低分子和小分子右旋糖酐改善微循环作用较佳，用于中毒性、外伤性及失血性休克，可防止休克后期DIC。也用于防治心肌梗死心绞痛、脑血栓形成、血管闭塞性脉管炎和视网膜动静脉血栓等。

【不良反应】 偶见变态反应如发热、荨麻疹等。偶见血压下降、呼吸困难等严重反应。连续应用时制剂中的少量大分子右旋糖酐蓄积可致凝血障碍和出血。禁用于血小板减少症、出血性疾病、血浆中纤维酶原低下等。心功能不全和肺水肿及肾功能不佳者慎用。

【案例及思考题】 患者，男，55岁，晨起右手乏力，步态不稳，口齿不清。检查可见：口齿欠清，右侧视野缺损，右侧鼻唇沟略浅，伸舌右偏，右侧肢体肌力为4级，左侧肢体肌力5级，右侧巴宾斯基征（+），头颅CT未见明显高或低密度影。初步诊断为脑栓塞，予以溶栓、抗凝、扩容及保护脑组织等治疗。

问题：
1. 可以使用哪些溶栓药物？机理如何？
2. 为防止血栓继续发展可使用哪些抗凝药物？

（王恩军）

第三十三章 抗贫血药与生血药

第一节 抗贫血药

循环血液中红细胞数或血红蛋白量低于正常称贫血。根据病因和发病机理的不同可分为铁缺乏导致的缺铁性贫血、维生素 B_{12} 或叶酸缺乏导致的巨幼红细胞性贫血、骨髓造血功能障碍导致的再生障碍性贫血。抗贫血药主要根据贫血类型进行补充治疗。

一、铁 剂

常用的口服制剂有硫酸亚铁（ferrous sulfate）、葡萄糖酸亚铁（ferrous gluconate）、琥珀酸亚铁（ferrous succinate）、富马酸亚铁（ferrous fumarate）、柠檬酸铁铵（ferric ammonium citrate）等，注射制剂有右旋糖酐铁（iron dextran）。

【体内过程】 口服铁剂必须生成 Fe^{2+} 形式才能在十二指肠和空肠上段吸收。胃酸、维生素C、食物中果糖、半胱氨酸等有助于 Fe^{3+} 还原成 Fe^{2+}，可促进铁吸收。胃酸缺乏或食物中高磷、高钙、鞣酸等物质使铁沉淀，抑制铁的吸收。四环素等可与铁络合，也不利于铁的吸收。吸收进入肠黏膜的铁根据机体需要或直接进入骨髓供造血使用，或与肠黏膜去铁蛋白结合以铁蛋白（ferritin）形式储存。铁的排泄主要通过肠黏膜细胞脱落及胆汁、尿液、汗液而排出体外，每日约 1mg。

【药理作用】 铁是红细胞成熟阶段合成血红素必不可少的物质。吸收到骨髓的铁，吸附在有核红细胞膜上并进入细胞内的线粒体，与原卟啉结合形成血红素。后者再与珠蛋白结合，形成血红蛋白。

【临床应用】 治疗失血过多、需铁增加或摄入不足所致的缺铁性贫血。口服铁剂一周，血液中网织红细胞开始上升，10～14 日达高峰，2～4 周血红蛋白明显增加，4～8 周接近正常。为使体内铁储存恢复正常，血红蛋白恢复正常后仍需减半剂量继续服药 8～12 周。

【不良反应】 常见胃肠道刺激症状，引起恶心、呕吐、腹泻、上腹部不适等，Fe^{3+} 较 Fe^{2+} 多见，宜餐后服用。Fe^{2+} 也可与肠腔中的 H_2S 生成 FeS，减少 H_2S 对肠道蠕动的刺激作用，引起便秘、黑便。小儿误服 1g 以上铁剂可致急性中毒，表现为坏死性肠炎、血性腹泻、休克、呼吸困难，甚至死亡。急救可以磷酸盐溶液或碳酸盐溶液洗胃，并以特殊解毒剂去铁胺（deferoxamine）经鼻饲管注入胃内以结合残存的铁。

二、维生素类

叶 酸

叶酸（folic acid）属水溶性B族维生素，由蝶啶、对氨苯甲酸及谷氨酸组成。广泛存在于动、植物中，以绿色蔬菜中含量最高，易氧化，不耐热。动物细胞自身不能合成叶酸，因此人体所需叶酸只能从植物中摄取。

【药理作用】 食物中叶酸和叶酸制剂进入体内被还原和甲基化为具有活性的 5-甲基四氢叶酸（5-CH_3H_4PteGlu）。进入细胞后 5-甲基四氢叶酸作为甲基供给体使维生素 B_{12} 转成甲基 B_{12}，而自身变为四氢叶酸，后者能与多种一碳单位结合成四氢叶酸类辅酶，传递一碳单位，参与体内多种生化代谢。包括嘌呤核苷酸的从头合成、胸腺嘧啶脱氧核苷酸合成、某些氨基酸互变等，当叶酸缺乏时，上述代谢障碍，最为明显的是 DNA 合成障碍，对 RNA 和蛋白质合成影响较少，导致巨幼红细胞性贫血，同时消化道上皮增殖抑制，出现舌炎、腹泻等。

【临床应用】 用于补充治疗各种原因所致的巨幼红细胞性贫血。因为维生素 B_{12} 可促进叶酸利用，所以合用效果更好。叶酸对抗药甲氨蝶呤、乙胺嘧啶等所致巨幼红细胞性贫血，由于二氢叶酸还原酶被抑制，应用叶酸无效，需用亚叶酸钙（calcium leucovorin）来治疗。对维生素 B_{12} 缺乏所致"恶性贫血"，叶酸可纠正血象，但不能改善神经症状，治疗时应以维生素 B_{12} 为主，叶酸为辅。

维生素 B_{12}

维生素 B_{12}（vitamin B_{12}）为含钴复合物，又称为钴胺素，广泛存在于动物内脏、牛奶、蛋黄中。钴原子有各种配体，如—CN、—CO、—CH 和 5′-脱氧腺苷酸，因而有氰钴胺、羟钴胺、甲钴胺和 5′-脱氧腺苷钴胺。体内具有辅酶活性的维生素 B_{12} 为甲钴胺和 5′-脱氧腺苷钴胺，药用维生素 B_{12} 为氰钴胺、羟钴胺，性质稳定。

【体内过程】 维生素 B_{12} 必须与胃壁细胞分泌的糖蛋白即"内因子"结合形成复合物，才能免受胃液消化而进入空肠吸收。胃黏膜萎缩所致"内因子"缺乏可影响维生素 B_{12} 的吸收，引发"恶性贫血"。吸收后90%储存于肝脏，少量经胆汁、胃液、胰液排入肠道。正常人每日需要维生素 B_{12} 1μg，每日食物提供 2～3μg 即可满足需要，由于肝脏有大量储存，

食物即使无维生素 B_{12} 也不易造成缺乏。

【药理作用】　维生素 B_{12} 为细胞分裂和维持神经组织髓鞘完整所必需。体内维生素 B_{12} 主要参与下列两种代谢过程。

1. 维生素 B_{12} 为同型半胱氨酸甲基转移酶的辅酶，可促使同型半胱氨酸甲基化成甲硫氨酸，该甲基是 $VitB_{12}$ 自 $5-CH_3H_4teGlu$ 得来，然后转给同型半胱氨酸，$5-CH_3H_4teGlu$ 则转变成 H_4teGlu，促进四氢叶酸的循环利用，故维生素 B_{12} 缺乏可引起叶酸缺乏症状。

2. 甲基丙二酰辅酶 A 变位酶可促使甲基丙二酰辅酶 A 转变为琥珀酰辅酶 A 而进入三羧酸循环，$5'$-脱氧腺苷 B_{12} 是甲基丙二酰辅酶 A 的辅助因子，当维生素 B_{12} 缺乏时，甲基丙二酰辅酶 A 聚集，导致异常脂肪酸合成，影响正常神经髓鞘脂质合成，出现神经症状。

【临床应用】　主要用于治疗恶性贫血，需注射给药；亦可配合叶酸治疗巨幼红细胞性贫血。还可作为神经系统疾病（如神经炎及神经萎缩）、肝脏疾病（肝炎、肝硬化）的辅助治疗。

第二节　造血生长因子

造血生长因子是能促进血细胞分化增殖的一类糖蛋白，目前临床应用的有促红细胞生成素（erythropoietin，EPO）、粒细胞集落刺激因子（granulocyte colony stimulating factor，G-CSF）、粒细胞-巨噬细胞集落刺激因子（granulocyte-macrophage colony-stimulating factor，GM-CSF）、白细胞介素-11 等。

一、促红细胞生成素

促红细胞生成素

促红细胞生成素是由肾脏近曲小管管周细胞产生的糖蛋白，肝脏也能少量合成，由 165 个氨基酸组成，分子质量为 34kDa。为调节红系干细胞生成的糖蛋白激素，能直接促进红细胞的生成，现临床应用 EPO 为 DNA 重组技术合成，称重组人促红细胞生成素（epoetin-a），理化性质与作用与内源性 EPO 相似。

【体内过程】　皮下注射后 8～12h 血药浓度达峰值，有效浓度可维持 12～16h。生物利用度仅 20%，大部分经肝脏代谢。静脉注射 $t_{1/2}$ 为 4～13h，反复用药可缩短为 6h。

【药理作用】　EPO 与红系干细胞表面上的 EPO 受体结合，导致细胞内磷酸化及 Ca^{2+} 浓度增加，刺激红系干细胞，促进红系干细胞增殖、分化和成熟，并促使网织红细胞从骨髓中释放入血，增加红细胞数目及血红蛋白含量。并能稳定红细胞膜，增强红细胞抗氧化能力。

【临床应用】　EPO 对多种原因引起的贫血有效，尤其慢性肾衰竭、尿毒症血液透析所致贫血疗效显著，也可用于骨髓造血功能低下、肿瘤化疗、结缔组织疾病及艾滋病药物治疗所致的贫血。

【不良反应】　主要为血压升高，偶可诱发脑血管意外或癫痫发作。其他不良反应如瘙痒、发热、恶心、头痛、关节痛、血栓等少见。

二、促白细胞生成药

粒细胞集落刺激因子

【药理作用】　粒细胞集落刺激因子是由血管内皮细胞、单核细胞和成纤维细胞合成的糖蛋白。重组人 G-CSF 称为非格司亭（filgrastim），是由 175 个氨基酸组成的糖蛋白，与天然 G-CSF 的氨基酸序列和糖链完全相同，不同的是重组 G-CSF 链的 N 端含有蛋氨酸。主要作用是刺激粒细胞集落形成单位（CFU-G），促进中性粒细胞成熟；刺激成熟的粒细胞从骨髓释出；增强中性粒细胞趋化及吞噬功能。对巨噬细胞、巨核细胞影响很小。

【临床应用】　临床用于自体骨髓移植及肿瘤化疗后严重中性粒细胞缺乏症，可缩短中性粒细胞缺乏时间，降低感染的发病率；对先天性中性粒细胞缺乏症也有效，对某些骨髓发育不良或骨髓损害患者，可增加中性粒细胞数量；可部分或完全逆转艾滋病患者中性粒细胞缺乏。

【不良反应】　常见不良反应为骨痛及关节肌肉酸痛，亦可见胃肠道反应、肝功能损害、变态反应。偶可见过敏性休克。长期静脉滴注可引起静脉炎。皮下注射可有局部反应。

粒细胞-巨噬细胞集落刺激因子

【药理作用】　粒细胞-巨噬细胞集落刺激因子在 T 淋巴细胞、单核细胞、成纤维细胞、血管内皮细胞均有合成。它与白细胞介素-3（IL-3）共同作用于多向干细胞和多向祖细胞等细胞分化原始部位，以此可刺激粒细胞、单核细胞、巨噬细胞和巨核细胞等多种细胞的集落形成和增生。对多红细胞也有间接影响。对成熟中性粒细胞可增加其吞噬功能和细胞毒素作用。

重组人 GM-CSF 称沙格司亭（sargramostim），由 127 个氨基酸组成，与天然 GM-CSF 一样，对骨髓细胞有广泛作用。能刺激粒细胞、单核细胞和 T 淋巴细胞的生长，使其成熟细胞数目增多；能诱导形成粒细胞集落形成单位、巨噬细胞集落形成单位、粒细胞-巨噬细胞集落形成单位，集落的大小和数目都有增加。还可刺激造血前体细胞增殖、分化为集落形成单位，并与高浓度红细胞生成因子有协同作用，促进红细胞的活力。并能促进巨噬细胞和单核细胞对肿瘤细胞的裂解作用，提高机体抗肿瘤和抗感染免疫力。

【临床应用】 主要用于骨髓移植、肿瘤化疗、某些骨髓造血不良、再生障碍性贫血及艾滋病有关的中性粒细胞缺乏症。可预防白细胞减少时可能潜在的感染并发症，并促使感染引发的中性粒细胞减少尽快恢复。

【不良反应】 常见不良反应是发热、皮疹。亦可见低血压、恶心、水肿、胸痛、骨痛和腹泻。罕见呼吸困难、心力衰竭、精神错乱、惊厥、肺水肿和晕厥等。首次使用偶见面部潮红、出汗、低血压、呼吸急促等症。

同类药还有莫拉司亭（molgramostim）。

维生素 B_4

维生素 B_4（vitamin B_4，腺嘌呤）是核酸的组成部分，在体内参与 DNA 和 RNA 的合成，促进白细胞增生，尤其是白细胞减少时作用尤为显著。连续用药2～4周，白细胞可增加。临床用于放射治疗、抗肿瘤化疗、苯中毒及抗甲状腺药引起的白细胞减少症。

鲨 肝 醇

鲨肝醇（batilol）即α-正十八碳甘油醚，由鲨鱼鱼肝油中分离而得名。存在于动物体内，骨髓造血组织中含量较多。具有促进白细胞增殖和抗放射线的作用，还可对抗由于苯中毒和细胞毒类药物引起的造血系统抑制。用于治疗各种原因引起的白细胞减少症，如放射性、抗肿瘤药物等所致的白细胞减少症。不良反应轻微，偶见口干、肠鸣音亢进等。

三、促血小板生成药

血小板减少症常见于特发性血小板减少性紫癜、骨髓移植及肿瘤放化疗患者，也可见于感染、骨髓增生异常、肝功能障碍等。临床使用的促血小板生成药包括重组人血小板生成素（recombinant thrombopoietin, rhTPO）、重组人白细胞介素-11（IL-11）等。

重组人血小板生成素

【药理作用】 血小板生成素是由肝细胞、肾脏近曲小管细胞、骨髓间质细胞等产生的糖蛋白，由322个氨基酸组成，分子质量为45～75kDa。TPO可特异性的刺激巨核细胞系祖细胞增殖分化，促进巨核细胞成熟，并促进核细胞或巨噬细胞和红系祖细胞的恢复。药用 TPO 为重组人血小板生成素 rhTPO。

【临床应用】 临床用于治疗实体瘤化疗后所致的血小板减少症。

【不良反应】 不良反应轻微，可见变态反应、发热、肌肉酸痛、头晕等。

重组人白细胞介素-11

【药理作用】 IL-11为骨髓成纤维细胞和基质细胞产生的分子质量为65～85kDa的蛋白质，可增加外周血小板和中性粒细胞的数量。药用 IL-11 为重组人 IL-11，作为促血小板生长因子，可直接刺激造血干细胞和巨核祖细胞的增殖，诱导巨核细胞的成熟分化，增加体内血小板的生成，从而增加血小板数量，但不改变血小板的功能。

【临床应用】 用于实体瘤、非髓系白血病化疗后Ⅲ度、Ⅳ度血小板减少症的治疗。

【不良反应】 可见水肿、头痛、心动过速、恶心、呕吐、眩晕、呼吸困难等症。

罗 米 司 亭

罗米司亭（romiplostim）是血小板生成素受体激动药，临床适用于治疗对皮质激素、免疫球蛋白或脾切除反应不充分的成人慢性免疫性血小板减少性紫癜。不良反应可见关节痛、眩晕、失眠、肌肉痛、四肢疼痛、腹痛、肩痛、消化不良和感觉异常等。

利 可 君

利可君（leucogen）为半胱氨酸的衍生物，口服后在十二指肠碱性条件下与蛋白结合形成可溶性物质迅速吸收，可加强骨髓造血功能，提高白细胞、血小板数量。临床用于防治肿瘤放、化疗引起的白细胞减少症和血小板减少症。

肌 苷

肌苷（inosini）即次黄嘌呤核苷，在细胞内参与核酸代谢、能量代谢和蛋白质合成。可激活丙酮酸氧化酶系，提高辅酶 A 的活性，活化并恢复受损细胞功能，并改善缺氧状态下的细胞代谢，还可促进白细胞增殖。临床用于治疗白细胞减少症、血小板减少症及各种肝病等。不良反应可见胃部不适、轻度腹泻，静脉注射可引起颜面潮红、恶心及胸部灼热感。

【案例及思考题】 患者，女，33岁。近1年来全身乏力、面色苍白、头晕耳鸣、记忆力减退，并伴有活动后心慌、气短。实验室检查可见：血红蛋白 76g/L，血清铁蛋白 9μg/L，红细胞平均体积 58fL。诊断为缺铁性贫血。给予硫酸亚铁片口服，一次1片，一日3次，饭后服。

问题：
1. 可以使用哪些药物治疗缺铁性贫血？
2. 服用硫酸亚铁有哪些不良反应？

（王恩军）

第七篇　内分泌系统药理学

第三十四章　肾上腺皮质激素类药物

肾上腺皮质激素（adrenocortical hormones）是肾上腺皮质所合成分泌激素的总称，包括糖皮质激素、盐皮质激素（mineralocorticoids）和性激素，均属于甾体类（steroid，类固醇）化合物。肾上腺皮质由三层组成，由外向内依次为球状带、束状带和网状带。其中球状带主要合成醛固酮等盐皮质激素；束状带合成氢化可的松等糖皮质激素；网状带主要合成性激素。临床上所用皮质激素主要指糖皮质激素类。肾上腺皮质激素的分泌受垂体分泌的促肾上腺皮质激素（adreno-corticotropic hormone，ACTH）调节，其分泌具有昼夜节律性。

【化学结构及构效关系】　肾上腺皮质激素的基本结构为甾核（图 34-1），其共同结构特点为甾核 A 环的 C_4-C_5 为双键，C_3 上有一酮基，C_{20} 上有一羰基，这些结构是保持生理功能所必需。糖皮质激素的结构特点为在甾核的 C 环的 C_{11} 上有氧（如可的松）或羟基（如氢化可的松），而在 D 环的 C_{17} 上有 α 羟基，这些结构使其对糖代谢的作用较强，对水盐代谢作用弱，因此称其为糖皮质激素；而其抗炎作用显著，因此又称为甾体类抗炎药。盐皮质激素的甾核 C 环的 C_{11} 无氧（如去氧皮质酮），或有氧但与 18 位碳结合（如醛固酮），使其具有较强的水盐代谢调节作用，而对糖代谢作用很弱，故称为盐皮质激素。

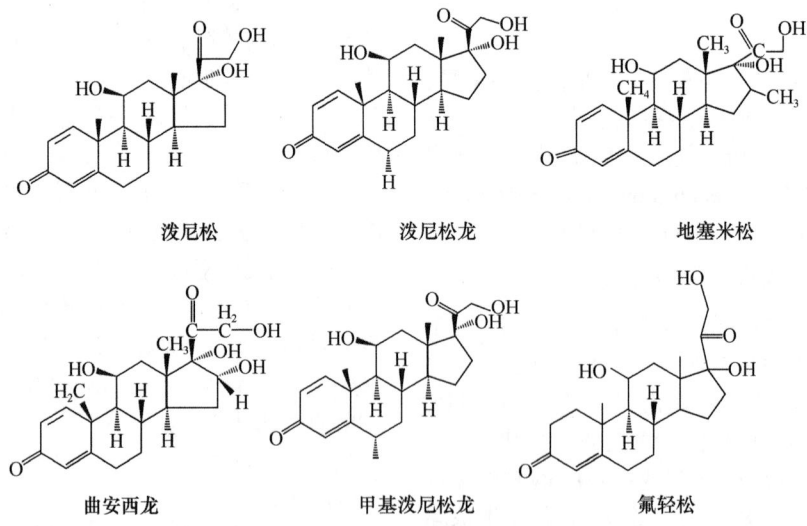

图 34-1　肾上腺皮质激素类药化学结构

为了增强临床疗效，减少不良反应，对该类药物进行改造后，合成了一系列糖皮质激素类衍生物。如将 1、2 位碳间改为不饱和双键可使其抗炎及对糖代谢的影响增强，而对水盐代谢影响减小，如泼尼松和泼尼松龙；16α 位加入羧基可使其抗炎作用加强，而水钠潴留作用几无变化，如曲安西龙；6α 位引入甲基可使其抗炎作用增强而体内分解延缓，如 6α 甲基泼尼松龙；9α 位上引入氟可使抗炎作用和水钠潴留作用同时增强，如氟氢松。

第一节 糖皮质激素

可的松是体内合成和分泌的主要糖皮质激素，具有非常广泛的生理作用。垂体分泌的 ACTH 会对其分泌产生促进作用，而血液中内源性和外源性的糖皮质激素会对其分泌产生抑制作用。血液中糖皮质激素的水平具有昼夜节律性，一般在早晨达到高峰，随后下降，到下午会出现轻微升高。应激及血液中外源性激素水平均会对自身糖皮质激素的分泌产生影响。生理情况下糖皮质激素主要影响正常物质代谢过程；应激状态下，机体分泌大量激素，可使机体对内外环境变化所产生的刺激耐受力提高；而超生理剂量时，糖皮质激素可产生多种药理作用，广泛应用于临床。但由于不合理应用及长期大量应用激素所产生的不良反应较多，甚至危及生命，故应严格根据适应证合理用药。

【体内过程】 注射和口服均吸收良好，口服可的松或氢化可的松后 1～2h 血药浓度可达到高峰。作用可持续 8～12h。

氢化可的松进入血液后 90% 与血浆中的蛋白结合，结合型药物不易进入细胞，无生物活性。具有活性的游离型约 10%。与氢化可的松结合的蛋白主要为皮质激素结合蛋白（corticosteroid-bingding globulin，CBG），约 80% 与 CBG 结合，10% 与白蛋白结合。CBG 在肝脏中合成，一些因素可影响肝脏合成 CBG 的水平，从而导致血液中游离型皮质激素水平发生变化而影响其作用。例如，雌激素可促进其合成，妊娠过程或用雌激素治疗的患者血中 CBG 浓度明显增高，导致游离型激素水平降低，反馈性引起 ACTH 释放，又使游离型达到正常水平。而肝肾疾病时 CBG 合成减少，游离型增多。

糖皮质激素类药物的代谢和转化在肝脏进行，由尿中排出。当肝、肾功能不全时，糖皮质激素类药物的血浆半衰期可延长。可的松和泼尼松本身没有活性，需要经过肝脏将 C_{11} 上的氧转化为羟基，生成氢化可的松和泼尼松龙才具有活性，因此严重肝功能不全患者不宜用可的松或泼尼松，而应用其活性形式氢化可的松或泼尼松龙。

可的松血浆半衰期为 60～90min，当大剂量应用氢化可的松、机体处于应激状态、甲状腺功能低下或肝脏疾病时，可导致其半衰期延长。

【药理作用】 糖皮质激素在生理剂量下主要发挥生理作用，对机体物质代谢产生影响；超生理剂量下可产生抗炎、抗免疫等药理作用。

1. 对代谢的影响

（1）糖代谢：糖皮质激素是重要的血糖调节激素，可升高血糖，增加肝脏和肌肉的糖原量。其调节血糖的机理主要为增加糖的来源，减少糖的利用：①促进糖原异生，糖皮质激素可以利用肌肉蛋白质代谢过程中产生的氨基酸及中间代谢产物合成糖原，还可以通过激活糖原异生过程中的多种酶而促进糖原合成，从而增加肌糖原和肝糖原。②减少组织对葡萄糖的摄取和利用，同时促进一些中间代谢产物如丙酮酸和乳酸等在肝脏和肾脏合成葡萄糖，增加血糖来源。

（2）蛋白质代谢：糖皮质激素能加速蛋白质的分解代谢，增加血清氨基酸和尿中氮排泄量，同时大剂量还可以抑制蛋白质合成，造成负氮平衡。因此用药后可造成胸腺、淋巴腺萎缩，肌肉和皮肤中蛋白质含量降低，成骨细胞活力减退，骨质形成障碍，从而出现肌肉消瘦、骨质疏松、皮肤变薄和伤口愈合延缓等。因此，患者用药过程中应增加高蛋白食物摄入并减少糖类摄入，同时在严重丢失蛋白质的肾病患者或多种影响蛋白质代谢的疾病中，应同时合用蛋白质同化类激素以平衡激素作用。

（3）脂质代谢：短期应用对脂质代谢无明显影响。长期应用主要为促进脂肪分解，抑制其合成，使血浆胆固醇增高，同时激活四肢皮下的酯酶，促进皮下脂肪分解。同时使脂肪重新分布于面部、胸、背及臀部，形成向心性肥胖，表现为"满月脸、水牛背"，呈现面、背和躯干发胖而四肢消瘦的特殊体形。

（4）水和电解质代谢：糖皮质激素还有较弱的盐皮质激素作用，产生保钠排钾作用，长期大量应用造成水钠潴留。同时还可增加肾小球滤过率和拮抗抗利尿激素的作用，减少肾小管对水的重吸收，产生利尿作用。此外，糖皮质激素还可减少小肠对钙的吸收和抑制肾小管对钙的重吸收，从而促进尿钙排泄增加，引起低血钙。长期用药将造成骨质脱钙。

2. 抗炎作用 糖皮质激素具有非常强大的抗炎作用，能显著抑制感染性（如细菌、病毒）、物理性（如烧伤、创伤）、化学性（如酸、碱）、免疫性（如变态反应）及无菌性（如缺血性组织损伤）炎症。炎症反应在早期主要表现为由于血管扩张导致的血管通透性增加和渗出增多，表现为红、肿、热、痛等症状，糖皮质激素可以在炎症早期增加血管紧张性、减轻充血、降低毛细血管通透性从而减轻渗出和水肿，同时也可以抑制炎症细胞的浸润及吞噬反应，减少炎症因子释放，从而改善炎症症状。炎症后期主要是组织修复过程，糖皮质激素可抑制毛细血管和成纤维细胞增生，抑制胶原蛋白和黏多糖的合成，延缓肉芽组织的生成，通过减少粘连和瘢痕的形成而减轻粘连和瘢痕挛缩造成的炎症后遗症。但要注意的是，炎症本身为机体的一种防御性机理，在早期抑制感染扩散和后期的组织修复过程中均具有重要作用，而糖皮质激素通过抑制炎症反应减轻炎症症状的同时也有可能导致感染扩散、创面愈合延迟等。

3. 免疫抑制与抗过敏作用

（1）免疫抑制作用：糖皮质激素对免疫反应有多

方面的抑制作用，小剂量主要抑制细胞免疫，大剂量可抑制体液免疫。糖皮质激素可干扰淋巴组织在抗原作用下的分裂和增殖，阻断致敏T淋巴细胞所诱发的单核细胞和巨噬细胞的聚集等，能抑制组织器官的移植排异反应，对于自身免疫性疾病也能发挥一定的近期疗效。糖皮质激素对免疫系统的抑制作用随种属不同而有很大差异。大鼠、小鼠、家兔等较敏感，可缩小胸腺，减少脾脏淋巴结，溶解血中淋巴细胞；而豚鼠、猴和人敏感性较差。

糖皮质激素免疫抑制作用与下述因素有关：①抑制吞噬细胞对抗原的吞噬和处理；②抑制淋巴细胞的DNA、RNA和蛋白质的生物合成，诱导淋巴细胞DNA降解，使淋巴细胞破坏、解体，使循环淋巴细胞数减少；③诱导淋巴细胞凋亡；④干扰淋巴细胞在抗原作用下的分裂和增殖；⑤抑制核转录因子NF-κB活性，NF-κB过度激活可导致多种炎症细胞因子的生成，与抑制物排斥反应、炎症等密切相关。糖皮质激素一方面可以与NF-κB异源二聚体的p65亚基相互作用，从而抑制NF-κB与DNA结合，阻断其调控作用；另一方面还可以增加NF-κB抑制蛋白IκBα的基因转录，抑制NF-κB活性，从而发挥抗免疫作用。

(2) 抗过敏作用：糖皮质激素能缓解许多过敏性疾病的症状，抑制因变态反应而产生的病理变化，如过敏性充血、水肿、渗出、皮疹、平滑肌痉挛及细胞损害等。变态反应是由抗原-抗体反应导致的肥大细胞脱颗粒释放组胺、5-羟色胺、缓激肽等引起的一系列症状。糖皮质激素可减少上述过敏介质的产生，从而减轻过敏症状。

4. 抗休克作用 超大剂量的糖皮质激素已广泛应用于各种严重休克，特别是感染中毒性休克的治疗。其作用可能与糖皮质激素的下列机理有关：①稳定溶酶体膜，减少蛋白水解酶的释放，减少心肌抑制因子（myocardia-depressant factor，MDF）的形成，避免或减轻由MDF引起的心肌收缩力下降、内脏血管收缩和网状内皮细胞吞噬功能降低等病理变化，阻断了休克的恶性循环；②降低血管对某些血管活性物质的敏感性，扩张痉挛收缩的血管，同时兴奋心脏、加强心脏收缩力；③抑制炎症因子产生，减轻全身炎症反应及组织损伤，改善休克状态；④提高机体对细菌内毒素的耐受能力，但对外毒素无防御作用。

5. 其他作用

(1) 退热作用：糖皮质激素有迅速而良好的退热作用，可用于严重中毒性感染如肝炎、伤寒、脑膜炎、急性血吸虫病、败血症及晚期癌症的发热。糖皮质激素的退热作用可能与其能抑制体温中枢对致热原的反应、稳定溶酶体膜、减少内源性致热原的释放有关。但是在发热诊断未明前，不可滥用糖皮质激素，以免掩盖症状使诊断困难。

(2) 对血液和造血系统的影响：一方面，糖皮质激素能刺激骨髓造血功能，使红细胞和血红蛋白含量增加，大剂量可使血小板增多，并提高纤维蛋白原浓度，缩短凝血时间；加快骨髓中性粒细胞释放入血，使中性粒细胞数量增加，但其游走、吞噬、消化异物和糖酵解等功能被降低。另一方面，糖皮质激素可使淋巴组织萎缩，导致血淋巴细胞、单核细胞和嗜酸性粒细胞计数明显减少。

(3) 对骨骼的影响：长期大量应用糖皮质激素可导致骨质疏松，特别是在脊椎骨，可有腰背痛，甚至发生压缩性骨折、鱼椎样及楔形畸形。主要原因为糖皮质激素可以抑制成骨细胞的活力，减少骨中胶原的合成，促进胶原和骨基质的分解，使骨盐不易沉着。大量糖皮质激素还可促进钙自尿中排泄，使骨盐进一步减少，这也是糖皮质激素导致骨质疏松的原因之一。骨质疏松是应用糖皮质激素必须停药的重要指征之一。

(4) 对中枢神经系统的影响：糖皮质激素能影响认知能力及精神行为，并能提高中枢神经系统兴奋性，可出现欣快、不安、行动增多、激动、失眠甚至产生焦虑及不同程度的躁狂等异常行为，甚至诱发癫痫发作或精神失常。

(5) 对胃肠道的作用：糖皮质激素可增加胃酸及胃蛋白酶的分泌，增强食欲，促进消化。同时，由于对蛋白质代谢的影响，胃黏液分泌减少，上皮细胞更换率减低，使胃黏膜自我保护与修复能力削弱。

(6) 对心血管系统的影响：糖皮质激素还可增强血管对其他活性物质的反应性。可能与其增加血管壁肾上腺素受体的表达有关。

【作用机理】 糖皮质激素的作用机理包括基因效应和非基因效应。激素与胞质内受体结合，通过基因效应产生治疗作用的机理已得到公认，而对非基因机理的认识也逐渐加深。

1. 由糖皮质激素受体介导的基因组效应 糖皮质激素的大部分作用是通过与细胞质中的糖皮质激素受体（glucocorticoid receptor，GR）结合，经过复杂的信号转导，增加或减少靶基因的表达来实现的。因此，这类作用有一定的潜伏期。糖皮质激素主要通过经典基因组效应产生药理作用，激素易于通过细胞膜，与胞质内普遍存在的激素受体结合。GR包括GRα和GRβ两种亚型。激素的经典效应主要与GRα结合产生，而GRβ不与激素结合，但可以作为GRα的拮抗体起作用。胞质中未与激素结合的GRα与热休克蛋白（heat shock protein，HSPs）结合成一种大的复合物，不能进入细胞核与DNA发生作用。当复合物与激素结合后，HSPs与GRα分离，随之激素-受体复合物进入细胞核，与特异性DNA位点相结合，启动基因转录，相应的引起转录的增加或减少。复合物结合位点主要为靶基因的启动子（promoter）序列的糖皮质激素反应元件（glucocorticoid response elements，GRE)或负性糖皮质激素反应元件(negative glucocorticoid response element，nGRE)。从而导致相应基因的转录活性增强并合成相应的蛋白质，脂皮质素-1、黏附分子、核酸内切酶、神经内肽酶、血管紧张素转化酶等，产生生理及药理作用。例如，脂皮质素-1可以抑制磷脂酶A_2的代谢，从而影响花生四烯酸级联，抑制炎症介质的合成，在糖皮质激素抗炎作用中发挥重要作用。糖皮质激素不仅可以使某些基因的转录活性增强，也可以抑制另一些基因的转录，从而抑制相应蛋白的合成，如 IL-2、TNF-α、IL-6、一氧化氮合成酶、环氧合酶-2 等。

2. 糖皮质激素的抗炎作用机理 糖皮质激素主要通过改变相关介质蛋白水平，进而对炎症细胞和炎症分子产生影响而发挥抗炎作用。糖皮质激素抗炎作用的机理为基因效应。具体表现为如下几点。

(1) 对炎症抑制蛋白及某些靶酶的影响：①诱导炎症抑制蛋白脂皮质 1 的生成，继而抑制磷脂酶 A_2 的活性，导致花生四烯酸生成减少，减少花生四烯酸代谢途径产生的炎症介质，如具有扩血管作用的前列腺素 PGE_2、前列腺素 PGI_2，具有趋化作用的白三烯类（LTs）等；②抑制环氧酶和诱生型 NO 合酶的基因表达，减少扩血管物质前列腺素及 NO 的生成，发挥抗炎作用。

(2) 抑制促进炎症的细胞因子产生：细胞因子是促进炎症进展的重要物质，糖皮质激素可以通过调控基因表达而抑制多种细胞因子的产生，如 TNFα、IL-1、IL-2、IL-5、IL-6 和 IL-8 等，同时还可以影响细胞因子生物效应的发挥。

(3) 抑制黏附分子的表达：糖皮质激素既可以通过转录水平直接抑制黏附分子如 E-选择素和 ICAM-1 的表达，又可以通过抑制细胞对细胞因子的反应性而间接抑制黏附分子表达。

(4) 诱导炎症细胞凋亡：糖皮质激素还可以通过 GR 介导基因转录变化，使细胞 C-myc、C-myb 等细胞增殖相关基因表达下调，最终导致半胱天冬酶和特异性核酸内切酶激活而导致细胞凋亡。

3. 非基因组效应 糖皮质激素也有若干快速表现的作用，不能用影响基因转录的机理来解释，提示糖皮质激素还有别的机理介导其作用，称为非基因组效应。其特点是起效迅速，对转录和蛋白合成抑制剂不敏感，因此称为快速效应。快速效应也是糖皮质激素发挥作用的重要机理之一，其可能机理为有如下几点。①通过细胞膜受体介导的作用：除了胞质内的核受体外，细胞膜还存在细胞膜类固醇受体，其快速非基因效应主要由细胞膜受体介导产生。②胞质内核受体的受体外成分介导的信号转导通路：糖皮质激素与 GR 结合后，HSP_{90} 与受体分离，其可进一步激活某些信号通路从而产生快速效应。③生化效应：糖皮质激素还可以对能量代谢产生直接影响，如影响细胞膜的生化特性，对线粒体内膜的直接影响导致离子通透性增加，从而导致氧化磷酸化偶联的解离。对糖皮质激素快速效应及膜受体的新认识，使激素的作用机理得到了新阐明，也为临床应用提供了更好的理论依据。

【临床应用】

1. 替代治疗 主要用于急、慢性肾上腺皮质功能不全，脑垂体前叶功能减退及肾上腺次全切除术后作糖皮质激素的补充治疗。

2. 严重感染或炎症

(1) 严重急性感染：糖皮质激素主要用于严重感染、症状凶险、组织破坏严重，并伴有中毒或休克症状严重的急性感染的危重患者。大剂量应用糖皮质激素常可迅速缓解症状，减轻炎症，减少组织损害。其能增加机体对有害刺激的耐受性，减轻中毒反应，有利于争取时间，进行抢救。中毒性菌痢、中毒性肺炎、猩红热、败血症、暴发性流行性脑膜炎、粟粒性肺结核、结核性脑膜炎、心包炎、心瓣膜炎等感染性炎症，在应用足量有效的抗生素治疗的前提下，可加用糖皮质激素作辅助治疗。由于目前临床缺乏有效的抗病毒药物，因此对病毒性感染一般不主张应用糖皮质激素，以免机体防御能力减弱而使感染扩散。但当严重病毒感染所致病变和症状已对机体构成严重威胁时，须用糖皮质激素迅速控制症状，防止或减轻并发症和后遗症。例如，冠状病毒导致的严重急性呼吸综合征（SARS），又称为非典型肺炎，糖皮质激素可减轻肺组织渗出及损伤，提高患者对毒素的耐受力，减轻了后期肺纤维化的程度。另外对于多种结核病的急性期，特别是以渗出为主的结核病，如结核性脑膜炎、胸膜炎、心包炎、腹膜炎，在早期应用有效抗结核药的同时辅以短程糖皮质激素，可迅速退热，减轻渗出，减少愈合过程中发生的纤维化及粘连。

(2) 防止炎症后遗症的发生：由于炎症损害或恢复时产生粘连和瘢痕，所以一些重要器官发生炎症后会引起严重的功能障碍，如风湿性心瓣膜炎、心包炎、损伤性关节炎、睾丸炎等。早期应用糖皮质激素可减轻症状及愈合过程中纤维组织过度增生及粘连，防止后遗症的发生。对眼科疾病如虹膜炎、角膜炎、视网膜炎和视神经炎等非特异性眼炎，应用后可迅速消炎止痛、防止角膜混浊和瘢痕粘连的发生。但有角膜溃疡者禁用。

3. 自身免疫性疾病、过敏性疾病和器官移植排斥反应

(1) 自身免疫性疾病：对风湿热、风湿性心肌炎、风湿性及类风湿关节炎、系统性红斑狼疮、结节性多动脉炎、皮肌炎、硬皮病、重症肌无力、溃疡性结肠炎、自身免疫性贫血和肾病综合征等自身免疫性疾病有效，糖皮质激素抑制免疫系统有助于缓解症状。一般采用综合疗法，不宜单用，以免引起不良反应。

(2) 过敏性疾病：对过敏性疾病如血清病、花粉症、荨麻疹、药物过敏、接触性皮炎、血管神经性水肿、过敏性鼻炎、支气管哮喘、过敏性休克等过敏性疾病，当用肾上腺素受体激动药和抗组胺药治疗无效时，或病情特别严重时，也可考虑用糖皮质激素作辅助治疗。

(3) 器官移植排斥反应：器官移植手术后的排斥反应也可应用糖皮质激素。通常与环孢素等免疫抑制剂合用疗效更好，且可减少两药用量，减少不良反应。

4. 休克 适用于各种休克，有助于患者度过危险期。对感染中毒性休克，可在早期、短时间突击使用大剂量糖皮质激素，有利于维持血压和减轻毒血症，帮助患者度过危险期。但须与足量有效的抗菌药物合用，且在微循环改善、脱离休克状态时停止使用，开始使用应在抗菌药物之后，而停药在撤去抗菌药物之前。对过敏性休克，糖皮质激素是次选药，常与肾上腺素合用。对于低血容量休克要结合病因治疗，在补液或输血后效果不佳者，可合用超大剂量糖皮质激素。

5. 血液病 对急性淋巴细胞性白血病，尤其是儿童急性淋巴细胞性白血病，有较好的疗效；对急性非淋巴细胞白血病效果较差。对再生障碍性贫血、粒细胞缺乏症和血小板减少症也有效，但疗效维持时间短，停药后易复发。

6. 局部用药 对接触性皮炎、湿疹、肛门瘙痒和牛皮癣等都有效，宜用外用制剂，严重病例要配合全身用药；局部用于眼前部的炎症如结膜炎、角膜炎和虹膜炎，能迅速奏效，对于眼后部炎症如脉络膜炎、视网膜炎则需全身或球后给药；肌肉韧带或关节劳损时，可将醋酸氢化可的松或醋酸泼尼松龙混悬液加入1%普鲁卡因注射液，肌内注射，也可注入韧带压痛点或关节腔内以消炎止痛。

【不良反应及注意事项】

1. 长期大量应用引起的不良反应

(1) 医源性肾上腺皮质功能亢进：又称为类肾上腺皮质功能亢进综合征，主要为过量应用激素导致的体内物质代谢及水盐代谢紊乱的结果。表现为向心性肥胖、满月脸、水牛背、皮肤变薄、多毛、水肿、低血钾、高血压、高血糖等，停药后症状可自行消失。必要时可加用抗高血压药、降血糖药治疗，并采用低盐、低糖、高蛋白饮食和加用氯化钾等措施。高血压、动脉硬化、水肿、心肾功能不全及糖尿病患者禁用或慎用。

(2) 诱发或加重感染：糖皮质激素可抑制机体免疫功能，长期应用可诱发感染或使体内潜在感染病灶扩散，特别是原有疾病已使抵抗力降低的患者更易发生。还可使原来静止的结核病灶扩散恶化，必要时应并用抗结核药。

(3) 消化系统并发症：糖皮质激素能刺激胃酸、胃蛋白酶的分泌并抑制胃黏液分泌，降低胃黏膜的抵抗力，故可诱发或加剧消化性溃疡，糖皮质激素也能掩盖溃疡的初期症状，以致出现突发出血和穿孔等严重并发症。对少数患者还可诱发胰腺炎或脂肪肝。

(4) 心血管并发症：长期应用糖皮质激素可导致水钠潴留和血脂增高，诱发高血压和动脉粥样硬化。

(5) 骨质疏松和骨坏死：糖皮质激素可抑制蛋白质合成、促进其分解，并能增加钙、磷排泄，因此长期应用可导致骨质疏松，尤其多见于儿童、围绝经期妇女及老年人。严重者可导致自发性骨折。同时长期使用激素导致高血脂，来源于中性脂肪的栓子易黏附于血管壁，阻塞软骨下的骨终末动脉，使血管栓塞造成股骨头无菌性坏死。

(6) 肌肉萎缩、伤口愈合延缓：主要与激素促进蛋白质分解、抑制其合成有关。

(7) 神经精神异常：糖皮质激素可引起多种形式的行为异常，如欣快现象、神经过敏、激动、失眠、情感改变甚至出现明显的精神病症状。某些患者还有自杀倾向。此外，糖皮质激素也可能诱发癫痫发作。有癫痫或精神病史者禁用或慎用。

2. 停药反应

(1) 医源性肾上腺皮质功能不全：长期应用超生理剂量糖皮质激素的患者，由于外源性糖皮质激素反馈性抑制腺垂体 ACTH 的分泌，使内源性皮质激素释放减少及肾上腺皮质萎缩。如此时减量速度过快或突然停药，特别是遇到感染、创伤等应激情况时，可引起肾上腺皮质功能不全或危象，表现为恶心、呕吐、乏力、低血压和休克等。由于停药后，腺垂体分泌 ACTH 的功能一般需 3～5 个月才恢复，肾上腺皮质功能的恢复需 6～9 个月或更长，因而从减量到停药需经过较长过程，不能骤然停药或减量过快；停用糖皮质激素后应连续应用 ACTH 7 日左右；在撤药过程中或停药 1 年内，若遇到感染、创伤和大手术等应激情况，需及时补充糖皮质激素。

(2) 反跳现象：长期用药突然停药或减量过快时导致原有疾病复发或恶化，称为反跳现象。其原因主要是患者对激素产生了依赖性或病情尚未完全控制。

【药物相互作用与禁忌证】

1. 药物相互作用

(1) 苯巴比妥、苯妥英钠、卡马西平、利福平等肝药酶诱导剂可加快糖皮质激素代谢，合用这些药物应适当增加糖皮质激素的剂量；克拉霉素、奈法唑酮、地尔硫䓬、酮康唑和伊曲康唑能够抑制肝药酶活性，从而升高甲泼尼龙的血浆浓度。

(2) 糖皮质激素与噻嗪类利尿剂或两性霉素 B 均能促使排钾，合用时注意可能的低血钾。

(3) 糖皮质激素与水杨酸盐（如阿司匹林）合用更易致消化性溃疡。

2. 禁忌证 下列情况一般禁用糖皮质激素：①肾

上腺皮质功能亢进症；②严重精神病或癫痫；③感染缺乏有效对因治疗药物时，如水痘、麻疹或真菌感染等；④活动性消化性溃疡或新近做过胃肠吻合术；⑤骨折、创伤修复期；⑥严重高血压（由系统性红斑狼疮等引起者例外）或中度以上糖尿病；⑦妊娠初期和产褥期；⑧角膜溃疡。

【用法与疗程】 根据疾病和患者的具体情况，结合各糖皮质激素制剂的作用特点，选择适当的制剂，确定适宜的给药方法与疗程。

1. 大剂量冲击疗法 适用于急性、重度、危及生命的疾病的抢救，如严重中毒性感染及各种休克，常用氢化可的松静脉给药。量可达1g以上，疗程不超过3日。此外，对器官移植术后、难治性肾病综合征、全身性红斑狼疮危象，目前临床上推荐采用"脉冲疗法"，即每天1日静脉注射氢化可的松3g，每疗程3日。

2. 一般剂量长期疗法 用于结缔组织病、肾病综合征、顽固性支气管哮喘、中心性视网膜炎、各种恶性淋巴瘤、淋巴细胞性白血病等。开始时，用泼尼松10~20mg或其他制剂的等效量，每日3次，产生临床疗效后，逐渐减量，一般每5~7日减5~10mg，直至找到一个合适的最小维持量，持续数月。疗程为6~12个月。对于已用糖皮质激素控制的某些慢性病，可改用隔日给药（见下述）。

3. 小剂量替代疗法 用于腺垂体功能减退、肾上腺皮质功能不全及肾上腺皮质次全切除术后等原发性或继发性皮质功能不全。一般每日给予维持量可的松12.5~25mg或氢化可的松10~20mg。

机体分泌糖皮质激素具有昼夜节律性，每日上午8：00~9：00为分泌高峰随后逐渐下降，午夜12：00达到最低。临床应用糖皮质激素应遵循体内分泌节律进行，这样对下丘脑、垂体、肾上腺皮质抑制较轻，不良反应较少。常用的给药方法有：①每日晨给药：即每天早晨7：00~8：00 1次给药，一般应用短效的可的松、氢化可的松等。②隔日晨给药：每隔一日的早晨7：00~8：00给48h的药量。此时较大量激素适值正常分泌的高峰，故对肾上腺皮质功能的抑制作用较小。隔日疗法以采用泼尼松和泼尼松龙等中效制剂较好，一般宜先采用每日分次给药，等病情控制后再改用此法。

第二节 盐皮质激素

盐皮质激素是由肾上腺皮质球状带分泌的主要维持机体正常水、电解质代谢的重要激素，主要有醛固酮（aldosterone）和去氧皮质酮（desoxycorticosterone）两种。

醛固酮主要作用于肾脏远曲小管，通过促进远曲小管 Na^+-K^+、H^+-K^+交换而产生促进 Na^+、Cl^-重吸收和 K^+、H^+排出作用。此外，对于唾液腺、汗腺、肌肉和胃肠道黏膜细胞也同样有保钠排钾作用。去氧皮质酮的保钠排钾作用只有醛固酮作用的1%~3%。

盐皮质激素常与氢化可的松等合用作为替代疗法，治疗慢性肾上腺皮质功能减退症，以纠正患者失钠、失水和钾潴留等，恢复水和电解质的平衡。替代疗法的同时，每日须补充食盐6~10g。

第三节 促皮质素及皮质激素抑制药

一、促肾上腺皮质激素

促肾上腺皮质激素（ACTH）由垂体前叶分泌，是维持肾上腺正常形态和功能的重要物质。其合成和分泌受下丘脑促皮质素释放激素（corticotropin releasing hormone，CRH）调节，下丘脑、垂体和肾上腺三者处于动态平衡，当ACTH缺乏时，将引起肾上腺皮质萎缩、分泌功能减退。

ACTH临床上主要用于ACTH兴奋试验从而判断肾上腺皮质储备功能，诊断脑垂体前叶-肾上腺皮质功能状态及检测长期使用糖皮质激素的停药前后的皮质功能水平。

二、皮质激素抑制药

盐皮质激素抑制药主要为醛固酮，糖皮质激素抑制药包括米托坦（mitotane）和美替拉酮（metyrapone）等，主要用于替代外科肾上腺皮质切除术。

米 托 坦

米托坦又称双氯苯二氯乙烷，可选择性作用于肾上腺皮质细胞，损伤肾上腺皮质的正常细胞或瘤细胞，使其萎缩坏死。其作用主要影响束状带和网状带，使血、尿中氢化可的松及其代谢物迅速减少，但由于不影响球状带，所以醛固酮水平不受影响。

米托坦主要用于无法切除的皮质癌、切除后复发癌及皮质癌术后辅助治疗。其主要不良反应有消化道不适、中枢抑制及运动失调等反应，见效剂量后可消失。

美 替 拉 酮

美替拉酮又称为甲吡酮，主要作用为干扰11-去氧皮质酮转化为皮质酮，抑制11-去氧氢化可的松转化为氢化可的松，从而降低它们的血浆水平；同时反馈性促进ACTH分泌，导致11-去氧皮质酮和11去氧氢化可的松代偿性增加。临床主要用于肾上腺皮质肿瘤和产生ACTH的肿瘤所引起的氢化可的松过多症和皮质癌。还可用于垂体释放ACTH功能试验。

氨鲁米特

氨鲁米特（aminoglutethimide）又称氨基苯哌啶酮，主要抑制胆固醇转变成 20-α-羟胆固醇，减少类固醇合成，从而对氢化可的松和醛固酮的合成产生抑制作用。能有效减少肾上腺肿瘤和 ACTH 过度分泌诱发的 cushing 综合征。

酮 康 唑

酮康唑（ketoconazole）为抗真菌药，可阻断真菌类固醇合成。对于哺乳动物需要较高剂量才可抑制类固醇合成。酮康唑主要用于治疗肾上腺皮质功能亢进综合征和前列腺癌。

【案例及思考题】 患者，男，32岁，急诊入院，主诉严重下腹痛。患者患有慢性哮喘10年，吸入 β_2-激动剂和氯地米松 2000μg/d 控制症状。初步检查后诊断急性腹膜炎，行剖腹探查术后发现阑尾穿孔并导致腹膜炎。术后患者初始状态稳定，但于术后约12h出现低血压和少尿。静脉注射多巴酚丁胺和多巴胺不能明显改善低血压状态。到术后16h，患者血压仍低（85/50mmHg），并且伴有低血糖（血糖 2.5mmol/L）。其他血液生化指标显示 Na^+ 124mmol/L，K^+ 5.2mmol/L。

问题：
1. 患者为什么会出现术后的一系列症状？
2. 针对患者表现应如何处理？

（李少春）

第三十五章 胰岛素与其他降血糖药

糖尿病在全球的发病率呈持续上升趋势,已成为全世界发病率和死亡率最高的疾病之一。据统计,全球糖尿病患者约有4.15亿人,而中国糖尿病患者达到1.14亿人。预测到2040年,全球会有6.42亿人患糖尿病,中国糖尿病患者也将达到1.51亿人。糖尿病并非一种单独的疾病,而是一种由于胰岛素(insulin)绝对缺乏或相对缺乏引起的以血糖升高为主要表现的全身性代谢紊乱综合征。糖尿病主要分为1型糖尿病和2型糖尿病。1型糖尿病又称为胰岛素依赖型糖尿病(insulin dependent diabetes mellitus,IDDM),主要是由于胰岛素绝对缺乏导致,胰岛素是治疗1型糖尿病唯一有效的药物。2型糖尿病也称为非胰岛素依赖糖尿病(non insulin dependent diabetes mellitus,NIDDM),其主要发病原因为胰岛素抵抗和胰岛素分泌缺陷。2型糖尿病通常应用口服降血糖药控制血糖,常用的药物包括磺酰脲类、双胍类、α-葡萄糖苷酶抑制剂、胰岛素增敏剂、餐时血糖调节剂及近年来研发的以胰高血糖素样肽-1为新靶点的药物。近年来还出现了将胰岛细胞移植到糖尿病患者体内的治疗方法,其可解除对胰岛素的依赖,虽然这种方法还不成熟,但也为治疗糖尿病开辟了新的途径。

第一节 胰 岛 素

胰岛素是由胰岛B细胞分泌的一种分子质量为5808Da的酸性蛋白质,由含21个氨基酸残基的A链和含30个氨基酸残基的B链通过两个二硫键相连。胰岛素以结晶形式存在于B细胞内,正常成人胰腺约含有8mg胰岛素。药用胰岛素可由猪、牛胰腺提取。目前主要通过DNA重组技术人工合成胰岛素,此外还可以将猪胰岛素B链第30位丙氨酸用苏氨酸替代而得到人胰岛素。

【体内过程】 胰岛素易被消化酶破坏,口服无效,必须注射给药,皮下注射吸收快,尤以前臂外侧和腹壁明显。血浆蛋白结合率低于10%,主要经肝脏、肾脏灭活,也可被肾胰岛素酶直接水解,约10%以原型自尿液排出。$t_{1/2}$为9～10min,作用可维持数小时。严重肝、肾功能不良者影响其灭活。

为延长胰岛素的作用时间,可制成中效及长效制剂。由于胰岛素含酸性氨基酸较多,加入碱性蛋白质(如精蛋白)和锌,可使其等电点接近体液pH,降低其溶解度,提高稳定性。该类制剂经皮下及肌内注射后,在注射部位发生沉淀,再缓慢释放、吸收,作用维持时间延长。所有中、长效制剂均为混悬剂,不可静脉注射。

【药理作用】 胰岛素为促合成激素,可促进蛋白质、脂肪和糖原的合成,增加肝脏、脂肪、肌肉等组织糖原和脂肪的储存。

1. 对物质代谢的作用

(1) 糖代谢:使血糖的利用增加而来源减少,降低血糖。促进细胞对葡萄糖的摄取利用,诱导葡萄糖激酶、丙酮酸脱氢酶等,加速葡萄糖的酵解和氧化;促进糖原的合成和储存,同时又抑制糖原分解和异生。

(2) 脂肪代谢:促进脂肪合成并抑制其分解,从而减少游离脂肪酸和酮体生成。促进脂肪酸进入细胞,增加脂肪合成酶活性,促进脂肪合成及储存。胰岛素缺乏时可导致脂肪动员增加,血酮体水平升高。

(3) 蛋白质代谢:可增加氨基酸的转运,促进蛋白质的合成,同时又抑制蛋白质的分解。

(4) 钾离子转运:促进钾离子内流,增高细胞内钾离子浓度,降低血钾浓度。

2. 对心脏作用 加快心率,加强心肌收缩力和减少肾血流。

3. 促生长作用 胰岛素的结构与胰岛素样生长因子(insulin-like growth factor,IGF)相似,已从人血中分离出IGF-1和IGF-2。各组织中均有IGF-1受体,胰岛素可与IGF-1受体结合,发挥促生长作用。胰岛素的促生长作用与促进蛋白质、脂肪及核酸等合成有关。

【作用机理】 胰岛素为大分子物质,不能通过细胞膜进入细胞内。其作用的发挥主要靠与胰岛素膜受体结合从而通过第二信使发挥作用。胰岛素受体是由两个135kDa的α亚单位和两个90kDa的β亚单位组成的大分子蛋白复合物。α亚单位位于胞膜外,含胰岛素结合部位;β亚单位为跨膜蛋白,具有酪氨酸蛋白激酶(tyrosine protein kinase,TPK)活性,可以催化至少4种底物磷酸化。这些底物称为胰岛素受体底物(insulin receptor substrates,IRS)。当胰岛素与其受体α亚单位结合后,激活了β亚单位的TPK活性,引起受体β亚单位自身及胞内IRS的酪氨酸残基磷酸化,从而启动了磷酸化级联反应。活化的胰岛素受体激酶还可通过G蛋白激活特定的磷脂酶C,产生第二信使如三磷酸肌醇(IP_3)等发挥生物效应。

【临床应用】

1. 糖尿病 注射用胰岛素是治疗1型糖尿病最重要的药物,对胰岛素缺乏的各型糖尿病均有效。主要用于以下情况:①1型糖尿病。②经饮食和口服降血糖药治疗未获良好控制的2型糖尿病。③糖尿病的急性或严重并发症：糖尿病酮症酸中毒、非酮症高渗性高血糖昏迷和乳酸性酸中毒伴高血糖时。非酮症高渗性高血糖昏迷治疗时不宜贸然使用大剂量胰岛素，防止血糖下降太快，细胞外液渗透压过低而使水分向高渗的细胞内液转移，导致或加重脑水肿。④合并重症感染、消耗性疾病、高热、妊娠、创伤及手术的各型糖尿病。⑤全胰腺切除引起的继发性糖尿病。

根据糖尿病的病情选择胰岛素剂型。目前依据胰岛素起效快慢、活性、达峰时间及作用持续长短可将胰岛素制剂分为以下4种。

（1）速效胰岛素：包括常规胰岛素、赖脯胰岛素（lispro insulin）和门冬胰岛素（insulin aspart）等。其共同特点为溶解度高、可静脉注射、皮下注射起效迅速、作用时间短。速效胰岛素主要用于重症糖尿病初治、有酮症酸中毒等严重并发症者及糖尿病伴严重感染或大手术前后等。

（2）中效胰岛素：包括低精蛋白锌胰岛素（neutral protamine Hagedorn，NPH）和珠蛋白锌胰岛素（globin zinc insulin，GZI），主要用于稳定型糖尿病患者控制血糖。

（3）长效胰岛素：包括精蛋白锌胰岛素，是在低精蛋白锌胰岛素的基础上，加大鱼精蛋白的比例得到。其更接近人体液pH，溶解度更低，释放速度更慢。

（4）超长效胰岛素：包括甘精胰岛素和地特胰岛素。长效和超长效胰岛素可以延长给药间隔时间，可一日注射一次。

2. 细胞内缺钾 临床上将葡萄糖（glucose）、胰岛素和氯化钾（KCl）联合组成极化液（GIK），可促进钾内流，纠正细胞内缺钾，提供能量，防治心肌梗死时的心律失常。

【不良反应及注意事项】

1. 低血糖症 为胰岛素最常见不良反应，一般于注射后发生，首先出现心慌、出汗，并有面色苍白、饥饿感、虚弱、震颤、反应迟钝、视觉或听觉异常、意识障碍、头痛、眩晕、抑郁、心悸、神经过敏、甚至昏迷等表现，严重者可导致脑损伤及死亡。出现低血糖后，轻者可饮用糖水或摄食，严重者应立即静脉注射50%葡萄糖。糖尿病患者出现昏迷时，一定要鉴别低血糖昏迷、酮症酸中毒昏迷及非酮症性高渗性昏迷，其处理措施完全不同。

2. 变态反应 较多见，主要表现为荨麻疹、紫癜、低血压、血管神经水肿等，偶可导致过敏性休克。一般由来自动物的胰岛素或低纯度制剂导致。

3. 胰岛素抵抗 是指机体对胰岛素的敏感性下降，导致胰岛素的降血糖作用效率降低。胰岛素抵抗包括急性抵抗和慢性抵抗：急性抵抗主要由于感染、创伤、手术等应激状态导致，此时血中抗胰岛素物质（如糖皮质激素、胰高血糖素、抗胰岛素抗体）增多，这种情况下，需短时间内增加胰岛素剂量才能发挥胰岛素的降血糖作用。慢性抵抗原因较复杂，主要有受体前异常、受体水平变化和受体后异常。受体前异常主要因胰岛素抗体与胰岛素结合妨碍其与受体结合；受体水平变化主要由高胰岛素血症、肥胖等各种原因导致受体数目减少、受体与胰岛素亲和力降低所致；受体后异常主要由于细胞膜上葡萄糖转运系统及某些酶系统失常导致胰岛素的正常作用不能发挥。

4. 脂肪萎缩 应用纯度不高的动物胰岛素易出现注射部位皮下脂肪萎缩或肥厚，可能是由于胰岛素中的大分子物质产生的免疫刺激引起的一种变态反应，改用高纯度人胰岛素后可使局部脂肪萎缩恢复正常。另外与反复在同一部位注射也有关系，因而每一次注射需要更换不同部位。

第二节 口服降血糖药

口服降血糖药为治疗2型糖尿病的主要药物，主要包括磺酰脲类、双胍类、胰岛素增敏药、餐时血糖调节药、α糖苷酶抑制药及以胰高血糖素样肽为作用靶点的药物。

一、磺 酰 脲 类

磺酰脲类（sulfonylureas）是在磺胺类药物的基础上发展而来的一类药物，此类药物共同结构为苯磺酰脲。第一代磺酰脲类药物包括甲苯磺丁脲（tolbutamide，D860）、氯磺丙脲（chlorpropamide）；第二代磺酰脲类包括：格列本脲（glibenclamide）、格列吡嗪（glipizide）、格列波脲（glibornuride）、格列喹酮（gliquidone）等；第三代药物包括格列美脲（glimepiride）和格列齐特（gliclazide）。第二代较第一代的降血糖活性大数十倍至上百倍。比较其构效关系，第一代药物多在 R_2 侧链有变化，若在苯环 R_1 侧链接一有芳香环的碳酰胺基，即成为第二代药物，降血糖作用大大增加。第三代药物以双环氮杂环取代 R_2 侧链，则不仅有降血糖作用，还具有抑制血小板聚集和三酰甘油合成等作用。目前在我国应用的磺酰脲类药物主要为第二代和第三代。

【药理作用】

1. 降血糖作用 对正常人及胰岛功能尚存的糖尿病患者均有降血糖作用，但对1型糖尿病患者或胰腺功能严重受损的糖尿病患者则无效。其作用机理包括以下三个方面。

（1）促进胰腺β细胞释放胰岛素：磺酰脲类药物可以刺激胰岛β细胞释放胰岛素而发挥作用，用药后可见血中胰岛素增多，反复用药可见β细胞增生。胰岛β细胞膜含有磺酰脲受体及与之相偶联的ATP敏感的钾通道及电压依赖性的钙通道。当磺酰脲类药物与其受体结合后，可阻滞 ATP 敏感的钾通道而阻止钾外流，使细胞膜去极化，从而使电压依赖性钙通道开放，胞内钙浓度增加。细胞内游离钙浓度增加可触发胞吐作用使胰岛素释放。

（2）增强胰岛素的作用：长期应用本类药物治疗的糖尿病患者，当血中胰岛素已恢复至给药前水平时，其降血糖作用仍存在，说明降血糖作用还有胰岛外作用机理。本类药物可抑制胰岛素代谢，提高靶细胞对胰岛素的敏感性，增强胰岛素受体的数目和亲和力，而增强胰岛素的作用。

（3）抑制高血糖素分泌：可能是由于胰岛素释放增加间接抑制了胰高血糖素的分泌。

2. 抗利尿作用 格列本脲、氯磺丙脲具有抗利尿作用。可通过促进抗利尿激素分泌并增强其作用，而发挥抗利尿作用，可用于尿崩症。

3. 影响凝血功能 第三代磺酰脲类药物有抑制血小板黏附、刺激纤溶酶原合成和恢复纤溶酶活性的作用，还能降低微血管对血管活性胺类的敏感性。这可能对预防或减轻糖尿病患者微血管并发症有一定作用。

【体内过程】 磺酰脲类药物胃肠道吸收迅速而完全，与血浆蛋白结合率很高。代谢主要在肝脏进行，肝内氧化成羟基化合物后迅速从尿液排出。格列本脲口服后 30min 起效，血浆半衰期为 10h，作用持续 16～24h，蛋白结合率达 95%。格列吡嗪血浆半衰期 1～2h，作用持续约 24h；格列齐特口服达峰时间 2～6h，血浆半衰期 10～12h。格列喹酮 2～3h 血浆药物浓度达峰，持续约 8h，血浆半衰期 1～2h。格列美脲达峰时间 2～3h，血浆半衰期为 5～8h。

【临床应用】

1. 糖尿病 用于胰岛功能尚存的 2 型糖尿病单独饮食控制无效者。与胰岛素或双胍类药物合用有协同作用。对胰岛素产生耐受性的患者加用本类药物可刺激内源性胰岛素分泌，增强胰岛素的作用。

2. 尿崩症 只用氯磺丙脲，可与氢氯噻嗪合用于尿崩症的治疗，可明显减少患者尿量。

【不良反应】 较安全，不良反应较少，第二代药物不良反应发生率较第一代为低。

1. 胃肠道反应 较常见，恶心、呕吐、胃痛、厌食和腹泻，多与剂量有关，减少剂量或继续服药可消失。偶见肝损伤和胆汁淤积性黄疸，应注意肝功能。

2. 低血糖 为较严重的不良反应，可引起持久性低血糖，处理不当可引起不可逆损伤或死亡，老年患者和肝肾功能不良者更易发生。由于低血糖往往持续较久，须反复注射葡萄糖解救。

3. 其他 少数患者可出现皮疹或红斑等变态反应，嗜睡、眩晕、共济失调等中枢神经系统反应，以及白细胞和血小板减少、溶血性贫血等血液系统反应。

【药物相互作用】 磺酰脲类药物的血浆蛋白结合率较高，当与其他血浆蛋白结合率也高的药物合用时（如保泰松、水杨酸钠、吲哚美辛、双香豆素等）可竞争蛋白，使游离型药物浓度增加而引起低血糖。乙醇可抑制糖异生和肝葡萄糖输出，故患者饮酒会导致低血糖。氯丙嗪、糖皮质激素、噻嗪类利尿药、口服避孕药可降低磺酰脲类药物的降血糖作用。

二、餐时血糖调节药

餐时血糖调节药也称为格列奈类，为新型非磺酰脲类促胰岛素分泌药物，主要包括瑞格列奈、那格列奈和米格列奈。其最大优点为促进糖尿病患者胰岛素生理性分泌曲线的恢复，使胰岛素的分泌符合生理规律。其作用主要通过与胰岛 β 细胞膜上的受体结合，以关闭细胞膜上的 ATP 敏感性钾通道，抑制细胞钾外流，使 β 细胞去极化，从而开放电压依赖性钙通道，使钙的流入增加，快速地促进储存的胰岛素分泌，降低 2 型糖尿病者的餐后血糖。与磺酰脲类相比，具有吸收快、起效快和作用时间短的特点。其降血糖作用为格列本脲的 3～5 倍。口服吸收迅速，15min 起效，30min 血药浓度达峰值。在肝脏内代谢，血浆半衰期为 1h。

格列奈类主要用于 2 型糖尿病患者，尤其是餐后血糖高者。也可用于老年人及糖尿病肾病患者。

三、双 胍 类

双胍类降糖药代表药为苯乙双胍（phenformin，苯乙福明）和二甲双胍（metformin，甲福明），苯乙双胍由于导致乳酸酸中毒的风险较大，已不用于临床。目前临床上使用的主要双胍类药物为二甲双胍。

双胍类药物可明显降低糖尿病患者血糖，对正常人血糖无明显影响。其降低血糖的机理是促进脂肪组织摄取葡萄糖，增加基础状态下糖的无氧酵解，抑制肠道内葡萄糖的吸收，增加葡萄糖的外周利用，减少糖原生成和减少肝糖输出，增加胰岛素的敏感性。

双胍类药物主要用于轻症糖尿病患者，尤其用于肥胖及单用饮食控制无效者。许多国家和国际组织制定的糖尿病口服药物指南中指出，双胍类药物可以作为非药物方式不能控制血糖的 2 型糖尿病患者控制高血糖的一线用药和联合用药的基础用药。单用双胍类药物效果不理想的可加用另外一种降糖药。

本类药物不良反应主要有食欲下降、恶心、腹部不适等胃肠道反应，此外，尚有乳酸酸血症、酮血症等严重不良反应。

四、胰岛素增敏剂

胰岛素增敏剂又称噻唑烷二酮类（thiazolidinedione derivatives，TZDs），包括罗格列酮（rosiglitazone）、吡格列酮（pioglitazone）、曲格列酮（troglitazone）、环格列酮（ciglitazone）、恩格列酮（englitazone）等。本类药可通过增加骨骼肌、肝脏、脂肪组织对胰岛素的敏感性，提高细胞对葡萄糖的利用而发挥降低血糖的疗效。对2型糖尿病及其心血管并发症均有明显疗效。

【药理作用机理】

1. 降血糖作用　本类药物主要通过改善胰岛素抵抗性，降低血中血糖和三酰甘油水平，增加肌肉及脂肪组织对胰岛素的敏感性而发挥降血糖作用。也可与磺酰脲类或二甲双胍联合应用显著降低胰岛素抵抗，并改善胰岛B细胞。对于应用磺酰脲类或二甲双胍后血糖控制较差的患者，合用TZDs可明显改善血糖水平，使糖化血红蛋白显著降低。应用降糖药失效而改用胰岛素的患者，加用TZDs可明显减少每日所需胰岛素用量。低血糖的发生率也明显降低。

TZDs主要通过激活体内过氧化物酶增殖体激活受体-γ（peroxisomal proliferator activated receptor γ，PPAR-γ）产生作用。PPAR-γ为一种核受体转录因子，广泛分布于全身各种组织，尤其以脂肪细胞、骨骼肌及肝脏最多，对糖、脂代谢发挥作用，噻唑烷二酮激活PPARγ后通过以下途径改善胰岛素抵抗：①使脂肪细胞分化为大量小脂肪细胞，增加脂肪细胞数量，并提高和改善其对胰岛素的敏感性，使脂肪细胞摄取葡萄糖增加；②增加外周组织葡萄糖转运蛋白的合成，促进肌肉和脂肪组织对葡萄糖的摄取和转运；③增强胰岛素的信号传递，主要通过增加胰岛素受体数量并抑制高血糖对酪氨酸蛋白激酶的毒性作用；④降低肿瘤坏死因子α（TNF-α）的表达，减少TNF-α通过干扰胰岛素受体酪氨酸磷酸化等作用而引起胰岛素抵抗；⑤改善胰岛B细胞功能，如可增加胰岛的面积、密度和胰岛中胰岛素的含量，抑制B细胞的衰退等。

2. 改善脂肪代谢紊乱　能激活外周组织游离脂肪酸代谢的调控基因，纠正胰岛素抵抗患者的脂质代谢异常，显著降低血浆中游离脂肪酸、三酰甘油水平，增加高密度脂蛋白（HDL）水平，增强低密度脂蛋白（LDL）对氧化修饰的抵抗力。

3. 对2型糖尿病血管并发症的防治作用　TZDs通过调节血脂、抗炎作用、稳定血管内皮等作用抑制动脉粥样硬化的发展，同时可以减少蛋白尿，抑制糖尿病肾病的发展。

【临床作用】　主要用于其他降血糖药疗效不佳的2型糖尿病，尤其是有胰岛素抵抗者。可单独应用，也可与磺酰脲类或胰岛素联合应用。

【不良反应】　以水肿为常见，其他不良反应包括消化系统损害（如腹泻、恶心、肝功能异常）、神经系统损害（如头痛、头晕）、皮肤及其附件损害（如皮疹、瘙痒）、代谢和营养障碍（如低血糖、体重增加）等。

近来发现该类药物中的某些药物可导致严重不良反应。其中，曲格列酮由于其肝毒性已于2000年撤市。罗格列酮曾一度认为具有潜在的导致心血管病事件的发生被限制使用。但至今为止，对其安全性的评价尚无定论。一些研究显示，罗格列酮可增加心衰及缺血性心血管病风险，但也有一些研究显示，罗格列酮会增加心力衰竭和某些部位骨折（主要见于女性）的风险，但心血管死亡、心肌梗死和脑卒中的风险无明显升高。鉴于此，对于新的或65岁以上的糖尿病患者，医生应首先考虑罗格列酮以外的降糖药物，对于其他降糖药不能达到血糖控制目标且没有上述危险因素的患者，才可以考虑为其处方罗格列酮及其复方制剂。有心力衰竭病史的患者或心力衰竭的高危人群、有心脏病病史尤其是缺血性心脏病的患者、患有骨质疏松症或发生过非外伤性骨折病的患者及存在严重血脂紊乱的患者，应停止使用罗格列酮及其复方制剂，并考虑在控制血糖的情况下调整用药方案。

五、α-葡萄糖苷酶抑制剂

α-葡萄糖苷酶抑制剂（α-glucosidase inhibitors）通过竞争性抑制双糖类水解酶α-葡萄糖苷酶的活性而减慢淀粉等多糖分解为双糖和单糖，延缓单糖的吸收，主要降低餐后血糖的峰值。国内上市的α-葡萄糖苷酶抑制剂有阿卡波糖（acarbose）、伏格列波糖（voglibose）和米格列醇（miglitol）。

此类药物可明显降低患者餐后血糖，不增加体重，并有使体重下降趋势。适用于以碳水化合物为主要食物及餐后血糖升高的患者。可单独应用，也可与磺酰脲类、双胍类、胰岛素增敏剂或胰岛素合用。

主要不良反应为胃肠道反应，如腹胀、排气等。单独应用通常不会发生低血糖，合用其他降糖药时可发生低血糖，纠正低血糖应使用葡萄糖。

第三节　以胰高血糖素样肽-1为作用靶点的药物

胰高血糖素样肽-1（glucagon like peptide-1，GLP-1）为肠道细胞分泌的一种增强胰岛素分泌、抑制胰高血糖素分泌的物质。其与受体结合后产生以下作用：促进胰岛素基因的转录，使胰岛素的合成和分泌增加；刺激胰岛β细胞增殖和分化，增加β细胞数量；抑制高血糖素分泌；抑制食欲、延缓胃内容物排空。而胰高血糖素样肽可迅速被二肽基肽酶-4（dipeptidyl peptidase-Ⅳ，DPP-4）降解。以 GLP-1 为作用靶点的药物包括以下几种。①GLP-1 受体激动剂，目前国内上市的主要有艾塞那肽（又称依西纳肽或依克那肽，exenatide）和利拉鲁肽（liraglutide）。②二肽基肽酶-Ⅳ抑制剂，代表药物有西格列汀、维格列汀、沙格列汀、里格列汀和阿格列汀。

一、GLP-1 受体激动剂

GLP-1 受体激动剂以葡萄糖浓度依赖的方式增强胰岛素分泌，抑制胰高血糖素分泌，并能延缓胃排空，通过中枢性的食欲抑制来减少进食量。此类药物的主要优势有以下几点。①葡萄糖浓度依赖性增加胰岛素的合成和分泌，增强外周组织对胰岛素的敏感性；②抑制糖尿病患者胰高血糖素分泌；③减少食物摄取，减慢胃排空及食物中葡萄糖吸收，减轻体重；④可控制患者收缩压，改善心血管功能和降低患者伴随的心血管事件风险。

本类药物主要用于服用二甲双胍、磺酰脲类、噻唑烷二酮类等不能有效控制血糖的 2 型糖尿病患者的辅助治疗或用于 2 型糖尿病的单药治疗。

药物主要不良反应为胃肠道反应，可出现胃肠道不适、呕吐、消化不良、腹泻等。单独应用较少出现低血糖反应，与其他降糖药合用可出现低血糖。GLP-1 受体激动剂的应用与胰腺炎风险相关，如怀疑发生胰腺炎应停用本品。

二、二肽基肽酶-4 抑制剂

二肽基肽酶-4（dipeptidyl peptidase-Ⅳ，DPP-4）可迅速降解 GLP-1，而 DPP-4 抑制剂可高选择性抑制 DPP-4，减少 GLP-1 的降解，延长其活性，促使胰岛素的分泌增加，胰高血糖素分泌减少，并能减少肝葡萄糖的合成。DPP-4 抑制剂具有如下特点：可有效地降低血糖和糖化血红蛋白，尤其对应用其他药物治疗后血糖下降不明显者；能与其他口服降糖药和胰岛素任意搭配联合应用；刺激胰岛素分泌具有血糖依赖性，较少发生低血糖，且对体重、血压无影响。本类药物可用于经非药物治疗不能达标的 2 型糖尿病患者，可单独应用或与其他口服降糖药联合治疗。

常见不良反应为咽炎、鼻炎、上呼吸道感染、泌尿道感染。另可常见腹泻、肌痛、关节痛、高血压等；偶见轻度肝脏氨基转移酶升高、碱性磷酸酶降低、急性胰腺炎。

【案例及思考题】 患者，男，50 岁。多饮、多尿、体重减轻 1 个月后，颈后痛 2 周。查体：T38.6℃，BMI27.5kg/m^2，神志清楚，颈后 4cm×3cm 溃疡，表面有脓性分泌物。空腹血糖 9.2mmol/L，尿糖（++），尿酮体（-）。

问题：

患者外科清创换药和抗生素治疗的同时，为控制血糖最应采取的治疗措施是什么？为什么？

（李少春）

第三十六章 甲状腺激素与抗甲状腺药

甲状腺可以分泌甲状腺素和降钙素，甲状腺素由甲状腺滤泡细胞分泌，包括碘甲腺氨酸（三碘甲状腺原氨酸，triiodothyronine，T_3）和甲状腺素（四碘甲状腺原氨酸，tetraiodothyronine，T_4），是维持正常机体代谢、促进生长发育的主要激素，分泌过少可导致甲状腺功能低下，可通过补充甲状腺素进行治疗；分泌过多则导致甲状腺功能亢进，可采用抗甲状腺药、放射性碘及手术治疗。降钙素（calcitonin）由甲状腺滤泡旁细胞分泌，主要调节钙的代谢（第三十九章）。

甲状腺素为酪氨酸的碘化物，其合成原料为体内的碘和酪氨酸。其合成过程包括碘的摄取、碘的活化、酪氨酸碘化、偶联。合成后的甲状腺素储存于甲状腺滤泡，然后释放入血。

1. 碘的摄取 甲状腺是体内主要的聚碘器官，甲状腺滤泡细胞具有非常强的摄取碘的能力，可将血浆中的碘以主动转运的形式摄取入细胞，甲状腺中碘化物的浓度正常时为血浆中浓度的 25 倍，甲状腺功能亢进时可达 250 倍。甲状腺浓集碘的能力主要受垂体促甲状腺激素（TSH）的刺激，此外也受到体内高浓度碘化物的抑制。TSH 越高，甲状腺聚碘能力越强；血液中碘浓度越高，甲状腺聚碘能力越低。

2. 碘的活化和酪氨酸碘化 摄入的碘化物在腺泡上皮细胞被过氧化物酶氧化成为活化状态的碘，然后活性碘与甲状腺球蛋白中的酪氨酸残基结合，根据酪氨酸结合碘的数量不同生成一碘酪氨酸（MIT）和二碘酪氨酸（DIT）。

3. 偶联 在过氧化酶的作用下，甲状腺球蛋白上的 MIT 和 DIT 可发生偶联，一分子 MIT 和一分子 DIT 偶联成 T_3，两分子 DIT 偶联成 T_4。T_3 和 T_4 生成后仍结合在 TG 分子上，储存在腺泡腔内的胶质中。

4. 释放 储存在腺泡腔胶质中的 T_3、T_4 可以在蛋白水解酶的作用下从 TG 脱离并释放入血，T_4 约占总量的 90%，T_3 分泌量较少，但其活性大，是 T_4 的 5 倍。每日约有 50% 的 T_4 脱碘转变为 T_3。

5. 调节 甲状腺素的合成和分泌受垂体分泌的促甲状腺素（thyroidstimulating hormone，TSH）的调节。TSH 可以促进甲状腺摄碘及合成甲状腺素，并促进甲状腺素释放。而 TSH 又受下丘脑分泌的促甲状腺激素释放激素（thyrotropin-releasing hormone，TRH）调节，应激状态或某些疾病可通过促进 TRH 释放影响甲状腺素的合成和释放。血液中的 T_3、T_4 水平升高后可通过负反馈调节作用抑制 TSH 和 TRH 的分泌，使体内甲状腺素的水平维持在稳定状态。

第一节 甲状腺激素

【药理作用】

1. 维持正常的生长与发育 甲状腺激素是维持正常的生长发育及保持正常组织完整性和功能的重要激素。甲状腺素分泌过多或过少会造成甲状腺功能亢进或甲状腺功能低下的相应症状和体征。甲状腺激素对神经系统、骨骼和生殖组织的发育和功能的维持具有重要作用。神经系统发育过程中，甲状腺分泌不足可导致神经元轴突和树突形成发生障碍，神经髓鞘形成延缓；同时骨骼发育延缓，骨骺不能形成，从而导致不可逆转的智力低下、身材矮小的克汀病（呆小病）。成人甲状腺功能不全时可导致黏液性水肿，表现为中枢兴奋性降低，记忆力减退等。

2. 促进机体代谢 甲状腺素是促进机体代谢的重要激素，可使机体物质氧化代谢增强，耗氧量增加，提高机体基础代谢率，产热增加。因此，甲状腺功能亢进患者往往表现为基础代谢率较高，怕热、多汗等症状。

3. 提高机体交感-肾上腺系统的敏感性 甲状腺素可提高机体对儿茶酚胺的敏感性，此作用可能与甲状腺素增加组织肾上腺素β受体数目有关。因此，甲状腺功能亢进患者可表现为神经过敏、烦躁、震颤、心率加快、心排血量增加及血压增高等症状。

【作用机理】 甲状腺素的作用主要通过基因效应产生。甲状腺素与甲状腺素结合球蛋白分离后进入细胞内，在细胞内 T_4 可被酶转化为 T_3，然后 T_3 进入细胞核与核内甲状腺受体（TR）结合形成激素-受体复合物而启动靶基因的转录，从而影响相关蛋白和酶的生成，产生相应的效应。TR 包括 α 和 β 两种亚型，在不同组织中两种亚型的密度不同，导致甲状腺素在不同组织产生不同效应。TR 广泛存在于一些激素敏感的组织，如垂体、肝脏、肾脏、心脏、骨骼肌、肺等，而一些对激素不敏感的组织如胰腺、睾丸等则分布较少。饥饿、营养不良与肥胖、糖尿病时 TR 数目可减少。

甲状腺素还可以通过非基因作用产生作用，可通过结合核蛋白体、线粒体和细胞膜等部位的受体影响转录后过程、能量代谢及膜的转运功能。

【体内过程】 甲状腺素口服易吸收，主要在十二指肠和回肠吸收。肠道内的一些因素可影响其吸收速度，如食物、药物、胃酸及肠道菌群等。甲状腺素制剂 T_4 口服生物利用度平均为 80%，而 T_3 几乎完全被吸收（95%）。轻度甲状腺功能减退时甲状腺素的吸收不受影响，但严重的黏液性水肿时可导致肠梗阻而使甲状腺素吸收不良，需肠外给药。甲状腺素吸收后 99% 与血浆蛋白结合，其中 T_3 的蛋白结合率较 T_4 低，其游离型浓度为 T_4 的 10 倍。因此 T_3 作用快而强，维持时间较短，而 T_4 则相反。甲状腺功能亢进患者甲状腺素的清除速度会加快，从而导致血浆半衰期缩短，而甲状腺功能减退患者则相反。甲状腺素主要在肝脏、肾脏线粒体内脱碘，与葡糖醛酸或硫酸结合后经肾脏排泄。甲状腺素可通过胎盘进入乳汁，因此，妊娠期和哺乳期妇女应注意。

【临床应用】 临床主要应用的药物为左甲状腺素钠（优甲乐）。

1. 甲状腺功能低下 甲状腺素主要用于体内甲状腺素缺乏的替代治疗，可用于克汀病和黏液性水肿的治疗。对于胎儿和新生儿甲状腺素缺乏者，必须尽早进行补充治疗。如治疗过晚，身高可能发育正常，但智力持续低下。

给药剂量应根据血清中 TSH 水平进行确定。每四周根据症状和血清 TSH 水平调整剂量，直到患者症状消失及 TSH 降到正常，然后给予维持治疗。过量应用可导致心脏并发症，尤其对于具有心肌缺血的患者更应降低剂量。对于心绞痛患者，合用 β 受体阻断剂可减轻其对心脏的影响。

T_3 起效较快，对于黏液性水肿昏迷的患者需静脉注射 T_3，清醒后改为口服。当黏液性水肿由垂体功能低下导致时，应与糖皮质激素合用，并且糖皮质激素替代治疗应先于甲状腺治疗，以免导致肾上腺皮质功能不全。

2. 单纯性甲状腺肿 甲状腺肿发生的原因为缺碘导致甲状腺分泌不足，使垂体 TSH 过多分泌，刺激甲状腺增生肿大。由于缺碘导致的甲状腺肿可补碘治疗，原因不明的甲状腺肿可应用适量甲状腺素，可抑制 TSH 分泌，缓解腺体增生肥大。甲状腺素不能消除甲状腺结节，需手术切除。

3. 其他 ①甲状腺功能亢进：甲状腺功能亢进患者服用抗甲状腺药同时加服甲状腺素可减轻突眼、甲状腺肿大及防止甲状腺功能低下。②甲状腺癌术后：甲状腺癌术后应用甲状腺素，减少复发。③T_3 抑制试验：可对摄碘率较高的患者进行鉴别诊断。服用 T_3 后摄碘率降低 50% 以上者为单纯性甲状腺肿；摄碘率下降小于 50% 者为甲状腺功能亢进。

【不良反应】 主要不良反应可见心动过速、心悸、心绞痛、心律失常、暂时性低血压、月经紊乱、体重减轻、手震颤、多汗、骨骼肌痉挛、肌无力等。偶可见骨质疏松。过量给药可出现甲状腺功能亢进、甲状腺肿大等。

第二节 抗甲状腺药

甲状腺功能亢进是由于甲状腺腺体功能亢进，合成和分泌甲状腺素增加所导致的甲状腺毒症。目前抑制甲状腺功能的方法有抑制或减少甲状腺素的生成和分泌、降低组织对甲状腺素的反应性、采用辐射破坏甲状腺组织或甲状腺部分切除等。能消除甲状腺功能亢进症状的药物称为抗甲状腺药。一些抗甲状腺药物可能通过抑制 T_3、T_4 分泌而增加 TSH 分泌，从而导致甲状腺肿大。临床上应用的抗甲状腺药物主要包括硫脲类（thioureas）抗甲状腺药、碘和碘化物、放射性碘及 β 受体拮抗药。

一、硫 脲 类

硫脲类是甲状腺功能亢进内科治疗最常用的药物，主要包括硫氧嘧啶类（thiouracils）和咪唑类（imidazoles）。前者包括甲硫氧嘧啶（methylthiouracil，MTU）和丙硫氧嘧啶（propylthiouracil，PTU），后者包括甲巯咪唑（thiamazole，他巴唑）和卡比马唑（carbimazole，甲亢平）。

【药理作用】

1. 抑制甲状腺素合成 硫脲类可抑制过氧化物酶系统，使被摄取的碘化物不能被氧化成活性碘，导致酪氨酸不能碘化。同时，也可抑制一碘酪氨酸和二碘酪氨酸的缩合过程。但其对已经合成的甲状腺素无直接对抗作用，必须等到甲状腺已合成的甲状腺素耗竭后才能产生疗效，因此硫脲类作用产生较慢，须用药 3~4 周后才会导致 T_4 水平下降，一般症状改善需 2~3 周，基础代谢率恢复需要 1~2 个月。

2. 抑制外周组织 T_4 转化为 T_3 在外周发挥作用的甲状腺素主要为 T_3，硫脲类药物可抑制外周 T_4 向 T_3 的转变，从而快速降低 T_3 水平，抑制甲状腺素的作用，因此在重症甲状腺功能亢进、甲状腺危象时该药可作为首选。丙硫氧嘧啶此作用较强，而甲巯咪唑相对较弱。

3. 减弱 β 受体介导的糖代谢 硫氧嘧啶可以减少心肌、骨骼肌的 β 受体数目，降低腺苷酸环化酶活性而减弱 β 受体介导的糖代谢。

4. 免疫抑制 甲状腺功能亢进为一种自身免疫性疾病，硫脲类有轻度的免疫抑制作用，能轻度抑制免疫球蛋白的合成，使血液循环中甲状腺刺激性免疫球蛋白（thyroid stimulating immunoglobulin，TSI）下降。故对自身免疫性甲状腺功能亢进除能控制高代谢症状外，还具有一定的病因治疗作用。

【体内过程】 丙硫氧嘧啶吸收迅速，1h 后血药浓度达到高峰，由于吸收不完全及首过消除较高，生物利用度为50%~80%；血浆蛋白结合率为75%，全身分布但以甲状腺浓度最高；大部分经肝脏代谢后与葡糖醛酸结合为非活性形式，然后经肾脏排泄，血浆半衰期为1.5h。甲巯咪唑可被完全吸收，全身分布但在甲状腺分布浓度最高，排泄速度较丙硫氧嘧啶慢；血浆半衰期为6h。由于其主要分布于甲状腺，导致虽然两药的血浆半衰期较短，但对于药物效应的产生和给药间隔影响较小。丙硫氧嘧啶一次给药100mg作用可持续7h，可以间隔6~8h给药一次。而甲巯咪唑一次给药30mg其抗甲状腺作用可持续24h，每天给药一次就可控制甲状腺功能亢进症状。两药均可通过胎盘屏障进入胎儿体内，聚集于胎儿甲状腺后可导致胎儿甲状腺功能减退，影响胎儿生长发育，因此孕妇慎用。

【临床应用】

1. 甲状腺功能亢进的内科治疗 适用于轻症和不宜手术和放射性碘治疗者，如儿童、青少年、术后复发、中重度患者而年老体弱或兼有心脏、肝脏、肾脏、出血性疾患等患者。若计量适当，症状可在1~2个月内得到控制。当基础代谢率接近正常时，药量即可递减至维持量，疗程1~2年。遇有感染或其他应激时酌加剂量。应以T_3抑制试验或TRH兴奋试验来监测疗效，结果正常后停药，复发率较低。

2. 甲状腺手术术前准备 甲状腺功能亢进患者甲状腺素合成量较高，在应激情况下甲状腺素会大量释放入血，导致麻醉和手术后的并发症及甲状腺危象。因此，在手术前需要应用硫脲类药物使甲状腺功能恢复或接近正常。但由于硫脲类药物应用后可导致TSH分泌增加，使腺体增生，组织脆而且充血，不利于手术进行，因此需要在手术前两周加服大剂量碘。碘剂可使甲状腺缩小，组织变韧，有利于切除。

3. 甲状腺危象的治疗 甲状腺危象是由于甲状腺功能亢进患者在感染、外伤、手术、情绪激动等应激状态下，甲状腺素大量释放入血，使患者发生高热、虚脱、心力衰竭、肺水肿、水和电解质紊乱等，严重时可导致死亡。其治疗的主要药物为大剂量碘，抑制甲状腺素的释放。同时，应用硫脲类抑制甲状腺素合成，且由于抑制T_4向T_3的转化，可迅速降低外周T_3水平，控制甲状腺危象症状。

【不良反应】 以甲硫氧嘧啶发生率较高，丙硫氧嘧啶和甲巯咪唑发生较少。主要不良反应包括以下几种。

1. 变态反应 最多见，表现为皮疹、瘙痒等，少数有发热。一般不需停药亦可消失。

2. 胃肠反应 可发生恶心、呕吐、胃肠不适等。

3. 粒细胞缺乏症 为最严重的不良反应，发生率为0.3%~0.6%。可在治疗2~3个月内发生，应定期检查血象。要注意与甲状腺功能亢进本身导致的白细胞总数偏低相区别。

4. 甲状腺肿 长期应用硫脲类药物后，血清甲状腺素水平降低，反馈性增加TSH分泌而刺激甲状腺体代偿性增生，引起腺体增大、充血，严重者可产生压迫症状。

硫脲类药物可通过胎盘屏障和进入乳汁，因此妊娠期妇女慎用或不用，哺乳期妇女用药期间应避免哺乳。由于丙硫氧嘧啶蛋白结合率较高，较少通过胎盘屏障进入胎儿体内，更适合于妊娠期甲状腺功能亢进患者。结节性甲状腺肿合并甲状腺功能亢进和甲状腺癌患者禁用硫脲类药物。其他有甲状腺抑制功能的药物如磺胺类、对氨基水杨酸、对氨苯甲酸、巴比妥类、酚妥拉明、磺酰脲类，与硫脲类合用可增强抗甲状腺效应，碘制剂则可延缓硫脲类药物起效时间。

二、碘和碘化物

碘是甲状腺合成的原料，缺乏可导致甲状腺素分泌不足而导致甲状腺肿大。我国古代就有利用海带等含碘食物治疗甲状腺疾病的记载。临床上常用的碘制剂为复方碘溶液（liguor iodi compositlus），又称卢戈液，含碘5%，碘化钾10%。也可单独应用碘化钾、碘化钠等。碘及碘化物不单独用于治疗甲状腺功能亢进。

【药理作用】

1. 小剂量碘促进甲状腺素合成 小剂量碘作为供碘原料以合成甲状腺素，甲状腺具有浓集碘的能力，当碘摄入量不足时，甲状腺素合成减少，反馈性地使TSH分泌增多，刺激甲状腺组织增生性肥大，称为单纯性甲状腺肿（地方性甲状腺肿）。补碘后甲状腺素合成增多，反馈性抑制垂体释放TSH，使肿大的甲状腺缩小。缺碘地区在食盐中按1∶100 000~1∶10 000的比例加入碘化钾或碘化钠，可防治单纯性甲状腺肿的发生，并对早期患者疗效显著。但对于腺体太大者疗效较差，如有压迫症状应手术治疗。

2. 大剂量碘具有抗甲状腺作用 每日用量超过6mg，则发挥抗甲状腺作用。大剂量的碘能抑制甲状腺素的释放，通过抑制TG水解酶，使甲状腺素不能和TG解离；其次，可通过抑制过氧化物酶，影响酪氨酸碘化和碘化酪氨酸的缩合，使T_4、T_3合成减少；此外，大剂量的碘剂能抑制垂体分泌TSH，使甲状腺缩小。大剂量碘的抗甲状腺作用快而强，用药后1~2日起效，10~15日达最大效应。但当细胞内碘浓度过高时，甲状腺的摄碘能力将下降。因此，继续用药，反使碘的摄取受抑制，胞内碘离子浓度下降，而失去抗甲状腺效应，甲状腺功能亢进的症状又可复发。因此，碘剂不能单独用于甲状腺功能亢进的内科治疗。

【临床应用】

1. 防治单纯性甲状腺肿

2. 甲状腺功能亢进术前准备 甲状腺功能亢进

手术前需要将甲状腺功能降到接近正常水平，一般先应用硫脲类药物，术前两周加用碘剂。碘剂可使应用硫脲类药物导致的增生腺体缩小、组织变韧、血管减少，有利于手术切除并减少出血。

3. 甲状腺危象 大剂量碘剂是治疗甲状腺危象的主要药物，可阻止甲状腺激素的释放入血。可用碘化钾 0.5g 加于 10%葡萄糖溶液中静脉滴注，每 8h 一次，也可用复方碘溶液，一般 24h 即可充分发挥作用，并在两周内逐渐停服。需同时配合服用硫脲类药物。

【不良反应】

1. 变态反应 给药后立即或几小时内发生，表现为皮疹、药热、皮炎、血管神经性水肿，严重者可因上呼吸道黏膜水肿及喉头水肿而窒息。停药后即可消退，必要时给予抗过敏治疗。

2. 慢性碘中毒 长期应用可出现咽喉烧灼感、流涎、鼻炎和结膜刺激症状等，停药后可消退。

3. 诱发甲状腺功能紊乱 久用可诱发甲状腺功能亢进。碘能进入乳汁并能通过胎盘，引起新生儿甲状腺肿，严重者可压迫气管而致命，故孕妇与哺乳妇女慎用。

三、放射性碘

碘的放射性同位素有 ^{131}I、^{125}I、^{123}I 等，其中只有 ^{131}I 的血浆半衰期适中，为 8 日，用药后一个月可消除其放射性的 90%，因而应用较广。

【药理作用与作用机理】 由于甲状腺具有很强的摄碘能力，因此机体服用的 ^{131}I 主要进入甲状腺，在腺体中放射出 β 射线和 γ 射线。β 射线占 99%，但其射程仅为 2mm，辐射仅限于甲状腺内，很少损伤周围其他组织。由于增生细胞对辐射较敏感，可部分损伤甲状腺细胞，起到类似手术切除部分甲状腺的作用。γ 射线只占 1%，但其穿透力较强，可在体外测得，可用作甲状腺摄碘功能测定。

【临床应用】

1. 甲状腺功能亢进治疗 适用于不宜手术、手术后复发或其他药物无效者及过敏者。^{131}I 的剂量对疗效和远期并发症有决定性影响，剂量过大可导致甲状腺功能低下，通常按估计的甲状腺重量和最高摄碘率计算，但个体差异较大。^{131}I 作用缓慢，一般于用药后一个月开始见效，经 3~4 个月可达最大疗效。见效前需加用其他抗甲状腺药控制症状，用药后如发现甲状腺功能低下，可补充甲状腺素对抗。

2. 甲状腺摄碘功能测定 小剂量 ^{131}I 可用于测定甲状腺摄碘功能。患者口服 ^{131}I 后于第 1h、3h 和 24h 分别测定甲状腺的放射性，计算摄碘率。甲状腺功能亢进时，摄碘率高，摄碘高峰时间前移；甲状腺功能低下时，摄碘率低，摄碘高峰时间后延。应注意试验前两周停用一切可能影响甲状腺碘摄取和利用的药物和食物。

【不良反应及禁忌证】 剂量过大可导致甲状腺功能低下，可补充甲状腺素对抗。儿童处于生长期，对于辐射效应较敏感；卵巢也可浓集放射性碘，可能影响遗传。20 岁以下患者、妊娠或哺乳期妇女及肾功能不佳者不宜使用。此外，甲状腺危象、重症浸润性突眼症及甲状腺不能摄碘者禁用。对于 ^{131}I 是否导致癌变及白血病发生率增高目前尚无定论。有报道认为，应用 ^{131}I 后甲状腺癌变和白血病的发生率与自然发生率比无明显差异，但仍应谨慎对待。

四、β受体拮抗药

β受体拮抗药可作为治疗甲状腺功能亢进的辅助用药，通常选用普萘洛尔，对于有支气管疾病者，可选用 $β_1$ 受体拮抗药，如阿替洛尔、美托洛尔等。其主要作用为阻断 β 受体而抑制甲状腺素所致的心率加快、心肌收缩力增强等交感神经激活症状；同时也可阻断外周 T_4 向 T_3 的转化。

此类药物主要用于不宜用抗甲状腺药、不宜手术及 ^{131}I 治疗的甲状腺功能亢进患者。也可用于甲状腺危象的辅助治疗。甲状腺功能亢进术前准备应用 β 受体拮抗药，不会导致腺体增大变脆，两周后即可进行手术。甲状腺功能亢进患者如需紧急手术时，也可用其保护患者。

【案例及思考题】 患者，女，28 岁，恶心、呕吐、乏力、头晕 1 周，近 2 个月体重减低，皮肤变黑，查体：卧位 BP 90/60mmHg，心率 99 次/分，立位 BP 75/50mmHg，心率 99 次/分。身高 169cm，体重 50kg，皮肤黑，甲状腺 I 度肿大，心脏、肺、腹未见异常，实验室检查：血钠 124mmol/L，血钾 5.84mmol/L，血糖 3.54mmol/L。

问题：
1. 该患者最可能的诊断是什么？
2. 如需手术应如何进行术前准备？

(李少春)

第三十七章 性激素类药物与避孕药

性激素是性腺分泌的一类激素，主要包括雌激素、孕激素及雄激素，属于甾体化合物。性激素除用于治疗某些疾病外，目前主要用作避孕药。

性激素的分泌受下丘脑-垂体-性腺轴复杂而精细的神经内分泌调控，性激素又通过正或负反馈影响下丘脑和垂体的功能。下丘脑和垂体前叶分泌的激素在青春期时有所增加，这些增加的激素可以刺激雌激素的分泌，促使生殖器官成熟及第二性征发育，并引起长骨快速生长及随后的骨骺融合。此后，女性体内性激素参与月经周期中周期变化的调节，并在妊娠期发挥重要作用。月经结束后，子宫内膜于月经周期的卵泡期开始修复。下丘脑肽能神经元以脉冲方式分泌一种释放因子——促性腺释放激素（gonadotrophin-releasing hormone，GnRH），GnRH 刺激垂体前叶释放促性腺激素：促卵泡激素（follicle-stimulating hormone，FSH）和黄体生成素（luteinising hormone，LH）。FSH 和 LH 共同作用于卵巢，促进卵泡发育，每个卵泡含有一个卵子。某一个卵泡发育得较其他卵泡更快，称为囊状卵泡。成熟的囊状卵泡由膜细胞、颗粒细胞及由这些细胞包裹并位于中央的卵子组成。对于女性，FSH 可刺激卵泡生长发育，促进颗粒细胞分泌雌激素，并使 LH 受体增加；LH 可刺激卵泡膜细胞合成雌激素前体分子，并促使卵巢黄体生成，并促进卵巢黄体分泌孕激素。在男性，FSH 促睾丸曲细精管的成熟和精子的生成，对生精过程有启动作用；LH 可促进睾丸间质细胞生长，增加睾酮的分泌，维持生精过程。

性激素对下丘脑、腺垂体的分泌功能具有正/负反馈调节作用，维持性激素水平的动态平衡和人体正常的生殖功能。这种反馈调节包括长反馈、短反馈和超短反馈三种途径。长反馈为性激素对下丘脑和腺垂体的反馈作用。例如，在排卵前雌激素水平较高，可通过下丘脑促进垂体前叶分泌 LH，引发排卵，这一反馈减少下丘脑 GnRH 的分泌，抑制排卵。绝大多数甾体避孕药就是根据这一负反馈而设计。短反馈是指腺垂体分泌的 FSH、LH 通过负反馈抑制下丘脑 GnRH 的释放。超短反馈是腺体内的自行正反馈调节，如下丘脑分泌的 GnRH 反作用于下丘脑，可促进 GnRH 分泌，从而实现自行调节；雌激素局部刺激成熟的卵泡，增加卵泡对促性腺激素的敏感性，从而促进雌激素合成。

第一节 雌激素类药及抗雌激素药

一、雌激素类药

雌二醇（estradiol，E_2）是卵巢分泌的作用最强的雌激素（estrogen），也是女性绝经前分泌的主要雌激素形式。雌酮为雌二醇的肝脏代谢产物，作用此雌二醇弱，只有雌二醇的 1/3。雌酮是女性绝经后体内的主要雌激素，此时主要在外周组织由雄烯二酮转化而来。雌三醇是雌二醇的另外一种代谢产物，作用也较雌二醇弱，由于胎盘可产生大量雌三醇，因此妇女在妊娠期间体内可见大量雌三醇。

由于天然雌激素活性较低，常用的雌激素类药物多为以雌二醇为母体，人工合成的高效和长效的甾体类衍生物，常用的有可口服的强效雌激素类药炔雌醇（ethinylestradiol）、口服长效雌激素药炔雌醚（quinestrol）以及疗效可持续数周的长效注射制剂戊酸雌二醇（estradiol valerate）等。此外，还有一些人工合成制剂，如美雌醇、硫酸雌酮、马烯雌酮等。替勃龙（tibolone）是人工合成的组织特异性甾体激素，用于绝经后妇女的激素替代治疗，其代谢产物兼具有雌、孕、雄三种激素的活性。妊马雌酮是从马尿中提取的一种水溶性天然结合雌激素，作用较强，应用广泛。还有一些非甾体类，如己烯雌酚等。

【体内过程】 天然雌激素及其衍生物口服容易吸收，吸收后可被肝脏的微粒体酶迅速代谢，部分代谢为无活性形式。虽然有一定的首过消除率，但对于其作用的发挥影响甚微。合成雌激素如美雌醇、硫酸雌酮、马烯雌酮等口服吸收良好。美雌醇可在肝脏及外周组织迅速脱甲基转化为炔雌醇，炔雌醇比天然雌激素代谢速度更慢。戊酸雌二醇可被迅速代谢为雌二醇和戊酸。这些雌二醇类似物脂溶性较强，可储存于脂肪组织，然后缓慢释放。因此，这些药物维持时间较长且作用较强。雌激素在血液中与性激素结合球蛋白结合，由于雌激素具有一定的首过消除，为避免首过消除可选用经皮给药、阴道内给药或注射给药等方法。

【作用机理】 雌激素受体包括两大类：一是经典的核受体，包括 ERα 和 ERβ，它们位于细胞核内，通过调节特异性靶基因的转录而发挥"基因型"调节效应；二是膜受体，包括经典核受体的膜性成分，以及属于 G 蛋白偶联受体家族的 GPER（GPR30）、Gaq-ER 和 ER-X，它们介导快速的非基因型效应，通过第二信使系统发挥间接的转录调控功能。

经典的雌激素受体，包括 ERα、ERβ 两种亚型，两者的结构相似，但为不同基因表达的产物。ERα 在女性生殖器官表达最多，另外 ERα 也存在于乳腺、下丘脑、内皮细胞和血管平滑肌；ERβ 表达最多的组织是前列腺和卵巢。此种受体与雌激素结合后，再与特殊序列的核苷酸——雌激素反应因子结合形成ER-DNA复合物。ER-DNA复合物会征集类固醇受体辅激活因子-1和其他蛋白，随后引起组蛋白的乙酰化，进而引起靶基因启动子区域重新排列，启动转录过程，合成mRNA及相应的蛋白质，发挥药理作用。

核受体型膜受体也可见于细胞膜。雌激素可以通过细胞膜结合位点发挥作用，主要通过离子信号通路、一氧化氮信号通路、丝裂原活化的蛋白激酶/细胞外信号调节激酶通路、磷脂酸肌醇3位蛋白激酶/蛋白激酶B信号通路及G蛋白偶联的信号通路等途径发挥快速作用。与细胞内受体相比，膜受体只占2%~3%。另外一种膜受体为GPER1（也称GPR30），是真正意义上的膜受体，为一类由375个氨基酸残基组成的7次跨膜的G蛋白偶联受体。目前关于GPER1亚细胞位点的学说仍存在争议。

【药理作用】

1. 生殖系统

（1）子宫：对子宫内膜和子宫平滑肌的代谢具有明显促进作用，可促使子宫肌层和内膜增殖变厚、血管增加，其引起的内膜异常增殖可导致子宫出血；雌激素和孕激素共同形成月经周期；增加子宫平滑肌对缩宫素的敏感性；促进子宫颈管腺体分泌黏液，宫颈黏液pH可达8~9，其内富含蛋白质及糖类，有利于精子的穿透和存活。

（2）卵巢：协同FSH促进卵泡发育，诱导排卵前LH峰的出现而诱发排卵，是卵泡发育、成熟、排卵不可缺少的调节因素。但大剂量的雌激素通过负反馈可减少促性腺激素释放，从而抑制排卵。

（3）输卵管：促进输卵管肌层发育和节律性收缩，使官腔上皮细胞分泌增加及纤毛生长。促进卵子在输卵管的运行速度。

（4）阴道：刺激阴道上皮增生，促进阴道黏膜增厚及成熟、浅表层细胞角化、细胞内糖原储存，在乳酸杆菌的作用下使阴道pH呈酸性，维持阴道的自净作用，防止细菌感染。

2. 发育　雌激素是维持女性第二性征的主要激素，可促使色素沉着于大、小阴唇，使脂肪在体内呈女性分布，促使性器官的发育和成熟；小剂量的雌激素能刺激乳腺导管及腺泡的生长发育，大剂量的雌激素则能抑制催乳素对乳腺的刺激作用，减少乳汁分泌。在男性，雌激素拮抗雄激素，幼年时雌激素会导致青春期发育延缓，而成年时雌激素可抑制前列腺增生。少量雌激素有助于维持男性生殖系统发育，帮助精子生成、骨骼肌肉发育等。

3. 心血管系统　雌激素对心血管系统具有保护作用，雌激素可直接作用于心血管系统，促进血管内皮细胞NO和PGI_2的合成，发挥舒张血管、抑制血管平滑肌细胞异常增殖和迁移等作用。雌激素还具有抗氧化、降低血浆LDL水平、减轻心肌缺血-再灌注损伤及抗心律失常等作用。因此，女性进入围绝经期以后，体内雌激素水平急剧下降，可使心血管疾病的发病率升高。

4. 骨骼系统　雌激素对骨骼的发育和骨重建有重要的作用，雌激素可保护骨骼，促进骨质致密，并能使骨骺提早闭合和骨化而影响骨的长度增加。绝经后雌激素快速下降，骨骼脱钙，骨量会快速丢失。绝经期女性可用雌激素治疗骨质疏松症。

5. 神经系统　可保护中枢神经系统，促进神经细胞生长、分化、再生、突触形成及调节许多神经肽和递质的合成、释放与代谢。

6. 代谢　雌激素对蛋白质和脂肪代谢及水盐代谢也有一定作用。雌激素可促进肝内多种蛋白质的合成及胆固醇代谢酶的合成，降低血浆LDL胆固醇，升高HDL胆固醇的浓度，改善血脂成分。高浓度雌激素还可使体液向组织间隙转移，导致血容量减少而激活肾素-血管紧张素系统，促进醛固酮分泌，引起水钠潴留和升高血压。雌激素还可以减少胆酸的分泌，降低女性结肠癌的发病率。

7. 其他作用　雌激素还可促进血液凝固，增加纤溶活性；使真皮增厚，结缔组织内胶原分解减慢，使表皮增殖，保持弹性并且改善血供。

【临床应用】

1. 围绝经期综合征　指妇女在自然绝经前后，由于卵巢功能减退，以至完全消失而引起的一组综合征。主要表现为月经紊乱、阵发性潮热、心血管系统症状、生殖系统变化、骨质疏松及精神心理变化等。雌激素替代治疗可减轻围绝经期综合征内分泌失调导致的一系列症状，如面颈红热、失眠、情绪不安等。

（1）骨质疏松：雌激素可抑制破骨细胞活性、促进成骨细胞活性，减少骨质吸收，增加骨质形成，对围绝经期骨质疏松症具有一定的防治作用。在绝经前5~10年内开始应用雌激素效果最佳。但由于长期大量应用雌激素可导致妇女心脏病事件、脑卒中、浸润性乳腺癌等风险增加，因此限制了长期雌激素替代治疗的应用。

（2）老年性阴道炎、阴道干燥症和泌尿生殖道肥大：围绝经期妇女阴道和盆底肌肉弹性降低，雌激素有一定的治疗作用。

2. 乳房胀痛和退乳　大剂量雌激素可抑制催乳素对乳腺的刺激作用，减少乳汁分泌。可用于妇女停止授乳后由于乳汁继续分泌导致的乳房胀痛。

3. 卵巢功能不全和闭经　原发性或继发性卵巢功能不全者体内分泌雌激素减少，影响子宫、外生殖器及第二性征的发育。雌激素替代治疗可促进生殖器官及第二性征的发育。雌激素与孕激素联合应用可产生人工月经,用于闭经患者。

4. 恶性肿瘤化疗

(1) 绝经后乳腺癌:妇女绝经后雌二醇分泌停止,体内雌激素水平降低后可使肾上腺分泌的雄烯二酮在周围组织转化为雌酮,雌酮持续作用于乳腺可引起乳腺癌。大剂量雌激素可抑制垂体前叶分泌促性腺激素,进而减少雌酮的产生。雌激素对绝经前妇女有促进肿瘤生长作用,因此绝经前乳腺癌患者禁用,一般用于绝经五年以上的乳腺癌患者。

(2) 前列腺癌:雄激素是促进前列腺癌生长的重要激素。大剂量雌激素可抑制垂体促性腺激素分泌,使雄激素分泌减少,同时雌激素还具有拮抗雄激素的作用,可对前列腺癌产生治疗作用。

5. 功能性子宫出血 是由于体内雌激素水平较低,使子宫内膜创面修复不良而导致的阴道持续少量出血,雌激素可促进子宫内膜修复而止血。

6. 避孕 雌激素和孕激素配伍组成复方制剂是目前常用的甾体类避孕药。

7. 痤疮 青春期痤疮是由于雄激素分泌过多而刺激皮脂腺分泌,导致腺管阻塞并继发感染所致。雌激素可拮抗雄激素作用,抑制雄激素分泌,对痤疮有一定治疗作用。

8. 神经保护 雌激素在神经生长发育、可塑性、神经递质的合成乃至神经元的存活、髓鞘和轴突再生过程中起着重要作用。特别是雌激素在脑卒中、阿尔茨海默病、帕金森病等中枢神经系统退行性疾病及脊髓、坐骨神经损伤,急性脑出血,脑缺血,神经外伤等方面备受关注。

【不良反应】

1. 消化道症状 常见厌食、恶心、呕吐等,一般可耐受,减小剂量或从小剂量开始逐渐增加剂量可减轻。

2. 代谢 雌激素可使水钠潴留,长期大量应用可引起高血压、水肿及加重心力衰竭。

3. 生殖系统 长期大量应用雌激素可导致子宫内膜过度增生,导致子宫出血。可能增加子宫内膜癌的风险。

4. 其他 加重偏头痛;引发抑郁症;增加血栓性静脉炎和静脉血栓栓塞性疾病的风险。

二、抗雌激素类药

抗雌激素类药是一类具有抑制或减弱雌激素作用的药物,分为选择性雌激素受体调节药和抑制雌激素合成的芳香化酶抑制药。选择性雌激素受体调节药见第三十九章。

芳香化酶抑制药可通过抑制雌激素合成限速酶芳香化酶而产生减少雌激素生成的作用,临床主要用于雌激素依赖性肿瘤的治疗。

第二节 孕激素及抗孕激素药
一、孕激素类药

体内分泌的天然孕激素(progestogens)主要是由卵巢黄体分泌的黄体酮(progesterone,孕酮),妊娠 3~4 个月后,黄体逐渐萎缩而由胎盘分泌代之,直至分娩。在近排卵期的卵巢及肾上腺皮质中也有一定量的孕激素产生。自黄体分离出的黄体酮含量很低,临床应用的是人工合成品及其衍生物,其按化学结构分为如下两类。①17α羟孕酮类:由黄体酮衍生而来,包括甲羟孕酮(medroxyprogesterone)、乙酸甲地孕酮(megestrol acetate)、氯地孕酮(chlormadinone)及长效的乙酸羟孕酮(17-hydroxyprogesterone caproate);②19-去甲睾酮类:结构与睾酮相似,包括炔诺酮(norethisterone)、双醋炔诺酮(ethynodiol diacetate)、炔诺孕酮(norgestrel)等。

【药理作用】

1. 对生殖系统的影响 促进处于增生期的子宫内膜进一步增厚,并转化为分泌期内膜,为受精卵着床及胚胎发育提供适宜环境;黄体酮还可以与缩宫素竞争受体,降低妊娠子宫对缩宫素的敏感性,对子宫的收缩产生抑制作用,同时也能抑制母体对胎儿的免疫排斥反应,有利于胚胎在子宫腔内发育,具有保胎作用;抑制输卵管的节律性收缩和纤毛的生长,减少宫颈黏液分泌,增大其黏稠度,使精子难以通过;抑制 LH 分泌,抑制排卵;加快阴道上皮细胞的脱落。

2. 促进乳腺发育 在雌激素作用的基础上,孕激素可促进乳腺腺泡的发育和成熟,为分娩后的泌乳做好准备。

3. 代谢 孕激素与醛固酮结构相似,可与醛固酮竞争受体,可增加 Na^+、Cl^- 的排出,减少 K^+ 排除,产生利尿作用;促进蛋白质分解,增加尿素氮排泄;增加血中低密度脂蛋白水平,对高密度脂蛋白影响较小;诱导肝药酶,促进药物代谢。

4. 神经系统 通过下丘脑体温调节中枢影响散热过程,使月经周期的黄体期基础体温升高 0.5℃左右;还具有中枢抑制及催眠作用,还能增加呼吸中枢对 CO_2 的敏感性,降低 CO_2 分压。

【体内过程】 孕酮口服吸收后几乎被肝脏完全代谢,因此孕酮口服无效,需注射给药。其他类型的制剂可口服、阴道或直肠给药。孕激素类药进入体内后血浆蛋白结合率较高,主要经肝脏代谢,代谢产物与葡糖醛酸结合,从肾脏排出。

【临床应用】

1. 功能性子宫出血 是一种多种原因导致的以子宫不规则出血为主要表现的疾病。孕激素可以促进子宫内膜同步性分泌化而止血,停药后出现集中性撤退出血。然后配合调经治疗。

2. 先兆流产和习惯性流产 可用于由于黄体功能不足导致的流产，但对习惯性流产疗效不确切。

3. 痛经和子宫内膜异位症 口服雌、孕激素复合避孕药适用于要求避孕的痛经妇女，可抑制子宫痉挛性收缩而止痛，有效率达 90% 以上。子宫内膜异位症患者用孕激素类药物，可使子宫内膜及异位的子宫内膜在药物作用下发生类似妊娠的反应，须持续六个月，才可以使异位内膜停止活动，最后发生萎缩，从而产生疗效。

4. 恶性肿瘤化疗

（1）子宫内膜癌：孕激素直接作用于肿瘤细胞，使其从恶性向正常子宫内膜转化，抑制癌细胞 DNA 和 RNA 的合成，减少分裂，从而抑制癌细胞的繁殖，最后肿瘤被增生或萎缩的内膜所代替。多用于手术或放疗后复发或转移的病例，也用于腺癌分化好、早期、年轻、需要保留生育功能的患者。

（2）前列腺癌：孕激素通过负反馈作用抑制腺垂体分泌黄体生成素（也称间质细胞刺激素，ICSH）并封闭雄激素受体，还可阻断 5α-还原酶而降低前列腺双氢睾酮浓度，促使前列腺细胞萎缩退化。

【不良反应】 常见子宫出血、经量改变甚至停经。还可见恶心、呕吐、腹胀等胃肠道反应。有时可致乳房肿痛。部分不良反应与雄激素活性有关，如性欲改变、多毛或脱发、痤疮等。大剂量使用 19-去甲基睾酮类可致肝功能障碍。大剂量黄体酮还可导致胎儿生殖器畸形。

二、抗孕激素药

抗孕激素药分为两类：一类为孕激素受体阻断剂，包括孕三烯酮（gestrinone）和米非司酮（mifepristone）；另一类为 3β-羟甾脱氢酶抑制剂，如曲洛司坦（trilostane）、环氧司坦（epostane）和阿扎司汀（azastene）。

米 非 司 酮

米非司酮为孕激素受体阻断剂，其结构与炔诺酮类似，是由炔诺酮 17α 位上的乙炔基被丙炔基取代后得到，与孕激素受体的亲和力显著提高。米非司酮几无孕激素样活性，因此与孕激素受体结合后不能激动受体。米非司酮不仅能拮抗孕激素的作用，同时还具有抗皮质激素作用和较弱的雄激素样活性。

米非司酮可拮抗黄体酮对子宫内膜的作用，因此能抗受精卵着床，单用可作为房事后避孕的有效措施。同时具有抗早孕作用，可终止早期妊娠。较严重的不良反应为阴道出血，一般无须特殊处理。贫血、正在接受抗凝治疗和糖皮质激素治疗的女性患者不宜使用该药。

第三节 雄激素及抗雄激素药

一、雄激素类药

天然雄激素（androgens）主要由睾丸间质细胞分泌，其中睾酮在天然雄激素中生物活性最强。肾上腺皮质、卵巢和胎盘也可以分泌少量睾酮。临床所用雄激素多为人工合成的睾酮衍生物，如丙酸睾酮（testosterone propionate，丙酸睾丸素）、美睾酮（mesterolone）和氟甲睾酮（fluoxymesterone）。

【药理作用】

1. 生殖系统

（1）促进男性生殖器官的发育和成熟，促进男性第二性征的出现并维持其正常状态。

（2）促进精子的生成和成熟。睾丸间质细胞在 LH 的作用下合成和分泌睾酮，睾酮和 LSH 共同作用于生精细胞，使精子成熟，并在附睾中保持活性。因此，曲细精管中精子的成熟有赖于 LH、FSH 和雄激素的协调作用。

（3）大剂量睾酮负反馈抑制垂体前叶分泌促性腺激素，可使女性卵巢雌激素的分泌减少，同时对雌激素有对抗作用。

2. 对代谢的影响 睾酮能促进蛋白质的合成（同化作用），并能抑制蛋白质的分解（异化作用），可促进肌肉的增长和体重的增加；同时可调节体内水盐代谢，有类似与肾上腺皮质激素的作用，可导致水钠潴留；睾酮还可促肾合成促红细胞生成素，刺激红细胞生成。

3. 增强免疫作用 睾酮促进免疫球蛋白合成，增强免疫功能和巨噬细胞的吞噬功能，并具有一定的抗感染能力，还具有与糖皮质激素相似的抗炎作用。

4. 心血管系统作用 可使细胞 K^+ 通道激活，对心血管系统产生调节作用。可产生以下作用：影响脂质代谢，降低胆固醇；改善凝血和纤溶过程的异常状态；抑制高胰岛素血症、高糖和代谢综合征的发生；舒张血管平滑肌，降低血管张力。

【体内过程】 睾酮口服后可在肝脏迅速代谢，因此睾酮通常注射给药。吸收后与以性甾体结合球蛋白为主的血浆蛋白结合。游离型消除速度较快（20～30min），肝脏转化为雄烯二酮后失活。睾酮酯类化合物吸收缓慢，作用时间较长。睾酮代谢产物与葡糖醛酸结合后，随尿液排出。

【临床应用】

1. 替代疗法 可用于垂体或睾丸疾病导致的男性性腺发育不全或男子性功能低下的患者；也可用于卵巢切除术后的性欲减退。

2. 妇科疾病

（1）功能性子宫出血：对抗雌激素的作用，使子宫平滑肌收缩、子宫血管收缩，并逐渐使子宫内膜萎缩而止血。严重出血可注射己烯雌酚、黄体酮和丙酸睾酮三药的混合物，可达到止血目的。停药应逐渐减量，防治发生撤药性出血。

（2）晚期乳腺癌及卵巢癌：通过抗雌激素和抑制垂体分泌促性腺激素的作用，并对抗催乳素对乳腺癌组织的刺激，因此对晚期乳腺癌和卵巢癌具有缓解作用。

3. 贫血的辅助治疗
改善骨髓造血功能，对再生障碍性贫血及其他贫血性疾病具有辅助治疗作用。

4. 久病虚弱
加速机体各种蛋白质的合成，包括促进机体免疫球蛋白的合成，提高机体免疫力。对各种消耗性疾病、骨质疏松、肌萎缩、生长延缓、长期卧床、损伤、放疗等，雄激素可使患者食欲增加，加快体质恢复。

5. 内分泌性性功能障碍
通过对性神经中枢的影响和对生殖器官的刺激作用，激发人的性欲，提高性的兴奋。如果雄性激素没有或过少，人的性欲就会降低，并容易导致阳痿等性功能障碍。

6. 预防良性前列腺增生
雄激素可降低前列腺内双氢睾酮水平，从而防止良性前列腺增生，但对前列腺增生的治疗效果不显著。

【不良反应】 主要包括促性腺激素释放减少所导致的不育，以及水钠潴留所引起的水肿。雄激素对儿童生长造成损伤（由骨骺过早融合引起），引发痤疮，并导致女性男性化。还可导致阴茎异常勃起、精子减少、精液量减少。

【禁忌证】 孕妇及前列腺癌患者禁用。肾炎、肾病综合征、肝功能不良、高血压及心力衰竭患者应慎用。

二、抗雄激素类药

雌激素类药物和孕激素类药物都具有抗雄激素活性；雌激素类药物主要抑制促性腺激素的分泌，而孕激素类药物可与靶器官内的雄激素竞争雄激素受体。

环丙孕酮（cyproterone）为黄体酮衍生物，并具有微弱的孕激素活性。对于雄激素受体来说，环丙孕酮属于部分激动药，可与双氢睾酮竞争对雄激素敏感的靶器官内受体。环丙孕酮可作用于下丘脑，抑制促性腺激素合成，可对前列腺癌起辅助治疗作用；环丙孕酮还可用于治疗男性性早熟、女性男性化及女性痤疮；也可影响中枢神经系统，使性欲减退，用于治疗男性性犯罪者的性欲亢进。

氟他胺（flutamide）为一种非甾体抗雄激素药物，可与GnRH合用治疗前列腺癌。

非那雄胺（finasteride）可抑制催化睾酮转化为双氢睾酮的5α还原酶活性。双氢睾酮比睾酮与前列腺中雄激素受体亲和力更强。可用于良性前列腺增生。

第四节 避 孕 药

避孕药是现有避孕方法中一种安全、有效及使用方便、较理想的避孕方法。目前避孕药包括口服避孕药、注射用避孕药、外用避孕药和皮下埋植避孕药。现有的避孕药多为女用避孕药，男用口服避孕药主要涉及杀灭精子，其过程比较复杂，类似棉酚等药物的不良反应较大，一直没有在临床广泛使用。避孕药的作用是多环节和多方面的，如雌激素和孕激素组成非复方制剂以抑制排卵为主，小剂量孕激素以阻碍受精为主，大剂量孕激素以抗着床为主。

一、主要抑制排卵的避孕药

本类药物多为雌激素和孕激素组成的复方甾体避孕药，其中最常用的为短效口服复方甾体避孕药。长期大量应用雌激素可能与血栓性疾病有关，大量孕激素能降低高密度脂蛋白。目前甾体避孕药中雌激素、孕激素的含量已显著减少，对其比例也进行了优化。

【药理作用】

1. 抑制排卵 甾体避孕药中的雌激素通过负反馈机理抑制下丘脑 GnRH 的释放，减少 FSH 的分泌，使卵泡的生长过程受到抑制，同时孕激素可抑制垂体 LH 的释放，两者协同作用而进一步抑制排卵的发生。因此，甾体避孕药对于排卵具有显著的抑制作用。

2. 抗着床作用 甾体避孕药中的孕激素可抑制子宫内膜的正常增殖，促使其逐渐萎缩，最终使受精卵着床困难。

3. 增加宫颈黏液的黏稠度 减少宫颈黏液的分泌，增大其黏稠度，使精子难以通过。

4. 其他 影响子宫及输卵管平滑肌的正常生理活动，使受精卵到达子宫受阻；抑制黄体内甾体激素的生物合成等。

【临床应用】

1. 短效口服避孕药 是最常用的常规避孕方式，其用药剂量小，代谢快，第四代不良反应较小，还可预防某些妇科肿瘤。避孕成功率可达99.5%，常用药物有复方炔诺酮片（口服避孕药Ⅰ号）、复方甲地孕酮片（口服避孕药Ⅱ号）及复方炔诺孕酮片（口服避孕药）等。

药物服法：从月经第5日开始，每晚服药1片，连服22日，期间不能间断。于停药后2～4日出现撤退性出血，并形成人工月经周期。下次仍从月经来潮的第5日开始。停药7日后如仍没有月经来潮，则应立即开始下一周期用药。发生漏服时，应于24h内补服1片。

2. 长效口服避孕药 是由大剂量雌激素和孕激素配制而成的复方药物。孕激素剂量是短效避孕药的几十倍，雌激素剂量是短效避孕药的近百倍，因此不良反应较大。国内常用药物有复方炔诺孕酮乙片、复方氯地孕酮片和复方次甲基氯地孕酮片。长效避孕药每月只服一次，避孕成功率可达98%。长效避孕药不可突然停药，必须改服短效避孕药三个月后再停药，使体内激素水平缓慢下降，避免大出血。

3. 紧急避孕药 又称事后避孕药，指在无防护性生活或避孕失败后的一段时间内，为了防止妊娠而采用的避孕方法。此类药物分为两种：一种为大剂量的孕激素（如左炔诺孕酮），可抑制和延迟排卵，抑制子宫内膜来达到避孕作用，有效率仅为80%～85%；另一种为抗孕激素米非司酮，可与孕激素竞争孕激素受体，拮抗黄体酮作用，因此具有终止早孕、抗着床、诱导月经及促进宫颈成熟等作用。

4. 探亲口服避孕药 用于探亲期间临时服用，主要为大剂量孕激素，如孕三烯酮、醋炔诺醚、炔诺酮等。服药方法灵活，避孕效果良好，成功率可达99.5%以上，但不作为常规避孕药使用。

5. 长效注射避孕药

（1）单纯孕激素长效注射制剂：甲羟孕酮（150mg）做成微晶水混悬液，首次于月经周期第5日注射，之后每3个月注射1次。庚炔诺酮（200mg）做成油剂注射应用，首次于月经周期第5日注射，之后每2个月注射1次。避孕有效率可达99.7%。

（2）复方甾体长效注射剂：复方甲地孕酮和复方己酸孕酮，首次在月经周期第5日注射第1次，第7日注射第2次，以后每月月经周期第10～12日注射1次。

6. 缓释剂 可将孕激素放在阴道环、宫内避孕器内，分别置入阴道、宫腔内，使甾体激素缓慢释出，达到长期避孕作用。

7. 多相片剂 可使体内性激素水平接近正常月经周期水平，并减少月经期间出血的发生率，常用的有炔诺酮双相片、炔诺酮三相片和炔诺孕酮三相片等。

（1）炔诺酮双相片：在开始10日服用一片含炔诺酮0.5mg和炔雌醇0.035mg的片剂（第一相片），在之后11日每日服用一片含炔诺酮1mg和炔雌醇0.035mg的片剂（第二相片）。

（2）炔诺酮三相片：开始7日每日服一片含炔诺酮0.5mg和炔雌醇0.035mg的片剂（第一相片），中期7日每日服用一片含炔诺酮0.75mg和炔雌醇0.035mg的片剂（第二相片），最后7日每日服用一片含炔诺酮1mg和炔雌醇0.035mg的片剂（第三相片），效果较双相片好。

（3）炔诺孕酮三相片：开始6日每日服用一片含炔诺孕酮0.05mg和炔雌醇0.03mg的片剂（第一相片），中期5日每日服用一片含炔诺孕酮0.075mg和炔雌醇0.04mg的片剂（第二相片），最后10日每日服用一片含炔诺孕酮0.125mg和炔雌醇0.03mg的片剂（第三相片），这种方法更符合人体内源性激素的变化规律，临床效果更好。

【不良反应】

1. 类早孕反应 服药早期少数人可出现轻度类早孕反应，如恶心、头晕、无力、食欲减退、疲倦等。原因与雌激素水平暂时过量，引起体内水钠潴留，胃肠功能紊乱有关，坚持服药2～3个月后，反应可自然消失或减轻。反应较重可服维生素B_6。

2. 月经失调 个别人可出现月经失调，轻者无需治疗。①经量减少或闭经：短效避孕药常出现此情况，为药物抑制排卵，是雌激素分泌量减少所致。如服药过程中停经连续2个月应停药，改用其他措施避孕。②经量增多，经期延长：常发生于应用长效避孕药者，出血较多可用止血药，必要时注射丙酸睾酮。若月经量继续增多，连续出血3个月以上，则应停服长效口服避孕药，改用短效药。

3. 子宫出血 常发生于用药后最初的几个周期，可加服炔雌醇。

4. 乳汁减少 少数哺乳期妇女可出现。

5. 凝血功能亢进 口服避孕药为诱发血栓形成的危险因素，可诱发血栓静脉炎和血栓栓塞。

6. 轻度损害肝功能 可导致肝脏良性腺瘤及肝脏局灶性结节增生。

7. 其他 还可导致痤疮、皮肤色素沉重、血压升高等。

【禁忌证】 宫颈癌患者绝对禁用此类药物。急慢性肝病、糖尿病患者和需用胰岛素治疗者不宜使用本类药品。妊娠、不明原因阴道出血、肝脏疾病、血栓或血栓史、激素依赖性肿瘤、充血性心力衰竭或有其他水肿倾向患者需慎用。

二、其他避孕药

1. 抗着床药 可使子宫内膜发生各种功能和形态的变化，从而阻碍孕卵着床。一般多用大剂量炔诺酮或双炔失碳酯（又称53号抗孕片）。一般同居当晚或房事后服用，14日以内必须连服14片。

2. 男性避孕药

（1）棉酚（gossypol）：可破坏睾丸细经管的生精上皮，从而使精子数量减少，直至完全无精子生成。停药后可逐渐恢复。连续服用2个月可达到节育标准，避孕有效率可高达99%以上。不良反应为胃肠道刺激、肝功能改变等。棉酚可引起不可逆性精子生成障碍，从而限制了其使用。

（2）环丙氯地孕酮：为强效孕激素，具有抗雄激素作用。大剂量环丙氯地孕酮可抑制促性腺激素分泌，减少睾丸内雄激素结合蛋白的产生，从而抑制精子生成。

（3）孕激素-雄激素复合制剂：孕激素和雄激素较大剂量可反馈抑制腺垂体促性腺激素的分泌，从而抑制精子的发生。雄激素可补充体内睾酮不足，维持正常的性功能。

3. 抗早孕药 米非司酮（mifepristone）可拮抗孕激素活性，妊娠早期服用可破坏子宫蜕膜，使子宫平滑肌收缩作用增强，宫颈发生软化、扩张，从而诱发流产。临床用于抗早孕、房事后紧急避孕，也可用于诱导分娩。

4. 外用避孕药 多为具有较强杀精功能的药物，制成胶浆或栓剂后放入阴道，药物可溶解同时分散在子宫颈表面和阴道壁，发挥杀精作用。此方法不良反应较小，极少有全身反应，但其避孕失败率明显高于其他方法。主要药物为 0.2%孟苯醇醚（menfegol）。

【案例及思考题】 患者，女，37岁，既往月经规律，月经稀发一年，周期2~3个月，月经量少，现停经6个月伴潮热。妇检无异常。尿妊娠试验阴性。实验室检查：血 FSH 60U/L，LH 66U/L，E2 100pmol/L。诊断为更年期综合征。

问题：
1. 该患者应用何药物进行治疗？
2. 此药物可产生那些不良反应？

（李少春）

第三十八章　子宫平滑肌兴奋药与抑制药

影响子宫平滑肌的药物主要分为子宫平滑肌兴奋药和子宫平滑肌抑制药。子宫平滑肌兴奋药可使子宫平滑肌收缩，包括缩宫素（oxytocin；催产素，pitocin）、麦角生物碱、垂体后叶素和前列腺素类药物；子宫平滑肌抑制药可抑制子宫平滑肌收缩，包括 β_2 肾上腺素受体激动药、钙通道阻滞药、硫酸镁（smagnesium）、环氧酶抑制药和催产素拮抗药。

第一节　子宫平滑肌兴奋药

子宫平滑肌兴奋药可以使子宫平滑肌发生类似分娩的节律性收缩或强制性收缩，节律性收缩可用于催产或引产，而强直性收缩可用于产后止血或子宫复原。

缩　宫　素

缩宫素是由下丘脑室旁核、室上核神经元产生，产生后经神经元的长轴突运输至神经垂体的末梢并储存于神经末梢，受到适宜刺激时，室旁核和室上核神经元兴奋，可使神经末梢的神经激素释放入血，随血液到达靶器官发挥作用。临床应用的缩宫素多为人工合成品或从牛、猪神经垂体提取分离的药物制剂。

【药理作用与作用机理】

1. 兴奋子宫平滑肌　缩宫素可增强子宫平滑肌的收缩力和收缩频率。其对子宫平滑肌的作用强度取决于缩宫素的剂量及子宫的生理状态。缩宫素对非孕子宫的作用较弱，而对妊娠子宫的作用较强。

小剂量的缩宫素（2～5U）可促进子宫的节律性收缩，尤其是对妊娠末期的子宫，产生类似于正常分娩的收缩过程，子宫底部产生节律性收缩，而子宫颈发生松弛作用，有利于胎儿顺利娩出。而大剂量缩宫素（5～10U）则使子宫平滑肌发生持续性的强直性收缩，不利于胎儿娩出。

缩宫素的敏感性还受雌、孕激素水平的影响，雌激素可提高子宫对催产素的敏感性，而孕激素可降低子宫对催产素的敏感性。在妊娠早期，体内孕激素水平较高，使子宫对缩宫素的反应性较弱，有利于胎儿的安全发育；妊娠后期，体内雌激素水平增高，可对缩宫素作用的发挥产生允许作用，促使缩宫素与其受体结合，特别是临产时子宫对缩宫素的反应更敏感，只需较小剂量的缩宫素即可达到引产、催产的目的。但缩宫素并不是正常分娩时发动子宫收缩的决定因素。

缩宫素作用的发挥是通过与子宫平滑肌胞质膜缩宫素受体结合所致，在妊娠不同阶段缩宫素受体密度不同，导致缩宫素的作用强弱也不同。缩宫素受体为 G 蛋白偶联受体，与缩宫素结合后，可激活磷脂酶 C（PLC），使三磷酸肌醇（IP_3）增多，从而导致 Ca^{2+} 向子宫平滑肌细胞大量转移，从而增强子宫平滑肌的收缩力及收缩频率。缩宫素还可以促使子宫内膜和蜕膜产生前列腺素，也可能与其收缩效应有关。

2. 促进乳腺分泌　缩宫素是促进乳汁排放的关键激素，哺乳期乳腺可不断分泌乳汁并储存于腺泡中。缩宫素可使乳腺腺泡周围的肌上皮细胞收缩，腺泡内压力增高，从而促进乳汁从输入管射出。

3. 降压作用　大剂量缩宫素还可短暂松弛血管平滑肌，导致血压下降。但催产剂量缩宫素并不引起血压下降。

【体内过程】　缩宫素口服可被消化酶破坏而失效，主要通过静脉或肌内注射给药。肌内注射3～5min 起效，作用维持 20～30min；静脉注射起效快、维持时间更短，常以静脉点滴给药维持作用。在肝脏、肾脏中失活，血浆中的胎盘催产素酶可使其失活。

【临床应用】

1. 催产和引产　胎位正常、头盆相称、无产道障碍的产妇，可用小剂量催产，促进分娩。对于需要终止妊娠者，可用其引产。

2. 产后止血　产后及流产后因子宫收缩无力或子宫收缩复位不良导致的子宫出血，可用较大剂量缩宫素，迅速引起子宫平滑肌发生强直性收缩，压迫子宫血管而起到止血作用。

【不良反应】

（1）催产和引产时，缩宫素剂量过大或高敏感产妇可发生胎儿宫内窒息或子宫破裂。因此应用时须严格掌握剂量及用药禁忌证。

（2）缩宫素生物制剂偶可见变态反应，人工合成品不良反应较少。大剂量应用可导致抗利尿作用发生。输液过多或过快，可出现水钠潴留和低钠血症。

【禁忌证】　产道异常、胎位不正、头盆不称、前置胎盘及 3 次以上经产妇或有剖宫产史者禁用，以防引起子宫破裂或胎儿宫内窒息。

麦角生物碱

麦角为寄生于大麦及其他谷类穗中的麦角菌的菌核，麦角生物碱是麦角中含有的多种生物碱类，均为麦角酸的衍生物。这些生物碱可分为两大类：一类为胺生物碱类，代表药物有麦角新碱和甲基麦角新碱，对子宫兴奋作用快而强，作用维持时间较短；另一类为肽生物碱类，代表药有麦角胺和麦角毒，均难溶于水，对血管作用显著，起效缓慢，作用维持时间较长。

【药理作用】

1. 兴奋子宫平滑肌 麦角新碱和甲基麦角新碱对子宫平滑肌具有强大的兴奋作用，起效迅速。与缩宫素不同，麦角生物碱类剂量稍大时即可引起包括子宫体和子宫颈在内的子宫平滑肌发生强直性收缩，妊娠后期子宫敏感性会增强。因此，麦角生物碱类只用于产后止血和子宫复原，不宜用于催产和引产。

2. 收缩血管 麦角胺具有收缩血管平滑肌作用，可直接作用于动静脉血管。大剂量使用还可导致血管内皮细胞损伤，长期服用可导致肢端干性坏疽和血栓。麦角胺还可收缩脑血管，减少脑动脉搏动幅度，从而减轻头痛。

3. 阻断 α 受体 氨基酸麦角碱类可阻断 α 肾上腺素受体，同时具有中枢抑制作用，可降低血压。

【临床应用】

1. 子宫出血 各种原因导致的子宫出血，均可用麦角新碱治疗。利用其对子宫平滑肌持久的强直性收缩作用，压迫子宫平滑肌间血管而止血。可有效治疗产后、刮宫或其他原因导致的子宫出血和子宫复旧不良。

2. 子宫复原 产后子宫复原缓慢时，易引起失血过多或感染，麦角新碱和甲基麦角新碱可促进子宫收缩，加速子宫复原。

3. 偏头痛 麦角胺可用于偏头痛的诊断和治疗。

4. 人工冬眠 麦角毒的二氢物，如二氢麦角碱具有阻断 α 受体和中枢抑制作用，可与异丙嗪和哌替啶组成冬眠合剂，用于人工冬眠。

【不良反应】 麦角新碱可导致恶心、呕吐和血压升高，伴妊娠毒血症的产妇慎用。麦角流浸膏含有麦角毒和毒角胺，长期应用可损害血管内皮细胞。

麦角生物碱类禁用于催产和引产，血管硬化及冠心病患者禁用。

前列腺素类

前列腺素（prostaglandins，PGs）是花生四烯酸经环氧酶途径生成的不饱和脂肪酸，具有广泛作用。具有子宫兴奋作用的 PGs 有地诺前列腺素（dinoprost，$PGF_{2\alpha}$、前列腺素 $F_{2\alpha}$）、硫前列酮（sulprostone）和地诺前列酮（dinoprostone，PGE_2）等。

PGF 和 PGF 同系物可促进妊娠期子宫体协调收缩，而使宫颈处于松弛状态，在分娩中具有重要意义。与催产素不同，PGE、PGF 可引起孕早期、中期流产。可以用于终止早期或中期妊娠，还可以用于足月或过期妊娠引产，发生良性葡萄胎时可用于排除宫腔内的异物。

PGs 可引起恶心、呕吐、腹痛等消化道平滑肌兴奋现象。不宜用于支气管哮喘患者和青光眼。

第二节 子宫平滑肌抑制药

子宫平滑肌抑制药可使子宫平滑肌收缩力减弱，收缩节律减慢，可用于防治痛经和早产，也称为抗分娩药。常用的子宫平滑肌抑制药包括 β_2 肾上腺素受体激动药、硫酸镁、钙通道拮抗药和环氧酶抑制药等。

选择性 β_2 肾上腺素受体激动药，如利托君（ritodrine）、沙丁胺醇（salbutamol）、特布他林（terbutaline）、海索那林（hexoprenaline）等，可抑制自发性的催产素介导的妊娠子宫的收缩。对于妊娠 22～33 周，且其他妊娠指标并不复杂的孕妇，可以使用这些子宫松弛药来防治早产。子宫松弛药可延缓分娩达 48 h，在节约下来的时间里，可以对孕妇进行糖皮质激素治疗以便促进胎儿肺成熟发育，从而降低新生儿呼吸窘迫的发生；并为安排新生儿重症监护等设备进行必要的准备。此类药物在孕妇和胎儿使用后，均能引起心率的加快，心肌耗氧量的增加、血压的上升、水钠潴留、血容量增加等，对于合并心脏病、重度高血压、未经控制的糖尿病、支气管哮喘、肺动脉高压等疾病的患者，此类药物慎用。

硫酸镁具有中枢抑制作用，同时可以降低血管平滑肌的收缩作用，缓解外周血管痉挛发作，对妊娠高血压及子痫均具有预防和治疗作用。硫酸镁可抑制子宫平滑肌收缩，可用于预防早产。

钙通道阻断剂，如硝苯地平（nifedipine），可松弛子宫平滑肌，拮抗缩宫素所引起的子宫兴奋作用，可用于预防早产。

环氧酶抑制剂，如吲哚美辛（indometacin）已用于早产。前列腺素可使妊娠中的妇女子宫收缩，故使吲哚美辛成为一种有效的抑制分娩药，通过抑制子宫内前列腺素（PG）的合成，也可能是通过阻滞钙通道来减少子宫收缩，从而预防早产。但其可引起胎儿动脉导管的提前关闭，导致肺动脉高压继而损害肾脏，减少羊水。故吲哚美辛只在其他药物使用无效或受限时使用，且仅限于在妊娠 34 周前的妇女使用。

缩宫素受体拮抗药阿托西班（atosiban）为一种合成多肽，是子宫内及蜕膜上催产素受体的竞争性拮抗药。出现早产征兆的孕妇应用后宫缩可明显减少，子宫很快得到舒缓。本品主要用于 18 岁以上，孕龄 24～33 周，胎儿心率正常的孕妇，可明显推迟即将出现的早产。

【案例及思考题】 患者，女性，28 岁，因妊娠 11 个月入院。产科检查：胎心正常，胎位正常，无产道异常，无宫缩。诊断：过期妊娠。

问题：

1. 如何选药？
2. 阐明用药依据。

（李少春）

第三十九章 影响骨代谢的药物

第一节 概述

骨质疏松（osteoporosis）是一种全身性的代谢性疾病，其特征为骨量降低，骨组织微结构破坏，骨的力学功能减弱，骨脆性增加，易发生骨折，并引起其他并发症。骨质疏松是中老年人中最常见的骨骼疾病，目前我国50岁以上的人群中发病率约为15.7%，已经成了世界上骨质疏松患者最多的国家，为老年人致残、致死的主要原因之一。

骨质疏松分为三类：①原发性骨质疏松症：又可分为绝经后骨质疏松症和老年性骨质疏松症，前者为高转换型骨质疏松症，后者为低转换型骨质疏松症；②继发性骨质疏松症，为由其他疾病或药物等导致的骨质疏松症；③特发性骨质疏松症，多见于青少年或成人，多有遗传史。

骨质疏松是一种多病因疾病，其发生机理为骨代谢中骨吸收与骨形成的动态平衡出现缺陷。骨骼的重建过程贯穿于整个生命的始终，一些骨质不断被吸收，而新骨则不断生成。有两种细胞在骨代谢中起重要作用，一种是吸收骨基质的破骨细胞，另一种是合成骨基质的成骨细胞。成骨细胞负责骨形成，破骨细胞负责骨吸收。两种细胞在骨表面同一部位相继进行活动，称为基本多细胞单位。在一个基本多细胞单位完成过程中，骨的重构分为3个阶段：①破骨细胞吸附在骨表面，吸收少量骨，形成凹陷。②成骨细胞进入凹陷，形成新骨。③骨基质矿化，新形成的骨量相当于吸收的骨量。若形成的新骨量少于被吸收的骨量时即发生负平衡，从而导致骨总量的丢失，引起骨质疏松。

根据骨质疏松症的发病机理，可将防止骨质疏松症的药物分为以下三类。①骨吸收抑制药（antiresorptive drugs）：包括双膦酸盐类、降钙素、雌激素、选择性雌激素受体调节剂、植物雌激素等；②骨形成促进药（bone forming drugs）：包括氟制剂、甲状旁腺素、雷尼酸锶等；③骨矿化促进药（mineralization drugs）：包括钙剂和维生素D等。

第二节 骨吸收抑制药

骨吸收抑制药可抑制破骨细胞的骨吸收功能，此类药物主要通过抑制破骨细胞的激活过程或抑制破骨细胞的破骨功能而使骨吸收减少，减少骨量的丢失。

一、双膦酸盐类

双膦酸盐类（bisphosphonates）药物是一类与含钙结晶体有高度亲和力并主要浓集于骨骼，影响骨代谢的焦磷酸盐类似物。用于治疗骨质疏松症，畸形性骨炎，恶性肿瘤骨转移引起的高钙血症和骨痛症等，是目前最重要的一类抑制骨吸收药物。目前双膦酸盐类药物主要包括以下三代。第一代：依替膦酸盐（etidronate，ETD）；第二代：氯屈膦酸盐（clodronate，CLD）、帕米膦酸盐（pamidronate，PAD）和替鲁膦酸盐（tiludronate，TID）；第三代：阿仑膦酸盐（alendronate，ALD）、奈立膦酸盐（neridronate，NED）、奥帕膦酸盐（olpadronate）、利塞膦酸盐（risedronate）及伊班膦酸盐（ibandronate）、唑来膦酸（zoledronic acid）。

【药理作用】

1. 抑制骨吸收 双膦酸盐类具有较强的抑制骨吸收作用。通过抑制破骨细胞的活性，减少、降低对骨的吸收，降低骨的转换，矫正骨质疏松时过度骨吸收的失衡状态，钙呈正性平衡，骨矿物含量增加。其对抗骨吸收的主要机理包括：①与骨基质理化结合，干扰骨骼吸收。磷酸钙是骨盐的重要组成部分，无机焦磷酸盐可与磷酸钙结合，抑制磷酸钙晶体的形成和溶解。双膦酸盐与焦磷酸盐类似，但与羟基磷灰石具有更高亲和力，可抑制晶体的聚集和溶解，双膦酸盐与骨的羟磷灰石结合后，羟磷灰石被溶解成"无定型"磷酸钙和"无定型"磷酸钙转变成羟磷灰石的双向过程均被抑制。②抑制破骨细胞功能。双膦酸盐可直接改变破骨细胞的形态学，从而抑制其功能。其可首先阻止破骨细胞的前体细胞黏附于骨组织，进而对破骨细胞的数量和活性产生直接影响。③直接抑制成骨细胞介导的细胞因子如IL-6、TNF的产生。

2. 抑制矿化 各种双膦酸盐具有的抑制钙化及矿化和抑制骨溶解的双重作用。第一代的依替膦酸盐由于其抑制骨吸收和抑制骨矿化的量十分接近，即其治疗剂量会引起矿化障碍，故通常采用间歇性、周期性用药以避免出现骨骼矿化不良。而第二代、第三代双膦酸盐对骨吸收的抑制远超过其对矿化的抑制作用，无需间断性周期用药。

【体内过程】 双膦酸盐口服很少吸收，含钙和铁的食物影响其吸收。血液中的$t_{1/2}$为15~60 min。口服剂量的20%~50%滞留在骨矿化部位，其余部分由尿排出。大多数双膦酸盐能长期保存在骨组织中。因此它们在骨中的 $t_{1/2}$ 很长。氯膦酸和帕米膦酸的骨内 $t_{1/2}$ 分别为 120 日和 300 日，阿仑膦酸排泄极为缓慢，其残留物的半衰期可长达 10 年。口服双膦酸盐剂量的 66% 左右直接由肾脏清除，其中 95% 以上经肾脏排泄。

【临床应用】

1. 高转换型骨质疏松 防治绝经后骨质疏松症，可作为雌激素的替代药物或联合用药。也可用于防治由糖皮质激素诱导的骨质疏松症。

2. 多发性骨髓瘤、各种恶性肿瘤骨转移引起的骨溶解、骨痛和高钙血症

【不良反应】

1. 胃肠道反应 口服后可出现腹泻、恶心、腹胀、上腹痛等胃肠道反应。含氮双膦酸盐可有食管损伤作用。

2. 低钙血症 多发生于静脉给药或同时合用氨基糖苷类抗生素时。

3. 矿化障碍 第一代依替膦酸二钠长期应用可导致骨软化，可采用间歇给药同时补足钙和维生素 D 可避免。新一代药物不引起骨软化。

4. 肾功能障碍 大剂量静脉输注依替膦酸二钠可导致急性肾衰竭，尤其在伴有高钙血症时更易发生。

二、降 钙 素

降钙素（calcitonin，CT）是由甲状腺滤泡旁细胞（C 细胞）分泌的多肽类激素，由 32 个氨基酸组成，主要参与钙及骨质代谢。其分泌受血 Ca^{2+} 水平的调节，当血 Ca^{2+} 升高时，降钙素被释放，而当血 Ca^{2+} 降低时，降钙素的分泌量减少。不同物种降钙素的结构和作用相似，鱼降钙素与人体降钙素受体的亲和力甚至远超人降钙素，因此目前临床应用的均为鱼降钙素。降钙素又称为鲑鱼降钙素、鳗鱼降钙素、依降钙素、密钙息、益钙宁。

【药理作用】

1. 抑制破骨细胞活性 降钙素可直接抑制破骨细胞活性，从而抑制骨盐溶解，阻止钙由骨释出，而骨骼对钙的摄取仍然存在，因此可降低血钙。

2. 对钙、磷代谢的影响 降钙素可抑制肾小管对钙、磷的重吸收，增加尿钙、磷的排泄，从而使血钙降低。此外，小剂量降钙素还可抑制肠道对钙的转运，减少钙的吸收；大剂量降钙素则增加肠道钙的吸收。

3. 刺激成骨细胞增殖和分化 降钙素可刺激成骨细胞，增强其成骨过程，使骨组织中钙磷沉积增加，降低血中钙、磷水平。

4. 止痛作用 降钙素具有明显镇痛作用，对肿瘤骨转移、骨质疏松所致骨痛有明显治疗效果。其镇痛机理可能与下列因素有关：抑制前列腺素合成；通过中枢神经系统直接导致中枢镇痛作用；具有 β 内啡肽作用；抑制柠檬酸和乳酸溶酶体酶等疼痛因子的释放。

5. 促进骨折愈合 降钙素在骨折愈合的早期促使软骨前体细胞向软骨细胞转化，加快骨小梁的形成和成熟，使软骨骨痂向骨性骨痂转化增快，骨折愈合时间缩短，同时提高骨的生物力学特性和抗骨折。

【体内过程】 肌内或皮下注射降钙素后，其绝对生物利用度约为 70%，1h 内达到血浆浓度峰值，血浆半衰期为 70～90min。95% 药物经肾脏排泄，其中 2% 以原型排出，30%～40% 为蛋白结合型。

【临床应用】

1. 骨质疏松症 用于绝经后骨质疏松症及老年性骨质疏松症，治疗过程中宜同时补钙。

2. 镇痛 可用于各种骨代谢疾病所致的骨痛，尤其是伴有骨质溶解和（或）骨质减少的骨痛。

3. 高钙血症 降钙素可用于乳腺癌、肺或肾癌、骨髓瘤和其他恶性肿瘤骨转移所导致的大量骨溶解和高钙血症。也可用于其他原因导致的高钙血症和高钙血症危象。

4. 畸形性骨炎（Paget 骨病） 为一种成人的慢性骨骼病，其特征为骨局部代谢过强，骨组织被软化和增大的骨性结构取代。降钙素用于治疗中度至重度症状明显的畸形性骨炎。Paget 骨病具有骨痛和骨畸形、心力衰竭及耳聋等症状的患者应考虑用本品治疗。

【不良反应】 降钙素可引起恶心、呕吐、面部潮红、手部麻刺感。这些不良反应随着用药时间延长而减轻。其他不良反应有皮疹、口中异味、腹痛、尿频和发抖。注射部位可能出现炎症反应。其他一些不良反应还包括头痛、发冷、胸压迫感、虚弱、头昏、鼻塞、气短、眼痛和下肢浮肿等。应警惕由低血钙造成的四肢搐搦现象。

三、雌 激 素

绝经后骨质疏松症是由于绝经后雌激素缺乏而引起的破骨细胞的骨吸收和成骨细胞的骨形成之间的不平衡导致。对于绝经后骨质疏松症来说，激素替代治疗（hormone replacement therapy，HRT）是传统的作为绝经后妇女防治骨质疏松性骨折的重要方法，防止骨丢失，并且降低骨折的发生率。此外 HRT 还能改善围绝经期症状；然而，HRT 长期使用会导致乳腺癌的危险性增加，在不添加孕激素的情况下，子宫内膜癌的危险性增加，其他不良反应还包括体液潴留、乳房胀痛、头痛及阴道不规则流血。这些不良反应限制了 HRT 的应用，目前只是将 HRT 作为控制绝经症状的一种短期的治疗方法（详见第三十七章）。

四、选择性雌激素受体调节剂

选择性雌激素受体调节剂（selective estrogen receptor modulators，SERMs）是一类可以与雌激素受体高亲和力结合的化合物，在有些组织中有类雌激素作用，在有些组织中又显示出抗雌激素的活性。其组织特异性使它在血管、子宫、乳腺和骨骼等靶组织中发挥着不同的作用。SERMs 可分为三代，第一代他莫昔芬（tamoxifen），第二代雷诺昔芬（raloxifene），第三代包括苯卓昔芬（bazedoxifene）、阿佐昔芬（arzoxifene）等。

【药理作用】 SERMs 对雌激素受体具有选择性的激动或拮抗作用。通过与高亲和力的雌激素受体结合，引起不同组织的多种雌激素调节基因表达。对骨骼和部分胆固醇代谢（降低总胆固醇和低密度脂蛋白）属于激动剂，但对下丘脑、子宫和乳腺组织表现为拮抗作用。

其机理主要为骨骼及心血管等系统的组织中富含雌激素受体 β（ERβ），SERMs 与其结合后可通过受雌激素约束的基因激活与应答功能区（AF-1）激活基因转录，从而表现出雌激素激动剂作用。而在乳腺组织中，SERMs 通过与 ERs 竞争性结合，从而阻止或抑制辅调节蛋白因子与 AF-2 结合，进而表现为雌激素拮抗药作用，因而不增加致癌风险。

【临床应用】

1. 骨质疏松症 可作用于骨组织雌激素受体，发挥类似雌激素样作用，从而提高骨密度，降低骨质疏松症引起骨折的发生率。SERMs 成为替代雌激素预防和治疗绝经后骨质疏松症的方法之一。

2. 恶性肿瘤 第一代的他莫昔芬可用于治疗乳腺癌（ER 阳性者，绝经前、后均可使用）、化疗无效的晚期卵巢癌和晚期子宫内膜癌。他莫昔芬可与癌细胞内雌激素受体结合，抑制雌激素与受体的结合，形成他莫昔芬-受体蛋白复合物，其进入胞核后不能促使癌细胞 DNA 与 mRNA 结合，从而抑制雌激素依赖性蛋白质的结合，最终抑制癌细胞增殖。

【不良反应】

1. 第一代他莫昔芬可引起恶心、呕吐及阴道出血，还可导致静脉血栓，故其不应用于绝经后骨质疏松症的治疗。

2. 第二代药物可导致外周水肿、潮热、出汗、下肢痛性痉挛等。治疗初始 4 个月发生静脉血栓危险性大。

3. 第三代主要为潮热、下肢痛性痉挛。

五、植物雌激素
依普黄酮

依普黄酮（ipriflavone）为 7-异丙氧基异黄酮，为合成的异黄酮衍生物。不具有雌激素对生殖系统的活性，但却能增加雌激素的活性，具有雌激素样的抗骨质疏松症特性。其主要作用机理有如下几点。①促进成骨细胞的增殖，促进骨胶原合成和骨基质的矿化，增加骨量；②减少破骨细胞前体细胞的增殖和分化，抑制破骨细胞的活性，降低骨吸收；③通过雌激素样作用增加降钙素的分泌，间接产生抗骨吸收作用。适用于改善原发性骨质疏松症的症状，提高骨量减少者的骨密度。其主要不良反应可见食欲不振、胃部不适、恶心、呕吐、口腔炎、口干、舌炎、味觉异常、腹胀、腹痛、腹泻和便秘等；可出现消化性溃疡、胃肠道出血或恶化原有消化道症状。

第三节 骨形成促进药

骨形成促进药可通过促进成骨细胞活性而促进骨形成。主要包括氟制剂（fluoride）、甲状旁腺素（parathymid horroone，PTH）和雄激素（androgen）等。

一、氟 制 剂

氟（fluorin）是维持人体生理活动，保证骨骼和牙齿正常所必需的一种微量元素。其具有很强的亲骨性，维持骨和牙齿的正常结构，对骨骼的正常发育和矿化具有促进作用。常用的氟制剂包括氟化钠（sodium fluoride，NaF）、单氟磷酸二钠（sodium monofluorophosphate，MFP）和单氟磷酸谷氨酰胺（glutamine monofluorophosphate）。

【药理作用与作用机理】

1. 促进成骨细胞增殖，增加骨质形成 氟不仅可作用于成骨细胞以促进骨合成代谢，还能作用于骨祖细胞和未分化的成骨细胞，以合成大量的生长因子促进骨细胞增殖。氟能特异性地抑制磷酸酪氨酰蛋白磷酸激酶（PTPP）活性，增加有丝分裂原活化蛋白激酶（MAPK）的酪氨酰磷酸化作用，以促进成骨细胞增殖。

2. 抑制破骨细胞，减少骨吸收 氟可与羟磷灰石结晶中的羟基发生置换，形成体积较大的氟磷灰石结晶，导致骨与细胞外液可交换面积缩小，阻碍骨钙的动员和移出。骨的溶解度降低，使骨对 PTH 的作用产生抵抗，破骨细胞活动减弱。

【临床应用】 氟制剂可用于各种骨质疏松症，可抵御因骨吸收而引起的骨小梁穿孔，增加骨小梁的厚度。但是因氟在骨组织中的含量为骨松质高于骨密质，因此骨密度在骨松质增加明显而在骨密质无明显改善。同时，氟化物对骨骼呈双重作用，高浓度时对成骨细胞有毒性作用，减弱骨矿化；低浓度时能增进骨形成。因此，用于骨质疏松防治时需要应用低剂量。

【不良反应】 可出现胃肠道反应。还可出现肢体疼痛综合征，多由过量引起，减量或停药数周后可改善症状。肾功能减退者慎用。应同时补钙。

儿童或生长发育期、妊娠或哺乳妇女、骨软化症、严重肾衰竭、高血钙症及高尿钙症患者禁用本品。

二、甲状旁腺激素

甲状旁腺激素（parathyroid hormone，PTH）是一种单链多肽激素，由84个氨基酸组成。在甲状旁腺内生成前体，通过甲状旁腺的主细胞分泌。PTH作用于骨、肾和小肠，升高血Ca^{2+}而调节钙磷代谢。血Ca^{2+}水平对PTH分泌负反馈调控是维持血Ca^{2+}浓度相对恒定的主要机理。

【药理作用】

1. 对骨代谢的影响 PTH对骨代谢的作用取决于剂量。小剂量PTH激动成骨细胞膜PTH受体，通过腺苷酸环化酶系统，促进成骨祖细胞增生分化、抑制成骨细胞凋亡、延长成骨作用时间、刺激成骨细胞产生IGF-1和转化生长因子（TGF）发挥其骨合成效应，产生骨形成大于骨吸收的效应。大剂量PTH通过PTH受体激活磷脂酶C系统，加强破骨细胞功能；同时成骨细胞内特异性转录因子、骨钙素、骨唾液蛋白和I型胶原蛋白的表达水平均有不同程度的下调，反映了成骨细胞的功能受到抑制，使骨吸收效应超过成骨效应。

2. 对肾脏的作用 PTH可激活肾远曲小管细胞基膜侧的二氢吡啶敏感的钙通道，增强管腔侧Na^+-Ca^{2+}交换，增加Ca^{2+}的重吸收；PTH还能显著抑制近曲小管远端对磷的重吸收，促进近曲小管1,25-$(OH)_2$-D_3（活性维生素D）的合成，降低其代谢降解和失活。1,25-$(OH)_2$-D_3能促进肠道吸收Ca^{2+}，升高血钙。

【临床应用】 治疗骨质疏松症，也可用于原发性甲状旁腺功能减退症。应同时加服维生素D和钙。甲状旁腺激素因长期使用会因抗体产生而失效，一般仅适用于急救。

【不良反应】较少，可出现恶心、头晕、头痛和关节痛。有报道曾发生过轻度高钙血症、一过性直立性低血压、恶心、头晕、头痛和腿痛性痉挛等。

特立帕肽

特立帕肽（teriparatide）为重组甲状旁腺激素的肽片段（1～34），是到目前为止唯一一个FDA批准的治疗骨质疏松、刺激新骨形成的药物。

特立帕肽具有促进成骨的作用，通过激活骨内成骨细胞并增加成骨细胞的数量来增加骨量和骨强度，并提高骨结构的完整性。此外，特立帕肽还可减少成骨细胞的凋亡。特立帕肽已成为治疗骨质疏松症的重要药物。

三、雷尼酸锶

雷尼酸锶（strontium ranelate）由两个稳定态锶原子和有机雷尼酸组成。锶为骨骼的活性成分。作为一种碱性元素，锶和钙类似，在肠道吸收，结合在骨中，并通过肾脏排出体外。人体内自然状态下有微量锶存在，因此雷尼酸锶提供更多锶结合在骨中。其既具有抑制骨的溶解吸收作用，同时又有促进成骨作用。雷尼酸锶的依从性很好，适用于对其他药物不能耐受的骨质疏松患者，可明显降低脊柱骨折和非脊柱骨折的发生率。

第四节 骨矿化促进药

骨矿化促进药（mineralization drug）能够促进骨矿物质沉积，主要包括钙剂和维生素D及其活性代谢物。钙是骨骼构成的重要物质，99%以上的钙与磷一起以羟基磷灰石的形式构成骨盐，存在于骨骼和牙齿中。钙还可促进骨矿化作用，有利于骨的形成。维生素D_3是促进肠道吸收钙磷的主要物质，在骨重建过程中可增加成骨细胞活性。维生素D_3联合钙剂能增加肠对钙的吸收，也可预防脊柱和股骨骨折，是目前预防骨质疏松的重要药物。

一、钙制剂

钙（calcium）是构成人体矿物质的重要元素，正常人需要量为500mg/d以上，儿童、孕妇、哺乳期妇女需要量更多。空肠、酸性环境有利于钙的吸收，最适条件下吸收量为食物含钙量的60%，食物中过多的磷酸盐、草酸盐、大量脂肪均可影响钙吸收。

【药理作用】

（1）补充骨矿物质，促进骨矿化，有利于骨和牙齿的形成。99%以上的钙与磷一起以羟基磷灰石形式构成骨盐，存在于骨骼和牙齿中。

（2）维持神经、肌肉的正常兴奋作用，增强心肌收缩力。

（3）降低毛细血管通透性，并有消炎抗过敏作用。

【临床应用】

（1）可用于急、慢性低钙血症，手足抽搐症。

（2）预防和治疗各种原因所致的佝偻病、骨软化症、骨质疏松症、肾性骨病、甲状旁腺功能减退和假性甲状旁腺功能减退。

（3）还可作为镁中毒的抗毒剂。

【不良反应】 常见嗳气、便秘、腹部不适等。偶见高钙血症、碱中毒，大剂量服用或用药过量可出现高钙血症，表现为畏食、恶心、呕吐、便秘、腹痛、肌无力、心律失常等。

二、维生素 D

维生素 D（vitamin D）化学结构类似胆固醇，包括维生素 D_2（骨化醇）、维生素 D_3（胆骨化醇）、骨化二醇（$1,25\text{-}(OH)D_3$）和骨化三醇（$1,25\text{-}(OH)_2\text{-}D_3$），其中以骨化三醇生物活性最高。

【药理作用】

1. 对钙磷吸收的作用 促进小肠黏膜对钙的吸收，骨化三醇可以促进钙吸收相关蛋白的生成，直接参与小肠黏膜上皮细胞吸收钙的转运过程。同时，骨化三醇还可促进小肠黏膜对磷的吸收。

2. 对骨代谢的作用 骨化三醇对动员骨钙入血和钙沉积于骨均有作用。一方面可通过促进前破骨细胞分化，增加破骨细胞数量，增强骨基质溶解，也可刺激成骨细胞产生碱性磷酸酶和纤溶酶原激活物等，最终使骨钙和骨磷释放入血，升高血钙磷。另一方面，骨化三醇还可增加成骨细胞活性，促进成骨细胞分泌骨钙素而刺激成骨作用，高血钙和高血磷又促进骨钙沉积和骨的矿化，从而增强骨形成过程。

3. 对肾脏的作用 骨化三醇可与 PTH 协同促进肾远曲小管对钙、磷的重吸收，减少尿中钙、磷的排出量。

【临床应用】

(1) 治疗维生素 D 缺乏症，包括佝偻病、骨软化病、手足抽搐等。

(2) 慢性肾衰竭。

(3) 骨质疏松症。

(4) 牛皮癣。

(5) 预防维生素 D 缺乏症。

【不良反应】 长期大量应用可引起高血钙、食欲不振、呕吐、腹泻甚至软组织异位骨化等。肾功能受损患者可出现多尿、蛋白尿、肾功能减退等。孕妇使用过量，可导致胎儿瓣膜上主动脉狭窄、脉管受损、甲状旁腺功能受抑制而使新生儿长期低血钙抽搐。

【案例及思考题】 患者，男，77 岁，某企业离休干部，因"腰背部疼痛 5 年，加重伴足跟疼痛 2 年"来诊。经本市三中心医院 X 线检查，骨密度降低（腰椎：$T\text{-}5.7$，$Z\text{-}5.6$；股骨头：$T\text{-}3.6$）。

问题：

1. 该患者最可能的诊断是什么？
2. 治疗药物分为哪几类？临床如何选药？

（李少春）

第八篇 抗病原生物药理学

第四十章 抗菌药物概论

第一节 概述

一、临床常见致病菌和抗菌药分类

常见的致病菌大类包括革兰阳性（G^+）菌，革兰阴性（G^-）菌，分枝杆菌（结核分枝杆菌、麻风分枝杆菌）和不同真菌（白色念珠菌、新型隐球菌）等。

临床上常见的球菌包括葡萄球菌、化脓性链球菌、肺炎链球菌等革兰阳性球菌；脑膜炎奈瑟菌和淋病奈瑟菌等革兰阴性球菌。常见的革兰阳性杆菌有破伤风梭菌、白喉棒状杆菌、产气荚膜梭菌、炭疽芽胞杆菌等；常见的革兰阴性杆菌包括大肠埃希菌、伤寒沙门菌、霍乱弧菌、痢疾志贺菌、百日咳鲍特菌、淋病奈瑟菌、鼠疫耶氏菌、布鲁菌、铜绿假单胞菌等。一些特殊细菌有结核分枝杆菌、厌氧菌、幽门螺杆菌等。

抗菌药种类繁多。按照各类抗菌药的化学结构，同时考虑临床应用将抗菌药分为磺胺类及其他合成抗菌药、氟喹诺酮类、β-内酰胺类抗生素、大环内酯类及克林霉素抗生素、氨基糖苷类抗生素及多肽类抗生素、四环素及氯霉素类抗生素、抗结核病及抗麻风病药、抗真菌药等。

不同的抗菌药都具有各自的抗菌谱，它们的作用机理也各不相同，分别用于治疗敏感菌引起的各种感染。

二、抗菌药物基本概念

用化学药物对病原微生物（细菌、真菌、病毒）、寄生虫感染的疾病和恶性肿瘤进行治疗，称为化学治疗，简称化疗。化疗药是对病原微生物、寄生虫和恶性肿瘤有抑制或杀灭作用的药物，包括抗菌药、抗病毒药、抗真菌药、抗结核病药、抗寄生虫病药和抗恶性肿瘤药。

因为化疗药的作用主体是病原体，它们本身并不能调节机体的功能，故药物对机体可能无益处，只是产生不良反应。因此在应用化疗药治疗时，应考虑药物、病原体和机体三者间的相互关系（图40-1），使药物对病原体发挥最大的抑制或杀灭作用，尽可能少对机体产生不良反应。化疗药可以抑制或杀灭病原体，但应用不当病原体会产生耐药性。一般化疗药对机体只产生不良反应，机体可以对药物进行处置。机体免疫力下降时，病原体容易造成机体感染生病，机体免疫力增强可对抗病原体的侵袭，有利于疾病恢复。理想的化学治疗药物应对病原体有选择毒性，即有强大的抑制或杀灭作用，而对宿主无不良反应或仅有轻微不良反应。因此，化疗药有效剂量和毒性剂量之间的距离越大，表明安全性越高。用化疗指数衡量化疗药的半数致死量和半数有效量之间的距离，即 LD_{50}/ED_{50}。

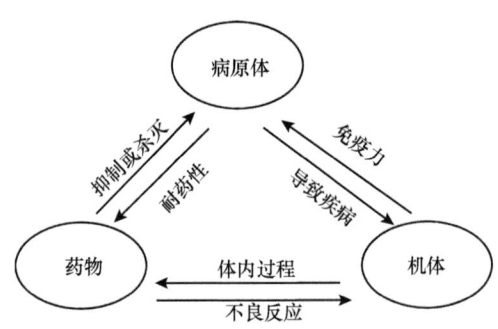

图40-1 病原体、药物和机体之间的关系

抗菌药是对病原菌具有抑制或杀灭作用，用于防治细菌感染性疾病的一类药物，包括化学合成抗菌药和抗菌抗生素。抗生素是微生物产生的具有生物活性的物质，如抗菌抗生素和抗肿瘤抗生素等。

仅抑制病原菌生长繁殖而无杀灭作用的药物为抑菌药。既可抑制病原菌的生长繁殖，又可杀灭细菌的药物为杀菌药。抗菌谱是抗菌药发挥作用的范围，据此将抗菌药物分为窄谱抗菌药和广谱抗菌药。窄谱抗菌药仅对单一菌种或单一属细菌有效，如异烟肼仅对结核分枝杆菌有效；广谱抗菌药作用于多种细菌，对其他病原微生物如衣原体、支原体、立克次体等也有作用，如四环素等。抗菌活性是指抗菌药物抑制或杀灭病原菌的能力，常以最低抑菌浓度（MIC）及最低杀菌浓度（MBC）表示抗菌活性的强弱。MIC指在体外试验中能抑制培养基内细菌生长的最低药物浓度；MBC指能杀灭培养基内细菌的最低药物浓度。

应用抗菌药后对感染动物有保护作用,保护作用的强度用半数保护剂量 PD_{50} 表示。

抗菌药浓度已降到有效浓度以下,细菌的生长繁殖在一定时间能仍受到抑制的现象称为抗菌后效应(post-antibiotic effect,PAE)。现已发现多种抗菌药具有 PAE。

第二节 抗菌药的作用机理

不同种类的抗菌药可以作用于细菌生化代谢的不同环节,影响其结构和功能,发挥抑菌或杀菌作用。现有的抗菌药通过以下几方面的作用机理发挥抗菌作用(图40-2)。

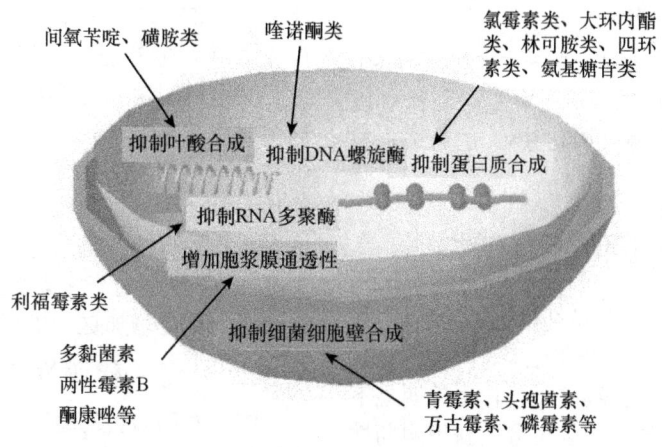

图 40-2 抗菌药作用机理示意图

(一)抑制细菌细胞壁合成

细菌细胞膜外是一层坚韧的细胞壁,能抗御菌体内强大的渗透压,可保护和维持细菌正常形态和功能。G^+菌和 G^-菌细胞壁都含有黏肽,G^+菌的胞壁较厚,含有15～50层黏肽;G^-菌的细胞壁仅含 1～2 层黏肽,而在黏肽外层有脂蛋白、脂质和脂多糖三种成分构成(图40-3)。

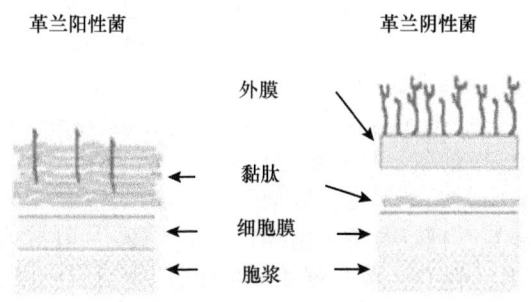

图 40-3 革兰阳性菌和革兰阴性菌细胞壁结构差异

G^+菌和 G^-菌细胞壁结构不同,导致这两类细菌对药物的敏感性有较大差别。G^+菌的细胞壁黏肽由 N-乙酰葡萄糖胺和 N-乙酰胞壁酸重复交替连结而成。磷霉素与环丝氨酸抑制胞质内黏肽前体的形成。万古霉素和杆菌肽阻滞胞质膜的黏肽合成。青霉素与头孢菌素类抗生素则能抑制黏肽在胞质外的交叉连接过程。青霉素与头孢菌素类抗生素的作用靶位是胞质膜上的青霉素结合蛋白(或转肽酶),可抑制转肽酶的转肽作用,从而阻碍了黏肽的交叉连接。因此,抑制细胞壁合成的抗生素导致细菌细胞壁缺损,胞外水分可渗入高渗透压的菌体内部,致使细菌膨胀、变形,在自溶酶影响下,细菌破裂、溶解而死亡。

(二)影响胞质膜的通透性

G^-菌胞质膜含有丰富的脂多糖(内毒素),带正电荷的多黏菌素类抗生素可与带负电荷的脂多糖结合,导致细菌细胞膜通透性增加,菌体内的代谢物质外漏,细菌死亡。真菌细胞膜含有大量固醇类物质,抗真菌药制霉菌素和两性霉素等多烯类抗生素则能与真菌胞质膜中固醇类物质结合,使胞质膜通透性增加,导致菌体内的蛋白质、核苷酸、氨基酸、糖和盐类等外漏,从而使真菌死亡。康唑类抗真菌药抑制真菌细胞膜麦角固醇的合成,从而影响细胞膜的完整性,影响真菌膜结合酶的活性,而抑制真菌生长。

(三)抑制蛋白质合成

细菌为原核细胞,其核蛋白体为70S,由 30S 和 50S 亚基组成,哺乳动物细胞是真核细胞,其核蛋白体为80S,由 40S 与 60S 亚基构成。因而两者的生理、生化与功能不同,抗菌药物对细菌的核蛋白体有高度的选择性毒性,而不影响哺乳动物的核蛋白体和蛋白质合成。多种抗菌药能抑制细菌的蛋白质合成,但它们的作用点有所不同。①氯霉素、林可霉素和大环内酯类抗生素(红霉素等)能与细菌核蛋白体 50S 亚基结合,抑制细菌蛋白质的合成。②四环素能与核蛋白体 30S 亚基结合阻止氨基酰 tRNA 与 30S 亚基的 A 位结合,从而抑制蛋白质合成而发挥抑菌作用。③氨基糖苷类抗生素(如链霉素等)能与 30S 亚基结合,抑制细菌蛋白质合成的起始阶段、肽链延伸和终止阶段,因而具有杀菌作用。

（四）抑制叶酸代谢

叶酸是细菌生长繁殖所必需的物质，细菌不能直接利用环境中的叶酸，只能自身合成。磺胺类抑制二氢叶酸合成酶而抑制叶酸的合成，甲氧苄啶抑制二氢叶酸还原酶，妨碍叶酸代谢，导致嘌呤、嘧啶合成受阻，最终影响核酸合成，从而抑制细菌的生长和繁殖。

（五）抑制核酸代谢

喹诺酮类药物能抑制 DNA 拓扑异构酶和 DNA 回旋酶，从而影响 DNA 的合成，利福平能抑制以 DNA 为模板的 RNA 多聚酶，抑制 RNA 的合成，发挥杀菌作用。

第三节 细菌的耐药性

耐药性（resistance），又称抗药性，系指微生物、寄生虫及肿瘤细胞与药物反复接触后，对药物的敏感性下降，耐药性一旦产生，药物的化疗作用就明显下降或消失。耐药性根据其发生原因可分为获得耐药性和天然耐药性。自然界中的病原体如细菌的某一株可存在天然耐药性。天然耐药性是由细菌的基因决定，与抗生素的使用无关，可以代代相传，当长期应用抗生素时，占多数的敏感菌株不断被杀灭，耐药菌株就大量繁殖，代替敏感菌株，而使细菌对该种药物的耐药率不断升高。获得性耐药是指细菌多次接触药物，细菌对药物的敏感性下降或消失。耐药性产生的机理有以下几种方式。

（一）细菌产生灭活酶

耐药性灭活酶有以下两类。一是水解酶，如β-内酰胺酶，可水解青霉素或头孢菌素。该酶可由染色体或质粒介导，某些酶的产生为体质性（组构酶）；某些则可经诱导产生（诱导酶）。二是钝化酶又称合成酶，可催化某些基团结合到抗菌药的—OH 或 NH$_2$—上，使药物失活。多数对氨基糖苷类抗生素耐药的革兰阴性杆菌能产生质粒介导的钝化酶，如乙酰转移酶作用于 NH$_2$—上，磷酸转移酶及核苷转移酶作用于 OH—上。上述酶位于胞质膜外间隙，氨基糖苷类被上述酶钝化后，不易与细菌体内的核蛋白体结合，从而引起耐药性。

（二）改变细菌胞质膜通透性

细菌可通过各种途径使抗菌药物不易进入菌体，如革兰阴性杆菌的胞外膜对青霉素 G 等有天然屏障作用；铜绿假单胞菌和其他革兰阴性杆菌细胞壁水孔道，或外膜非特异性通道功能改变，使药物不易进入，引起细菌对一些广谱青霉素类、头孢菌素类包括某些第三代头孢菌素的耐药；细菌对四环素耐药主要由于所带的耐药质粒可诱导产生三种蛋白，阻塞了细胞壁水孔道，使药物无法进入；革兰阴性杆菌对氨基糖苷类耐药除前述产生钝化酶外，也可由于细胞壁水孔道改变，使药物不易渗透至细菌体内。

（三）菌体内靶位结构的改变和靶位数量增多

链霉素耐药菌株的细菌核蛋白体 30S 亚基发生改变；林可霉素和红霉素的耐药性系细菌核蛋白体靶位蛋白质发生改变，使药物不能与靶位蛋白结合所致。某些淋球菌对青霉素 G 耐药，以及金黄色葡萄球菌对甲氧苯青霉素耐药，是因耐药菌的青霉素结合蛋白结构改变，使药物不易与之结合。这种耐药菌株往往对其他青霉素和头孢菌素类也都耐药。靶位数量增多会有较多的靶位未与药物结合，仍能维持细菌的功能，如肠球菌对青霉素的耐药就包含细菌的青霉素结合蛋白数量增加这一机理。

（四）增加代谢性拮抗物

细菌对磺胺类的耐药，使细菌产生更多的叶酸合成原料对氨基苯甲酸（PABA），来拮抗药物的作用；也可能通过改变代谢途径，直接利用环境中的叶酸，对磺胺类产生耐药。

（五）使药物外排增加

某些细菌通过增强自身外排系统的功能，可将药物排出，使药物不能达到有效浓度，而产生耐药。如金黄色葡萄球菌、表皮葡萄球菌、大肠杆菌和铜绿假单胞菌对 β-内酰胺类的耐药即是外排系统增强，使药物排出菌外。

由于抗菌药滥用，临床上已产生多药耐药菌（MDR）和广泛耐药菌（PDR）。MDR 指细菌同时对 3 种以上结构不同、作用机理不同的抗菌药物耐药，如头孢菌素、氟喹诺酮类、氨基糖苷类等；PDR 指细菌不仅对头孢菌素类、碳青霉烯类、β-内酰胺酶抑制剂复方制剂耐药，同时也对氟喹诺酮类和氨基糖苷类等抗菌药物产生耐药。目前常见的 MDR 或 PDR 菌有鲍曼不动杆菌、铜绿假单胞菌、产碳青霉烯类水解酶、肺炎克雷伯菌等。超级细菌一般指 PDR 和部分 MDR 细菌，属于该范畴的细菌有耐甲氧西林金黄色葡萄球菌/耐万古霉素金黄色葡萄球菌（MRSA/ VRSA）、耐万古霉素肠球菌（VRE）、耐多药铜绿假单胞菌（MDR-PA）, PDR 鲍曼不动杆菌（PDR-AB）、同时产超广谱 β-内酰胺酶（ESBL）和头孢菌素酶（AmpC）的肠杆菌、产碳青霉烯酶肠杆菌[包括产新德里 β-内酰胺酶（NDM-1）细菌]等。这些耐药菌的感染，使临床医生难以应对。

为减少耐药菌的产生，无论是医院、医生和患者均应强化合理应用抗菌药的理念。

第四节 药动学/药效学参数与抗菌治疗方案的优化

由于微生物耐药和治疗间交叉耐药的迅速发展,已经影响到对多种疾病的经验治疗。由于新药开发费用巨大,只有极少的新药可用作替代治疗,因此有必要充分利用现有抗菌药物。根据抗菌药的药动学/药效学(PK/PD)参数,制订给药方案,避免病原菌暴露在亚致死药物浓度水平,从而减少耐药。

在抗感染治疗时,能否获得预期的结果有赖于病原菌、药物和患者相关的一些因素。在疾病过程中,既不是病原微生物的活性,也不是抗菌药物的 PK 数据单独就能描述病原菌、宿主和抗菌药物之间复杂的相互作用关系。为了较准确反映三者之间的关系,近些年来提出了 PK 与 PD 数据集合一起的参数即 PK/PD 参数。PK/PD 的主要参数有:$t>MIC$,即血药浓度大于 MIC 的持续时间;C_{max}/MIC,即抗菌药物血药峰浓度(C_{max})与 MIC 的比值;AUC/MIC,即浓度-时间曲线下面积(AUC)与 MIC 的比值。如图 40-4 所示。

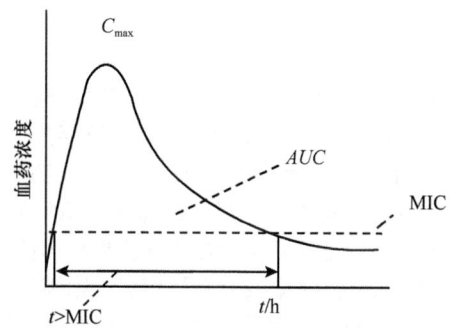

图 40-4 药动学曲线及 PK/PD 参数示意图

抗菌药物根据杀菌作用的特性可分为浓度依赖性和时间依赖性药物。时间依赖性抗菌药是指药物浓度超过 MIC 的 4~5 倍以上时,其杀菌活力不再增加,达到了饱和状态的一类药物。反映这类药物杀菌活性的 PK/PD 参数为 $t>MIC$,即血药浓度达到或超过 MIC 持续的时间,有时也用 $t>MIC$ 占 2 次给药间隔的百分比来表示。这类药物包括 β-内酰胺类、大环内酯类、糖肽类和克林霉素等。多数 β-内酰胺类抗菌药物 $t>MIC$ 达到 2 次给药间隔的 40%~50% 时,其杀菌活性可达到 85% 以上。采用每日多次给药,可以使 $t>MIC$ 有效增加,增加药物剂量则对 $t>MIC$ 影响极小。例如,头孢唑啉钠治疗金黄色葡萄球菌感染,采用每日 3~4 次给药的疗效比简单增加大剂量但仍是每日 1~2 次给药的疗效更好。浓度依赖性抗菌药是指杀菌活力在很大范围内随药物浓度的增大而增加的一类药物。反映浓度依赖性药物杀菌活性的 PK/PD 的参数为 C_{max}/MIC 或 AUC_{24}/MIC,其特点是具有较长的 PAE。这类药物包括氨基糖苷类、喹诺酮类和甲硝唑等。氨基糖苷类抗菌药物 $C_{max}/MIC \geq 8$ 时,可以每日 1 次给药,达到最大杀菌率,而且耳、肾毒性也有所减轻。但要注意 C_{max} 不可超过最低毒性剂量。喹诺酮类药物治疗严重感染时应使 $AUC_{24}/MIC \geq 125$,$C_{max}/MIC \geq 8$,每日不需要多次给药;而且多数喹诺酮类抗菌药物有较长的 PAE 和较高的组织浓度,PAE 随浓度的增大而增加。因此,使用左氧氟沙星时,在安全前提下大剂量 1 次/d 给药,可以最大程度提高 C_{max}/MIC 及 AUC_{24}/MIC 的比值,加快杀菌速度,提高疗效并减少细菌耐药性。学习抗菌药物 PK/PD 参数及其临床意义,对于优化抗菌药的应用有重要意义。

第五节 抗菌药的合理应用

一、抗菌药的滥用及危害性

抗菌药的滥用是指医务人员及社会人群对抗菌药的非理性使用,包括不对症、不按时、不按量、不适合的人群等不规范使用。因此应避免以下情况的不合理用药:①非细菌感染用抗菌药;②药物品种选择不当;③抗菌药给药途径不当、剂量不足、疗程不够;④发生耐药或二重感染时不及时换药;⑤随意预防用药。

抗菌药滥用会导致诸多危害:① 如上面提到的细菌产生耐药性,导致一些感染无药可治;② 引起严重的不良反应,如庆大霉素、链霉素不规范使用造成很多聋哑儿,肾功能损害患者;③ 引起二重感染,一些广谱类抗生素头孢菌素类、大环内酯类、四环素类等超时超量应用,会引起肠道菌群失调,即伪膜性肠炎。

二、抗菌药的合理应用

为提高细菌感染性疾病的治疗水平、减少或避免耐药性的发生、特别是避免产生更多的超级细菌,保证患者有药可用,必须合理应用抗菌药。

1. 及早确定病原菌,严格按照适应证选药 及早对患者的痰液、感染局部分泌物或血液进行病原菌培养和药敏试验,据此结果和药物的抗菌谱针对性地选用抗菌药。对症状严重的患者,在未获知病原菌的情况下根据患者发病环境、原发病灶、体征及血尿常规等实验室检查结果推断最可能的病原菌,先给予抗菌药治疗,待有了病原菌培养和药敏试验结果后,再调整给药方案。

2. 根据患者的生理病理状态选药 选药时还应考虑患者的具体情况,如全身状态(如肝、肾功能、病理情况、免疫状态等)结合病原菌培养和药敏试验结果，选择合适的抗菌药。

3. 按抗菌药物的治疗剂量范围给药 治疗重症感染（如败血症、感染性心内膜炎等）和抗菌药物不易达到的部位的感染（如中枢神经系统感染等），抗菌药物剂量宜较大（治疗剂量范围高限）；而治疗单纯性下尿路感染时，由于多数药物尿药浓度远高于血药浓度，则可应用较小剂量（治疗剂量范围低限）。

4. 根据病情确定给药途径

（1）轻症感染可接受口服给药者：应选用口服吸收完全的抗菌药物，不必采用静脉或肌内注射给药。重症感染、全身性感染患者初始治疗应予静脉给药，以尽快取得疗效，待病情好转应及早转为口服给药。原则是可口服不注射，可注射不静滴。

（2）尽量避免局部应用抗菌药物：皮肤黏膜局部应用抗菌药物后，很少被吸收，在感染部位不能达到有效浓度，反易引起变态反应或导致耐药菌产生，因此治疗全身性感染或脏器感染时应避免局部应用抗菌药物。抗菌药物的局部应用只限于少数情况，如全身给药后在感染部位难以达到治疗浓度时可加用局部给药作为辅助治疗。此情况见于治疗中枢神经系统感染时某些药物可同时鞘内给药、包裹性厚壁脓肿脓腔内注入抗菌药物及眼科感染的局部用药等。某些皮肤表层及口腔、阴道等黏膜表面的感染可采用抗菌药物局部应用或外用，但应避免将主要供全身应用的品种作局部用药。局部用药宜采用刺激性小、不易吸收、不易导致耐药性和不易致变态反应的杀菌剂，青霉素类、头孢菌素类等易产生变态反应的药物不可局部应用。氨基糖苷类等耳毒性药不可局部滴耳。

5. 合适的给药间隔和疗程 为保证药物在体内能最大地发挥药效，杀灭感染灶病原菌，应根据药动学和药效学性质相结合的原则给药（考虑 PK/PD 参数）。青霉素类、头孢菌素类和其他 β-内酰胺类、红霉素、克林霉素等消除半衰期短者，应一日多次给药。氟喹诺酮类、氨基糖苷类等可一日给药一次（重症感染者例外）。抗菌药物疗程因感染不同而异，一般宜用至体温正常、症状消退后 72~96h，特殊情况，妥善处理。但是，败血症、感染性心内膜炎、化脓性脑膜炎、伤寒、布鲁菌病、骨髓炎、溶血性链球菌咽炎和扁桃体炎、深部真菌病、结核病等需较长的疗程方能彻底治愈，并防止复发。

三、严格控制预防性应用抗菌药

预防性应用抗菌药仅限于可能出现的严重细菌性感染。不当的预防性应用可能引起病原菌高度耐药使感染难以控制，故预防性应用抗菌药须严格掌握适应证。

（一）内科及儿科预防用药

预防 1~2 种特定细菌入侵引起的感染；预防在一段时间内发生的感染，内科及儿科用药可能有效。想预防多种或长期预防感染效果不佳。对于一些免疫力低下造成的感染，而原发疾病不能治愈的，预防用药无效。

（二）外科手术预防用药

根据手术是否有污染或被污染的可能，决定是否预防用抗菌药物。

1. 清洁手术 手术野为无菌部位，局部无炎症，也不涉及呼吸道、消化道、泌尿生殖道等人体与外界相通的器官，通常不需预防用抗菌药物。在下列情况时需预防用抗菌药物：手术范围大、时间长、污染机会增加；手术涉及重要脏器，一旦感染将造成严重后果；异物植入手术等；高龄或免疫缺陷等高危人群。

2. 清洁-污染手术 上、下呼吸道，上、下消化道，泌尿生殖道手术，或经以上器官的手术，如经口咽部大手术、经阴道子宫切除术、经直肠前列腺手术及开放性骨折或创伤手术。由于手术部位存在大量人体寄殖菌群，手术时可能污染手术野导致感染，故此类手术需预防用抗菌药物。

3. 污染手术 由于胃肠道、尿路、胆道体液大量溢出或开放性创伤未经扩创等已造成手术野严重污染的手术。此类手术需预防用抗菌药物。术前已存在细菌性感染手术，属抗菌药物治疗性应用，不属预防应用范畴。

预防用抗菌药物的选择，选择视预防目的而定。为预防术后切口感染，应针对金黄色葡萄球菌选用药物。预防手术部位感染或全身性感染，则需依据手术野污染或可能的污染菌种类选用，如结肠或直肠手术前应选用对大肠杆菌和脆弱拟杆菌有效的抗菌药物。选用的抗菌药物必须是疗效肯定、安全、使用方便及价格相对较低的品种。

四、严格掌握联合用药适应证

（一）联合用药的适应证

抗菌药物的联合应用要有明确指征：单一药物可有效治疗的感染，无需联合用药，仅在下列情况时有指征联合用药。

1. 病原菌尚未查明的严重感染，包括免疫缺陷者的严重感染。

2. 单一抗菌药物不能控制的需氧菌及厌氧菌混合感染，2 种或以上病原菌感染。

3. 单一抗菌药物不能有效控制的感染性心内膜炎或败血症等重症感染。

4. 需长程治疗，但病原菌易对某些抗菌药物产生耐药性的感染，如结核病、深部真菌病。

5. 由于药物协同抗菌作用，联合用药时可将毒性大的抗菌药物剂量减少，如两性霉素 B 与氟胞嘧啶联合治疗隐球菌脑膜炎时，前者的剂量可适当减少，从而减少其毒性反应。联合用药时宜选用具有协同或相加抗菌作用的药物联合，如青霉素类、头孢菌素类等其他 β-内酰胺类与氨基糖苷类联合，两性霉素 B 与氟胞嘧啶联合。联合用药通常采用 2 种药物联合，3 种及以上药物联合仅适用于个别情况，如结核病的治疗。此外必须注意毒副作用相同的药物不能合用，因会加重毒副作用。作用机理相同的药物不能合用，因作用互相拮抗。

（二）联合用药的原则

将抗菌药分为以下四类。Ⅰ类：繁殖期速效杀菌药，如青霉素、头孢类；Ⅱ类：静止期杀菌药，如氨基糖苷类；Ⅲ类：速效抑菌药，如氯霉素、四环素、大环内酯类、克林霉素；Ⅳ类：慢效抑菌药，如磺胺类。其中Ⅰ类和Ⅲ类不能合用。原因是Ⅲ类将细菌抑制在静止期，不利于Ⅰ类在繁殖期发挥杀菌作用。

五、抗菌药临床应用管理

为了推动合理使用抗菌药，规范医疗机构和医务人员用药，2004 年 8 月卫生部、国家中医药管理局和中国人民解放军总后勤部卫生部联合颁布了《抗菌药物临床应用指导原则》。将抗菌药分为三类：非限制使用类、限制使用类和特殊使用类。

属非限制使用类的有 35 种，均为长期临床应用证实的安全、有效且价格相对较低的品种。

属限制使用类的 74 种，鉴于抗菌特点、安全性和对细菌耐药性的影响，价格相对略高，需对其临床适应证或适用人群加以限制。该类大致包括广谱青霉素中的美洛西林和阿洛西林，第三代、第四代头孢菌素，β-内酰胺酶抑制剂合剂，头霉素类中的头孢西丁和头孢美唑，氨基糖苷类、口服四环素类、氯霉素、新型大环内酯类、喹诺酮类主要品种，替硝唑和奥硝唑，抗结核药和大多数抗真菌药，更能满足包括大多数较重感染患者和部分耐药菌感染患者的需要。

特殊使用类有 15 个品种，某些用于治疗高度耐药菌感染的品种，一旦细菌对其耐药，后果严重；某些为新上市品种，对其疗效或安全性的临床资料尚不多，或并不优于现用品种；不少品种价格相对较高，因此患者病情需要应用时，应经感染专科医师、临床药师及有关专家会诊同意，经具有高级专业职务任职资格医师签名并应有相关医疗文书记录方可选用。包括碳青霉烯类、头孢米诺、拉氧头孢、依替米星、多黏菌素、万古霉素与去甲万古霉素（norvancomycin）、替考拉宁、夫西地酸、伊曲康唑针剂、伏立康唑和卡泊芬净等。不同级别的医院限制的品种略有不同。

【案例及思考题】 患者，女，70 岁，呼吸困难，体温 39℃、咳嗽、痰量增多。诊断为肺部感染。处方：头孢曲松钠 5g 加氯化钠注射液 100ml，静滴，每日 1 次，共 5 日。

问题：
本处方存在什么问题？可能产生什么危害？

（王银叶）

第四十一章 β-内酰胺类抗生素及其他作用于细菌细胞壁的抗生素

第一节 β-内酰胺类抗生素

β-内酰胺类抗生素（β-lactams）系指化学结构中具有 β-内酰胺环的一大类抗生素，包括临床最常用的青霉素类和头孢菌素类，以及与它们的结构或作用有关的非典型 β-内酰胺类，如头霉素类、硫霉素类、单环 β-内酰胺类。另外还有一些其他抗生素也作用于细菌细胞壁，如万古霉素及其类似物、达托霉素、磷霉素等。

各种 β-内酰胺类抗生素的作用机理均相似，都能抑制胞壁黏肽合成酶，即青霉素结合蛋白，从而阻碍细胞壁黏肽交叉连接，使细菌胞壁缺损，菌体膨胀破裂死亡。此外还可触发某些细菌的自溶酶活性，使细菌溶解死亡。哺乳动物无细胞壁，不受 β-内酰胺类药物的影响，因而本类药具有对细菌的选择性杀菌作用，对宿主毒性小。

一、青霉素类

青霉素类抗生素包括天然青霉素和半合成青霉素。青霉素类的作用是干扰细菌细胞壁的合成，而哺乳类动物的细胞没有细胞壁，所以青霉素对人体的毒性很低，达到有效杀菌浓度的青霉素对人体细胞几无影响。

青霉素 G

从青霉菌培养液中提取到至少 5 种青霉素，其中青霉素 G（penicillin G）性质较稳定，可在室温下保持数年，但水溶解后极不稳定，易被酸、碱、醇、氧化剂、金属离子等分解破坏，不耐热，在室温下放置 24h 后大部分降解。因此，临床应用前配制成水溶液，作用较强，产量亦高，毒性低，价格低廉，故目前仍是敏感菌引起的各种感染的首选治疗药物。临床常用其钠盐或钾盐。

【体内过程】 口服被胃酸和消化酶破坏，肌内注射吸收快而完全，0.5h 达到血药峰浓度。血浆蛋白结合率为 45%～65%。广泛分布于组织及体液中，如胸、腹腔和关节腔液中，这些组织中的浓度约为血清浓度的 50%。青霉素可通过胎盘，除在妊娠前 3 个月羊水中青霉素浓度较低外，一般在胎儿和羊水中皆可获得有效治疗浓度。本品难以透过血-脑屏障，可透过炎症的脑脊液，达血药浓度的 5%～30%。$t_{1/2\beta}$ 约为 30min，肾功能减退者可延长至 2.5～10h。本品少量在肝内代谢，约 75% 的原药自肾脏排出。青霉素主要通过肾小管分泌排泄，亦有少量青霉素经胆道排泄。有些药物如丙磺舒可与青霉素竞争自肾小管排泄，会延长青霉素在体内的存留时间。

【药理作用】 青霉素 G 的抗菌作用很强，在细菌繁殖期低浓度抑菌，较高浓度即可杀菌。其抗菌谱如下：①多数革兰阳性球菌，如溶血性链球菌、肺炎球菌、草绿色链球菌、不耐药的金黄色葡萄球菌和表皮葡萄球菌等；②革兰阳性杆菌，如白喉棒状杆菌、炭疽杆菌、产气荚膜梭菌、破伤风梭菌、乳酸杆菌等；③革兰阴性球菌，如脑膜炎奈瑟菌、不耐药的淋病奈瑟菌等；④螺旋体、放线菌，如梅毒螺旋体、钩端螺旋体、回归热螺旋体、牛放线菌等。

【作用机理】 青霉素和头孢菌素等 β-内酰胺类抗生素的作用机理是抑制细菌细胞壁合成过程中的转肽酶，使细胞壁合成的黏肽的交叉连接受阻，细胞壁缺损，并触发细菌的自溶酶，细菌内容物外漏、菌体破裂而死亡（图 41-1）。

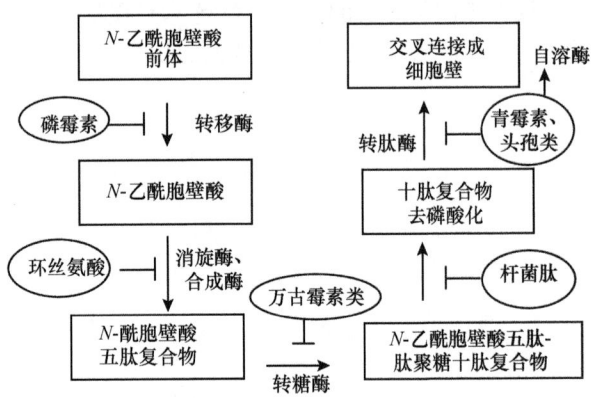

图 41-1 细菌细胞壁的合成及影响细胞壁的抗菌药作用环节

【临床应用】 为敏感的革兰阳性球菌和杆菌、革兰阴性球菌及螺旋体所致感染的首选药。①溶血性链球菌引起的扁桃体炎、心内膜炎、疏松结缔组织炎、丹毒、猩红热等；②肺炎链球菌引起的大叶性肺炎、脓胸、支气管肺炎等；③草绿色链球菌引起的心内膜炎及敏感的金黄色葡萄球菌引起的疖、痈、败血症等；④淋病奈瑟菌所致的生殖道淋病；⑤脑膜炎奈瑟菌引起的流行性脑脊髓膜炎；⑥也可用于放线菌病、钩端螺旋体病、梅毒、回归热的治疗；⑦还可与抗毒素合用于白喉、破伤风、气性坏疽和流产后产气荚膜梭菌所致的败血症的治疗。

【不良反应及注意事项】

1. 变态反应 以皮肤过敏和血清病样反应较多见，最严重的是过敏性休克。为防止各种变态反应发生，应详细询问病史和用药史，青霉素过敏者禁用。未知是否过敏者，应做皮试，同时做好急救准备，一旦发生过敏性休克，立即用肾上腺素和糖皮质激素类药抢救。

2. 赫氏反应 治疗梅毒、钩端螺旋体、鼠咬热或炭疽等感染时，可有全身不适、寒战、发热、咽痛、肌痛、心跳加快等症状。可能是因为螺旋体抗原与相应抗体形成免疫复合物或螺旋体释放致热源所致。

3. 青霉素脑病 剂量过大或静脉给药过快，或鞘内注射时，引起血及脑脊液中药物的浓度升高，可对大脑皮质产生直接刺激，导致严重的中枢神经系统反应，如反射亢进、知觉障碍、幻觉、抽搐、昏睡等。

4. 其他 肌内注射青霉素，可产生局部疼痛、红肿或硬结。大剂量青霉素钾盐或钠盐静脉滴注，可引起明显的水及电解质紊乱。

应用时注意：重度肾功能损害者应调整剂量或延长给药间隔。不宜鞘内给药。

【药物相互作用及禁忌证】

（1）氯霉素、红霉素、四环素类、磺胺类可干扰青霉素的活性，故不宜与这些药物合用。

（2）丙磺舒、阿司匹林、吲哚美辛、保泰松和磺胺药减少青霉素的肾小管分泌而延长其血浆半衰期。青霉素可增强华法林的抗凝作用。

（3）本品与重金属，特别是铜、锌、汞呈配伍禁忌。

（4）青霉素静脉输液中加入林可霉素、四环素、万古霉素、琥乙红霉素、两性霉素B、去甲肾上腺素、间羟胺、苯妥英钠、盐酸羟嗪、丙氯拉嗪、异丙嗪、维生素B族及维生素C等后将出现浑浊。

（5）与氨基糖苷类抗生素同一容器滴注可导致两者抗菌活性降低，因此不能置同一容器内给药。

（6）对青霉素过敏者禁用。

半合成青霉素

通过改变天然青霉素G的侧链可获得耐酸、耐酶、广谱、抗铜绿假单胞菌及主要作用于革兰阴性菌等一系列不同作用特点的半合成青霉素。

1. 耐酸青霉素类 包括青霉素V（penicillin V）和非奈西林（pheneticillin），特点为耐酸、可口服，但不耐酶，抗菌谱与青霉素G相同，抗菌活性较青霉素G弱，故不宜用于严重感染。

2. 耐酶青霉素类 常用的有苯唑西林（oxacillin）、氯唑西林（cloxacillin）、双氯西林（dicloxacillin）与氟氯西林（flucloxacillin）等。它们耐酸、可以口服；也耐酶，对革兰阳性细菌的作用不及青霉素G，主要用于耐青霉素G的金黄色葡萄球菌感染，以及需长期用药的慢性感染。对革兰阴性肠道杆菌或肠道球菌感染无效。

3. 广谱青霉素类 包括氨苄西林（ampicillin）、阿莫西林（amoxicillin）及匹氨西林（pivampicillin）等。可口服，对G^+菌抗菌谱与青霉素同，作用略弱于青霉素G。对G^-菌如大肠埃希菌、伤寒沙门菌、布鲁菌、流感嗜血杆菌、百日咳鲍特菌等也有抗菌作用，对铜绿假单胞菌和耐药金黄色葡萄球菌感染无效。

4. 抗铜绿假单胞菌广谱青霉素类 包括羧苄西林（carbenicillin）、磺苄西林（sulbenicillin）、哌拉西林（Piperacillin）、替卡西林（ticarcillin）、呋布西林（furbucillin）、美洛西林（mezlocillin）等。特点是广谱且对铜绿假单胞菌作用较强，但口服无效，不耐酶。

5. 主要作用于革兰阴性菌的青霉素类 包括美西林（mecillinam）和替莫西林（temocillin）等。对革兰阴性菌产生的β-内酰胺酶稳定，但对革兰阳性菌的作用甚微。因此，主要用于革兰阴性菌感染的治疗。

二、头孢菌素类

头孢菌素类抗生素，属于β-内酰胺类抗生素，是β-内酰胺类抗生素中的7-氨基头孢烷酸（7-ACA）的衍生物，因此它们具有相似的杀菌机理，即抑制细菌细胞壁合成，在繁殖期杀菌。具有抗菌谱广、抗菌作用强、耐青霉素酶、变态反应较青霉素类少见等优点。

多数头孢菌素需注射给药。但头孢氨苄、头孢羟氨苄和头孢克洛能耐酸，胃肠吸收好，可口服。头孢菌素吸收后，分布良好，能透入各种组织中，且易透过胎盘。在滑囊液、心包积液中均可获得高浓度。头孢呋辛和第三代头孢菌素多能分布于前列腺。第三代头孢菌素还可透入眼房水。胆汁中浓度也较高。其中以头孢哌酮为最高，其次为头孢曲松。头孢呋辛、头孢曲松、头孢噻肟、头孢他啶和头孢哌酮等可透过血-脑屏障，并在脑脊液中达到有效浓度。多数头孢菌素的血浆$t_{1/2}$均较短（0.5~2h），但头孢曲松的$t_{1/2}$最长，可达8h。

【头孢菌素的分类】 根据上市的早晚，临床上将头孢菌素类分为五代，每一代都有多个品种用于临床（表41-1）。

表41-1 第1代至第5代部分头孢菌素品种

头孢类	口服剂	注射剂
第1代头孢菌素	头孢拉定（cefradine）	头孢噻吩（cefalotin）、
	头孢氨苄（cefalexin）	头孢唑啉（cefazolin）
	头孢羟氨苄（cefadroxil）	头孢拉定（cefradine）
	头孢沙定（cefroxadine）	头孢替唑（ceftezole）
		头孢噻啶（cefaloridine）
		头孢匹林（cefapirin）

续表

头孢类	口服剂	注射剂
第2代头孢菌素	头孢呋辛（cefuroxime） 头孢孟多（cefamandole） 头孢替安（cefotiam） 头孢尼西（cefonicid） 头孢克洛（cefaclor）	头孢呋辛（cefuroxime） 头孢孟多（cefamandole） 头孢替安（cefotiam） 头孢尼西（cefonicid） 头孢雷特（ceforanide）
第3代头孢菌素	头孢克肟（cefixime） 头孢泊肟酯（cefpodoxime proxetil）	头孢噻肟（cefotaxime） 头孢唑肟（ceftizoxime） 头孢曲松（ceftriaxone） 头孢地嗪（cefodizime） 头孢他啶（ceftazidime） 头孢哌酮（cefoperazone） 头孢匹胺（cefpiramide） 头孢甲肟（cefmenoxime） 头孢磺啶（cefsulodin）
第4代头孢菌素		头孢匹罗（cefpirome） 头孢吡肟（cefepime） 头孢噻利（cefoselis） 头孢利啶（cefelidin）
第5代头孢菌素		头孢洛林（ceftaroline） 头孢吡普（Ceftobiprole）

【药理学特性及临床应用】 从1代到5代头孢菌素类的抗菌谱及肾脏毒性有所不同。第1代头孢菌素：较早开发，抗菌活性较强，抗菌谱较窄，对G⁺作用优于G⁻。对革兰阳性金黄色葡萄球菌产生的β-内酰胺酶稳定，对阴性杆菌产生的β-内酰胺酶不稳定。第1代头孢菌素兼备青霉素、耐酶青霉素和氨苄西林的三重特点。它们对金黄色葡萄球菌、链球菌（肠球菌除外）等G⁺具有较强的活性，优于第2、3代头孢菌素。第1代头孢菌素有头孢噻吩、头孢氨苄、头孢拉定、头孢唑啉等。主要应用于G⁺感染。有肾损害不良反应。

第2代头孢菌素：除保留了第1代的对G⁺的作用外，它们对革兰阴性杆菌产生的β-内酰胺酶较第1代稳定，抗菌谱较第1代广，扩大和提高了对革氏阴性杆菌作用。对革兰阳性细菌，除对痢疾志贺菌和沙门菌显示较强的抗菌活性外，对大肠埃希菌、肺炎克雷伯菌的抗菌作用也优于第1代头孢菌素，对金黄色葡萄球菌、脑膜炎奈瑟菌也具有很强的抗菌活性，与第1代头孢菌素相近。对第1代头孢菌素抗菌作用较差的变形杆菌和产气杆菌亦有一定的抗菌活性。但对铜绿假单胞菌和粪链球菌均无抗菌活性。第2代头孢菌素包括头孢孟多、头孢替安、头孢呋辛、头孢美唑、头孢西丁和头孢替坦等。用于治疗敏感菌所引起的肺炎、胆道及尿路感染、菌血症等。肾损害作用较第1代轻。

第3代头孢菌素：对多种细菌的β-内酰胺酶稳定，对G⁺菌和G⁻菌均有显著的抗菌活性。与第1、2代相比，其抗菌谱更广，抗菌活性更强。特别对革兰阴性杆菌的抗菌谱广、抗菌作用强。有些品种对铜绿假单胞菌或脆弱拟杆菌亦有很好的抗菌作用。第3代头孢菌素包括头孢噻肟（cefotaxime）、头孢唑肟（ceftizoxime）、头孢曲松钠（ceftriaxone sodium）、头孢他啶（ceftazidime）、头孢哌酮（cefoperazone）及拉氧头孢（latamoxef）等。头孢曲松和头孢哌酮抗菌谱广，且具有抗铜绿假单胞菌作用。拉氧头孢钠对各种细菌都有强的抗菌活性，特别是对耐甲氧西林的金黄色葡萄球菌具有较高的活性。主要用于治疗全身的严重感染，对肾脏基本无毒性。

第4代头孢菌素包括头孢吡肟（cefepime）、头孢匹罗（cefpirome）、头孢噻利（cefoselis）、头孢唑兰（cefozopran）和头孢利定（cefelidin）等。抗菌谱较第3代更宽，对革兰阴性杆菌和革兰阳性球菌和部分厌氧菌较第3代有更强的抗菌活性，无肾毒性。临床用于治疗敏感菌引起的败血症、肺炎和脑膜炎等严重感染。属于"特殊使用"管理类别。

第5代头孢菌素包括头孢洛林（ceftaroline）和头孢吡普（ceftobiprole）。对G⁺菌（包括耐药金黄色葡萄球菌）作用强，但是对G⁻菌（包括铜绿假单胞菌）作用弱，无肾毒性。对β-内酰胺酶稳定性极高。临床用于治疗耐药金黄色葡萄球菌引起的严重感染。

各代头孢菌素类的作用及肾脏毒性特点总结见表41-2。

表41-2 各代头孢菌素类的特点

头孢菌素类	G⁺	G⁻	金黄色葡萄球菌β-内酰胺酶稳定性	G⁻、β-内酰胺酶稳定性	铜绿假单胞菌作用	厌氧菌作用	肾毒性
第1代	+++	+	+++	+	−	−	++
第2代	++	++	++	++	−	+	+
第3代	+	+++	+	+++	+++	+	±
第4代	+++	+++	+++	+++	+++	+	○
第5代	+++	++	+++	++	+	+	○

○表示未见报道

【不良反应】

1. 变态反应 头孢菌素可致皮疹、荨麻疹、哮喘、药物热、血清样反应、血管神经水肿、过敏性休克等。头孢菌素的变态反应类似青霉素过敏性休克反应，两类药物间呈现不完全的交叉变态反应。

2. 胃肠道反应和菌群失调 多数头孢菌素可致恶心、呕吐、食欲不振等反应。本类药物强力地抑制肠道菌群，可致菌群失调，即可引起二重感染，如假膜性肠炎及念珠菌感染等，尤以2、3代及4代头孢菌素为甚。

3. 肝毒性及血象改变 多数头孢菌素大剂量应用可导致氨基转移酶、碱性磷酸酶、胆红素等值的升高。偶可致红细胞或白细胞、血小板减少，嗜酸性粒细胞增多等。

4. 肾脏损害 1代、2代头孢菌素由肾脏排泄，可致血液尿素氮、血肌酐值升高、少尿、蛋白尿等。有肾脏损害的头孢菌素与高效利尿药或氨基糖苷类抗生素合用，肾损害加重。

5. 凝血功能障碍 所有的头孢菌素都抑制肠道菌群产生维生素K，引起维生素K缺乏，因此具有潜在的出血不良反应。也引起维生素B缺乏。

6. 双硫仑样反应 用头孢类药后饮用含有乙醇的饮料（或接触乙醇）会导致体内"乙醛蓄积"的中毒反应。

【药物相互作用】 见表41-3。

表41-3 头孢菌素类的药物相互作用

头孢类名称	药物相互作用
头孢拉定	可延缓苯妥英钠在肾小管的排泄；与保泰松及强利尿药合用可增加肾毒性；丙磺舒可延迟本品排泄
头孢羟氨苄	丙磺舒可延迟本品排泄
头孢丙烯	和氨基糖苷类抗菌药合用引起肾毒性；与丙磺舒合用可延迟其排泄
头孢呋辛片	与呋塞米、依他尼酸、布美他尼等强利尿药、卡莫司汀、链佐星等抗肿瘤药及氨基糖苷类抗菌药等肾毒性药物合用有增加肾毒性的可能；与丙磺舒合用可延缓排泄；与抗酸药合用可减少的吸收
注射用头孢呋辛钠	（1）与下列药物有配伍禁忌：硫酸阿米卡星、庆大霉素、妥布霉素、多黏菌素E甲磺酸钠、硫酸多黏菌素B、葡萄糖酸红霉素、乳糖酸红霉素、林可霉素、磺胺异噁唑、氨茶碱、可溶性巴比妥类、氯化钙、葡庚酸酸钙、盐酸苯海拉明和其他抗组胺药、利多卡因、去甲肾上腺素、间羟胺、哌甲酯、氯琥珀胆碱等。偶亦可能与下列药物发生配伍禁忌：青霉素、甲氧西林、琥珀酸氢化可的松、苯妥英钠、丙氯拉嗪、维生素B族和维生素C、水解蛋白 （2）不可用碳酸氢钠溶液溶解；不可与其他抗菌药物在同一注射容器中给药；不可与氨基糖苷类抗菌药或强效利尿剂合用以免引起肾毒性
头孢克洛胶囊	（1）口服丙磺舒可延迟本品的排泄 （2）呋塞米、依他尼酸、布美他尼等强利尿药，卡莫司汀、链佐星等抗肿瘤药及氨基糖苷类抗菌药等肾毒性药物与本品合用有增加肾毒性的可能
注射用头孢美唑钠	（1）饮酒会出现双硫仑样作用（颜面潮红、心悸、眩晕、头痛、欲吐等），给药期间及给药后至少1周避免饮酒 （2）与呋塞米等强利尿剂合用，有可能增加肾损害
注射用头孢西丁钠	与氨基糖苷类抗菌药配伍时会增加肾毒性
头孢地尼分散片	（1）与铁离子可能导致本品吸收降低约10%，因此建议避免与铁制剂合用。如果合用不能避免，两者的给药间隔应大于3h （2）含铝或镁的抗酸药可导致其吸收降低，而使其作用减弱，因此在服用本品2h后方可使用抗酸药物
注射用头孢米诺钠	（1）本品与氨茶碱、磷酸吡哆醛配伍会降低效价或着色，故不得配伍 （2）本品与呋喃硫胺、硫辛酸、氢化可的松琥珀酸钠及腺苷钴胺配伍后时间稍长会变色，故配伍后应尽快使用 （3）与强效利尿剂合用有可能增加肾毒性，应谨慎使用
注射用头孢哌酮钠/舒巴坦钠	（1）由于本品与氨基糖苷类抗菌药之间有物理性配伍禁忌，因此两种药液不能直接混合。建议在全日用药过程中，本品与氨基糖苷类抗菌药两者给药的间隔时间尽可能长一点 （2）由于本品与乳酸钠林格注射液混合后有配伍禁忌，应先用注射用水进行溶解，再用乳酸钠林格注射液作进一步稀释，从而得到能够相互配伍的混合药液 （3）由于本品与2%的盐酸利多卡因注射液混合后有配伍禁忌，应先用注射用水进行溶解，再用2%盐酸利多卡因注射液作进一步稀释，从而得到能够相互配伍的混合药液
注射用头孢他啶	同注射用头孢呋辛钠。与万古霉素混合可发生沉淀
注射用盐酸头孢吡肟	（1）不可加至甲硝唑、万古霉素、庆大霉素、妥布霉素或硫酸奈替米星、氨茶碱溶液中。浓度超过40mg/ml时，不可加至氨苄西林溶液中。这些抗菌药应与头孢吡肟分开使用。 （2）与氨基糖苷类药物或强效利尿剂合用时，应加强临床观察，并监测肾功能，避免发生氨基糖苷类药物的肾毒性或耳毒性不良反应

三、非经典的 β-内酰胺类

(一) β-内酰胺酶抑制剂

克拉维酸

克拉维酸（clavulanic acid）是从链霉菌的培养液中分离得到，对各种细菌 β-内酰胺酶有强的抑制作用，但本身仅有微弱的抗菌活性。可与大多数的 β-内酰胺酶牢固结合，生成不可逆的结合物，从而使不耐酶的青霉素类或头孢菌素类抗生素免遭酶的破坏，增强抗菌活性并扩展抗菌谱。与青霉素类及头孢菌素类药物合用，可大大减少这些药物的剂量。如阿莫西林与克拉维酸制成的合剂为奥格门汀（augmentin），为口服制剂；替卡西林与克拉维酸合剂为泰门汀（timentin），为注射剂。

舒巴坦

舒巴坦（sulbactam）为半合成 β-内酰胺酶抑制剂，对金黄色葡萄球菌和多数革兰阴性杆菌产生的 β-内酰胺酶有很强和不可逆的抑制作用。此类药还有他唑巴坦（tazobactam），单独应用抗菌活性弱；常与 β-内酰胺制成合剂，增强抗菌活性，如舒巴坦与氨苄西林合剂、舒巴坦与头孢哌酮合剂、他唑西林与哌拉西林合剂等。治疗各类产 β-内酰胺酶的敏感菌所致的感染。

(二) 头霉素类

头霉素类

头霉素类（cephamycins）具有头孢菌素的母核，并在 7 位 C 原子上有一个反式的甲氧基，系由链霉菌产生的头霉素 C 经半合成改造侧链而制得。常见主要品种为头孢西丁（cefoxitin）、头孢美唑（cefmetazole）和头孢米诺（cefminox）等。

头霉素类药对 G^+ 菌的作用显著低于第 1 代头孢菌素，但对 G^- 菌作用优异。本类药物的耐革兰阴性菌 β-内酰胺酶性能强。头孢西丁的抗菌谱类似第 2 代头孢菌素，其他几种则与第 3 代头孢菌素相近，本类药物对厌氧菌如脆弱拟杆菌有较强的作用。临床常用于敏感菌所致呼吸道、尿路等感染；用于需氧菌与厌氧菌的混合感染如腹腔感染；用于腹腔或盆腔手术的预防用药等。

(三) 碳青霉烯类

碳青霉烯类（carbapenems）是由青霉素结构改造而成的一类新型 β-内酰胺类抗生素，其结构与青霉素类的青霉环相似。已有品种包括亚胺培南（imipenem）、美洛培南（meropenem）、帕尼培南（panipenem）、法罗培南（faropenem）、比阿培南（biapenem）及厄他培南（etapenem）。具有超广谱的、极强的抗菌活性，以及对 β-内酰胺酶高度的稳定性。亚胺培南可被肾去氢二肽酶水解失活，故通常和该酶的抑制剂西司他丁制成复方制剂，主要用于多重耐药菌感染和 3、4 代头孢类疗效不理想的感染。其他的培南类单独应用有强效。本类药物不良反应少，超剂量使用可出现头痛、耳鸣、听觉丧失、肌肉痉挛、神经错乱、癫痫等。

(四) 拉氧头孢

拉氧头孢（latamoxef）抗菌谱广，类似于第 3 代头孢菌素，对 G^+ 菌和 G^- 菌均有显著的抗菌活性。大肠杆菌、流感杆菌、克雷伯菌、各种变形杆菌、肠杆菌属、柠檬酸杆菌、沙雷杆菌等常对本品高度敏感。临床上用于上述敏感菌所致肺炎、气管炎、胸膜炎、腹膜炎以及皮肤和软组织、骨和关节、五官、创面等部位的感染，还可用于败血症和脑膜炎。

第二节　其他作用于细胞壁的抗生素

其他作用于细菌细胞壁合成的药物有万古霉素、磷霉素、达托霉素等，万古霉素的抗菌机理是与细胞壁合成原料 D-丙氨酸二肽结合，阻断转糖酶、转肽酶、及羧肽酶的作用，抑制肽聚糖生成，从而抑制细菌胞壁的合成，导致细菌的死亡。磷霉素抑制 N-乙酰葡萄糖胺转移酶而抑制细胞壁合成，达托霉素通过扰乱细胞膜对氨基酸的转运，从而阻碍细菌细胞壁肽聚糖的生物合成，抑制细菌细胞壁合成；它还能通过破坏细菌的细胞膜，使其内容物外泄。

万古霉素和去甲万古霉素为化学结构相似的糖肽类抗生素，分别从东方链球菌和奴卡菌属培养液提取。

【药理作用】　对革兰阳性细菌，包括肺炎链球菌、草绿色链球菌及肠球菌，特别是对耐甲氧西林的金黄色葡萄球菌（MRSA）和表皮葡萄球菌（MRSE）有强大的杀灭作用等。炭疽杆菌、白喉棒状杆菌、破伤风菌、梭状芽胞杆菌等均对其敏感。此药很少产生耐药性，即使产生也发展很慢，并且与其他抗菌药不出现交叉耐药现象。其他多种抗菌药耐药菌如 MRSA 及对青霉素耐药和其他抗菌药物均耐药的肺炎链球菌亦对其敏感。

【作用机理】　与细胞壁合成成分 N-乙酰胞壁酸五肽结合，抑制肽聚糖合成中的转糖酶、转肽酶，阻断细胞壁合成（图 41-2），发挥杀菌作用。

【临床应用】　主要用于治疗耐药菌引起的感染和广谱抗菌药引起的伪膜性肠炎（二重感染）。

【不良反应】　①耳毒性，如听力减退，严重时耳聋，及时停药后可逐渐恢复；②肾毒性，如肾小管的损害，少数患者出现间质性肾炎；③变态反应，如发热、皮疹等。

替考拉宁

替考拉宁（tecoplanin）是从游动放线菌提取出来的糖肽抗生素，其作用机理、抗菌谱及抗菌活性均与万古霉素类似。对金黄色葡萄球菌的作用比万古霉素更强，且不良反应少。主要用于革兰阳性耐药菌引起的严重感染。

达托霉素

达托霉素（daptomycin）为肽内酯类结构，是继万古霉素之后的第二代糖肽类抗生素药，是自链霉菌发酵液中提取得到的一个环酯肽类物质，它化学结构新颖，作用机理与其他抗生素不同。

【药理作用】 对需氧的革兰阳性菌有较强的杀菌作用，对 MRSA、糖肽类药物中度耐药的金黄色葡萄球菌（GISA）、耐万古霉素的肠球菌（VRE）、耐青霉素肺炎链球菌（PRSP）及万古霉素依赖性肠球菌（VDE）等均有良好抗菌作用。

【作用机理】 通过扰乱细胞膜对氨基酸的转运，从而阻碍细菌细胞壁肽聚糖的生物合成。

【临床应用】 金黄色葡萄球菌（包括甲氧西林耐药）导致的伴发右侧感染性心内膜炎的血流感染（菌血症）。如果确定或怀疑的病原体包括革兰阴性菌或厌氧菌，则临床上可采用联合抗菌治疗。

【不良反应】 便秘、肠道菌群失调、注射局部刺激、头痛等。

磷霉素

磷霉素（phosphonomycin）为从土壤链丝菌分离得到的抗生素，化学结构独特，与其他抗生素无交叉耐药性和交叉变态反应，抗菌谱广、为快速杀菌剂、毒性低。

【体内过程】 磷霉素口服后自胃肠道吸收 30%~40%，不受食物影响。也可肌内注射或静脉注射。本品不与血浆蛋白结合，$t_{1/2}$ 为 1.5~2h，肾功能减退时略有延长。吸收后，磷霉素广泛分布于肾、心、肺、肝等器官，在胎儿循环、胆汁、乳汁、骨髓及脓液中也有相当浓度，亦可进入胸水、腹水、淋巴液、支气管分泌物和眼房水中，以肾组织浓度为最高。亦可透过血-脑屏障。口服本品主要经尿、粪排出，注射后 24h 内有 90% 自尿中排出。

【药理作用】 抗菌谱广，对葡萄球菌、大肠杆菌、志贺菌属、沙雷菌属有较高抗菌活性；对部分厌氧菌、铜绿假单胞菌、变形杆菌、产气杆菌、肺炎球菌及链球菌、肺炎球菌等也具有一定活性，但较青霉素类和头孢菌素类抗菌活性弱；对铜绿假单胞菌的作用较羧苄西林弱。细菌对磷霉素与其他抗生素之间不产生交叉耐药，与 β-内酰胺类、氨基糖苷类联用常呈协同作用，且可减少细菌耐药性的产生。

【作用机理】 磷霉素抑制细菌细胞壁的早期合成，其分子结构与盐酸烯醇丙酮酸相似，故可竞争同一转移酶，阻抑细菌细胞壁合成（图 41-1）。

【临床应用】 金黄色葡萄球菌、大肠杆菌、铜绿假单胞菌、产气杆菌等所致的败血症。骨髓炎、肺部感染、脑膜炎等严重感染需大剂量静脉给药，每日给药量可至 12~16g。口服用药主要治疗轻、中度感染，如头面部五官感染、肺部感染、尿路感染、肠道感染和皮肤软组织感染等。

【不良反应及注意事项】 不良反应发生率为 10%~17%，主要不良反应为轻度胃肠反应，如恶心、纳差、中上腹部不适、稀便或轻度腹泻，一般不影响继续用药。偶见皮疹、嗜酸性粒细胞增多及丙氨酸氨基转移酶升高。肌内注射局部疼痛较剧。磷霉素钠的含钠量约为 25%，心脏、肾脏功能不全、高血压等患者慎用。孕妇慎用。

【药物相互作用及禁忌证】

1. 磷霉素与 β-内酰胺类、氨基糖苷等抗生素合用常呈协同作用，并同时减少或延迟细菌耐药性的产生。严重感染时除应用较大剂量外，尚需与上述抗生素合用，用于金黄色葡萄球菌感染宜与红霉素、利福平等合用。

2. 与一些金属盐可生成不溶性沉淀，勿与钙、镁等盐相配伍。

【案例及思考题】 患者，男，70 岁，因左基底节脑出血并脑疝术后 1 个月，肺部感染 20 日，转入重症监护病房，转入诊断：①肺部感染；②左基底节脑出血并脑疝术后。患者转入时深昏迷、痰多，转入后气管插管呼吸机治疗。体温波动在 38.0~39.0℃，第 1 次痰培养结果：产碱假单胞菌，对哌拉西林/他唑巴坦、亚胺培南/西司他丁中敏，对氟喹诺酮类耐药。临床选用哌拉西林/他唑巴坦 4.5g/8h 联合阿米卡星 0.4g/d 静脉滴注 3 日，患者仍发热，最高体温在 38.0~38.3℃。第 2 次痰培养回报为铜绿假单胞菌，对哌拉西林/他唑巴坦中敏，对亚胺培南耐药。继续用哌拉西林/他唑巴坦 4.5g/6h，联合阿奇霉素注射液 0.25g/d 静脉滴注，患者于用药 48h 后体温下降，5 日后体温正常，肺部感染得到有效控制。

问题：
1. 亚胺培南/西司他丁临床主要治疗哪些感染？
2. 哌拉西林/他唑巴坦合用的意义是什么？

（王银叶）

第四十二章 大环内酯类及林可胺类

大环内酯类抗生素（macrolides）是由链霉菌产生的，基本结构由一个多元内酯大环附着一个或多个脱氧糖组成，代表药物为红霉素。根据大环内酯类的化学结构，分为14元环，如红霉素、克拉霉素、罗红霉素、地红霉素等；15元环，如阿奇霉素；16元环，如麦迪霉素、螺旋霉素、乙酰螺旋霉素、交沙霉素、乙酰麦迪霉素等。主要对需氧 G^+、G^-、厌氧球菌、支原体属、衣原体属、军团菌属等有较好的作用。用于治疗呼吸道、皮肤软组织等感染，但由于抗菌谱相对较窄，生物利用度低，应用剂量较大而不良反应亦多见，因此临床应用受到一定限制。新大环内酯类抗生素如克拉霉素、阿奇霉素和罗红霉素等对流感杆菌、卡他莫拉菌和淋病奈瑟菌的抗菌活性增强，对支原体属、衣原体属等病原体的作用也明显增强，大环内酯类主要不良反应为胃肠道反应，而新大环内酯类不易被胃酸破坏、生物利用度高、血药浓度高、半衰期延长、给药次数与给药剂量的减少而不良反应也相应地减少。

由于大环内酯类抗生素化学结构的相似性，而细菌对本类药相互间存在着不完全的交叉耐药性。

红霉素

【体内过程】 红霉素（erythromycin）可口服吸收，但食物和胃肠道酸性会推迟其吸收。血浆蛋白结合率为44%～73%，广泛分布于各组织和体液中，尤以肝、胆汁和脾脏的浓度最高，可高于血药浓度十几倍到几十倍；在皮下组织、痰及支气管分泌物中浓度也较高，并可到达母乳中，不易通过血-脑屏障。胆汁比血浓度高30倍。大部分在肝脏代谢成无活性代谢物，肝功能损害的患者可能出现药物积蓄的现象。部分在肝脏中浓缩并从胆汁排出，进行肠肝循环，约10%的药物以原型自肾小球滤过排出体外，部分经粪便排出。口服 $t_{1/2}$ 为1.4～2h，肾功能减退者 $t_{1/2}$ 为4.8～6h。

【药理作用】 对 G^+ 菌特别是对青霉素耐药的金黄色葡萄球菌有较强的抑制作用。G^- 的淋球菌、流感嗜血杆菌、百日咳鲍特菌、布氏杆菌、弯曲杆菌、军团菌等对红霉素高度敏感。此外，对支原体、放线菌、螺旋体、立克次体、衣原体、奴卡菌和阿米巴原虫有抑制作用。

【作用机理】 通过与细菌核糖体的50S亚基结合而抑制碳酰基转移酶，妨碍肽链的延伸而抑制细菌蛋白质合成（图42-1）。

【临床应用】
（1）主要用于耐药性金黄色葡萄球菌感染。

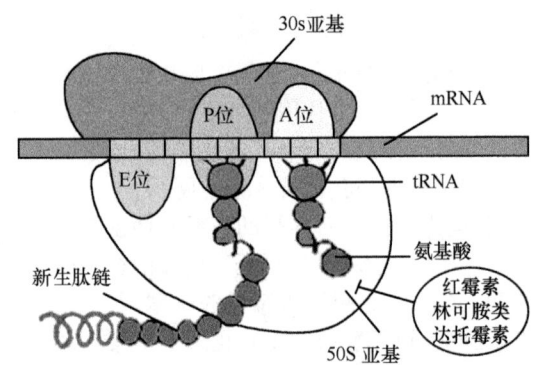

图42-1 抗菌药对细菌蛋白质合成的抑制作用机理

（2）对青霉素过敏患者的革兰阳性菌感染，如咽炎、扁桃体炎，轻、中度呼吸道感染，皮肤、软组织感染，白喉。

（3）用于军团菌病、支原体肺炎、衣原体引起的感染。

（4）眼膏剂主要用于治疗沙眼、结膜炎及角膜炎。

【不良反应】

1. 胃肠道反应 口服或静脉给药均可引起胃肠道刺激。

2. 肝损害和伪膜性肠炎 大剂量或长期应用可导致胆汁瘀积、氨基转移酶升高和伪膜性肠炎。孕妇及肝功能不全者不宜应用，婴幼儿慎用。

3. 变态反应 可见荨麻疹、药物热、嗜酸性粒细胞增多等。

【药物相互作用及禁忌证】

（1）红霉素可抑制卡马西平的代谢，导致后者的血药浓度增高而发生毒性反应。

（2）红霉素对氯霉素和林可霉素类有拮抗作用，不宜同用。

（3）红霉素可使长期服用华法林的患者的凝血酶原时间延长，从而增加出血风险，老年患者尤宜注意。两者必须同用时，华法林的剂量宜适当调整，并严密监测凝血酶原时间。

（4）除二羟丙茶碱外，红霉素与黄嘌呤类合用可使氨茶碱的肝清除减少，导致血清氨茶碱浓度升高和（或）毒性反应增加。这一现象在同用6日后较易发生。因此在两者合用疗程中和疗程后，黄嘌呤类的剂量应予调整。

（5）与其他肝毒性药物合用可能增强肝毒性。

（6）与耳毒性药物合用，尤其肾功能减退患者可能增加耳毒性。

(7) 与洛伐他丁合用时可抑制其代谢而使血药浓度上升，可能引起横纹肌溶解，与咪达唑仑或三唑仑合用时可减少两者的清除而增强其作用。

后来上市的一些大环内酯类，分别在药动学性质、不良反应或药理作用方面有改进。其他大环内酯类抗生素的特点见表42-1。

表42-1 其他大环内酯类的特点

大环内酯类名称	特点
克拉霉素（clarithromycin）	生物利用度较红霉素好，$t_{1/2}$为4.4h，较少胃肠道反应，酸中较稳定对革兰阳性菌作用较好
罗他霉素（rokitamycin）	不良反应发生率较红霉素低
麦迪霉素（medecamycin）	口服吸收好，半衰期约2.5h，不良反应较红霉素轻
罗红霉素（roxithromycin）	口服吸收好，$t_{1/2}$达8~16h
阿奇霉素（azithromycin）	口服吸收好，$t_{1/2}$达68h，对革兰阳性菌作用弱于红霉素，对革兰阴性菌作用强于红霉素，不良反应少
泰利霉素（telithromycin）	口服吸收好，$t_{1/2}$达10h，抗菌作用比阿奇霉素强。对其他大环内酯类耐药的细菌感染仍有效

克林霉素

林可霉素（lincomycin）由链丝菌产生的林可胺类抗生素，克林霉素（clindamycin）是林可霉素7位OH为Cl取代而成。两者具有相同的抗菌谱。由于克林霉素抗菌作用更强、毒性较小，故临床较林可霉素为常用。

【体内过程】 肌内注射后血药浓度达峰时间为1~3h。血浆蛋白结合率为92%~94%，本品体内分布广泛，可进入唾液、痰、呼吸系统、胸腔积液、胆汁、前列腺、肝脏、膀胱、阑尾、精液、软组织、骨和关节等，也可透过胎盘，但不易进入脑脊液中。在骨组织、胆汁及尿液中可达高浓度。在肝脏代谢，部分代谢物可保留抗菌活性。代谢物由胆汁和尿液排泄。约10%给药以活性成分由尿排出，其余以不具活性的代谢产物排出。血浆消除半衰期（$t_{1/2\beta}$）约为3h，肝、肾功能不全者，$t_{1/2\beta}$略有延长。

【药理作用】 抗菌谱与大环内酯类相似，但稍窄。对金黄色葡萄球菌（包括耐药金黄色葡萄球菌）、溶血性链球菌、草绿色链球菌、肺炎球菌均具强大抗菌活性。白喉杆菌、破伤风杆菌、产气荚膜杆菌及多数放线菌属对克林霉素敏感。对大多数厌氧菌都有良好抗菌作用。

【作用机理】 林可霉素与克林霉素与核糖体50S亚基结合，抑制肽酰基转移酶，使蛋白质肽链的延伸受阻（图42-1）。

【临床应用】 主要用于革兰阳性球菌及各种厌氧菌引起的感染。

(1) 对金黄色葡萄球菌引起的急性、慢性骨髓炎和化脓性关节炎非常有效。

(2) 对青霉素和头孢菌素类药物过敏的溶血性链球菌所致的咽喉、皮肤软组织感染、草绿色链球菌所致心内膜炎的患者疗效好。

(3) 对各种肺炎（包括小儿吸入性肺炎）、腹腔和盆腔厌氧菌感染、骨髓炎、褥疮、败血症均有效。

【不良反应及注意事项】
(1) 胃肠道反应：常见恶心、呕吐、腹痛、腹泻等；严重者有腹绞痛、腹部压痛、严重腹泻（伪膜性肠炎），伴发热、异常口渴和疲乏。

(2) 血液系统：偶可发生白细胞减少、中性粒细胞减少、嗜酸性粒细胞增多和血小板减少等；罕见再生障碍性贫血。

(3) 变态反应：可见皮疹、瘙痒等，偶见荨麻疹、血管性水肿和血清病反应等，可能引起肾功能损害和血尿。极少数严重病例出现的不良反应包括呼吸困难、过敏性休克、急性肾衰竭、过敏性紫癜、肝功能异常、胸闷、心悸、寒战、抽搐、高热、头晕、低血压、耳鸣、听力下降等。

(4) 静脉滴注可能引起静脉炎；肌内注射局部可能出现疼痛、硬结和无菌性脓肿。

应用时需注意以下几点：

(1) 慎用于下列情况：①胃肠道疾病或有既往史者，特别是患溃疡性结肠炎，局限性肠炎或抗生素相关肠炎的患者（本品可引起假膜性肠炎）；②肝肾功能减退；③肾功能严重减退；④有哮喘或其他过敏史者。

(2) 对实验室检查指标的干扰：服药后血清丙氨酸氨基转移酶和天冬氨酸氨基转移酶可有增高。

(3) 用药期间如出现排便次数增多，应注意假膜性肠炎的可能，需及时停药并作适当处理。轻症患者停药后即可能恢复；中等至重症患者需补充水、电解质和蛋白质。如经上述处理无效，则应口服甲硝唑，无效时可改用万古霉素（或者去甲万古霉素）口服。

(4) 为防止急性风湿热的发生，用本品治疗溶血性链球菌感染时，疗程至少为10日。

(5) 疗程长者需定期检测肝、肾功能和血常规。

(6) 严重肾功能减退和（或）严重肝功能减退，伴严重代谢异常者，采用高剂量时需进行血药浓度监测。

【药物相互作用及禁忌证】
(1) 可增强吸入性麻醉药的神经肌肉阻断现象，导致骨骼肌疲软及呼吸抑制或麻痹（呼吸暂停），在手术中或术后使用时应注意，以抗胆碱酯酶药物或钙盐治疗，但两者应避免合用。与抗肌无力药合用时将导致后者对骨骼肌的效果减弱。

(2) 与抗蠕动止泻药、含白陶土止泻药合用，在疗程中甚至在疗程后数周有引起伴严重水样腹泻的伪膜性肠炎的可能。因可使结肠内毒素延迟排出，从而导致腹泻延长和加剧，故不宜与抗蠕动止泻药合用。

（3）不宜与作用靶位相同的氯霉素或红霉素合用，合用会相互拮抗。

（4）与阿片类镇痛药合用时，其呼吸抑制作用与阿片类的中枢呼吸抑制作用相加而有可能导致呼吸抑制延长或引起呼吸麻痹（呼吸暂停），故必须对患者进行密切观察或监护。

【案例及思考题】 患儿，男，4岁，儿科住院。入院时均抽血测肝功能、心肌酶谱，行胸部X线摄片，采用ELISA法检测支原体肺炎抗体，诊断为诊断支原体肺炎，给予退热、止咳、平喘、雾化等对症治疗。在此基础上，先给予红霉素20~25mg/kg/d静滴，热退后予阿奇霉素静滴。治疗后肺部啰音消失，出院。

问题：

1. 为何用红霉素和阿奇霉素静滴治疗支原体肺炎？
2. 先静滴红霉素，后静滴阿奇霉素是什么原因？

（王银叶）

第四十三章　氨基糖苷与多黏菌素类抗生素

第一节　氨基糖苷类

氨基糖苷类（aminoglycosides）抗生素是一类由多个氨基糖与一个氨基环醇通过氧桥连接而成的苷类，它们结构相似，抗菌作用相近。它们有相似的性质，如需注射给药，主要对革兰阴性菌作用强，作用机理是抑制敏感菌的蛋白质合成，早期的品种都有耳毒性和肾毒性等。

有来自链霉菌的链霉素（streptomycin）、大观霉素（spectinomycin），来自小单孢菌的庆大霉素（gentamycin）等天然氨基糖苷类，还有阿米卡星（amikacin）、妥布霉素（tobramycin）、奈替米星（netilmicin）等半合成氨基糖苷类，这些新的半合成品均有各自的优点，如不良反应轻、抗菌谱广或对其他品种耐药的细菌感染仍有效。

一、氨基糖苷类的共性

【体内过程】　此类药在胃肠道不易吸收，肌内注射吸收迅速而完全，给药后 30～90min 达峰浓度，除链霉素外，该类药物血浆蛋白结合率低。因极性大不易进入细胞内，组织中的血药浓度仅为血药浓度的 25%～50%，药物主要分布于细胞外液、腔液、心包液等，在内耳淋巴液及肾皮质高浓度蓄积，内耳淋巴液中药物浓度下降很慢、肾皮质药物浓度可达血药浓度的 10～50 倍。不易透过血-脑屏障，但可透过胎盘影响胎儿。此类药在体内不被代谢，90%以原型经肾排出，故尿液中药物浓度很高。$t_{1/2}$ 为 2～3h，肾衰竭患者 $t_{1/2}$ 明显延长。

【药理作用】　对各种需氧革兰阴性菌具高度抗菌活性，如大肠杆菌、克雷伯菌属、肠杆菌属、变形杆菌属。对沙雷菌属、产碱杆菌属、布氏杆菌、沙门菌、痢疾杆菌、嗜血杆菌、分枝杆菌也有抗菌作用。庆大霉素、阿米卡星、妥布霉素对铜绿假单胞菌有效，其中妥布霉素作用最强。

【作用机理】　本类药的作用机理包括对细菌蛋白质合成的影响及影响细菌的细胞膜通透性。①氨基糖苷类对敏感细菌蛋白质生物合成的三个阶段都有影响。起始阶段：氨基糖苷类与 30S 结合，抑制核糖体 70S 始动复合物的形成。肽链延伸阶段：选择性地与 30S 亚基上的靶蛋白 A 位结合，造成 mRNA 上的密码错译，形成无用或异常蛋白质。终止阶段：阻碍肽链释放因子进入 A 位，使已形成的多肽链无法释放，抑制了菌体内 70S 核糖体解离，导致核糖体的耗竭（图 43-1）。②与细菌细胞膜结合，使细胞膜缺损，通透性增加，细胞内重要物质外漏，从而导致细菌死亡。

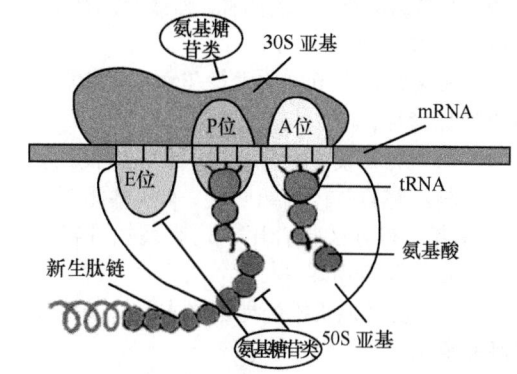

图 43-1　氨基糖苷类抗生素在细菌核糖体上的作用位点

【不良反应及注意事项】

1. 耳毒性　因易在内耳淋巴液蓄积，故引起耳毒性。耳毒性包括前庭功能障碍和耳蜗听神经损伤。前庭功能障碍表现为头昏、视力减退、眼球震颤、眩晕、恶心、呕吐和共济失调，其发生率依次为新霉素＞卡那霉素＞链霉素＞奈替米星、阿米卡星、庆大霉素＞妥布霉素。耳蜗听神经损伤表现为耳鸣、听力减退和永久性耳聋，其发生率依次为新霉素＞卡那霉素＞阿米卡星＞西索米星＞庆大霉素＞链霉素。氨基糖苷类抗生素的耳毒性直接与其在内耳淋巴液中较高浓度分布有关。应避免与高效利尿药或顺铂等其他有耳毒性的药物合用。

2. 肾毒性　氨基糖苷类抗生素主要以原型由肾脏排泄，药物大量蓄积在肾皮质，故可引起肾毒性。轻则引起肾小管肿胀，重则产生肾小管急性坏死，但一般不损伤肾小球。肾毒性通常表现为蛋白尿、管型尿及血尿等，严重时可产生氮质血症和导致肾功能降低。肾毒性依次为庆大霉素＞阿米卡星＞妥布霉素＞奈替米星＞链霉素。老年人及肾功能不全者慎用，忌与有肾毒性药物合用。

3. 神经肌肉阻滞作用　最常见于大剂量腹膜内或胸膜内应用后，也偶见于肌内或静脉注射后。其原因可能是药物与 Ca^{2+} 络合，抑制神经末梢 ACh 的释放，并降低突触后膜对 ACh 敏感性，造成神经肌肉接头传递阻断，引起呼吸肌麻痹，严重时可致呼吸停止。肾功能减退、血钙过低及重症肌无力患者易发生，可用葡萄糖酸钙和新斯的明治疗。氨基糖苷类引起神经肌肉麻痹的程度依次为庆大霉素＞妥布霉素＞阿米卡星＞奈替米星＞链霉素。

4. 变态反应 引起嗜酸性粒细胞增多、各种皮疹、发热等，也能引起严重过敏性休克。一般而言，链霉素的过敏性休克发生率仅次于青霉素，但死亡率高。一旦发生，立即皮下或肌内注射肾上腺素或静脉滴注葡萄糖酸钙进行抢救。

【药物相互作用及禁忌证】

（1）与青霉素合用会使其灭活，应禁止同容器使用。

（2）与多黏菌素、甲氧西林、强效利尿药等并用，其肾毒性明显增强。

（3）与氨茶碱合用可使本类药物作用增强，出现或者增加耳毒性。

（4）与万古霉素合用可加重听神经及肾功能损害。

（5）与红霉素、丙硫氧嘧啶、β受体阻滞剂、吲哚美辛等有耳毒性药物合用，均有增加耳毒性的危险，应尽量避免合用。

（6）镁盐及其他肌松药能增强本类药的肌松作用引起呼吸麻痹。

（7）在术前和术中合用本类药物和普鲁卡因可增加毒副作用，导致患者术后神经肌肉抑制。

（8）婴幼儿、手术患者慎用，重症肌无力者禁用。

二、常用的氨基糖苷类

庆 大 霉 素

庆大霉素（gentamicin）肌内注射吸收迅速而完全。在肾皮质中蓄积的药物可比血浆浓度高出数倍，停药20日后仍能在尿中检测到。

【抗菌作用】 对革兰阴性菌抗菌谱广且作用强，对革兰阴性肠道杆菌及铜绿假单胞菌有明显作用，奈瑟菌、流感杆菌、布氏杆菌对其敏感，对肺炎支原体和放线菌属也有作用；对部分革兰阳性菌如肺炎杆菌、金黄色葡萄球菌、表面葡萄球菌、炭疽芽胞杆菌、白喉杆菌也有抗菌作用。是治疗各种革兰阴性杆菌感染的主要抗菌药。

【临床应用】

（1）革兰阴性菌引起的泌尿道感染、肺炎、骨髓炎、腹膜炎、菌血症等。

（2）与青霉素或其他抗生素合用，协同治疗严重的肠球菌心内膜炎。

（3）与羧苄西林合用用于铜绿假单胞菌感染。

（4）口服可用于肠道感染，也可用于术前预防和术后感染。还可局部用于皮肤及黏膜表面感染。

【主要不良反应】 庆大霉素的肾毒性较严重，也有耳毒性和变态反应。

链 霉 素

链霉素（streptomycin）是第一个氨基糖苷类抗生素，也是第一个用于治疗结核病的药物。链霉素肌内注射吸收快。容易渗入胸腔、腹腔、结核性脓腔和干酪化脓腔，并达有效浓度。

链霉素对多种革兰阴性菌均具有较强的杀灭作用，如鼠疫耶尔森菌、结核分枝杆菌等。链霉素是治疗土拉菌病（兔热病）和鼠疫的首选药，特别是与四环素合用已成为治疗这两类病的最有效手段。也与其他药合用治疗结核病。链霉素与青霉素合用可治疗溶血性链球菌、草绿色链球菌及肠球菌等引起的心内膜炎。

妥 布 霉 素

妥布霉素（tobramycin）肌内注射吸收迅速。可渗入胸腔、腹腔、滑膜腔并达有效治疗浓度。可在肾脏中大量积聚。对肺炎克雷伯菌、肠杆菌属、变形杆菌属及铜绿假单胞菌的抑菌或杀菌作用较庆大霉素强，且对耐庆大霉素菌株仍有效，适合治疗铜绿假单胞菌所致的各种感染，通常应与青霉素类或头孢菌素类药物合用。

阿 米 卡 星

阿米卡星（amikacin）是卡那霉素的半合成衍生物。肌内注射，主要分布于细胞外液，不易透过血-脑屏障。是抗菌谱最广的氨基糖苷类抗生素。其突出优点是对肠道革兰阴性杆菌和铜绿假单胞菌所产生的多种氨基糖苷灭活酶稳定，故对耐药菌感染仍能有效控制，常作为首选药。

奈 替 米 星

奈替米星（netilmicin）对肠杆菌科有强大抗菌活性。对革兰阳性球菌、葡萄球菌作用强于其他氨基糖苷类。除肠球菌外，对庆大霉素、西索米星、妥布霉素耐药菌也有较好的活性。与β-内酰胺类联合用药，对金黄色葡萄球菌、铜绿假单胞菌、肺炎克雷伯菌、肠球菌等均有协同作用。用于治疗各种敏感菌引起的严重感染。与β-内酰胺类联合用于儿童、成人粒细胞减少伴发热患者及病因未明发热患者的治疗。奈替米星的耳、肾毒性是本类中最低者，但仍应注意。

大 观 霉 素

大观霉素（spectinomycin）是由链霉菌产生的一种氨基环醇类（aminocyclitols）抗生素。对革兰阳性、革兰阴性菌均有较强作用，特别对淋病奈瑟菌有高度抗菌活性。用于无并发症的、对青霉素、四环素等耐药菌株引起的淋病，或对青霉素过敏的淋病患者及对β-内酰胺类、喹诺酮类不能耐受的患者。

其他氨基糖苷类抗生素还有小诺米星（micronomicin）、西索米星（sisomicin）、异帕米星（isepamicin）等。

第二节　多黏菌素类

多黏菌素（polymyxins）是多黏杆菌培养液中提得的一组多肽类抗生素，有5种成分（A、B、C、D、

E）。临床常用的是多黏菌素 B（polymyxin B）和多黏菌素 E（Polymyxin E）。

【体内过程】 多黏菌素口服不吸收，也不经黏膜或创面组织吸收，肌注后 2h 达峰浓度，在肝、肾、心、肺和肌肉组织有一定浓度，主要经肾排泄，$t_{1/2}$ 约为 6h，肾功能不全者 $t_{1/2}$ 会延长 2~3 天。

【药理作用与作用机理】 多黏菌素主要对革兰阴性菌有杀灭作用。因其分子中含有带正电荷的游离氨基能与革兰阴性菌细胞膜的磷脂中带负电荷的磷酸根结合，破坏膜的通透性，使菌体内重要成分，如氨基酸、核酸等大量漏出而死亡。敏感菌有大肠杆菌、克雷伯菌属、铜绿假单胞菌、沙门菌属、肺炎杆菌、流感杆菌和志贺菌属等。

【临床应用】 由于毒性较大，主要用于局部治疗敏感菌所引起的眼、耳、皮肤、黏膜感染及烧伤时铜绿假单胞菌感染。口服用于肠道术前准备。但近年来随着耐药菌的出现，临床应用又逐渐增加。

【不良反应及注意事项】 治疗剂量下可出现以下不良反应。

1. 肾小管的损害 可见蛋白尿、血尿，用量大可引起急性肾衰竭而死亡。

2. 神经系统毒性反应 面部感觉异常、头晕、乏力、大剂量、快速静滴时，因神经-肌肉阻滞会导致呼吸抑制。

3. 瘙痒、皮疹和药热等变态反应

应用时注意以下几点。

（1）老年人应根据肾功能确定剂量或给药间隔。因有肾毒性，妊娠妇女不宜使用。

（2）本品可能影响乳儿肠道菌群，哺乳期妇女宜慎用，肾功能不全者慎用。

（3）长期使用会产生耐药菌株及发生二重感染。

（4）过量可引起肾衰竭，过量药物不能用腹膜透析除去。

【药物相互作用及禁忌证】

（1）本品与磺胺嘧啶钠、碳酸氢钠、氢化可的松、细胞色素 C 及氯霉素有配伍禁忌。

（2）同时应用本品和头孢噻吩易发生肾毒性。

（3）本品不宜与其他肾毒性的药物合用。

（4）早产儿和 1 月龄以下新生儿禁用。

【案例及思考题】 患儿，女，18 个月，高热，腹泻，严重毒血症。诊断为感染性腹泻。处置：100mg 阿米卡星静滴 2 日。6 个月后听力受损就诊，诊断为不可逆耳聋。

问题：

本案例中的医生用药有什么失误？我们应从中接受哪些教训？

（王银叶）

第四十四章 四环素与氯霉素类抗生素

第一节 四环素类

四环素类（tetracyclines）抗生素是由放线菌产生的一类广谱抗生素，包括天然的金霉素（chlortetracycline）、土霉素（oxytetracycline）和四环素（tetracycline）及半合成衍生物美他环素（metacycline）、多西环素（doxycycline）、米诺环素（minocycline）等，由于天然品不良反应多而严重，且较多常见致病菌对四环素类耐药现象严重，四环素针剂和金霉素已淘汰。临床上主要用在四环素结构基础上半合成的米诺环素、多西环素，作为治疗立克次体、衣原体、支原体等引起感染的药物。

四 环 素

【体内过程】 口服吸收率为30%～40%。吸收受食物和金属离子的影响，后者与药物形成络合物使吸收减少。血浆蛋白结合率为55%～70%，可广泛分布于体内组织和体液，易渗入胸水、腹水、胎儿循环，但不易透过血-脑脊液屏障，能沉积于骨、骨髓、牙齿及牙釉质中。可分泌至乳汁，乳汁中浓度可达血药浓度的60%～80%，也可进入胎盘。主要自肾小球滤过排出体外，肾功能正常者$t_{1/2\beta}$为6～11h，肾功能减退时可明显延长，减慢清除。少量药物自胆汁分泌至肠道排出。

【药理作用】 为广谱抑菌剂，高浓度时具有杀菌作用。对常见的G^+菌、G^-菌及厌氧菌、多数立克次体属、支原体属、衣原体属、非结核分枝杆菌属、螺旋体都有作用。另外放线菌属、炭疽杆菌、单核细胞增多性李斯特菌、梭状芽胞杆菌、奴卡菌属等对本品敏感。对弧菌、鼠疫耶尔森菌、布鲁菌属、弯曲杆菌等G^-抗菌作用良好。

【作用机理】 四环素类通过特异性地占据细菌核糖体30S亚基的A位，阻止氨基酰-tRNA的结合，抑制肽连的延长，干扰细菌蛋白质的合成（图44-1）。

【临床应用】
（1）用于立克次体感染：如斑疹伤寒、恙虫病和Q热。
（2）衣原体感染：四环素口服或局部应用对鹦鹉热衣原体引起的鹦鹉热、对沙眼衣原体引起的尿道炎、子宫颈炎、性病淋巴肉芽肿、沙眼等均有疗效。多西环素为首选。
（3）支原体感染：对肺炎支原体引起的非典型肺炎有良好疗效。
（4）螺旋体感染：为治疗伯氏疏螺旋体所致慢性游走性红斑和回归热螺旋体引起的回归热最有效的药物。
（5）细菌性感染：可用于治疗霍乱和布鲁菌病等。

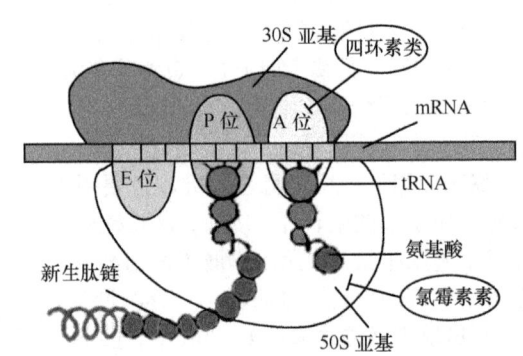

图44-1 四环素类和氯霉素类抑制细菌蛋白质合成的作用机理

【不良反应及注意事项】
1. 胃肠道反应 最为常见，在给药最初几日可出现恶心、呕吐、上腹不适、胃肠充气、厌食腹泻等症状。其反应发生率与剂量有关。
2. 二重感染 可抑制机体正常菌群，破坏其平衡的共生状态，使一些耐药菌和真菌得以大量繁殖，造成二重感染。
3. 影响骨骼牙齿生长 可与新形成的钙质结合，引起牙釉质发育不全、着色，并易形成龋齿，其损害程度可因药物、剂量和年龄等而异。多西环素的毒性远小于四环素。
4. 肝脏毒性 大剂量长期口服或静脉内给药（每日超过2g）可引起肝脏损害。孕妇伴有肾功能不良者尤易发生，有时可致死。成人静脉给药每日不应超过1g。
5. 变态反应 偶可引起药疹、荨麻疹、多形性红斑、湿疹样红斑等，有时也可见血管神经性水肿、丘疱疹、固定性红斑及轻症剥脱性皮炎等反应。

【药物相互作用及禁忌证】
（1）与抗酸药同用时，胃内pH增高，使吸收减少，药效降低。须同服时应间隔1～3h。
（2）可与含钙、镁、铁等金属离子的药物形成不溶性络合物，吸收减少。降血脂药考来烯胺或考来替泊可影响其吸收，须间隔数小时分开服用。
（3）与全身麻醉药甲氧氟烷、强利尿药呋塞米等合用时，可加重肾功能损害。
（4）与其他肝毒性药物（如抗肿瘤化疗药物）合用时可加重肝损害。

（5）可抑制血浆凝血酶原的活性，接受抗凝治疗的患者需调整抗凝药的剂量。

（6）怀孕5个月以上或哺乳妇女及小于7~8岁的小儿，肾衰患者，忌用本类抗生素。

随着新型抗菌药的出现，现四环素极少用于人类疾病的治疗，现主要作为禽畜类药物应用，细菌对四环素易产生耐药性，禽畜类产生的耐药菌有可能传给人类，应当重视。

【耐药机理】

（1）细菌对药物外排系统活性增强，导致细菌体药物浓度降低，药效降低或失去药效。

（2）细菌靶位结构改变，导致四环素不能与核糖体上的靶位结合，失去活性。

（3）细菌产生四环素灭活酶，导致四环素结构破坏而失活。

四环素与土霉素及多西环素等有交叉耐药性。

多 西 环 素

多西环素（doxycycline）抗菌谱与四环素基本相同，体内、外抗菌活性均较四环素强。口服吸收良好，$t_{1/2}$长达20h。主要用于治疗立克次体病，如斑疹伤寒、羌虫病及支原体、衣原体感染。尚可用于治疗霍乱；也用于青霉素过敏的钩端螺旋体病及放线菌属和李斯特菌感染。

主要不良反应为胃肠道反应，如恶心、呕吐、腹泻等，饭后服药可减轻。

米 诺 环 素

【体内过程】 口服吸收完全。口服后2~3h达药峰浓度，$t_{1/2}$为14h。体内分布广泛，胆汁和尿中药物浓度比血中高10~20倍。排泄特点为尿中排出少，粪便排出多，但排泄慢。

【抗菌作用】 抗菌谱与四环素相近，米诺环素（minocycline）具有高效和长效特点，在四环素类中抗菌作用最强。对敏感金黄色葡萄球菌、肺炎球菌、溶血性链球菌、草绿色链球菌、淋球菌、流感杆菌等的作用比四环素强2~4倍。对四环素耐药菌及耐青霉素的部分金黄色葡萄球菌、粪肠球菌和大肠杆菌也有一定抗菌活性。

【临床应用】 主要用于敏感菌引起的尿路感染、呼吸道感染、胃肠道感染、骨髓炎等疾病的治疗，对疟疾、痤疮、酒糟鼻也有疗效。

【不良反应】 可引起前庭功能障碍，表现为恶心、呕吐、眩晕、眼花及运动失调。女性多见，停药后消失。

第二节 氯霉素类

氯 霉 素

氯霉素（chloramphenicol）为一种由委内瑞拉链霉菌（streptomyces Venezuela）中分离提取的广谱抗生素。曾广泛用于治疗各种敏感菌引起的感染，但因其有引起再生障碍性贫血的严重不良反应，现临床应用受到极大限制。

【体内过程】 口服吸收良好，容易进入心包液、胸液、关节腔液、眼房水及脑脊液。脑组织中的浓度可达血药浓度的9倍。因此，氯霉素特别适用于治疗细菌性脑膜炎与脑脓肿。

【药理作用】 氯霉素具有广谱抗菌作用。在需氧G^+菌中，对草绿色链球菌、白喉棒状杆菌、炭疽芽胞杆菌、金黄色葡萄球菌、溶血性链球菌、肺炎链球菌等均有抗菌作用；在需氧G^-菌中，对流感杆菌、志贺菌属、百日咳杆菌、淋球菌及脑膜炎球菌均有良好抗菌作用。对许多厌氧菌、产气荚膜杆菌、梭形杆菌属、脆弱拟杆菌等均有作用。此外，对大部分立克次体、衣原体和支原体均有效。

【作用机理】 氯霉素与细菌核糖体50S亚基结合抑制肽酰基转移酶的作用，从而抑制细菌蛋白质合成（图44-1）。

【临床应用】 由于氯霉素可引起严重的毒副作用，故临床仅用于①伤寒和副伤寒；②青霉素过敏的脑膜炎；③其他抗生素疗效不佳的化脓性脑膜炎；④立克次体感染。

【不良反应】

1. 抑制骨髓造血机能 表现为一是可逆的各类血细胞减少，其中粒细胞首先下降，氯霉素这一反应与剂量和疗程有关。一旦发现，应及时停药，可以恢复；二是不可逆的再生障碍性贫血，虽然少见，但死亡率高。此反应属于变态反应与剂量疗程无直接关系。为了防止造血系统的毒性反应，应避免滥用，应用时应勤查血象。

2. 二重感染 因其抗菌谱广，使体内正常菌群失调，引发新的感染。

3. 灰婴综合征 新生儿与早产儿剂量过大可发生循环衰竭。由于肝、肾功能发育不全，代谢、排泄能力差，导致药物在体内蓄积。因此，早产儿及出生两周以下新生儿应避免使用。

4. 其他 可导致胃肠道反应、肝脏损害、皮疹血管神经水肿等。在缺乏葡萄糖-6-磷酸脱氢酶患者易诱发溶血性贫血。

【耐药机理】 氯霉素经过长期临床应用，各类细菌可不同程度地对其产生耐药性，其机理是产生了氯霉素乙酰转移酶，使氯霉素中丙二醇基的3-羟位乙酰化，不能与细菌核糖体的50S亚基结合而失去活性。

甲砜霉素（thiamphenicol）为氯霉素的同类药，无论是口服或是注射给药后均能迅速而完全的吸收。其不良反应较轻，主要用于伤寒、副伤寒等沙门菌属引起的感染。

【案例及思考题】 患儿，男，6岁。根据临床表现及实验室检查确诊为化脓性脑膜炎，并在院外和/或本院给予足量足疗程的易透过血-脑屏障的药物（头孢曲松、氨苄西林、美罗培南、万古霉素等）抗感染治疗1~2个月脑脊液无改善征得家属同意并签字后加用氯霉素。剂量为75~100mg/kg/d，分3~4次。患儿给予氯霉素治疗的第1周每日查1次血常规，无不良反应后改为隔日1次，停药后每周查1次，持续监测3个月。治疗期间每周1次肝、肾功能检查，持续监测3个月。结果：脑脊液恢复正常，患儿痊愈。在用药18日时（脑脊液正常6日）出现骨髓抑制，表现为三系降低，立即停药，给予重组粒细胞生成因子，并输注悬浮红细胞1次，1日后血常规恢复正常，未再给予氯霉素应用，症状未复发，持续监测血象未再出现异常。

问题：

1. 患儿用氯霉素后为何要检测血常规和肝、肾功能三个月？
2. 氯霉素不良反应严重，本案例为何还要用其治疗？

（王银叶）

第四十五章 人工合成抗菌药

人工合成抗菌药主要有三大类，包括20世纪30年代发现的磺胺类、20世纪60年代发现的喹诺酮类及2000年发现的噁唑烷酮类。

第一节 磺胺类抗菌药

磺胺类是最早用于防治全身感染的人工合成抗菌药，具有抗菌谱广、性质稳定和体内分布广等特点。尽管在临床上用了80余年，目前有效的抗菌药品种丰富，但磺胺类药在控制鼠疫、奴卡菌病、流行性脑膜炎等细菌性感染性疾病方面仍有独特的优势和价值。

根据口服吸收程度和临床应用情况，磺胺药可分为三类：①用于全身感染的磺胺类（口服易吸收），如磺胺嘧啶（SD）、磺胺甲噁唑（SMZ）；②用于肠道感染的磺胺药（口服难吸收），如酞磺胺噻唑（PST）；③外用磺胺药，如磺胺醋酰（SA）、磺胺嘧啶银盐（SD-Ag）、磺胺米隆（SML），曾主要用于灼伤感染、化脓性创面感杂、眼科疾病等。

因磺胺药的作用是抑菌而不是杀菌，故要保证磺胺类药物的抗菌作用，必须在一段足够长的时间内维持有效的血药浓度。由于磺胺药只能抑菌而无杀菌作用，所以消除体内病原菌最终需依靠机体的防御能力。

一、磺胺类抗菌药的共性

【体内过程】 易吸收的磺胺药，口服后主要在小肠上段吸收，短、中效类口服后2～4h达血药浓度高峰，长效类需4～6h达血药浓度高峰。吸收后与血浆蛋白疏松结合，除磺胺嘧啶结合率在20%～25%外，其余多在90%左右。广泛分布于全身各组织和体液中，还可通过胎盘，进入胎儿体内。磺胺药在肝脏、肾脏中含量较高，在神经、肌肉及脂肪组织中含量较低。某些磺胺药，如SD、SMZ，与血浆蛋白结合少，能通过血-脑屏障，分布到脑脊液中，进入脑脊液量达血药浓度的40%～80%。磺胺类也可渗入胸腔、腹腔、滑膜腔和眼房水中。在肝脏中被乙酰化；大部分经肾小球滤过、小部分经肾小管分泌排泄。

各种磺胺药的溶解度都较小，易在肾小管中析出结晶，引起泌尿系统的不良反应。少数磺胺类药可自胆汁、乳汁、唾液、支气管中排出。难吸收磺胺类则主要经肠道排出。

【药理作用】 磺胺类药对多种革兰阳性菌和一些革兰阴性菌、奴卡菌属、衣原体属和某些原虫（如疟原虫和阿米巴原虫）均有抑制作用。在 G^+ 菌中高度敏感者有链球菌和肺炎球菌；中度敏感者有葡萄球菌和产气荚膜杆菌。G^-菌中敏感者有脑膜炎奈瑟菌、大肠埃希菌、变形杆菌、痢疾志贺菌、肺炎克雷伯菌、鼠疫耶尔森菌。

【作用机理】 细菌不能直接利用其生长环境中的叶酸，而是利用环境中的对氨苯甲酸（PABA）和二氢蝶啶、谷氨酸在细菌的二氢叶酸合成酶催化下合成二氢叶酸。二氢叶酸在二氢叶酸还原酶的作用下形成四氢叶酸，四氢叶酸作为一碳单位转移酶的辅酶，参与核酸前体物（嘌呤、嘧啶）的合成（图 45-1）。而核酸是细菌生长繁殖所必需的成分。磺胺药的化学结构与 PABA 类似，与 PABA 竞争二氢叶酸合成酶，影响了二氢叶酸的合成，因而抑制细菌生长和繁殖。

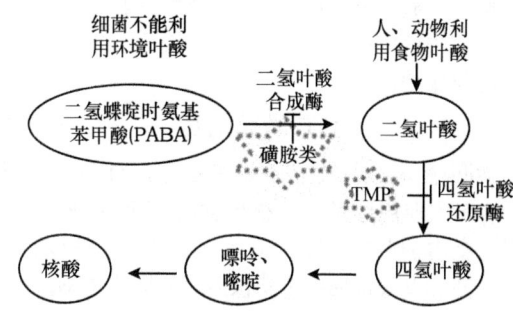

图 45-1 磺胺类及 TMP 的抗菌作用机理示意图

【耐药性】 细菌对磺胺类药物易产生耐药性，临床已发现多种耐药菌株。细菌对各类磺胺药物之间有交叉耐药性，但与其他类抗菌药间无交叉耐药现象。产生耐药性的原因可能是细菌改变代谢途径，如产生较多二氢叶酸合成酶，或可直接利用环境中的叶酸。

【不良反应及注意事项】 不良反应发生率约5%。主要有以下几方面。

1. 肾脏损害 由于磺胺药物溶解度低，尤其在尿液偏酸时，易在肾小管中析出结晶，引起血尿、尿痛、尿闭等症状。可采取下述措施来预防：碱化尿液和增大饮水量，增加尿中药物的溶解度，降低排出药物的浓度。老人和肾功能不良者慎用。

2. 变态反应 最常见为皮疹、药热。一般在用药后5～9日发生，特别多见于儿童。不同的磺胺药之间有交叉过敏，一旦发生变态反应，应立即停药。

3. 引起贫血 磺胺药能抑制骨髓白细胞形成，引起白细胞减少症，严重者引起再生障碍性贫血。偶见粒细胞缺乏，停药后可恢复。对先天缺乏6-磷酸葡萄糖脱氢酶者可引起溶血性贫血。

4. 黄疸 磺胺药可通过母体进入胎儿循环，与游离胆红素竞争血浆蛋白结合部位，使血中游离胆红素浓度升高，进入中枢引起导致黄疸。孕妇、新生儿尤其早产儿不宜使用。

【药物相互作用及禁忌证】
（1）磺胺与抗酸剂合用，可减少吸收
（2）碱性尿可增加磺胺的排出。
（3）甲苯磺丁脲与磺胺二甲异噁唑合用，增强其降糖作用。
（4）磺胺二甲基异噁唑可与速效巴比妥类竞争血浆白蛋白结合，两者合用可增强静注后患者的麻醉作用。

二、常用的磺胺类药及甲氧苄啶

磺 胺 嘧 啶

磺胺嘧啶（sulfadiazine）口服吸收好，易透过血-脑屏障，是奴卡菌病的首选药，与其他抗菌药合用治疗脑膜炎、奈瑟菌引起的流行性脑脊髓膜炎。与乙胺嘧啶联合用药治疗弓形体病；与甲氧苄啶合用可产生协同抗菌作用。

复方磺胺嘧啶

磺胺嘧啶与甲氧苄啶制成复方，称复方磺胺嘧啶。临床主要用于敏感菌株所致的下列感染。①大肠杆菌、克雷伯菌属、肠杆菌属、奇异变形杆菌、普通变形杆菌和莫根菌属敏感菌株所致的尿路感染。②肺炎链球菌或流感嗜血杆菌所致的急性中耳炎。③肺炎链球菌或流感嗜血杆菌所致的成人慢性支气管炎急性发作。

磺胺甲噁唑

磺胺甲噁唑（Sulfamethylisoxazole, SMZ）脑脊液中浓度低于SD，但仍可用于流行性脑脊髓膜炎的治疗，脑膜炎球菌所致流行性脑脊髓膜炎的预防；尿中浓度虽不及磺胺异噁唑，但与SD相似，主治大肠杆菌和变形杆菌引起的急性、慢性尿路感染；流感杆菌所致的中耳炎等。

复方磺胺甲噁唑

磺胺甲噁唑与甲氧苄啶制成复方制剂，产生协同抗菌作用，扩大临床适应证范围。对大肠杆菌、流感嗜血杆菌、金黄色葡萄球菌的抗菌作用较SMZ单药明显增强。此外在体外对沙眼衣原体、星形奴卡菌、原虫、弓形虫等亦具良好抗微生物活性。临床用于敏感菌引起的肠炎、尿路感染、心内膜炎、急、慢性支气管炎、淋病及骨髓炎等。

甲 氧 苄 啶

甲氧苄啶（trimethoprim）虽结构上不是磺胺，但抗菌谱和磺胺药相近，抗菌作用较强，对多种 G^+ 菌和 G^- 菌有效，但单用易引起细菌耐药。

【体内过程】 口服吸收迅速而完全，血浆浓度高峰常在服药后1～2h内达到。迅速分布全身组织及体液，肺、肾和痰液中。大部分以原型由肾排泄，尿中浓度约高出血浆浓度100倍，血浆 $t_{1/2}$ 约为10h，与SMZ相近。

【药理作用】 TMP与磺胺药合用，可使细菌的叶酸代谢遭到双重阻断，增强磺胺药的抗菌作用达数倍至数十倍，甚至出现杀菌作用，而且可减少耐药菌株的产生，对磺胺药已耐药的菌株也可被抑制。TMP还可增强多种抗生素（如四环素、庆大霉素等）的抗菌作用。

【作用机理】 TMP的抗菌作用机理是抑制细菌二氢叶酸还原酶，使二氢叶酸不能还原成四氢叶酸，阻止细菌核酸的合成（图45-1）。

【临床应用】 TMP常与SMZ或SD合用，治疗呼吸道感染、尿路感染、肠道感染和脑膜炎、败血症等。对伤寒、副伤寒疗效不低于氨苄西林，也可与长效磺胺药合用于耐药恶性疟的防治。

TMP毒性较小，不致引起叶酸缺乏症。大剂量（0.5g/d以上）长期用药可致轻度可逆性血象变化如白细胞减少、巨幼红细胞性贫血，必要时可注射四氢叶酸治疗。

第二节 喹 诺 酮 类

喹诺酮类（quinolones）是指含有4-喹诺酮类母核的合成抗菌药。依据上市先后可分为4代：第1代是1962年合成的萘啶酸（nalidixic acid），因吸收差、毒性大及抗菌作用差，已被淘汰；第2代是1973年合成的吡哌酸（pipemidic acid）等，主要用于革兰阴性菌引起的泌尿道和消化道感染；第3代是20世纪80年代以来问世的氟喹诺酮类（fluoroquinolones），其抗菌谱进一步扩大，对葡萄球菌等 G^+ 菌也有抗菌作用，对一些 G^- 菌的抗菌作用则进一步增强，如诺氟沙星、环丙沙星、氧氟沙星、左氧氟沙星、洛美沙星及氟罗沙星等；第4代喹诺酮类结构中引入8-甲氧基，加强了抗厌氧菌活性，而C-7位上引入氮双氧环则加强抗 G^+ 菌活性，不良反应更轻，对 G^+ 菌抗菌活性增强，对厌氧菌包括脆弱拟杆菌的作用增强，对肺炎支原体、肺炎衣原体、军团菌及结核分枝杆菌的作用增强，多数产品半衰期延长，如加替沙星与莫昔沙星等。具有抗菌谱广、抗菌力强、组织浓度高、口服吸收好、与其他常用抗菌药无交叉耐药性、抗菌后效应较长及不良反应相对较少等特点。属于静止期杀菌剂，已成为临床治疗细菌感染性疾病的重要药物。现临床上应用的主要是第3代和第4代含氟的喹诺酮。

一、氟喹诺酮类的共性

【体内过程】 大部分喹诺酮类药口服吸收迅速而完全,药峰浓度相对较高,除诺氟沙星和环丙沙星外,其余药物的吸收均达给药量的 80%~100%。药血浆蛋白结合率低,组织和体液中分布广泛,在肺、肝脏、肾脏、膀胱、前列腺、卵巢、输卵管和子宫内膜的药物浓度高于血药浓度。培氟沙星、氧氟沙星和环丙沙星可通过正常或炎症脑膜进入脑脊液达到有效治疗浓度。喹诺酮类药少量在肝脏代谢或经粪便排出,大多数主要是以原型经肾脏排出。

【抗菌作用】 喹诺酮类药是杀菌剂,对静止期和繁殖期细菌均有明显作用。血药浓度已降低到无法检测水平,仍在 2~6h 内对某些细菌有明显抑制作用,有明显抗菌后效应。第三代对革兰阴性菌,如大肠杆菌、变形杆菌、伤寒杆菌、沙门菌属及志贺菌属的部分菌株等作用进一步增强,对铜绿假单胞菌也有效,且抗菌谱扩大到金黄色葡萄球菌、肺炎链球菌、溶血性链球菌、肠球菌等革兰阳性球菌、衣原体、支原体、军团菌及结核分枝杆菌。第四代抗菌谱进一步扩大,对部分厌氧菌、革兰阳性菌和铜绿假单胞菌的抗菌活性明显提高,并具有明显抗菌后效应。

【作用机理】 在 G⁻菌中,喹诺酮类主要影响 DNA 螺旋酶,在 G⁺菌中,主要影响拓扑异构酶Ⅳ。DNA 螺旋酶是 2 个 A 亚基和 2 个 B 亚基组成的四聚体,A 亚基先将正超螺旋后链切开缺口,B 亚基结合 ATP 并催化其水解,使 DNA 的前链经缺口后移,A 亚基再将此切口封闭,形成 DNA 负超螺旋。喹诺酮类药物作用于 G⁻菌的 DNA 螺旋酶 A 亚基,抑制 DNA 螺旋酶的切口与封口活性(图 45-2),干扰 DNA 复制,最终导致细菌死亡。

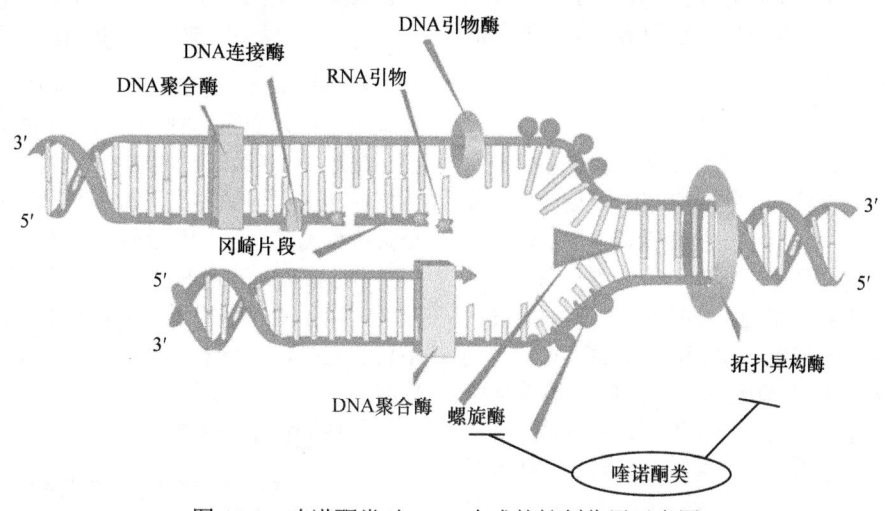

图 45-2 喹诺酮类对 DNA 合成的抑制作用示意图

拓扑异构酶Ⅳ在 G⁺菌的分裂过程中协助子代 DNA 的分离,将子代的 DNA 解环连。喹诺酮类抑制拓扑异构酶Ⅳ,影响子代 DNA 解环连而干扰 DNA 复制。见图 45-2。

【临床应用】 早期的 1 代、2 代喹诺酮应用范围窄,现在临床上已少用。氟喹诺酮类在临床上几乎可用于全身各系统的感染,特别是一些后上市的 3、4 代品种,如氧氟沙星、左氧氟沙星、洛美沙星、氟罗沙星、加替沙星与莫昔沙星等。

【不良反应及注意事项】 大多数患者可耐受,不良反应包括以下几方面。

1. 胃肠道反应 最常见味觉异常、食欲不振、恶心、呕吐、腹痛、腹泻及便秘等,与剂量有关。

2. 神经系统 头晕、头痛、失眠、眩晕及情绪不安等。严重时可发生复视、色视、抽搐、神志改变等。有中枢神经系统疾病或病史(尤其是有癫痫病史)的患者不宜用。

3. 变态反应 发生率 0.6%。可出现血管神经性水肿、皮肤瘙痒及皮疹等过敏症状。个别出现光敏性皮炎,以服用洛美沙星最为多见。用药期间应避免阳光直射。

4. 软骨损害 幼年动物负重关节有损伤,临床发现儿童用药后可出现关节疼痛和水肿,所以不宜用于 18 岁以下儿童、孕妇和哺乳妇。

与其他类抗菌药无交叉耐药性,细菌对喹诺酮类天然耐药率极低,但后天耐药却发展很快,该类药物之间有交叉耐药性。临床常见的耐药菌包括铜绿假单胞菌、肠球菌和金黄色葡萄球菌等,其耐药性与 gyr A 基因突变导致 DNA 回旋酶 A 亚基与药物的亲和力下降有关。

二、常用氟喹诺酮类药物

诺 氟 沙 星

诺氟沙星(norfloxacin)是第一个氟喹诺酮类药,对大多数 G⁻菌的抗菌活性与氧氟沙星相似,对金黄色葡萄球菌、肺炎链球菌、溶血性链球菌、肠球菌属等革兰阳性菌及厌氧菌作用不如氧氟沙星和环丙沙星。食物影响口服吸收。在粪便排出量最高可达给药量的53%，$t_{1/2}$为3~4h，在肾脏和前列腺和胆汁中的药物浓度高，主要用于肠道和泌尿、生殖道敏感菌感染，效果良好；对无并发症的急性淋病有效。

环丙沙星

环丙沙星（ciprofloxacin）。口服吸收较快，但不完全。胆汁中的浓度可超过血药浓度，当脑膜炎症时可进入脑脊液并达有效血药浓度。$t_{1/2}$为3.3~5.8h。对革兰阴性杆菌的体外抗菌活性是目前临床应用的氟喹诺酮类药物中最高的，其对铜绿假单胞菌、肠球菌、肺炎链球菌、葡萄球菌、军团菌、淋病奈瑟菌及流感杆菌的抗菌活性也高于其他同类药物；对某些耐氨基糖苷类及第三代头孢菌素类的耐药菌株仍有抗菌活性。主要用于治疗敏感菌引起的泌尿道、胃肠道、呼吸道、骨关节、腹腔及皮肤软组织等感染。静脉滴注时血管局部有刺激反应。

氧氟沙星

氧氟沙星（ofloxacin）口服吸收迅速完全，分布广泛。胆汁中的浓度最高，在脑脊液中有高浓度。尿中药物浓度在服药48h后仍维持在杀菌水平，体内抗菌活性约为诺氟沙星的3~5倍。$t_{1/2}$为5~6h。对革兰阳性菌作用比诺氟沙星强；对革兰阴性菌中肠杆菌科细菌的抗菌活性与诺氟沙星相似或稍高，对其他葡萄糖非发酵性革兰阴性菌的作用比诺氟沙星及庆大霉素强，但对铜绿假单胞菌的作用较诺氟沙星弱，对支原体和结核杆菌也有作用。主要用于敏感菌所致的泌尿道、呼吸道、胆道、皮肤软组织、耳鼻喉及眼部的感染。对已耐链霉素、异烟肼、对氨基水杨酸的结核杆菌仍有效，是治疗结核病的二线药物。主要有胃肠道反应，偶见神经系统症状和氨基转移酶升高。

左氧氟沙星

左氧氟沙星（levofloxacin）是氧氟沙星的左旋体，口服吸收迅速完全，$t_{1/2}$为5~7h。抗菌活性比氧氟沙星强2倍。对葡萄球菌和链球菌的抗菌活性是环丙沙星的2~4倍，对厌氧菌的抗菌活性是环丙沙星的4倍，对肠杆菌科的抗菌活性与环丙沙星相当。除对临床常见的G^+和G^-致病菌抗菌活性极强外，对支原体、衣原体和军团菌也有较强的杀灭作用。不良反应远低于氧氟沙星，是目前氟喹诺酮类药物中不良反应最小的。临床可用于呼吸系统、泌尿系统、胆囊、胆管、腹腔、骨、关节、外伤、烧伤、皮肤及五官科等感染。

洛美沙星

洛美沙星（lomefloxacin）口服吸收好，分布广。$t_{1/2}$ 7h以上，具有明显的抗菌后效应。对肠杆菌科的大多数菌属、奈瑟球菌属及军团菌高度敏感；中度敏感菌包括假单胞菌属和不动杆菌属；对葡萄球菌属具有较强抗菌活性，对衣原体、支原体、结核杆菌等也有作用。主要用于治疗敏感菌引起的呼吸道、泌尿道、消化道、皮肤、软组织和骨组织感染。不良反应主要是胃肠道反应、神经系统症状、变态反应等。洛美沙星最易发生光敏反应，其发生率随用药时间延长而增高。

氟罗沙星

氟罗沙星（feroxacin）口服吸收完全，绝对生物利用度接近100%。大部分以原型药物从尿中排出，$t_{1/2}$长达10h以上，可每日给药1次。对革兰阴性菌和革兰阳性菌、分枝杆菌、厌氧菌、支原体、衣原体均具有强大抗菌活性。主要治疗敏感菌所致的呼吸系统、泌尿生殖系统、胃肠道及皮肤软组织感染。不良反应主要是胃肠道反应和神经系统反应，个别患者出现光敏反应。

莫西沙星

莫西沙星（moxifloxacin）为第4代喹诺酮类。口服吸收率为90%，体内分布较环丙沙星广，$t_{1/2}$为12~15h。对多数革兰阳性和革兰阴性菌、厌氧菌、结核杆菌、衣原体和支原体作用强；对肺炎链球菌、金黄色葡萄球菌、支原体和衣原体作用明显强于环丙沙星；对肺炎链球菌和金黄色葡萄球菌作用超过司氟沙星。用于治疗呼吸道、泌尿道和皮肤软组织感染。不良反应少，至今未见严重变态反应，几乎没有光敏反应。

其他的沙星类见表45-1。

表45-1 其他沙星类药物的特点

药物	半衰期（h）	生物利用度（%）	药效及不良反应特点
依诺沙星（enoxacin）	3.3~5.8	90	抗菌谱广，对多重耐药菌也具有抗菌活性，有光敏反应
培氟沙星（pefloxacin）	11~13	90~100	可透过炎症时的脑脊液，抗菌谱广，对麻风杆菌也有抗菌活性
司氟沙星（sparfloxacin）	16~20	77	抗菌谱广，抗菌作用强，光敏反应严重
加替沙星（gatifloxacin）	8	98	几乎无光敏反应，但易引起血糖紊乱和心脏毒性
吉米沙星（gemifloxacin）	8	70	抗菌谱广，抗菌作用强，且对甲氧西林耐药金黄色葡萄球菌作用好，无光敏毒性

第三节 噁唑烷酮类抗菌药

利奈唑胺

利奈唑胺（linezolid）为首个应用于临床的噁唑烷酮类，于2000年由美国FDA批准上市的人工合成抗菌药，2007年进入我国。为特殊使用类别管理的抗菌药。其全新的结构和独特的作用机理对大多数革兰阳性菌引起的感染具有较好的治疗作用。尤其是临床上特殊的革兰阳性菌，包括多重耐药葡萄球菌、耐万古霉素肠球菌等有较强的抗菌效果。

【体内过程】 可静脉和口服给药，口服吸收快而完全，生物利用度100%，故可以先静脉注射后可迅速切换到口服且无需调整剂量。高脂食物可减少和延缓吸收，吸收后广泛分布，血浆蛋白结合率约31%，骨、肺、脑脊液中浓度较高。部分药物在体内代谢为非活性代谢产物。原型及代谢物经肝脏、肾脏清除，消除半衰期为3~7h。

【抗菌作用】 利奈唑胺对革兰阳性球菌包括甲氧西林耐药菌、万古霉素耐药肠球菌，青霉素耐药肺链球菌均有良好抗菌活性。

【作用机理】 利奈唑胺是细菌蛋白质合成抑制剂，与细菌核糖体50S亚基结合，从而阻止mRNA与30S、甲酰甲硫氨酰-tRNA（formylmethionyl-tRNA，fMET-tRNA）和起始因子的结合，而阻止70S始动复合体的形成，从而抑制了细菌蛋白质的合成（图45-3）。

由于利奈唑胺不影响肽基转移酶活性，只是作用于翻译系统的起始阶段，抑制mRNA与核糖体连接，因此对革兰阳性菌不易与其他抑制蛋白合成的抗菌药发生交叉耐药。

【临床应用】
（1）耐万古霉素的粪肠球菌引起的感染，包括并发的菌血症。其他万古霉素类及替考拉宁耐药菌感染

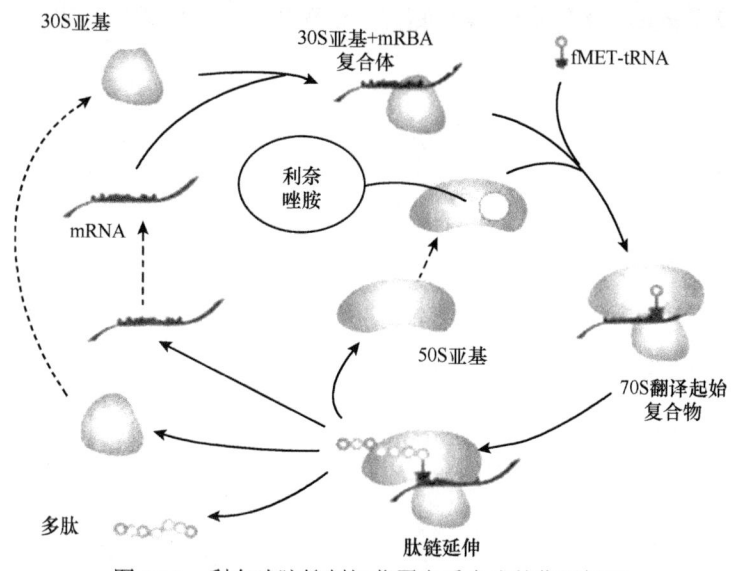

图45-3 利奈唑胺抑制细菌蛋白质合成的作用机理

或不能耐受万古霉素的感染。

（2）由金黄色葡萄球菌（包括甲氧西林耐药菌）或肺炎链球菌（包括多药耐药菌）引起的院内获得性肺炎。

（3）复杂性皮肤和皮肤软组织感染，包括由甲氧西林敏感或耐药的金黄色葡萄球菌、化脓性链球菌或无乳链球菌引起并发生骨髓炎的糖尿病足部感染。

【不良反应及注意事项】
（1）最常见的不良为腹泻、恶心。
（2）血小板减少，呈时间和剂量依赖性，国内患者的发生率高于国外。
（3）神经系统影响：头痛、周围与视神经病变、末梢神经炎、神经异常等。一般用药超过28日，不良反应较为严重。
（4）患者用药前检测血常规，血小板基础值低的患者应尽量避免与其他引起血小板减少的药物联用。治疗时间一般不宜超过2周，治疗期间及治疗后应密切监测血常规，根据血象及有无出血倾向及时采取措施，一旦发现血小板降低应立即停药。在治疗期间每2周检测血常规和肝功能，出现恶心和碳酸氢盐减少时，应检查血清乳酸，预计疗程超过28日时推荐常规做眼科和神经系统的检查。

【药物相互作用及禁忌证】
1. 利奈唑胺应避免与5-羟色胺再摄取抑制剂合用，用药前检查患者的合并用药，停用选择性5羟色胺再摄取抑制剂（最好有2周的洗脱期）、单胺氧化酶抑制剂、曲马朵、哌替啶等。当利奈唑胺必须与5-羟色胺类药物合用时，应密切观察患者是否出现5-羟色胺综合征的症状和体征，如认知障碍、高热、反射亢进和共济失调。如果出现了上述体征或症状，应考虑停用其中一种药物或两种药物均停用。

2. 利奈唑胺注射剂与盐酸氯丙嗪、地西泮、喷他脒异硫代硫酸盐、红霉素乳糖酸脂、苯妥英钠和甲氧苄啶/磺胺甲基异噁唑、两性霉素B、联合给药时，可导致物理性质不配伍；利奈唑胺注射液与头孢曲松钠合用可致两者的化学性质不配伍。

【案例及思考题】

案例 45-1 患者，女，78 岁，排除肺癌、肺结核、慢性支气管炎及严重肝肾功能不全。诊断为老年性重症肺炎。患者接受吸氧、平喘、祛痰等常规综合治疗，并给予莫西沙星静滴，400mg/d，疗程 1 周，1 周后改为莫西沙星口服，400mg/d，连用 5 日。疗效：患者体温恢复正常，体征症状好转，痰菌阴性。

问题：

老年性重症肺炎通常为混合感染，加之老年患者抵抗力低，故死亡率高，莫西沙星为何能够较好地治愈上述病例？

案例 45-2 患者，男，35 岁。发热，伴有头痛、呕吐，不时出现抽搐、昏迷等症状。急诊科就诊，确诊为化脓性脑膜炎。应用头孢曲松经验性抗感染治疗（2g，每日 2 次，静脉点滴）3 日后体温及外周血白细胞仍未恢复正常，在应用头孢曲松基础上，加用利奈唑胺注射液 600mg 每日 2 次静脉点滴治疗（两者间隔 6h 使用，并在使用利奈唑胺前后给予盐水冲管，以解决两者化学性质不能配伍问题）。患者根据病史及生化检查结果，常规给予降低颅内压、降温、止痉等对症治疗，每日测量体温、外周白细胞数，1 周后复查腰椎穿刺脑脊液白细胞数评价疗效。疗效：患者体温在治疗 8 日后恢复正常，外周白细胞数 9 日恢复正常，脑脊液白细胞数一周后接近正常。

问题：

头孢曲松治疗效果不佳，加用利奈唑胺可有效治疗化脓性脑膜炎，提示患者可能是什么菌引起的感染？

（王银叶）

第四十六章 抗结核病与抗麻风病药

第一节 抗结核病药

结核病（tuberculosis）是由结核分枝杆菌感染引起的慢性传染病，可侵犯全身多种组织和器官，引起肺结核、肾结核、骨结核、淋巴结核和结核性脑膜炎等，以肺结核最为常见。随着抗结核药物的不断发展和生活状况的改善，结核的发病率和死亡率曾一度大幅下降。20 世纪 80 年代后，由于艾滋病和结核分枝杆菌耐药菌株的出现、免疫抑制剂的应用、吸毒、贫困及人口流动等因素，全球范围内结核病的疫情骤然恶化，再度成为影响人类健康的一类重要传染病。利福平（rifampicin）、异烟肼（isoniazid）、乙胺丁醇（ethambutol）、链霉素（streptomycin）为第一线药物。利福平与异烟肼合用可以减少耐药性的产生。对严重感染，则以吡嗪酰胺（pyrazjnamide）与利福平及异烟肼合用。

一、一线抗结核病药

异 烟 肼

【体内过程】 异烟肼口服后迅速自胃肠道吸收，并分布于全身组织和体液中，包括脑脊液、胸水、腹水、皮肤、肌肉、乳汁和干酪样组织。并可穿过胎盘屏障，也易通过血-脑屏障。蛋白结合率仅约 10%。口服 1~2h 血药浓度可达峰值，但 4~6h 后血药浓度根据患者的乙酰化快慢而不一，快乙酰化者，$t_{1/2}$ 为 0.5~1.6h，慢乙酰化者为 2~5h，肝脏、肾脏功能损害者可能延长。主要在肝脏中乙酰化而成无活性代谢产物，有些具有肝毒性。约 70% 经肾脏排泄，亦可从乳汁排出，少量可自唾液、痰液和粪便中排出。

【药理作用与作用机理】 异烟肼是一种具有杀菌作用的合成窄谱抗菌药，对快速繁殖结核杆菌有强大杀菌作用，对缓慢繁殖菌群也有杀菌作用。对细胞内外及各种感染部位的结核杆菌都有效。对其他病原体无影响。

异烟肼在分枝杆菌内代谢成活化型，后者抑制结核杆菌 β-酮酯酰载体蛋白合成酶，从而抑制细胞壁的必要成分——分枝菌酸的合成，使细胞壁缺损、失去保护屏障而死亡。

【临床应用】 异烟肼是目前治疗各类结核病的首选药。治疗早期及预防用药时可单独应用，但单用易产生耐药性，常与其他抗结核药如利福平或（和）吡嗪酰胺联合应用，可增强疗效，延缓抗药性的发生。

【不良反应及注意事项】

1. 神经系统反应 用药剂量大或慢乙酰化型患者可引起周围神经炎，表现为手脚麻木感或步态不稳，反应迟钝；视物模糊或视力减退。也可引起头痛、头晕、兴奋、失眠等中枢神经兴奋症状。其原因是异烟肼结构与维生素 B_6 等相似，竞争抑制机体对维生素 B_6 的利用，预防性补充维生素 B_6 可防止或减轻症状。

2. 肝毒性 多见快代谢型患者、嗜酒者或合用利福平的患者，可损伤肝细胞，引起氨基转移酶升高和黄疸。

3. 其他 偶见发热、皮疹等变态反应；也会引起胃肠道反应，粒细胞、血小板减少及溶血性贫血。有癫痫及精神病史者及孕妇慎用。肝功能异常、精神病患者和癫痫患者禁用。

【药物相互作用及禁忌证】

（1）可加强香豆素类抗血凝药、某些抗癫痫药、降压药、抗胆碱药、三环抗抑郁药等的作用，合用时须注意。

（2）与乙硫异烟胺、吡嗪酰胺、利福平等其他有肝毒性的抗结核药合用时，可增加肝毒性，尤其是已有肝功能损害者或为异烟肼快乙酰化者，因此应尽量避免合用或在疗程的头 3 个月密切随访有无肝毒性征象出现。与对乙酰氨基酚合用时，由于异烟肼可诱导肝 CYP450，使前者形成毒性代谢物的量增加，可增加肝毒性及肾毒性。用药期间注意检查肝功能。嗜酒者、肝功能不良者、有精神病和癫痫病史者及孕妇慎用。卡马西平则可诱导异烟肼的微粒体代谢，增加具有肝毒性的中间代谢物形成。

（3）与肾上腺皮质激素（尤其泼尼松龙）合用时，可增加异烟肼在肝脏内的代谢及排泄，导致其血药浓度减低而降低疗效，快乙酰化患者更为显著，应适当调整剂量。

（4）与环丝氨酸合用时可加重中枢神经系统的不良反应（如头昏或嗜睡），需调整剂量。

（5）由于异烟肼为肝药酶抑制剂，与阿芬太尼、苯妥英钠、卡马西平或氨茶碱合用时，可延长它们的作用，剂量应适当调整。与双硫仑合用可增强其中枢神经系统作用，产生眩晕、动作不协调、易激惹、失眠等；与安氟醚合用可增加具有肾毒性的无机氟代谢物的形成。

（6）与酮康唑或咪康唑合用，可使后两者的血药浓度降低，故不宜合用。不宜与麻黄碱、颠茄同时服用，以免发生或增加不良反应。

【耐药性】 异烟肼单用时易产生耐药性，其原因可能与结核杆菌的药物靶位发生改变，使药物不能结合而失去活性。

利 福 平

本品为利福霉素的半合成衍生物,为结核病短期治疗成功的关键药物。

【体内过程】 口服吸收良好,服后 1.5～4h 血药浓度达峰值。血浆蛋白结合率为 80%～91%,可分布在大部分组织和体液,包括脑脊液,有炎症时脑脊液内药物浓度增加。可穿过胎盘,亦可经乳汁分泌。食物可减少药物吸收,消除半衰期 $t_{1/2\beta}$ 为 3～5h,多次给药后缩短为 2～3h。在肝脏中可被自身诱导微粒体酶作用而迅速去乙酰化,成为具有抗菌活性的代谢物去乙酰利福平,水解后形成无活性的代谢物由尿排出。主要经胆和肠道排泄,可进入肠肝循环,但其去乙酰活性代谢物无肠肝循环。在服用利福平的 6～10 日后其排泄率增加。利福平为橘红色,用药后泪液、唾液、尿液等可呈橘红色。

【药理作用】 对结核分枝杆菌和麻风分枝杆菌有强大抗菌活性,抗结核作用强度与异烟肼相当。此外对革兰阳性球菌和革兰阴性菌也有较强的抗菌作用。

【作用机理】 选择性地抑制敏感菌 DNA 依赖的 RNA 聚合酶活性,阻止细菌 RNA 合成。对哺乳动物的 RNA 聚合酶无影响,对敏感菌有较高的选择性。

【临床应用】 主要用于治疗结核性疾病,与其他抗结核药联合用于结核病初始与复治,包括结核性脑膜炎的治疗。也可治疗和预防细菌性脑膜炎,治疗耐药金黄色葡萄球菌和其他敏感菌引起的感染。也与其他药物联合应用治疗麻风。

【不良反应及注意事项】

1. 胃肠刺激 口服多见上腹部不适、恶心、呕吐、腹泻等胃肠道反应,但能耐受。

2. 肝毒性 少数患者可出现血清氨基转移酶升高、肝大和黄疸;大多数为一过性,可恢复。老年人、嗜酒者、肝功能异常者较易发生,与异烟肼合用会加重肝毒性。老年患者肝功能有所减退,用药量应酌减。原有肝病患者,仅在有明确指征情况下方可慎用,治疗开始前、治疗中严密观察肝功能变化,肝损害一旦出现,立即停药。

3. 变态反应 大剂量间歇疗法后偶可出现"流感样症候群",表现为畏寒、发热、呼吸困难、头昏、嗜睡及肌肉疼痛等,发生频率与剂量大小及间歇时间有关。偶可发生急性溶血或肾衰竭。

4. 动物实验有致畸作用 可透过胎盘,可经乳汁排泄。婴儿、3 个月以上孕妇和哺乳期妇女慎用。孕妇禁用。酒精中毒、肝功能损害者慎用。

5. 高胆红素血症 系肝细胞性和胆汁潴留的混合型,轻症患者用药中自行消退,重者需停药观察。血胆红素升高也可能是利福平与胆红素竞争排泄的结果。治疗初期 2～3 个月应严密监测肝功能变化。

6. 引起白细胞和血小板减少,并导致齿龈出血和感染、伤口愈合延迟等 此时应避免拔牙等手术并注意口腔卫生、刷牙及剔牙均需慎重,直至血象恢复正常。用药期间应定期检查周围血象。

【药物相互作用及禁忌证】

(1) 饮酒可致利福平性肝毒性发生率增加,并增加利福平的代谢,需调整利福平剂量,并密切观察患者有无肝毒性出现。

(2) 对氨基水杨酸盐可影响本品的吸收,导致其血药浓度减低;如必须联合应用时,两者服用间隔至少 6h。氯苯酚嗪可减少利福平的吸收,达峰时间延迟且半衰期延长。

(3) 本品与异烟肼合用肝毒性发生危险增加,尤其是原有肝功能损害者和异烟肼快乙酰化患者。

(4) 利福平与乙硫异烟胺合用可加重其不良反应。

(5) 利福平与咪康唑或酮康唑合用,可使后两者血药浓度降低,故本品不宜与咪唑类合用。

(6) 利福平诱导肝微粒体酶活性,与肾上腺皮质激素(糖皮质激素、盐皮质激素)、抗凝药、氨茶碱、茶碱、氯霉素、环胞素、维拉帕米、妥卡尼、普罗帕酮、甲氧苄啶、香豆素或茚满二酮衍生物、口服降血糖药、促皮质素、氨苯砜、洋地黄苷类、丙吡胺、奎尼丁、地西泮、苯妥因、左甲状腺素、美沙酮、美西律等合用时,可减弱这些药物的药效。因此除地高辛和氨苯砜外,在用利福平前和疗程中上述药物需调整剂量。与香豆素或茚满二酮类合用时应每日或定期测定凝血酶原时间,据此调整剂量。

(7) 可促进雌激素的代谢或减少其肠肝循环,降低口服避孕药的作用,导致月经不规则,月经间期出血和计划外妊娠。所以,患者服用利福平时,应改用其他避孕方法。

(8) 因诱导肝微粒体酶,增加抗肿瘤药达卡巴嗪(dacarbazine)、环磷酰胺的代谢,形成烷化代谢物,促使白细胞减少,因此需调整剂量。

(9) 丙磺舒可与利福平竞争被肝细胞的摄入,使本品血药浓度增高并产生毒性反应。但该作用不稳定,故通常不宜加用丙磺舒以增高本品的血药浓度。

(10) 对诊断的干扰:利福平可引起直接抗人球蛋白试验假阳性;干扰血清叶酸浓度测定和血清维生素 B_{12} 浓度测定结果;可使磺溴酞钠试验滞留出现假阳性;可干扰利用分光光度计或颜色改变而进行的各项尿液分析试验的结果;可使血液尿素氮、血清碱性磷酸酶、血清丙氨酸氨基转移酶、天冬氨酸氨基转移酶、血清胆红素及血清尿酸浓度测定结果增高。

利福喷丁和利福定

利福喷丁(rifapentine)和利福定(rifandin)为利福霉素衍生物,抗菌谱与利福平相同,对结核分枝杆菌作用比利福平强,与其他抗结核药,如异烟肼、乙胺丁醇、链霉素等有协同作用。对革兰阳性菌和革兰阴性菌也有较强作用。利福喷丁和利福定的半衰期分别是26h和6h。利福定的治疗剂量为利福平的1/3。利福喷丁服每周药两次和利福平每日服药的治疗效果相同，不良反应同利福平。

乙 胺 丁 醇

【体内过程】 口服大部分被吸收，2～4h血药浓度可达峰值。血浆蛋白结合率为20%～30%。广泛分布于全身组织和体液中（除脑脊液外）。肾脏、肺、唾液和尿内的药浓度较高；可透过胎盘，经乳汁分泌。主要经肝脏代谢，约15%的给药量代谢成为无活性代谢物。给药后24h约80%经肾脏排出；约50%以原型排泄，15%左右为无活性代谢物。在粪便中以原型排出约20%。$t_{1/2\beta}$ 为3～4h，肾功能减退者可延长至8h。肾功能不全时会发生蓄积中毒，应减少用量。

【药理作用】 对结核分枝杆菌具有较强的抗菌作用，而对其他细菌无效，作用比异烟肼、利福平和链霉素弱，但强于对氨基水杨酸。可渗入繁殖旺盛的结核菌体内，导致结核菌死亡。与其他抗结核药无交叉耐药性，对其他抗结核药耐药的结核杆菌仍有效。

【作用机理】 阿拉伯糖基转移酶是结核分枝杆菌细胞壁的主要成分阿拉伯聚糖生物合成途径中的关键酶，乙胺丁醇通过抑制阿拉伯糖基转移酶的活性，阻断阿拉伯聚糖的合成，使细胞壁缺损发挥抗结核作用。

结核杆菌对本品可缓慢产生耐药性。

【临床应用】 可用于经其他抗结核药治疗无效的病例，常与其他抗结核药联用，以增强疗效并延缓细菌耐药性的产生。常与异烟肼、利福平、链霉素及其他抗结核药物联合应用，治疗各种复治结核病。

【不良反应及注意事项】

1. 视神经炎 表现为视觉障碍、视野缩小、红绿色盲及失明等，应定期进行视觉、色觉、视野及眼底的检查。视神经炎患者慎用。

2. 胃肠道反应 表现为恶心、呕吐、腹泻等症状。如发生胃肠道刺激，乙胺丁醇可与食物同服减轻胃肠道刺激。

3. 变态反应 可见过敏性皮疹、周围神经炎、黄疸等。

4. 服用本品可使血尿酸浓度增高，引起痛风发作 在疗程中应定期测定血清尿酸，痛风和肾功能减退患者慎用。

肝或肾功能减退的患者可使乙胺丁醇血药浓度增高，半衰期延长，应用时需减量。

【药物相互作用及禁忌证】

（1）与乙硫异烟胺合用可增加不良反应。

（2）与氢氧化铝同用能减少本品的吸收。

（3）与神经毒性药物合用可增加本品神经毒性，如视神经炎或周围神经炎。糖尿患者禁用。

（4）动物实验有致畸性，孕妇慎用，乳幼儿禁用。

链 霉 素

本品是临床上使用最早的有效抗结核病药。体外可抑制结核杆菌生长，高浓度时有杀菌作用，体内只有抑菌作用。因不易通过血-脑屏障和细胞膜，对结核性脑膜炎和巨噬细胞内的细菌作用弱。单独使用易产生耐药，长期大量使用易造成耳毒性。为了避免产生耐药性，提高疗效，降低毒性，链霉素常与其他抗结核药联合使用治疗严重的结核病，如播散性结核病和结核性脑膜炎。

二、二线抗结核药

吡 嗪 酰 胺

本品为烟酰胺的衍生物，口服易吸收，2h达血药浓度高峰。分布广泛，肝脏、肺、脑脊液中浓度较高与血中浓度相近，半衰期为6h，主要在肝脏中代谢为吡嗪酸，经羟化成为无活性代谢物，经肾脏排出。对结核杆菌有抑制和杀灭作用，与利福平和异烟肼合用有明显协同作用，对异烟肼、链霉素耐药的结核菌也有抗菌活性，单用时易产生耐药性，与其他抗结核药无交叉耐药。本品为二线药物，常用于其他抗结核药治疗效果差的结核病。不良反应较多，主要表现为肝毒性，表现肝大、氨基转移酶升高、清蛋白减少等。可引起高尿酸血症，导致非痛风性关节炎。偶见变态反应，如发热、皮疹。

对氨基水杨酸

对氨基水杨酸（paraaminosalicylic acid，PAS）常用其钠盐或钙盐，口服易吸收，体内分布广泛，不易进入细胞内和脑脊液，主要在肝脏内代谢，由肾脏排出。对结核杆菌有抑菌作用，单独疗效较弱，弱于异烟肼、利福平、乙胺丁醇、链霉素等。与其他抗结核药联合使用抗菌活性增强。PAS 属于二线抗结核药与其他抗结核药联合应用治疗结核病。不良反应有恶心、呕吐、腹痛、腹泻、皮疹、发热、关节痛，白细胞减少，血小板减少，偶见贫血等。

环 丝 氨 酸

【体内过程】 环丝氨酸（cycloserine）口服吸收较快，3～4h血液浓度达峰值。广泛分布到身体组织和体液之中，脑髓液中的药物浓度与血液中近似。大部分以原型从尿液中排出，约35%被代谢。最低抑菌浓度为5～20μg/ml。血浆半衰期2～10h，65%以原形由尿液排出。

【药理作用】 具有广谱抗菌作用，对多数革兰阳性及革兰阴性菌均有抑制作用，但抑菌作用较弱，而对结核分枝杆菌具有较好的抑制作用，但仍较异烟肼、链霉素弱，优点是不易产生耐药性，对耐药结核菌也有效。本品是二线抗结核药物，能抑制结核杆菌生长，但作用相对一线药较弱，对结核病的疗效也较低，单用可产生耐药性，但耐药性比其他抗结核药发生缓慢，与其他抗结核药之间无交叉耐药性。

【作用机理】 抑制细菌细胞壁 N-乙酰胞壁酸五肽的合成，导致黏肽合成受阻，从而使细胞壁缺损，细菌死亡。

【临床应用】 主要用于耐药结核杆菌的感染。用于对一线抗结核药有耐药性结核杆菌的感染和对其他抗结核药不能耐受的患者。是主要的二线药物之一，通常采用联合用药。

【不良反应】

1. 神经系统反应 嗜睡、头痛、震颤、眩晕、定向障碍、视觉障碍、癫痫、抑郁、精神失常或错乱。

2. 胃肠道反应与变态反应 恶心、呕吐、食欲不振、腹胀、腹泻和药热。不良反应的发生与血药浓度及给药剂量相关，治疗时最好能控制血药浓度在 30mg/L 之内。

丙硫异烟肼

丙硫异烟肼（prothionamide）为异烟肼酸衍生物，化学结构、作用机理与异烟肼相近，抗菌作用弱。对异烟肼、链霉素产生耐药株仍有抗菌作用。丙硫异烟肼作为二线抗结核药，常与其他抗结核药联合应用治疗结核病。不良反应较多，常见有胃肠道反应，周围神经炎及肝损害，偶见精神障碍。

三、治疗多药耐药的抗结核药

贝达喹啉

贝达喹啉（bedaquiline）属于二芳基喹啉类化合物，与分枝杆菌 ATP 合成酶结合，影响 ATP 合成酶生物学功能，导致结核杆菌 ATP 耗竭、内环境稳态失衡，从而发挥抑菌和（或）杀菌作用。作为联合方案中的一部分，用于其他药物治疗无效的成人多药耐药肺结核。

莫西沙星（moxifloxacin）、左氟沙星（levofloxacin）等三代氟喹诺酮类在治疗多药耐药结核菌感染中也有重要位置。利奈唑胺（linezolid）为新型的抗结核药，仅用于对其他一线和二线抗结核药耐药的结核菌感染。

四、抗结核病药应用原则

1. 早期用药 早期病灶结核杆菌生长旺盛，对药物敏感，疗效较好。病灶局部血液循环无明显障碍，有利于药物渗入病灶内达高浓度，机体防御功能强也可达到很好的疗效。

2. 联合用药联合 使用药物的数量取决于疾病的严重程度、以前用药情况及结核杆菌对药物的敏感性。联合用药可提高疗效，降低毒性，延缓耐药性产生。至少应两种或三种药合用。多药联用中至少有两种药物应是敏感的。

3. 短程疗法 结核病为慢性病，需长期服药治疗。首先采用短程疗法进行强化治疗，能达到较好的疗效，一般疗程为 6～9 个月，适用于单纯性结核病的初治。目前常用的联合用药方案如利福平、异烟肼和吡嗪酰胺合用治疗 2 个月，以后继续用利福平和异烟肼治疗 4 个月。对于结核性脑膜炎、肾结核等严重疾病，可采用三种或四种药联合应用。短程疗法的优点为近期疗效好、毒性反应轻，减少耐药性的发生、用药量少、服药顺应性好、恢复快。

4. 长程疗法 联合用药治疗 6～9 个月后，症状消失，结核空洞关闭、痰菌为阴性，还要继续用药 12 个月进行强化治疗，减少复发。在巩固阶段可用间歇疗法。采用间歇疗法（每周用药 2 次）可减少用药次数，能达到与每日用药长疗程法相同的疗效。间歇疗法时药物剂量应加大，如利福平、异烟肼、乙胺丁醇都可加大剂量使用，虽然总量减少，单次剂量增加，不良反应也会增加，因此在强化阶段治疗时需注意药物的选择和剂量，以及注意观察患者对药物的不良反应。

5. 选择合适的剂量 用药剂量过大，易出现不良反应，剂量过小，疗效不显著，易使细菌产生耐药性导致治疗失败。

第二节 抗麻风药

麻风病是一种由麻风分枝杆菌（*M. Laprac*）引起的慢性传染性病。主要通过损伤皮肤、黏膜进入体内。后来发现在流行性麻风患者的鼻黏膜分泌物、痰、泪、乳汁、精液、阴道分泌物中均含有大量的麻风分枝杆菌，因此通过接触可传播。麻风杆菌可损害皮肤、周围神经淋巴结、眼球、生殖器、肝脏、脾脏、骨髓等。现使用的抗麻风药有氨苯砜、醋氨苯砜、利福平、氯法齐明等。

氨苯砜和醋氨苯砜

氨苯砜（dapsone，DDS）1943 用于治疗人类麻风病，是治疗麻风病最有效的药物。此外，苯丙砜、醋氨苯砜（acedapsone）也属砜类药物，是氨苯砜的衍生物，在体内经肝脏转化为氨苯砜或乙酰氨砜而产生抗麻风作用。

【体内过程】 口服吸收缓慢而完全，4～8h 达血药峰浓度，可分布于全身组织和体液中，血浆蛋白结合率为 70%，以肝脏、肾脏中浓度最高。病变皮肤部位药物浓度远高于正常皮肤。经肝乙酰化，可分为慢乙酰化型和快乙酰化型，前者较易出现不良反应。部分游离药经肝肠循环而吸收，半衰期为 10～50h，

70%~80%以代谢物从尿中排出，其余部分由汗液、唾液和粪便中排出，排泄较缓慢，易蓄积，常采用周期性间隙给药治疗，避免蓄积中毒。

【药理作用】 氨苯砜为抑菌剂，大剂量时可有杀菌作用，对麻风杆菌有较强的抑制作用，对革兰阳性和阴性细菌无抗菌作用。

【作用机理】 与磺胺类药物相似，作用于细菌的二氢叶酸合成酶，干扰叶酸的合成。两者的抗菌谱相似。

【临床应用】 作为麻风病首选药物，可单独使用或与其他抗麻发病药联合应用治疗。单独使用易产生耐药，长期使用时需与其他抗麻风病联合应用，可减少耐药性的产生。也用于疱疹样皮炎的治疗和脓疱性皮肤病、聚会性痤疮、银屑病、带状疱疹的治疗等。原发性和继发性耐氨苯砜麻风杆菌菌株日渐增多，氨苯砜不宜单独用于治疗麻风，应与利福平、氯法齐明、乙硫异烟胺、丙硫异烟胺、氧氟沙星、米诺环素、克拉霉素等联合应用。

皮损查菌阴性者疗程6个月，阳性者至少2年或用药至细菌转阴。对未定型和结核样麻风的治疗需持续3年，二型麻风需2~10年，瘤型麻风需终身服药。

【不良反应及注意事项】
（1）常见溶血性贫血，葡萄糖-6-磷酸脱氢酶（G-6-PD）缺乏者易出现。
（2）有时出现胃肠刺激症状，大剂量可致发热、肝损害和剥脱性皮炎。
（3）治疗早期或增量过快，可发生麻风症状加重反应，称为"砜综合征"。表现为发热、全身不适、剥脱性皮炎、肝坏死伴黄疸、淋巴结肿大、贫血等，认为是机体对菌体破裂后的磷脂类颗粒的免疫反应。应及时减量或停药，或改用其他抗麻风病药。并以酞咪哌啶酮、雷公藤、糖皮质激素类对症治疗。用药期间需定期查血象及肝肾功能。

应用时需注意以下几点。
（1）严重贫血，G-6-PD缺乏，变性血红蛋白还原酶缺乏症，肝脏、肾脏功能减退，胃与十二指肠溃疡及有精神病史者慎用。
（2）交叉过敏：砜类药物间存在交叉过敏现象。此外，对磺胺类、呋塞米类、噻塞类、磺酰脲类及碳酸酐酶抑制药过敏的患者亦可能对本品发生过敏。
（3）随访检查：①血常规计数，用药前和治疗第一月中每周一次，以后每月一次，连续6个月，以后每半年一次。②肝功能试验（如尿胆红素和谷冬氨酸氨基转移酶测定），治疗中患者发生食欲减退、恶心或呕吐时应作测定，如有肝脏损害，应停用本品。③肾功能测定，有肾功能减退者在治疗中应定期测定肾功能，适当调整剂量。
（4）快乙酰化型患者本品的血药浓度可能很低，需调整剂量。慢乙酰化型患者本品的血药浓度可能较高，亦需调整剂量。
（5）肾功能减退患者用药时需减量，如肌酐清除率低于4ml/min时需测定血药浓度，无尿患者应停用本品。
（6）用药过程中如出现新的或中毒性皮肤反应，应迅速停用本品。
（7）治疗中如出现严重"可逆性"反应（Ⅰ型）或神经炎时，应合用大剂量肾上皮质激素。
（8）治疗疱疹样皮炎时，应食用无麸质饮食，连续6个月，氨苯砜的剂量可减少50%或停用本品。

【药物相互作用及禁忌证】
（1）与丙磺舒合用可减少肾小管分泌砜类，使砜类药物血浓度高而持久，易发生毒性反应。因此在应用丙磺舒的同时或以后需调整砜类的剂量。
（2）利福平可使氨苯砜血药浓度降低1/10~1/7，故服用利福平的同时或以后应用氨苯砜时需调整剂量。
（3）不宜与骨髓抑制药物合用，因可加重白细胞和血小板减少的程度，必需合用时应密切观察对骨髓的毒性。
（4）与其他溶血药物合用时可加剧溶血反应。
（5）与甲氧苄啶合用时，两者的血药浓度均可增高，其机理可能是如下几点。①抑制氨苯砜在肝脏的代谢。②两者竞争在肾脏中的排泄，氨苯砜血药浓度增高可加重其不良反应。
（6）与去羟肌苷合用时可减少氨苯砜的吸收，因此如两者必须同用时应至少间隔2h。

利 福 平

利福平为抗结核病药，但对麻风杆菌有很强的杀菌作用，杀菌作用比其他抗麻风药强而迅速，对氨苯砜耐药株也有作用。常用与其他抗麻风药联合使用治疗麻风病。

氯 法 齐 明

氯法齐明（clofazimine）是一种吩嗪染料。口服吸收，可分布于体内各组织中，肝脏、胆汁、脾脏、肺、肾上腺、皮下脂肪、网状内皮系统中含量高。排泄缓慢，50%由粪便排出，半衰期达70日以上。对细胞麻风杆菌有杀菌作用，其强度在利福平与氨苯砜之间。作用机理主要是干扰麻风杆菌的核酸代谢，抑制菌体蛋白质合成。氯法齐明也有抗炎作用，能抑制麻风结节红斑反应。常与其他抗麻风药联合应用治疗麻风病，也用于麻风杆菌引起慢性皮肤溃疡。不良反应有色素沉着、胃肠道反应，少数患者可出现眩晕。

【案例及思考题】 患者，男，50岁，有癫痫病史。十余年一直服用苯妥英钠，癫痫控制良好。因结核病入院治疗，开始服用利福平450mg/d、异烟肼300mg/d、乙胺丁醇750mg/d，一周后癫痫发作。会诊后减少利福平用量至300mg/d，癫痫症状消失。
问题：
减少利福平用量为何会癫痫症状消失？

（王银叶）

第四十七章 抗真菌药

真菌（fungus）包括酵母、霉菌及食用菌等，真菌感染包括浅表感染和深部感染，浅表感染是由霉菌中的各种癣菌引起的，常侵犯皮肤、毛发、指（趾）甲等部位，引起手足癣、体癣、头癣等，发病率高，但危险性小。深部感染常由酵母菌中的白色念珠菌、新型隐球菌、荚膜组织胞质菌和皮炎芽生菌等引起，主要侵犯深部组织和内脏器官，发生率低，但危害性大，甚至可危及生命。

抗真菌药（antifungal agents）是具有抑制或杀灭致病真菌、用于治疗真菌感染性疾病的药物。灰黄霉素是20世纪30年代末期发现的第一个抗真菌抗生素、后来发现了制霉菌素和两性霉素B（amphotericin B）。20世纪60年代先后发现了克霉唑（clotrimazde）和系列康唑抗真菌药，使得真菌病的治疗有了重要进展。近些年上市的棘白菌素类（echinocandins）抗真菌药为新型抗真菌药。抗真菌药依据作用机理可分为如下几种。①影响真菌细胞膜的药物；②影响真菌细胞壁的药物；③影响真菌核酸合成的药物。

一、多烯类抗真菌药

两性霉素 B

本品从链霉菌属需氧型放线菌培养液中提取，分为A组分和B组分，B组分有抗菌活性，为多烯类结构的抗真菌药。

【体内过程】 口服、肌内注射很难吸收，必须静脉滴注。一次静脉滴注有效浓度可维持24h以上，血浆蛋白结合率在90%以上。体液中药物浓度较低，如胸水、腹水、滑膜腔液中浓度比同期血药浓度低一半，不易通过血-脑屏障。消除缓慢，$t_{1/2\beta}$ 为24~48h，由肾脏排泄。口服常用于胃肠内真菌感染。

【药理作用】 为广谱抗真菌药，对多种真菌如白色念珠菌、新型隐球菌、组织胞质菌、皮炎芽生菌、孢子丝菌、曲霉菌、毛霉菌等有强大的抑制作用，高浓度有杀菌作用。

【作用机理】 两性霉素B与真菌细胞膜的类固醇（麦角固醇）结合，增加细胞膜通透性，导致胞质内的电解质、氨基酸等物质外漏，引起真菌死亡（图47-1）。细菌细胞膜不含类固醇，故对细菌无作用。

【临床应用】 是治疗深部真菌感染首选药，用于各种真菌性肺炎、心内膜炎、脑膜炎及尿路感染等，治疗真菌性脑膜炎时，须加用小剂量鞘内注射。两性霉素B也可局部用于皮肤及黏膜的真菌感染。

【不良反应及注意事项】 两性霉素B不良反应多且严重。

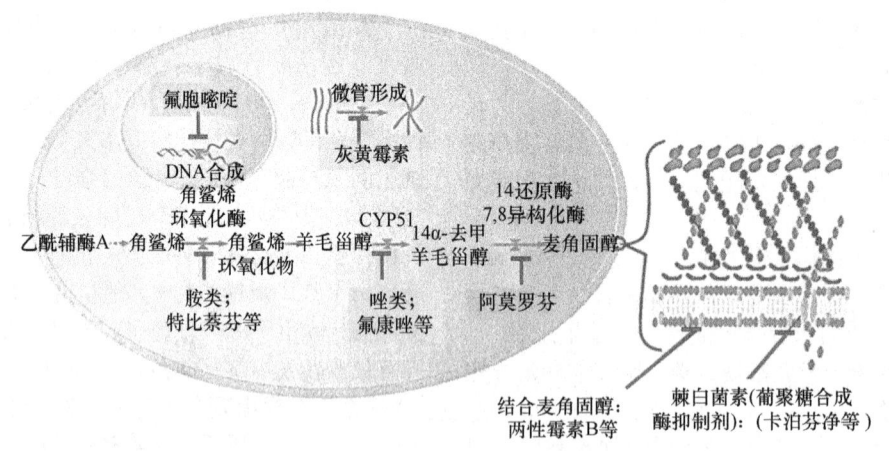

图47-1 抗真菌药的作用机理

（1）静滴给药后出现高热、寒战、头痛、恶心、呕吐等，并可有血压下降、眩晕、低血钾症等。偶见过敏性休克、皮疹等变态反应。

（2）大多数患者都出现肾功能损害，如尿中有白细胞、红细胞、蛋白质和管型，血尿素氮和肌酐升高，引起肾小管酸中毒。因此治疗期间需定期检查血、尿、肝、肾功能变化。

（3）少数患者出现肝细胞坏死、急性肝衰竭。

（4）鞘内注射可引起头痛、发热、呕吐、颈项强直、下肢疼痛等，重者下肢截瘫。

【药物相互作用及禁忌证】

（1）肾上腺皮质激素类药物除在控制两性霉素B的药物反应时可合用外，一般不推荐两者同时应用，因为肾上腺皮质激素类药物可能加重两性霉素B诱发的低钾血症，如需同用时肾上腺素宜给予最小剂量和最短疗程，并需监测患者的血钾浓度和心脏功能。

（2）两性霉素B应用时可能发生低钾血症，可增强潜在的洋地黄毒性反应，与洋地黄苷同用时应经常监测血钾浓度和心脏功能。

（3）氟胞嘧啶与两性霉素B同用可增强两者药效，但两性霉素B也可增强氟胞嘧啶的毒性反应，此与两性霉素B可增加氟胞嘧啶的细胞摄取并减少自肾排泄有关。

（4）氨基糖苷类、抗肿瘤药、卷曲霉素、多黏菌素类、万古霉素等肾毒性药物与两性霉素B同用时肾毒性增强。

（5）两性霉素B诱发的低钾血症可增强神经肌肉阻断药的作用，因此两者合用时应经常测定患者的血钾浓度。

（6）与尿液碱化药同时应用可增加两性霉素B的排泄，并防止或减少肾小管酸中毒发生的可能。

（7）肾功能损害时半衰期轻度延长，肾损害的患者可每日或隔日静滴该药。由于应用两性霉素B时常发生肾功能损害，且肾毒性与剂量有关，故宜给予最小有效量。

（8）可致肝功能损害，故已有严重肝病的患者禁用。孕妇禁用。

制 霉 菌 素

制霉菌素（nystatin）也属于多烯类抗生素，因毒性较大，口服不易吸收，仅局部应用治疗浅表假丝酵母感染，亦可间断口服治疗肠道假丝酵母病。

二、唑类抗真菌药

该类药包括咪唑类（imidazoles）和三唑类（triazoles）。咪唑类有克霉唑、咪康唑（miconazole）、益康唑和酮康唑（ketoconazole）等，前三者为局部用药。三唑类有伊曲康唑（irtaconazole）、氟康唑（fluconazole）和泊沙康唑（posaconazole）等。唑类药物作用机理相似，是临床上广泛应用的抗真菌药。

（一）咪唑类

酮 康 唑

【体内过程】 口服易吸收，进食后可使吸收增加。吸收后广泛分布，不易透过血-脑屏障。血清蛋白结合率为80%以上，药物经肝脏代谢为无活性物质。主要从胆汁排泄，少量由肾排出，半衰期为6.5～9.0h。药物可分泌到乳汁中。

【药理作用】 酮康唑为广谱抗真菌药，对深部感染的真菌如念珠菌属、着色真菌属、球孢子菌属、孢子丝菌属等均有抗菌活性。对毛癣菌等也有作用。

【作用机理】 通过抑制真菌CYP 450依赖酶，阻止细胞膜麦角固醇的合成，改变膜的通透性使胞内物质外漏，引起真菌死亡，见图47-1。

【临床应用】 用于皮肤黏膜念珠菌感染、阴道念珠菌感染、芽生菌病、组织胞质菌病、类球孢子菌病的治疗。对花斑癣、皮肤真菌及发癣也有很好的疗效。

【不良反应及注意事项】 常见不良反应有恶心、呕吐和纳差等胃肠反应，可引起血清氨基转移酶升高，偶见肝坏死。还可引起皮疹、头晕、嗜睡、畏光等。

应用时注意以下几点。

（1）避免接触眼睛和其他黏膜。不得用于皮肤破溃处。

（2）用药部位如有烧灼感、红肿等情况应停药，并将局部药物洗净，必要时向医师咨询。

（3）不宜大面积使用。股癣患者，勿穿紧贴内裤或化纤内裤，在外用乳膏剂时可散布撒布剂。

（4）足癣患者，浴后将皮肤揩干，特别趾间。宜穿棉纱袜，每日更换。鞋应透气，散布抗真菌粉剂于趾间、足、袜和鞋中。

（5）为减少复发，对体癣、股癣、花斑癣，疗程至少需要2～4周。

（6）对本品过敏者禁用，过敏体质者慎用。孕妇及哺乳期妇女应在医师指导下使用，当药品性状发生改变时禁用。

（7）儿童必须在成人监护下使用。

（8）过度频繁使用可引起灼烧感、红肿，应停药以使之消退。

（9）为防止因长时间局部使用皮质类固醇治疗停药后出现反跳现象，建议在早晨持续小剂量局部使用皮质类固醇，晚上使用酮康唑乳膏，随后需要2～3周以上时间，逐渐停止类固醇的治疗。

克 霉 唑

克霉唑对大多数真菌均有抗菌作用。口服吸收差，半衰期为4.5～6.0h。主要用于浅部真菌疾病和皮肤黏膜的念珠菌感染，对深部真菌感染疗效差。不良反应主要表现为口服后出现恶心、呕吐、腹泻等胃肠道反应。也有肝毒性和神经系统反应，如抑郁、幻觉、定向力差等。

咪 康 唑

本品口服吸收差，静脉给药不良反应多，主要作为外用抗真菌药，治疗皮肤癣菌或假丝酵母引起的皮肤黏膜感染，药物进入皮肤角质层，作用可持续4日以上，疗效优于克霉唑或制霉菌素。

（二）三唑类

伊曲康唑

【体内过程】 伊曲康唑为广谱抗真菌药，对浅部和深部真菌感染均有抗菌作用。脂溶性高，与食物同时服用增加药物的吸收，血浆蛋白结合率高达99%，在肝脏内代谢灭活，由肾脏排泄，半衰期为15～20h。

【作用机理】 为抑制真菌CYP 450依赖酶，阻止细胞膜麦角固醇的合成，改变膜的通透性使胞内物质外漏，引起真菌死亡。见图47-1。

【临床应用】 可用于浅部真菌病的治疗，如念珠菌阴道炎、口腔、皮肤真菌感染；对深部真菌病如芽生菌病、球孢子菌病、荚膜组织胞质菌病、副球孢子菌病等治疗效果较好。

【不良反应及注意事项】 主要有胃肠道反应、头痛、头晕、皮肤瘙痒、血管神经性水肿等。应注意以下几点。

（1）对持续用药超过1个月的患者，以及治疗过程中出现厌食、恶心、呕吐、疲劳、腹痛或尿色加深的患者，建议检查肝功能。如果出现异常，应停止用药。肝、肾功能异常患者慎用。

（2）当发生神经系统症状时应终止治疗。

【药物相互作用及禁忌证】

（1）药酶诱导剂如利福平和苯妥英等可明显降低本品的口服生物利用度，共同服用时应监测本品的血浆浓度。

（2）用量超过推荐剂量时，与环孢素、阿司咪唑和特非那丁有相互作用。这些药物若与伊曲康唑同服时，应减少剂量。

（3）与华法林和地高辛有相互作用，这些药物与伊曲康唑同服时，应减少剂量。

（4）胃酸降低时会影响酮康唑的吸收。需抗酸药（如氢氧化铝）治疗的患者应在服用本品至少2h后再服用。胃酸缺乏的患者，如某些艾滋病患者及服用酸分泌抑制剂（如H_2受体拮抗药、质子泵抑制剂）的患者，服用酮康唑时最好与可乐饮料同服。

（5）孕妇及哺乳期妇女禁用。除非用于系统性真菌病治疗，但仍应权衡对胎儿有无潜在性伤害作用。

（6）禁与可引起Q-T间期延长的CYP3A4代谢底物，如阿司咪唑、西沙必利、多非利特、左美酮、咪唑斯汀、匹莫齐特、奎尼丁、舍吲哚、特非那丁等合用。

氟康唑

【体内过程】 氟康唑口服吸收完全，血浆蛋白结合率较低，吸收后广泛分布于体内，在皮肤、腹腔液、痰液中、脑脊液中药物浓度较高。经肾小球滤过由尿排出，半衰期为27～37h。

【药理作用与作用机理】 为广谱抗真菌药，抗菌谱与酮康唑相近，对念珠菌属、隐球菌属、球孢子菌属的体内抗菌作用比酮康唑强，作用机理与酮康唑相似。

【临床应用】 主要用于全身或黏膜念珠菌并隐球菌病及各种真菌引起的脑膜炎，艾滋病患者的口腔咽部及食管念珠菌感染。也可用于皮肤真菌病。对地区流行性真菌病，如皮炎芽生菌病、组织胞质菌病和孢子丝菌病也有效，疗效低于伊曲康唑。

【不良反应及注意事项】 不良反应发生率低，主要表现为恶心、头痛、皮疹、腹痛、呕吐、腹泻等，可引起肝功能异常，如血清氨基转移酶、血清碱性磷酸酯和血总胆红素升高。艾滋病和癌症真菌感染患者可出现肝中毒和肾功能异常或中性粒细胞减少和血小板减少。

应用时注意以下几点。

（1）因由肾排出，治疗中需定期检查肾功能，肾功能减退患者需减量应用。

（2）免疫缺陷者中的长期预防用药，已导致念珠菌属等对氟康唑等抗真菌药耐药性的增加，故需掌握指征，避免无指征用药。

（3）治疗开始前和治疗中均应定期检查肝功能，如肝功能出现持续异常或肝毒性临床症状时均需立即停用本品。

（4）一般治疗应持续至真菌感染的临床表现及实验室检查指标显示真菌消失为止，隐球菌脑膜炎或反复发作口咽部念珠菌病的艾滋病患者需用本品长期维持治疗以防止复发。

（5）接受骨髓移植者，如先期发生严重粒细胞减少，则应预防性使用本品，直至中性粒细胞计数上升至$1\times10w/L$以上后7日。

（6）血液透析患者在每次透析过后可给予本品一日量，因为3h血液透析可使本品的血药浓度降低约50%。

【药物相互作用及禁忌证】 与肝毒性药物合用，需服用本品两周以上或接受多倍于常用剂量的本品时，可使肝毒性的发生率增加，故需严密观察，在治疗前和治疗期间每两周进行异常肝功能检查。对本品或其他唑类药物有过敏史者禁用。

伏立康唑

【体内过程】 口服吸收迅速而完全，给药后1～2h达药峰浓度，口服后绝对生物利用度约为96%。当多剂量给药，且与高脂肪餐同时服用时，伏立康唑（voriconazole）的药峰浓度和给药间期的血药浓度时间曲线下面积分别减少34%和24%。胃液pH改变对本品吸收无影响。伏立康唑在组织中广泛分布。血浆蛋白结合率约为 58%。可透血-脑屏障。体外试验表明：伏立康唑通过肝脏 CYP 450 同工酶 CYP2C19、CYP2C9 和 CYP3A4 代谢。伏立康唑主要通过肝脏代谢，仅有少于 2% 的药物以原型经尿排出。

【药理作用】 伏立康唑具有广谱抗真菌作用，对念珠菌属（包括耐氟康唑的克柔念珠菌、光滑念珠菌和白色念珠菌耐药株）具有抗菌作用，对曲霉属真菌有杀菌作用。此外对其他致病性真菌亦有杀菌作用，包括对现有抗真菌药敏感性较低的菌属，如足放线病菌属和镰刀菌属。

【作用机理】 伏立康唑的作用机理是抑制真菌中由 CYP 450 介导的 14α-甾醇去甲基化，从而抑制麦角甾醇的生物合成（图 47-1）。

【临床应用】 主要用于治疗免疫缺陷患者中进行性的、可能威胁生命的感染。可用于治疗侵袭性曲霉病，对氟康唑耐药的念珠菌引起的严重侵袭性感染（包括克柔念珠菌），也用于治疗由足放线病菌和镰刀菌属引起的严重感染。

【不良反应及注意事项】 在治疗试验中最为常见的不良事件为视觉障碍、发热、皮疹、恶心、呕吐、腹泻、头痛、败血症、周围性水肿、腹痛及呼吸功能紊乱。与治疗有关的、导致停药的最常见不良反应为肝损害，在伏立康唑治疗初及治疗中均需检查肝功能。如果连续治疗超过 28 日，需监测视觉功能，包括视敏度、视物范围及色觉。

【药物相互作用及禁忌证】

（1）利福平、卡马西平和苯巴比妥为 CYP450 诱导剂，与伏立康唑合用生物利用度显著降低。因此禁止本品与三药合用。

（2）伏立康唑抑制 CYP 450 同工酶的活性，包括 CYP2C19、CYP2C9 和 CYP3A4。因此可能会使那些通过 CYP450 同工酶代谢的药物血药浓度增高。

1）禁止与特非那定、阿司咪唑、西沙必利、匹莫齐特或奎尼丁（CYP3A4 底物）合用，因为伏立康唑可使上述药物的血药浓度增高，从而导致 Q-T 间期延长，并且偶可发生尖端扭转性室性心动过速。

2）伏立康唑与西罗莫司（CYP3A4 底物）、麦角生物碱类（CYP3A4 底物）合用可显著增高后者血药浓度，因此禁止与这两种药物合用。

3）伏立康唑与下列药物合用会增加其血药浓度，合用时应调整药物的剂量或权衡利弊后确定用否。这些药物有他克莫司（CYP3A4 底物）、环孢素（CYP3A4 底物）、他汀类、苯二氮䓬类药物（如咪哒唑仑和三唑仑）、长春花生物碱、苯妥英均为 CYP3A4 底物、华法林（CYP2C9 底物）、磺脲类（CYP2C9 的底物）、利福布丁（CYP450 诱导剂）、奥美拉唑（CYP2C19 抑制剂，CYP2C19 和 CYP3A4 底物）、茚地那韦、沙奎那韦、安泼那韦和奈非那韦（CYP3A4 底物和抑制剂）。

泊沙康唑难溶于水，目前只有口服混悬剂，空腹或餐后口服，分别在 3~4h 和 4~10h 达到血药峰浓度。血浆蛋白结合率高达 98.2%，具有高度组织穿透力，可透过胎盘屏障，在乳汁中有分泌。用于两性霉素 B 或伊曲康唑难治的侵袭性曲霉病患者或不能耐受这些药物治疗的患者。不良反应与其他唑类药物相似，最常见的治疗相关性严重不良反应有胆红素血症、氨基转移酶升高、肝细胞损害及恶心和呕吐。

三、胺 类

特比萘芬（terbinafine）和奈替芬结构上为丙烯胺类，布替萘芬为苄胺类，它们均为角鲨烯环氧酶抑制剂类抗真菌药。

特 比 萘 芬

【体内过程】 特比萘芬单次口服血药浓度达峰时间为 2h。血浆蛋白的结合率为 99%，能迅速经真皮质弥散并集中在亲脂的角质层，也可分布在皮肤中，在毛囊、头发与多皮脂的皮肤浓度较高。在治疗的前几周，特比萘芬即可进入甲板中。其代谢物无活性。它们主要从尿中排出。其半衰期为 17h，在体内无蓄积作用。但肝、肾功能不全者清除率可能降低，从而导致血药浓度升高。

【药理作用与作用机理】 特比萘芬具有广谱抗真菌作用。选择性抑制真菌的角鲨烯环氧化酶，使真菌细胞膜形成过程中麦角鲨烯环氧化反应受阻，真菌麦角固醇的生物合成不足；同时使角鲨烯堆积，角鲨烯对真菌有直接毒性，从而达到杀灭或抑制真菌的作用（图 47-1）。

【临床应用】 仅用于治疗大面积、严重的皮肤真菌感染（体癣、股癣、足癣、头癣）和念珠菌（如白色假丝酵母）引起的皮肤酵母菌感染，根据感染部位、严重性和范围考虑是否需要口服给药。也用于皮真菌（丝状真菌）感染引起的甲癣。

【不良反应及注意事项】 耐受性较好，不良反应常为轻中度。

（1）胃肠道症状最常见，如胀满感、恶心、食欲降低、消化不良、轻微腹痛，腹泻等。

（2）轻微的皮肤反应（皮疹、荨麻疹）。

（3）骨骼肌反应（关节痛、肌痛）。不常见的有味觉丧失，常在停药后数周内可以恢复。

（4）罕见有治疗相关的肝胆功能不良、肝功能衰竭、严重的皮肤反应（如 Steven-Johnson 综合征、中毒性表皮坏死）和过敏性反应。如果有进行性的皮疹发生，应终止本品治疗。非常罕见：中性粒细胞减少症、粒细胞缺乏症或血小板减少症。

（5）应告诫患者用药后如出现原因不明的持续恶心、食欲消退、疲倦、呕吐、右上腹疼痛或黄疸、尿液发黑或粪便颜色变浅症状时，应当立即报告。具有这些症状的患者应该停药，并立即接受肝功能检查。慢性或活动性肝病患者禁用。

对肾功能受损的患者（肌酐清除率不足50ml/min或血肌酐超过300μmol/L），不推荐使用。

【药物相互作用及禁忌证】
（1）特比萘芬抑制CYP2D6的代谢，因此，对同时服用主要由该酶代谢的药物，如三环类抗抑郁药（TCAs）、β受体阻断剂、选择性5-羟色胺再摄取抑制剂（SSRIs）及抗心律失常药物（包括1A类、1B类和1C类）和单胺氧化酶抑制剂（MA0-Is）B型，应对患者进行随访。

（2）妊娠期慎用，哺乳期禁用。

布 替 萘 芬

布替萘芬（butenafine）为特比萘芬的结构改造的广谱抗真菌药，适用于浅部皮肤真菌感染，主要用于敏感菌所致的足癣、体癣、股癣等。常见不良反应有局部刺激、红斑、瘙痒、灼热感、刺痛感、接触性皮炎等。仅供外用，切忌口服。涂布部位如有烧灼感、局部发红、瘙痒时，应停止用药，不宜用于眼部、黏膜部位、急性炎症部位及破损部位。孕妇及哺乳期妇女慎用。

萘 替 芬

萘替芬（naftifine）适用于体股癣、手足癣、头癣、甲癣、花斑癣、浅表念珠菌病。不良反应罕见，少数患者有局部刺激，如红斑、烧灼及干燥、瘙痒等感觉，个别患者可发生接触性皮炎，无全身不良反应。应用注意事项同布替萘芬。

四、棘白菌素类抗真菌药

卡泊芬净（caspofungin）为棘白菌素类抗真菌药，是由棘白菌发酵产物经半合成而得的脂肽化合物。

【药理作用】 有广谱抗真菌活性，对白色念珠菌、热带念珠菌、光滑念珠菌、克柔念珠菌等有良好的抗菌活性，对烟曲霉、黄曲霉、土曲霉和黑曲霉及除曲菌以外的几种丝状真菌和二形真菌也有抗菌活性。

【作用机理】 卡泊芬净的作用机理是抑制真菌细胞葡聚糖的合成，从而干扰真菌细胞壁的合成。

【临床应用】 适用于治疗对其他药物无效或不能耐受的侵袭性曲霉病，如念珠菌败血症、念珠菌引起的腹腔脓肿、腹膜炎和腹腔感染、食管念珠菌病；难治性或不能耐受其他抗真菌药的真菌感染。也用于发热性中性粒细胞减少症患者真菌感染的治疗。

【不良反应及注意事项】 胃肠道刺激、头疼、头晕、氨基转移酶升高、贫血、血栓性静脉炎、皮疹、瘙痒等。

【药物相互作用及禁忌证】
（1）与环孢素同时使用时，会出现肝酶ALT和AST水平的一过性升高。

（2）与他克莫司合用时可降低后者血药浓度。对于同时接受这两种药物治疗的患者，建议调整他克莫司的剂量。

（3）利福平既诱导又抑制卡泊芬净的消除，稳态显示净诱导作用。

（4）与依非韦伦、奈韦拉平、苯妥英、地塞米松或卡马西平同时使用时，可降低卡泊芬净的血药浓度。

五、其他抗真菌药

阿 莫 罗 芬

阿莫罗芬（amorolfine）属局部外用药，是吗啉的衍生物，是一种新型广谱抗真菌药物。通过干扰真菌细胞膜中麦角甾醇的生物合成，实现抑菌及杀菌的作用。它对酵母菌、皮肤癣菌、霉菌、双相型真菌都有较强抗菌作用。临床上对真菌病的治愈率为80%～90%。用于由皮肤真菌引起的皮肤真菌病：足癣（脚癣、运动员脚）、股癣、体癣和皮肤念珠菌病。极少数患者会发生轻度皮肤刺激（红斑、瘙痒或轻度灼烧感）。因为无相关临床经验，应避免怀孕及哺乳期妇女使用，禁用于儿童。

氟 胞 嘧 啶

【体内过程】 口服吸收快而完全，广泛分布，脑脊液中浓度高，半衰期为8～12h，主要由尿排出。

【药理作用】 为抑菌剂，高浓度时有杀菌作用，对隐球菌属、念珠菌属和球拟酵母菌有很强的抗菌作用，对着色真菌、部分曲菌属也有抗菌活性。

【作用机理】 氟胞嘧啶（flucytosine）通过真菌细胞的渗透酶系统进入细胞内，转化为氟尿嘧啶，替代尿嘧啶进入真菌的脱氧核糖核酸中，作为胸苷酸合成酶抑制剂，阻断真菌核酸的合成。

【临床应用】 临床主要用于念珠菌败血症、肺、尿路、消化道真菌感染，也可用于曲菌属引起肺部感染和脑膜炎的治疗。

【不良反应】 有胃肠道反应、血清氨基转移酶升高、白细胞和血小板减少，偶发骨髓抑制和再生障碍性贫血，精神异常如幻觉、定向力差等症状，发生率较低。真菌对氟胞嘧啶易产生耐药性。

六、抗真菌药的选用原则

1. 抗真菌药与肾功能 严重肾功能不全者禁用两性霉素B，但脂质体两性霉素B可使用，应减量并监测肾功能；氟康唑用量应按肌酐清除率酌情减量，伊曲康唑在肌酐清除率<30ml/min时禁用，但可

口服应用。伏立康唑在肌酐清除率<50ml/min 时禁用，但可口服应用。卡泊芬净在急性肾衰竭时无明显不良反应，可按常规剂量使用。

2. 抗真菌药与肝功能 中重度肝功能不全者，对两性霉素 B、伊曲康唑、氟康唑慎用，并严密监测肝功能。卡泊芬净首剂 70mg/kg，以后 35mg/kg。抗真菌药物与环孢素使用：两性霉素 B 联合环孢素使用可能发生急性肾衰竭。三唑类药可以与环孢素发生相互作用，使后者的血药浓度显著增加从而增加肾毒性危险。卡泊芬净与环孢素联合应用无明显严重的相互作用。

3. 抗真菌药的选择

（1）念珠菌血行感染：临床不稳定、恶化、有转移病灶±中性粒细胞减少者，首选氟康唑 400～800mg/d 静滴；两性霉素 B 脂质体 5mg/kg/d 至中性粒细胞恢复念珠菌感染的症状恢复，末次阳性血培养后 14d。备用药物为伏立康唑首日 1 次 6mg/kg，间隔 12h 给予静脉注射，以后 3mg/kg，间隔 12h 给药维持；卡泊芬净首日 70mg 以后改为 50mg/d（肝功能中度受损者减至 35mg/d）。

（2）肺或肺外侵入性曲霉菌病：见于器官移植和化疗后中性粒细胞减少者（PMN<500mm³）干细胞移植的受体；在血液恶性肿瘤有侵入性曲霉菌感染者，首选伏立康唑，首日 1 次 6 mg/kg，间隔 12h 给予 1 次静脉滴；以后 1 次 4mg/kg，每隔 12h 维持给药 1 次。质脂体两性霉素 B 3～5mg/kg/d。联合治疗以伏立康唑+卡泊芬静（疗效优于单用伏立康唑）；备用卡泊芬静首日 70mg 以后改为 50mg/kg（肝功能中毒受损者减至 35mg/kg）。以上药物应根据致病菌、患者疾病的危险程度、药品不良反应等进行全面评估后择用。

【案例及思考题】 患者，女性，25 岁。因不明原因肝损伤前来门诊。此前已看过多名肝病或感染病科医生，做过各种肝病相关检查，排除了慢性病毒性肝炎、酒精性肝炎、脂肪性肝炎、自身免疫性肝病和遗传代谢性肝病等。详细问诊并阅读所有检验单和影像资料后，询问患者半年内的病史及用药史，得知患者是小三阳乙肝患者，因真菌反复感染曾口服过氟康唑。故诊断为抗真菌药物性肝损伤，并按照药物性肝损伤处理原则实施保肝治疗。三个月后，患者肝功能完全恢复正常。

问题：

肝、肾功能不全的患者应用抗真菌药应注意哪些问题？

（王银叶）

第四十八章 抗病毒药

病毒（virus）是最小的病原体，根据病毒基因组不同可分为DNA病毒和RNA病毒。病毒主要由核酸核心和蛋白质外壳构成，两者形成核衣壳。核心位于病毒体的中心，为病毒的复制、遗传和变异提供遗传信息；衣壳是包围在核酸外面的蛋白质外壳，具有保护核酸、介导病毒与宿主细胞结合的功能，外壳也含抗原成分（图48-1）。

病毒的复制增殖需要利用宿主细胞来完成。从病毒进入细胞，经基因组复制到子代病毒的释放，被称为一个复制周期（replication cycle）。复制周期包括病毒吸附、穿入、脱壳、生物合成、组装成熟和释放（图48-2）。

病毒复制包括以下几个主要步骤。

1. 吸附和穿入 病毒先吸附于易感宿主细胞膜上，通过病毒体表面的配体位点与易感细胞表面的特异受体结合，然后穿入细胞。

2. 脱壳 进入宿主细胞的病毒必须脱去蛋白质衣壳，释放出病毒核酸。

3. 生物合成 合成早期的调节蛋白和聚合酶，然后再根据病毒基因组指令，开始病毒核酸的复制，进行病毒基因的转录、翻译以合成病毒结构蛋白。

4. 装配 是将生物合成的蛋白质和核酸，组装成子代核衣壳的过程。病毒核衣壳装配好后，无包膜病毒的核衣壳即为成熟病毒体。有包膜的病毒，装配好的核衣壳需获得包膜才能成熟。成熟的病毒以不同方式从宿主细胞中释放出去。有包膜病毒多通过芽生方式，从细胞膜系（核膜或细胞膜）获得包膜而释放。

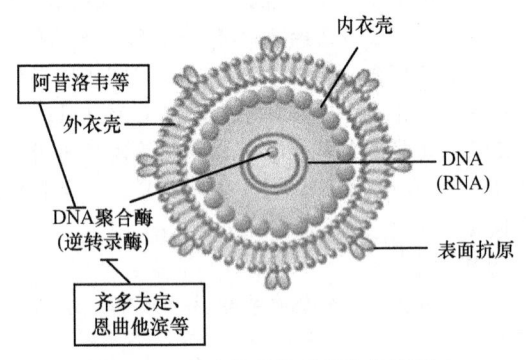

图48-1 病毒的结构及药物作用靶点

病毒在复制过程中阻断或抑制宿主细胞的正常代谢，导致细胞损伤，裂解并释放出大量子代病毒。

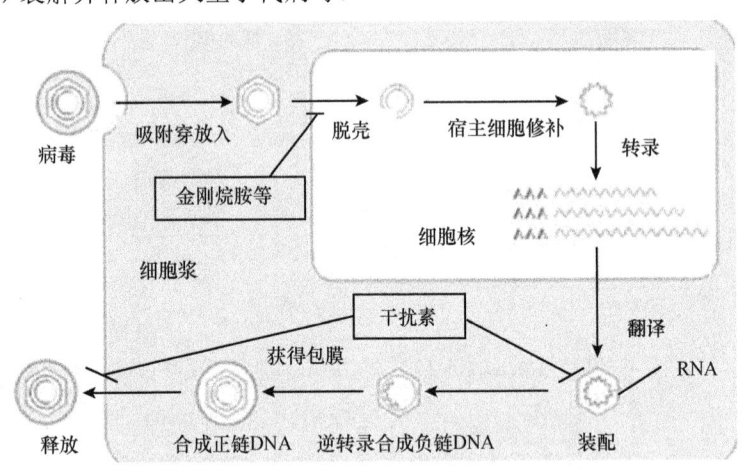

图48-2 病毒的复制周期及药物的作用环节

感染性疾病中有很多是由病毒引起，如流感、麻疹、传染性腮腺炎、小儿麻痹症、疱疹性角膜炎、肝炎、艾滋病、某些肿瘤等。现用的抗病毒治疗药，多数药物对宿主细胞也产生毒性作用，其原因是药物特异性不强。研究者一直试图寻找特异性针对病毒的药物，以避免或减轻对宿主细胞的损害。

临床常用的抗病毒药可分为以下几种。①抗流感病毒药，如金刚烷胺、利巴韦林等；②抗疱疹病毒药，如阿昔洛韦、更昔洛韦等；③抗肝炎病毒药，如干扰素、恩替卡韦等；④抗人免疫缺陷病毒（human immunedeficiency virus，HIV）药，如齐多夫定、沙奎那韦等。

第一节 抗流感病毒药

利巴韦林

【体内过程】 利巴韦林（ribavirin）口服吸收迅速，生物利用度约45%，少量可经气溶吸入。口服后1.5h血药浓度达峰值。药物在呼吸道分泌物中的浓度大多高于血药浓度。药物能进入红细胞内，且蓄积量大。长期用药后脑脊液内药物浓度可达同时期血药浓度的67%。本品可透过胎盘，也能进入乳汁。在肝脏代谢，血药消除半期（$t_{1/2\beta}$）为0.5~2h。主要经肾脏排泄，72~80h尿排泄率为30%~55%。72h粪便排泄率约15%。药物在红细胞内可蓄积数周。

【药理作用与作用机理】 为广谱抗病毒药，能抑制肌苷酸-5-磷酸脱氢酶，阻断肌苷酸转化为鸟苷酸，从而抑制病毒的RNA和DNA合成。

【临床应用】 适用于呼吸道合胞病毒引起的病毒性肺炎与支气管炎及皮肤疱疹病毒感染。

【不良反应及注意事项】 由于利巴韦林会在红细胞内发生反应，抑制谷胱甘肽，长期用药会损伤红细胞膜，红细胞裂解，导致贫血，白细胞减少。利巴韦林也会致畸。有腹泻、胃肠道出血等。

应用时注意以下几点。

（1）出现任何心脏病恶化症状，应立即停药给予相应治疗。

（2）肝肾功能异常者慎用。肌酐清除率＜50ml/min的患者，不推荐使用利巴韦林。

（3）孕妇禁用利巴韦林。少量药物经乳汁排泄，因为对乳儿潜在的危险，不推荐哺乳期妇女服用利巴韦林。

（4）利巴韦林对诊断有一定干扰，可引起胆红素增高（可高达25%）。

【药物相互作用及禁忌证】

（1）利巴韦林可抑制齐多夫定转变成活性型的磷酸齐多夫定，因此，利巴韦林与齐多夫定同用时有拮抗作用。

（2）伴随有贫血的患者服用该品可引起致命或非致命的心肌损害，故具有心脏病史或明显心脏病症状患者不可使用.

（3）有地中海贫血、镰状细胞贫血患者不推荐使用该品。

（4）胰腺炎症状或者明确有胰腺炎患者不可使用该品。

金刚烷胺和金刚乙胺

金刚烷胺（amantadine）是化学合成的饱和三环癸烷的氨基衍生物。口服易吸收、半衰期为12~17h，主要以原型由肾排出。

【药理作用与作用机理】 金刚烷胺能特异性抑制甲型流感病毒，主要通过结合M2蛋白阻止病毒脱壳及其RNA的释放干扰病毒进入细胞，使病毒早期复制中断，也可以抑制病毒装配，发挥抗流感病毒作用（图48-2）。

【临床应用】 主要用于甲型流感的预防和治疗，对甲型流感初发者48h内用药可缩短病程，流行期预防用药可降低发病率，亦可用于治疗帕金森病。

【不良反应及注意事项】 眩晕、失眠和神经质、恶心、呕吐、厌食、口干、便秘。偶见抑郁、焦虑、幻觉、精神错乱、共济失调、头痛，罕见惊厥。少见白细胞减少、中性粒细胞减少。

应用时应注意：有癫痫史、精神错乱、幻觉、充血性心力衰竭、肾功能不全、外周血管性水肿或直立性低血压的患者应在严密监护下使用。治疗帕金森病时不应突然停药。用药期间不宜驾驶车辆，操纵机械和高空作业。每日最后一次服药时间应在下午4：00前，以避免失眠。

【药物相互作用及禁忌证】

（1）与乙醇合用，使中枢抑制作用加强。

（2）与其他抗帕金森病药、抗胆碱药、抗组胺药、吩噻嗪类或三环类抗抑郁药合用，可使抗胆碱反应加强。

（3）与中枢神经兴奋药合用，可加强中枢神经的兴奋，严重者可引起惊厥或心律失常。

（4）老年患者慎用。对胚胎有毒性，能致畸胎，孕妇应慎用。哺乳期妇女禁用。

金刚乙胺（rimantadine）的体外抗病毒作用较金刚烷胺强4~10倍。

扎那米韦和奥司他韦

【体内过程】 扎那米韦（zanamivir）口服不吸收，经口腔、鼻内、皮内或静脉给药生物利用度良好，吸入给药可使局部呼吸道黏膜获得较高的浓度。经口腔吸入后分布于鼻腔和咽喉，吸收率为4%~17%；经鼻内给生物利用度为10%~25%，T_{max}为1h。在体内分布仅限于细胞外液，扎那米韦在体内不发生代谢，血浆蛋白结合率小于10%，血浆半衰期为2.5~5h，静脉给药为10min。主要以药物原型经肾排出，经口腔、皮内、鼻内的尿液排泄率分别为3%、68%和43%，尿液中原型药物量为给药剂量的87%，部分由粪便中排出。连续多次给药药动学性质未见改变。

【药理作用与作用机理】 扎那米韦是神经氨酸酶抑制剂，可选择性地抑制流感病毒表面的神经氨酸苷酶。神经氨酸苷酶是流感病毒复制的关键酶，能使唾液酸和细胞表面蛋白之间的化学键断裂，从而使新生成的病毒粒子与已感染的细胞分离，进而感染附近的正常细胞。抑制神经氨酸苷酶可抑制甲型和乙型流感病毒的复制，防止病毒感染其他正常细胞。

【临床应用】 用于甲型和乙型流感病毒引起的急性流行性感冒或无并发症的流感。在症状开始的48h内应用较为有效。

【不良反应及注意事项】 不良反应发生率约为1.5%，一般耐受良好。常见的不良反应有鼻腔不适、胃肠不适、肌痛、咳嗽、鼻窦炎、支气管炎、眩晕、失眠、头痛。少见发热、耳鼻感染、虚弱、关节疼痛、皮疹或荨麻疹。

应用时注意以下几点。

（1）老年患者、哮喘患者、慢性呼吸道疾病患者、不稳定性慢性疾病患者、免疫功能不全患者、阻塞性肺病患者慎用。12岁以下儿童慎用。

（2）注意正确使用给药器皿，应在流感确诊后使用，在症状出现后30min应用效果最佳。

（3）对患有哮喘、支气管炎、阻塞性肺病者有可能增加支气管痉挛的危险。

奥司他韦（oseltamivir）对神经氨酸酶活性的抑制作用比扎那米韦高3～6倍，可口服给药。

此外，帕拉米韦（peramivir）是新型神经氨酸酶抑制药，可以抑制所有神经氨酸酶亚型，其体外抗甲型H5N1病毒的活性强度不低于扎那米韦。常静脉滴注给药。帕拉米韦半衰期较长，可减少用药次数。

第二节 抗疱疹病毒药

引起人类疱疹的病毒主要有五种，Ⅰ型单纯疱疹病毒（HSV-Ⅰ）、Ⅱ型单纯疱疹病毒（HSV-Ⅱ）、水痘-带状疱疹病毒、巨细胞病毒（CMV）和爱泼斯坦-巴尔（EB）病毒。抗疱疹病毒药主要包括鸟核苷酸类似物和膦甲酸钠。

阿昔洛韦

阿昔洛韦（acyclovir）为去氧鸟苷类化合物。

【体内过程】 口服15%～30%由胃肠道吸收。可广泛分布至全身组织与体液中，以肾脏、肝脏、小肠等组织浓度为高，脑脊液浓度约为血浆浓度的1/2倍。可通过胎盘屏障。在肝脏内代谢，仅有少量转化为9-羧甲氧甲基鸟嘌呤，$t_{1/2}$为2～3h，肾功能明显不良者半衰期延长。无尿患者的血消除半衰期可长达19.5h。主要经肾小球滤过和肾小管分泌而排泄，口服给药约14%的药物以原型由尿排泄。

【药理作用与作用机理】 对Ⅰ型和Ⅱ型单纯疱疹病毒作用较强。对带状疱疹病毒和乙型肝炎病毒也有抗病毒作用，其机理是抑制病毒DNA聚合酶（图48-1），阻止DNA的合成，对宿主细胞影响较小。

【临床应用】 ①单纯疱疹病毒感染：用于免疫缺陷者初发和复发性黏膜皮肤感染的治疗及反复发作病例的预防；也用于单纯疱疹性脑炎治疗。②带状疱疹：用于免疫缺陷者严重带状疱疹患者或免疫功能正常者弥散型带状疱疹的治疗。

【不良反应及注意事项】 常见的不良反应：注射部位的炎症或静脉炎、皮肤瘙痒或荨麻疹、皮疹、发热、轻度头痛、恶心、呕吐、腹泻、蛋白尿、血液尿素氮和血清肌酐升高、肝功能异常（如血清氨基转移酶、碱性磷酸酶、乳酸脱氢酶、总胆红素轻度升高等）。少见的不良反应有急性肾功能不全、白细胞和红细胞下降、血红蛋白减少、胆固醇、三酰甘油升高、血尿、低血压、多汗、心悸、呼吸困难、胸闷等。

应用时注意以下几点：

（1）脱水或已有肝、肾功能不全者需慎用。

（2）严重免疫功能缺陷者长期或多次应用本品治疗后可能引起病毒耐药。

（3）在给药期间应给予患者充足的水，防止本品在肾小管内沉淀。

（4）生殖器复发性疱疹感染以间歇短疗程疗法给药有效。生殖器复发性疱疹的长疗程疗法也不应超过6个月，可能对生育有影响及致突变。

（5）对单纯性疱疹病毒的潜伏感染和复发无明显效果，不能根除病毒。

（6）与更昔洛韦有交叉变态反应。

【药物相互作用及禁忌证】

（1）与齐多夫定（zidovudine）合用可引起肾毒性，表现为深度昏睡和疲劳。

（2）与丙磺舒竞争性抑制有机酸分泌，合并用丙磺舒可使本品的排泄减慢，半衰期延长，体内药物量蓄积。

（3）药物能通过胎盘，虽动物实验证实对胚胎无影响，但孕妇用药仍需权衡利弊。药物在乳汁中的浓度可能高于血药浓度，哺乳期妇女应慎用。

更昔洛韦

更昔洛韦（ganciclovir）化学结构与阿昔洛韦相似，在侧链上多一个羟基。抗病毒作用与阿昔洛韦相同，抑制Ⅰ型、Ⅱ型单纯疱疹病毒和水痘带状疱疹病毒复制，特异性差。对巨细胞病毒的作用比阿昔洛韦强50倍，其原因是更昔洛韦三磷酸盐在巨细胞病毒感染细胞内浓度高于未被感染的细胞。常见不良反应为骨髓抑制。可引起神经系统症状，如头痛、精神错乱，少数患者可出现昏迷、抽搐。也可引起皮疹、发热及肝功能异常等。

伐昔洛韦

伐昔洛韦（valaciclovir）是阿昔洛韦的L-异戊氨酰酯，是阿昔洛韦的前药。口服后可转化成阿昔洛韦，使阿昔洛韦生物利用度增加，血药浓度提高。

另外同类药物还有喷昔洛韦（penciclovir）和泛昔洛韦（famciclovir），后者是前者的前体药物，口服吸收后代谢为有活性的喷昔洛韦。其抗病毒作用和临床应用与阿昔洛韦相似。

第三节 抗人类免疫缺陷病毒药

一、逆转录酶抑制剂

齐多夫定

齐多夫定（zidovudine）为首个应用于临床的抗HIV感染的药物，也是治疗此类疾病的首选药。

【体内过程】 齐多夫定口服可迅速吸收，口服生物利用度为65%，可分布至大多数组织和体液，可进入脑脊液。血浆蛋白结合率约35%。$t_{1/2\beta}$约为1h。在细胞内被胸苷激酶磷酸化为活化的三磷酸齐多夫定，其在宿主细胞内$t_{1/2}$约为3h。大部分在肝脏代谢失活，20%以原型经肾排出。

【药理作用与作用机理】 对逆转录病毒包括人免疫缺陷病毒（HIV）具有较强抑制活性。在病毒感染的细胞内被细胞胸苷激酶磷酸化为三磷酸齐多夫定后，选择性抑制HIV逆转录酶，从而阻止HIV复制。用于治疗HIV感染。

【不良反应及注意事项】 不良反应表现为骨髓抑制、白细胞及红细胞减少、贫血、发热等症状。长期用药会发生心肌病与心肌炎，乳酸中毒、严重肝脂变性、肿大，偶见胰腺炎等。

应用过程中应注意：严重贫血最常发生于治疗4~6周时，此时需要调整剂量或停止治疗，故治疗过程中应检测血常规，如发生粒细胞减少或贫血，需要调整剂量。

【药物相互作用禁忌证】

（1）与更昔洛韦合用在一些晚期患者可以加重血细胞减少。需联合用药时剂量应减少或者停用其中的一种或两种药物以减轻毒性。应经常进行包括血红蛋白、红细胞压积、白细胞分类与计数等检查。

（2）与α-干扰素合用出现血液毒性，需减小剂量或停用其中的一种或两种药物，应经常监测血液学参数。

（3）合用骨髓抑制药或细胞毒性药物有增加血细胞减少的危险。

（4）合用苯妥英钠的患者苯妥英钠血药浓度会降低。

（5）与氟康唑合用，可增加本品的生物利用度，并延长半衰期。

（6）合用阿托伐醌和壬二酸可降低齐多夫定的清除率，两药合用应密切监视可能出现的不良反应。

（7）影响DNA复制的一些核苷类似物如利巴韦林拮抗本品的抗病毒活性，应避免与这些药物合用。

（8）妊娠期妇女应权衡利弊慎用，哺乳妇女禁用。

阿米夫定

阿米夫定（lamivudine）也是核苷类逆转录酶抑制剂，可对抗对齐多夫定产生耐药的HIV。体外实验证实阿米夫定与齐多夫定、非核苷类逆转录酶抑制剂和HIV蛋白酶抑制联合应用，可增强抗HIV-1活性，对乙肝病毒也有抗病毒活性。单用易产生耐药，常与齐多夫定合用。不良反应表现为头痛、腹泻、恶心等。

恩曲他滨

恩曲他滨（entricitabine）为化学合成类核苷胞嘧啶。其抗HIV-1的机理是通过体内磷酸化，形成活性三磷酸酯，竞争性地抑制HIV-1逆转录酶，同时通过与天然的5-磷酸胞嘧啶竞争性地掺入到病毒DNA合成的过程中，最终导致其DNA链合成中断。也具有抗乙型肝炎病毒（hepatitis B virus，HBV）感染的作用，其机理是抑制HBV的DNA聚合酶。

【不良反应及注意事项】 临床应用中，接受恩曲他滨和其他抗病毒药物治疗，最常见的不良反应有头痛、腹泻、恶心和皮疹，可见皮肤色素沉着。

恩曲他滨经肾脏排泄，肾功能损害患者酌情减量。

替 诺 福 韦

替诺福韦（tenofovir）制成富马酸替诺福韦二吡呋酯（tenofovir disoproxil fumarate,）以增加胃肠道吸收。是一种新型核苷酸类逆转录酶抑制剂（NRTIs），通过抑制HIV-1逆转录酶的活性抑制HIV病毒复制，也可抑制HBV复制，治疗乙型肝炎。

【体内过程】 替诺福韦几乎不经胃肠道吸收，因此进行酯化、成盐，成为替诺福韦酯富马酸盐，可被迅速吸收并降解成活性物质替诺福韦，然后替诺福韦再转变为活性代谢产物替诺福韦双磷酸盐。给药后1~2h内替诺福韦达血药峰值。替诺福韦与食物同服时生物利用度可增大约40%。替诺福韦双磷酸盐的胞内半衰期约为10h。由于不经CYP450酶系代谢，因此，由该酶引起的与其他药物间相互作用的可能性很小。主要经肾小球过滤和肾小管主动转运系统排泄，70%~80%以原型经尿液排出体外。

【临床应用】 用于治疗HIV和HBV感染。

【不良反应及注意事项】

（1）可引起轻至中度的胃肠道不适和胰腺炎。

（2）可能引起乳酸中毒、与脂肪变性相关的肝大等。

奈 韦 拉 平

奈韦拉平（nevirapine）为非核苷类逆转录酶抑制剂（NNRTI）。

【体内过程】 口服奈韦拉平后迅速吸收，在体内分布广泛。奈韦拉平易通过胎盘。与血浆蛋白结合率约60%，可进入脑脊液，其浓度约为血浆浓度的45%。奈韦拉平主要是由CYP3A家族中的CYP 450同功能Ⅰ酶代谢成几个羟化代谢产物，多数葡糖醛酸化后经肾脏排泄。奈韦拉平是肝脏CYP 450代谢酶的诱导剂。

【药理作用与作用机理】 奈韦拉平选择性地与HIV-1的逆转录酶直接结合，破坏该酶的催化位点，从而阻断RNA和DNA依赖的DNA多聚酶的活性。

用于治疗HIV-1感染，单用易产生耐药性，应与其他抗HIV-1药物联用用药。

【不良反应及注意事项】 成年人除皮疹或肝功能异常外，最常见的不良反应有恶心、疲劳、发热、头痛、嗜睡、呕吐、腹泻、腹痛和肌痛。也有患者曾出现严重的、致命的肝脏毒性，包括急性及胆汁淤积性肝炎、肝坏死。儿童患者除了粒细胞减少更为常见外,其他与奈韦拉平相关的常见不良反应与成人一致。本品治疗后的最初 8 周是很关键的阶段,需对患者情况进行严密的监测,及时发现潜在的严重和威胁生命的皮肤反应或严重的肝炎或肝衰竭。

【药物相互作用及禁忌证】

(1) 奈韦拉平是 CYP 450 代谢酶的诱导剂,可以降低主要由 CYP3A、CYP2B 代谢的药物的血浆浓度。因此,正在接受由 CYP3A 或 CYP2B 代谢的药物的稳定剂量治疗的患者,合用本品时需调整前者的剂量。

(2) 与奈韦拉平合用导致沙奎那韦血浆浓度下降。

(3) 与酮康唑合用,后者的 AUC 下降,奈韦拉平的血药浓度增高,故两者不应合用。奈韦拉平会增加美沙酮的肝代谢而降低其血浆浓度。因此,美沙酮维持给药的患者合用奈韦拉平时,应仔细观察戒断综合征征象并对美沙酮的剂量进行相应的调整。

(4) 由于严重皮疹、皮疹伴全身症状、变态反应的患者禁用。奈韦拉平引起的肝炎而中断奈韦拉平治疗的患者不能重新服用。在服用奈韦拉平期间,曾出现 AST 或 ALT 大于正常值上限 5 倍,重新服用奈韦拉平后迅速复发肝功能异常的患者禁用。

地 拉 韦 定

地拉韦定(delavirdine)也是一种非核苷类 HIV 逆转录酶抑制剂,可抑制 HIV 逆转录酶,直接与 HIV-1R 的逆转录酶结合,阻断其活性。用于与其他核苷类逆转录酶抑制剂或蛋白酶抑制剂联用治疗进展性 HIV 感染。与核苷类药物和蛋白酶抑制剂有协同作用,对其他药物耐药的病毒株也具有活性。但与奈韦拉平有交叉耐药性。

依 非 韦 伦

依非韦伦(efavirenz)具有高选择性、半衰期较长、能进入脑脊液的特点。该药与拉米夫定和齐多夫定合用可增强药效,且患者耐受性较好。

二、蛋白酶抑制剂

沙 喹 那 韦

沙喹那韦(saquinavir)口服生物利用度约 4%,沙奎那韦的蛋白结合率约为 98%,可快速代谢为单体和去羟基化无活性化合物,几乎不透过血-脑屏障。为首个发现的 HIV 蛋白酶抑制剂,对 HIV 蛋白酶有选择性抑制作用。易产生耐药,常与其他药物合用以增强疗效。主要不良反应有发热、腹痛、腹泻、头痛、肌肉痛、淋巴结肿大、瘙痒等。

利 托 那 韦

【体内过程】 利托那韦(ritonavir)口服吸收较好,生物利用度为 60% 以上,在血浆和淋巴结浓度高,血浆半衰期为 3~3.5h,血浆蛋白结合率为 98%。主要在肝脏代谢,通过 CYP 450 氧化酶系统异构酶 CYP3A 和 CYP2D6 代谢,生成至少 5 种代谢物,主要代谢物也具抗病毒活性,87% 由粪便中排出,12% 由尿液中排出。

【药理作用】 利托那韦对 HIV-1 和 HIV-2 有抑制活性,对天冬氨酸蛋白酶有抑制作用,故可阻止发生新的感染病灶,并延缓疾病的进展。具有对抗齐多夫定敏感株或耐药病毒株的作用。

【作用机理】 可阻止 HIV 蛋白酶加工多聚蛋白,从而不能产生成熟的 HIV 颗粒。

【临床应用】 单独或与抗逆转录病毒的核苷类药物合用治疗晚期或非进行性的 HIV 感染患者。

【不良反应及注意事项】 常见的不良反应有如下几种。

1. 胃肠道反应 恶心、呕吐、腹泻、腹痛、厌食、味觉异常。

2. 神经系统反应 感觉异常、头痛、虚弱等。

3. 血管扩张和血脂异常 如三酰甘油与胆固醇升高。

4. 肝功能异常及其他 可见丙氨酸氨基转移酶与天冬氨酸氨基转移酶及尿酸值升高。本品不良反应发生率在治疗开始 2~4 周最大,因在此时期内本品血浓度高。

【药物相互作用及禁忌证】 利托那韦对 CYP 450 系同工酶 CYP 3A 具有强力抑制作用,也抑制 CYP 2D6。因此,会减慢通过这些酶介导的药物代谢,增加这些药物的血浓度,而增加 CYP 3A 活性的药物可使本品代谢增加,血浓度降低。合用这些药物很可能发生相互作用。

(1) 用于本品治疗的患者禁用阿普唑仑、安非他酮、胺碘酮、阿咪唑、苄替地尔、西沙必利、氯拉折帕、氯氮平、右丙氧芬、地西泮、二氢麦角胺、恩卡尼、艾司唑仑、麦角胺、氟卡尼、氟西泮、咪达唑仑、哌替啶、匹莫齐特、吡罗昔康、普罗帕酮、奎尼丁、利福喷丁、特非那定、三唑仑和唑吡坦,因为它们有可能与本品发生相互作用,产生严重并发症的危险。

(2) 苯巴比妥、卡马西平、苯妥因和利福平能增加 CYP3A4 的活性,很可能与本品发生相互作用,增加本品的清除率,降低本品的活性。

(3) 华法林、环孢素、卡马西平、奈法唑酮、紫杉醇和钙通道阻断剂的代谢均经 CYP3A 介导,因此能与本品发生相互作用,使这些药物的 AUC 和活性大大提高。故这些药物与本品合用需谨慎。

(4) 大部分三环类抗抑郁剂主要经 CYP 2D6 介导代谢,与本品合用,它们的血浓度会上升,故其剂量应降低。

(5) 茶碱与本品合用,其平均 AUC 降低 43%。故与本品合用时,其剂量应增加。

(6) 常用于艾滋病患者的地塞米松、伊曲康唑、酮康唑、氯雷他定、美沙酮、奈法唑酮、奎宁和舍曲林，能与本品发生相互作用，故与本品合用，也须谨慎。

(7) 吗啡、甲苯磺丁脲、芬太尼、大环内酯类和类固醇类药物与本品合用也有相互作用。

(8) 合用沙喹那韦使其 AUC 和 C_{max} 增加许多。故与这些蛋白酶抑制剂合用时应谨慎。

(9) 可增加克拉霉素 AUC，肾功能损害患者合用克拉霉素时，应调整后者的剂量。

(10) 本品口服液制剂含有醇，与双硫仑或双硫仑样药物，如甲硝唑合用，能发生反应，故应避免与这些药物合用。

(11) 接受 HIV 蛋白酶抑制剂的伴有血友病的 HIV 阳性患者可发生自动出血症状。故血友病患者使用本品应加倍小心，并注意自动出血事件。

(12) 在开始本品治疗前、治疗中定期检查血脂、氨基转移酶或尿酸，若出现升高时应停药或减量观察。

(13) 合用西地那非、他达拉非和伐地那非时，应该特别谨慎。这些药物和利托那韦片合用时被认为可导致这些药物浓度的连续增加而增加，如低血压和勃起时间延长等不良事件。

(14) 严重肝病患者禁用，轻、中度肝病患者和腹泻患者慎用。儿童不宜使用。

同类药还有奈非那韦（nelfinavir），患者对其耐受性较好，药物相互作用较利托那韦少。

第四节 抗肝炎病毒药

病毒性肝炎为常见病之一，我国主要流行乙型肝炎，西方丙型肝炎，乙型肝炎病毒（hepatitis B virus，HBV）发病率较高。迄今已知的肝炎病毒有六种，即甲型肝炎病毒、乙型肝炎病毒、丙型肝炎病毒、丁型肝炎病毒、戊型肝炎病毒和庚型肝炎病毒。甲型和戊型不会转化为慢性肝炎，危害轻。乙型、丙型和丁型肝炎（hepatitis D virus，HDV）绝大多数为慢性、最终可能会发展成为肝硬化、肝癌。这些肝炎的治疗主要采用抗病毒、免疫调节和改善肝功能等治疗措施。用于抗病毒性肝炎治疗的药物有干扰素及一些逆转录酶抑制剂等。

干扰素-α

干扰素是机体受到病毒或其他病原微生物干扰后机体产生的蛋白类抗病毒物质，现已用基因工程方法制备。

【**药理作用与作用机理**】 具有抗病毒、抗肿瘤和免疫调节作用。其抗病毒作用是多环节的，可以抑制病毒的穿膜、脱壳、mRNA 合成，并抑制病毒蛋白的翻译、组装和释放。其中主要的作用是抑制病毒蛋白的合成。干扰素为广谱抗病毒药。

【**临床应用**】 主要用于治疗慢性乙型肝炎、丙型肝炎和丁型肝炎，也可用于其他的病毒感染性疾病。现临床上用的主要是聚乙二醇（PEG）干扰素 α-2a，作用时间较长。聚乙二醇干扰素 α-2a 是 PEG 与重组干扰素 α-2a 结合形成的长效干扰素，适用于治疗成人慢性乙型肝炎和未接受过治疗的慢性丙型肝炎成年患者。

【**不良反应**】 有淋巴结肿大、贫血和血小板减少、甲状腺功能减退或甲状腺功能亢进、记忆力障碍、味觉改变、感觉异常、感觉迟钝、震颤、情感障碍、情绪改变、神经过敏、攻击意识、性欲减退、阳痿、眼部不适或炎症、心悸、上呼吸道感染、鼻炎、咽炎、鼻窦充血、肺充血等。

恩曲他滨

恩曲他滨（emtricitabine）与拉米夫定均为病毒逆转录酶抑制剂，其抗 HBV 活性是拉米夫定的 4～10 倍，在细胞系统内表现出了良好的药动学特性及低毒性，为治疗病毒性肝炎较好药物（见四十八章第三节）。

阿德福韦酯

阿德福韦酯（adefovir dipivoxil）是一种口服抗病毒药物。阿德福韦酯在体内代谢成阿德福韦，阿德福韦是一种单磷酸腺苷的无环核苷类似物，阿德福韦酯是较新的核苷类似物，具有强的抗 HBV 作用，许多国家将其列为治疗慢性乙型肝炎的一线药物。

【**体内过程**】 单剂口服阿德福韦酯的生物利用度约为 59%，食物不影响阿德福韦的药动学，消除半衰期约为 7h。阿德福韦酯迅速地转化为阿德福韦。约 45% 经肾脏排泄。

【**药理作用与作用机理**】 在细胞激酶的作用下被磷酸化为有活性的代谢产物即阿德福韦二磷酸盐。阿德福韦二磷酸盐通过与底物脱氧腺苷三磷酸竞争抑制 HBV-DNA 多聚酶和逆转录酶，从而抑制 HBV 的 DNA 复制。具有强的抗 HBV 作用，抑制 50% 病毒 DNA 复制的浓度（IC_{50}）为 0.2～2.5μmol/L。

【**临床应用**】 适用于治疗活动性乙型肝炎，并伴有血清氨基酸转移酶（ALT 或 AST）持续升高的成年慢性乙型肝炎患者。和大多数核苷类药物一样，阿德福韦酯易导致耐药。

【**不良反应**】 虚弱、头痛、腹痛、胃肠胀气、恶心、腹泻等。

恩替卡韦（entecavir）为环氧羟碳脱氧鸟嘌呤核苷类似物，经口服吸收进入肝细胞，通过磷酸化作用形成三磷酸恩替卡韦，抑制 HBV-DNA 聚合酶和逆转录酶，主要抑制 HBV 多聚酶发挥抗病毒活性，在细胞内的半衰期为 14～15h，作用时间较持久。

【案例及思考题】 患者，女，21 岁。15 年前体检发现 HBsAg、HBeAg 及抗 HBc 阳性，肝功能正常。3 年前应用干扰素半年无效。2 周前出现乏力、纳差，ALT 299 U/L，HBsAg、HBeAg 及抗 HBc 阳性，HBV DNA 5.26×10^{6}IU/ml。患者给予干扰素联合 ETV 治疗。患者在联合治疗 1 年时获得 HBeAg 血清学转换，此时应该停药，还是继续巩固治疗？这就涉及停药终点的问题。对于获得 HBeAg 血清学转换的患者应至少巩固治疗 6 个月，以保持应答的持久性，避免复发。如果在巩固治疗过程中，HBsAg 下降明显，还可能获得 HBsAg 清除。本例患者继续巩固治疗 6 个月，在此过程中发现 HBsAg 下降速度快，再治疗 3 个月获得 HBsAg 清除，达到理想停药终点。

问题：

HBV 联合治疗理想的停药终点是什么？要想达到 HBsAg 清除，避免复发，应采取什么措施？

（王银叶）

第四十九章 抗寄生虫病药

寄生虫病分为原虫病和蠕虫病，原虫病包括疟疾、阿米巴病及利什曼病等，蠕虫病包括吸虫、丝虫病和线虫病。因此抗寄生虫病药主要分为抗原虫病药（antiprotozoal agents）和抗蠕虫病药（antihelmintic agents）两大类。

第一节 抗 疟 药

一、疟原虫生活史及抗疟药作用环节

抗疟药（antimalarial drugs）是用于预防或治疗疟疾的药物。疟疾是由疟原虫引发的一种寄生虫传染病，是对人类危害最大的寄生虫病。根据致病疟原虫的不同，分别引起间日疟、三日疟、卵形疟和恶性疟。前三者为良性疟，三日疟症状较轻微而不常见，恶性疟感染最广，症状严重，危害最大。现有的抗疟药中尚无一种药能对疟原虫生活史的各个环节都有杀灭作用，了解不同生长阶段的疟原虫对不同抗疟药敏感性不同将能更好地理解和使用抗疟药。

疟原虫的生活史可分为在雌性按蚊体内进行的有性繁殖阶段和在人体内进行的无性生殖阶段。根据疟原虫在人体内的发育过程，疟疾可分为原发性红细胞外期、继发性红细胞外期、红细胞内期等阶段（图49-1）。

1. 原发性红细胞外期 受感染的按蚊叮咬人时，将其唾液中的子孢子输入人体，侵入肝细胞转化、增殖，并发育成组织型裂殖体，5～15日肝细胞破裂，释放出裂殖子并进入红细胞。此间无症状，为疟疾的潜伏期。乙胺嘧啶对此期疟原虫有杀灭作用，可作为病因性预防药。

2. 继发性红细胞外期 间日疟和卵形疟在原发性红细胞外期释放出大量裂殖子进入红细胞后，在肝细胞内仍有疟原虫存在，这些迟发性子孢子（称休眠子）是引起间日疟复发的主要原因。能作用于继发性红细胞外期的药物如伯氨喹，有根治间日疟的作用。三日疟和恶性疟感染的组织型裂殖体破裂后，在肝组织中不会再留有任何形态的疟原虫，因此无继发性红细胞外期，无须用药根治。

3. 红细胞内期 原发性红细胞外期发育、释放出的裂殖子，进入红细胞，发育成滋养体、裂殖体，破坏红细胞，并释放裂殖子和代谢产物。裂殖子可再次侵入红细胞，重复红细胞内期的裂体增殖。裂体增殖过程中所产生的代谢产物和红细胞碎片能刺激机体引起寒战、高热、出汗等症状。对此期疟原虫有杀灭作用的药物如氯喹、奎宁、青蒿素等，可控制症状发作。

部分红细胞内期疟原虫分化、发育成雌雄配子体。按蚊在吸入疟疾患者的血液时，雌雄配子体随血液进入按蚊体内，结合成合子，进一步发育成子孢子，移行至按蚊唾液腺内，成为疟疾传播和流行的新的感染源。能杀灭配子体的药物伯氨喹和抑制雌雄配子体在按蚊体内发育的药物乙胺嘧啶都有控制疟疾传播和流行的作用（图 49-1）。因此，根据作用环节，抗疟药主要分以下几类。①主要用于控制疟疾症状的抗疟药：氯喹、青蒿素及其衍生物、奎宁、甲氟喹、咯萘啶、本芴醇。②主要用于控制疟疾复发和传播的抗疟药：伯氨喹。③主要用于疟疾预防的抗疟药：乙胺嘧啶、磺胺类。

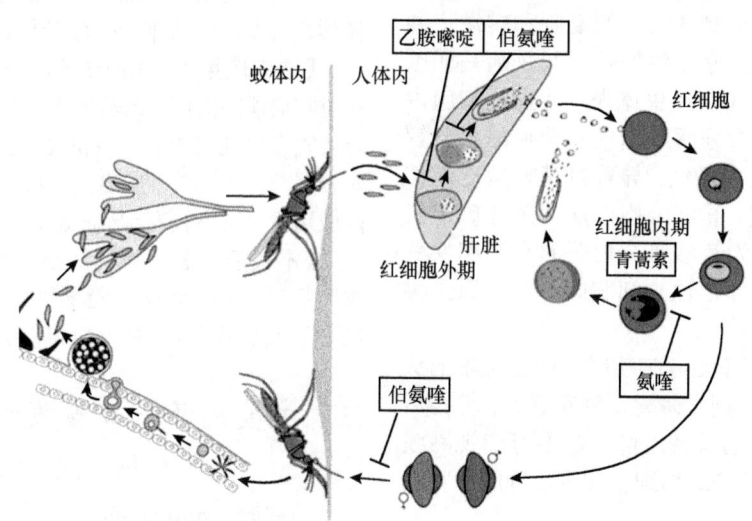

图 49-1　疟原虫生活史及抗疟药作用环节

二、主要用于控制疟疾症状的抗疟药

氯 喹

氯喹（chloroquine）是人工合成的4-氨基喹啉类衍生物。

【体内过程】 口服后吸收快而完全，T_{max} 为 1～2h，在红细胞内的浓度比血浆内高 10～20 倍，疟原虫入侵的红细胞内药物浓度又比正常红细胞高 25 倍，有利于杀灭红细胞内期裂殖体。氯喹主要分布于肝、脾、肺、肾等组织中，这些组织中药物浓度比血浆高 200～700 倍。可透过血-脑屏障进入脑组织，脑组织中浓度为血浆浓度的 10～30 倍。大部分在肝脏代谢，代谢产物去乙基氯喹仍有抗疟作用，少部分以原型经肾排泄。该药因在组织内储存，代谢和排泄都较缓慢，$t_{1/2}$ 约 50h，故作用持久。

【药理作用】

1. 抗疟作用 氯喹能杀灭间日疟、三日疟及敏感的恶性疟原虫红细胞内期的裂殖体，能迅速控制疟疾症状的发作，对恶性疟有根治作用，是控制疟疾症状的首选药物。其特点是疗效好，一般患者服药 24～48h 体温降至正常，症状迅速消退，48～72h 血中疟原虫消失。由于药物在体内代谢和排泄缓慢，作用持久，故能延迟良性疟症状的复发。对红细胞外期无效，不能作病因性预防和良性疟的根治。临床主要用于控制疟疾的急性发作和根治恶性疟。

2. 对其他寄生虫的作用 对肠外阿米巴病有较好的疗效，口服后肝脏中浓度非常高，可用于甲硝唑治疗无效或禁忌的阿米巴肝炎或肝脓肿。

3. 免疫抑制作用 大剂量可用于治疗类风湿关节炎、系统性红斑狼疮。

【作用机理】 氯喹在疟原虫溶酶体内的高浓度聚集，故有多方面的作用机理：①氯喹能与疟原虫 DNA 双链中的鸟嘌呤、胞嘧啶碱基对结合，形成氯喹-DNA 复合物，抑制 DNA 的复制和转录，并使 DNA 断裂，抑制疟原虫的繁殖；②氯喹是弱碱性药物，容易大量进入疟原虫体内，使虫体细胞内的 pH 升高，抑制蛋白分解酶活性，使疟原虫分解和利用血红蛋白的能力降低，导致氨基酸缺乏而抑制疟原虫的生长繁殖；③红细胞内期裂殖体破坏红细胞后产生疟色素，为氯喹等抗疟药的高亲和性受体，与之结合，可破坏疟原虫细胞膜，使疟原虫溶解而死亡。

【不良反应】 用于治疗疟疾时，产生轻度的头晕、头痛、胃肠不适、视觉障碍、荨麻疹等，停药后可很快消失。长期大剂量使用可引起不可逆视网膜病、耳毒性、心血管反应、白细胞减少及肝脏和肾脏的损害。

奎 宁

奎宁（quinine）为奎尼丁的左旋体，是原产于南美的金鸡纳树皮中的生物碱，1820 年应用于临床，曾是治疗疟疾的主要药物，但由于不良反应较多，已不作为抗疟首选药。该药作用及其机理与氯喹相似，对各种疟原虫红细胞内期滋养体有杀灭作用，能控制临床症状，但作用较弱，对红细胞外期及配子体无明显作用。该药在肝脏中被氧化分解，迅速失效，作用时间短，但毒性大，临床主要用于耐氯喹及耐多药的恶性疟，尤其是脑型恶性疟。

用量过大或用药时间过久，常出现金鸡纳反应，表现为恶心、呕吐、头痛、头晕、耳鸣、视听力减退等。另外还可引起血压下降、心律失常和严重的中枢神经紊乱。对妊娠子宫有兴奋作用，故孕妇禁用。少数患者对奎宁有高敏性，小剂量即可发生急性溶血，引起高热，寒战和肾功能衰竭，可致死。

青 蒿 素

青蒿素（artemisinin）为菊科植物黄花蒿和大头黄花筒中提取的一种倍半萜内酯过氧化物，是由我国科学家从中药成分发现的新型抗疟药，该发现获得 2016 年诺贝尔生理学或医学奖。

【体内过程】 口服吸收迅速完全，1h 后达 C_{max}，由于首关效应，血药浓度较低，广泛分布于各组织中，胆汁中浓度较高，其次是肝脏、肾脏、脾脏等。易透过血-脑屏障进入脑组织，故对脑型疟也有效。体内代谢快，代谢产物可迅速从肾脏和肠道排出，由于代谢和排泄均快速，有效血药浓度维持时间短，不利于彻底杀灭疟原虫，故复发率较高。

【作用】 青蒿素引起恶性疟原虫在红细胞内期的生物膜破坏，或与原虫蛋白结合，使之死亡，对红细胞内期滋养体有杀灭作用，对红细胞外期疟原虫无效。

【作用机理】 其作用的分子机理尚不十分清楚，可能与被血红素及线粒体活化，分别产生 ROS 和线粒体功能异常，从而导致疟原虫死亡有关。

【临床应用】 用于控制间日疟和恶性疟的症状及耐氯喹疟疾的治疗。该药可透过血-脑屏障，也可用于治疗凶险型恶性疟如脑型疟和黄疸型疟疾。疟原虫易对青蒿素耐药，与乙胺嘧啶合用，可延缓其耐药性发生。该药应用后复发率较高，与伯氨喹合用可降低疟疾复发率。

【不良反应】 有胃肠道反应，偶见有四肢麻木感和心动过速。动物实验发现剂量过大可影响造血系统和引起肝损害，并产生胚胎毒性作用。

三、主要用于控制复发和传播的抗疟药

伯 氨 喹

伯氨喹（primaquine）为人工合成的 8-氨基喹啉

类衍生物。

【体内过程】 口服吸收快而完全，1～2h 内达 C_{max}，主要分布在肝脏，其次为肺、脑和心脏组织，大部分在体内代谢成无活性产物，仅 1%以原型经肾排出，由于伯氨喹的代谢和排泄均较快，因此有效血药浓度维持时间短，需每日给药。

【药理作用】 伯氨喹对良性疟的红细胞外期及各型疟原虫的配子体均有较强的杀灭作用。

【作用机理】 伯氨喹的抗疟机理尚不清楚，可能与其诱导疟原虫的活性氧产生或干扰其线粒体电子转运有关。对红细胞内作用较弱，对恶性疟红细胞内期无效。

【临床应用】 可作为控制复发和阻止疟疾传播的首选药。不能控制疟疾症状的发作，通常需与氯喹等合用。疟原虫对该药较少产生耐药性。

【不良反应】 本药毒性较其他抗疟药高。治疗量就可以引起疲倦、头晕、恶心、呕吐、腹痛、发绀等不良反应，少数人可出现药热、粒细胞缺乏症等，停药后可恢复。少数特异质的患者可发生急性溶血性贫血和高铁血红蛋白血症。

四、主要用于预防的抗疟药
乙胺嘧啶

【体内过程】 乙胺嘧啶（pyrimethamine）口服在肠道吸收慢但较为完全，4～6h 达 C_{max}，主要分布于肺、肝脏、脾脏、肾脏、红细胞、白细胞内，经肾脏缓慢排泄，也可由乳腺分泌排出，少量经肠排出，$t_{1/2}$ 为 80～95h。

【药理作用】 对各种疟原虫红细胞内期的抑制作用仅限于未成熟的裂殖体阶段，能抑制滋养体的核分裂，但对成熟者无效，因此不能迅速控制症状，必须到下一代红细胞内期出现时才能发挥作用。对配子体无直接杀灭作用，但含药的血液被按蚊吸入后，能阻止疟原虫在蚊虫体内进行的正常孢子增殖，起到阻止传播的作用。

【作用机理】 疟原虫不能直接利用环境中的叶酸，必须自身合成叶酸并转变为四氢叶酸，乙胺嘧啶能抑制疟原虫的二氢叶酸还原酶，使其叶酸代谢受阻，从而影响疟原虫的核酸合成，使其生长繁殖受到抑制。

【临床应用】 为病因性预防疟疾的首选药。乙胺嘧啶对恶性疟和间日疟原虫的原发性红细胞外期有抑制作用，是较好的病因性预防药。因排泄缓慢，作用较为持久，服药一次可维持 1 周以上。与磺胺类或砜类合用，可增强疗效，并减少抗药性的产生。

【不良反应】 口服一般抗疟疾剂量时，毒性很低，较为安全。长期大剂量服用，可因抑制二氢叶酸还原酶而出现叶酸缺乏症，引起巨幼细胞贫血或白细胞减少。偶可发生皮疹。过量会引起急性中毒，因有甜味，易被儿童当作糖果大量服用，轻者出现恶心、呕吐、胃部烧灼感、心悸、烦躁不安；重者出现发绀、眩晕、抽搐、惊厥、昏迷甚至死亡。中毒时应立即洗胃、输液、静脉注射巴比妥类对抗其惊厥等。

第二节 抗阿米巴病药和抗滴虫病药

阿米巴病由溶组织阿米巴原虫引起。该原虫以滋养体和包囊两种形式寄生在人体肠道内，以阿米巴包囊为感染体。包囊随污染的饮食经口进入小肠下段，在肠腔内虫体脱囊而出并迅速分裂成小滋养体，寄生于肠道。此时患者并无症状，称为排包囊者，是阿米巴病的传染源。在机体抵抗力低下时，或肠壁受到损害时，小滋养体侵入肠壁组织，发育成大滋养体，破坏肠壁黏膜和黏膜下组织，引起阿米巴痢疾，表现为腹痛、腹泻、便血及呈暗红色酱样粪便。如治疗不彻底可转为慢性阿米巴痢疾。同时大滋养体可随血流侵入肠外组织如肝脏、肺、脑等组织，大量繁殖产生阿米巴炎症或脓肿，称为肠外阿米巴病，如阿米巴肝、肺或脑脓肿。

抗阿米巴病药可分为作用于肠道内、肠道外或两者兼有作用的几种类型。多数抗阿米巴病药物对滋养体具有杀灭作用，少数药物具有杀灭包囊作用，某些抗菌药，如巴龙霉素、土霉素等可直接杀灭滋养体或抑制共生菌群，而发挥抗阿米巴病作用。

甲硝唑

【体内过程】 甲硝唑（metronidazole）口服吸收迅速而完全，单剂量 500mg 服用后，1h 的血浆药物浓度可达 10μg/ml，超过大部分敏感原虫和细菌的平均有效浓度 8μg/ml，$t_{1/2}$ 为 8～10h。该药吸收后广泛分布于各组织和体液中，包括唾液、乳汁、精液和阴道分泌物，且能通过血-脑屏障。该药主要通过肝脏代谢，代谢产物及少量原型药物经肾脏排出，结肠内浓度较低。

【药理作用】
1. **抗阿米巴作用** 对组织内阿米巴滋养体有很强的杀灭作用。
2. **抗滴虫作用** 甲硝唑对阴道滴虫有直接杀灭作用，口服后可出现于阴道分泌物、精液和尿中，故对男、女性泌尿生殖系统滴虫感染都具有良好疗效。
3. **抗贾第鞭毛虫作用**
4. **抗厌氧菌作用** 甲硝唑对所有厌氧球菌、革兰阴性厌氧杆菌和革兰阳性厌氧芽胞梭菌均有较强的杀灭作用，革兰阳性无芽胞杆菌对其耐受。对脆弱类杆菌感染特别有效。

【作用机理】 抑制细菌和寄生虫的脱氧核糖核酸的合成，从而干扰其生长、繁殖，最终致死亡。

【临床应用】 是治疗阿米巴病的首选药物。治疗急性阿米巴痢疾和肠外阿米巴病效果最好。因其在肠道吸收完全，肠内浓度偏低，治疗阿米巴痢疾时宜与抗肠道内阿米巴药物交替使用，以提高疗效，降低复发率。甲硝唑也是治疗滴虫病的首选药，应用治疗量时对阴道正常菌群无影响。甲硝唑是目前治疗贾第鞭毛虫病最有效的药物。是临床上治疗厌氧菌的重要药物。

【不良反应及注意事项】 较轻微，引起被迫停药者极少见。常见头痛、恶心、口干、口中金属味、食欲下降、腹泻、腹痛、皮疹及白细胞暂时性减少等。极少数患者可出现神经系统症状如肢体麻木、感觉异常、共济失调和惊厥等，如发生应立即停药。因为神经系统的不良反应不易消失，有器质性中枢神经系统疾病及血液病患者、妊娠三个月内及哺乳期妇女禁用。甲硝唑干扰乙醛代谢，因此服药期间应禁酒以免出现急性乙醛中毒，产生腹痛、恶心、呕吐、头痛等症状。对某些动物有致癌作用。

另外，替硝唑（tinidazole）是甲硝唑的衍生物，其特点是作用时间长，毒性低。抗阿米巴作用与甲硝唑相当。也有抗滴虫和厌氧菌作用。

巴龙霉素（paromomycin）为氨基糖苷类抗菌药，可抑制阿米巴共生型细菌从而抑制阿米巴的生长繁殖。另外，口服不吸收，可直接杀灭肠道中的阿米巴滋养体，对肠外阿米巴病无效。

滴虫病主要是由阴道毛滴虫所致滴虫性阴道炎，阴道毛滴虫亦可寄生于男性泌尿道，多数通过性接触而传染。甲硝唑是目前治疗阴道滴虫病最有效的药物，遇有抗甲硝唑滴虫感染时，也可使用乙酰胂胺及曲古霉素等。

第三节 抗血吸虫病药

血吸虫病是一类严重危害人类健康的寄生虫病，主要由日本血吸虫、曼氏血吸虫和埃及血吸虫引起，在我国流行的是日本血吸虫病。

人感染血吸虫后，引发急性血吸虫病，可出现发热、寒战、盗汗、乏力、肝脾大、腹泻或排脓血便及咳痰、咯血等症状，虫卵侵入脑内可引起癫痫样发作。反复多次感染后或治疗不彻底则可转变为慢性血吸虫病，表现为明显的肝脾大、晚期可致严重贫血、门静脉高压、黄疸、肝硬化、腹水等。

长期以来用于血吸虫病治疗的酒石酸锑钾是很有效的药物，但因其有毒性大、疗程长、必须静脉给药等缺点，限制了其在临床的应用。目前在临床应用的主要是吡喹酮，该药具有高效、低毒、疗程短、能口服等优点，现已完全取代了酒石酸锑钾在临床上的应用。近年发现的青蒿素衍生物青蒿琥酯、蒿甲醚等具有杀灭血吸虫童虫的作用，可以预防血吸虫的感染，降低感染人群的感染度，可作为血吸虫感染的预防药物。

吡 喹 酮

吡喹酮（praziquantel）是广谱的抗蠕虫药物，尤其对血吸虫具有很强杀灭作用。

【体内过程】 口服后易被肠道迅速吸收，2h 左右达 C_{max}。可分布于多种组织中如肝脏、肾脏、胰脏、肾上腺、骨髓及脑垂体和颌下腺等。在肝脏内可迅速代谢羟化而失活。大多在 24h 内经肾脏和胆道排出。血吸虫病患者的肝脏因有不同程度的病变，所以代谢吡喹酮的能力降低，其血药峰浓度会提高，消除半衰期会延长。

【药理作用】 吡喹酮对多种血吸虫具有杀灭作用，对成虫作用强，对童虫也有作用。吡喹酮也有抗蠕虫作用。

【作用机理】 吡喹酮能激活虫体细胞慢钙通道，钙离子内流增加，导致虫体兴奋、收缩和痉挛，最后导致痉挛性麻痹而从血管壁上脱落，并移行于肝脏而被单核-巨噬细胞吞噬灭活。也有认为吡喹酮激动虫体 5-HT 受体引起痉挛性麻痹。

【临床应用】 ①治疗血吸虫病：用于急性和慢性血吸虫病的治疗。②治疗蠕虫病：吡喹酮对牛肉绦虫、猪肉绦虫、裂头绦虫和短膜壳绦虫都有良好的疗效。③还可用于姜片虫病、华支睾吸虫病、肺吸虫病和肝吸虫病的治疗。

【不良反应】 轻微，主要见于神经系统和消化系统，表现为头晕、头痛、多梦、乏力、肌肉震颤及食欲减退、恶心及腹胀等。

蒿 甲 醚

蒿甲醚（artemether）是青蒿素的衍生物，现除广泛用于疟疾治疗外，还可用于预防血吸虫感染。该药对血吸虫童虫具有较好的杀灭作用，特别对 7~21 日童虫的杀灭作用最强，通过杀灭童虫，阻断雌虫产卵，抑制由血吸虫虫卵引发的一系列免疫反应，对血吸虫感染起预防作用。蒿甲醚对虫体的糖代谢产生广泛的影响，包括抑制虫体对葡萄糖的摄入、促进糖原的分解、抑制虫体内碱性磷酸酶活性等，明显减少虫体实质的糖原含量，同时对多种代谢酶产生明显抑制作用，破坏和溶解虫体实质组织。

第四节 驱 肠 虫 药

寄生在人类肠道的寄生虫很多，分为蠕虫和原虫。蠕虫包括蛔虫、钩虫，蛲虫、鞭虫和姜片虫等，致病原虫主要为阿米巴。抗肠道蠕虫药主要通过干扰蠕虫活动，引起虫体麻痹或痉挛，将其驱逐出体外。

左旋咪唑

左旋咪唑（levamisole）是咪唑类衍生物四咪唑的左旋异构体，对蛔虫、钩虫、蛲虫均有明显驱虫作用。其驱虫作用机理可能是抑制虫体肌肉内的琥珀酸脱氢酶，阻断延胡索酸还原为琥珀酸，减少ATP生成，阻断虫体的能量供应。当虫体与该药接触时，能使神经节兴奋，然后产生神经-肌肉去极化，肌肉发生持续性收缩而导致麻痹，使虫体排出体外。对蛔虫、钩虫、蛲虫和粪类圆线虫病有较好疗效。由于本品单剂量有效率较高，故适于集体治疗。对班氏丝虫、马来丝虫和盘尾丝虫成虫及微丝蚴的活性较乙胺嗪为高，但远期疗效较差。左旋咪唑还具有免疫调节作用。

不良反应较轻而且短暂，有恶心、呕吐、腹痛、头晕、乏力、失眠和皮疹等，偶有流感样症状如头痛、关节痛、肌痛等，以及可逆性的白细胞和血小板减少，粒细胞缺乏，光敏反应。肝、肾功能不全者禁用，孕妇禁用。

阿苯达唑

阿苯达唑（albendazol）是苯并咪唑的衍生物，是目前疗效最好的广谱驱虫药。

【体内过程】 口服吸收少，血浆蛋白结合率约为70%。$t_{1/2}$为8～9h。阿苯达唑在肝脏内可代谢成阿苯达唑亚砜，后者有很强的驱虫活性。该药吸收后主要分布于肝脏、肾脏、肌肉，也可穿透血-脑屏障到脑组织，还可进入棘球蚴的包囊。代谢产物随尿排出，未吸收的原药和部分代谢产物随粪便排出，在人体内无蓄积。

【药理作用】 阿苯达唑的驱虫谱与甲苯达唑相似，能驱除蛔虫、蛲虫、钩虫、鞭虫、旋毛虫等，并选择性作用于囊尾蚴（囊虫病）和棘球蚴（包虫病），对蛔虫、钩虫及鞭虫的虫卵有杀灭作用。

【作用机理】 与虫体的β-微管蛋白结合，使其变性、分泌物积蓄、运输障碍。阻断成虫和幼虫对葡萄糖的摄取，使糖原耗竭，ATP减少，抑制虫体生存和繁殖。

【临床应用】 主要用于治疗蛔虫、钩虫、蛲虫、鞭虫单独感染或混合感染，也可治疗各种类型囊虫病、包虫病。对华枝睾吸虫病、旋毛虫病、卫氏并殖吸虫病和梨形鞭毛虫病也有效。

【不良反应】 短期治疗肠线虫病，可产生腹痛、腹泻、恶心、头痛、失眠、无力等症状。长期治疗棘球蚴时，常见血浆氨基转移酶活性升高，偶见黄疸。对动物有致畸和致突变作用。孕妇、2岁以下儿童和肝硬化患者禁用。本品毒性小，较安全。

噻嘧啶

噻嘧啶（pyrantel）为广谱驱虫药，具有高效、广谱、不良反应少的特点。对蛔虫、钩虫、蛲虫感染均有较好疗效。噻嘧啶是去极化神经肌肉阻断剂，同时抑制胆碱酯酶使乙酰胆碱堆集，能使虫体神经肌肉去极化，引起虫体痉挛，然后麻痹，通过粪便排出体外。主要用于蛔虫、钩虫、蛲虫感染及蛔虫、钩虫混合感染。

氯硝柳胺

氯硝柳胺（niclosamide）口服不吸收，肠道浓度高，临床上用以驱除牛肉绦虫、猪肉绦虫和短膜壳绦虫，能抑制绦虫线粒体的氧化磷酸化过程，可杀死绦虫的头节和体节前段。也用作灭螺剂。

另外哌嗪（piperazine）、吡喹酮等也可以作为抗肠虫药应用。

第五节　抗丝虫病药

丝虫病是由于丝虫寄生于人体淋巴系统所致，早期症状主要为淋巴管炎和淋巴结炎，晚期则出现乳糜尿、象皮肿等淋巴管阻塞症状。

乙胺嗪

【体内过程】 口服易吸收，1.5～2h后血药浓度达峰值。在体内分布均匀，大部分在体内氧化失活，给药后48h内以代谢产物或原药形式经肾排出。

【药理作用与作用机理】 乙胺嗪（diethylcarbamazine）在体外对任何种类的丝虫微丝蚴均无杀灭作用，但在体内能使微丝蚴组织发生超极化，失去活动能力，不能停留在宿主血循环中，而聚集于肝脏，并在肝窦状隙内被吞噬和溃溶，类似调理素的作用。此外乙胺嗪可改变微丝蚴体表膜，使其更易遭受宿主防御功能的攻击和破坏。较大剂量的乙胺嗪对体内的丝虫成虫有杀灭作用，作用机理不详。

【临床应用】 是治疗丝虫病的首选药，对马来丝虫的疗效优于班氏丝虫。一般按每日总量0.3～0.6g给药，分3次口服，连服7～14日。需2～3个疗程，疗程之间应间隔1～2个月。

【不良反应】 一般可见发热、头痛、全身软弱、心率加快、食欲减退、恶心、呕吐等症状，反应程度与用药剂量、血中微丝蚴的多少及寄生部位有关。偶见过敏性喉头水肿、支气管痉挛，多由大量微丝蚴和成虫被杀灭后释放出的异种蛋白质所致。对活动性肺结核、严重的心肝肾疾病、急性传染病及孕妇、哺乳期妇女应暂缓治疗。

伊 维 菌 素

伊维菌素（ivermectin）是来自放线菌素的半合成大环内酯类化合物。通过阻断 γ-氨基丁酸介导的神经信息传导，使虫体麻痹。伊维菌素还可影响盘尾丝虫微丝蚴在雌虫子宫内正常发育，并抑制其子宫内释放。主要用于治疗盘尾丝虫病，也能使班氏丝虫病的尾蚴血症迅速转阴，6个月后阴转率可达 80%以上。不良反应少见，大剂量时可引起瞳孔扩大、嗜睡、肌肉活动受抑制、震颤和共济失调等。

【案例与思考题】 患者王某，男，28岁，农民。下腹痛2h，便血一次，入院2h前无明显原因下腹剧烈阵发性绞痛，每次持续2～3min，可自行缓解，伴便意。1h前排血便一次，量约500ml，糊状，并出现头昏、心悸、乏力、口干。曾于3个月前因十二指肠溃疡出血急诊入院，后经治愈出院，无急、慢性腹泻及其他病史。入院查体：体温36.6℃，呼吸20次/分，脉搏 90 次/分，血压 128/75mmHg。肛门指检：指套染有暗红色血迹。实验室检查：血红蛋白124g/L，红细胞 $3.69×10^{-9}$/L；中性粒细胞 78%，淋巴细胞22%；血小板 $114×10^{-9}$/L；尿常规正常。大便常规：寄生虫卵（+）。虫卵纺锤形，黄褐色，大小为（50～54）μm×（22～23）μm]，潜血试验（++++）。肝、肾功能、血电解质正常，HbsAg（+）。心电图和胸片无异常。电子结肠镜检查：见盲肠有一条淡灰色、马鞭型虫体蠕动。诊断：鞭虫病。入院后予以驱虫、解痉止痛、止血、制酸、补液、对症治疗，随后腹痛减轻、便血减少。后腹痛消失，便血停止。12 天后治愈出院，随访1个月无异常。

问题：
治疗鞭虫病可以用什么驱虫药？

（王银叶）

第九篇 抗肿瘤与免疫系统药理学

第五十章 抗恶性肿瘤药

恶性肿瘤是一类严重威胁人类生命的疾病,受到世界各国政府部门和科学家们的重视。目前对癌症的治疗主要有四大手段,手术切除、放射疗法、化学药物治疗和生物免疫治疗。化学药物在治疗恶性肿瘤中起着重要的作用。这些化学药物大多属于细胞毒类抗癌药物,虽然在临床上取得了一定疗效,但这类药物的严重毒副作用及癌细胞的耐药等问题,导致治疗失败。近二十年来随着肿瘤分子生物学的发展,抗肿瘤药已从传统的细胞毒作用过渡到针对肿瘤细胞分子靶点的多环节靶向作用,出现了多种小分子靶向化疗药,它们的毒性大大减轻,使某些因靶基因变化引起的癌症患者生存时间和生活质量有了明显改善。

第一节 肿瘤细胞生物学与药物治疗的关系

正常的机体细胞因致癌因素的刺激产生 DNA 突变,这些突变可以来自遗传或后天获得。原癌基因的恶性改变和抑癌基因的失活是肿瘤发生的关键因素。恶性肿瘤细胞具有特定的生物学特征,如细胞增殖失控、分化异常、具有侵袭和转移能力等。

肿瘤细胞增殖失控的原因是原癌基因的恶性改变和抑癌基因的失活,它们影响了细胞内信号的改变,引起细胞的增殖失控。其中主要的信号改变包括生长因子受体及信号通路的变化、细胞周期(cell cycle)传感器的变化、细胞凋亡机理的改变、端粒酶表达增加、局部血管新生等。肿瘤细胞增殖周期调控主要因子是周期素(cyclin)和周期素依赖的激酶(CDK)。从一次有丝分裂结束到下一次有丝分裂完成所经历的连续过程为一个细胞增殖周期,将增殖期细胞分为 G_1 期(DNA 合成前期)、S 期(DNA 合成期)、G_2 期(有丝分裂前期)、M 期(有丝分裂期)。细胞周期的发现促进了细胞增殖动力学的发展,包括细胞群体的增殖、分化、迁移、死亡的过程,深入了解肿瘤细胞和正常细胞的增殖动力学规律,合理选择药物,最大限度杀死肿瘤细胞,而对正常细胞影响较小,才能获得理想的疗效。根据肿瘤细胞生长繁殖的特点,可将细胞群分为增殖细胞群、非增殖细胞群和无增殖能力细胞群(图50-1):①增殖细胞群为指数增殖的细胞,这部分细胞在全部肿瘤细胞中所占的比率,为生长比率(growth fraction, GF),增长迅速的肿瘤 GF 较大(接近1.0),对药物敏感,如急性白血病、绒毛膜上皮细胞癌、霍奇金病等。生长缓慢的肿瘤 GF 较小(0.01~0.5),对药物不敏感,如慢性白血病和多数实体瘤等。早期癌症的 GF 较大,因此对化疗药较敏感,疗效也好。②非增殖周期如 G_0 期细胞,该期细胞处于停止分裂阶段,对抗癌药不敏感。在适当时期可进入细胞周期仍有增殖能力,是肿瘤复发的根源。某些生长缓慢的恶性肿瘤,有许多细胞长期停留在 G_0 期。③无增殖能力细胞群,这类细胞不进行分裂,通过分化、老化最后死亡。

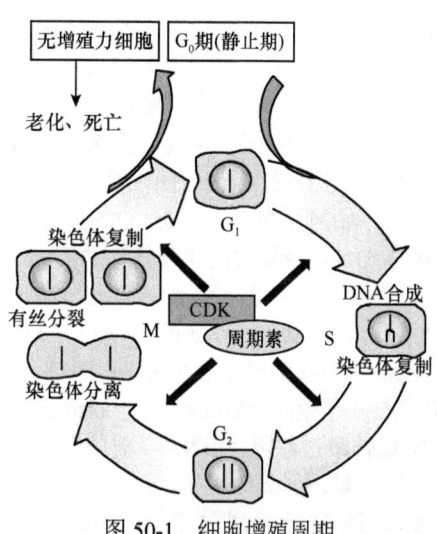

图 50-1 细胞增殖周期

根据各期肿瘤细胞对药物的敏感性不同,可将抗癌药物分为如下两类。

1. 第一类 细胞周期非特异性药物。此类药物可作用于增殖细胞群的各期,对非增殖细胞 G_0 期也有作用。如烷化剂环磷酰胺(cyclophosphamide)、氮芥、噻替哌、硝卡芥、亚胺醌等、抗生素类如放线菌素 D、博来霉素、柔红霉素、多柔比星等、其他如甲基苄肼、顺铂、泼尼松等。

2. 第二类 细胞周期特异性药物。指对细胞周期群中的某一期有作用。例如,抗代谢药(甲氨蝶呤、6-巯基蝶呤、氟尿嘧啶、阿糖胞苷等)对 S 期细胞作用显著,属于 S 期特异性药物;植物药(长春碱、长春新碱、秋水仙碱)主要作用于 M 期,属于 M 期特异性药物。新型抗微管蛋白药物紫杉醇除了对 M 期细胞有作用外，对 G_2 期细胞也有作用。

根据药物的作用机理和来源，抗恶性肿瘤药可分为烷化剂、抗代谢药、抗肿瘤抗生素、植物药、激素类药及靶向抗肿瘤药等。根据具体的作用机理又分为以下几方面（图 50-2）。

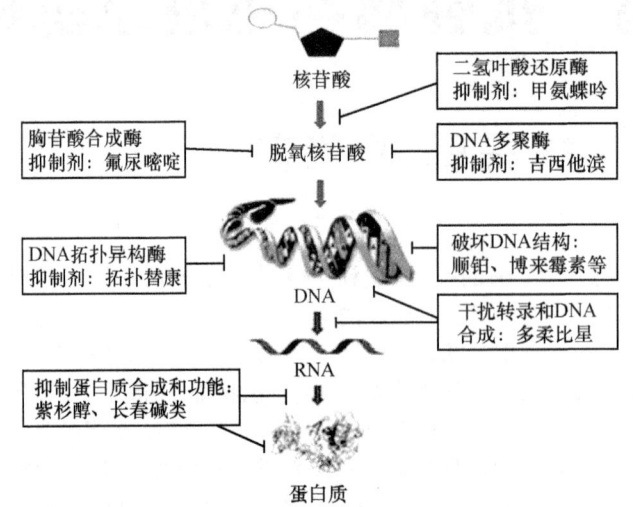

图 50-2　细胞毒类抗肿瘤药的作用机理

1. 干扰核酸（RNA 和 DNA）生物合成的药物　核苷酸是核酸的基本结构单位，核酸的合成需嘧啶、嘌呤前体。本类抗肿瘤药物分别在不同环节影响核酸的合成而抑制细胞的分裂增殖。①抗叶酸药：如甲氨蝶呤（methotrexate，MTX）等，主要抑制二氢叶酸还原酶。②抗嘌呤药：如巯嘌呤、硫鸟嘌呤、喷司他汀（pentostatin）等，主要抑制嘌呤核苷酸的合成。③抗嘧啶药：如氟尿嘧啶，主要阻止嘧啶核苷酸的合成。④核苷酸还原酶抑制剂：如羟基脲。⑤DNA 多聚酶抑制剂：如阿糖胞苷（cytarabine）。

2. 破坏 DNA 结构并阻止其复制的药物　通过与 DNA 交叉连接使 DNA 链断裂，影响 DNA 复制的药有烷化剂、丝裂霉素（mitomycin，mitormycin C，MMC）、顺铂、丙卡巴肼等。通过产生氧自由基，使 DNA 单链断裂，影响细胞的分裂增殖的药是博来霉素（bleomycin）。

3. 干扰转录过程阻止 RNA 合成的药物　如放线菌素、柔红霉素、多柔比星等。

4. 影响蛋白质合成的药物　如门冬酰胺酶（asparaginase）、紫杉醇（paclitaxel）、秋水仙碱（colchicine）、长春花生物碱类。以上多为细胞毒性抗肿瘤药，作用机理见图 50-2。

5. 影响体内激素平衡的药物　如雌激素、孕激素、雄激素和肾上腺糖皮质激素等。

6. 靶向小分子药及免疫治疗药　如伊马替尼等。

第二节　细胞毒类抗肿瘤药物

一、干扰核酸生物合成的药物

（一）叶酸代谢拮抗药

甲氨蝶呤

【体内过程】　口服吸收良好，血浆蛋白结合率约为 50%，1~4h 血浆药物浓度达高峰，不易通过血-脑屏障，大部分由肾脏排出，小部分由粪便排泄，血浆消除曲线呈三相型，因此半衰期分别为 0.75h、3.5h 及 2.7h。

【抗肿瘤作用及应用】　甲氨蝶呤为二氢叶酸还原酶抑制剂，与二氢叶酸还原酶亲和力高，竞争性地与酶结合，阻断二氢叶酸还原成四氢叶酸，进一步影响 5,10-甲酰四氢叶酸的生成，使脱氧胸苷酸合成障碍，抑制 DNA 的合成，使肿瘤细胞增殖减慢或停止。常用于急性白血病治疗，对儿童急性淋巴性白血病疗效好，与长春新碱、泼尼松、6-巯基嘌呤合用，完全缓解率达 90%，对绒毛膜上皮细胞癌、恶性葡萄胎、头颈部肿瘤、消化道癌、卵巢癌、骨肉瘤、乳腺癌等也有疗效。

【不良反应】　主要为骨髓和胃肠道毒性，常见胃肠道反应有口腔炎、胃炎、腹泻及便血等，对骨髓抑制较明显，常出现白细胞、血小板减少，严重时全血象下降。也可出现肝肾功能损害、脱发、皮炎及间质性肺炎等。因此在用药期间应注意血象检查。

培美曲塞

培美曲塞（pemetrexed）能够抑制胸苷酸合成酶、二氢叶酸还原酶和甘氨酰胺核苷酸甲酰转移酶的活性，这些酶都是合成叶酸所必需的酶，通过抑制细胞内叶酸依赖性的正常代谢过程，抑制细胞复制，从而抑制肿瘤的生长。临床上用于非小细胞肺癌、联合顺铂治疗无法手术的恶性胸膜间皮瘤。

巯嘌呤

【体内过程】　巯嘌呤（mercaptopurine）口服吸收不完全，吸收后广泛分布全身各组织，血浆蛋白结合率约 20%，一次静脉给药后的儿童半衰期为 21min，成人为47min。在肝脏内代谢，由肾脏排出。

【抗肿瘤作用及应用】 本品为嘌呤核苷酸合成抑制剂，在体内转变成硫代肌苷酸（TIMP）后才有活性。TIMP可竞争性抑制肌苷酸转变为腺苷酸和鸟苷酸，干扰嘌呤代谢，从而阻碍DNA和RNA的合成。

对急性白血病、绒毛膜上皮细胞癌和恶性葡萄胎有效，对恶性淋巴瘤和多发性骨髓瘤也有一定疗效。

【不良反应】 主要表现为骨髓抑制、胃肠道反应如恶心、呕吐、厌食、脱发、致畸胎等，少数出现黄疸，肝功能损害。

（二）胸苷酸合成酶抑制剂

氟 尿 嘧 啶

【体内过程】 口服不易吸收，常采用静脉注射给药，静注后迅速分布全身各组织，不易进入脑脊液，在肝脏中代谢灭活，由肾脏排泄。

【抗肿瘤作用及应用】 氟尿嘧啶（fluorouracil，5-FU）为嘧啶核苷酸抑制剂，在体内转变成5-氟尿嘧啶脱氧核苷酸，与胸苷酸合成酶结合，使酶活性丧失，导致脱氧胸苷酸生成受阻，影响DNA的合成，5-FU的代谢物可抑制RNA和蛋白质合成，因此，对细胞各期均有作用。临床常用于消化道肿瘤、乳腺癌、宫颈癌、卵巢癌、绒毛膜上皮癌、膀胱癌、头颈部肿瘤等，特别是对消化道肿瘤、乳腺癌疗效较好。

【不良反应】 静脉注射局部刺激可导致静脉炎；对骨髓有抑制作用；可发生胃肠道反应如厌食、恶心、胃炎、腹泻；还可出现脱发、皮炎、皮肤色素沉着和萎缩等。

卡培他滨（capecitabine）和替加氟（tegafur）为5-FU的前药，在体内代谢为活性分子5-FU发挥作用。卡培他滨临床上单独或与其他药联合用于乳腺癌和胃肠道肿瘤手术辅助治疗也用于食管癌、胰腺癌、卵巢癌、肾癌及肝胆肿瘤等。替加氟临床上单独应用或与其他药组成复方，如替吉奥胶囊是由替加氟、吉美嘧啶和奥替拉西组成的复方，吉美嘧啶抑制替加氟活性分子5-FU在肝脏的代谢酶-双氢嘧啶脱氢酶，奥替拉西抑制乳清酸核糖转移酶，抑制5-FU在肠道的转化，从而提高5-FU的浓度，增强疗效。

（三）DNA合成抑制剂

吉 西 他 滨

吉西他滨（gemcitabine，dFdC）为细胞周期特异性抗代谢类药物，主要作用于DNA合成期的肿瘤细胞，即S期细胞，也可以阻止G_1期向S期的进展；吉西他滨为前药，在细胞内吉西他滨磷酸盐（dFdCMP、dFdCDP、dFdCTP），dFdCDP和dFdCTP为活性产物，进入DNA链，插入至DNA链中脱氧胞苷的位点，DNA链合成停止，进而DNA断裂、细胞死亡。用于胰腺癌、非小细胞肺癌、乳腺癌、卵巢癌、膀胱癌等。有骨髓抑制、严重胃肠道反应和泌尿生殖系统毒性。

羟 基 脲

羟基脲（hydroxyurea）为核苷酸还原酶抑制剂。

【体内过程】 本品可供口服或静脉注射给药，口服吸收良好，1～2h达血药峰浓度，半衰期为1.5～5.0h，在肝脏、肾脏中代谢，由尿液排出。

【抗肿瘤作用及应用】 为核苷酸还原酶抑制剂，能抑制核苷酸还原酶，阻止胞苷酸生成脱氧胞苷酸，从而抑制DNA的合成。临床主要用于慢性粒细胞白血病和黑色素瘤，本品与放射合并治疗脑瘤也有疗效。

【不良反应】 主要表现为骨髓抑制、胃肠道反应、肾功能损害、中枢神经系统紊乱、致畸胎，孕妇禁用。

阿 糖 胞 苷

【体内过程】 口服吸收少，易在消化道内脱氨失活。静注后从血中消失迅速，消除半衰期为2～3h。在肝脏中代谢灭活（转变为阿糖尿苷），由尿液中排出。易通过血-脑屏障。

【抗肿瘤作用及应用】 为DNA多聚酶抑制剂，进入体内后经脱氧胞苷酶催化磷酸化，转变为阿糖胞苷酸，再转变成二磷酸及三磷酸阿糖胞苷而起作用。主要通过与三磷酸脱氧胞苷竞争，抑制了DNA多聚酶，干扰核苷酸掺入DNA。对G_1/S和S/G_2转换点也有作用。主要用于各类型白血病，与其他抗癌联合使用效果较好，对大多数实体瘤无效，对眼部带状疱疹、单纯疱疹性结膜炎也有疗效。

【不良反应】 主要不良反应为骨髓抑制和胃肠道反应、血栓性静脉炎、肝功能损害。用药期间应注意检查血象。

同类药有氟达拉滨（fludarabine）。

喷 司 他 汀

本品为腺苷脱氨酶抑制剂，与腺苷脱氨酶结合，抑制该酶活性，使脱氧腺苷三磷酸水平增高，脱氧腺苷酸三磷酸又可抑制核苷酸还原酶，并阻止DNA的合成，从而抑制细胞的增殖。临床主要用于白血病的治疗。不良反应有骨髓抑制、嗜睡、恶心、呕吐、皮疹，对肝肾功能有损害。

二、破坏DNA结构和功能的药物

这类药物包括烷化剂、抗生素类、铂类化合物及拓扑异构酶抑制剂。

（一）烷化剂

环磷酰胺

本品为氮芥的磷酸氨基衍生物。

【体内过程】 口服后易吸收，生物利用度高，1h 后达血药峰浓度，与血浆蛋白结合少，半衰期为 4～6h，主要在肝脏内代谢灭活，由肾脏排泄。

【抗肿瘤作用及应用】 环磷酰胺为化剂，在体外未经肝代谢没有抗癌活性。在体内经肝微粒体酶代谢为醛磷酰胺，进一步裂解为磷酰氮芥，与 DNA 发生交叉联结，而抑制 DNA 的合成。另外环磷酰胺对免疫功能有抑制作用。环磷酰胺广泛应用于临床抗瘤谱广，用于恶性淋巴瘤、急性淋巴细胞白血病、儿童神经母细胞瘤的治疗，有较好的疗效。对肺癌、多发性骨髓瘤、乳腺癌、卵巢癌、鼻咽癌、神经母细胞瘤、骨肉瘤等也有疗效。还用于自身免疫性疾病和器官移植排斥反应等疾病的治疗。

【不良反应】 主要表现有骨髓抑制，如白细胞、血小板减少；胃肠道反应，如恶心、呕吐、胃肠黏膜出血；膀胱炎，如尿频、尿急、血尿和蛋白尿；以及脱发，皮肤色素沉着等。引起膀胱炎的原因是环磷酰胺代谢物丙烯醛对膀胱的刺激，可通过大量饮水和服用美司钠减少膀胱炎的发生，用药期间应定期检查血象。

卡 莫 司 汀

【体内过程】 卡莫司汀（carmustine）静脉给药后能通过血-脑屏障，血中半衰期为 1.5h，大部分代谢物由肾脏排泄。

【抗肿瘤作用及应用】 为亚硝脲类烷化剂，进入体内后经 OH⁻作用生成异氰酸盐和重氮氢氧化物。异氰酸盐可使蛋白质氨甲酰化，也可抑制 DNA 聚合酶；产生 DNA 交叉连接；抑制 DNA 修复和 RNA 的合成；活性代谢物对细胞周期各期均有作用。临床对脑瘤、恶性淋巴瘤、小细胞肺癌、黑色素瘤、多发性骨髓瘤、头颈部癌及胃肠道肿瘤均有效。

【不良反应】 主要有骨髓抑制和胃肠道反应，对肝肾功能也有影响，用药期间定期检查血象。

此类药物还有氮芥（chlormethine）、塞替派（thiotepa）、白消安（busulfan）等。

（二）抗肿瘤抗生素

丝 裂 霉 素

【体内过程】 口服吸收少，常用于静脉注射，在肝脏中代谢，由尿液排出，半衰期为 1h。

【抗肿瘤作用及应用】 本品能与 DNA 双链中腺嘌呤上 O^6 位和鸟嘌呤上 N^7 位交叉联结，抑制 DNA 的复制，也可使 DNA 单链断裂，属于周期非特异性药物。丝裂霉素抗瘤谱广，主要用于各种实体瘤的治疗，常与博来霉素、长春新碱合用治疗子宫颈癌，与氟尿嘧啶、多柔比星联合使用治疗胃癌和肺癌，还可用于慢性粒细胞白血病、恶性淋巴瘤等。

【不良反应】 主要为骨髓抑制和胃肠道反应，少数可出现肝、肾功能损害，发热、乏力、肌肉痛、脱发等，用药期间应注意检查血象。

博 来 霉 素

【体内过程】 静脉注射后 30min 达血药峰浓度，迅速下降，半衰期 1.5h，主要由尿液排出。

【抗肿瘤作用及应用】 主要是抑制胸腺嘧啶核苷掺入 DNA，抑制 DNA、RNA 和蛋白质合成，也可使 DNA 链断裂，阻止 DNA 的复制，属于周期非特异性药物。临床对头颈部鳞癌、淋巴瘤、鼻咽癌、食管癌、乳腺癌、睾丸癌、鳞状上皮癌等均有效。

【不良反应】 对骨髓抑制较轻，可引起肺毒性，胃肠道反应及变态反应。

放线菌素 D

从我国桂林土壤中的放线菌发酵液中得到的抗生素，被命名为更生霉素，与放线菌素 D（actinomycin D）结构相同。

【体内过程】 静脉注射后可分布全身组织，肝脏、肾脏中浓度较高。大部分由胆汁排泄，少部分由肾脏排出，半衰期为 36h。

【抗肿瘤作用及应用】 本品能嵌入到 DNA 链中的鸟嘌呤和胞嘧啶碱基对之间，形成复合体，阻止 RNA 多聚酶的作用，从而抑制 RNA 的合成，还影响 mRNA 的转录；阻碍蛋白质合成，使肿瘤细胞生长抑制。属于周期非特异性药物。主要用于肾母细胞瘤、横纹肌肉瘤、神经母细胞瘤、绒毛膜上皮癌、睾丸癌等恶性肿瘤的治疗。

【不良反应】 常见不良反应有胃肠道反应，如恶心、呕吐、口腔炎及骨髓抑制等。少数患者可出现皮疹、发热、脱发及肝功能损伤。

柔红霉素和多柔比星

柔红霉素（daunorubicin）是从 *Streptomyces peucetins* 培养液中获得的蒽环类化合物。我国从河北省正定的土壤中得到同类放线菌株培养液中提取分离的化合物，被命名为正定霉素。

【体内过程】 静脉注射后可分布到全身各组织，心脏、肝脏、脾脏、肾脏中较多，不易通过血-脑屏障，在肝脏中代谢，由尿液和胆汁排泄，半衰期为 30～50h。

【抗肿瘤作用及应用】 能与 DNA 碱基结合，干扰转录过程抑制 DNA 复制和 RNA 合成，还可抑制拓扑异构酶 II 功能，从而阻止了肿瘤细胞的增殖。属于周期非特异性药物，对 S 期细胞较敏感。主要用于急性粒细胞白血病和急性淋巴性白血病的治疗。常与长春新碱、阿糖胞苷、硫鸟嘌呤、泼尼松等药联合使用。

【不良反应】　本品对骨髓抑制毒性作用较大，还可引起恶心、呕吐、腹痛、口腔溃疡、心肌损害、心电图异常、心律失常及脱发等。

多柔比星（doxorubicin）是从 Streptomyces peucetium var. caesius 的发酵液中得到的糖苷类抗生素。抗肿瘤作用及其机理与柔红霉素相同，抗肿瘤作用比柔红霉素强，抗瘤谱广，毒性低。属周期非特异性药物，对 M 期和 S 期的细胞较敏感。主要用于急性白血病、淋巴瘤、乳腺癌、肺癌及多种其他实体瘤的治疗，与其他抗癌药联合使用可提高疗效。不良反应有：骨髓抑制、心脏毒性、胃肠道反应、脱发等。

（三）铂类

顺铂和卡铂

顺铂（cisplatin）为金属铂类化合物，其结构由二价铂与一个氮原子和两个氨基结合组成。

【体内过程】　静脉注射后，血浆蛋白结合率约 90%，主要分布在肝脏、肾脏、膀胱。血中消失呈双相，快相半衰期为 4.1～49min，慢相半衰期 57～72h。由尿液中缓慢排出。

【抗肿瘤作用及应用】　顺铂在体内先将氯解离后，二价铂与细胞中 DNA 的碱基鸟嘌呤、腺嘌呤和胞嘧啶连接，形成交叉连接后破坏了 DNA 的结构与功能，导致 DNA 断裂，抑制细胞的有丝分裂。高浓度时也可抑制 RNA 及蛋白质的合成，属于周期非特异性药物。顺铂抗瘤谱较广，对多种实体肿瘤均有效，如乳腺癌及卵巢癌、睾丸癌、膀胱癌、肺癌、头颈部癌、骨肉癌及黑色素瘤等。在临床中常与其他抗癌药联合应用，如长春碱、博来霉素等药物。

【不良反应】　主要不良反应有肾毒性、骨髓抑制，听神经毒性及胃肠道的反应。

卡铂（carboplatin）为第二代铂类抗癌药，抗癌作用及其机理与顺铂相似，但不良反应比顺铂低。半衰期较长，约为 29h，在体内存留时间比顺铂短。

奥沙利铂（oxaliplatin）为第三代铂类抗癌药，其特点是骨髓抑制作用轻。

（四）拓扑异构酶抑制剂

依托泊苷和替尼泊苷

【体内过程】　依托泊苷（etoposide）可口服和静脉注射，口服后 0.5～4h 可达血药峰浓度，半衰期为 4.9h，静脉注射后血浆蛋白结合率为 74%～90%，快相半衰期为 1.4h 左右，慢相半衰期为 5.7h 左右，主要由尿液排出。

【抗肿瘤作用及应用】　依托泊苷与 DNA 拓扑异构酶Ⅱ和 DNA 形成复合物，导致 DNA 单链和 DNA 双链断裂，也可作用于 S 期和 G_2 期细胞，使细胞周期阻滞在 G_2 期，以及抑制微管的组装，引起细胞死亡。其抗瘤谱广，主要用于急性粒细胞白血病、乳腺癌、小细胞肺癌、淋巴瘤、卵巢癌、睾丸癌、神经母细胞瘤、膀胱癌、肝癌等，常与环磷酰胺、多柔比星、长春新碱联合使用。

【不良反应】　常见有骨髓抑制，胃肠道反应、脱发、滴注速度快时可引起直立性低血压，对局部血管有刺激。

替尼泊苷（teniposide）的抗癌作用及机理与依托泊苷相似，抗癌作用为依托泊苷的 5～10 倍，并与依托泊苷交叉耐药。本品易通过血-脑屏障，常用于小细胞肺癌、急性淋巴性白血病、淋巴瘤和神经母细胞瘤。常见不良反应有骨髓抑制、胃肠道反应、皮疹、发热、静脉炎、脱发等，偶见血清氨基转移酶升高。

另外拓扑替康（topotecan）和伊立替康（irinotecan）为喜树碱的结构衍生物，它们为 DNA 拓扑异构酶Ⅰ抑制剂。前者主要用于初始化疗或序贯化疗失败的转移性卵巢癌、对化疗敏感的一线化疗失败的小细胞肺癌的治疗，后者主要用于晚期大肠癌治疗。

米托蒽醌

米托蒽醌（mitoxantrone）能嵌入 DNA 链中，形成交叉联结，从而抑制 DNA 和 RNA 的合成。使细胞周期中的 G_2 期被阻断。主要用于急慢性白血病、淋巴瘤、乳腺癌等治疗，对急性淋巴细胞白血病疗效好，常与环磷酰胺、氟尿嘧啶联合使用治疗效果更佳。不良反应有骨髓抑制、胃肠道反应，心脏毒性较低，少数患者可出现脱发。

三、影响蛋白质合成的药物

门冬酰胺酶

有些肿瘤细胞缺乏门冬酰胺合成酶，不能自行合成对生长必需的门冬酰胺，需依赖宿主供给。门冬酰胺酶可使血中的门冬酰胺水解，使肿瘤细胞缺乏门冬酰胺，从而抑制细胞的生长。正常细胞能够合成门冬酰胺，因此受影响较少。主要用于急性淋巴细胞白血病、急性粒细胞白血病和急性单核细胞白血病、恶性淋巴瘤的治疗，对急性淋巴细胞白血病疗效最好。不良反应有胃肠道反应，如恶心、呕吐、腹泻、食欲不振；变态反应，如发热、荨麻疹、过敏性休克；少数患者出现骨髓抑制及精神症状，如头痛、头昏、嗜睡、精神错乱等。妊娠早期禁用，肝、肾功能损害者禁用。

紫杉醇

【体内过程】　静脉注射后血浆内为二室模型，一相半衰期为 0.27h，二相半衰期为 6.4h，与血浆蛋白结合率高。大部分由粪便排出，小部分由尿液中排出。

【抗肿瘤作用及应用】　紫杉醇可选择性促进微管蛋白的聚合，抑制微管蛋白的解聚，从而引起微管束的异常排列，影响纺锤体的正常功能，抑制细胞的有丝分裂，导致细胞死亡。主要用于乳腺癌、卵巢癌、肺癌、大肠癌、黑色素瘤、头颈部癌、淋巴瘤、脑瘤，对卵巢癌和乳腺癌疗效较好。常与顺铂、异环磷酰胺、氟尿嘧啶、多柔比星等药联合使用。

【不良反应】 主要表现有如下几点：①骨髓抑制；②变态反应，轻者出现面红、皮疹、心率略快，重者出现为血压低、血管神经性水肿、呼吸困难；③神经系统症状，如麻木、感觉和运动障碍等；④心脏毒性，常见有心动过速、低血压；⑤关节肌肉疼痛。

长春碱和长春新碱

【体内过程】 静脉注射后，可与血中的血浆、血小板、红细胞和白细胞结合，血浆药物消除为双相，快相半衰期 4.5min，慢相半衰期为 190min，代谢物由胆汁中排出，原型由尿液中排出。

【抗肿瘤作用及应用】 长春碱（vinblastine）通过影响微管蛋白聚合，阻止了纺锤体微管的形成，使细胞的有丝分裂停止在 M 期。属于 M 期特异的药物。临床主要用于淋巴瘤、绒毛膜上皮癌、睾丸癌、肺癌、乳腺癌、卵巢癌、单核细胞白血病等肿瘤的治疗，对儿童急性淋巴细胞白血病疗效较好，常与顺铂、博来霉素、泼尼松等联合应用。

【不良反应】 主要表现为骨髓抑制，胃肠道反应，外周神经炎，如手足麻木、四肢疼痛、反射消失等，少数患者出现直立性低血压、脱发等。

长春新碱（vincristine）对微管作用机理与长春碱相同，还可以抑制 RNA 多聚酶活性和影响蛋白质的代谢，对 G_1 期细胞也有作用。主要用于急性和慢性白血病、恶性淋巴瘤、小细胞肺癌、乳腺癌、卵巢癌、恶性黑色素瘤及消化系统肿瘤等。不良反应与长春碱相同，但骨髓抑制及胃肠道反应比长春碱轻。

秋 水 仙 碱

本品与微管蛋白结合，阻止纺锤丝的形成，使有丝分裂停止在中期，导致细胞死亡。属于 M 期细胞特异性药物，对乳腺癌、宫颈癌、肺癌、食管癌、皮肤癌有一定疗效。由于疗效不如其他抗癌药，毒性大，现临床已不用。

三尖杉酯碱和高三尖杉酯碱

是从三尖科植物中分离提取得到的生物碱。酯碱有四种：三尖杉酯碱（harringtonine）、高三尖杉酯碱（homoharringtonine）、异三尖杉酯碱和脱氧三尖杉酯碱，其中三尖杉酯碱和高三尖杉酯碱疗效较好。这些药物可抑制蛋白质合成的起始阶段，使多聚核糖体分解，释放出新生肽链，抑制细胞有丝分裂。高三尖杉酯碱还能诱导肿瘤细胞分化，使 cAMP 含量升高，抑制糖蛋白的合成。属周期非特异性药物。临床主要用于急性粒细胞白血病、恶性淋巴瘤、绒毛膜上皮细胞癌及恶性葡萄胎等肿瘤的治疗。不良反应主要有骨髓抑制、胃肠道反应，少数患者可引起心肌损害。心脏、肝肾功能不全者应慎用。

四、影响体内激素平衡的药物

乳腺癌、前列腺癌、宫颈癌、卵巢肿瘤、睾丸癌和甲状腺癌等肿瘤细胞的生长都与相应激素有关。因此，用激素或其拮抗药调节体内激素水平，可抑制这些肿瘤生长，而且无骨髓抑制等不良反应。但激素作用广泛，不良反应较多，应用时需特别注意。

他 莫 昔 芬

【体内过程】 他莫昔芬（tamoxifen）口服吸收稳定，3～7h 达峰浓度，经肝脏代谢后，由胆汁经粪便排出。

【药理作用】 为竞争性雌激素受体拮抗药，与雌激素受体结合后，改变受体的空间结构，抑制其与雌激素的作用，从而抑制激素依赖性乳腺癌细胞的生长。此外，他莫昔芬还抑制肿瘤周围组织产生胰岛素样生长因子 1（insulin-like growth factor-1，IGF-1），也有助于抑制肿瘤细胞生长。

【临床应用】 用于治疗雌激素受体阳性的晚期乳腺癌，是停经后晚期乳腺癌的首选药物。与雄激素疗效相同，但无后者的男性化不良反应。本品对晚期卵巢癌、宫体癌等实体瘤也有效。

【不良反应】 主要有恶心、呕吐、暂时性白细胞和血小板减少等。大剂量可引起视网膜和角膜受损。

此类药还有托瑞米芬（toremifene），结构与他莫昔芬相似，对雌激素受体有较高的亲和力，从而阻断雌激素诱导的癌细胞 DNA 合成和细胞增殖。临床上主要用于绝经后妇女雌激素受体阳性或不详的转移性乳腺癌。不良反应较少且轻微。主要有面部潮红、子宫出血、恶心、头晕及皮疹。

氟维司群（fulvestrant）为雌激素受体拮抗药和雌激素受体下调剂。可以和雌激素受体结合，阻断雌激素的作用；并下调雌激素受体的数目，从而抑制乳腺癌细胞的生长。用于治疗抗雌激素疗法治疗无效、病情进展或激素受体呈阳性的绝经后妇女转移性晚期乳腺癌。不良反应有血清氨基转移酶升高和心动过缓、胃肠道反应、头痛、背痛、潮热和咽炎。

氟他胺（flutamide）是非类固醇雄激素拮抗药，无激素样活性。单独使用时由于抗雄激素作用，导致血中睾酮、雌二醇和促黄体激素水平增高。当与促性腺激素释放激素的同类物如亮丙瑞林（leuprorelin）合用时，可完全阻断雄激素作用而防止代偿性增加。临床上常与亮丙瑞林合用，治疗转移性前列腺癌。本药也用于老年性前列腺肥大的治疗。不良反应为男子乳房女性化、发热、潮红、胃肠不适等。

此类药还有比卡鲁胺（bicalutamide）。

肾上腺皮质激素（adrenocortical hormones）作用广泛。通过抑制有丝分裂而抑制淋巴细胞增殖，对淋巴组织产生抑制作用。对急性淋巴细胞白血病及恶性淋巴瘤疗效较好，临床主要用于儿童急性白血病和儿童、成人恶性淋巴瘤。作用发生快，但不持久，且易产生耐药性。对慢性淋巴细胞性白血病，除减少淋巴细胞数目外，还可缓解并发的自身免疫性贫血。由于免疫抑制有可能导致肿瘤扩散，故应严格控制适应证。用药时，应合用其他有效抗癌药与抗菌药。

雄激素（androgens）负反馈性抑制促卵泡素分泌，减少雌激素生成和分泌，影响乳腺癌生长；同时抑制促黄体素的分泌，使催乳素水平下降，引起肿瘤退化。临床用于晚期乳腺癌，有骨转移者疗效更明显。

雌激素（estrogens）能减少雄激素分泌，并能直接对抗雄激素的促前列腺癌组织生长的作用。临床主要用于前列腺癌和前列腺肥大，也适用于绝经期后7年以上的晚期乳腺癌有内脏或软组织转移者。

亮丙瑞林（leuprorelin）、戈舍瑞林（goserelin）、布舍瑞林（buserelin）均为促性腺激素释放激素的同类物，应用早期能一过性地增加促卵泡激素（FSH）和黄体生成素（LH）的分泌，引起男性睾酮和二氢睾酮及绝经期后女性雌酮和雌二醇水平提高。然后抑制垂体生成和释放促性腺激素。它还进一步抑制卵巢和睾丸对促性腺激素的反应，从而降低雌二醇和睾酮的生成。临床用于晚期前列腺癌和乳腺癌等。

第三节　靶向抗肿瘤药

在肿瘤细胞增殖过程的信号传导中，与生长因子相关的受体酪氨酸激酶（RTKs）及其信号传导通路起着重要作用。近年涌现的靶向抗肿瘤药无论是小分子还是单克隆抗体主要都是针对恶性肿瘤RTKs和它们的信号通路。靶向抗肿瘤药对所针对的肿瘤疗效好、毒性低、患者耐受性好，但尚不能替代传统细胞毒类药物，经常是两大类药物联用。药物所针对的肿瘤细胞靶在治疗前后的表达水平和突变情况决定靶向药物的疗效，故靶向药物要求有更高个体化治疗水平（图50-3）。

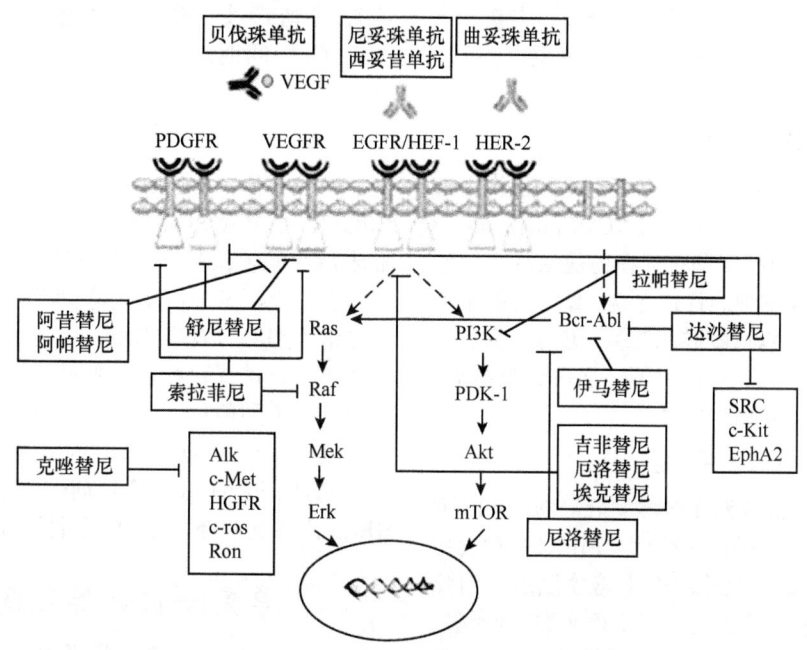

图50-3　靶向抗肿瘤药物作用靶点示意图

目前靶向抗肿瘤药又可分为小分子替尼类和单克隆抗体类。根据靶向抗肿瘤药的特点将这些药物的特点总结如下。

一、替尼类靶向抗肿瘤药

伊马替尼

伊马替尼（imatinib）为苯氨基嘧啶类化合物。抑制Bcr-Abl酪氨酸激酶、血小板衍生生长因子受体（PDGFR）和c-Kit酪氨酸激酶。临床上用于急性期慢粒白血病、不能切除或已转移的恶性胃肠道间质瘤。主要不良反应有胃肠道刺激、肌肉痉挛、水肿、头疼、头晕。

吉非替尼

吉非替尼（gefitinib）为苯胺喹啉类衍生物。抑制表皮生长因子受体（EGFR）酪氨酸激酶。临床上用于铂类或多西他赛疗效不佳的化疗患者，或不适合化疗的局部晚期或转移性非小细胞肺癌（NSCLC）。主要不良反应有肠道刺激、皮肤瘙痒，少见角膜侵袭和间质性肺炎。

埃克替尼

埃克替尼（icotinib）为喹唑啉类衍生物。抑制

EGFR 酪氨酸激酶，临床用于化疗失败的晚期或转移性 NSCLC 治疗。不良反应常见皮疹、腹泻和氨基转移酶升高。为国产的靶向抗肿瘤药。

厄洛替尼

厄洛替尼（erlotinib）为喹唑啉类衍生物。抑制 EGFR 酪氨酸激酶。用于外显子 19 缺失或外显子 21（L858R）替代突变的 NSCLC 患者的一线治疗；用于铂类药物为主的一线化疗药物后无进展的局部晚期或转移性 NSCLC 的维持治疗；化疗失败的局部晚期或转移性 NSCLC；与吉西他滨联合用于局部晚期不可切除或转移性胰腺癌的一线治疗。不良反应有皮疹、腹泻、恶心呕吐、食欲不振、皮肤溃烂、肝功能异常、出血、呼吸困难、间质性肺炎等。

舒尼替尼

舒尼替尼（sunitinib）为吲哚吡咯衍生物。抑制 PDGFR 和血管内皮生长因子（VEGFR）酪氨酸激酶。临床上用于伊马替尼治疗失败或不能耐受的胃肠间质瘤（GIST）、不能手术的晚期肾细胞癌（RCC）。常见不良反应有疲劳、腹泻、手足综合征、皮肤颜色改变及外周性水肿。其他有皮疹、食欲减退、头晕、高血压、上腹痛及消化道出血等。

达沙替尼

达沙替尼（dasatinib）为哌嗪嘧啶类衍生物。抑制 Bcr-Abl 酪氨酸激酶，PDGFR、SRC、EphA2、c-Kit 酪氨酸激酶。用于对包括伊马替尼在内的治疗方案耐药或不能耐受的慢性髓细胞样白血病。最常见的不良反应包括体液潴留（包括胸腔积液）、腹泻、头痛、恶心、皮疹、呼吸困难、出血、疲劳、肌肉骨骼疼痛、感染、呕吐、咳嗽、腹痛和发热。

拉帕替尼

拉帕替尼（lapatinib）为喹唑啉类衍生物。为 PI3K 抑制剂，也抑制表皮生长因子受体（ErbB1）和表皮因子受体 2（ErbB2）。临床联合卡培他滨用于治疗 ErbB-2 过度表达的、既往接受过包括蒽环类、紫杉醇、曲妥珠单克隆抗体治疗的晚期或转移性乳腺癌。常见恶心、呕吐、腹泻等症状，其他还有皮肤红肿、搔痒、疼痛及疲倦等。另外还有极少见但是严重的不良反应，包括心脏和肺部毒性。

尼洛替尼

尼洛替尼（nilotinib）为苯氨基嘧啶类化合物。抑制对伊马替尼耐药的 Bcr-Ab 突变型的激酶活性，也抑制 c-Kit 和 PDGFR 激酶活性。用于治疗新诊断的慢性期、Ph 阳性的成人慢性粒细胞性白血病（CML），以及慢性期和加速期、Ph 阳性且对伊马替尼耐药或不耐受的成人 CML。常见的不良反应包括骨髓抑制、一过性血间接胆红素升高症和皮疹。

克唑替尼

克唑替尼（crizotinib）为吡唑吡啶胺类化合物。为抑制剂 Met、ALK、c-ros HGFR、Ron 的多靶点蛋白激酶。分别在 ALK、ROS 和 MET 激酶活性异常的肿瘤患者中证实克唑替尼有显著临床疗效。现用于治疗 ALK 阳性转移性 NSCLC。最常见的不良反应有视觉损害、味觉障碍、肝损害、恶心、腹泻、呕吐和便秘。可见致命性肝毒性反应、间质性肺病、Q-T 间期延长。

阿帕替尼

阿帕替尼（apatinib）为氨基-3-吡啶甲酰胺衍生物。抑制血管内皮生长因子受体（VEGFR）-2 酪氨酸激酶。临床单药用于至少接受过 2 种系统化疗后进展或复发的晚期胃腺癌或胃-食管结合部腺癌患者。不良反应有血压升高、蛋白尿、手足综合征（手掌、足底红肿疼痛或指端红斑）、出血（消化道出血、尿潜血、皮肤出血点、肝转移灶破裂大出血等）。心脏毒性：窦性心动过缓、部分 ST-T 改变、心率 Q-T 间期延长、急性心肌梗死等。另有肝脏毒性。

阿昔替尼

阿昔替尼（axitinib）为苯甲酰胺衍生物。抑制 VEGFR-1、VEGFR-2 及 VEGFR-3 受体酪氨酸激酶。临床治疗既往接受一种系统治疗失败的晚期肾细胞癌。患者最常见不良反应是腹泻、高血压、疲乏、食欲减低、恶心、发音障碍、手掌-足底综合征（手掌-足底感觉迟钝或化疗引起的肢端红斑）、体重减轻、呕吐、乏力和便秘。

吡咯替尼（pyrotinib）为国内恒瑞医药公司自主研发的 EGFR/HER2 抑制剂，正在申报上市。用于 HER2 阳性乳腺癌、HER2 阳性非小细胞肺癌。

二、单克隆抗体类靶向抗肿瘤药

尼妥珠单抗

本品为我国第一个用于治疗恶性肿瘤的功能性 EGFR 单克隆抗体，尼妥珠单抗（nimotuzumab）可阻断 EGFR 与其配体的结合，对 EGFR 过度表达的肿瘤具有抗血管生成、抗细胞增殖和促凋亡作用。用于与放疗联合治疗表皮生长因子受体（EGFR）表达阳性的III/IV期鼻咽癌、头颈部肿瘤、恶性神经胶质瘤、直肠癌及晚期胰腺癌等。不良反应主要表现为轻度发热、血压下降、恶心、头晕、皮疹等。

曲妥珠单抗

曲妥珠单抗（trastuzumab）为重组人源化人表皮生长因子受体-2（HER2）单克隆抗体，选择性地作用于受体的细胞外部位,在体外及动物实验中均可抑制 HER2 过度表达的肿瘤细胞增殖。临床用于 HER2 过度表达的转移性乳腺癌;单用治疗已接受过 1 个或多个化疗方案的转移性乳腺癌;与紫杉类药物合用治疗未接受过化疗的转移性乳腺癌;单药适用于接受了手术、含蒽环类抗生素辅助化疗和放疗(如果适用)后的 HER2 过度表达乳腺癌的辅助治疗。曲妥珠单抗最常见的不良反应有发热、头痛、乏力、恶心、呕吐、腹泻、感染、咳嗽加重、呼吸困难、皮疹、中性粒细胞减少症、贫血、肌痛和输注反应。需要中断或停止曲妥珠单抗治疗的不良反应包括充血性心力衰竭、左心室功能明显下降、严重的输注反应和肺毒性。

西妥昔单抗

西妥昔单抗(cetuximab)为 EGF 受体的单克隆抗体,与之特异性结合后,抑制 EGF 受体结合的酪氨酸激酶的活性,阻断细胞内信号转导途径,从而抑制癌细胞的增殖,诱导癌细胞的凋亡,减少基质金属蛋白酶和血管内皮生长因子的产生。临床单用或与伊立替康(irinotecan)联用治疗表皮生长因子(EGF)受体过度表达的、对以伊立替康为基础的化疗方案耐药的转移性直肠癌。

不良反应有呼吸困难(体能状况低下者或伴有肺部疾病的患者中,呼吸困难的发生率较高,有时症状严重)、粉刺样皮疹、指甲病(如甲床炎)。通常中断治疗后上述症状可以自行消退,并无后遗症。另有低血镁症的报道。

贝伐珠单抗

贝伐珠单抗(bevacizumab)与血管内皮生长因子(VEGF)特异性结合,阻止其与受体相互作用,发挥对肿瘤血管的多种作用,使现有的肿瘤血管退化,从而切断肿瘤细胞生长所需氧气及其他营养物质;使存活的肿瘤血管正常化,降低肿瘤组织间压,改善化疗药物向肿瘤组织内的传送,提高化疗效果;抑制肿瘤新生血管生成,从而持续抑制肿瘤细胞的生长和转移。贝伐珠单抗临床联合氟尿嘧啶用于转移性结直肠癌患者的治疗,也用于转移性肾细胞癌、胶质母细胞瘤、非鳞非小细胞肺癌、晚期宫颈癌、复发性卵巢癌等。不良反应:发生频率最高的不良反应包括高血压、蛋白尿、疲劳或乏力、腹泻和腹痛。最严重的不良反应有胃肠道穿孔、出血、较多见于非小细胞肺癌(NSCLC)患者的肺出血/咯血,动脉血栓栓塞。

利妥昔单抗

CD20 抗原位于前 B 和成熟 B 淋巴细胞的表面,而造血干细胞、前 B 细胞、正常浆细胞或其他正常组织不表达 CD20,95% 以上的 B 细胞性非霍奇金淋巴瘤细胞表达 CD20。利妥昔单抗(rituximab)特异性地与跨膜抗原 CD20 结合,结合的 CD20 不会发生内在化或从细胞膜上脱落进入周围的环境。

临床用于复发或耐药的滤泡性中央型淋巴瘤(B、C 和 D 亚型的 B 细胞非霍奇金淋巴瘤)的治疗。先前未经治疗的 CD20 阳性III-IV期滤泡性非霍奇金淋巴瘤,患者应与标准 CVP 化疗(环磷酰胺、长春新碱和泼尼松)8 个周期联合治疗。CD20 阳性弥漫大 B 细胞性非霍奇金淋巴瘤(DLBCL)应与标准 CHOP 化疗(环磷酰胺、多柔比星、长春新碱、泼尼松)8 个周期联合治疗。不良反应有全身疼痛、高血压、直立性低血压、心律失常、腹泻、消化不良、厌食症、淋巴结病、高血糖、外周水肿、LDH 增高、低血钙、肌张力增高、头昏、焦虑、感觉异常、感觉过敏、易激惹、神经质、失眠、呼吸系统炎症、盗汗、出汗、单纯疱疹、带状疱疹、泪液分泌疾病、结膜炎、味觉障碍等。

伊匹单抗

伊匹单抗(ipilimuma)是一种细胞毒性 T 细胞抗原-4(CTLA-4)单克隆抗体,CTLA-4 会影响人体的免疫系统,削弱其杀死癌细胞的能力。本品与 CTLA-4 结合,阻碍后者与其配体(CD80/CD86)的相互作用,从而增加 T 细胞的活化和增殖,通过阻滞 CTLA-4,帮助机体免疫系统识别、瞄准并攻击黑色素瘤癌细胞。临床用于治疗不可切除或转移性成人恶性黑色素瘤。

近年单克隆抗体类抗肿瘤药发展迅速,新药不断涌现。其他新的单克隆抗体类抗肿瘤药还有以下几种。

帕妥珠单抗(pertuzumab),为第一个抑制 HER 二聚化的单克隆抗体。通过结合 HER2,阻滞了 HER2 与其他 HER 受体形成杂二聚体,从而减缓了肿瘤的生长。其作用与曲妥珠单抗靶点不同,从而使得 HER-2 阳性乳腺癌细胞的生长和生存进一步降低。临床用于治疗 HER2 阳性的转移性乳腺癌,应与曲妥单抗和多西他赛联用,治疗既往未曾接受抗-HER2 治疗或化疗的 HER2+转移性乳癌患者。

欧比珠单抗(obinutuzumab)为第二代抗 CD20 单克隆抗体,用于治疗慢性淋巴细胞白血病,而此前又未接受过其他治疗的患者。联合苯丁酸氮芥治疗慢性淋巴细胞白血病,生存期上优于第一代的利妥昔单抗,针对惰性非霍奇金淋巴瘤、弥漫大 B 细胞淋巴瘤的III期临床研究正在进行。

奥法木单抗(ofatumumab)为新型 CD20 单克隆抗体。与苯丁酸氮芥合用治疗不宜用氟达拉滨治疗的慢性淋巴细胞白血病(CLL)患者。正在试用于治疗氟达拉滨和阿伦单抗治疗无效的慢性淋巴细胞白血病(CLL)患者。

奥伐木单抗的不良反应包括中性粒细胞减少症、发热、咳嗽、支气管炎、肺炎等上呼吸道反应、恶心、腹泻、消化道反应、乏力、呼吸困难、贫血、皮疹等，最常见的严重的不良反应有肺炎、败血病、中性粒细胞减少症和发热。输液反应多发生在首次或第二次给药，包括支气管痉挛、呼吸困难、喉头水肿、肺水肿、面红、高血压、低血压、晕厥、心肌梗死、心绞痛、心肌缺血、背痛、腹痛、发热、皮疹、荨麻疹、血管性水肿。任何严重输液反应均应停药。

雷莫芦单抗（ramucirumab），为抗 VEGFR2 单克隆抗体，阻止 VEGF 与 VEGFR2 结合，抑制肿瘤血管生成。临床用于化疗失败的胃癌、胃-食管连接处腺癌。

【案例与思考题】 晚期非小细胞肺癌初治的不吸烟的亚洲腺癌患者，随机接受吉非替尼或者紫杉醇联合卡铂方案化疗，其中一些病例检测了 EGFR 突变状态。结果显示对于 EGFR 突变阳性患者，与卡铂+紫杉醇化疗组（129 例）相比，吉非替尼组（132 例）的中位无进展生存期(PFS)显著延长(9.5 个月 vs. 6.3 个月)，客观缓解率（ORR）显著增加（71.2% vs 47.3%）；而在 EGFR 突变阴性患者，吉非替尼组与卡铂+紫杉醇化疗组相比的中位 PFS（1.5 个月 vs. 5.5 个月），ORR（1.1% vs. 23.5%），均不如化疗组。

问题：

你认为靶向治疗的关键是什么？对于一些病人靶向治疗的疗效较化疗差，为什么？

（王银叶）

第五十一章 影响免疫功能的药物

免疫系统包括参与免疫反应的各种细胞、组织和器官，如胸腺、淋巴结、脾、扁桃体，以及分布在全身体液和组织中的淋巴细胞和浆细胞。这些组分及其功能正常是机体免疫功能的基本保证，任何一方面的缺陷都将导致免疫功能障碍，丧失抵抗感染能力或形成免疫性疾病。广义讲人类大部分疾病均与免疫有关，如感染性疾病、肿瘤、自身免疫病（糖尿病、甲亢等）。

机体免疫系统在抗原刺激下所发生的一系列变化称为免疫应答反应，可分为如下三期。①感应期：是巨噬细胞和免疫活性细胞处理和识别抗原的阶段；②增殖分化期：免疫活性细胞被抗原激活后分化增殖并产生免疫活性物质；③效应期：致敏淋巴细胞或抗体与相应靶细胞或抗原接触，产生细胞免疫或体液免疫效应。正常的免疫应答反应在抗感染、抗肿瘤及抗器官移植排斥方面具有重要意义。但当机体免疫功能异常时，可出现免疫病理反应，包括变态反应（过敏反应）、自身免疫性疾病、免疫缺陷病和免疫增殖病等，表现为机体的免疫功能低下或免疫功能过度增强，严重时可导致机体死亡。

影响免疫功能的药物有两类：①免疫抑制药（immunosuppressive drugs），能抑制免疫活性过强者的免疫反应；②免疫调节药（immunomodulator），能上调免疫功能低下者的免疫功能。

作用于免疫系统的药物其应用始于免疫抑制剂，1960年首次报道6-巯基嘌呤使犬的移植肾存活时间延长。1962年硫唑嘌呤与肾上腺皮质激素合用防治移植器官的排异反应。虽然当时异体肾移植的存活率尚未超过50%，但免疫抑制剂的使用对器官移植的成功起了决定性作用。1967年抗淋巴细胞血清用于临床。20世纪80年代初期环孢素的面市使免疫抑制剂研究取得了较大突破。随着对自身免疫性疾病发病机理认识的深化，使得免疫抑制剂亦试用于这类疾病。近年西罗莫司及吗替麦考酚酯等新药的研制成功，使免疫抑制剂的发展步入了一个新的历史时期。细胞毒T淋巴细胞相关抗原4免疫球蛋白（cytotoxic tlymphocyte-associatedantigen-4 immunolobulin，CTL A-4Ig）等则是基因工程技术在该领域新进展的体现。

卡介苗为第一个受到重视的免疫调节剂，它的免疫调节作用的发现促使人们自细菌制剂中发掘更多的免疫调节剂。但鉴于细菌制剂有抗原性强、不良反应多等缺点，研究人员致力于分离细菌内具有佐剂作用的活性部分，一批新的化合物如异丙肌苷、二乙基二硫基甲酸钠及丙半胱氨酸等，逐渐取代了第一代天然大分子免疫调节剂。继而，胸腺素、干扰素、转移因子、免疫球蛋白及白细胞介素-2（nterleukin-2，IL-2）等新型免疫调节剂的诞生，使免疫调节剂的研究进入一个新的高潮。

第一节 免疫抑制药

临床常用的免疫抑制剂大多是非特异性免疫抑制剂，因而缺乏较强的选择性和特异性，对正常和异常的免疫反应均呈抑制作用。免疫抑制药物可大致分为以下几种：①抑制IL-2生成及其活性的药物，如他克莫司、环孢素等；②抑制细胞因子基因表达的药物，如皮质激素；③抑制嘌呤或嘧啶合成的药物，如硫唑嘌呤等；④阻断T细胞表面信号分子，如单克隆抗体等。

免疫抑制剂作用特点：①缺乏选择性，对正常和异常免疫均有抑制作用；②对初次免疫应答反应的抑制作用较强，对再次免疫应答反应的抑制作用较弱；③药物作用与给药时间和抗原刺激的时间间隔和先后顺序密切相关；④多数药物尚有非特异性抗炎作用。

免疫抑制剂临床主要用于器官移植的抗排斥反应和治疗自身免疫性疾病。长期应用后，除了各药的特有不良反应外，尚易出现机体抵抗力降低而诱发感染、致畸、不育、增加肿瘤发生率等不良反应。

环 孢 素

环孢素（cyclosporin），又名环孢菌素A，是从霉菌酵解产物里提取的一种只含11个氨基酸的环形多肽，可以有效地特异性抑制淋巴细胞反应和增生。

【药理作用与作用机理】

1. 选择性抑制T细胞，作用于T细胞活化的早期，对B细胞抑制作用较弱。

2. 抑制巨噬细胞产生IL-1。

3. 抑制抗原或致有丝分裂素激活的淋巴细胞表达IL-2受体。

4. 对自然杀伤细胞无明显的抑制作用，可以通过干扰IFN-γ的产生间接影响自然杀伤细胞的活力。

【体内过程】 口服吸收慢而不完全，口服绝对生物利用度为20%～50%，首关消除可达27%。单次口服后3～4h血药浓度达峰值。本药在血中约50%被红细胞摄取，4%～9%结合于淋巴细胞，30%结合于血浆脂蛋白和其他蛋白质，血浆中游离药物仅5%。$t_{1/2}$为14～17h。大部分经肝脏代谢自胆汁排出，其中自尿排出的原型药物仅约 0.1%。

【临床应用】

1. 器官移植 临床研究表明，环孢素可使器官移植后排异反应与感染发生率降低，存活率增加。近年主要用于肾脏、肝脏、心脏、肺、角膜和骨髓等组织器官的移植手术，以防止排斥反应，常单独应用。新的方案则主张环孢素联合应用小剂量糖皮质激素。

2. 自身免疫病 环孢素临床用于治疗重症肌无力、类风湿性关节炎、全身性红斑狼疮、特发性血小板减少性紫癜、溃疡性结肠炎、慢性肾炎和肾病综合征等多种自身免疫性疾病。因环孢素为脂溶性，局部用药治疗接触性过敏性皮炎、牛皮癣。

3. 其他 环孢素可治疗血吸虫病，对雌虫的作用更明显；且可防治某些植物病害，如苹果腐烂病。

【不良反应及注意事项】 环孢素的安全范围较大。最常见不良反应是肾毒性。可致血清肌酐和尿素氮水平呈剂量依赖性升高，但为可逆性，可用甘露醇等利尿药预防。其次可见一过性肝损害、厌食、嗜睡、多毛症、震颤、齿龈增生、恶心与腹泻等症状。淋巴瘤发生率有增加趋势。与两性霉素 B 合用时，骨髓移植患者的血清肌酐水平明显升高；与氨基糖苷类抗生素合用时可加重肾毒性；与酮康唑或苯巴比妥类药物合用，可能提高本药血药浓度，应予注意。

他 克 莫 司

他克莫司（Tacrolimus）又名 FK506，是从链霉菌属中分离出的发酵产物，其化学结构属 23 元大环内酯类抗生素。为一种强力的新型免疫抑制剂，主要通过抑制 IL-2 的释放，全面抑制 T 淋巴细胞的作用，较环孢素强 100 倍。

【药理作用与作用机理】

1. 抑制淋巴细胞增殖 FK506 作用于细胞 G_0 期，能抑制不同刺激所致的淋巴细胞增殖，包括刀豆素 A、T 细胞受体的单克隆抗体、CD_3 复合体或其他细胞表面受体诱导的淋巴细胞增殖等，但对 IL-2 刺激而引起的淋巴细胞的增殖无抑制作用。

2. 抑制 Ca^{2+} 依赖性 T 和 B 淋巴细胞的活化

3. 抑制 T 细胞依赖的 B 细胞产生免疫球蛋白的能力

4. 预防及治疗器官移植时的免疫排斥反应

5. FK506 的免疫抑制机理与钙调磷酸酶（calcineurin，CaM）及 T 淋巴细胞特异的核转录因子亚基（nuclear factor of activated T cells，NF-AT）等分子有关。

【体内过程】 FK506 口服吸收很快，但因受首关消除效应影响而吸收不完全。吸收部位主要在肠道上段，胆汁对吸收无明显影响。血药浓度达峰所需时间（$Tmax$）为 0.5～3h，$t_{1/2}$ 为 5～8h，有效浓度持续达 12h。在体内经肝 CYP 450 3A4 异构酶代谢后，进入肠道，由粪便排泄。在肝、肾移植患者，血管重建后开始静脉给药，直到可以口服用药。静脉用药时，每日剂量小于 0.1mg/kg，或 0.035～0.075mg/kg，每 12h 一次。FK506 使用的最佳剂量范围较窄，全血药物浓度为 15～20μg/L。

【临床应用】

1. 肝脏移植 由于 FK506 的亲肝效应，以及可促进肝细胞的再生和修复，故将其应用于原发性肝脏移植及肝脏移植挽救性病例，疗效显著，且使用 FK506 治疗的患者，可使急性排斥反应的发生率、再次移植率和糖皮质激素的用量减少。

2. 其他器官移植 包括肾脏移植及骨髓移植等，取得了满意的疗效。与环孢素相比，在减少急性排斥反应的发生率、增加移植物存活率和延长患者生存期方面具有更大的优越性。

【不良反应及注意事项】 主要不良反应有以下几种。①静脉注射 FK506 最常发生的是神经毒性，轻者可出现头痛、震颤、失眠、畏光、感觉迟钝等，重者可出现运动不能、缄默症、癫痫发作、脑病等，大多在减量或停用 FK506 后消失；②由于 FK506 可直接或间接地影响肾小球滤过率与肾小球对电解质的转运，在临床上可发生急性和慢性肾毒性；③FK506 对胰岛细胞具有毒性作用，可导致高血糖；④大剂量时还对生殖系统产生毒性。

抗代谢药类

常用的药物有硫唑嘌呤（azathioprine，AZa）、氨甲蝶呤（methotrexate，MTX）与 6-巯基嘌呤（6-mercaptopurine）等。其中 AZa 最为常用，它通过干扰嘌呤代谢的所有环节，抑制嘌呤核苷酸合成，进而抑制细胞 DNA、RNA 及蛋白质的合成而发挥抑制 T、B 两类母细胞及 NK 细胞的效应，故能同时抑制细胞免疫和体液免疫反应，但不抑制巨噬细胞的吞噬功能。T 细胞较 B 细胞对该类药物更为敏感，但不同亚群 T 细胞敏感性有差别。主要用于肾脏移植的排异反应和类风湿关节炎、全身性红斑狼疮等多种自身免疫性疾病的治疗。

烷 化 剂

烷化剂（Alkylating Agents）属于细胞毒类药物，又称生物烷化剂（Bioalkylating Agents），在体内能形成碳正离子或其他具有活泼的亲电性基团的化合物，进而与细胞中的生物大分子（如 DNA、RNA、酶等）中含有丰富电子的基团（如氨基、巯基、羟基、羧基、磷酸基等）发生共价结合，使其丧失活性或使 DNA 分子发生断裂，导致细胞死亡。常用的有环磷酰胺（cyclophosphamide，CTX）、白消安、噻替派等。其中 CTX 最为常用，它不仅杀伤增殖期淋巴细胞，而且亦影响某些静止细胞，故使循环中淋巴细胞数目减少；B 细胞较 T 细胞对本药更为敏感，因而能选择性地抑制B淋巴细胞；还可明显降低NK细胞的活性，从而抑制初次和再次体液与细胞免疫反应。但在免疫抑制剂量下不影响已活化Mφ的细胞毒性；临床常用于防止排斥反应与移植物抗宿主反应和糖皮质激素不能长期缓解的多种自身免疫性疾病。

抗淋巴细胞球蛋白

抗淋巴细胞球蛋白（Antilymphocyte globulin，ALG）是以人淋巴细胞作免疫抗原，使马、兔等动物免疫而制得，为强效免疫抑制剂。作用机理在于抑制经抗原识别后的淋巴细胞激活过程，并在补体协助下，对淋巴细胞产生特异性的细胞溶解作用。

【药理作用与作用机理】

1. ALG选择性地与T淋巴细胞结合，在血清补体的参与下，使外周血淋巴细胞裂解。

2. 对T、B细胞均有破坏作用，但对T细胞的作用较强。

3. 可非特异性抑制细胞免疫反应，抑制抗体形成（限于胸腺依赖性抗原），通过结合到淋巴细胞表面，抑制淋巴细胞对抗原的识别能力。

4. 能有效抑制各种抗原引起的初次免疫应答，对再次免疫应答作用较弱。在抗原刺激前给药作用更明显。

【临床应用】

1. 用于预防及治疗器官移植时的排斥反应。与其他免疫抑制剂如AZa及糖皮质激素等联合使用，可明显减少糖皮质激素的用量。

2. 用于患重型再生障碍性贫血不能做骨髓移植者，或慢性再生障碍性贫血使用其他药物治疗效果不佳者。

3. 用于自身免疫性疾病、白血病、多发性硬化症、重症肌无力及溃疡性结肠炎、类风湿性关节炎、全身性红斑狼疮等疾病。

【不良反应及注意事项】 常见的不良反应有寒战、发热、血小板减少、关节疼痛和血栓性静脉炎等，静脉注射可引起血清病及过敏性休克。如重复肌内注射，肌注局部可发生剧烈疼痛，为减少此种不良反应，可以少量多次深部肌内注射，或加用局部麻醉药，亦可用理疗、超声波按摩等加速本药的分布及缓解疼痛。本药还可引起血尿、蛋白尿，停药后消失。

肾上腺皮质激素类

最常用的有泼尼松、泼尼松龙和地塞米松等。此类药对免疫反应的多个环节有抑制作用，对细胞免疫反应和体液免疫反应都有抑制作用。小剂量抑制细胞免疫，大剂量干扰体液免疫。目前认为与下列因素有关：①抑制巨噬细胞处理、吞噬抗原；②抑制免疫母细胞的增殖和分裂；③抑制B细胞转化为浆细胞；④破坏参与免疫反应的淋巴细胞，并使淋巴细胞移行至血管外，使血液中淋巴细胞减少。肾上腺皮质激素类药物还产生非特异性的抗炎作用及抗黏附效应。临床上用于变态反应性疾病、自身免疫性疾病和器官移植后的排异反应。

吗替麦考酚酯

吗替麦考酚酯（mycophenolate mofetil，MMF），又名Rs-61443，是霉酚酸（mycophenolic acid，MPA）的酯类衍生物，具有独特的免疫抑制作用和较高的安全性，自从1995年5月美国FDA批准开始用于肾脏移植以来，已广泛用于其他器官心脏、肝脏和小肠移植等。

【药理作用】 MMF口服后在体内迅速水解为活性代谢产物MPA而发挥免疫抑制作用，主要体现在以下两个方面。

1. 对淋巴细胞的作用 ①能明显抑制淋巴细胞DNA的合成，抑制体外T、B淋巴细胞对抗原刺激的反应及混合淋巴细胞反应，鸟苷或脱氧鸟苷能逆转这种抑制效应；②MMF能抑制B细胞增殖和抗体的分泌，抑制的强弱与剂量成正相关；③MMF能抑制EB病毒诱导的B淋巴细胞增殖，降低淋巴瘤的发生。

2. 对其他细胞的作用 ①治疗剂量的MPA能快速抑制单核巨噬细胞的增殖，减轻炎症反应，且抑制作用完全可逆；②MPA对有丝分裂原活化的血管平滑肌细胞和系膜细胞的增殖有抑制作用；③MPA相对不影响中性粒细胞功能，可能与中性粒细胞嘌呤合成不依赖经典途径及主要表达Ⅰ型次黄嘌呤核苷磷酸脱氢酶（inosine 5-monophosphate dehydrogenase，IMPDH）从而对MPA反应敏感性较差有关。

【作用机理】

1. MMF活性成分MPA通过选择性、可逆性地作用于催化鸟苷酸从头合成途径的关键限速酶IMPDH，从而抑制经典途径中嘌呤的合成，导致鸟嘌呤核苷酸减少，从而选择性阻断T和B淋巴细胞的增殖，这是其主要机理。

2. 诱导活化T细胞的凋亡

3. MMF能抑制淋巴细胞表面岩藻糖和甘露糖的表达及整合素的形成 从而使得募集单核细胞及淋巴细胞至炎症及移植排异位点的部分黏附分子的糖基化受到抑制。

4. "延迟性"抑制细胞因子的产生 用超抗原刺激细胞因子产生的试验中，除了粒-巨噬细胞集落刺激因子（granulocyte macrophage colony stimulating factors，GM-CSF）产生受抑制外，其他细胞因子在24h内均不受MMF的影响，仅在48h后才对其他细胞因子产生起抑制作用。

【体内过程】 MMF经口服后自胃肠道迅速吸收，平均相对生物利用度为94.1%。单剂口服后40～60min血浆药物浓度达高峰，在血浆中的MPA大多以结合形式存在,血浆蛋白结合率高达98%,只有少量游离的MPA发挥生物学活性。MPA在肝脏经葡萄糖醛基转移酶作用转化为无活性的MPA-葡糖醛酸苷(MPAG),绝大部分经胆汁排泄,在小肠细菌作用下重新转化为MPA,经门静脉入血形成肝肠循环,10~12h出现第二次血药浓度高峰,$t_{1/2}$为16~17h。MMF代谢后主要经肾脏排出,单剂MMF口服后,24h内90%以MPAG形式自尿中排出,极少量的MMF排泄到粪便中。MPAG经肾小球滤过及肾小管分泌,因此肾功能不全的患者可出现血浆MPA及MPAG浓度的改变。严重肾功能不全的患者口服单剂MMF后,平均MPA血浆曲线下面积(AUC)增加约两倍,而MPAG则增加近3~6倍。因此,严重肾功能不全时应减少MMF用量。

【临床应用】

1. 器官移植 MMF近年来主要被应用于肾脏和心脏移植,能显著减少急性排斥反应的发生。

2. 自身免疫性疾病 MMF应用于银屑病和类风湿关节炎已取得了较好疗效。此外,对系统性红斑狼疮血管炎、重症IgA肾病也取得了一定效果。

3. 卡氏肺囊虫 由于MMF抑制了卡氏肺囊虫生长需要的IMPDH的活性,因此,MMF有预防卡氏肺囊虫感染的作用。

【不良反应及注意事项】 MMF与Aza和环孢素相比,最大的优点是无明显的肝脏和肾脏毒性。其常见不良反应是胃肠道症状、血液系统损伤、机会感染和有可能诱发肿瘤。胃肠道症状,包括恶心、呕吐、腹泻、腹痛等,通过调整剂量即可减轻;血液系统损伤包括贫血和白细胞减少,但多为轻度,通常发生在30~120日,大部分病例在停用MMF一周后即可得到缓解。机会感染轻度增高。动物试验已观察到MMF有致畸作用,并显示MMF可分泌到乳汁中,因而育龄妇女应用MMF时要注意避孕。

【药物相互作用】 高浓度呋塞米、大剂量阿司匹林及血清白蛋白水平降低均可增加游离MPA的水平。丙磺舒及其他自肾小管分泌的制剂如阿昔洛韦可能改变MPAG的血清浓度。应避免将考来烯胺及其他改变肝肠循环的制剂与MMF联合使用,因其可使MMF的AUC减少。MMF的吸收可因同时服用含氢氧化镁和氢氧化铝的抗酸剂而下降,应间隔服药时间。肾移植患者MMF与磺吡酮合用可增加MPA的毒性,可能为干扰肾小管分泌MPA,应予注意。建议不与Aza合用。

西罗莫司

西罗莫司(sirolimus)是加拿大Ayerst研究所从Easter岛土壤吸水链霉菌中分离出来的一种抗真菌药物,其化学结构属31元大环内酯类;是一种白色结晶状固体,熔点为183~185℃,很难溶于水。1988年发现西罗莫司具有免疫抑制作用,单独或与环孢素联合应用,能延长移植物的存活时间,而且其结构类似于FK506,使各国研究者对西罗莫司的免疫抑制作用产生了极大的兴趣。

西罗莫司能治疗多种器官和皮肤移植物的急性排斥反应,尤对慢性排斥反应疗效更为明显。与环孢素有协同抑制作用,能延长移植物存活时间,减轻环孢素的肾毒性,扩大两种药物的治疗指数。而西罗莫司与FK506均与胞质内FKBP结合,因而,这两种药物以低剂量联合使用,也能达到有效的免疫抑制作用。

西罗莫司是疏水分子,易进入细胞。P70 S6是一种丝氨酸/苏氨酸蛋白激酶,它能催化40S核糖体蛋白S6高度磷酸化,促进蛋白质合成。T细胞中含有丰富的FKBP,西罗莫司进入细胞后与胞质内FKBP结合,从而抑制P70S6激酶的活性,进而抑制T细胞和B细胞的活化。此外,尚能抑制IL-2及IFN-γ的产生及膜抗原表达,抑制IL-2和IL-4及生长因子诱导的成纤维细胞、内皮细胞、肝细胞和平滑肌细胞等的增殖,阻断IL-2与IL-2受体结合后的信息转导。

西罗莫司有一定的不良反应,可引起厌食、呕吐和腹泻,严重者可出现消化性溃疡、间质性肺炎和脉管炎。联合用药和监测血药浓度是减少不良反应并发挥最大免疫抑制作用的有效措施。

单克隆抗体

巴利昔单抗和达珠单抗是IL-2受体α单链的单克隆抗体,可以阻断Th细胞IL-2受体从而发挥免疫抑制效应。单克隆抗体可通过静脉注射给药,偶可引起严重的超敏反应。临床用于预防首次肾移植术后的急性器官排斥。常与环孢素及含皮质激素的免疫抑制剂联合使用。用于自身免疫性疾病的治疗,改变自身免疫不平衡的状态。

来氟米特

来氟米特(leflunomide)是一个具有抗增生活性的异噁唑类免疫抑制药,口服吸收后,在肠道和肝脏内迅速转化为活性代谢产物A_{771726},通过A_{771726}抑制二氢乳清酸脱氢酶(DHODH)的活性,阻断嘧啶的从头合成途径,影响DNA和RNA的合成,使活化的淋巴细胞处于G_1/S交界处或S期休眠。此外尚可阻断活化的B细胞增殖,减少抗体生成。不仅有免疫抑制作用,还有明显的抗炎作用。来氟米特可抑制活化T细胞、抑制中性粒细胞趋化,减少局部巨噬细胞数量,阻断活化B细胞的增殖,减少抗体生成,减轻局部炎症反应。来氟米特半衰期较长,约9日,血药浓度较稳定,生物利用度较高。不良反应少,主要有腹泻、可逆性氨基转移酶升高、皮疹。临床主要用于治疗类风湿关节炎、抗移植排斥反应及其他自身免疫性疾病。

第二节 免疫调节剂

卡 介 苗

卡介苗（bacillus calmette-guerin-vaccine，BCG）又名结核菌苗，是牛结核杆菌的减毒活菌苗。

本药有免疫佐剂作用，能增强与其合用的各种抗原的免疫原性，加速诱导免疫应答，提高细胞和体液免疫的功能；刺激多种免疫细胞如巨噬细胞、T细胞、B细胞和NK细胞活性，从而增强机体的非特异性免疫水平。动物预先或早期应用本药，可增强小鼠对病毒或细菌感染的抵抗力，延长荷瘤动物的生存时间，减少死亡率；减慢肿瘤增长速度及减少转移。BCG的疗效与肿瘤的抗原性强弱、宿主的免疫状态及给BCG的途径有关。瘤内注射或向引流的淋巴结内注射效果较好。临床最常用于恶性黑色素瘤、白血病及肺癌，亦用于治疗乳腺癌、消化道肿瘤，可延长患者的存活期。黑色素瘤是用BCG治疗最多的一种实体瘤。

注射局部可见红斑、硬结和溃疡，亦可出现寒战、高热、全身不适等。反复瘤内注射可发生过敏性休克或肉芽肿性肝炎。严重免疫功能低下的患者，可致播散性BCG感染；剂量过大，可降低免疫功能，甚至促进肿瘤生长。

左 旋 咪 唑

左旋咪唑（levamisole，LMS）原是一个广谱驱虫药。1971年发现它可增强布氏菌苗对小鼠的预防作用，并注意到LMS治疗线虫感染的动物时可同时治愈其他无关的感染。LMS是第一个化学结构明确的免疫调节剂，它结构中的咪唑环与含硫部分为主要活性基团。LMS对抗体产生双向调节作用，能使之恢复到正常水平，但对免疫功能正常的人或动物的抗体形成无影响。可使抑制的细胞免疫功能恢复正常，如增强或恢复低或无反应性病例对各种抗原的迟发型超敏反应，增强PHA诱导淋巴细胞的增殖反应。此外，LMS还能增强巨噬细胞和中性多形核白细胞的趋化与吞噬功能及杀菌作用等。可能与激活环核苷酸磷酸二酯酶，从而降低淋巴细胞和巨噬细胞内cAMP含量有关。LMS用药后在体内产生一种血清因子，可在体外模拟胸腺素促使前T细胞分化，能诱导IL-2的产生。其免疫调节的机理尚待进一步阐明。

LMS可从消化道、肌内或皮下注射给药，吸收良好。成人口服后2~4h，血药浓度达峰值。主要在肝内代谢，经肾排泄的原型不到口服量的5%。本药及其代谢产物的$t_{1/2}$为4h和16h，但单剂的免疫药理作用往往可持续5~7日，故目前常用每周一次的治疗方案。

LMS可降低免疫缺陷患者感染的发病率、严重程度和对抗菌药物的依赖性。对慢性反复发作的细菌感染如麻风及布氏菌感染亦有益。LMS对类风湿关节炎的作用与青霉胺及金制剂相仿。其机理可能与它刺激抑制性T细胞的功能，使类风湿因子的滴度及循环免疫复合物的水平下降有关。LMS还作为化疗药物的辅助疗法治疗多种肿瘤。在肿瘤进行手术及放射治疗后LMS可以延长缓解期，降低复发率、延长寿命。对鳞状上皮细胞癌的疗效较好。亦可减轻抗癌药所致的骨髓抑制、出血与并发感染。

不良反应发生率较低（<5%），主要有消化道、神经系统反应（如头晕、失眠）和变态反应。长期连续用药时，可出现粒细胞减少症，停药后可恢复。偶见肝功能异常。肝炎活动期患者忌服。

白细胞介素-2

Morton报道，丝裂原刺激的淋巴细胞培养液中存在一种因子，能维持激活后T细胞在体外长期生长，故称为T细胞生长因子（T cell growth factor，TCGF）。1979年统一命名为白细胞介素-2（interleukin 2，IL-2）。现可通过找出IL-2基因，移入大肠肝菌中，生产基因重组性IL-2。

IL-2与相应细胞的IL-2受体结合后，具有广泛的免疫增强和调节功能。它能诱导Th细胞和Tc细胞增殖、激活B细胞产生抗体、活化巨噬细胞、增强NK细胞和淋巴因子活化的杀伤细胞（LAK）活性及诱导干扰素产生。从癌症患者体内取出白细胞与IL-2体外培养诱导，激活细胞毒性淋巴细胞后再输入体内，能摧毁癌细胞，临床效果显著。此外，本药还试用于免疫缺陷病、自身免疫病及抗衰老等，对乙型肝炎、麻风病、肺结核、白色念珠菌感染等具有一定的治疗作用。

不良反应有全身性反应，如寒战、发热，用NSAIDs可减轻；胃肠道反应，如恶心、呕吐、腹泻、食欲不振等；皮肤弥漫性红斑，可伴灼热或痒感；精神神经症状，如幻觉、妄想、失定向、辨认错误等。

干 扰 素

干扰素（interferon，IFN）是可诱导的分泌性糖蛋白，主要分为α、β、γ三类。对酸、碱、热有较强的抵抗力，但易被蛋白酶等破坏。各种哺乳动物的细胞包括淋巴细胞、巨噬细胞与成纤维细胞均可因病毒感染或其他刺激而产生IFN。目前已有基因重组生产的高纯度IFN。IFN具有高度的种属特异性，故动物的IFN对人无效。

本药静脉注射后，可迅速从血中清除，其$t_{1/2}$为2~4h。肌内注射本药后，5~8h内可达峰浓度。人类IFN-α与IFN-γ的药动学相似，但肌内注射IFN-β后的血药浓度较低。本药不易透过血-脑屏障。IFN-α和IFN-β分别在肾脏和肝脏内代谢。IFN尚可抑制CYP450，故与化疗药物配伍用药时应谨慎。

在抗病毒方面，它是一个广谱抗病毒药，其机理可能是作用于蛋白质合成阶段，临床可用于病毒感染性疾病，如疱疹性角膜炎、病毒性眼病、带状疱疹等皮肤疾患，慢性乙型肝炎等。除抗病毒作用外，可调节抗体生成，增加或激活单核巨噬细胞的功能、特异性细胞毒作用和 NK 细胞的杀伤作用等。IFN 对免疫应答的总效应，随应用的剂量与时间不同而异，小剂量增强免疫（包括细胞与体液免疫），大剂量则有抑制作用。IFN 的抗肿瘤作用在于它既可直接抑制肿瘤细胞的生长，又可通过免疫调节发挥作用。临床试验表明，它对成骨肉瘤患者的疗效较好，对肾细胞癌、毛细胞白血病、黑色素瘤、乳癌等有效；而对肺癌、胃肠道癌及某些淋巴瘤无效。

大剂量可致可逆性血细胞减少，以白细胞和血小板减少为主。偶见变态反应、肝肾功能障碍及注射局部疼痛、红肿等。过敏体质、严重肝肾功能不全、白细胞及血小板减少患者慎用。

转 移 因 子

转移因子（transfer factor，TF）是从正常人的淋巴细胞或淋巴组织、脾、扁桃体等提取的一种核酸肽，不被 RNA 酶、DNA 酶及胰酶所破坏，无抗原性。

TF 可将供体的细胞免疫信息转移给受体，使受体的淋巴细胞转化并增殖分化为致敏淋巴细胞，由此获得供体的特异性和非特异性的细胞免疫功能。其作用机理可能是 TF 的 RNA 通过逆转录酶的作用渗入到受者的淋巴细胞中，形成含有 TF 密码的特异 DNA 所致。TF 能提高免疫缺陷患者的皮肤迟发变态反应，防止感染；对细胞免疫有增强和抑制的双向调节作用。本药还能促进干扰素的释放。

主要用于原发或继发性细胞免疫缺陷的替代疗法，但对原发性淋巴细胞障碍、胸腺发育不全或 T 细胞活性完全缺失的患者，单用无效。先天性低丙种球蛋白血症患者经 TF 治疗后，IgG 的生成能得到改善。还可用于治疗自身性免疫缺陷病如系统性红斑狼疮、类风湿关节炎及免疫抑制或各种细胞内寄生微生物，如乙型脑炎、乙型肝炎、带状疱疹、角膜炎、病毒性心肌炎、流行性腮腺炎等，有一定疗效。其抗病毒作用可能与其诱导产生干扰素有关。试用于黑色素瘤、骨肉瘤、平滑肌瘤、肾母细胞瘤等肿瘤的治疗。

不良反应少，注射局部有酸、胀、痛感，个别病例出现风疹性皮疹、皮肤瘙痒，少数人有短暂发热。慢性活动性肝炎用药后可见肝功能损害加重，然后逐渐恢复。

胸腺素 α_1

胸腺素 α_1（thymosinα_1，$T\alpha_1$）是一种多肽，含 28 个氨基酸，等电点 4.2，无二硫键与糖基化，唯一的修饰就是 N 端乙酰化。$T\alpha_1$ 的氨基酸序列与前胸腺素 α_1 的 N 端一致，不同种属、不同组织来源的前胸腺素 α 基因序列略有异。$T\alpha_1$ 是一种免疫活性肽，它主要作用于胸腺细胞成熟的早期和晚期，在体外促进 Th 细胞成熟，增加老年小鼠活动能力。$T\alpha_1$ 还可在体外调节胸腺细胞的末端脱氧核苷酸转移酶（TdT）水平，刺激 IFN、IL-2 及其受体产生，纠正实验或临床免疫缺陷，与其他生物反应调节剂，如 IL-2、IFN-α、胸腺因子等具协同作用。临床上主要作为肿瘤患者和慢性活动性肝炎患者的免疫调节剂。如辅助放疗防止肺癌复发，增加老年人使用的流感疫苗的滴度，增强对慢性乙肝病毒的抵抗力等。对于 HBsAg 和 HBeAg 阳性的慢性活动性肝炎患者，$T\alpha_1$ 可通过升高 CD_3 和 CD_4 的绝对数而缓解症状，并抑制 HBV 复制，其作用与单独使用 IFN-α 同样有效。除单独使用外，在某些情况下，$T\alpha_1$ 与其他药物合用疗效更显著。例如，单独使用 $T\alpha_1$ 或氟康唑能恢复吗啡抑制的小鼠 NK 细胞活性及 PMN 对胞内寄生的念珠菌属杀伤活性，两者合用效果显著增强。通过直接抗真菌作用和激发免疫应答，延长免疫抑制小鼠的存活时间，减少真菌感染对肾脏毒性，其作用机理主要是调节淋巴因子的产生。

异 丙 肌 苷

异丙肌苷（isoprinosine）为肌苷与乙酰基苯甲酸和二甲氨基异丙醇酯以 1：3：3 组成的复合物。具有免疫增强作用和抗病毒作用。异丙肌苷可诱导 T 细胞分化成熟，并促进其功能，因而增强细胞免疫功能；对 B 细胞无直接作用，但可增加 T 细胞依赖性抗原的抗体产生。在一定条件下，可诱导抑制性 T 细胞的活性，呈现双向免疫调节作用。

主要用于病毒性疾病的治疗，疗效较佳。如急性病毒性脑炎患者，经用异丙肌苷治疗，恢复较快，且多数患者无神经系统后遗症。并发现凡是临床有效者，其细胞免疫功能均有改善。与化疗、放疗或 IFN 配伍治疗肿瘤，可提高疗效，并恢复患者低下的免疫功能。类风湿关节炎患者经用异丙肌苷治疗后症状缓解迅速，关节肿胀减退，血沉下降。对青霉胺及金制剂无效者亦能显效，且不良反应少，故可与左旋咪唑、金制剂及青霉胺交替治疗。不良反应少，安全范围大。

依 那 西 普

依那西普（etanercept）是由肿瘤坏死因子受体的 P_{75} 蛋白的膜外区——人 IgG 的 Fc 段融合构成的二聚体。可结合肿瘤坏死因子 α、β，从而抑制由 TNF 受体介导的异常免疫反应及炎症过程。主要用于治疗类风湿关节炎。不良反应主要是局部注射的刺激反应。

免疫核糖核酸

免疫核糖核酸（immunogenic RNA，IRNA）是动物经抗原免疫后从其免疫活性细胞，如脾细胞、淋巴结细胞中提取的核糖核酸，作用类似于转移因子，可以传递对某抗原的特异免疫活力，使未致敏的淋巴细胞转为免疫活性细胞,传递细胞免疫和体液免疫。IRNA 具有大幅度增加致敏淋巴细胞数量的作用,致敏淋巴细胞与肿瘤细胞直接接触或通过细胞介导免疫,致肿瘤细胞膜发生改变,使对小分子物质的通透率增高,致肿瘤细胞膜裂解死亡。IRNA 进入机体后可产生抗肿瘤特异性 IgG 抗体,后者与肿瘤细胞表面抗原相结合后,再结合肿瘤细胞抗体,进而激活杀伤细胞(K 细胞),K 细胞与肿瘤细胞以抗体为桥相连,杀伤肿瘤细胞。抗体桥越多,K 细胞杀伤肿瘤细胞的机会就越多。目前主要用于恶性肿瘤如肾癌、肺癌、消化道癌及神经母细胞瘤和骨肉瘤等的辅助治疗,也曾试用于慢性乙型肝炎和流行性乙型脑炎,可使部分细胞免疫功能低下的患者恢复正常。

IRNA 可使未致敏感的淋巴细胞转异性,且不受动物种属的影响,又不存在输注免疫活性细胞的配形及排异问题,故受到广泛重视。但其可被 RNA 酶破坏,目前这种方法所产生的免疫力尚不够强,特异性也是相对的,所以还需进一步研究。

【案例及思考题】 患者,女,25 岁,1990 年因双颊部蝶形红斑、光过敏、尿蛋白(+++)、抗核抗体(ANA)及抗 dsDNA 抗体阳性,诊断为系统性红斑狼疮(SLE)、狼疮肾炎。先后予泼尼松、环磷酰胺及雷公藤总苷联合治疗,除 24h 尿蛋白定量波动在 3~5g/d 外,其他症状均缓解。

问题:
1. 临床上常用的免疫抑制剂有哪些?
2. 使用泼尼松应在使用剂量及给药方法上注意什么?

(刘 莉)